AF510967

# Das *ultimative* Wichtel Handbuch

Wichtel Werkstatt

# Das ultimative Wichtel Handbuch

Sarah Arabatzis
Elli Böttcher
Anja Schröder

# INHALT



**EXTRAS**

Auf Seite 243 findest du sechs Mini-Postkarten zum Ausschneiden, sie passen perfekt vor jede Wichteltür.

**DIGITALE BIBLIOTHEK**

Vorlagen für die Modelle und für die Planung und Organisation sowie für die Wichtelbriefe stehen in deiner Digitalen Bibliothek unter www.topp-kreativ.de/digibib zum Download bereit. Der Freischalt-Code lautet: 51600

# Willkommen in der Wichtelwelt

# WAS SIND WICHTEL?

Die zauberhafte Tradition der Wichteltür stammt ursprünglich aus dem skandinavischen Raum und gewinnt auch bei uns zunehmend an Beliebtheit. Ein kleiner Wichtel oder eine kleine Wichtelin zieht während der Adventszeit bei Familien, in Kindergärten, Schulen und ähnlichen Einrichtungen hinter einer winzigen Wichteltür an der Wand oder in einem kleinen Wichtelhaus ein und tut dabei ganz viele Dinge, die die Kinder vor der Tür mitverfolgen können. Wichtel begleiten insbesondere Kinder auf magische Weise durch die Vorweihnachtszeit und sorgen mit tollen Aktionen und amüsanten Streichen für Unterhaltung und leuchtende Kinderaugen. Sie sind spaßige und liebevolle Wesen, die von Kindern oft als kleine Freunde wahrgenommen werden. Sie verstecken sich aber ganz geschickt vor uns Menschen, da sie von uns nicht gesehen werden dürfen, um ihre Magie nicht zu verlieren. Daher kommunizieren sie mit den Kindern über kleine Briefe, die sie vor ihrer Wichteltür für sie hinterlassen.

Ist also ein kleiner Wichtel oder eine kleine Wichtelin eingezogen, wird es definitiv nicht langweilig, denn mit zahlreichen Aktivitäten sorgen die neuen Mitbewohner für viel Spaß. Hinter der Tradition steckt der Gedanke, die Vorfreude auf Weihnachten zu steigern und auch die gemeinsame Zeit innerhalb der Familie oder einer Gruppe zu bereichern. Hierbei werden Kinder an die Bedeutung von Gemeinschaft und Familie erinnert. Viele Aktionen wie gemeinsames Basteln, Backen und Ähnliches kann man wunderbar mit dem Wichtel umsetzen, um die Kreativität und Fantasie der Kinder anzuregen. Die Kinder interagieren aktiv mit ihrem Wichtel, sodass mit der Zeit eine besondere Freundschaft und Bindung entsteht, die voller Fantasie den Wichtel lebendig werden lässt.

Hinter der schönen Tradition steckt natürlich die Arbeit liebevoller Eltern, Erzieher:innen oder Lehrer:innen, die den Wichtel oder die Wichtelin mit Mini-Kulissen, ausgedachten Streichen, Aktionen und Briefen zum Leben erwecken. In diesem Kapitel helfen wir dir mit Infos, Tipps, Tricks und einfachen Anleitungen, in das Wichtelthema einzusteigen und einem oder vielen Kindern eine zauberhafte Weihnachtszeit zu bescheren, an die sie sich für immer erinnern werden.

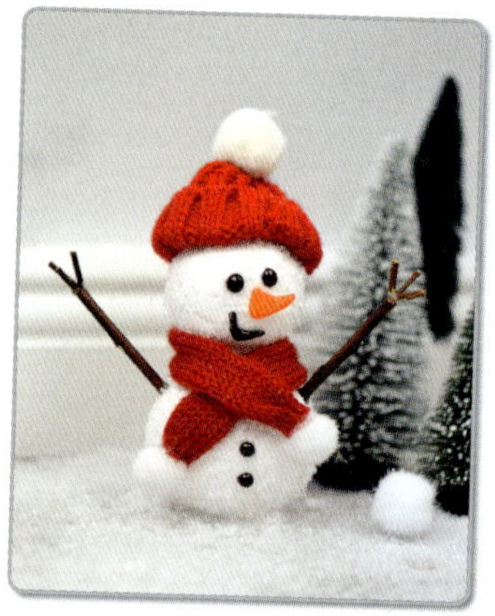

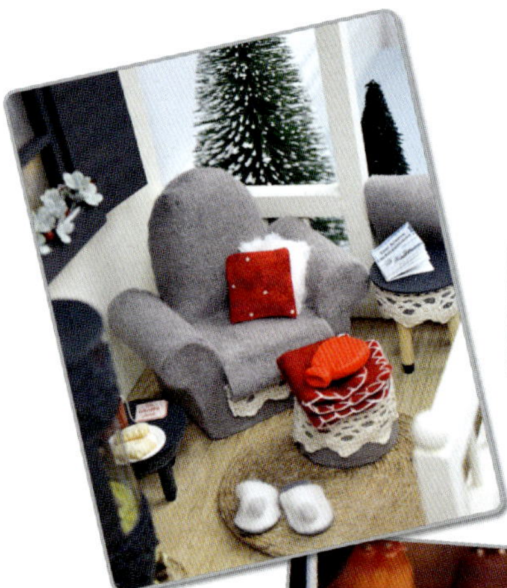

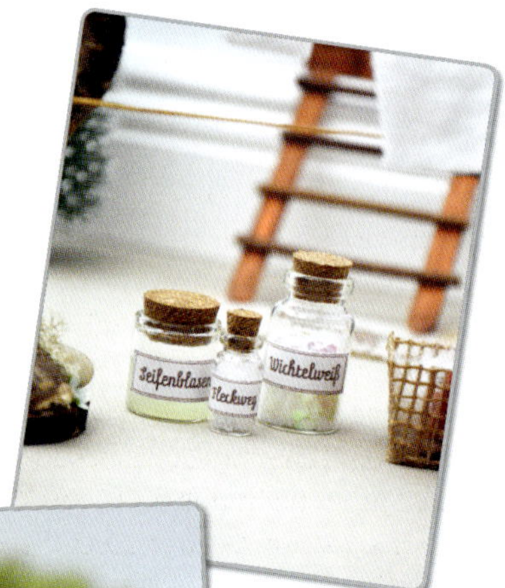

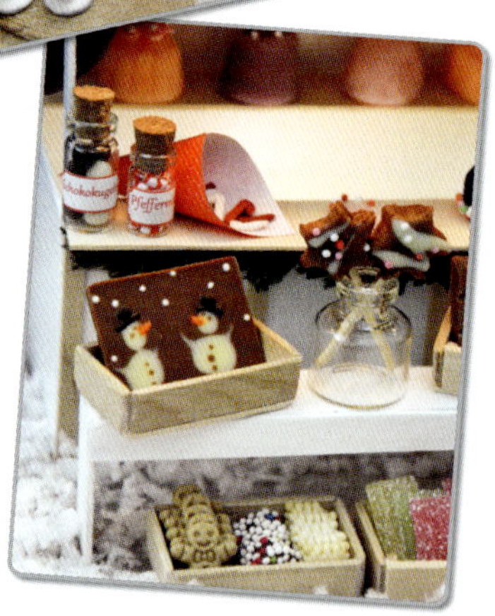

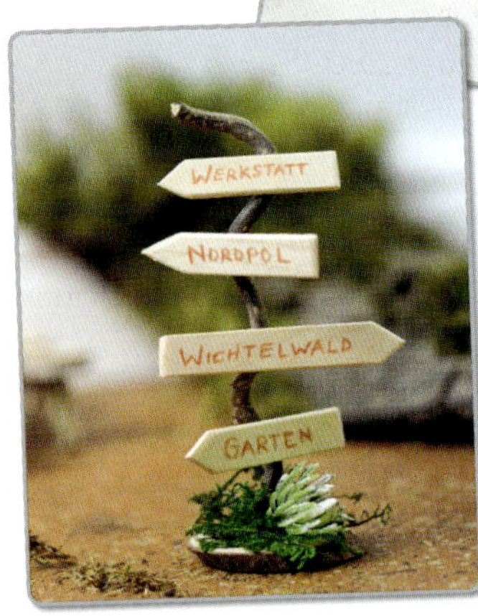

# DIE WICHTELTÜR UND DIE BEWOHNER „DAHINTER"

### WER ÜBERNIMMT DIE ROLLE DES WICHTELS?

Da unsere kleinen Wichtelfreunde fiktive Figuren sind, übernehmen Erwachsene ihre Rolle, um die Tradition der Wichteltür umzusetzen. Ganz nach dem Motto „Alles darf, nichts muss" kannst du alles ganz individuell gestalten und anpassen. Ganz gleich, ob es darum geht, Aktivitäten zu planen oder kleine Wichtelkulissen zu bauen – es gibt viele Möglichkeiten und Inspirationen, um das Passende für die eigene Familie oder Einrichtung zu finden. Eine große Auswahl an Ideen enthält dieses Wichtelhandbuch.

### AB WELCHEM ALTER IST DIE WICHTELTÜR GEEIGNET?

Die Wichteltür ist für Kinder ab einem Alter von ca. drei Jahren geeignet. Aber auch jüngere Kinder kann man in vereinfachter Form an die Wichteltür heranführen. Wichtig ist hierbei eine altersgemäße Umsetzung. Da die Wichtelkulissen oftmals viele Kleinteile beinhalten, die Kinder verschlucken könnten, solltest du besonders darauf achten, dass die Kinder nicht unbeaufsichtigt an das Zubehör gelangen können. Beachte auch stets die Herstellerangaben bei gekauftem Zubehör. Für kleine Kinder sind einfache Türkulissen mit wenig Zubehör oft ausreichend. Auch die Aktivitäten und kleineren Aufgaben können einfach gehalten werden. Für ältere Kinder kannst du die Kulissen und Aktivitäten umfangreicher und detaillierter gestalten.

**ACHTUNG**

Bitte lasse kleine Kinder nie unbeaufsichtigt bei den Miniaturen, da Erstickungsgefahr durch Verschlucken besteht.

### KÖNNEN AUCH MEHRERE WICHTEL EINZIEHEN?

Ein Wichtel muss nicht alleine kommen. Der Begriff Wichtel definiert hierbei auch nicht nur ein männliches Wesen, sondern schließt auch Wichtelinnen mit ein. Wer also lieber eine Wichtelin bei sich einziehen lässt oder sogar eine ganze Wichtelfamilie, kann dies natürlich tun.

### WARUM DÜRFEN MENSCHEN DIE WICHTEL NICHT SEHEN?

Die Legende rund um die Wichteltür besagt, dass Wichtel kleine Wesen sind, die magische Kräfte haben. Auf zauberhafte Weise können sie beispielsweise ihre Wichteltür öffnen und dahinter leben. Wenn sie jedoch von einem Menschen entdeckt werden, können sie diese Kraft verlieren und somit auch keine Wichteltür mehr öffnen. Wichtel sind nicht unsichtbar, aber sehr geschickt darin, sich vor den Menschen zu verstecken. Denn gerade Weihnachtswichtel möchten unbedingt über die Weihnachtszeit bei uns Menschen und den Kindern leben, und das wäre ohne Magie einfach nicht möglich. Daher sind sie meist in der Nacht aktiv, wenn das Licht im Haus erlischt und die Kinder schlafen. Aber auch tagsüber kommen sie ab und zu mal raus, wenn gerade niemand zu Hause ist. Sie kommunizieren mit den Kindern über Briefe, die sie vor ihrer Wichteltür für sie hinterlassen. Mehr dazu auf Seite 24.

Kinder haben eine starke Fantasie und die Gabe, sie lebendig werden zu lassen. Dass sie den Wichtel nicht sehen können, akzeptieren die Kinder in der Regel gut. Schließlich möchten auch sie nicht, dass der Wichtel seine Kraft verliert und auszieht. Mit der Zeit erschaffen sie mithilfe der Erwachsenen und durch regelmäßige Aktionen des Wichtels einen eigenen Charakter. Der Wichtel nimmt in ihrer Fantasie Gestalt an, sowohl körperlich als auch charakterlich. Geschichten, die der Wichtel über sich erzählt, ein Steckbrief oder auch Bücher können die Kinder dabei unterstützen.

## WIE NUTZE ICH DIE WICHTELTÜR ALS ADVENTSKALENDER?

Durch tägliche Veränderungen der Wichtelkulisse sowie kleine Aktionen und Überraschungen kannst du die Wichteltür wunderbar als Adventskalender nutzen. Du kannst dir dafür 24 kleine Überraschungen in Form von gemeinsamen Aktivitäten, Ausflügen, Bastelarbeiten, kleinen Geschenken oder auch etwas zum Naschen überlegen, die der Wichtel täglich für die Kinder hinterlässt. Die kleinen Aufmerksamkeiten können wunderbar in die täglichen Aktionen des Wichtels eingebunden werden. Beispielsweise hat er in der Nacht Miniplätzchen gebacken und die Kinder dürfen davon naschen, oder er hat etwas gebastelt und legt auch für die Kinder eine Bastelvorlage mit passendem Material parat. Auch kann der Wichtel kleine Geschenke einpacken und sie unter seinen Baum legen, und die Kinder dürfen sie dann ausnahmsweise schon in der Adventszeit öffnen.

## WIE LANGE BLEIBT EIN WICHTEL?

Die Weihnachtswichtel sind in der Regel während der Adventszeit und der Weihnachtsfeiertage bei den Familien oder in den Einrichtungen. Viel Inspiration vom Einzug bis zum Auszug findest du auf Seite 19. Meist ziehen die Wichtel kurz vor dem ersten Dezember ein und nach den Weihnachtsfeiertagen wieder aus. Jedoch gibt es auch hierbei keine festen Regeln und jede Familie oder Einrichtung kann die Tradition individuell gestalten. Manche Wichtel ziehen früher ein oder bleiben sogar bis Silvester oder länger. Es ist auch möglich, den Wichtel und die Wichteltür über das Jahr hinweg immer wieder auftauchen zu lassen oder ihn sogar das ganze Jahr über bei sich wohnen zu haben. Mehr zum Jahreswichtel auf Seite 15.

## WICHTEL UND HAUSTIERE

Nicht immer kommt der Wichtel allein. Manchmal hat ein Wichtel auch ein Haustier dabei wie z.B. ein Rentier. Spielzeugfiguren eignen sich sehr gut dafür und geben den Kindern etwas Greifbares, das sie sehen und fühlen können. Selbstverständlich liegt auch über den kleinen Haustieren ein Zauber, der es dem Wichtel ermöglicht, sie in seiner Wichtelwelt zum Leben zu erwecken. Sobald Kinder in der Nähe sind, werden sie zu Spielzeugen. Was gar nicht schlimm ist, denn die Kinder dürfen sich trotzdem ausgiebig um die Haustiere kümmern. Schließlich brauchen sie Futter, einen Stall und müssen hin und wieder auch mal an der frischen Luft ausgeführt werden.

## WO LEBEN WICHTEL?

Wahrscheinlich wird irgendwann die Frage aufkommen, wo Wichtel denn eigentlich leben, wenn sie nicht bei uns Menschen sind. Theoretisch können sie überall leben und du kannst dir eine schöne Geschichte dazu überlegen. Viele verknüpfen die Herkunft des Wichtels mit dem hohen Norden, also den skandinavischen Ländern, da die Tradition der Wichtel dort ihren Ursprung hat. In ihrer Heimat können die Wichtel beispielsweise in einem Wichteldorf im Wichtelwald gemeinsam mit anderen Wichteln leben. Auch mit dem Weihnachtsmann werden Wichtel oft in Verbindung gebracht. Sie können im Dorf des Weihnachtsmanns leben und ihm bei all seinen weihnachtlichen Vorbereitungen helfen. Gehilfen des Christkindes können sie natürlich auch sein. Es kann auch Wichtel geben, die dauerhaft bei den Menschen im Haus oder auf dem Hof wohnen, durch die Welt tingeln oder im nahegelegenen Wald leben.

### WIE SEHEN WICHTEL AUS?

Wichtel haben, so wie wir Menschen auch, ganz unterschiedliche Charaktere und Erscheinungen. Die meisten Kinder kennen die typischen Wichtel mit großer Knollnase, langem Bart und einer Zipfelmütze, die ihnen oft über die Augen rutscht. Auch die jungen, eher elfenhaften Wichtel mit spitzen Ohren sind sehr bekannt. Welche Wichtelfigur zu deiner Familie oder Einrichtung passt, darfst du entscheiden. Mit einer Körpergröße von 10–14 cm passen sie perfekt durch ihre Wichteltür. Durch eure Fantasie, die Wichtelbriefe und Wichtelaktionen wird euer Wichtel über die Zeit von ganz alleine einen einzigartigen Charakter und ein individuelles Aussehen bekommen.

### WIE ALT SIND WICHTEL?

Auch beim Alter sind der Fantasie keine Grenzen gesetzt. Viele geben ihrem Wichtel ein normales Alter wie bei uns Menschen. Andere Wichtel wiederum sind 150 Jahre alt oder noch viel älter.

### WAS MACHEN WICHTEL, WENN SIE NICHT BEI DEN MENSCHEN SIND?

Die Wichtel, die zur Weihnachtszeit bei uns einziehen, sind typische Weihnachtswichtel. Wenn sie nicht gerade bei den Menschen wohnen, machen sie das, was ihnen am meisten Spaß macht und was sie am besten können. Jeder kleine Wichtel hat eine schöne Aufgabe, mit der er sich seine Zeit vertreibt. Manche kümmern sich um die Tiere und Pflanzen, andere sind handwerklich sehr begabt oder backen vielleicht gerne. So kommen die unterschiedlichsten Wichtelberufe zustande, die sie während des Jahres ausüben und überall dort helfen, wo sie können. Manche jungen Wichtel besuchen vielleicht auch noch die Wichtelschule und andere sind über das Jahr unterwegs und bereisen die Welt.

#### NAMEN FÜR WICHTEL

Tomte, Nisse, Lasse, Nils, Jeppe, Finn, Lars, Ole, Snorre, Jasper, Balduin, Floki, Jonte, Jarne, Knut, Lauri, Olaf, Björn, Torge, Tore, Merlin, Dröm, Janne, Pepe, Frodo, Aron, Loke, Linus, Malte, Alvin, Sigurd, Hildur, Emil, Dobby, Sören

#### NAMEN FÜR WICHTELINNEN

Freya, Frieda, Alva, Ava, Lyra, Ronja, Svea, Smilla, Runa, Fleur, Elvina, Finja, Flora, Lily, Willma, Elfie, Milli, Minella, Maya, Tilda, Lyv, Emma, Elsa, Mia, Ida, Thea, Nilla, Svenja, Ebby, Alma, Auri, Greta, Inga

#### NAMEN FÜR HAUSTIERE (Z. B. RENTIERE)

Rudolph, Olaf, Sven, Knut, Alaska, Buddy, Flocke, Floki, Jingles, Nuka, Ole, Kalli, Skadi, Janosch, Lars, Milo, Emil, Elmo, Frodo, Elvis, Domino, Einstein, Loki, Henry, Rudi, Simba, Paule, Cookie, Cinnamon, Comet, Peppermint, Schoko, Dancer, Nukka, Paula, Nova, Kima, Koko, Sura, Rani, Viki, Ava, Aga, Isla, Svenja, Emma, Ida, Frieda

# WENN DEIN KIND FRAGEN STELLT …

Kinder wollen oft alles ganz genau wissen und stellen Fragen über die Wichtel. Damit dich die häufigsten Fragen nicht ganz unvorbereitet treffen, findest du hier einige Anregungen für Antworten. Wenn du auf eine Frage gerade keine sinnvolle Antwort parat hast, kannst du immer antworten, dass du es leider nicht weißt, aber ihr den Wichtel in einem Brief gemeinsam fragen könnt. So verschaffst du dir Zeit bis zum nächsten Tag, um dir eine Antwort einfallen zu lassen.

### „Warum macht der Wichtel alles draußen vor der Wichteltür?"

Der Wichtel erledigt meist alles vor seiner Wichteltür, denn schließlich möchte er die Kinder daran teilhaben lassen, die ja leider keinen Einblick in sein Wichtelheim haben können. Deshalb hat er einfach all seine Sachen nach draußen geschoben.

### „Warum sind die Wichtelsachen nicht echt?"

Wenn du Miniaturzubehör verwendest, das nicht „in echt funktioniert" wird diese Frage irgendwann auftauchen, während die Kinder es mit Adleraugen untersuchen. Du kannst darauf antworten, dass über den Wichtelsachen ein Wichtelzauber liegt, der es dem Wichtel möglich macht, all diese Dinge für sich zu verwenden. Es ist derselbe Zauber, der es dem Wichtel ermöglicht, seine Wichteltür zu öffnen, hinter ihr in der Wand zu wohnen und auch durch Fensterscheiben zu schlüpfen. Lies dazu auch den Abschnitt „Wichtel und Haustiere" (S. 10).

### „Wieso hat der Wichtel heute Nacht nichts gemacht?"

Du bist zu müde gewesen, hast keine Zeit gehabt oder einfach nur vergessen, die Wichteltür umzugestalten, und schon fragen die Kinder, warum der Wichtel in der Nacht nichts gemacht hat. Du kannst ihnen antworten, dass er vielleicht hinter seiner Wichteltür etwas zu tun hatte. Vielleicht hat er aufgeräumt oder ein Buch im Bett gelesen, weil er müde war. Der Wichtel könnte aber auch draußen unterwegs gewesen sein, um zum Beispiel einem Eichhörnchen zu helfen, seine versteckten Nüsse wiederzufinden, oder einen Wichtelfreund zu besuchen. Lass den Wichtel am Folgetag in seinem Brief etwas darüber erzählen oder lege dir einen Notfallbrief (S. 24) bereit, den du für solche Situationen nutzen und schnell vor die Tür legen kannst.

### „Wieso darf man die Wichteltür nicht öffnen?"

Kinder sind von Natur aus neugierig, und da kann es schnell passieren, dass sie versuchen, eine Wichteltür zu öffnen oder von der Wand abzumachen. Wenn sich hinter der Tür weder ein Loch in der Wand noch ein Raum befindet, sind Fragen der Kinder vorprogrammiert. Ein großes Geheimnis der Wichtel ist, dass die Wichteltüren sich nur von den Wichteln öffnen und betreten lassen, da es magische Türen sind. Wenn der Wichtel den Kindern dieses äußerst wichtige Geheimnis schon beim Einzug verrät, werden sie vielleicht gar nicht erst versuchen, die Tür zu öffnen. Und falls doch, werden sie erkennen, dass das Wichtelgeheimnis wahr ist.

### „Darf ich mit den Sachen des Wichtels spielen?"

Ob die Kinder mit dem Wichtelzubehör „spielen" oder es „benutzen" dürfen, ist selbstverständlich deine persönliche Entscheidung. Für die kleinen Entdecker ist es natürlich sehr interessant, die winzigen Sachen unter die Lupe zu nehmen und auszuprobieren.
Zum richtigen Spielen eignen sich die meisten Miniaturen jedoch nicht. Sie sollten daher nur unter Aufsicht und nur für die Wichtelaktionen an den Wichtelkulissen benutzt werden.
Bei gekauftem Wichtelzubehör handelt es sich oftmals um Dekorationsartikel und nicht um Kinderspielzeug. Die Miniaturen können beim Spielen kaputt gehen oder von kleinen Kindern verschluckt werden. Unechte Lebensmittel können verwechselt und in den Mund gesteckt werden. Bitte beachte daher immer die Herstellerangaben.
Das soll natürlich nicht bedeuten, dass die Kinder das Zubehör nicht anfassen dürfen. Der Wichtel könnte liebevoll in seinen Briefen darauf hinweisen, was die Kinder benutzen oder auch nicht benutzen dürfen. Wir möchten lediglich für potentielle Gefahren sensibilisieren.

### „Gibt es Wichtel wirklich?"

Wenn das Kind in einem Alter ist, in dem es Dinge zu hinterfragen beginnt und nicht mehr an die Existenz von fiktiven Figuren wie Weihnachtsmann oder Christkind, Osterhase oder Nikolaus glaubt, wird es sehr wahrscheinlich auch die Wichtelwelt hinterfragen. Eltern haben die Möglichkeit, ihrem Kind zu erklären, dass diese Figuren nicht existieren und warum wir diese Bräuche und Traditionen in unserer Kultur pflegen. Eine andere Option wäre, das Kind zu fragen, ob es an die Existenz glauben möchte und ob es Freude an der Wichteltür hat. Denn wenn man an die Wichtel glaubt, existieren sie für diese Person und die Freude bleibt bestehen, unabhängig davon, ob sie real sind oder nicht.

# TIPPS & IDEEN FÜR WICHTEL-NOTFÄLLE

### MEIN KIND FÜRCHTET SICH VOR DEM WICHTEL!

Die Wichteltür ist eine beliebte Tradition, die vor allem Kinder begeistert. Es kommt allerdings auch vor, dass Kinder sich vor dem Wichtel ängstigen. Es ist wichtig, diese Ängste ernst zu nehmen und zu akzeptieren, da das Zuhause eines Kindes ein Ort sein sollte, an dem es sich sicher fühlt.

Es gibt mehrere Möglichkeiten, um Kinder auf den Wichtel vorzubereiten. Du kannst mit deinem Kind gemeinsam Kinderbücher lesen, die es in die Welt der Wichtel einführen. Frag dein Kind, wie es sich fühlen würde, wenn ein Wichtel bei euch wohnen würde. Die Bilder und Charaktere der Wichtel aus den Büchern können den Kindern helfen, sich die Wichtel besser vorzustellen. Ein freundlicher und kindlicher Wichtel wird wahrscheinlich eher angenommen als ein alter Wichtel mit langem Vollbart und Knollnase. Die fiktiven Figuren werden für Kinder somit greifbarer und verleihen ihnen einen sympathischen Charakter.

Verbinde den Wichtel auch mit anderen fiktiven Figuren. Der Wichtel kann beispielsweise ein Helfer des Weihnachtsmanns oder des Christkinds sein, der sich auf einer magischen Mission befindet, um die Kinder durch die Weihnachtszeit zu begleiten.

Eine weitere Möglichkeit ist, den Wichtel vor seinem Einzug einen Brief an den Menschenbriefkasten schicken zu lassen, in dem er sich vorstellt und erzählt, warum er bei den Kindern einziehen möchte und was er sich Tolles überlegt hat.

Solltest du feststellen, dass dem Kind der Gedanke, dass sich der Wichtel in der Wohnung bewegt und den Bewohnern Streiche spielt, unheimlich ist, kannst du die Wichtelaktivitäten auf den Bereich der Wichteltür beschränken und auf Streiche verzichten. Es gibt viele andere Aktivitäten, die der Wichtel mit den Kindern machen kann und die sie begeistern, wie zum Beispiel Plätzchenbacken oder Weihnachtsbasteleien.

Wenn die Kinder sich vor einem nicht sichtbaren Wichtel fürchten, kannst du gegebenenfalls versuchen, mit einer kleinen Wichtelpuppe zu arbeiten, die du vor die Wichteltür setzt. Wenn keine Menschen in der Nähe sind, wird sie lebendig. In diesem Fall verzichtest du auf die Regel, dass man Wichtel nicht sehen darf, da sie sonst ihre Kräfte verlieren, und überlegst dir einfach eine eigene Geschichte.

Sollten die Ängste allerdings bestehen bleiben, kann sich der Wichtel verständnisvoll mit einem Brief von dem Kind verabschieden oder erst gar nicht einziehen. Im kommenden Jahr kannst du es gegebenenfalls noch einmal versuchen und eventuell andere Möglichkeiten ausprobieren, um das Kind auf den Wichtel vorzubereiten.

## MEIN KIND VERMISST SEINEN WICHTEL. WIE KANN ES AUCH NACH DEM AUSZUG WEITERGEHEN?

Wenn Kinder über den Auszug des Wichtels traurig sind oder über die Zeit ihren Freund vermissen, sollten sie in erster Linie von Erwachsenen dabei unterstützt und begleitet werden.

Es gibt schöne und einfach zu realisierende Möglichkeiten, um die Monate bis zur nächsten Weihnachtszeit zu überbrücken. Der Wichtel kann sich beispielsweise auch über das Jahr immer mal wieder bei den Kinder melden, indem er Briefe oder auch kleine Päckchen an den Menschenbriefkasten schickt. Vielleicht macht er eine Reise und schickt ihnen eine Postkarte aus dem Urlaub (sechs Mini-Postkarten mit Wichtelgrüßen zum Ausschneiden findest du auf S. 143) oder hübsche Muscheln vom Strand. Darüber hinaus kannst du den Wichtel über das Jahr gelegentlich mal auftauchen lassen. Das kann zum Beispiel an besonderen Tagen im Jahr passieren wie an den Geburtstagen der Kinder, an Karneval, Ostern oder Halloween. Der Wichtel kann aber auch die Kinder für ein paar Tage oder Wochen im Jahr besuchen und gemeinsam mit ihnen ein schönes Sommerprojekt umsetzen. Somit haben die Kinder auch über das Jahr etwas von ihrem Wichtel, ohne dass er zur Weihnachtszeit den Zauber verliert oder eine Umsetzung zu aufwendig wird.

**TIPP**

**Viele Ideen für die Umsetzung einer Wichteltür über das Jahr findest du in dem Buch „Zauberhafte Wichteltüren" von Sarah Arabatzis.**

## MEIN KIND HAT MICH BEIM DEKORIEREN ERWISCHT UND DAS ZUBEHÖR ENTDECKT.

Es kann durchaus passieren, dass dein Kind plötzlich im Raum steht und fragt, warum Mama oder Papa an der Wichteltür alles umstellen. In so einem Moment solltest du eine tolle Ausrede parat haben. Um so einer Situation vorzubeugen ist es sinnvoll – wenn du die Möglichkeit hast –, die Wichteltür an einem Ort aufzustellen, an dem Kinder am späten Abend nicht mehr vorbeilaufen, wenn sie beispielsweise doch noch mal schnell auf die Toilette müssen. Bevor du die Wichteltür umgestaltest, solltest du dich vergewissern, dass die Kinder tief und fest schlafen. Sollten dich die Kinder trotzdem erwischen oder sogar Wichtelzubehör im Schrank finden, kann ein Notfallbrief vom Wichtel helfen. In diesem Brief kann zum Beispiel drinstehen, dass der Wichtel so viele Sachen mitgebracht hat und sein Wichtelzimmer viel zu klein ist. Er bittet Mama oder Papa, einige seiner Sachen im Schrank aufzubewahren. Solltest du beim Umdekorieren entdeckt werden, kann ebenfalls ein Notfallbrief die Rettung sein. Auch in diesem Fall mussten Mama oder Papa mit anpacken und dem kleinen Wichtel helfen, weil er doch so viel zu tun hat.

## HILFE, ICH FÜHLE MICH ÜBERFORDERT!

Die Gestaltung und Umsetzung der Wichteltür kann schnell überfordern, insbesondere wenn man sich verpflichtet fühlt, jeden Tag eine neue Aktion oder Überraschung zu planen und durchzuführen. Dies kann zu Stress und Zeitdruck führen, was die Freude an der Tradition beeinträchtigen kann. Im oftmals stressigen Alltag inmitten der Weihnachtsvorbereitungen kann die Wichteltür als zusätzliche Belastung empfunden werden.

Die Wichteltür sollte jedoch nicht nur den Kindern Spaß machen, sondern auch den Erwachsenen, die das Ganze umsetzen. Um Stress zu vermeiden, ist eine gute Planung von Beginn an sehr hilfreich. Überlege dir, was du umsetzen möchtest und welches Zubehör du für diese Umsetzung zur Verfügung hast oder benötigst. Eine realistische Einschätzung der persönlichen Bedürfnisse ist hierbei wichtig, um die Aktivitäten stressfrei durchführen zu können.

Womit wir zum zweiten Punkt kommen: den persönlichen Erwartungen. Durch viele unterschiedliche Inspirationen, die man mittlerweile überall erhält, bekommt man vielleicht schnell das Gefühl, das alles auch für sich umsetzen zu müssen. Gerade Einsteigerinnen und Einsteiger fühlen sich zu Beginn schnell überfordert mit der Anschaffung des Zubehörs und der Ideenfindung. Wichtig ist, alles im eigenen Tempo durchzuführen. Es ist nicht nötig, täglich etwas zu verändern und das Ganze umfangreich und ausgefallen zu gestalten. Mit den Dingen, die man hat, kann man wunderbar arbeiten und alles langsam aufbauen und ergänzen. Viele Ideen lassen sich auch ohne Zubehör umsetzen wie zum Beispiel Wichtelzaubereien und kleine Streiche. Auch kannst du den Wichtel Briefe schreiben lassen, in denen er etwas von sich erzählt oder berichtet, was er in der Nacht hinter seiner Wichteltür gemacht hat. Weitere Ideen und Anregungen findest du in der Ideenbibliothek (ab S. 234).

Und vergiss nicht: Deine Kinder haben keine Erwartungen, sie freuen sich über jede Kleinigkeit, die der Wichtel macht. Und auch wenn mal nichts passiert, wird das ihnen die Freude daran nicht nehmen.

## ICH HABE GERADE VON DER WICHTELTÜR ERFAHREN UND MÖCHTE SIE KURZFRISTIG NOCH UMSETZEN.

Du erfährst in letzter Minute von der Wichtelwelt und möchtest spontan ein Wichtelprojekt umsetzen? Kein Problem! Das Wichtigste hierbei ist die Wichteltür. Wenn die Tür erst einmal an der Wand hängt, ist definitiv ein Wichtel eingezogen. Eine Wichteltür ist mittlerweile überall im Handel erhältlich. Du kannst sie aber auch in wenigen Minuten aus Pappe oder Holzstäbchen selbst basteln.

Schau anschließend, was du spontan an Zubehör basteln oder kaufen kannst, um die Wichtelkulisse zu erweitern. Falls es sich auf wenig bis gar kein Zubehör beschränkt, kannst du die Wichteltür in vereinfachter Form umsetzen und mehr mit Wichtelbriefen (S. 24) und Aktionen (z.B. aus der Ideenbibliothek, ab S. 234) für die Kinder arbeiten.

Vielleicht ist der Wichtel ja auch spontan eingezogen, weil er nach einem kuscheligen Zuhause für die Weihnachtszeit gesucht hat. Vieles hat er anscheinend nicht mitgebracht. Deshalb benötigt er nun dringend die Hilfe der Kinder, die ihm für sein Wichtelheim eine ganze Menge bauen und basteln können. Dafür müssen sie Material besorgen und tatkräftig mit anpacken. Du kannst viele alltägliche weihnachtliche Aktivitäten damit verbinden, indem du sie vom Wichtel vorschlagen lässt. Vielleicht backen die Kinder Plätzchen und legen dem hungrigen Wichtel ein paar vor die Tür. Du kannst hierbei auf weitere Ideen aus der Ideenbibliothek zurückgreifen, ohne die Wichteltür selbst aufwendig dekorieren zu müssen. Auch ohne Zubehör wird die Wichteltür ein spontanes und magisches Abenteuer.

### ICH HABE KEINE KINDER. KANN TROTZDEM EIN WICHTEL EINZIEHEN?

Selbstverständlich kann jeder den Brauch der Wichteltür umsetzen, unabhängig davon, ob man es für Kinder macht oder nicht. Du kannst die Wichteltür auch in ein soziales Projekt integrieren, zum Beispiel in Seniorenheimen, Kinderkrankenhäusern, Arztpraxen oder anderen Einrichtungen, um Freude zu verbreiten. Das Basteln und Dekorieren der kleinen Kulissen bereitet vielen Erwachsenen Freude, und sie finden oftmals in der Umsetzung einen entspannenden Ausgleich oder ein Hobby. Bastelarbeiten und kreative Aktivitäten können auch für ältere Menschen sehr wertvoll sein, da sie die geistige und körperliche Gesundheit fördern, die Konzentration verbessern und eine große Bedeutung in der Alltagsgestaltung finden.

# ORGANISATION & PLANUNG

Ein Wichtelbesuch bereitet viel Freude! Um den Aufwand im Alltag nicht überhand nehmen zu lassen, können eine gute Organisation und etwas Planung helfen. Natürlich ist es dir überlassen, wie viel Aufwand du betreiben möchtest. Die folgenden Seiten helfen dir mit Checklisten und Planungshilfen, den Überblick zu behalten.

- [ ] **INFORMIEREN**

Falls du Wichteleinsteiger bist oder es noch Themen gibt, über die du dich gerne informieren möchtest, findest du ab Seite 9 Antworten auf die häufigsten Fragen.

- [ ] **IDEEN SAMMELN**

Bist du bereits gut über das Wichtelthema informiert, kannst du mit der Ideenfindung beginnen. Überlege dir, welche Ideen du vom Wichteleinzug bis zum Auszug (S. 19) umsetzen möchtest. Lass dich inspirieren durch die Wichtelkulissen (ab S. 62) und von der Ideenbibliothek (ab S. 234).

- [ ] **ZUBEHÖR WÄHLEN**

Überlege, welches Zubehör du basteln und welches Zubehör du kaufen möchtest. Im Wichtelkulissen-Baukasten (ab S. 34) findest du eine Auswahl an Wichteltüren und Wichtelhäusern sowie Anleitungen für die Grundkulisse. Im Projektteil (ab S. 62) findest du eine große Auswahl an Bastelanleitungen für die Gestaltung einzelner Aktionstage und Wichtelkulissen.

- [ ] **ZUBEHÖR BASTELN, KAUFEN UND AUFBEWAHREN**

Beginne nun mit dem Kauf und der Gestaltung des Zubehörs für die Wichtelkulisse. Sortiere das Zubehör z.B. thematisch und bewahre es organisiert auf. Tipps dazu findest du ab Seite 28.

- [ ] **ORGANISIEREN**

Hast du eine Auswahl an Zubehör und Ideen gesammelt, kannst du die einzelnen Aktionstage planen. Hilfreich ist es, eine Übersicht zu erstellen. Ab Seite 21 erfährst du, wie du dein Projekt am besten organisieren kannst, um entspannt in die Wichtelzeit zu starten.

- [ ] **WICHTELBRIEFE UND ZUBEHÖR ZUM AUSDRUCKEN**

In der Digitalen Bibliothek (S. 5 und 31) findest du fertige Wichtelbriefe zum Ausdrucken. Informiere dich auf Seite 24, welche Arten von Wichtelbriefen es gibt.

- [ ] **IDEENBIBLIOTHEK NUTZEN**

Lass dich von vielen Ideen für Wichtelaktionen inspirieren (ab S. 234).

# VOM EINZUG BIS ZUM AUSZUG

## IDEEN ZUM WICHTELEINZUG

Die meisten Wichtel ziehen zum 1. Dezember oder ein paar Tage vorher ein. Wie und wann der Wichtel einzieht, kann bei jedem unterschiedlich sein. Du kannst den ersten Wichtelbrief zum Wichteleinzug schicken, oder der Wichtel kündigt sich bereits vor dem Einzug mit einem Wichtelbrief an. Dieser Brief, in dem der Wichtel die Kinder gegebenenfalls fragt, ob er einziehen darf, kann dann zum Beispiel im Menschenbriefkasten liegen.

## WICHTELLATERNE UND WICHTELLICHT

Eine Wichtellaterne oder ein Wichtellicht ist eine schöne Möglichkeit, um den Wichtel zu rufen und ihm zu zeigen, dass er erwünscht ist und einziehen darf. Dies geschieht am besten vor dem 1. Dezember. Die Kinder können hierfür eine Laterne oder eine Kerze im Glas nach draußen oder ans Fenster stellen. Meistens befinden sich auf der Laterne oder dem Glas kleine Wichtelschatten oder -bilder. Die Kinder können das Wichtellicht auch selbst gestalten und bemalen. Eine Anleitung für eine Laterne mit Druckvorlage findest du auf Seite 89.

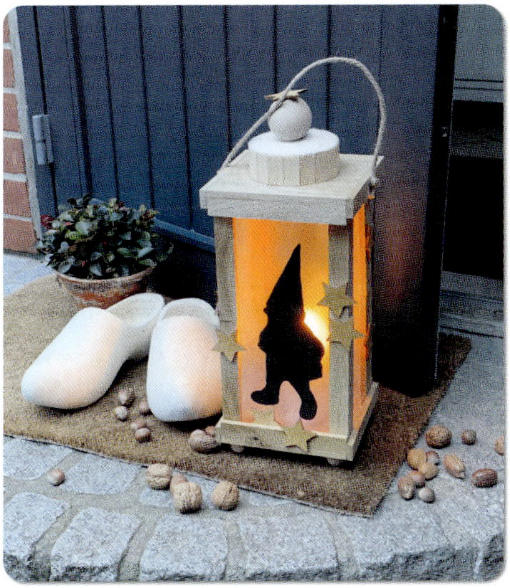

## WICHTELBAUSTELLE

Eine kleine Wichtelbaustelle taucht über Nacht auf und befindet sich dann dort, wo die Wichteltür später erscheinen wird. Dies geschieht meist ein paar Tage vor dem Einzug des Wichtels. Hierbei wird zunächst eine kleine Baustelle aufgebaut mit Werkzeugen und Materialien. Die Kinder konnen erahnen, dass der Wichtel hier fleißig am Werkeln ist und bald eine Tür oder ein Wichtelhäuschen erscheint. Inspiration dazu findest du ab Seite 64.

## DIE WICHTELTÜR ERSCHEINT ÜBER NACHT

Natürlich kann auch plötzlich über Nacht die Wichteltür erscheinen und der Wichtel ist direkt eingezogen. Eventuell stehen kleine Kisten oder Koffer vor seiner Tür und er hat bereits begonnen auszupacken. Der erste Wichtelbrief befindet sich vielleicht auch schon im Briefkasten und Fußspuren in der Wohnung deuten auf den Einzug hin, sodass die Kinder Ausschau nach einer Tür halten können.

## DIE KINDER BAUEN EINE WICHTELTÜR

Eine weitere sehr kreative Möglichkeit für Kinder ist, die Wichteltür für ihren Wichtel selbst zu bauen. Wer die Kinder bei der Gestaltung der Wichteltür und des Zubehörs mit einbinden möchte, kann das natürlich immer tun. Da Wichtel öfter mal die Hilfe der Kinder benötigen, können sie ihm bestimmt bei der Einrichtung seines Wichtelheims unter die Arme greifen. Die Kinder haben sicher große Freude daran. Sobald die selbst gebaute Wichteltür fertig ist, wird ganz bestimmt ein Wichtel darauf aufmerksam werden. Anleitungen für einfache Wichteltüren findest du auf Seite 35 und 37.

## WIE GELANGT DER WICHTEL IN DIE WOHNUNG?

Wichtel schlüpfen meist durch Fensterscheiben oder Türen hindurch. Mit ihren magischen Kräften und ein wenig Zauberglitzer ist das nämlich ganz einfach. Oftmals hinterlassen sie dabei einen Abdruck an der Scheibe, etwas Zauberglitzer auf dem Boden oder auch Fußspuren. Mit einem Kreidemarker kann man z.B. auch einen Abdruck des Wichtels an die Scheibe malen, eine zersprungene Glasscheibe oder auch eine Wichteltür, durch die er geschlüpft ist.

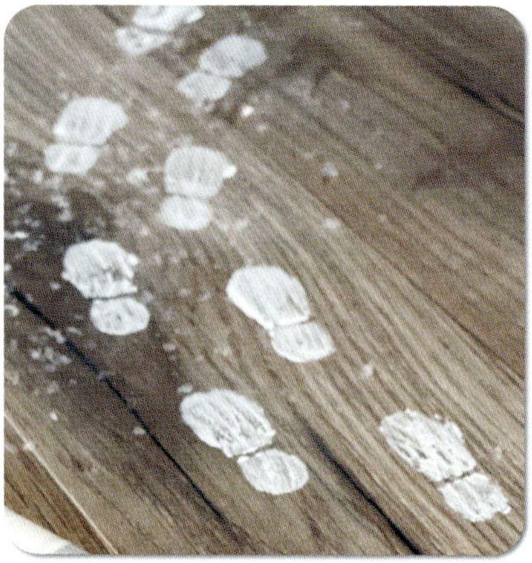

## WIE REIST EIN WICHTEL AN?

Auch für die Anreise gibt es unzählige Ideen. Die meisten Wichtel reisen mit einem Schlitten an, der mitunter von einem kleinen Rentier gezogen wird. Manche Wichtel kommen auch zu Fuß oder sie fliegen auf einer Eule, reiten auf einem Fuchs oder fahren mit einem winzigen Auto. Hierbei sind der Fantasie keine Grenzen gesetzt.

## WICHTELAKTIONEN IM ADVENT

Sobald der Wichtel eingezogen ist, passieren täglich oder regelmäßig zauberhafte Dinge vor der Wichteltür und in der Wohnung. Wie oft und wie umfangreich oder einfach du das gestaltest, ist ganz dir überlassen. Die Wichtelkulissen erzählen kleine Geschichten und zeigen, was der Wichtel in der Nacht so alles anstellt. Die Wichtelbriefe unterstützen und ergänzen dies. Wir unterscheiden zwischen Wichtelaktionen, also Dingen, die der Wichtel tut, und Aktionen für die Kinder, also kleinen Aufgaben, die der Wichtel für die Kinder parat hält. Ergänzen und kombinieren kannst du die Wichtelaktionen mit kleinen harmlosen Streichen und Wichtelzaubereien. Sehr oft können auch die Kinder selbst aktiv werden. Eine große Auswahl an Ideen findest du in der Ideenbibliothek (ab S. 234).

## IDEEN FÜR DEN WICHTELAUSZUG

Wenn der Wichtel seinen Auszug bereits ein paar Tage vorher ankündigt, kann er die Kinder sanft darauf vorbereiten. Die meisten Wichtel ziehen nach den Weihnachtsfeiertagen wieder aus, aber auch das ist eine individuelle Entscheidung. Er packt dann seine Kisten und Koffer und räumt sein Wichtelheim auf. Meist zieht der Wichtel aus, wie er eingezogen ist. Er schlüpft dann beispielsweise wieder durch die Scheibe und hinterlässt Fußspuren und einen Abschiedsbrief für die Kinder. Wer möchte, kann auch ein kleines Abschiedsgeschenk hinterlassen. Wie wäre es zum Beispiel mit etwas ganz Persönlichem vom Wichtel wie ein Freundschaftsarmband, ein Glücksbringer oder eine Zaubernuss (S. 229) mit magischem Inhalt?

# IDEENKARTEN & ÜBERSICHTSPLAN

Selbstverständlich kannst du einfach in die Wichtelzeit starten und alles ganz spontan gestalten, so wie es in euren Alltag passt. Wenn du lieber vorab alles organisieren möchtest, um dir planlose Abende zu ersparen, findest du hier einige Tipps.

## FLEXIBLER PLANER MIT IDEENKARTEN

Um gut organisiert zu sein und dir einen Überblick zu verschaffen, kannst du dir alle Ideen, die du mit und ohne dein Zubehör umsetzen kannst, aufschreiben. Der Planer hat den Vorteil, dass du nicht strikt an einen festen Ablaufplan gebunden bist, sondern die einzelnen Aktionstage ganz flexibel hin und her schieben kannst, um die Aktionen an deinen Alltag anzupassen. Die Ideensammlung kannst du dir anlegen, bevor der Wichtel bei euch einzieht. Du kannst sie dann selbstverständlich auch für die nächsten Jahre nutzen und mit weiteren Ideen ergänzen.

- Drucke dir den Planer aus (S. 31). Alternativ zur Druckvorlage kannst du natürlich auch einfaches Schreibpapier nutzen.
- Der Planer enthält einzelne Karten, in die du deine Ideen zu den Aktionstagen eintragen kannst. Überlege dir also, welche Wichtelaktionen du umsetzen möchtest und wie du einzelne Tage gestalten kannst.
- Schreibe jeden Aktionstag auf eine Karte. Dabei kannst du auch das benötigte Zubehör eintragen, Aktionen für die Kinder, Adventskalendergeschenke u.v.m.
- Schneide alle beschrifteten Karten aus, um sie flexibel hin und her schieben zu können.
- Um den Überblick zu behalten, kannst du dir einen kurzen Übersichtsplan anlegen. Mehr dazu findest du im nächsten Abschnitt.

## ÜBERSICHTSPLAN

Um die Aktionstage besser organisieren zu können und um dir eine Übersicht über die Wochen zu verschaffen, kannst du zusätzlich den Übersichtsplan verwenden. Den Planer kannst du entweder direkt befüllen und die Tage fest verplanen oder du verplanst nur ein paar Aktionen und lässt die anderen Tage offen für mehr Flexibilität in eurem Alltag.

- Nutze deine auf den Karten erstellte Ideensammlung und trage zunächst fixe Aktionstage wie z.B. Wichteleinzug, Auszug und Nikolaus ein.
- Überlege dir, welche besonderen Aktionen du auf das Wochenende verlegen möchtest, weil sie mehr Zeit in Anspruch nehmen, z.B. gemeinsames Plätzchenbacken, Weihnachtsbaumschmücken oder Weihnachtsmarktbesuch. Lege dir diese Karten beiseite und verteile sie grob auf die Wochenenden.
- Überlege anschließend, welche Aktionen tagesübergreifend sind, z.B. viele Wichtelzaubereien, und berücksichtige das ebenfalls bei der Planung.
- Die restlichen Ideenkarten kannst du auf die übrigen Tage verteilen, so wie es in euren Alltag passt. Wenn du lieber flexibel bist, plane ruhig nur ein paar Tage oder die laufende Woche im Voraus. Im oftmals stressigen Alltag inmitten der Weihnachtsvorbereitungen verschieben sich gerne mal Termine und man kann somit einfach und spontan umplanen.

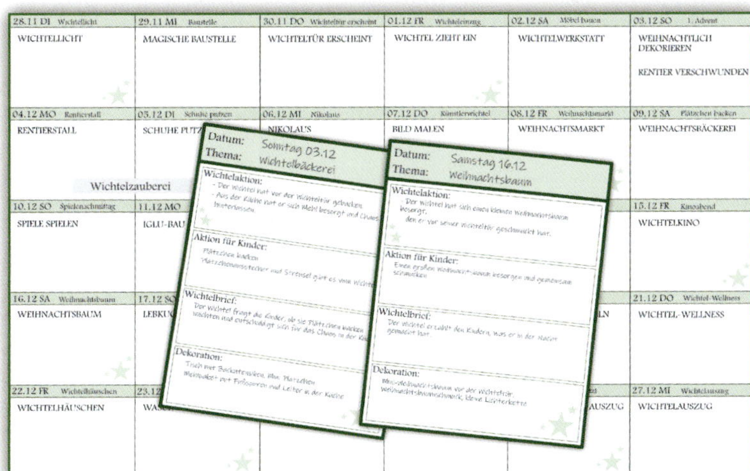

**SO KÖNNTE EIN AUSGEFÜLLTER ÜBERSICHTSPLAN AUSSEHEN:**

| 28.11. DI | 29.11. MI | 30.11. DO |
|---|---|---|
| WICHTELLICHT<br>Mit den Kindern wird ein Wichtellicht gebastelt und nach draußen/ans Fenster gestellt, um dem Wichtel zu zeigen, dass er einziehen darf. | MAGISCHE BAUSTELLE<br>An der Stelle, an der die Wichteltür erscheinen wird, gibt es eine Baustelle mit allerlei Dingen zum Entdecken. | WICHTELTÜR ERSCHEINT<br>Der Wichtel hat seine Wichteltür gebaut/gezaubert. |
| 04.12. MO | 05.12. DI | 06.12. MI Nikolaus |
| RENTIERSTALL<br>Das Rentier ist in der letzten Nacht ausgebüxt, daher hat der Wichtel nun einen Stall gebaut. | SCHUHE PUTZEN<br>Der Wichtel putzt seine Schuhe und hat auch für die Kinder Putzzeug bereitgestellt. | NIKOLAUS<br>Der Nikolaus war da und hat die Schuhe der Kinder und des Wichtels mit Überraschungen gefüllt. |
| 10.12. SO 2. Advent | 11.12. MO | 12.12. DI |
| SPIELE SPIELEN<br>Der Wichtel hat in der Nacht seine Spielesammlung rausgesucht und die Menschen-Spielesammlung für die Kinder parat gelegt, damit sie einen Spielenachmittag mit ihrer Familie machen können. | IGLU-BAU<br>In der Nacht hat der Wichtel ein hübsches Iglu gebaut. | GESCHENKE VERPACKEN<br>Der Wichtel hat Geschenke eingepackt und auch die Kinder dürfen Geschenke für ihre Lieben basteln und verpacken. |
| 16.12. SA | 17.12. SO 3. Advent | 18.12. MO |
| WEIHNACHTSBAUM<br>Der Wichtelbaum wurde dekoriert und auch die Familie besorgt gemeinsam einen Baum und dekoriert ihn hübsch. | LEBKUCHENHAUS<br>Ein Lebkuchenhaus-Bausatz und Süßigkeiten liegen für die Kinder vor der Wichteltür. Auch der Wichtel hat ein kleines Lebkuchenhäuschen gebaut. | BAUMSCHMUCK BASTELN<br>Für den Weihnachtsbaum hat sich der Wichtel Baumschmuck gebastelt. Auch die Kinder können Baumschmuck aus Holzstäbchen, Modelliermasse o.Ä. basteln. |
| 22.12. FR | 23.12. SA | 24.12. SO 4. Advent / Heiligabend |
| WICHTELHÄUSCHEN<br>Der Wichtel hat kleine Wichtelhäuschen aus Butterkeksen gebaut und auch für die Kinder Zutaten bereitgestellt. | WASCHTAG<br>Der Wichtel wäscht seine Kleidung und nimmt ein Bad. | FESTLICH DEKORIERT<br>Für Heiligabend hat der Wichtel es sich richtig gemütlich gemacht und seinen Tisch festlich dekoriert. |

| 01.12. FR | 02.12. SA | 03.12. SO 1. Advent |
|---|---|---|
| WICHTEL ZIEHT EIN<br>Die Koffer und Kisten stehen vor der Wichteltür, welche die Kinder entdecken dürfen. | WICHTELWERKSTATT<br>Die ersten Möbel werden gebaut. | WEIHNACHTLICH DEKORIEREN<br>Türkranz, Adventskranz, u.v.m.<br>RENTIER AUSGEBÜXT<br>Das Rentier ist ausgebüxt und die Kinder müssen es suchen und zurückbringen. |
| 07.12. DO | 08.12. FR | 09.12. SA |
| BILD MALEN<br>Der Wichtel hat ein Bild auf einer kleinen Staffelei gemalt und auch für die Kinder eine bereitgelegt. | WEIHNACHTSMARKT<br>Der Wichtel-Weihnachtsmarkt erscheint über Nacht und auch ein Ausflug auf den Menschen-Weihnachtsmarkt ist geplant. | WEIHNACHTSBÄCKEREI<br>Der Wichtel hat in der Nacht Plätzchen gebacken und auch für die Kinder Zutaten bereitgestellt. |
| 13.12. MI | 14.12. DO | 15.12. FR |
| SCHLITTSCHUHLAUFEN<br>Der Wichtel hat sich einen See gezaubert und ist darauf Schlittschuh gelaufen. | SCHLITTENFAHREN<br>Draußen hat es geschneit und die Kinder können Schlitten fahren. Auch der Wichtel ist in der Wohnung Schlitten gefahren. | WICHTELKINO<br>Vor seiner Wichteltür hat der Wichtel ein Kino aufgebaut und auch die Kinder dürfen sich einen Film ansehen und dabei Popcorn essen. |
| 19.12. DI | 20.12. MI | 21.12. DO |
| KLEIDUNG NÄHEN<br>Der Wichtel hat sich neue Kleidung genäht. | SCHNEEMANN BAUEN<br>Vor der Wichteltür hat es geschneit und der Wichtel hat einen Schneemann gebaut. Auch die Kinder können einen Schneemann bauen. | WICHTEL-WELLNESS<br>Der Wichtel hat es sich im Whirlpool gemütlich gemacht. |
| 25.12. MO 1. Weihnachtstag | 26.12. DI 2. Weihnachtstag | 27.12. MI |
| GEMÜTLICHER ABEND<br>Der Wichtel genießt die letzten Tage und hat es sich am Kamin gemütlich gemacht. | VORBEREITUNGEN AUSZUG<br>Der Wichtel bereitet alles für seinen Auszug vor, räumt auf, packt seine Koffer und putzt vor seiner Wichteltür. | WICHTELAUSZUG<br>Der Wichtel ist ausgezogen und die Wichteltür ist verschwunden. Er hat einen Abschiedsbrief und ein kleines Geschenk für die Kinder hinterlassen. |

# WICHTELBRIEFE SCHREIBEN

Da die Wichtel nicht gesehen werden dürfen, kommunizieren sie mit den Kindern über Briefe, die sie vor ihrer Wichteltür für sie hinterlassen. Da viele Kinder noch nicht lesen können, übernehmen gerne die Erwachsenen das Vorlesen für sie. Die Wichtelbriefe können ganz unterschiedlich in Design und Inhalt ausfallen und an die eigenen Bedürfnisse angepasst werden. Wenn es einen kleinen Briefkasten neben der Wichteltür gibt, kannst du den Brief dort hineinstecken. Auch kannst du Wichtelbriefe in kleinen Umschlägen neben die Wichteltür stellen. Natürlich können die Kinder ihrem Wichtel auf die Briefe antworten, ihm Fragen stellen oder auch Bilder malen.

## WICHTELBRIEFE SELBST VERFASSEN

Du kannst die Wichtelbriefe selbst schreiben, um ganz persönliche oder auch aktuelle Ereignisse darin aufzugreifen. Hierbei findet ein ganz individuelles Gespräch auf persönlicher Ebene zwischen dem Kind und seinem Wichtel statt. Die Briefe können gezielt auf bestimmte Ereignisse im Alltag des Kindes eingehen.

- Der Wichtel erzählt etwas Persönliches über sich. Wer ist er? Was macht er gerne? Woher kommt er?
- Er erzählt den Kindern, was er in der Nacht erledigt hat, als sie geschlafen haben.
- Auch auf bestimmte Aktionen geht er ein, wenn er beispielsweise in der Wohnung unterwegs war, um Plätzchen zu suchen.
- Wenn der Wichtel die Hilfe der Kinder benötigt, kann er sie in seinen Briefen darum bitten.
- Du kannst die Briefe auch dafür nutzen, um die Kinder zu bestimmten Aktionen zu animieren, wie Plätzchenbacken oder dem Wichtel ein Bild für sein Wichtelheim malen.
- Auf kleine Wichtelstreiche kann der Wichtel in seinen Wichtelbriefen hinweisen, um die Kinder darauf aufmerksam zu machen, dass es sich hierbei um Spaß handelt.
- Bei Wichtelzaubereien oder auch bestimmten Aktionen für die Kinder kann der Wichtelbrief als kleine Anleitung dienen, damit die Kinder wissen, was sie tun müssen.
- Über die Wichtelbriefe kannst du auf bestimmte Situationen eingehen, die aktuell im Alltag der Kinder sind. Beispielsweise nimmt der Wichtel Bezug auf einen anstehenden Ausflug oder den Besuch bei der Oma und fragt, ob sie sich schon darauf freuen.

## FERTIGE WICHTELBRIEFE VERWENDEN

Schneller und einfacher ist es, vorgeschriebene Briefe zu verwenden, die du täglich benutzen und einfach vor die Tür legen kannst. Fertige Briefe schaffen nicht nur Anreize für die Umsetzung einer Wichteltürkulisse oder Aktion, sie ersparen dir auch die Zeit, selbst einen Brief zu formulieren. In den Briefen kannst du meist den Namen des Kindes oder der Kinder und den des Wichtels ergänzen. Eine Auswahl an fertigen Briefen zum Ausdrucken findest du in der Digitalen Bibliothek (S. 5 und 31); sie haben neutrale Anreden, die sich auf die Familie oder eine Gruppe von Kindern beziehen können. Somit kannst du sie flexibel für ein Kind oder auch für mehrere Kinder verwenden.

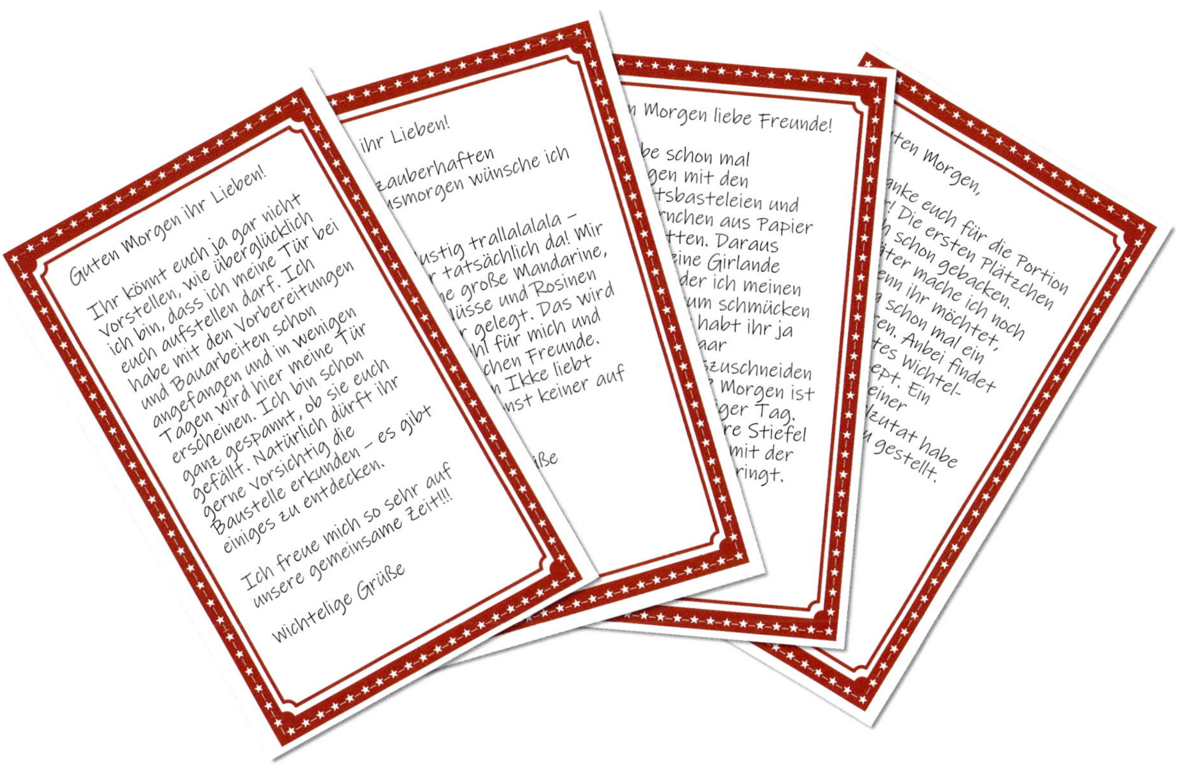

# Quick-Start ins Wichtelvergnügen

# ZUSAMMENSTELLEN DER WICHTELKULISSEN

Du stellst dir vielleicht die Frage, woraus eine Wichtelkulisse besteht. Wie viel Zeit du brauchst, um sie aufzubauen und zusammenzustellen und wie viel Budget. Das alles ist ganz dir überlassen. Wichtelkulissen können von ganz einfach bis aufwendig und extravagant gestaltet sein. Auf den Projektseiten ab Seite 62 findest du immer zwei Kulissen: eine, die du relativ schnell umsetzen kannst, und eine, für die du etwas mehr Zeit benötigst.

## WELCHES ZUBEHÖR BENÖTIGE ICH?

Für eine einfache Wichtelkulisse benötigst du nur die Basics: eine Wichteltür und einen Briefkasten, den du dafür nutzen kannst, die Briefe vom Wichtel an die Menschen zu schicken. Eine Fußmatte mit kleinen Schühchen, eine Leiter und gegebenenfalls ein paar Bäumchen dienen als hübsche Deko, um die Wichteltür lebendiger aussehen zu lassen. Eine Auswahl dieser Basics findest du zum Nachbasteln im Grundbaukasten ab Seite 34. Diese einfache Wichtelkulisse kannst du dann mit weiterem Zubehör für tägliche Aktionen ergänzen. Je nachdem wie einfach oder aufwendig du das Ganze gestalten möchtest, benötigst du mehr oder weniger Zubehör. Nach oben sind keine Grenzen gesetzt und du kannst deiner Fantasie freien Lauf lassen. Hast du nur wenig Zubehör zur Verfügung oder wenig Zeit, kannst du die Wichteltür auch in einfacher Form durchführen. Viele Ideen, die du auch ohne Zubehör umsetzen kannst, findest du in der Ideenbibliothek ab Seite 234.

### TIPP

Auf unseren Blogs kannst du in die Wichtelwelt eintauchen und findest zahlreiche Anregungen und Anleitungen.

**Sarah Arabatzis:** www.allaroundfamily.de
Instagram: @allaroundfamily.de und @allaround.wichtel

**Elli Böttcher:** www.wichteltueren.de
Instagram: @wichteltueren.de

**Anja Schröder:** www.basteln-und-dekorieren.de
Instagram: @basteln_dekorieren und @wichteltuer_original_nils

## SOLL ICH ZUBEHÖR KAUFEN ODER BASTELN?

Auch hier darfst du selbst entscheiden. Eine gute Mischung aus beidem ist meist eine schöne Lösung. Zubehör zu basteln, ist eine kostengünstigere Alternative zum Kauf, die allerdings auch Vorbereitungszeit in Anspruch nimmt. Aus einfachen Materialien und Werkzeugen, die überall erhältlich sind, lässt sich fast jedes Zubehör für die Wichteltür selbst herstellen, wie wir dir im Grundbaukasten ab Seite 34 und im Projektteil ab Seite 62 zeigen. Wenn du aber nicht alles basteln möchtest oder nach weiterem Zubehör suchst, findest du mittlerweile in vielen Geschäften und Online-Shops eine große Auswahl an Zubehör. Online kannst du z.B. unter den Begriffen Wichtelzubehör, Puppenhaus-Zubehör oder Miniaturen nach Zubehör suchen.

## WIE BEWAHRE ICH DAS ZUBEHÖR AUF?

Die vielen kleinen Miniaturen der einzelnen Kulissen geraten schnell durcheinander. Damit du nicht lange suchen musst, um eine Kulisse zu gestalten, empfehlen wir Fächerboxen mit unterschiedlich großen oder flexiblen Fächern. Hier kannst du die Miniaturen nach Themen sortieren, sodass du alles griffbereit hast. Auch kleine Druckverschlussbeutel sind praktisch, gerade bei losem Zubehör wie z.B. kleinen Christbaumkugeln. Die Boxen sind meist stapelbar und du kannst sie von außen beschriften, um schnell das passende Zubehör zu finden. In größeren Kisten kannst du größeres Zubehör wie Wichtelmöbel und Ähnliches verstauen. Um nicht in Erklärungsnot zu geraten, ist für die Lagerung des Zubehörs ein Ort sinnvoll, den die Kinder nicht einsehen oder erreichen können.

## WIE UND WO BRINGE ICH DIE WICHTELTÜR AN?

Bei der Gestaltung der Wichteltür wird zwischen einer Wichteltür und einem Wichtelhäuschen unterschieden. Die traditionelle Wichteltür, die über der Fußleiste an der Wand angebracht wird, lässt sich gut mit Posterstrips, Klebepads oder Klebeknete anbringen. Die Materialien zur Befestigung sollten sich rückstandslos von der Wand entfernen lassen. Teste dies vorab an einer unauffälligen Stelle. Wichteltüren lassen sich aber nicht nur über der Fußleiste befestigen, sondern nahezu überall dort, wo es passend erscheint wie z.B. auf Fensterbänken, Treppenstufen, Regalböden und ähnlichen Orten. Wenn du Kleinkinder oder Haustiere hast, empfiehlt es sich, die Wichteltür an einem höher gelegenen Ort anzubringen, an dem deine Mitbewohner die Wichtelkulisse nicht unbeaufsichtigt erreichen können. Wichteltüren lassen sich auch schön mit einer kleinen Hintergrundfassade verzieren, an der du den Briefkasten und vielleicht ein kleines Dach anbringen kannst.

## DAS WICHTELHAUS AUFSTELLEN

Viele Wichtelfreunde greifen aber auch gerne zum Wichtelhäuschen, das sie entweder selbst bauen oder aus Holz fertig kaufen. Hierfür eignen sich auch kleine Holzwandregale in Form eines Hauses, eine Holzkiste und Ähnliches. Die Häuschen lassen sich wunderbar auf Sideboards stellen und als Teil der Weihnachtsdekoration im Wohnraum gestalten. Sie sehen nicht nur hübsch aus, sondern haben auch den Vorteil, dass das Miniaturzubehör nicht auf dem Fußboden steht. Dies bietet die Möglichkeit, die Miniaturen außerhalb der Reichweite von kleinen Kindern oder Haustieren aufzustellen.

# MATERIALIEN & HILFSMITTEL

Aus wenigen Materialien kannst du viel unterschiedliches Zubehör basteln. Sammle daher am besten schon über das Jahr verschiedene Materialien und verwahre alles, wovon du glaubst, es benutzen zu können. Dann hast du eine schöne Auswahl zum Basteln. Sehr oft kannst du auch aus einem Material ganz unterschiedliches Zubehör erstellen.

## MODELLKARTON

Die 3 mm starken Leichtschaumplatten haben einen feinen Papierüberzug. Die Platten lassen sich leicht mit dem Bastelmesser zuschneiden und eignen sich sehr gut für das Bauen von Kulissen, Türen, Küchenmöbeln usw. Die Platten können mit Holzleim zusammengefügt und anschließend gestrichen werden.

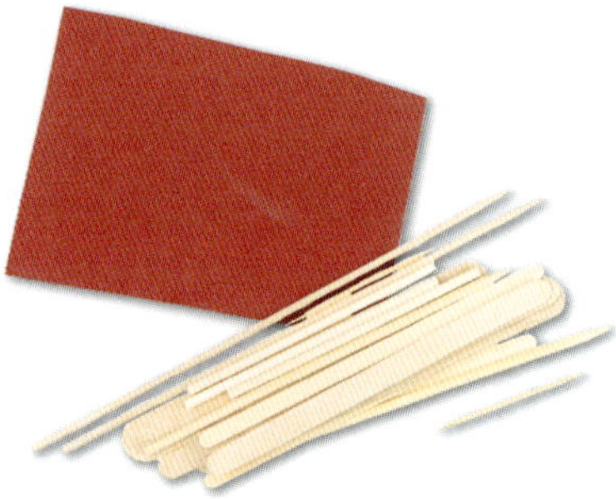

## HOLZSTÄBCHEN UND RUNDHÖLZER

Holzstäbchen und Rundhölzer finden beim Kulissenbau, bei der Anfertigung von Türen, Dekorationsgegenständen, Werkzeug und Fahrzeugen unzählige Einsatzmöglichkeiten. Folgende handelsübliche Größen werden verwendet:

Rundholz, ø 4 mm, 15 cm lang
Holzstäbchen, Gr. K (1,1 cm x 11 cm)
Holzstäbchen, Gr. S (6 mm x 19 cm)
Holzstäbchen, Gr. M (1,8 cm x 15 cm)
Holzstäbchen, Gr. L (2,5 cm x 20 cm)

Rundhölzer und Holzstäbchen lassen sich mit Express-Holzleim zusammenfügen und sollten für ein sauberes Ergebnis vor dem Bemalen geschmirgelt werden.

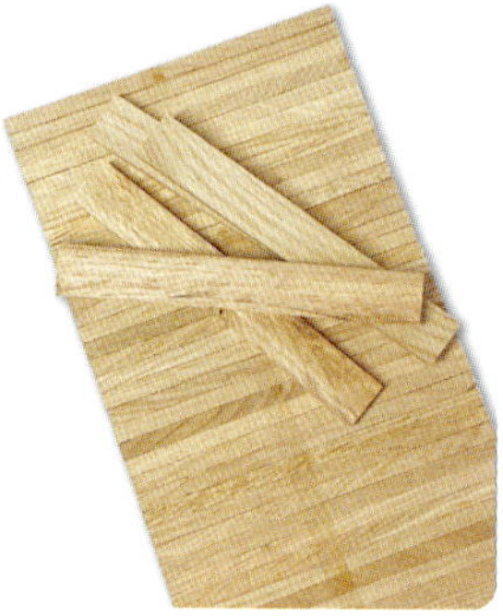

## HOLZKLÖTZCHEN

Die Eichenholzzuschnitte in den Maßen 16 cm x 2,2 cm x 8 mm eignen sich für den Kulissenbau. Die Klötzchen können geölt, gewachst, gefärbt und angestrichen werden. Um sie zu verbinden, benutzt du vorzugsweise Express-Holzleim. Zum Schneiden eignet sich eine Handsäge, Mini-Kreissäge oder Japansäge. Klötzchen findest du im Fachhandel oder bei basteln-und-dekorieren.de.

**HINWEIS**

Die Maße bei den Holzklötzchen geben immer Länge x Breite x Stärke an. Bei den Holzstäbchen, die es in Größe K, S, M und L gibt, wird Breite x Länge angegeben.

## PAPPE UND PAPIER

2 mm starker Modellkarton (ca. 1260 g/m²) eignet sich hervorragend für sehr stabile Teile wie Hausfassaden, Türen und Möbel. Modellkarton ist vergleichbar mit Buchbinderpappe und lässt sich am besten mit einem Bastelmesser schneiden. Für stabile Arbeiten, die du mit der Schere schneiden musst, kannst du sehr gut 1 mm starke Graupappe (ca. 700 g/m²) verwenden. Fotokarton (ca. 300 g/m²) eignet sich gut für Türblätter oder auch als Untergrund für Holztüren. Alternativ kannst du hierfür auch alte Kartonversandtaschen verwenden.

## HOLZSPIESSE, ZAHNSTOCHER UND ZWEIGE

Runde Hölzer wie Holzspieße (oder Schaschlikstäbchen), Zahnstocher, Zweige und Ähnliches kannst du für Leitern, Werkzeuge und vieles mehr verwenden. Mit feinem Schmirgelpapier lassen sich die Schnittkanten der Hölzer glätten.

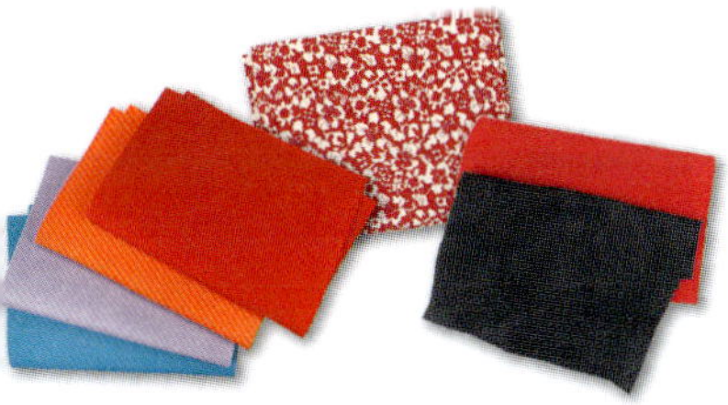

## STOFFE UND BASTELFILZ

Für Kleidung, Fußmatten, Kissen und Dekozubehör eignen sich Stoffe und Bastelfilz. Vielleicht findest du zu Hause auch alte Kleidungsstücke oder Stoffreste, die du verwenden kannst.

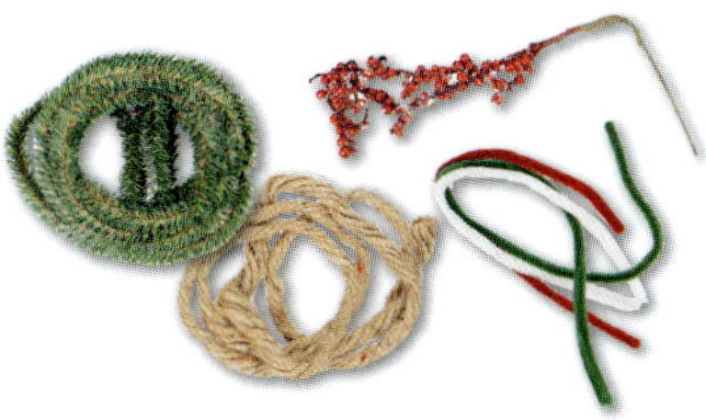

## BÄNDER, SCHNÜRE, JUTE, GIRLANDEN UND DRAHT

Diese Materialien eignen sich sehr gut für Detailarbeiten und Verzierungen. Du kannst daraus auch ganz einfach und schnell tolles Zubehör wie Körbe, Fußmatten, Kränze und vieles mehr basteln.

## RECYCLING-MATERIAL

Alte Versandkartons und Stoffe, aber auch das kleine Glöckchen vom Schokohasen, einen leeren Eierkarton, leere Klopapierrollen, den Ersatzknopf vom Strickpullover und auch das Dekoband vom Geburtstagsgeschenk sind alles Dinge, die der Wichtel gebrauchen kann. Bewahre sie auf.

## DRUCKVORLAGEN

Für manche Modelle benötigst du Vorlagen, mit denen du ein oder mehrere Teile ausschneiden kannst. Die Vorlagen zum Herunterladen und Ausdrucken gibt es unter www.topp-kreativ.de/digibib. Der Freischalt-Code lautet: 51600.

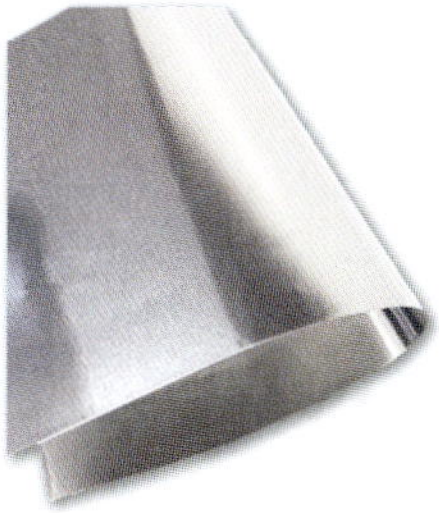

## BASTELALUFOLIE

Sie wird auch Prägefolie oder Hartmetallfolie genannt und ist für Drückarbeiten geeignet. Wenn die Folie auf einem weichen Untergrund liegt, lassen sich Konturen eindrücken. Die Folie kannst du mit einer einfachen Schere schneiden. Zum Zusammenfügen zweier Teile verwendest du Schmuckkleber. Die Folie ist zum Basteln von Tonnen, Konservendosen und Wichtelwerkzeug geeignet. Alternativ kannst du für kleinere Arbeiten auch eine Teelichtummantelung verwenden.

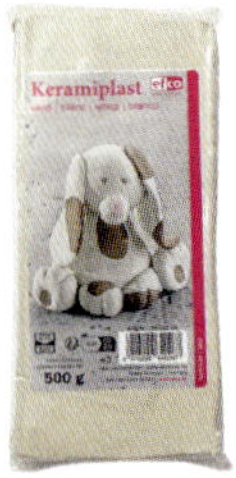


## MODELLIERMASSE

Eignet sich zum Modellieren von Obst und Gemüse, Futter, Speisen, Tellern und anderen Utensilien. Die Modelliermasse hat den Vorteil, dass sie geschliffen, gebohrt und angemalt werden kann. Man unterscheidet zwischen ofenhärtender Modelliermasse, die es in verschiedenen Farben gibt, und lufttrocknender Modelliermasse, die mit Acrylfarben individuell bemalt werden kann. Jeweils sind die Herstellerangaben zur Trocknung zu beachten.

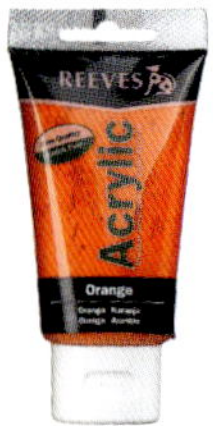


## FARBEN UND HOLZÖLE

Mit Acrylfarben, wasserfestem Filzstift und Ähnlichem kannst du das Zubehör anmalen. Für Hölzer kannst du auch Holzöl, Holzwachs oder eine Lasur verwenden. Schattierungen kannst du u.a. mit Bleistiften und Buntstiften erzeugen. Mische auch Farben oder trage sie in unterschiedlichen Farbschichten auf, damit sie lebendiger wirken.

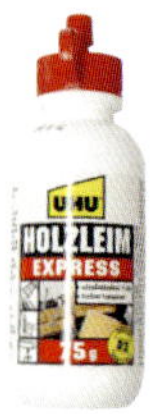


## EXPRESS-HOLZLEIM

Mit dem Leim lassen sich Holzklötzchen und Holzstäbchen zusammenkleben. Wir empfehlen den Leim auch, um Steine, Papier und Pappe, Stoff, Filz und Styropor zu kleben.

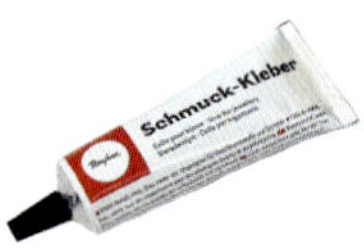


## SCHMUCKKLEBER

Klebt Glas, Holz, Leder und Metall. Ideal zum Zusammenfügen der Bastelalufolie.

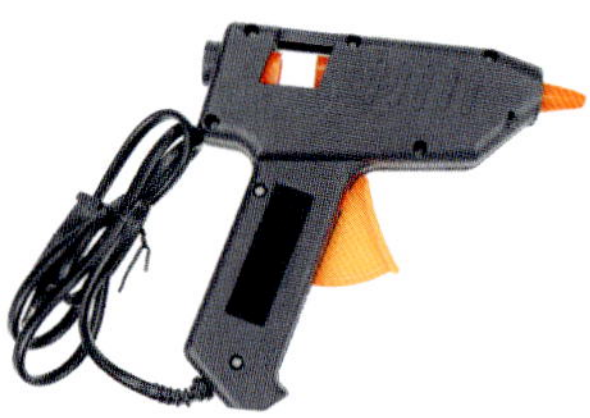

## HEISSKLEBER UND ANDERE KLEBSTOFFE

Heißkleber verwendest du, wenn du schnell und stabil kleben möchtest. Sekundenkleber ist super für Feinarbeiten ohne Kleberückstände. Klebestifte oder Ähnliches eignen sich gut für größere Klebeflächen mit Pappe.

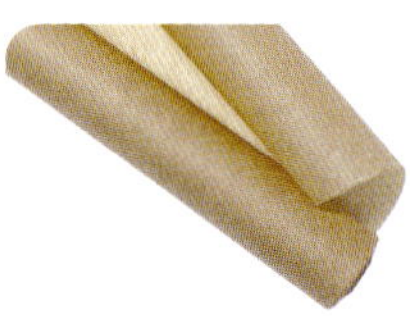

## BACKPAPIER

Als Bastelunterlage beim Leimen von Holzstäbchen und Klötzchen sehr geeignet, weil nichts anklebt oder abfärbt. Auch super als Unterlage für das Arbeiten mit Modelliermasse.

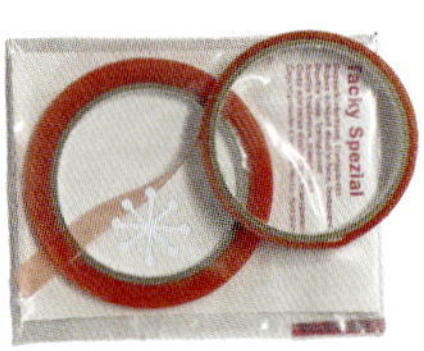


## TACKY TAPE

Ein doppelseitig transparentes Klebeband, das stark haftet. Es ist bestens geeignet, um mehrere Holzstäbchen vor dem Zuschnitt in Reihe zusammenzufügen, um Fensterfolien einzusetzen und verschiedene andere Materialien zu verbinden.

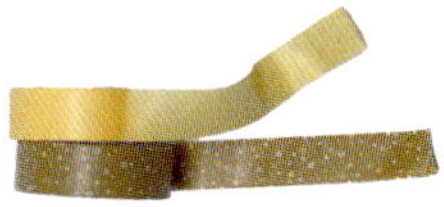

### WASHI TAPE

Mit dem Papierklebeband kannst du zu bemalende Flächen abkleben oder zwei Gegenstände temporär fixieren, da es sich leicht wieder ablösen lässt.

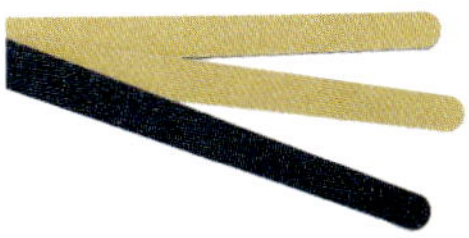

### NAGELFEILEN AUS PAPIER UND SCHMIRGELPAPIER

Nagelfeilen aus Papier sind praktisch und handlich, um Werkstücke zu glätten. Geeignet für Holzstäbchen, Kunststoffe und zum Entgraten von Bastelalufolie. Alternativ wird häufig Schmirgelpapier in verschiedenen Körnungen eingesetzt.

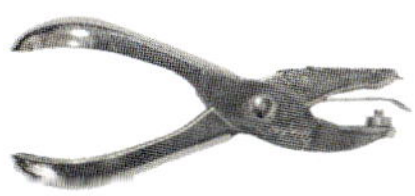

### LOCHZANGE

Die handliche Lochzange aus Metall stanzt Papier, Postkarten, Aluminium, Plastikfolie und Leder. Sie ist ein ideales Hilfsmittel zur Anfertigung von Wichtelpapeterie, Schuhösen und Eimern.

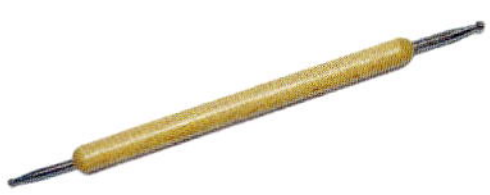

### PRÄGESTIFT

Mit dem Stift und einem Geodreieck prägst du Rillen in Bastelalufolie, beispielsweise um Konservendosen oder Mülltonnen herzustellen.

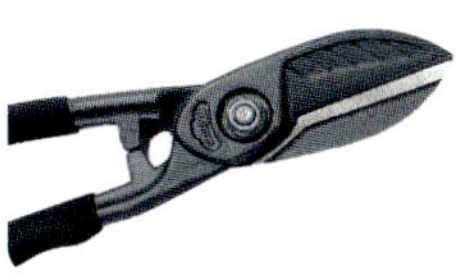

### BLECHSCHERE

Mit einer Blechschere und einem gleichzeitig angelegten Geodreieck schneidest du mühelos alle Hölzer im rechten Winkel.

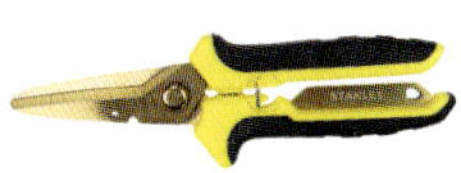

### UNIVERSALSCHERE

Mit einer Universalschere oder auch Multifunktionsschere kannst du mühelos dünnere Hölzer wie Holzstäbchen, kleine Zweige und dünne Drähte schneiden. Aber Achtung, sie ist sehr scharf! Gut auf die Finger aufpassen!

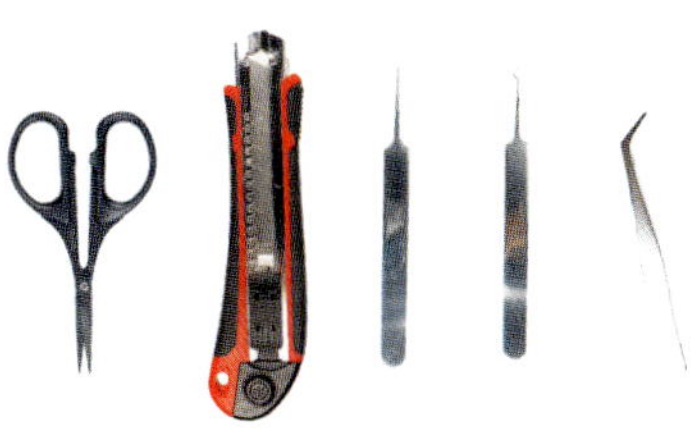

### SILHOUETTENSCHERE, PINZETTE, BASTELMESSER UND MODELLIERWERKZEUGE

Diese Werkzeuge können dir viele Feinarbeiten oder Arbeiten mit kleinerem Kraftaufwand erleichtern. Modellierwerkzeuge kannst du für Arbeiten mit Modelliermasse verwenden.

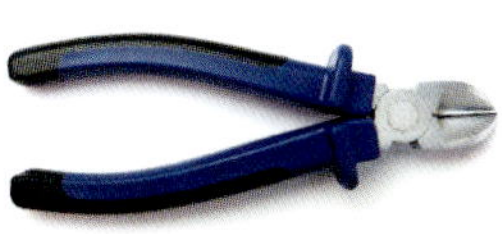

### SEITENSCHNEIDER

Der Seitenschneider sollte in keiner Bastelkiste fehlen. Er eignet sich ideal zum präzisen Abknipsen von Drähten und zum Zuschneiden von Bastelhölzern. Dank des rutschfesten Griffs ist er komfortabel in der Handhabung und sorgt für eine sichere Anwendung.

# DER WICHTEL-KULISSEN-BAUKASTEN

Im Grundbaukasten findest du Basics, die du brauchst, um mit der Wichteltradition zu starten. Traditionell wählst du eine Tür, die den Wichtel jedes Jahr durch die Weihnachtszeit begleitet. Du kannst die Wichteltür aber auch nach einem Jahr wechseln. Da zurzeit Wichtelhäuser stark im Trend sind, findest du auch zwei Häuser zum Nachbauen. Die Einzelteile im Grundbaukasten kannst du frei miteinander kombinieren.

# TÜREN

## RUSTIKALE HOLZTÜR

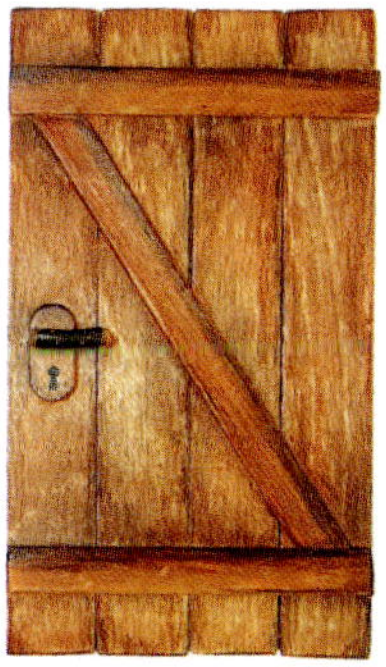

**MATERIAL**
- 3 Holzstäbchen, Gr. K (1,1 cm x 11 cm)
- 4 Holzstäbchen, Gr. M (1,8 cm x 15 cm)
- dickerer Zweig, ca. 1,8 cm lang
- Wasserfarbe in Brauntönen
- Buntstifte in verschiedenen Brauntönen
- Klarlack (optional)
- Permanentmarker in Schwarz
- Express-Holzleim

**HILFSMITTEL**
- Seitenschneider
- Schmirgelpapier, 240er Körnung
- Pinsel

**1** Kürze die vier Holzstäbchen Gr. M mit dem Seitenschneider auf 13 cm und zwei der Holzstäbchen Gr. K auf 7,3 cm Länge. Glätte alle Kanten mit Schmirgelpapier.

**2** Lege die vier Holzstäbchen Gr. M nebeneinander und klebe die zwei kürzeren Holzstäbchen mit 1,2 cm Abstand zum oberen und unteren Rand mit dem Holzleim darauf fest.

**3** Für die Schrägleiste legst du das letzte Holzstäbchen an die obere und untere Leiste an und zeichnest ein, wo es gekürzt werden muss. Knipse das Holzstäbchen auf die richtige Länge und klebe es fest.

**4** Für die Türklinke aus einem Reststück eines Stäbchens ein kleines Oval zurechtschneiden und aufkleben.

**5** Bemale die Tür mit hellbrauner Wasserfarbe. An den Kanten mit dunkleren Farben Schattierungen malen und trocknen lassen. Anschließend kannst du mehr Schattierungen mit Buntstiften malen. Optional kannst du die Tür mit Klarlack versiegeln.

**6** Klebe zuletzt mit Holzleim den Zweig als Türklinke auf und male mit Fineliner ein Schlüsselloch auf.

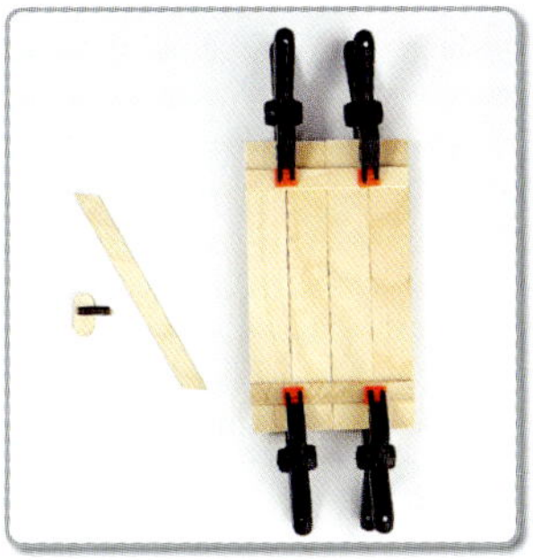

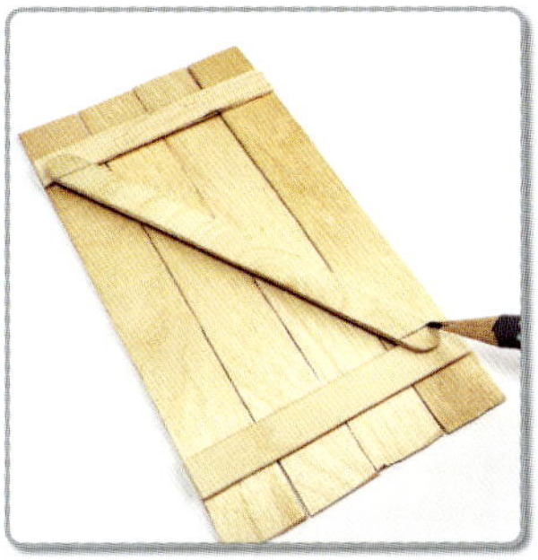

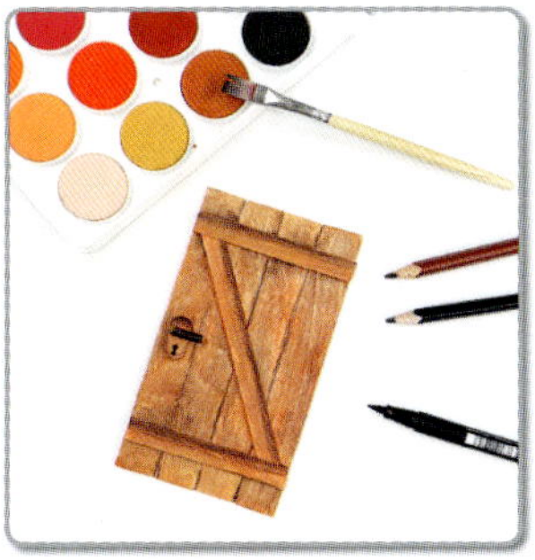

# PAPPTÜR MIT STEINMAUER

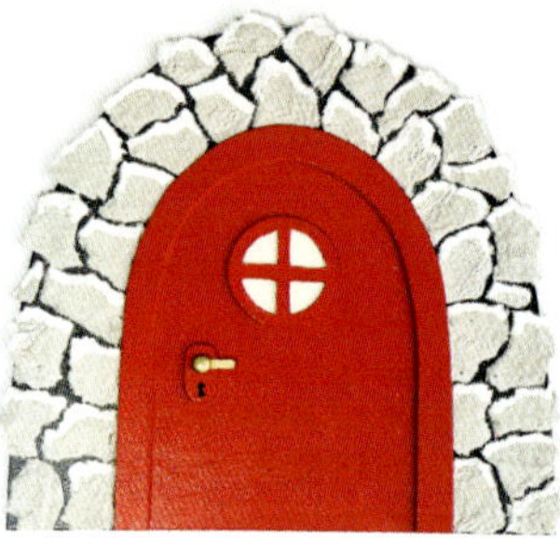

**VORLAGE**

Papptür (S. 31)

**MATERIAL**

- Graupappe, 2 mm stark (980 g/m²)
- Eierkarton in Grau
- (Leucht-)Folie
- Musterbeutelklammer
- Acrylfarbe in Dunkelgrau und Rot
- Permanentmarker in Schwarz
- Acrylstift in Weiß
- Express-Holzleim

**HILFSMITTEL**

- Bastelmesser mit Schneideunterlage
- Pinsel

**1** Zeichne mithilfe der Vorlagen alle angegebenen Formen auf Graupappe und schneide sie mit dem Bastelmesser aus.

**2** Lege den Türrahmen mittig auf den Hintergrund und zeichne ihn an. Male das Innere der Markierung rot und das Äußere dunkelgrau. Male den Türrahmen, das Fenster und das kleine Oval für den Türgriff rot. Trocknen lassen.

**3** Klebe Türrahmen und Oval für die Türklinke auf das Türblatt. Biege die Musterbeutelklammer zu einem Türschloss mit Klinke und klebe sie auf. Mit Permanentmarker malst du das Schlüsselloch auf.

**4** Reiße den Eierkarton in gleichmäßige Stücke, klebe sie mit Lücken auf und male mit dem Acrylstift weiße Schattierungen auf die Stücke.

**5** Schneide einen fensterrahmengroßen Kreis aus der (Leucht-)Folie aus und klebe ihn hinter das Fenster. Fixiere das Fenster auf dem Türblatt.

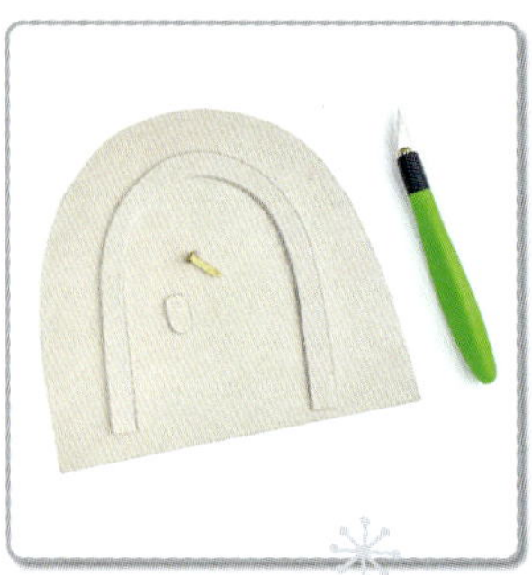

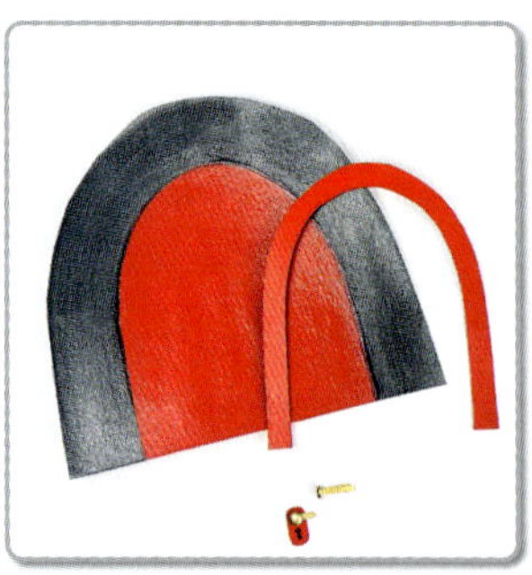

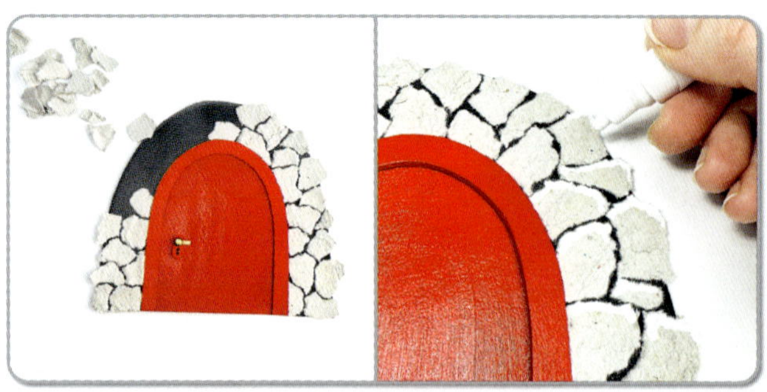

# FERTIGTÜR MIT SCHINDELDACH

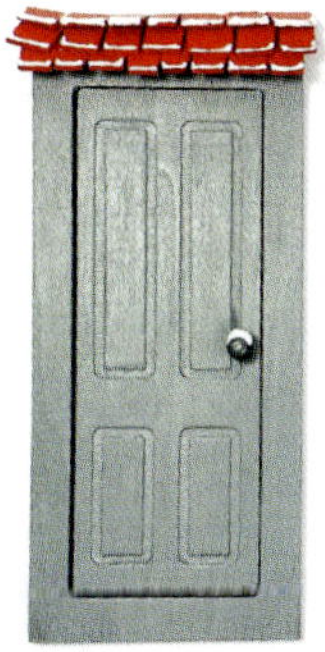

### MATERIAL

- fertige Miniatur-Holztür
- Graupappe, 1 mm stark (700 g/m²)
- Acrylfarbe in Hellgrau und Rot
- Schnee-Effekt-Stift
- Heißklebepistole

### HILFSMITTEL

- Schmirgelpapier, 240er Körnung
- Pinsel
- Schere

**1** Glätte zuerst alle Kanten deiner Holztür mit Schmirgelpapier. Wenn deine Tür sich öffnen lässt, klebe sie von hinten zu.

**2** Male die Tür mit Acrylfarbe grau an.

**3** Schneide aus der Graupappe einen 2,5 cm x 8 cm langen Streifen aus und schneide gleichmäßige Kerben mit ca. 1 cm Abstand und 1 cm tief von unten in die Pappe. Schneide weitere einzelne kleine Vierecke aus der Graupappe aus. Sie können ruhig ein wenig ungleichmäßig, schief und verschieden groß sein.

**4** Male alle Graupappe-Stücke rot an. Trocknen lassen.

**5** Klebe die einzelnen kleinen Vierecke so über die erste Reihe, dass immer eine Schindel eine darunter liegende Lücke verdeckt. Danach kommt die oberste Reihe dran. Sie sollte mit der hinteren Kante des untersten Graupappestücks bündig abschließen.

**6** Klebe jetzt mit reichlich Heißkleber das Dach an die Tür.

**7** Mit dem Schnee-Effekt-Stift kannst du weiße Ränder an die Unterkante jeder einzelnen Schindel und auf den Türknauf malen. Alternativ weiße Acrylfarbe auftragen und vor dem Trocknen Glitzer darüber streuen.

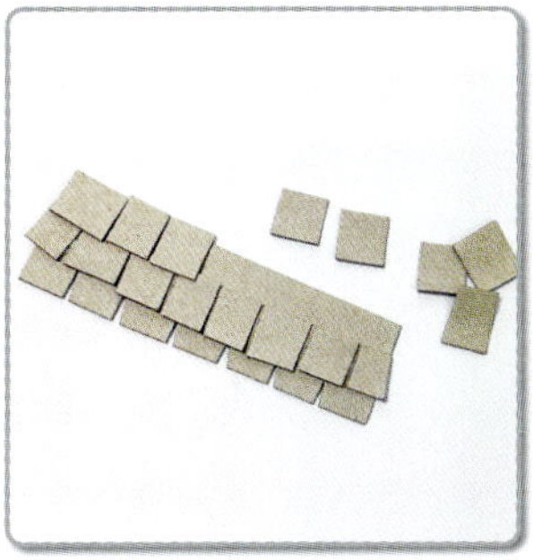

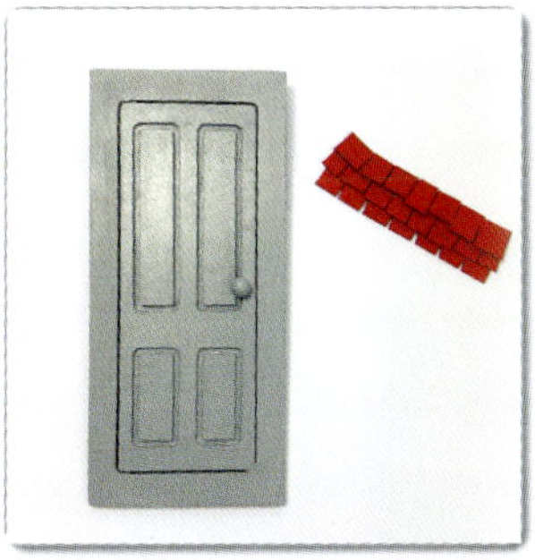

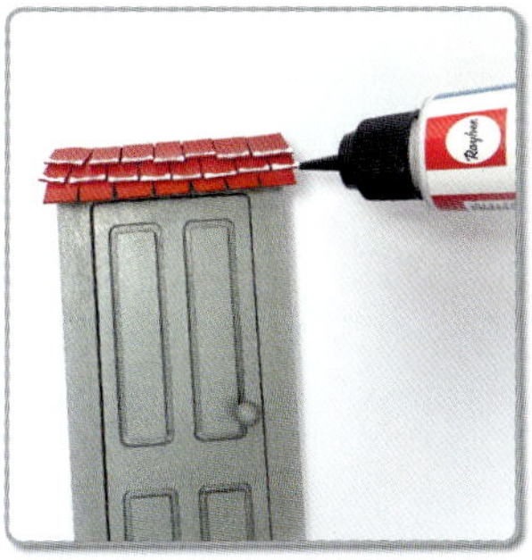

# GIEBELTÜR MIT FLIEGENPILZEN

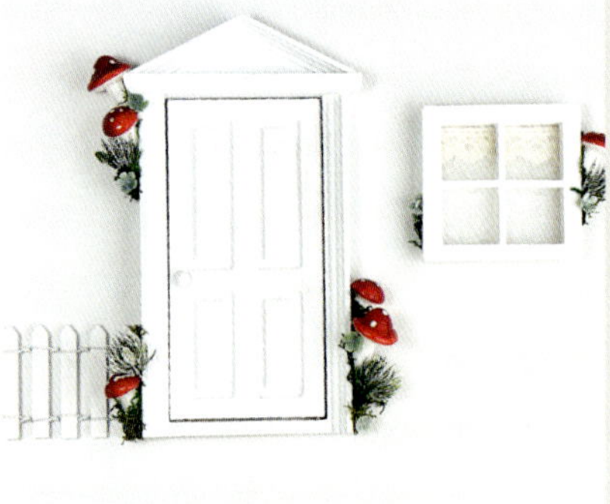

**MATERIAL**
- fertige Miniatur-Holztür mit Giebeldach
- fertiger Miniatur-Zaun in Weiß
- fertige Fliegenpilze aus Styropor
- fertige Plastik-Blumen
- fertiges Miniatur-Grün zum Verzieren, z.B. Tannenzweige
- Acrylfarbe in Weiß
- Heißklebepistole

**HILFSMITTEL**
- Pinsel
- Bastelmesser mit Schneideunterlage

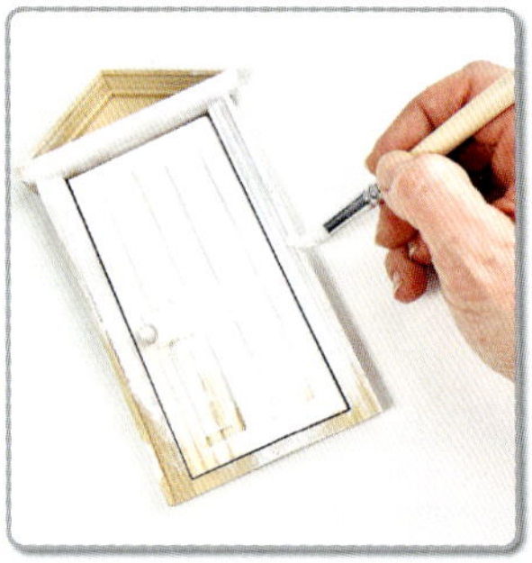

**1** Klebe zunächst die Türe, wenn sie beweglich ist, von hinten mit Heißkleber zu und streiche sie dann weiß. Trocknen lassen.

**2** Befestige den Zaun mit Heißkleber an der Seite der Tür. Klebespuren sind nicht schlimm. Sie werden später von der weiteren Dekoration verdeckt.

**3** Schneide mit dem Bastelmesser ein Stück vom Fuß der Fliegenpilze schräg ab, damit mehr Klebefläche entsteht. Befestige den Pilz mit Heißkleber am Türrahmen (fest andrücken, bis der Kleber angetrocknet ist). Klebe anschließend Blumen und Miniatur-Grün mit Heißkleber am Türrahmen fest.

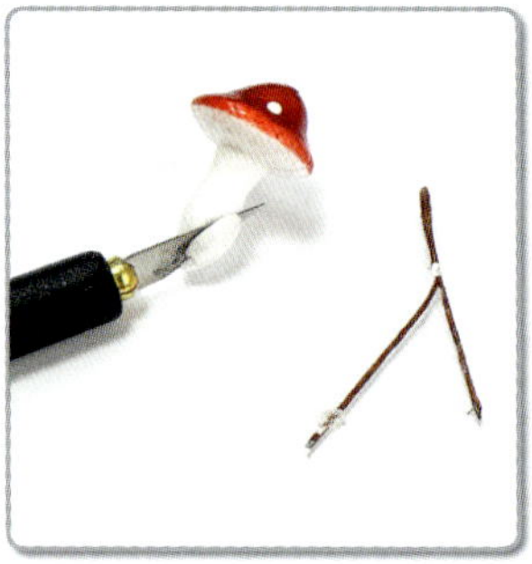

**TIPP**

Du kannst auch ein fertiges Fenster im gleichen Stil gestalten. Als Fensterscheibe kannst du Transparentpapier, Klarsichtfolie, Heißkleber, Plexiglas oder transparentes Effektpapier verwenden.

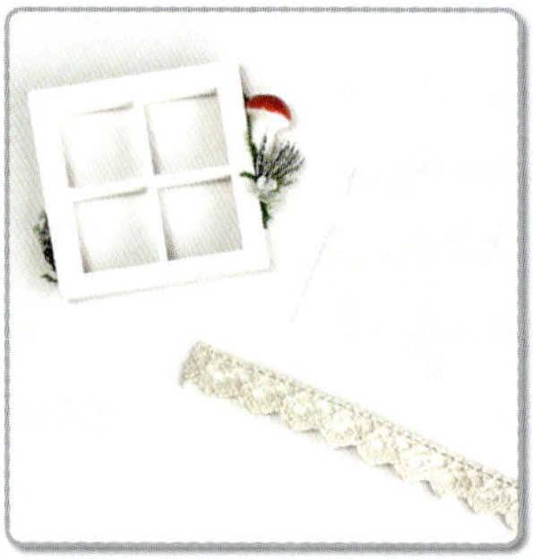

# HÄUSER

## HAUS MIT VERANDA

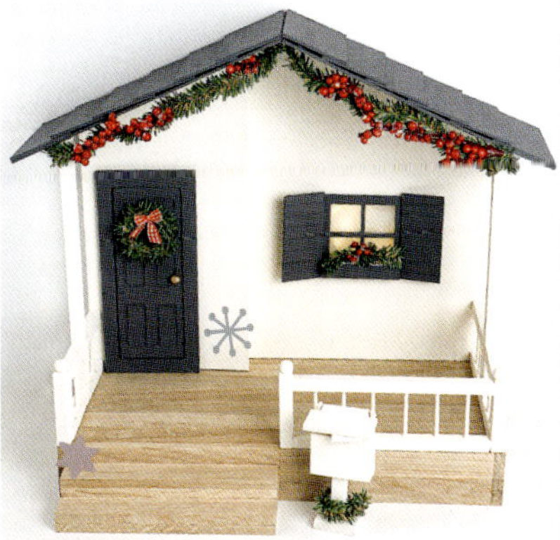

### MATERIAL FÜR DIE VERANDA
- fertiger Zaun, ca. 46 cm x 5 cm (optional)
- 28 Holzklötzchen, 16 cm x 2,2 cm x 8 mm
- 5 Holzspieße
- 3 Holzperlen, ø 1 cm

### MATERIAL FÜR DAS HAUS
- fertige Wichteltür
- fertiges Fenster, 7 cm x 7 cm
- fertige Blumenranken oder -deko
- 4 Holzklötzchen, 16 cm x 2,2 cm x 8 mm
- 8 Kanthölzer, 1 cm x 1 cm x 22 cm
- 4–5 Modellkartonplatten, 3 mm stark, A4
- Acrylfarbe in Weiß und Graublau
- Holzleim
- Heißklebepistole

### HILFSMITTEL
- Backpapier
- Bastelmesser mit Schneideunterlage
- Nudelholz
- Laubsäge
- Pinsel

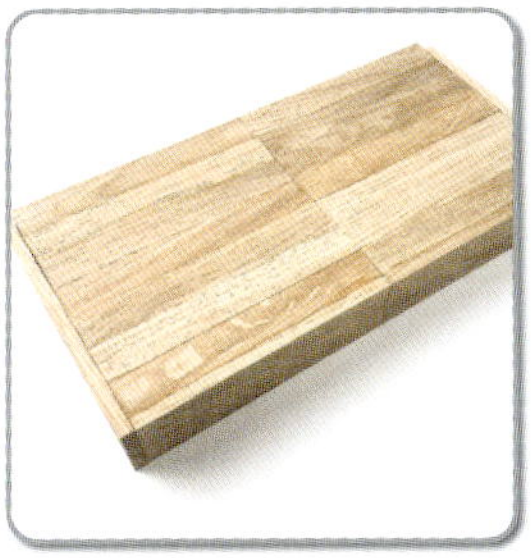

**1 Veranda und Treppe:** Der Boden der Veranda besteht aus zwei Reihen mit jeweils sieben Holzklötzchen. Leime dazu je sieben Holzklötzchen an den langen Seiten aneinander und klebe beide Reihen anschließend nebeneinander zusammen.

**2** Um dem Boden Höhe zu geben, leimst du jeweils zwei Klötzchen mit der langen Seite aneinander und bringst sie an der Kante der Vorder- und Rückseite des Bodens an. Leime dann an den Seiten jeweils ein Klötzchen so an, dass es vorne bündig anschließt und an den hinteren Ecken eine kleine Lücke entsteht. Klebe für die höchste Stufe der Treppe vier Holzklötzchen flach aufeinander. Für die niedrigste Stufe leimst du zwei Klötzchen flach aufeinander und klebst sie an die erste Stufe. Bringe zum Schluss die Treppe mit Holzleim an der Veranda an.

**3 Hausfassade:** Lege für die Rückwand zwei Modellkartonplatten hochkant nebeneinander auf den Verandaboden, sodass sie links und rechts bündig anliegen und in der Mitte überlappen. Markiere nun auf der unteren Platte die Schnittkante, um die Breite zu ermitteln. Rechne dabei für die Klebefläche zusätzliche 5 mm dazu und schneide das markierte Fassadenteil mit dem Bastelmesser zu. Für den Fassadenvorsprung, der beide Fassadenteile mittig verbindet, schneidest du aus dem Modellkartonrest einen 2,5 cm breiten Streifen zu.

**4 Dachschräge der Fassade:** Lege beide Fassadenteile mit der schmaleren Seite nach oben seitlich bündig auf den Terrassenboden, sodass sie in der Mitte 5 mm überlappen. Miss und markiere nun die obere Mitte. Miss anschließend von beiden Oberkanten 8 cm nach unten. Zeichne anhand der Eckpunkte die Schräge ein und schneide sie mit dem Bastelmesser zu, schneide den Streifen für das mittlere Seitenteil in der Höhe des kleineren Fassadenteils zu (siehe Foto). In das breitere Fassadenteil schneidest du nun mittig ein 7 cm x 7 cm großes Viereck für das Fenster auf ca. 8 cm Höhe aus. Hast du ein anderes Fensterformat, platziere den Ausschnitt so, dass er harmonisch wirkt. Klebe nun den schmalen Streifen des mittleren Seitenteils von hinten an das kleinere Fassadenteil und vorn an das größere Fassadenteil. Beachte dabei die Breite des Terrassenbodens.

**5 Dach:** Schneide aus einer Modellkartonplatte zwei 22 cm x 10,5 cm große Streifen. Lege einen Streifen mittig auf die Fassadenschräge der breiten Seite und gib etwas Heißkleber auf den Dachfirst, klebe die zweite Dachhälfte an der ersten fest – so übernimmst du die Form des Daches, kannst es aber noch separat weiterbearbeiten. Für die Dachlatten schneidest du eine weitere Modellkartonplatte der Länge nach mittig durch und die beiden Streifen dann jeweils in sechs gleich breite Teile. Klebe je sechs Teile auf jede Dachhälfte; beginne dabei immer mit dem unteren und lass die Teile ca. 1,5 cm überlappen. Streiche die Hausfassade und das Dach in einem Farbton deiner Wahl und lass alles gut trocknen.

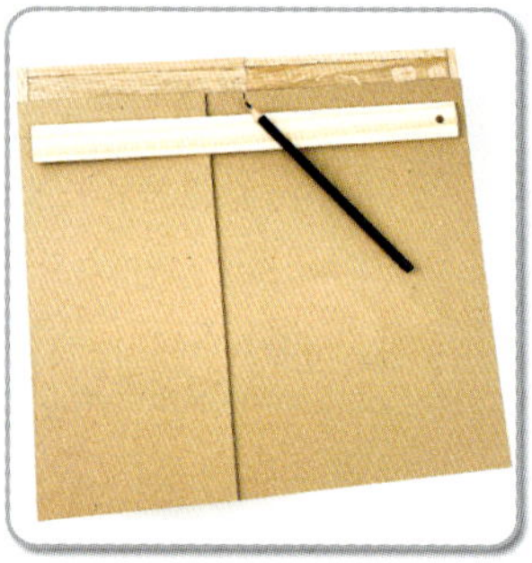

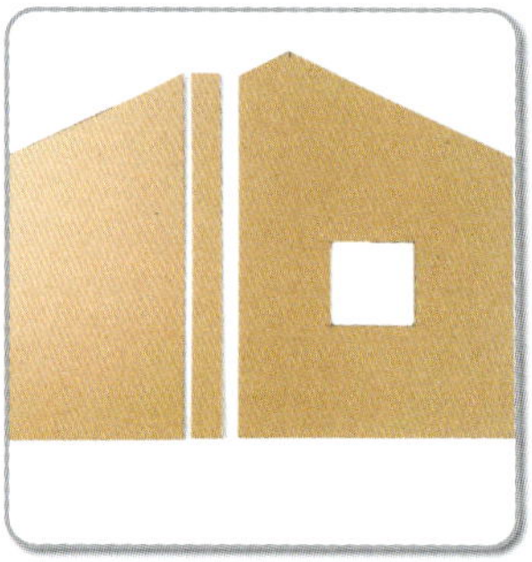

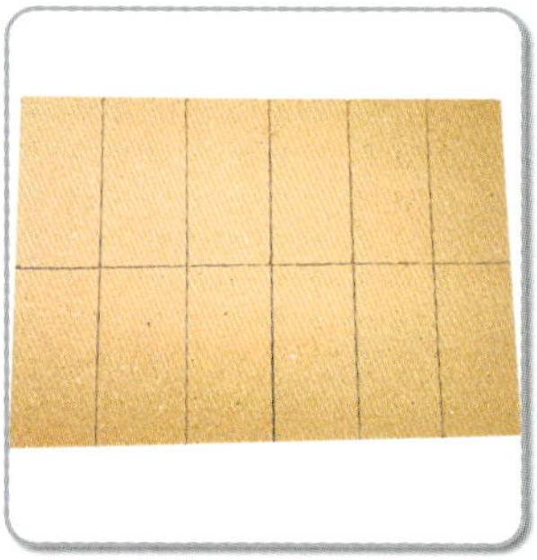

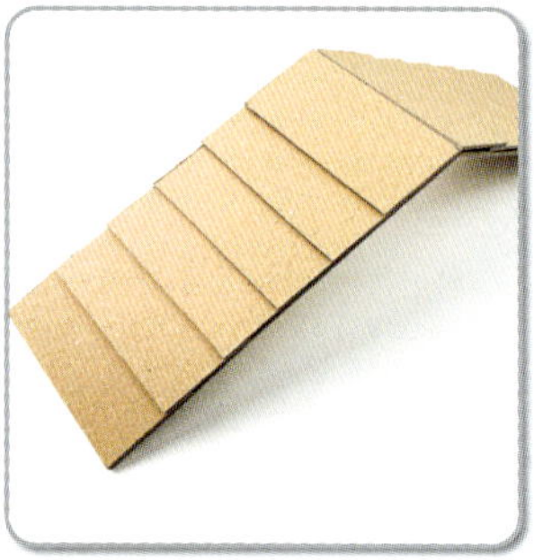

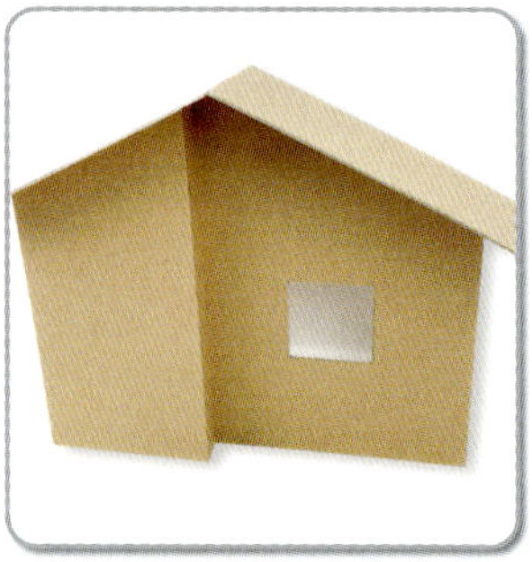

**TIPP**

Für eine einfachere Variante ohne Fassadenvorsprung kannst du einfach zwei Modellkartonplatten in A4 in der Breite des Verandabodens hochkant von hinten aneinander kleben und die Mitte für die Dachschräge ausmessen.

**6 Tür und Fenster:** Bearbeite Tür und Fenster ggf. vor dem Streichen mit Schmirgelpapier. Für die Fensterläden schneidest du zwei 3,5 cm x 7,5 cm große Rechtecke aus Modellkarton zu. Klebe die Fensterläden seitlich an den äußeren Fensterkanten an. Einen schmalen Blumenkasten kannst du aus zwei Modellkartonstreifen in Fensterbreite und zwei Reststücken für die Seiten dazwischensetzen. Streiche anschließend Tür und Fenster in Graublau. Zeichne für die Fensterscheibe ein 7 cm x 7 cm großes Quadrat auf Backpapier und fülle dieses nun zügig und gleichmäßig mit transparentem Heißkleber aus. Lege eine Lage Backpapier auf den noch heißen Kleber und walze ihn mit dem Nudelholz flach. Schneide das Ganze anschließend in den Fenstermaßen zu, löse den Kleber vom Backpapier und klebe ihn hinter den Fensterrahmen. Klebe Fenster und Tür an die Fassade.

**7** Klebe drei Holzklötzchen als Stützen hochkant an die hintere Kante des Bodens (Foto) und befestige daran die Hausfassade mit Heißkleber. Klebe ein weiteres Holzklötzchen an die lange Dachschräge bündig zur oberen Fassadenkante. Stelle das Haus vor einer geraden Wand auf und klebe das Dach wandbündig an der Fassade fest. Schließe nun die beiden Seiten der Fassade wandbündig. Verwende hierfür Modellkartonreste und miss die Breite und Höhe an deinem Haus aus.

**8 Geländer:** Säge zwei Stützbalken aus den 1 cm dicken Kanthölzern im passenden Maß (ca. 21,7 cm) oben schräg zu und stelle sie unter das Dach. Säge drei 6 cm lange Kantholzstücke als senkrechte Zaunpfähle zu, klebe jeweils eine Perle darauf und schließe die Löcher in den Perlen mit Heißkleber. Verbinde nun die senkrechten Zaunpfähle oben und unten mit waagerechten Kantholzstücken und klebe sie fest. Miss hierfür jeweils die exakte Länge zwischen den Pfählen und der Fassade aus. Schneide 15 jeweils 6 cm lange Stücke aus Holzspießen zu und klebe sie in gleichmäßigen Abständen mit Holzleim zwischen die waagerechten Holzstücke.
Streiche die Geländer und Stützbalken weiß und klebe sie auf den Verandaboden.

**9** Dekoriere Haus und Blumenkasten mit Blumenranken und Blumendeko.

**TIPP**

**Wer nicht sägen möchte, kann auch einen fertigen Zaun als Geländer verwenden. Das Fenster kannst du von hinten mithilfe einer batteriebetriebenen Lichterkette stimmungsvoll beleuchten.**

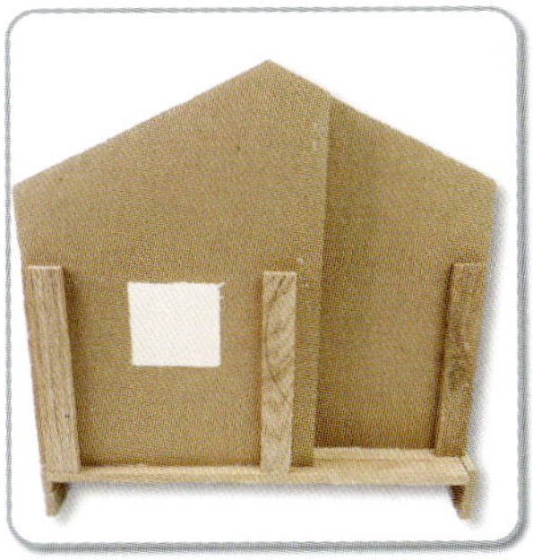

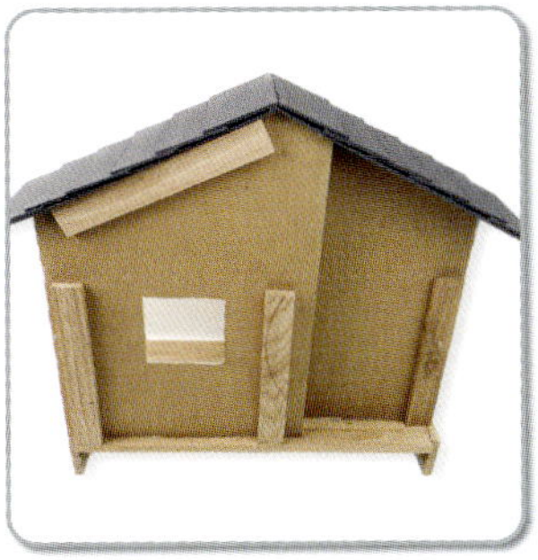

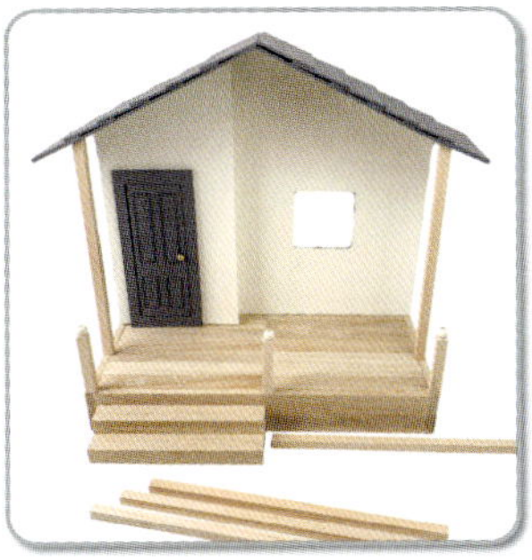

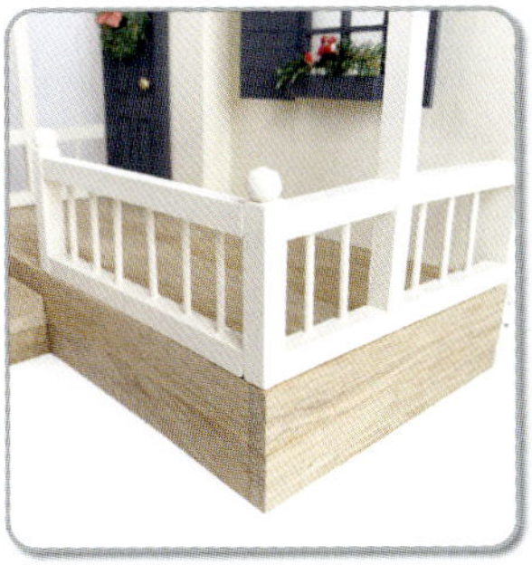

# EINFACHES FARMHAUS

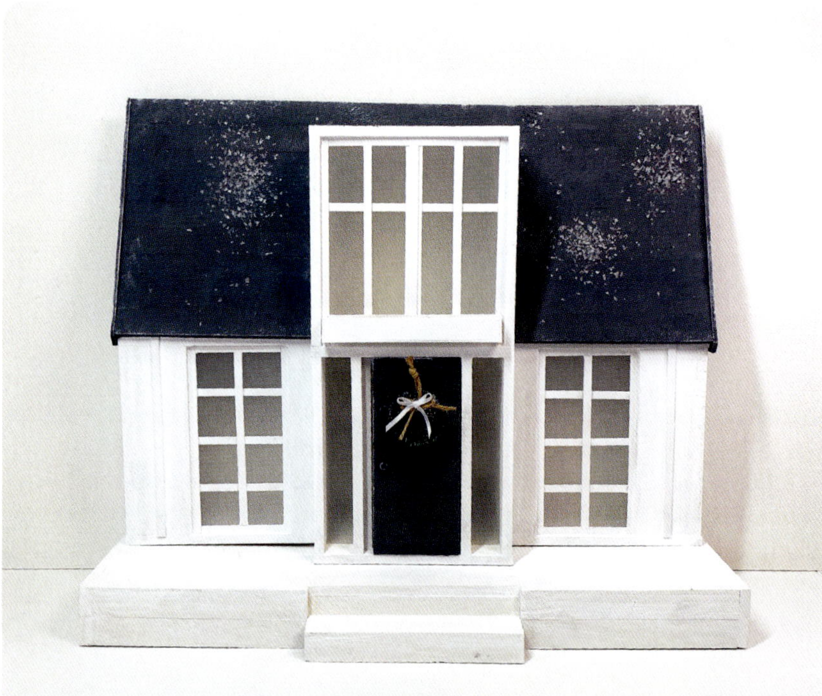

**1 Eingang:** Verklebe vier Holzklötzchen zu einem Türrahmen. Setze dabei das waagerechte obere und untere Klötzchen auf bzw. unter die senkrechten seitlichen Holzklötzchen. In die Mitte des Rahmens leimst du senkrecht zwei weitere Holzklötzchen. Lege dafür jeweils drei Holzklötzchen seitlich davon als Platzhalter ein und entferne diese nach dem Trocknen wieder.

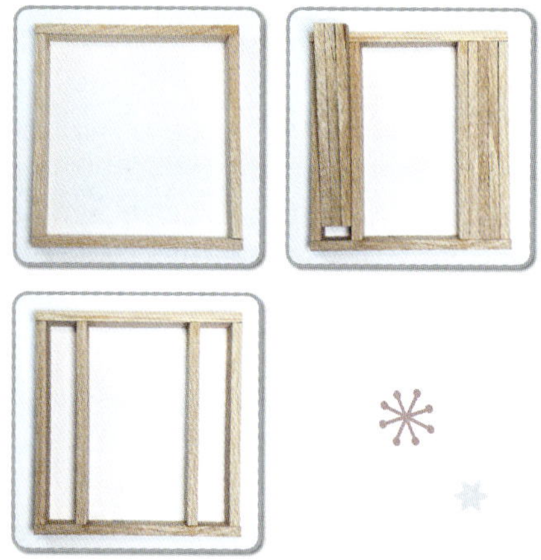

**2 Obere Etage:** Erweitere nun den Rahmen für die obere Etage um zwei senkrechte und ein waagerechtes Holzklötzchen. Lass den Leim etwas antrocknen. Baue vier weitere Rahmen nach genau dieser Anleitung, lass dabei aber die beiden mittleren Holzklötzchen aus dem Erdgeschoss aus. Presse die Holzklötzchen immer wieder kräftig zusammen und entferne überschüssigen Kleber mit einem Lappen.

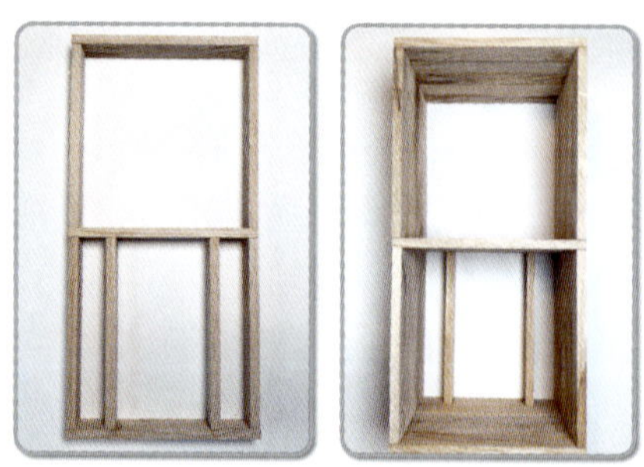

## VORLAGE

Farmhaus (S. 31)

## MATERIAL

- 89 Holzklötzchen, 16 cm x 2,2 cm x 8 mm (Haus)
- 32 Holzklötzchen, 16 cm x 2,2 cm x 8 mm (Terrasse)
- 40 Holzstäbchen, Gr. S (6 mm x 19 cm)
- Zahnstocher
- Modellkarton, 3 mm stark, A4
- Lampenschirmfolie in Milchig-Weiß, 65 cm x 33 cm
- 2 abgeflachte Buchstabenperlen
- LED-Lichterkette mit 20 LEDs
- Acrylfarbe in Weiß, Dunkelgrau und Schwarz
- Grundierung (optional)
- doppelseitiges Klebeband, 8 mm breit (z.B. Tacky Tape)
- Washi Tape
- Holzleim

## HILFSMITTEL

- Lappen
- breiter Borstenpinsel
- Blechschere
- Schmirgelpapier, 240er Körnung
- Bastelmesser mit Schneideunterlage

**3 Seitenteile:** Stelle zwei Holzklötzchen hochkant auf und leime ein Holzklötzchen flachliegend, bündig zur Kante zwischen diese beiden. Setze zwei weitere Holzklötzchen auf der anderen Seite flach zwischen die Holzklötzchen und halte dabei 8 mm Abstand zur Kante ein; dafür während des Verklebens ein Holzklötzchen als Platzhalter hochkant an die Kante legen. In die so entstandene Aussparung nun drei Holzklötzchen hochkant übereinander leimen und im rechten Winkel zwei Holzklötzchen für den Boden anbringen. Das Seitenteil noch einmal gespiegelt anfertigen. Alle Teile grundieren (optional) und weiß streichen.

**4 Dach:** Leime zwei Platten aus jeweils neun flachliegenden Holzklötzchen zusammen. Trocknen lassen. Verbinde beide Platten, indem du ein Klötzchen in der ersten Reihe zwischen die Platten setzt. Diese Holzklötzchenreihe bildet den Dachfirst. Auf der Rückseite der Dachplatte noch zwei Auflageklötzchen anbringen, die später auf den Seitenteilen aufliegen. Dafür beidseitig mit einem Abstand von 8 mm zur Kante je ein Holzklötzchen aufleimen. Zur Stabilisierung die Rückseite mit vier gekürzten Holzstäbchen Gr. S quer bekleben, dabei die Ränder freilassen. Den schmalen Steg im oberen Bereich kannst du mit zwei versetzt aufgeleimten Holzklötzchen stabilisieren.

**5 Fenster unten:** Schneide Holzstäbchen Gr. S mit der Blechschere wie folgt zu: für die unteren Fenster jeweils zwei Holzstäbchen in 16 cm Länge für die Seiten, jeweils zwei in 7 cm Länge für oben und unten und jeweils eins für die Mittelstrebe in 15,7 cm Länge sowie je drei für die Querstreben in 8 cm Länge. Die Teile mit Schmirgelpapier passgenau zurechtschleifen. Leime zuerst die Holzstäbchen für die Fensterrahmen in einer Tiefe von 5 mm mit der Kante an die Holzklötzchen. Setze dann die Mittelstrebe in den Rahmen; die Mitte liegt hier bei 3,5 cm. Die Querstreben jeweils im Abstand von 4 cm von hinten am Rahmen festkleben.

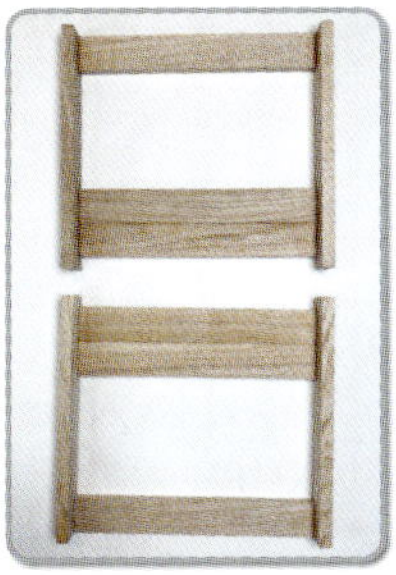
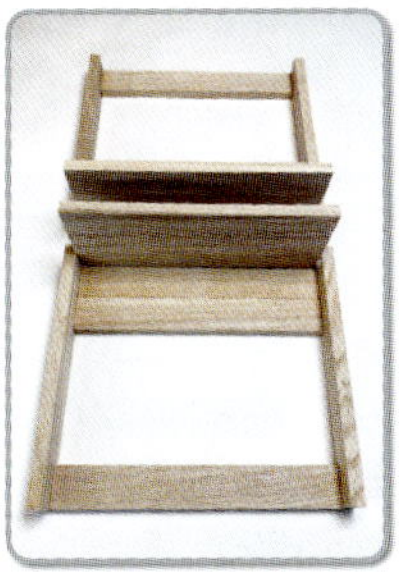
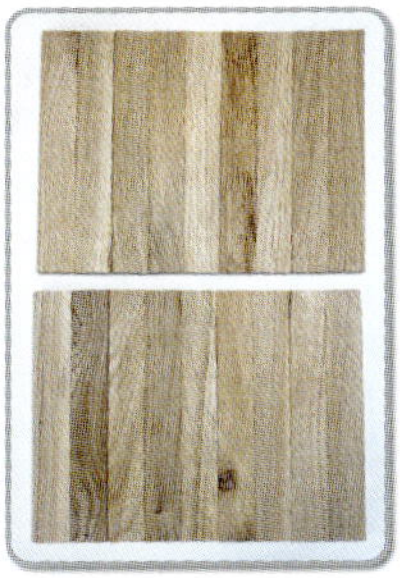
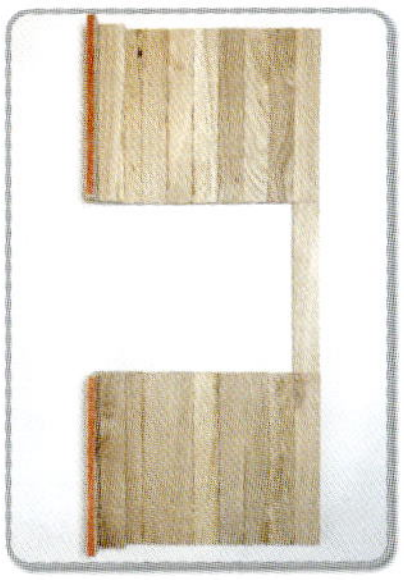
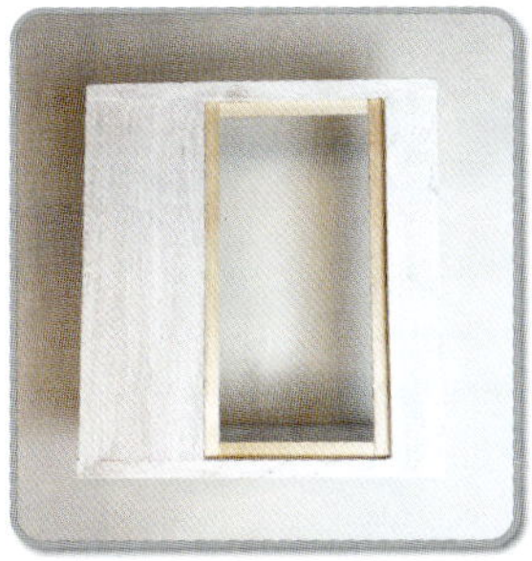
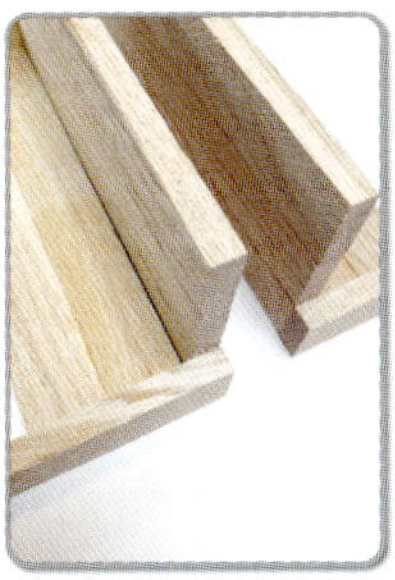
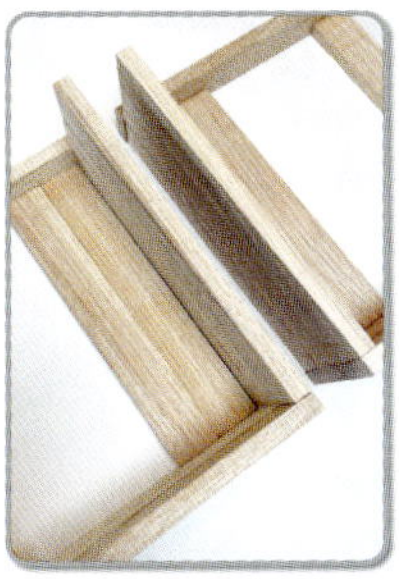
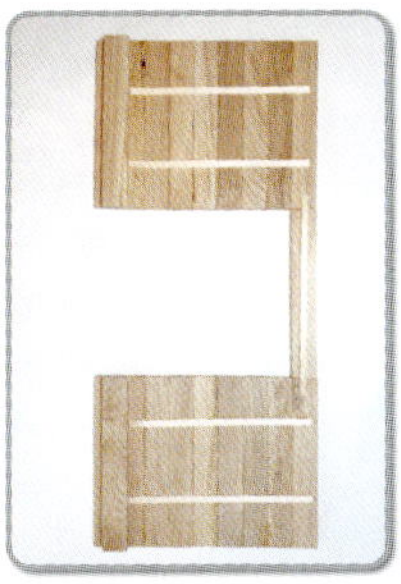
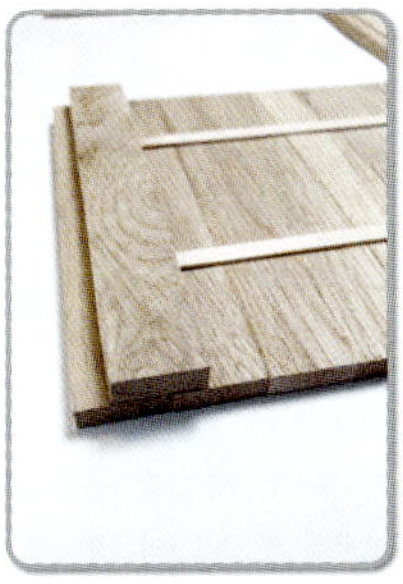
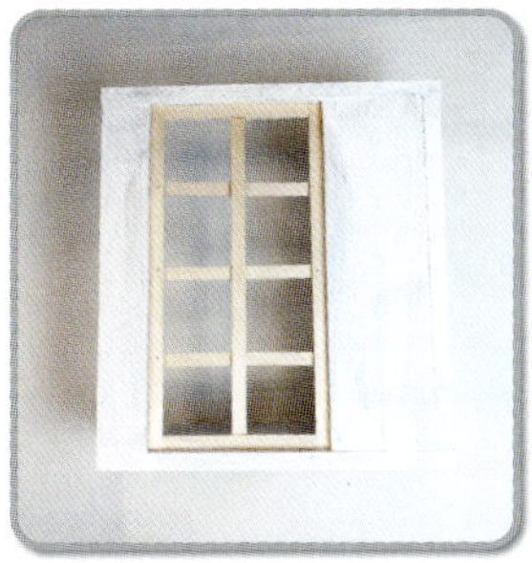

## TIPP

Manche Fachhändler bieten fix und fertig vorkonfektionierte Bastelsets für Projekte aus TOPP-Büchern an. Ein solches Set für das Farmhaus findest du zum Beispiel bei basteln-und-dekorieren.de.

**6 Türrahmen:** Schneide für den Türrahmen zwei Holzstäbchen Gr. S in 16 cm Länge für die Seiten und zwei Holzstäbchen Gr. S in 7 cm Länge für oben und unten zu. Leime die Holzstäbchen für den Türrahmen mit der Kante in einer Tiefe von 1 cm in den Ausschnitt und das untere Holzstäbchen flach und nach innen versetzt als Türschwelle fest. Leime anschließend drei Holzklötzchen an den schmalen Kanten zu einer Tür zusammen. Trocknen lassen. Schleife die Türklötzchen rundherum 1 mm ab, sodass die Tür beim Einsetzen in den Rahmen ordentlich Luft hat.

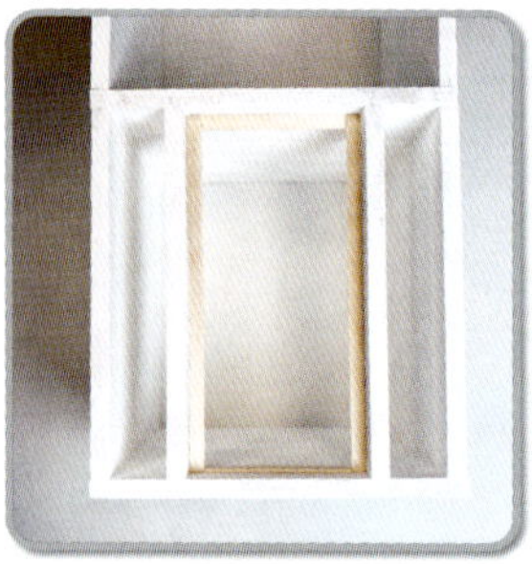

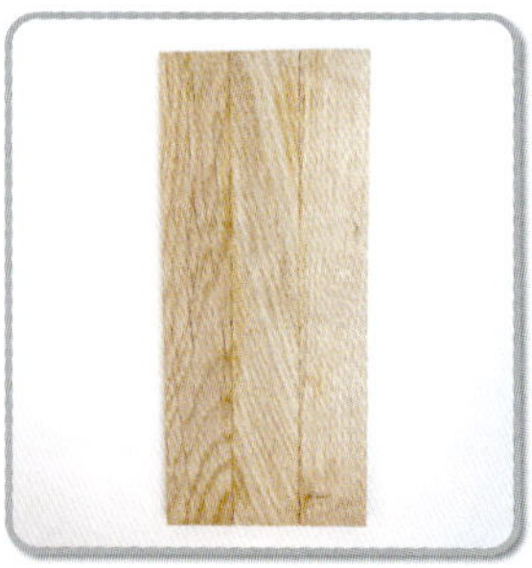

**7 Fenster oben:** Schneide für das obere Fenster zwei Holzstäbchen Gr. S in 16 cm Länge für die Seiten und ein Holzstäbchen Gr. S in 13 cm Länge für oben zu. Für unten benötigst du ein auf 13 cm gekürztes Holzstäbchen Gr. L. Schneide für die Querstrebe ein Holzstäbchen Gr. S auf 14 cm zu, außerdem drei 13 cm lange Stücke aus Holzstäbchen Gr. S für die Zier-Mittelstrebe und zwei 13 cm lange Stücke aus Holzstäbchen Gr. S für die Mittelstreben der Fenster. Setze zuerst den Fensterrahmen wie bei den unteren Fenstern beschrieben ein. Leime anschließend die drei Holzstäbchenstücke der Zierstrebe zusammen: dafür die zwei Holzstäbchen Gr. S an der Kante zusammenfügen und ein Holzstäbchen flach und mittig auf den Stoß leimen. Leime die Zierstrebe mittig in den Rahmen und unterteile dann die Fenster mit Mittelstreben. Zum Schluss leimst du die Querstrebe mit 4 cm Abstand zum oberen Rahmen von hinten an.

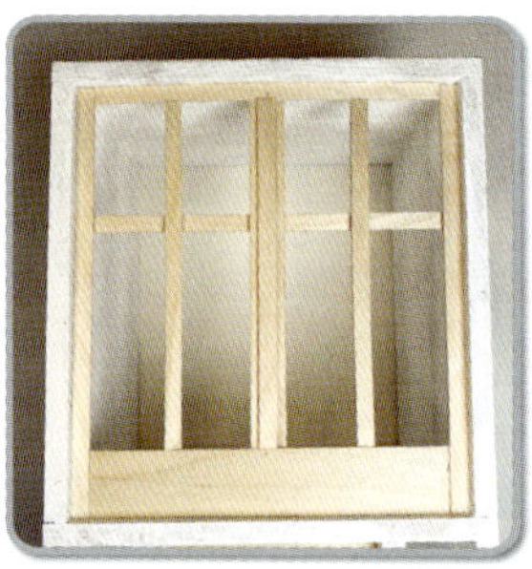

**8 Zierleisten:** Schneide vier Holzstäbchen Gr. S 16 cm lang und zwei Holzstäbchen Gr. S 16,8 cm lang zu. Klebe die Zierleisten direkt auf die Stöße der Holzklötzchen: seitlich die zwei kurzen Holzstäbchen und auf der Hausfront rechts und links neben dem Fenster je ein Holzstäbchen bis unters Dach.

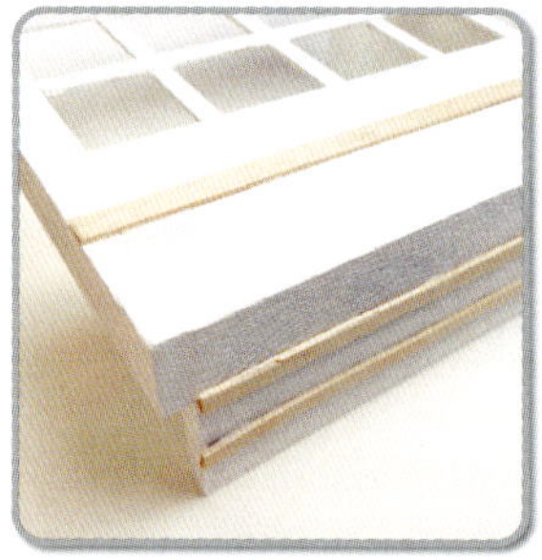

**9 Farbe und Türdetails:** Klebe das Flachdach am Giebel mit Washi Tape ab. Streiche das Flachdach, die Tür und die Dachplatte dunkelgrau. Alle übrigen Teile streichst du weiß. Für den Türgriff schiebst du zwei Perlen auf einen auf 4 cm gekürzten Zahnstocher und malst sie schwarz an. Leime den Griff an die Tür.

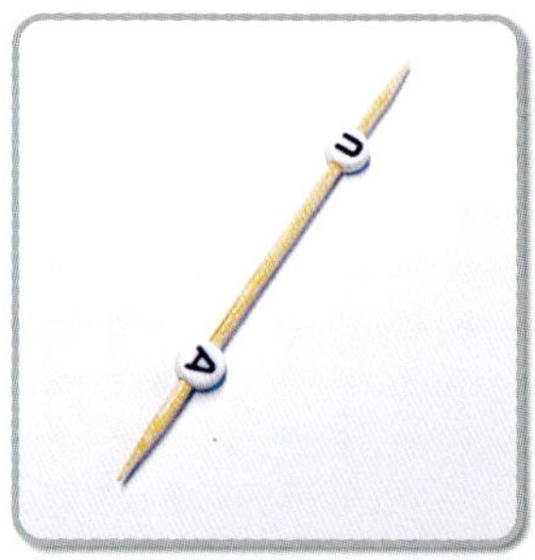

**10 Dachseitenteile:** Schneide mithilfe der Vorlage die Dachseitenteile mit dem Bastelmesser gegengleich aus Modellkarton aus. Leime die Dachseitenteile an die Dachkanten. Trocknen lassen und die Seitenteile dunkelgrau anstreichen.

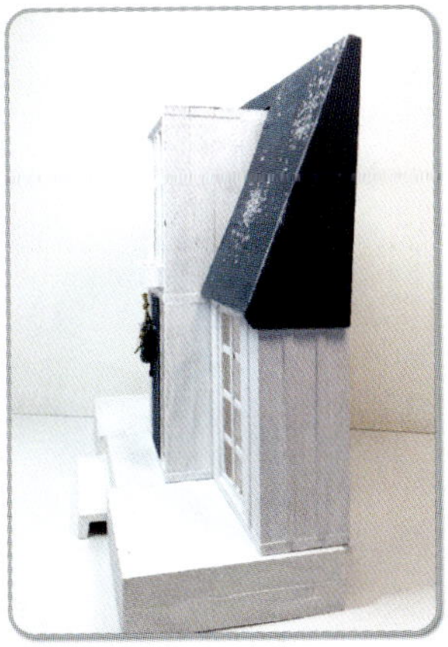

**11 Terrasse:** Leime flach liegende Holzklötzchen in einer Breite von drei Holzklötzchen-Längen und einer Tiefe von sieben Holzklötzchen-Breiten zur Terrassenplatte zusammen. Rahme die Platte von vorne und seitlich durch zwei hochkant stehende Holzklötzchenreihen ein. Achte darauf, dass die vorderen Holzklötzchen zwischen den seitlichen Holzklötzchen liegen, und spare das mittlere Holzklötzchen für die Treppenstufe aus. Leime anschließend drei Holzklötzchen zu einer Stufe zusammen und setze die Stufe in den Zwischenraum ein. Trocknen lassen. Zum Schluss die Terrasse weiß anmalen.

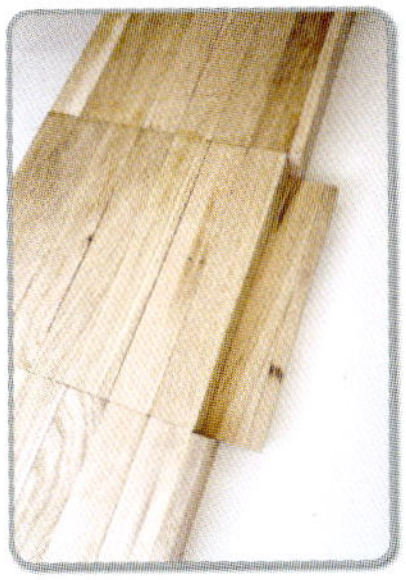

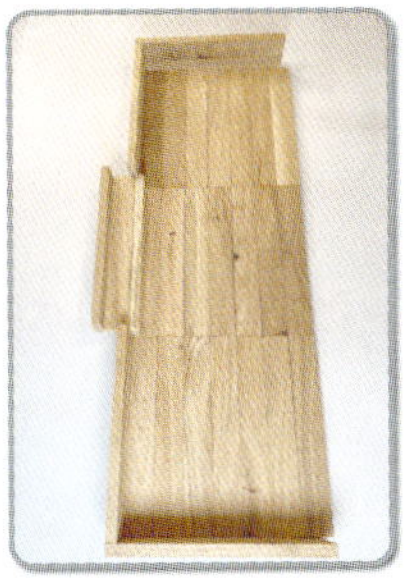

**12 Fensterscheiben:** Schneide zum Hinterkleben der Fenster und des Eingangsbereichs vier 14,4 cm x 16 cm große Rechtecke aus Folie zurecht. Bringe die Folienstücke mit doppelseitigem Klebeband von hinten in den entsprechenden Ausschnitten an. Zum Schluss verteilst du die LEDs der Lichterkette von hinten in den Zimmerfenstern und fixierst sie mit doppelseitigem Klebeband. Achte darauf, dass der Schalter außerhalb der Kulisse liegt.

**TIPP**

Besonders magisch und lebendig sieht das Wichtelhaus aus, wenn du einen kleinen Baum ins obere Fenster stellst.

# WINTERLICHES FARMHAUS

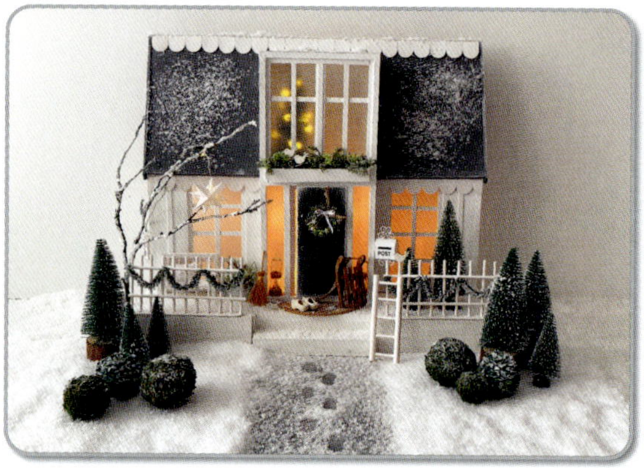

Mit einigen wenigen Zubehörteilen kannst du das Farmhaus stimmungsvoll winterlich gestalten. Du brauchst dazu nur einige schneebedeckte Dachschindeln, einen weißen Zaun und einen beleuchteten Weihnachtsstern.

**TIPP**
Der Zaun kann vor dem Haus und auch seitlich aufgestellt werden. Dekoriere den Zaun zum Beispiel mit einer Tannengirlande.

## LEUCHTSTERN

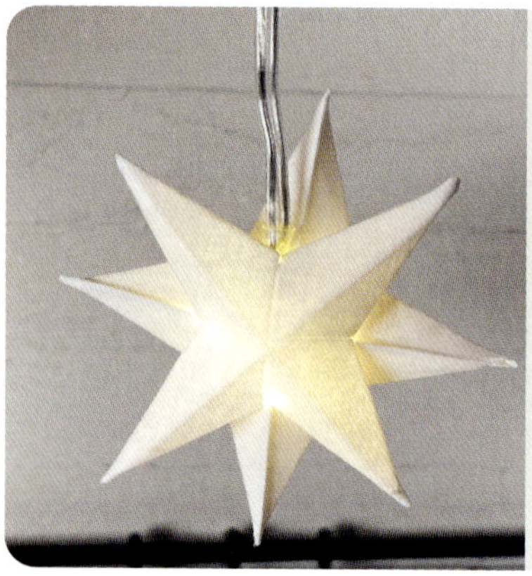

**MATERIAL**
- festes Papier (ca. 200 g/m$^2$)
- Micro-LED-Drahtlichterkette mit 10 LEDs
- Bastelkleber

**HILFSMITTEL**
- Schere
- Bleistift
- Geodreieck

**1** Schneide zwei jeweils 4 cm x 4 cm große Papierquadrate zu. Das Papier längs, quer und diagonal falten.

**2** Zeichne jeweils die Mitte der diagonalen Faltlinien an und schneide sie zur Hälfte ein.

**3** Klebe die Spitzen zu kleinen Tüten zusammen. Fertige auf diese Weise zwei Papiersterne an.

**4** Wickle die Lichterkette eng auf und lege sie in einen Stern. Klebe die beiden Sterne versetzt und mit den Öffnungen aufeinander.

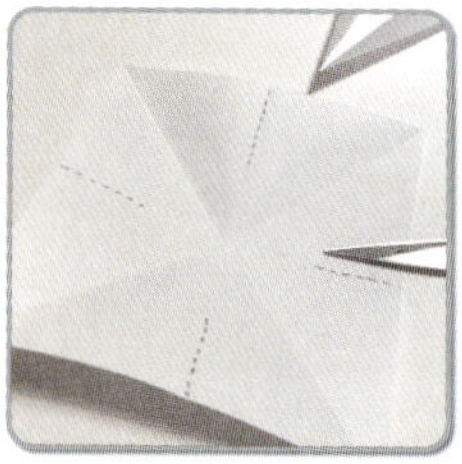

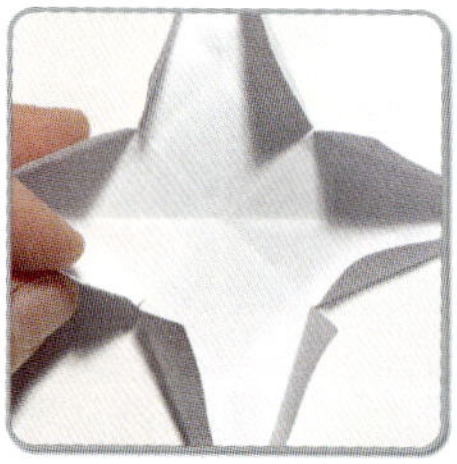

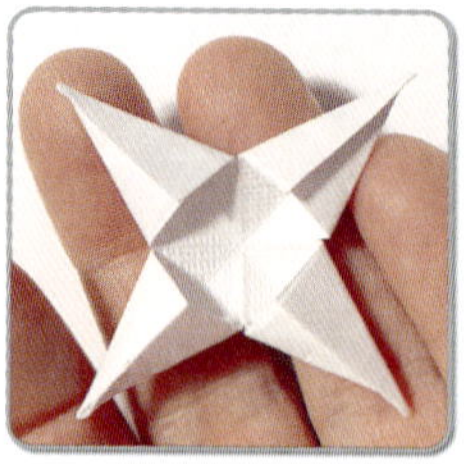

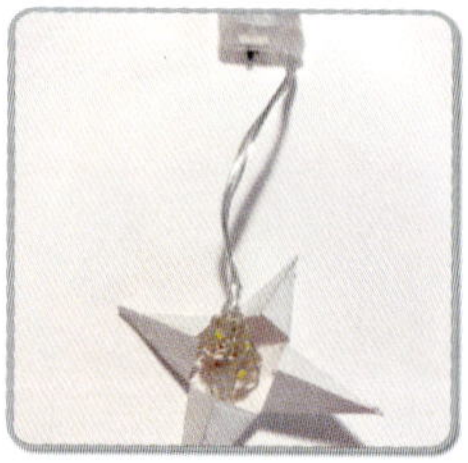

## FARMHAUS-ZAUN

**1** Halbiere pro Zaunabschnitt fünf Rundhölzer. Lege jeweils zwei Rundhölzer mit 4 cm Abstand zueinander und leime die geschnittenen Rundhölzer in gleichmäßigen Abständen senkrecht darauf. Leime die Zaunabschnitte auf ein flachliegendes Holzstäbchen Gr. M. Trocknen lassen.

**2** Leime je zwei Holzkötzchen aufeinander und leime zum Schluss das Holzstäbchen mit dem Zaunelement auf die Holzklötzchenkante. Streiche alles weiß an.

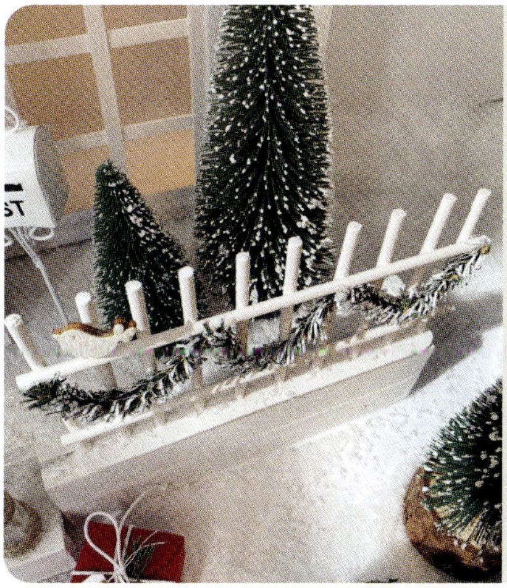

### MATERIAL
- 14 Rundhölzer, ø 4 mm, 15 cm lang
- 2 Holzstäbchen, Gr. M (1,8 cm x 15 cm)
- 4 Holzklötzchen, 16 cm x 2,2 cm x 8 mm
- Acrylfarbe in Weiß
- Holzleim

### HILFSMITTEL
- Blechschere
- Pinsel

## FARMHAUS-SCHINDELN

**1** Verziere das Dach und die Unterschläge mit Schindeln. Dafür die Holzstäbchen Gr. L bündig nebeneinanderlegen und mit doppelseitigem Klebeband zusammenkleben.

**2** Die Rundungen der Holzstäbchen für das Dach auf 2,5 cm und für die Unterschläge auf 1,5 cm kürzen.

**3** Die Schindeln mit weißer Acrylfarbe bemalen und mit dem doppelseitigen Klebeband am Hausdach und an der oberen Kante der Seitenteile fixieren.

### MATERIAL
- 17 Holzstäbchen, Gr. L (2,5 cm x 20 cm)
- Acrylfarbe in Weiß
- doppelseitiges Klebeband

### HILFSMITTEL
- Blechschere
- Pinsel

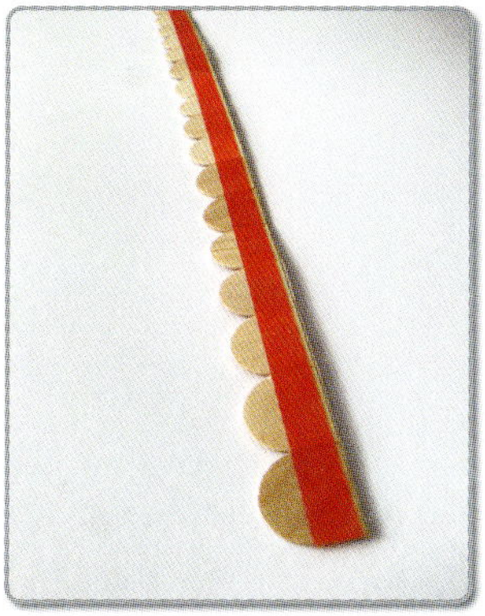

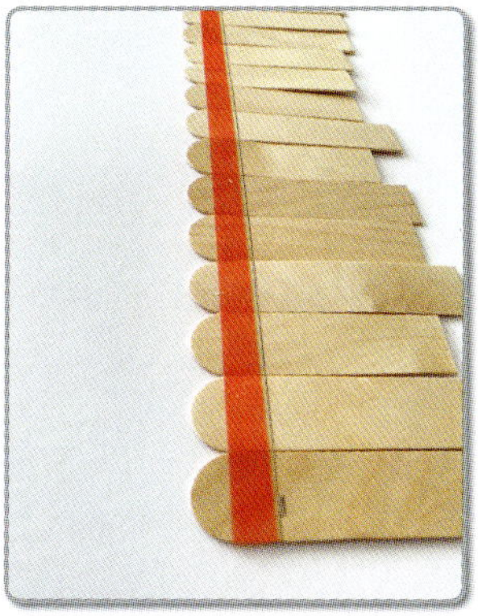

# FUSSMATTEN

## FUSSMATTE AUS KORK

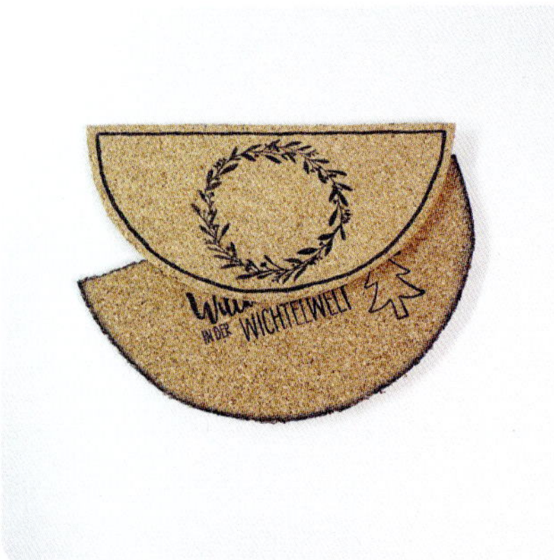


### MATERIAL
- Korkplatte, 3 mm stark
- Fineliner nach Wahl
- Stempel mit verschiedenen Motiven
- Stempelkissen in Schwarz

### HILFSMITTEL
- Schere
- Geodreieck
- Untersetzer (optional)

**TIPP**

Du kannst die Fußmatte mit dem Namen des Wichtels beschriften oder Beschriftungen wie „Happy Halloween“, „Moin!“, „Zum Schulanfang“ oder „Happy Birthday“ aufbringen.

**1** Schneide aus der Korkplatte mithilfe des Geodreiecks eine 7 cm x 4 cm große rechteckige Fußmatte zurecht. Für eine halbrunde Fußmatte mit Hilfe eines passenden Untersetzers einen Halbkreis anzeichnen und ausschneiden. Die Fußmatte mit den Stempelmotiven verzieren oder mit dem Fineliner beschriften.

**2** Zeichne mit Fineliner einen Rahmen um den Text oder ziehe die Kanten der Korkfußmatte über das Stempelkissen, um die Ränder zu färben.

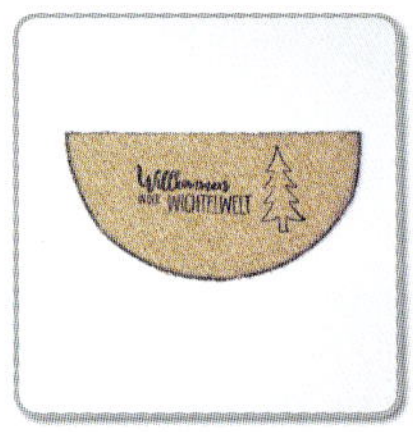

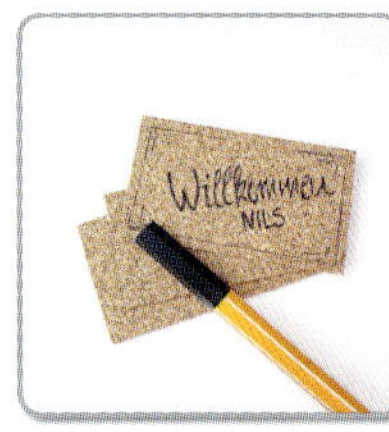


## GESTRICKTE FUSSMATTE

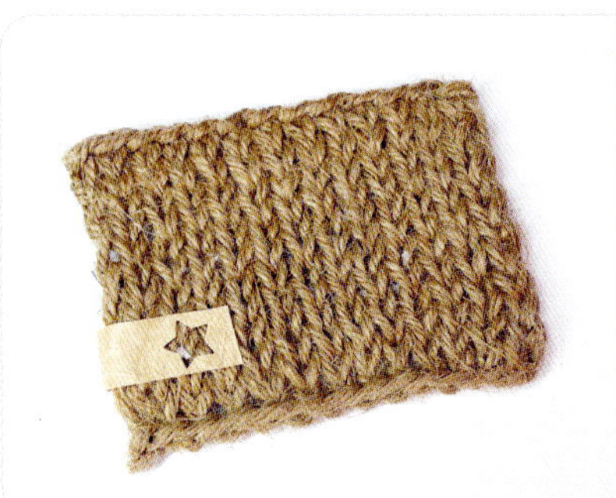

### MATERIAL
- Jutekordel, ø 2 mm
- Milchkartonrest
- 1 EL Holzleim

### HILFSMITTEL
- Stricknadel, 3,0 mm
- Wollnadel
- Schere
- Stecknadeln
- Backpapier
- alte Zeitschrift
- Mini-Motivstanzer „Stern“
- Kraftkleber
- Nähklammer

**1** Für die gestrickte Fußmatte schlägst du 15 Maschen an. Anschließend 12 Reihen glatt rechts stricken. Abketten und die Fäden vernähen.

**2** Feuchte die Fußmatte an, vermische 1 EL Holzleim mit einigen Tropfen Wasser und bestreiche die Matte von beiden Seiten damit. Die Matte auf die mit Backpapier belegte Zeitschrift legen und mit Stecknadeln in der gewünschten Form auf der Unterlage fixieren. Über Nacht trocknen lassen.

3 Knete für das Label den Milchkartonrest, sodass sich die obere bedruckte Schicht abziehen lässt. Schneide einen ca. 4 cm x 1 cm großen Streifen aus und stanze das Motiv aus.

4 Den Streifen mit Kraftkleber um die Mattenkante kleben. Mit einer Nähklammer fixieren und über Nacht trocknen lassen.

**TIPP**

Du kannst die Fußmatte auch häkeln und versteifen.

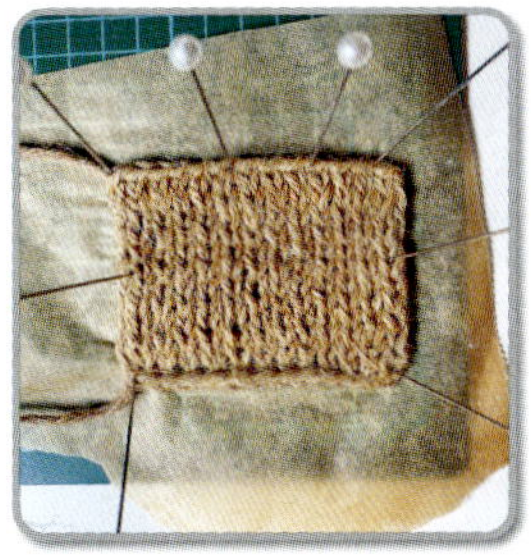



## OVALE FUSSMATTE MIT STERN

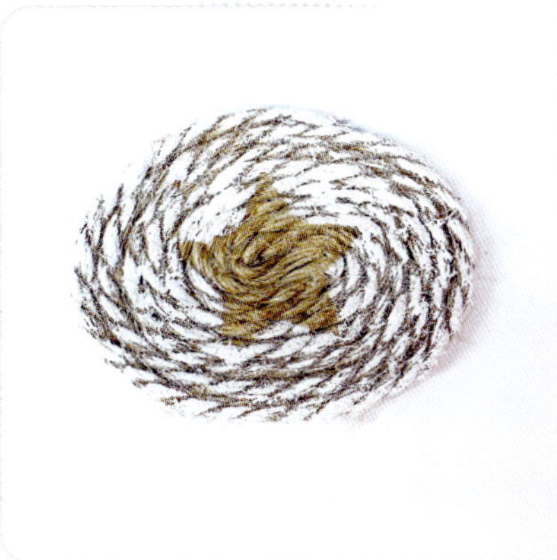

**MATERIAL**

- Jutekordel, ø 4 mm
- Acrylfarbe in Weiß
- doppelseitiges Klebeband
- Heißklebepistole

**HILFSMITTEL**

- Schere
- Pappe
- Schwamm

**QUICK-LÖSUNG**

Wenn du keine Fußmatte basteln möchtest, findest du zahlreiche fertige Fußmatten im Handel. Fußmatten für Wichteltüren gibt es mit diversen Willkommens-Schriftzügen, meistens auf Filzbasis.

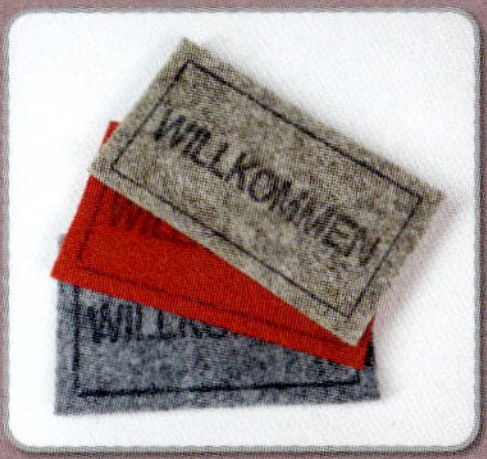


1 Die ovale Fußmatte besteht aus einer Kordelschnecke. Damit sie oval wird, lässt du den Anfang der Kordel ca. 1 cm stehen und wickelst anschließend die Kordel drumherum. Fixiere jede Wicklung mit Heißkleber. Wickle die Kordel so lange ab, bis die gewünschte Größe erreicht ist. Schneide das Ende ab und klebe es mit Heißkleber hinter der Matte fest.

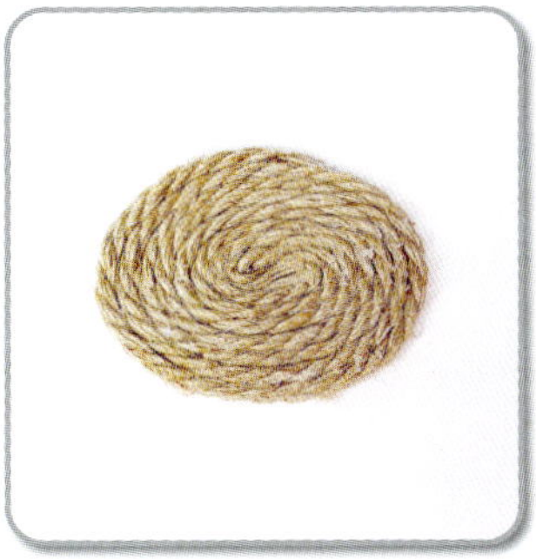

2 Schneide einen Stern aus Pappe und klebe ihn mit doppelseitigem Klebeband mittig auf die Matte.

3 Gib etwas weiße Acrylfarbe auf die Unterlage und nimm sehr wenig Farbe mit dem Schwamm auf. Tupfe die Farbe auf der Unterlage ab und betupfe die Fußmatte damit. Trocknen lassen und den Stern entfernen.

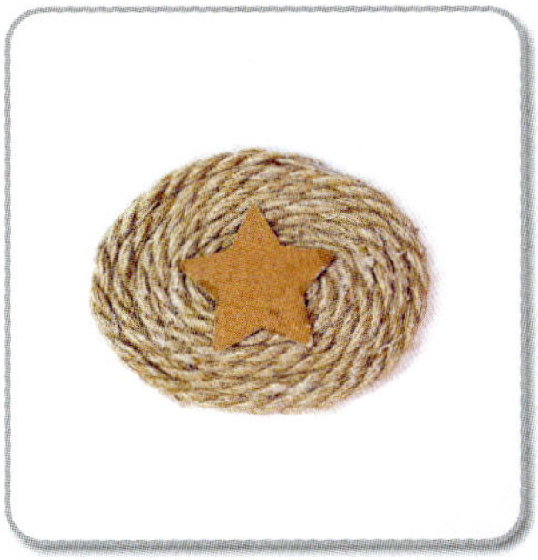

## FUSSMATTE MIT SERVIETTENMOTIV

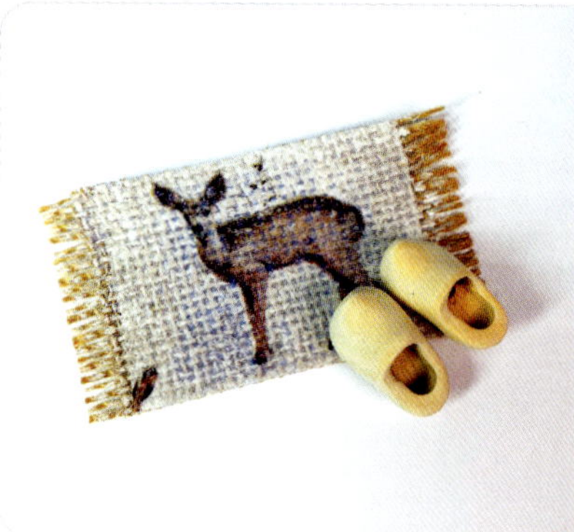

**MATERIAL**
- Motivserviette
- Jutegewebe
- Acrylfarbe in Weiß
- Serviettenkleber

**HILFSMITTEL**
- Schere
- Pinsel

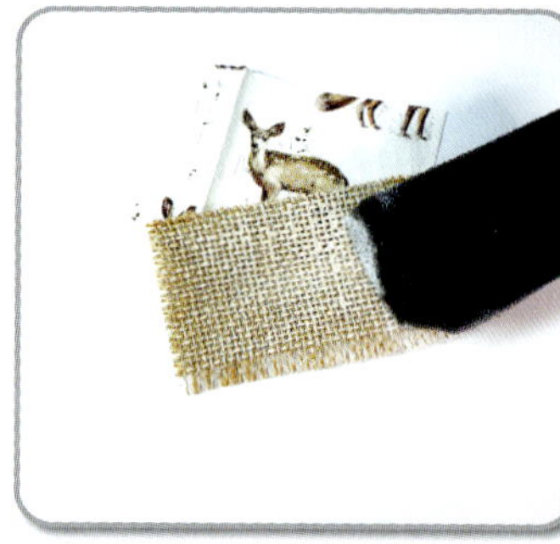

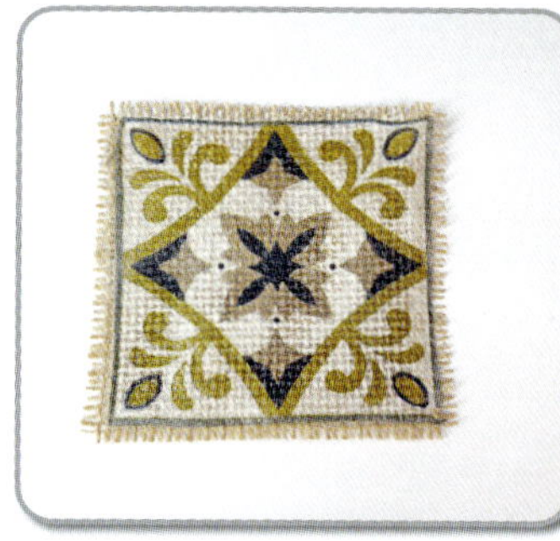

**1** Die Motivserviette auf die gewünschte Größe zuschneiden. Den entsprechenden Bereich auf dem Jutegewebe weiß bemalen. Trocknen lassen.

**2** Das Serviettenmotiv auf das Jutegewebe kleben. Achte darauf, dass du nur den oberen, bedruckten Teil der Serviette aufklebst. Das Jutegewebe rundherum einkürzen. Lass an den Seiten das Gewebe länger stehen und entferne hier nur die Webfäden. So erhältst du Fransen.

## ABSTREIFGITTER

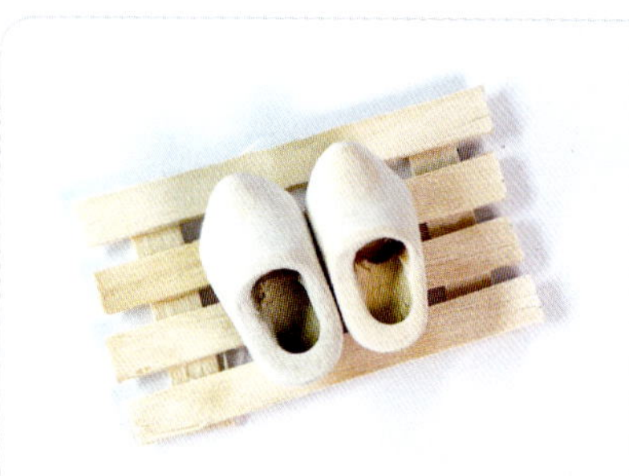

**MATERIAL**
- 6 Holzstäbchen, Gr. S (6 mm x 19 cm)
- Holzleim

**HILFSMITTEL**
- Blechschere

**TIPP**

Das Abstreifgitter eignet sich auch gut als Abtropfgitter vor der kleinen Outdoordusche (S. 191).

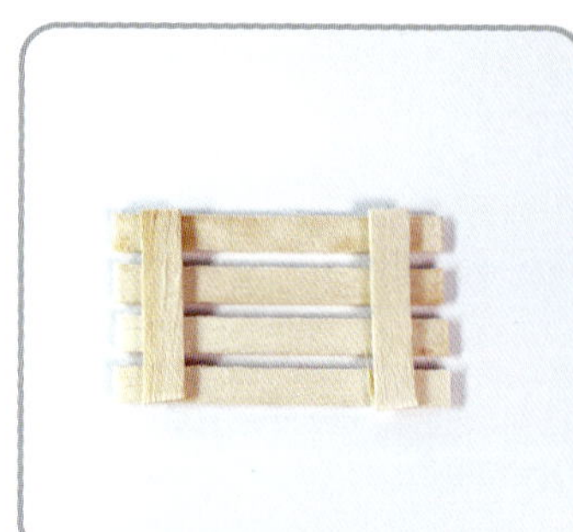

**1** Schneide mit der Blechschere vier Holzstäbchen 7 cm lang zu und lege sie mit etwas Abstand zueinander auf die Arbeitsfläche.

**2** Leime zwei weitere Holzstäbchenstücke quer auf die vier 7 cm langen Stücke und kürze sie bündig ein.

# TREPPE & LEITERN

## ROTE TREPPE MIT STEINMAUER

**VORLAGE**
- Treppenwangen (S. 31)

**MATERIAL**
- 4 Holzstäbchen, Gr. M (1,8 cm x 15 cm)
- Holzstäbchen, Gr. L (2,5 cm x 20 cm)
- Graupappe, 2 mm stark (980 g/m²)
- Eierkarton in Grau
- Lack- oder Acrylfarbe in Rot und Dunkelgrau
- Acrylstift in Weiß
- Express-Holzleim
- Heißklebepistole

**HILFSMITTEL**
- Bastelmesser mit Schneideunterlage
- Pinsel

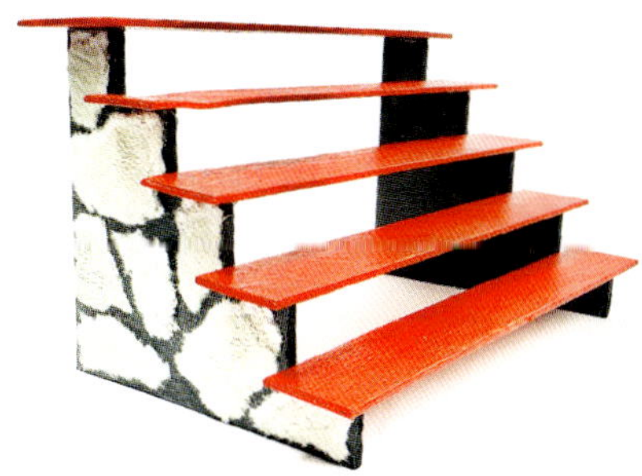

**1** Schneide mithilfe der Vorlage die Treppenwangen mit dem Bastelmesser aus Graupappe aus. Male sie dann dunkelgrau an. Die Treppe ist für eine 7 cm hohe Fußleiste geeignet. Wenn deine Fußleiste höher oder niedriger ist, passe die Höhe an, indem du Stufen hinzufügst oder weglässt.

**2** Schneide alle Holzstäbchen auf 13 cm Länge zu und male sie rot an.

**3** Reiße den Eierkarton in Stückchen und klebe die Stücke mit Holzleim auf die Außenseiten der Treppenwangen. Male mit weißem Acrylstift Schattierungen auf die Eierkartonstückchen.

**4** Klebe die Holzstäbchen Gr. M mit Heißkleber als Stufen auf die Treppenwangen, sodass an beiden Seiten jeweils 1 cm übersteht. Verwende für die oberste Stufe das Holzstäbchen Gr. L.

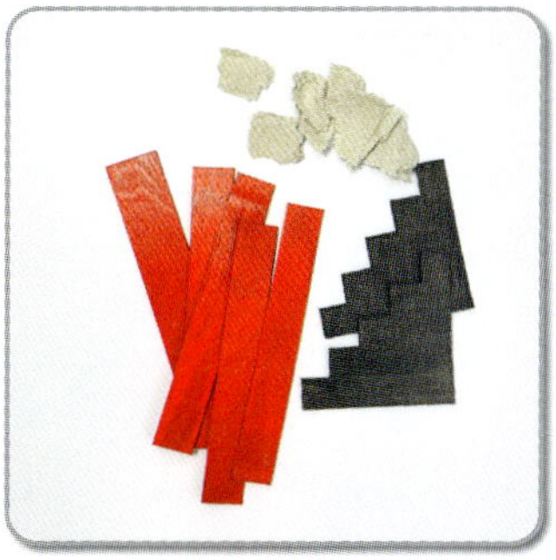

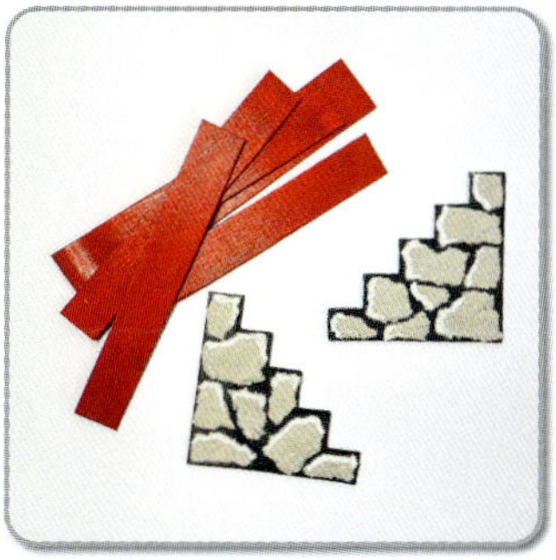

## LEITER AUS HOLZSTÄBCHEN

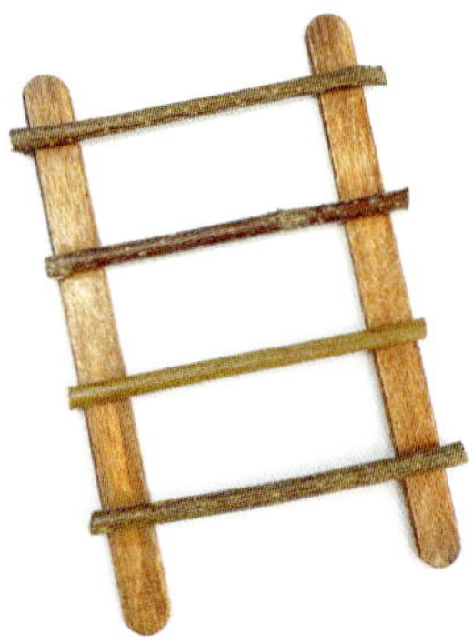

**MATERIAL**
- 2 Holzstäbchen, Gr. K (1,1 cm x 11 cm)
- 4 Zweige, ø ca. 4 mm, 8 cm lang
- Klarlack (optional)
- Wasserfarbe in Brauntönen
- Buntstifte in Brauntönen
- Heißklebepistole

**HILFSMITTEL**
- Pinsel
- Seitenschneider
- Schmirgelpapier, 240er Körnung

**1** Bemale die Holzstäbchen mit Wasserfarbe. Trocknen lassen und dann mit Buntstiften die Maserung aufmalen.

**2** Schneide die Aststücke 7,5 cm lang zu, schmirgle die Kanten und klebe die Stücke mit Heißkleber auf die Holzstäbchen.

**3** Zum Schluss kannst du die Leiter nach Wunsch mit Klarlack überziehen.

## FERTIGE LEITER MIT SCHNEE

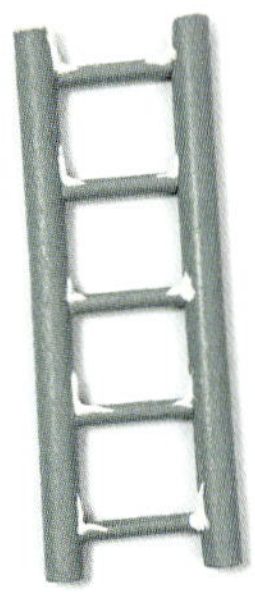

**MATERIAL**
- fertige Holzleiter
- Acrylfarbe in Hellgrau
- Schnee-Effekt-Stift

**HILFSMITTEL**
- Pinsel

**1** Male die Leiter grau an. Trocknen lassen.

**2** Mit dem Schnee-Effekt-Stift malst du nun weiße Ränder an die Kanten der einzelnen Sprossen. Alternativ kannst du auch weiße Acryl- oder Lackfarbe verwenden.

# BRIEFKÄSTEN

## HOLZBRIEFKASTEN

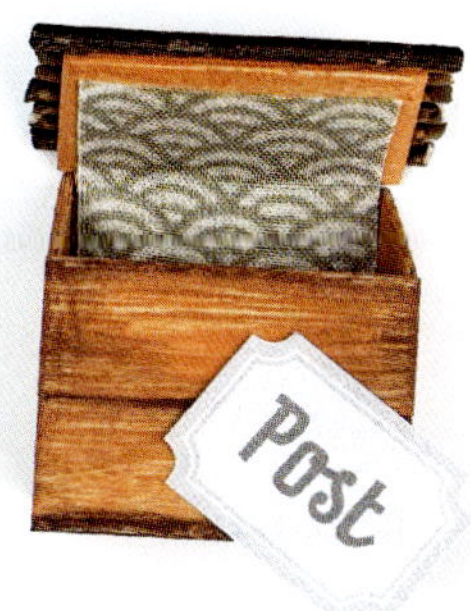


### VORLAGE
Briefkastenschild (S. 31)

### MATERIAL
- 3 Holzstabchen, Gr. M (1,8 cm x 15 cm)
- 8–10 Zweige, 5 cm lang
- gemusterter Stoff nach Wahl, 3 cm x 5 cm
- Wasserfarbe in Braun
- Klarlack (optional)
- Buntstifte in verschiedenen Brauntönen
- Express-Holzleim

### HILFSMITTEL
- Pinsel
- Schere
- Schmirgelpapier, 240er Körnung

**1** Schneide aus den Holzstäbchen vier 4,2 cm lange Stücke für Deckel, Boden und die Front und vier 4 cm lange Stücke für Rückseite und Seiten zurecht. In zwei der vier 4 cm langen Stücke eine Schräge mit 1 cm Unterschied schneiden. Schmirgle die Kanten.

**2** Klebe zuerst die beiden Teile der Rückseite und danach die Seitenteile aneinander. Trocknen lassen. Anschließend klebst du den Boden an. Klebe den Stoff auf die Rückwand und die Äste auf den Deckel. Trocknen lassen. Bemale alle Teile mit Wasserfarbe in Braun und zeichne die Holzmaserung mit Buntstiften an.

**3** Lege den Deckel an die Oberkante des Briefkastens und klebe das überstehende Stück Stoff von unten an den Deckel: Der Stoff dient als Scharnier. Dann befestigst du die Frontstücke und wer möchte, lackiert seinen Briefkasten. Drucke das Briefkastenschild und klebe es vorn auf.

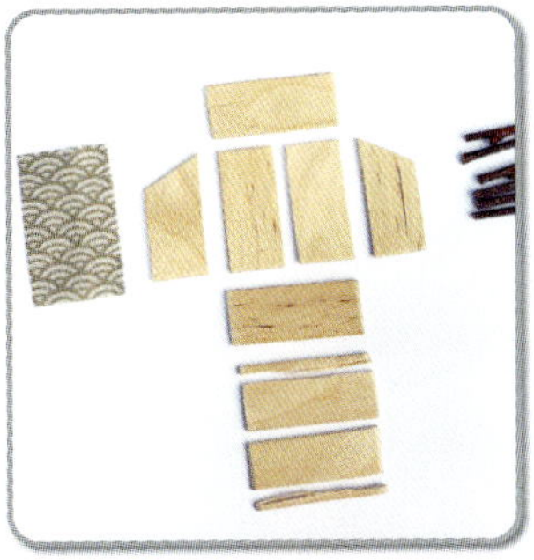

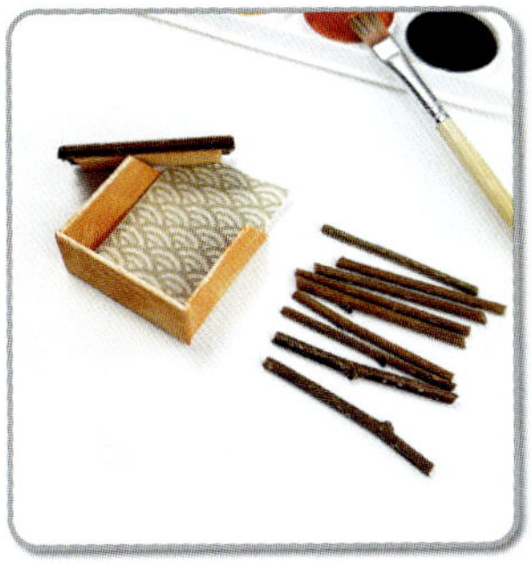

## BRIEFKASTEN IN BRIEFFORM

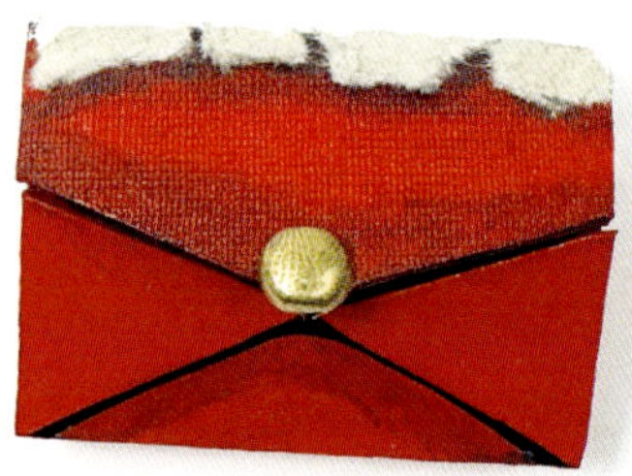

### MATERIAL

- Holzstäbchen, Gr. K (1,1 cm x 11 cm)
- Graupappe, 1 mm stark (ca. 700 g/m²)
- Eierkarton in Grau
- Musterbeutelklammer
- Stoffrest
- Lack- oder Acrylfarbe in Rot und Dunkelgrau
- Permanentmarker in Schwarz
- Bleistift
- Express-Holzleim

### HILFSMITTEL

- Bastelmesser mit Schneideunterlage
- Schere
- Pinsel

**1** Schneide mit dem Bastelmesser zwei 4,5 cm x 3 cm große Stücke aus Graupappe. Eins der beiden Stücke schneidest du in Briefform zurecht. Markiere hierfür mit Bleistift auf der Graupappe die beiden Außenkanten bei 2 cm und in der Mitte bei 1,2 cm. Verbinde die drei Punkte miteinander und schneide die Graupappe danach entlang dieser Linie mit dem Bastelmesser ein.

**2** Schneide mit der Schere ein 4 cm langes und zwei 3 cm lange Stücke aus dem kleinen Holzstäbchen. Zeichne bei den beiden 3 cm langen Stücken bei 2 cm eine Markierung ein und schneide eine Schräge von der Markierung bis zur oberen Kante der Stäbchen.

**3** Schneide den Stoff so zu, dass er genau auf den späteren Briefkastendeckel passt, und klebe den Stoff darauf fest.

**4** Klebe erst den Boden und die Seitenteile des Briefkastens, dann die Front mit Holzleim zusammen. Male alle Teile rot an, auch den Stoff. Trocknen lassen. Klebe den Stoff an die Außenseite des Briefkastens.

**5** Zeichne mit Permanentmarker auf die Front zwei Linien, um die Briefoptik herauszuarbeiten. Male mit der grauen Farbe Schattierungen auf den Briefkasten und klebe dann die Musterbeutelklammer auf die Spitze des Briefkastendeckels. Zum Schluss kannst du einige Stücke aus dem Eierkarton reißen und auf die Oberseite des Briefkastens kleben.

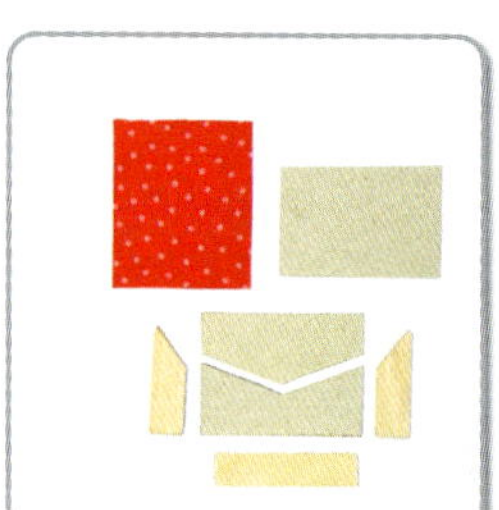

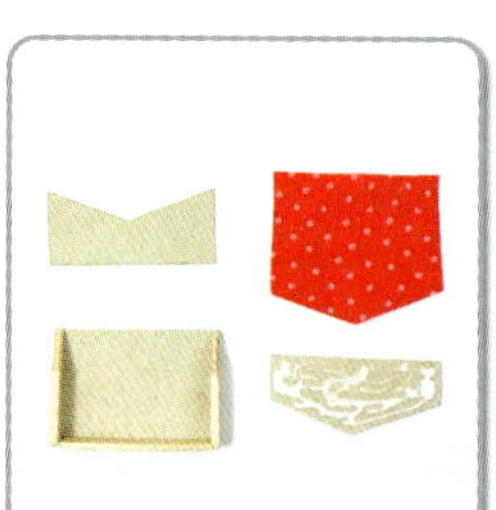

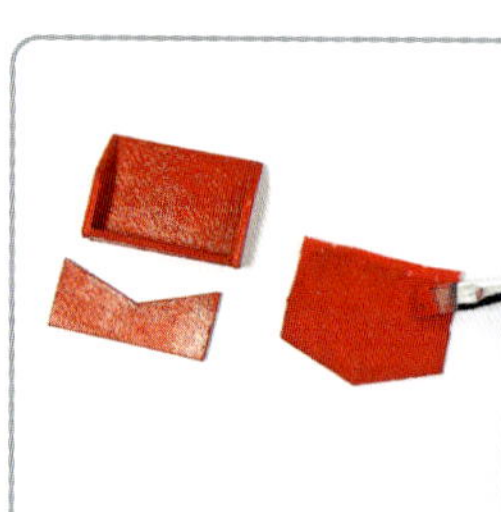

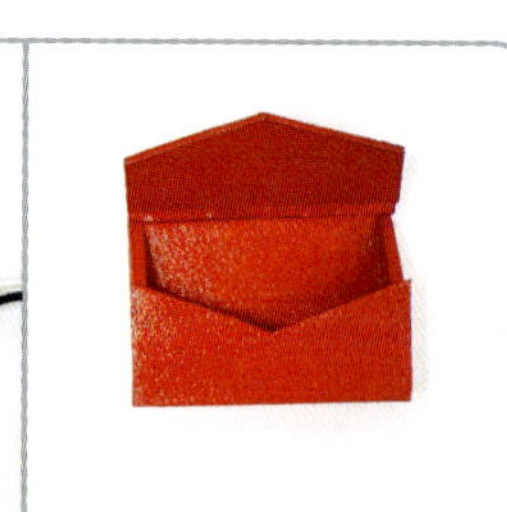

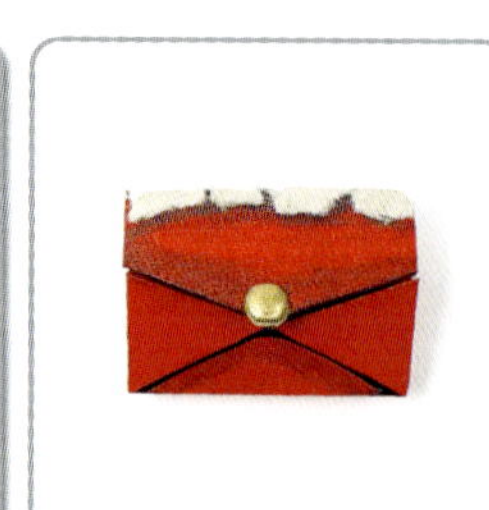

# BRIEFKASTENSTÄNDER

### MATERIAL
- Holzstäbchen, Gr. K (1,1 cm x 11 cm)
- Holzstäbchen, Gr. L (2,5 cm x 20 cm)
- Eierkarton in Grau
- Lack- oder Acrylfarbe in Dunkelgrau
- Acrylmarker in Weiß
- Isolierband in Schwarz (optional)
- Heißklebepistole

### HILFSMITTEL
- Pinsel
- Schere

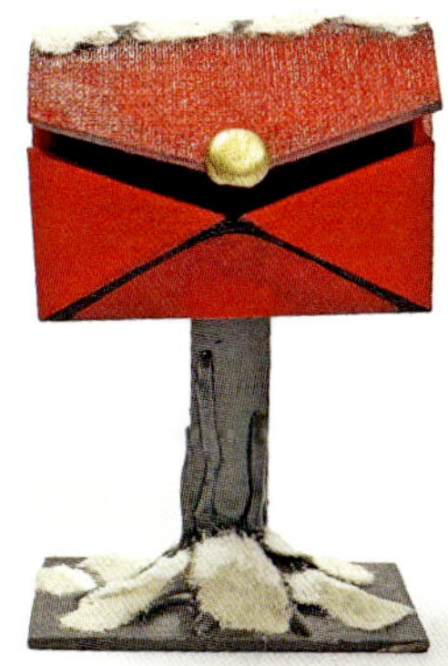

**1** Kürze das Holzstäbchen Gr. K auf 6 cm. Schneide aus dem Holzstäbchen Gr. L ein 4,5 cm langes Stück. Bemale beide Teile dunkelgrau. Klebe das Holzstäbchen Gr. K mit Heißkleber senkrecht auf das Holzstäbchen Gr. L. Bring am Grund mit Heißkleber weitere Verzierungen an. Trocknen lassen. Die Heißkleberverzierungen grau anmalen.

**2** Reiße den Eierkarton in kleine Stücke und klebe sie auf den Fuß des Ständers. Mit weißem Acrylmarker kannst du Schattierungen auf die Eierkartonstücke malen.

**3** Klebe den Briefkasten an. Wenn du den Briefkasten auch wieder entfernen möchtest, kannst du ihn mit schwarzem Isolierband befestigen.

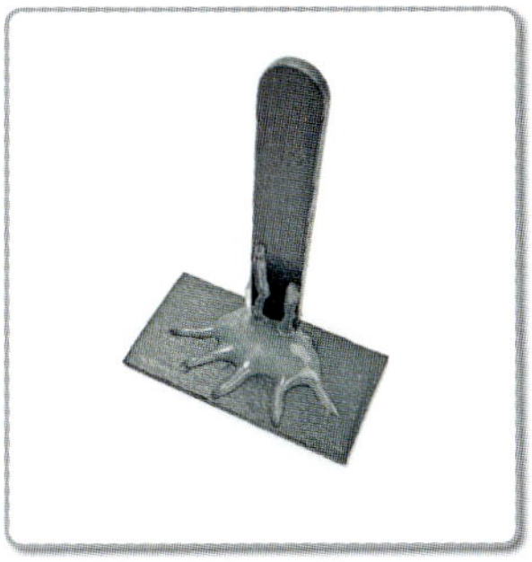

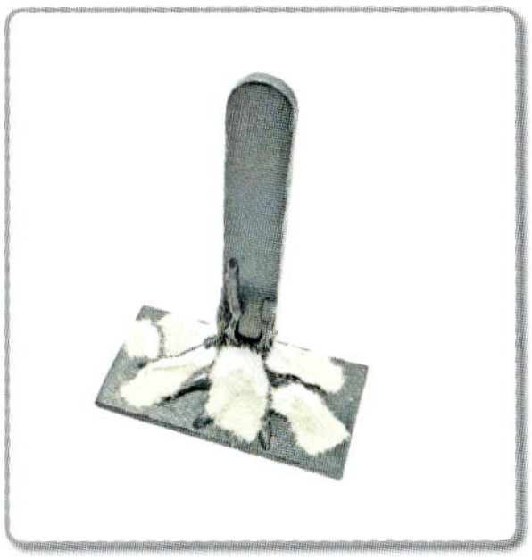

**TIPP**
Mit dem Ständer kannst du einen Briefkasten prima vor dem Wichtelhaus platzieren.

## FERTIGER BRIEFKASTEN MIT ROTEM SCHINDELDACH

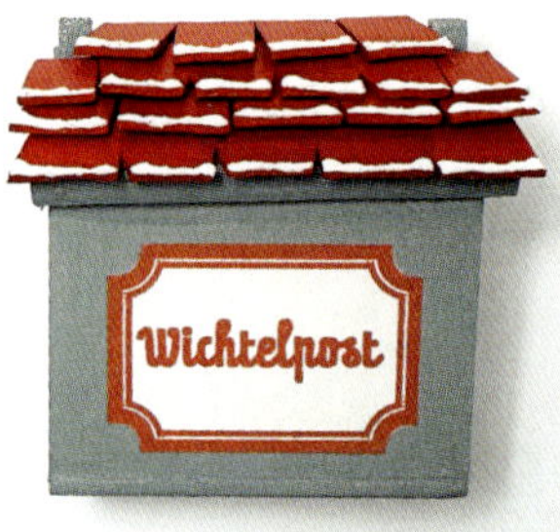


**VORLAGE:**
Briefkastenschild (S. 31)

**MATERIAL**
- fertiger Holzbriefkasten
- Graupappe, 1 mm stark (700 g/m²)
- Acryl- oder Lackfarbe in Hellgrau und Rot
- Schnee-Effekt-Stift
- Heißklebepistole

**HILFSMITTEL**
- Pinsel

**1** Male den Briefkasten grau an. Trocknen lassen. Schneide aus Graupappe einen 1 cm x 5 cm und einen 1 cm x 3,4 cm großen Streifen. Schneide in beide Streifen in gleichmäßigen Abständen Kerben. Schneide weitere einzelne, kleine Vierecke aus der Graupappe aus. Sie können ruhig ein wenig ungleichmäßig, schief und verschieden groß sein. Male alle Graupappe-Stücke rot an.

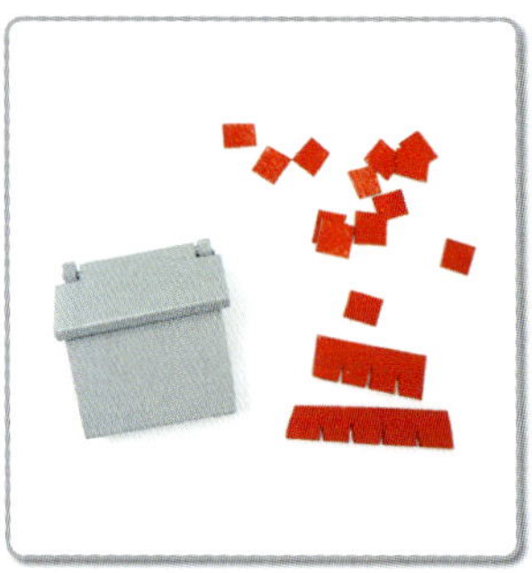

**2** Klebe erst den langen Streifen Graupappe mit ca. 3 mm Überstand unten auf den Briefkastendeckel. Klebe dann einzelne kleine Vierecke über die erste Reihe. Dann den kleinen Streifen aufkleben, sodass er die zweite Reihe etwas überlappt. Befestige an den Seiten jeweils die noch fehlenden einzelnen Dachschindeln. Klebe zum Schluss die obersten vier Schindeln versetzt auf, sodass die Ritzen der zuvor einzeln aufgeklebten Dachschindeln verdeckt werden.

**3** Male mit dem Schnee-Effekt-Stift oder mit Acrylfarbe weiße Ränder an die Unterkante jeder einzelnen Schindel. Drucke das Briefkastenschild und klebe es vorn auf.

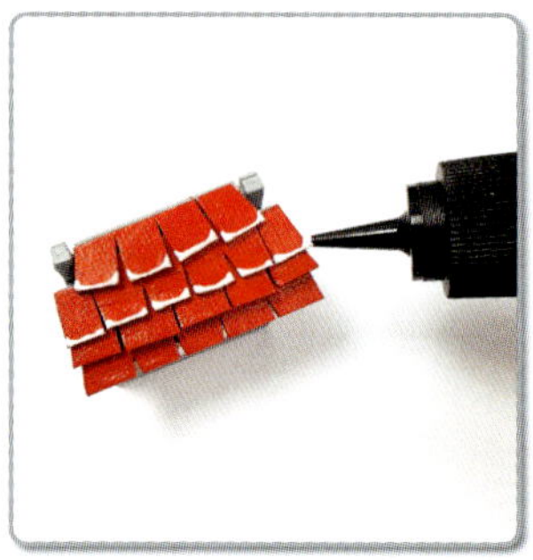

# TÜRKRÄNZE

## VOGELHÄUSCHENKRANZ

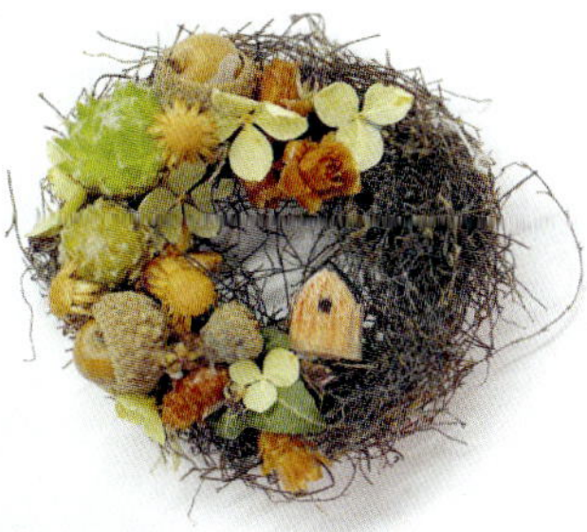

MATERIAL
- fertiger Wickeldrahtkranz
- Holzstäbchen, Gr. S (6 mm x 19 cm)
- Seeball
- getrocknete Beeren
- getrocknete Hortensienblüten
- Fineliner in Schwarz
- Heißklebepistole

HILFSMITTEL
- Schere

**TIPP**
Seebälle (oder Meerbälle) kann man am Strand finden. Sie bestehen aus sehr feinen Pflanzenfasern und Wurzelresten und sind ideal für Miniaturkränze.

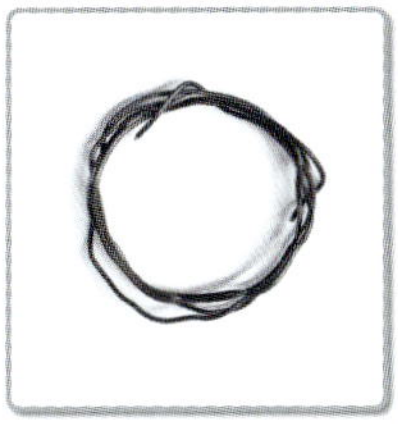

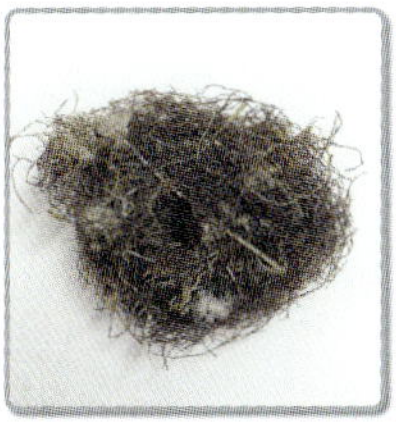

**1** Schneide ein Vogelhaus aus dem Holzstäbchen aus und zeichne Dach und Flugloch ein.

**2** Zerpflücke den Seeball etwas und klebe das Material mit Heißkleber auf den fertigen Kranz. Zum Schluss klebst du die Beeren und Hortensienblüten sowie das Vogelhaus mit Heißkleber auf.

## RANKENKRANZ

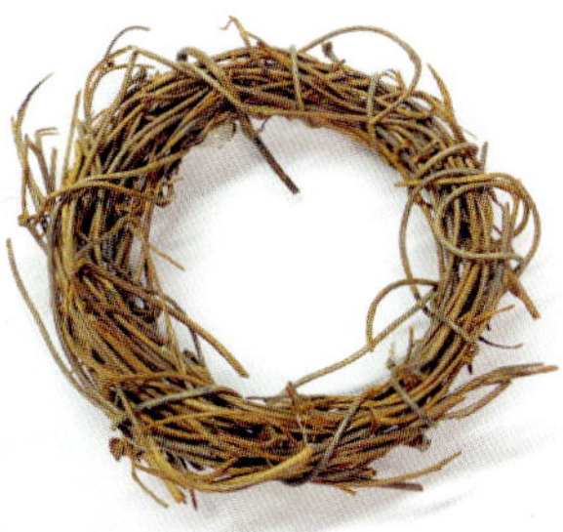

MATERIAL
- trockene Clematisranke
- Wickeldraht

HILFSMITTEL
- Seitenschneider

**TIPP**
Clematisranken findest du im Garten, im Bastelladen oder beim Floristen. Auch andere feine Gestrüpparten eignen sich. Halte beim nächsten Spaziergang die Augen offen.

**1** Arbeite den Wickeldraht in die Clematisranke ein und winde das Ganze zum Kranz.

**2** Zum Schluss umwickelst du den Kranz noch einige Male mit dem Draht.

## WURZELKRANZ

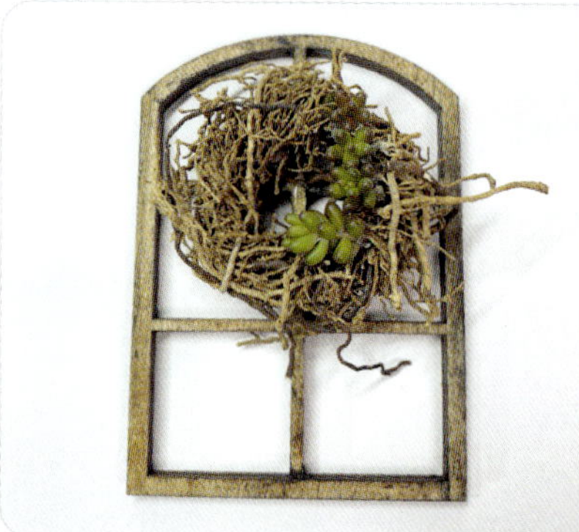

**MATERIAL**
- fertiger Wickeldrahtkranz
- Pflanzenwurzeln, z.B. vom Buchsbaum
- Mini-Sukkulenten

**TIPP**
Wenn du in die Basis der Kränze geglühten Wickeldraht einbindest, lassen sie sich später besser in Form biegen.

**1** Reinige die Pflanzenwurzeln unter fließendem Wasser, verschlinge sie noch im feuchten Zustand zu einem Kranz und winde sie um den Wickeldrahtkranz.

**2** Beklebe den Kranz zum Schluss mit Sukkulenten.

## JUTEKRANZ

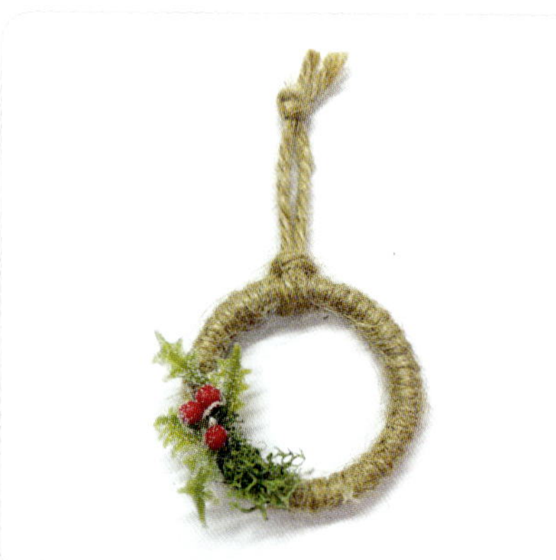

**MATERIAL**
- Jutekordel, ø 2 mm
- Schlüsselring, ø 3 cm
- getrocknete Beeren
- getrocknetes Grün nach Wahl
- Bastelkleber

**TIPP**
Materialien für einen natürlichen Türkranz findest du bei einem Streifzug durch die Natur oder im Garten. Jede noch so kleine Beere oder vertrocknete Blüte kann verwendet werden. Geh im Herbst auf die Suche nach kleinen Eicheln und Zapfen.

**1** Wickle die Jutekordel um den Ring.

**2** Schneide ein Stück Jutekordel zurecht, lege es zur Schlaufe und knüpfe es als Aufhänger in den Ring.

**3** Den Kranz seitlich mit etwas Grün und Beeren dekorieren.

## GRÜNER TÜRKRANZ MIT SCHLEIFE

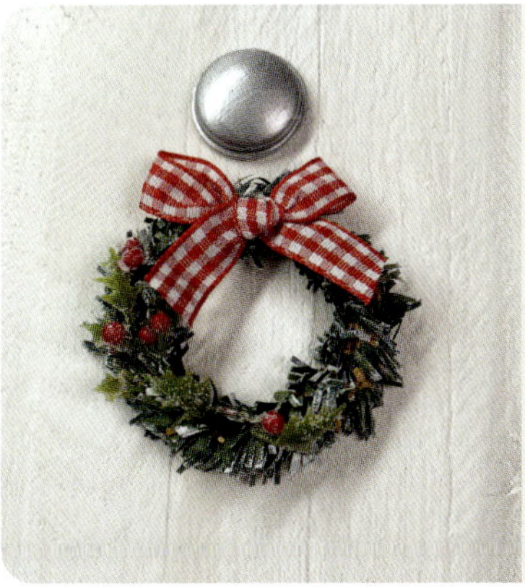

**MATERIAL**
- fertige Mini-Tannengirlande
- fertige Mini-Ilexranke
- Karoband in Rot-Weiß
- Bastelkleber

**TIPP**
Dieser klassische Wichteltürenkranz hängt auf Seite 130 am Kamin.

1 Den Kranz aus Tannengirlande biegen und mit einem Stück Ilexranke bekleben.

2 Das Band zu einer Schleife binden (rechts) und die Schleife oben aufkleben.

**TIPP**
Um eine Schleife zu binden, schneide ein 25 cm langes Stück Band nach Wahl zurecht und lege es auf die Arbeitsfläche. Lege eine Gabel mittig darauf. Führe das linke Ende des Bandes vor der Gabel nach rechts und das rechte Ende über das linke Ende nach links. Fädle das linke Bandende unter der rechten Seite durch die Mitte der Zinken. Ziehe das Band nach oben und dann wieder durch denselben Zwischenraum nach vorne. Lege dann das obere Bandende unter das rechte, ziehe das rechte Ende durch die entstandene Schlaufe und ziehe die Enden fest. Zuletzt schneide die Enden der Schleife zurecht und nimm die Schleife von der Gabel.

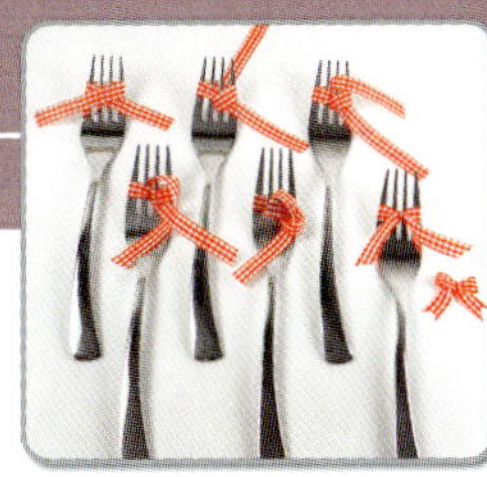

## ZUCKERSTREUSELKRANZ

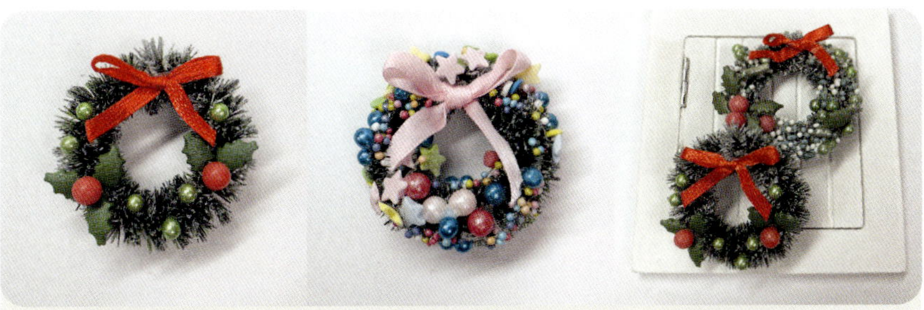

**MATERIAL**
- fertiger Kranz mit roter Schleife
- bunte Zuckerstreusel
- Holzleim

**HILFSMITTEL**
- Pinzette

Klebe die Zuckerstreusel mit Holzleim und Pinzette auf den Kranz. Verwende nur sehr wenig Leim, denn die Streusel verlieren bei zu viel Feuchtigkeit ihre Farbe.

**QUICK-LÖSUNG**
Fertige Kränze für Wichteltüren gibt es im Handel in diversen Ausfertigungen; meistens sind es Kränze aus Tannengrün, die mit einer Schleife versehen sind. Diese Kränze kannst du gut verwenden, um sie weiterzuverarbeiten.

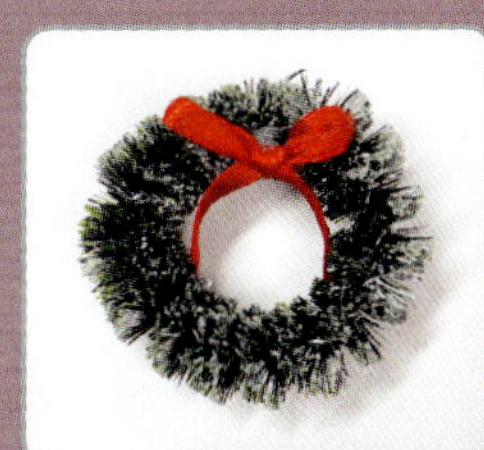

# BÄUME & STRÄUCHER

## MOOSKUGELN

**MATERIAL**
- Wattekugeln in verschiedenen Größen
- Bastelmoos
- Acrylfarbe in Weiß (optional)
- Holzleim

**HILFSMITTEL**
- Pinsel
- Einmalhandschuhe

**1** Die Wattekugeln mit Leim bestreichen.

**2** Das Moos auf die Kugeln kleben, andrücken und formen. Das geht am besten, wenn du Handschuhe trägst.

**3** Für den eisigen Winterlook das Moos mit weißer Acrylfarbe betupfen.

**4** Die Kugeln vor der Wichteltür in Blumenkübel legen oder einfach dekorativ vor dem Wichtelhaus in der Kulisse platzieren.

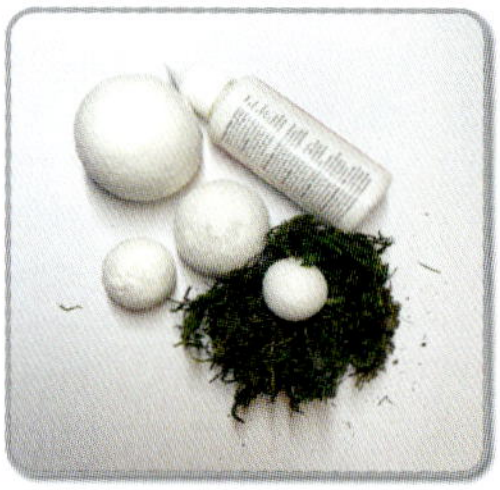

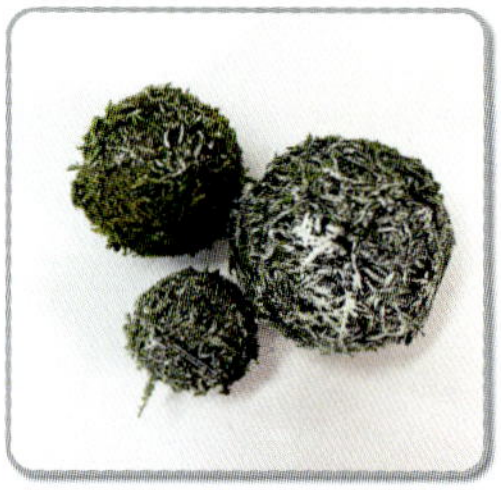

## BUCHSBÄUMCHEN

**MATERIAL**
- fertige Buchsbaumgirlande mit Draht
- Wattekugeln in verschiedenen Größen
- Acrylfarbe in Weiß
- Heißklebepistole

**HILFSMITTEL**
- Seitenschneider
- Pinsel

**1** Ein Stück Buchsbaumgirlande mit dem Seitenschneider zurechtschneiden und spiralförmig mit Heißkleber auf die Wattekugeln kleben.

**2** Für einen Winterlook kannst du die Buchskugeln mit weißer Acrylfarbe betupfen.

**3** Für ein Hochstämmchen klebst du die Kugel auf einen kleinen Zweig.

**4** Die Anleitung für den Topf findest du bei der Tanne aus Naturmaterial (S. 61).

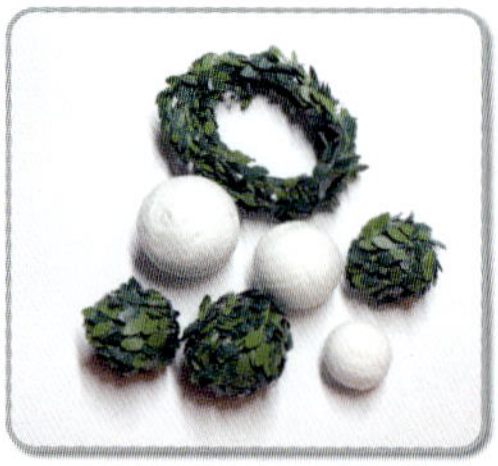

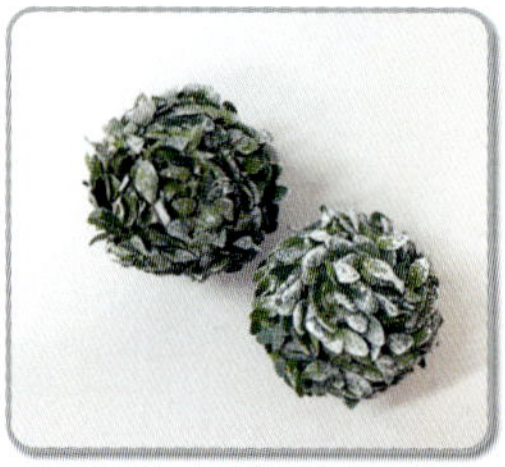

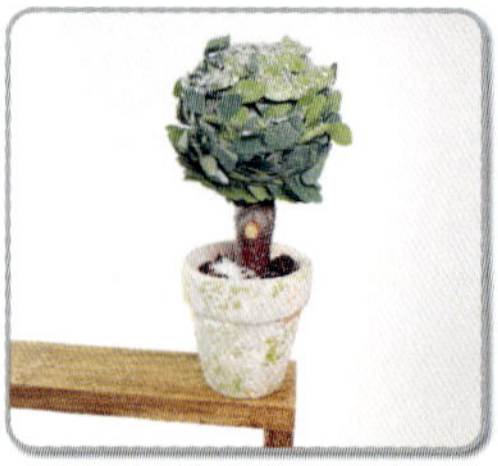

## TANNE AUS NATURMATERIAL

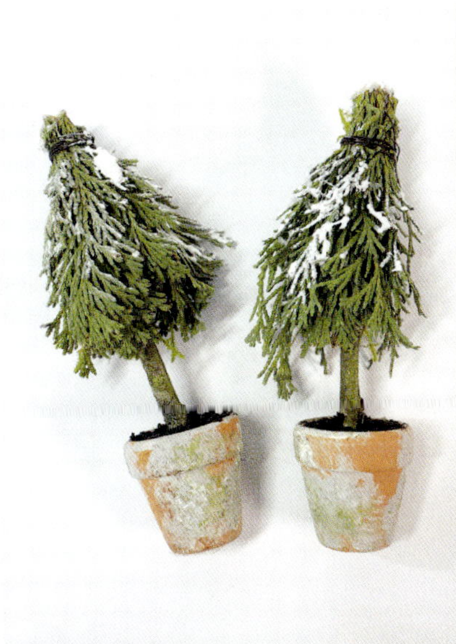

#### MATERIAL
- Zweig, ø ca. 6 mm, 12 cm lang
- Tannen- oder Lebensbaumzweige
- Bastelmoos
- Blumentopf, ø ca. 2 cm
- dünner Wickeldraht
- Kaffeesatz
- Acrylfarbe in Grau und Grün
- Heißklebepistole
- Holzleim

#### HILFSMITTEL
- Gartenschere
- Holzstäbchen
- Pinsel

**1** Umwickle den dicken Zweig im oberen Bereich mit Moos. Lege an die obere Spitze einige Tannenzweige mit der Spitze nach unten und fixiere sie mit Draht. Überprüfe die Länge des Bäumchens und klebe es mit viel Heißkleber in den Blumentopf.

**2** Für die Blumenerde vermischst du Kaffeesatz mit Holzleim und füllst den Topf mit der Paste auf.

**3** Betupfe den Blumentopf außen teilweise mit grauer und (wenig) grüner Farbe.

### QUICK-LÖSUNG

Im Handel sind zahlreiche fertige Bäume erhältlich. Eine schöne Alternative zu einem Plastikfuß ist eine Astscheibe, die du einfach gegen den Kunststoffständer austauschst. Sie sieht nicht nur hübsch aus, sondern gibt dem Baum auch Standfestigkeit.

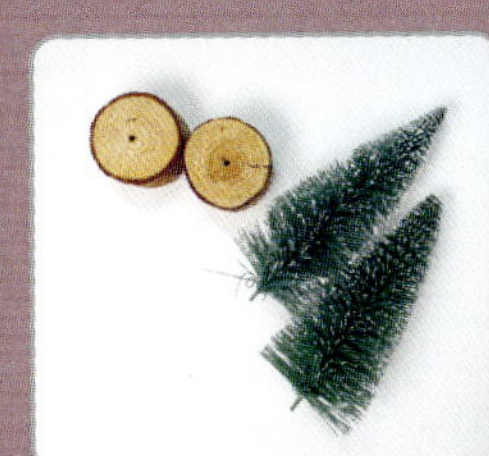

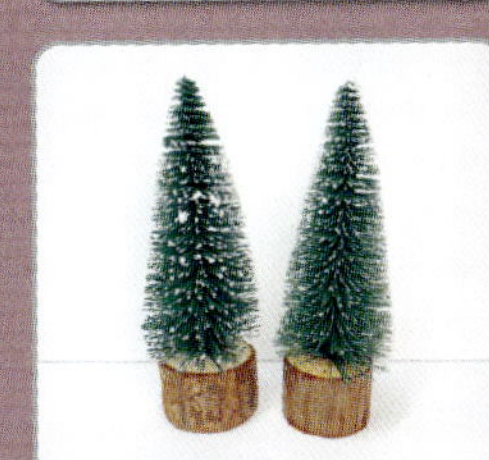

## WINTERLICHE ZWEIGE

#### MATERIAL
- schön geformte kahle Zweige
- Glitzer
- Acrylfarbe in Weiß oder Schneepaste

#### HILFSMITTEL
- Gartenschere
- Pinsel

**1** Schneide die Zweige mit der Gartenschere in der gewünschten Länge zurecht.

**2** Betupfe die Zweige mit Acrylfarbe oder Schneepaste und streue etwas Glitzer in die noch feuchte Farbe.

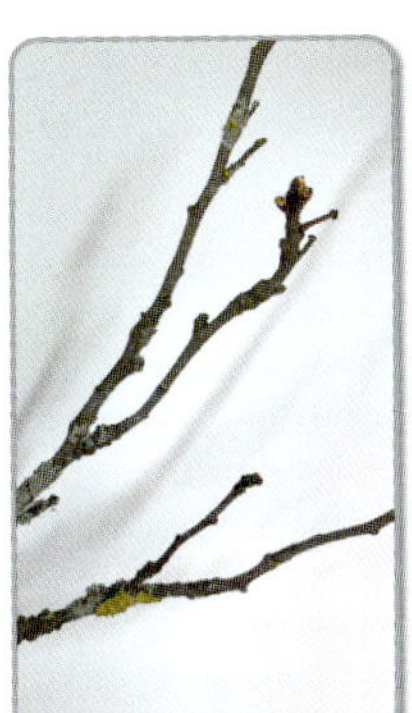

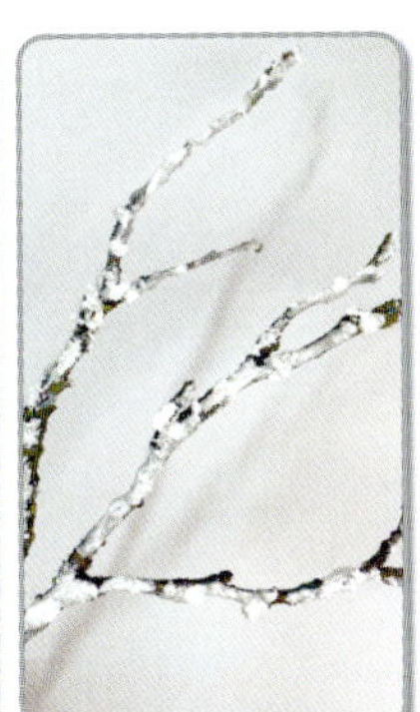

### TIPP

Die Zweige können auf das Dach oder irgendwo in die Kulisse gelegt werden. Kleinere Zweige werden mit Heißkleber oder einer Klammer befestigt.

# WICHTELKULISSEN FÜR JEDE GELEGENHEIT

EINFACH UMSETZBAR!

# KLEINE WICHTELBAUSTELLE

In der Nacht ist etwas Magisches passiert. Da wo vorher eine kleine Glitzerspur zu finden war, stehen auf einmal Baustellenschilder. Backsteine liegen verstreut herum, ein kleiner Helm und eine winzig kleine Schubkarre! Hier war Wichtel Tamtam aber wirklich sehr fleißig! Und inmitten der Baustelle hat er ein paar Baumaterialien in Süßigkeiten verzaubert. Ob die Kinder sie entdecken?

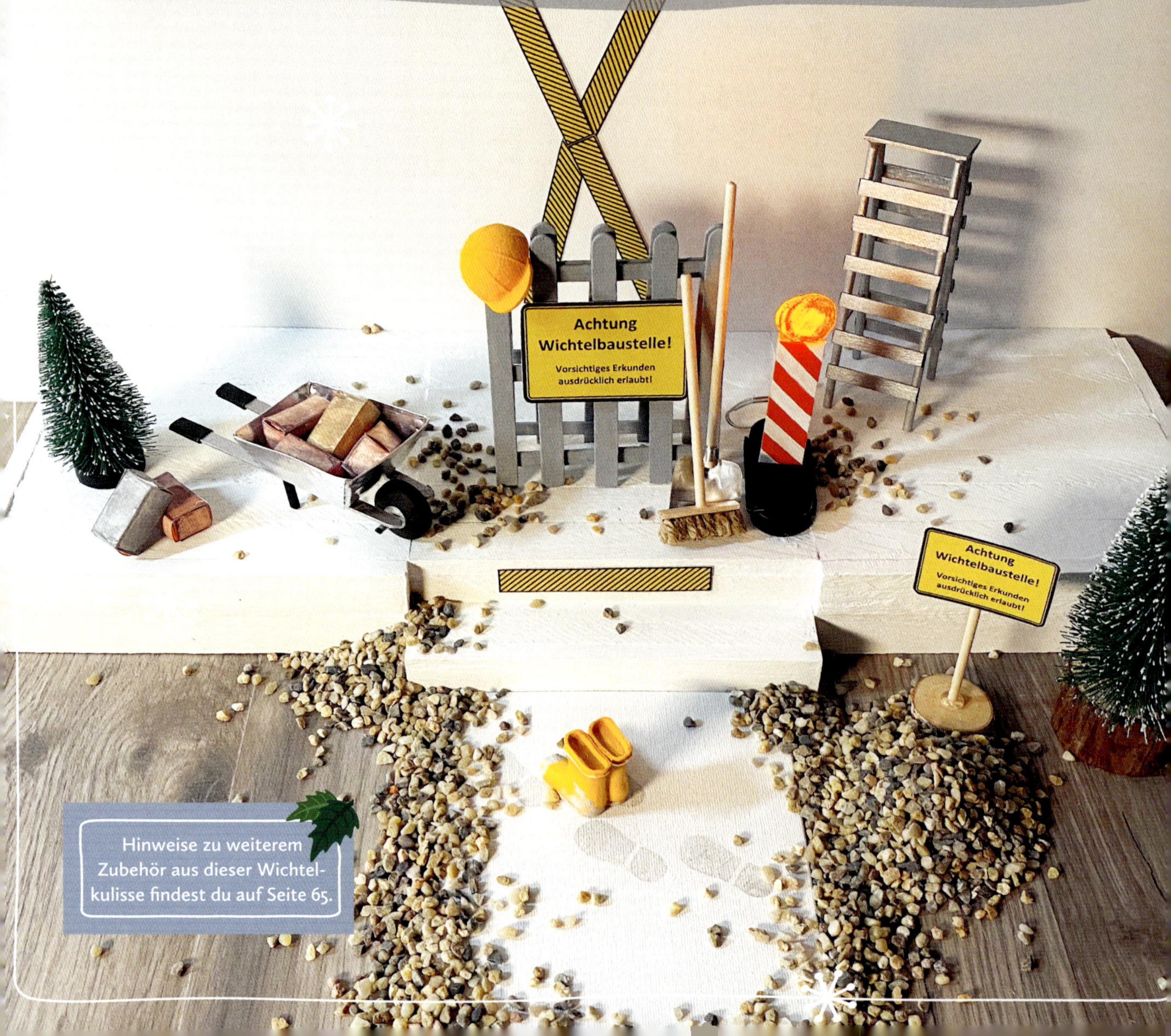


Hinweise zu weiterem Zubehör aus dieser Wichtelkulisse findest du auf Seite 65.

# SCHUBKARRE

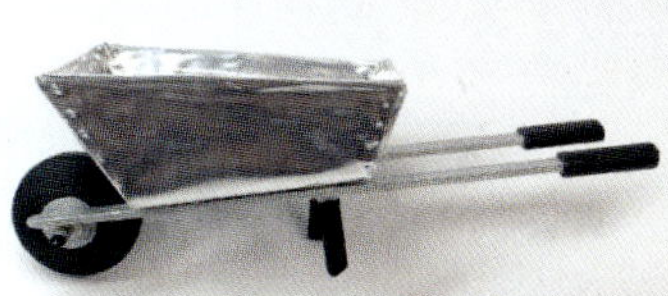

**VORLAGE**
Schubkarre (S. 31)

**MATERIAL**
- Bastelalufolie, A5
- 2 Holzstäbchen, Gr. S (6 mm x 19 cm)
- Rundholz, ø 4 mm, 15 cm lang
- 2 Holzplatinen, ø 2,5 cm
- Zahnstocher
- dünner Silberdraht
- Papier in Schwarz
- Acrylfarbe in Schwarz und Silber
- Holzleim
- Kraftkleber

**HILFSMITTEL**
- Kugelschreiber
- Geodreieck
- Schere
- Blechschere
- Bohrmaschine und Bohrer, ø 3 mm
- kleiner Borstenpinsel

**1** Übertrage die Schubkarrenwanne mithilfe der Vorlage auf die Bastelalufolie; die Linien ziehst du am besten mit Kugelschreiber und Geodreieck nach. Schneide das Wannenteil aus und falte alle geprägten Linien einmal vor. Lege dabei den Rand nach innen um. Klappe die gestrichelten Klebeflächen an den Prägelinien leicht nach innen, bestreiche die Flächen mit Kraftkleber und klebe die Wände zusammen.

**2** Kürze zwei Holzstäbchen Gr. S mit der Blechschere auf 11 cm und den Zahnstocher auf 4 cm. Leime für das Rad die Holzplatinen mit den flachen Seiten aneinander, bohre mittig ein 3 mm großes Loch und male das Rad schwarz und die Felge silberfarben an.

**3** Nun schiebst du das Rad auf den Zahnstocher und umwickelst diesen beidseitig, neben dem Rad, mit Silberdraht. Leime die Achse mit einem Abstand von 5 mm zur vorderen Kante unter die schmalen Hölzer.

**4** Schneide aus dem Rundholz zwei 1,5 cm lange Stützen und klebe sie unter die Wannenkante an die Holzstäbchen.

**5** Nun streichst du die Holzstäbchen silberfarben und die Stützen schwarz. Befestige dann die Wanne direkt hinter dem Rad mit Kraftkleber.

**6** Umwickle zuletzt die Griffe jeweils mit einem schwarzen, 1,5 cm breiten Papierstreifen und fixiere diesen mit Klebstoff.

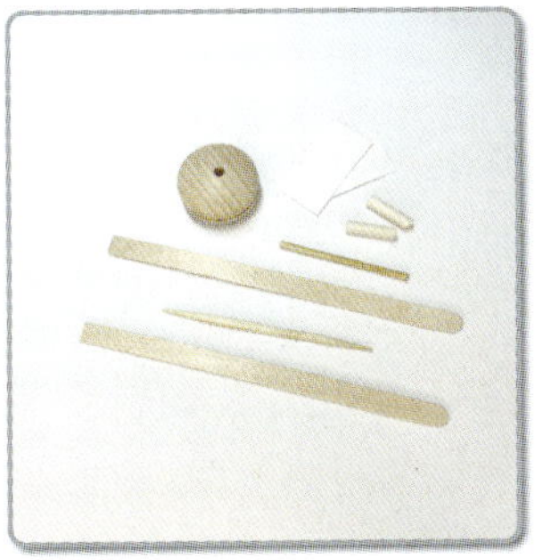

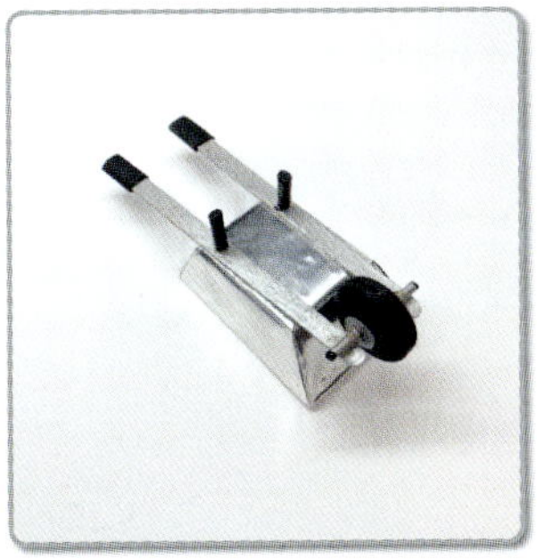

**WEITERES ZUBEHÖR**

Die Anleitung für die Tannen in der Wichtelkulisse auf Seite 64 findest du auf Seite 61, für das Podest auf Seite 45. Die Gummistiefel sind Fertigteile. Das schwarz-gelb gestreifte Band an der Wand ist in der Vorlage für die Baustellenschilder (S. 31) enthalten und wird mit doppelseitigem Klebeband angebracht.

## ZIEGELSTEINE

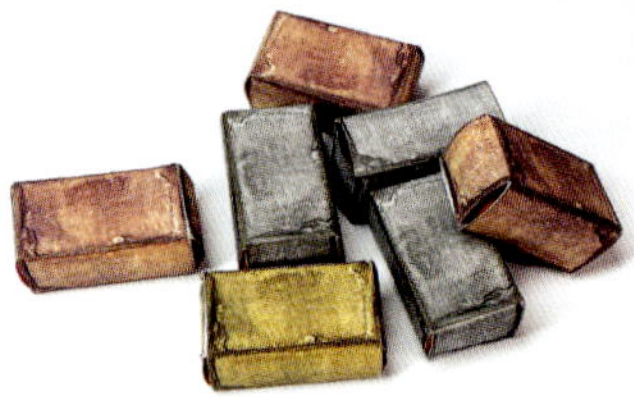

**VORLAGE**
Ziegelsteine (S. 31)

**MATERIAL**
- rechteckige Kaubonbons, ca. 1 cm x 2 cm
- Holzleim

**HILFSMITTEL**
- Schere
- Holzstäbchen, Gr. K (1,1 cm x 11 cm)

**1** Drucke die Vorlage für die Ziegelsteine farbig, schneide die Steine aus und falte sie vor.

**2** Bestreiche die hellen Flächen mit Holzleim. Schließe erst die lange und dann eine der beiden kurzen Seiten. Du kannst beim Zusammenkleben ein Holzstäbchen zu Hilfe nehmen. Trocknen lassen.

**3** Schiebe jeweils ein Kaubonbon in die Hüllen und verschließe die noch offene Seite.

**TIPP**
Mit etwas Deko-Kies sieht die Baustelle gleich richtig echt aus!

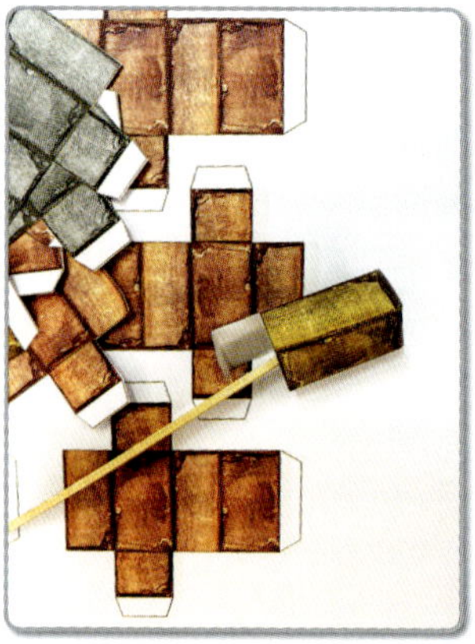

## BAUHELM

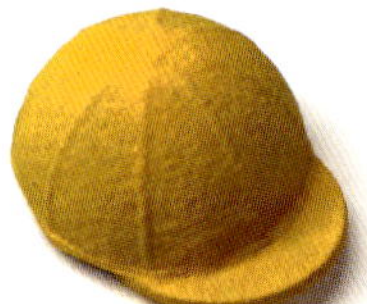

**MATERIAL**
- 2 Mulden aus einer Schoko-Nuss-Pralinen-Verpackung
- Holzstäbchen, Gr. L (2,5 cm x 20 cm)
- Acrylfarbe in Gelb
- Holzleim

**HILFSMITTEL**
- Schere
- Blechschere
- Schwamm

**1** Schneide die beiden Mulden entlang der Kanten aus und klebe sie mit Holzleim ineinander. Schneide das runde Ende von einem Holzstäbchen Gr. L 1,5 cm lang ab und leime es als Schild an die Mulden. Gut trocknen lassen.

**2** Tupfe mithilfe des Schwamms mehrfach gelbe Farbe auf den Helm.

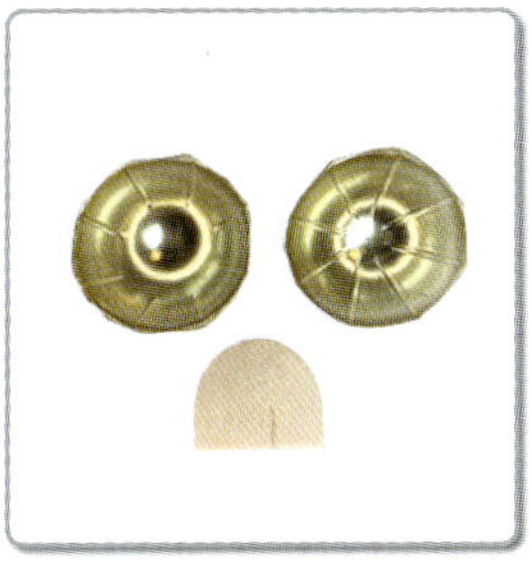

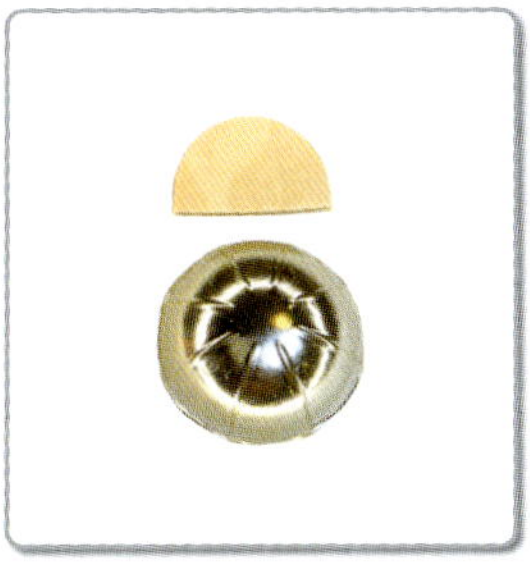

## SCHAUFELN

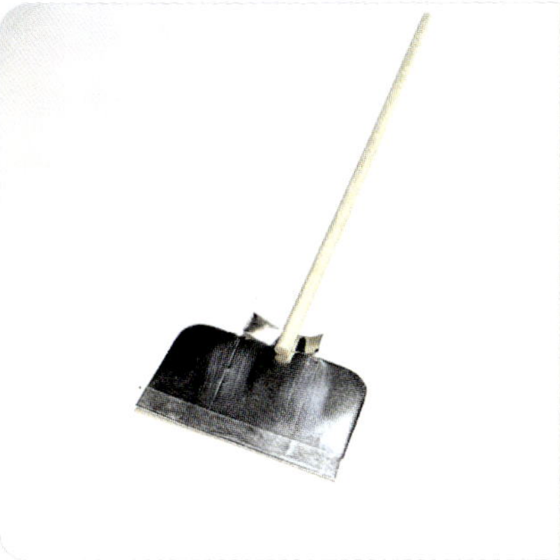

### VORLAGE
Schaufeln (S. 31)

### MATERIAL
- Bastelalufolie
- Rundholz, ø 4 mm, 15 cm lang
- Kraftkleber

### HILFSMITTEL
- Kugelschreiber
- Geodreieck
- Schere
- Blechschere
- Schmirgelpapier, 240er Körnung

**1** Übertrage das untere Schaufelteil mithilfe der Vorlage auf die Bastelalufolie; die Linien ziehst du am besten mit Kugelschreiber und Geodreieck nach. Schneide das Schaufelteil aus.

**2** Falze die 5 mm breite Umschlagkante mithilfe des Kugelschreibers vor und lege sie nach innen um.

**3** Schneide die gepunkteten Linien links und rechts der Mitte an der Oberkante bis auf 5 mm von beiden Seiten ein und runde die Ecken im oberen Bereich entlang der gepunkteten Linien ab.

**4** Kürze ein Rundholz auf 10 cm und schleife die Schnittkanten. Bestreiche das eine Ende des Rundholzes mit etwas Kraftkleber, lege es auf die vorgesehene Fläche in die Mitte der Oberkante der Schaufel und schlage die Alufolie um den Stiel.

**5** Forme zum Schluss bei der kleinen Schaufel die Schaufelfläche mit den Fingern aus. Bei der großen Schaufel prägst du die mit den langen Pfeilen gekennzeichneten Stellen mit dem Rest des Rundholzes. So entstehen die typischen Rinnen.

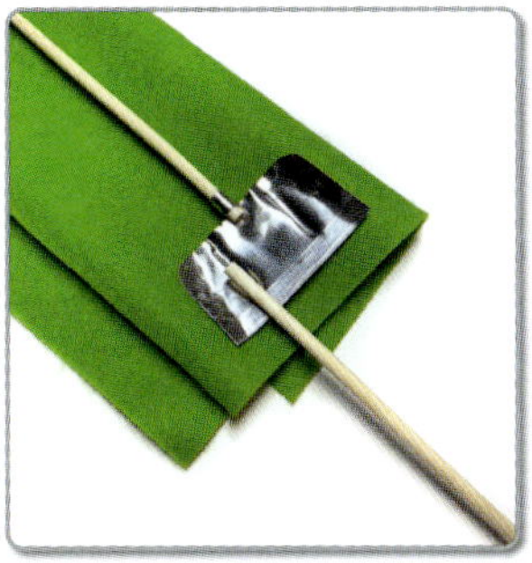

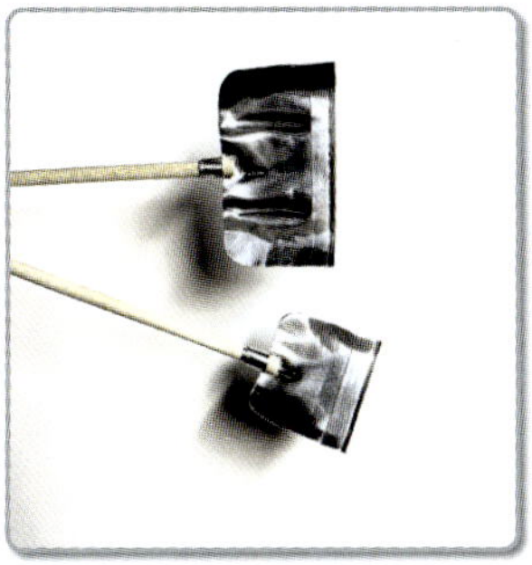

# ALULEITER

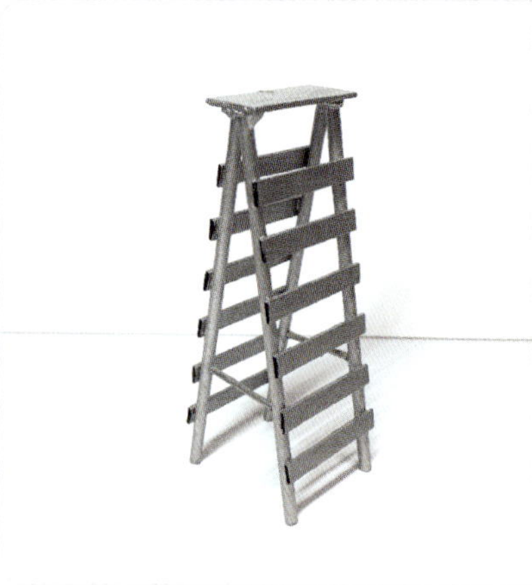

**MATERIAL**
- 4 Rundhölzer, ø 4 mm, 15 cm lang
- 3 Holzstäbchen, Gr. S (6 mm x 19 cm)
- Holzstäbchen, Gr. M (1,8 cm x 15 cm)
- 2 Zahnstocher
- Acrylfarbe in Silber und Schwarz
- Holzleim

**HILFSMITTEL**
- Blechschere
- Bleistift
- Geodreieck
- Schmirgelpapier, 240er Körnung
- Pinsel

**1** Schneide die vier Rundhölzer mit der Blechschere 12 cm lang zu. Für die Trittstufen schneidest du aus den Holzstäbchen Gr. S zwölf jeweils 4 cm lange Stücke zu. Schmirgle die Schnittkanten. Verbinde nun je zwei Rundhölzer mit den Trittstufen, leime dazu die Trittstufen im Abstand von 1,5 cm an. Trocknen lassen.

**2** Stelle die Leiterteile schräg auf, sodass sie im unteren Bereich 4 cm Abstand haben. Schneide die Zahnstocher 3 cm lang zu und klebe sie auf der Höhe der zweiten Trittstufe beidseitig an, um die Leiter zu fixieren.

**3** Schneide ein Holzstäbchen Gr. M 4 cm lang zu und klebe es als Ablage oben auf die Leiter.

**4** Male alles silberfarben an und hebe die Seiten der Trittstufen mit schwarzer Farbe hervor.

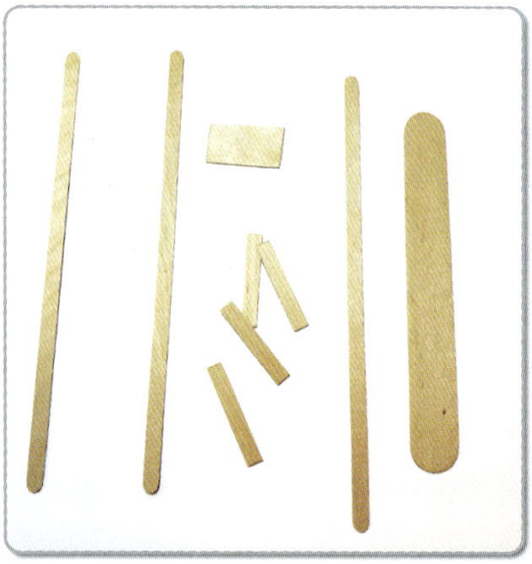

# BAUSTELLENWARNLICHT

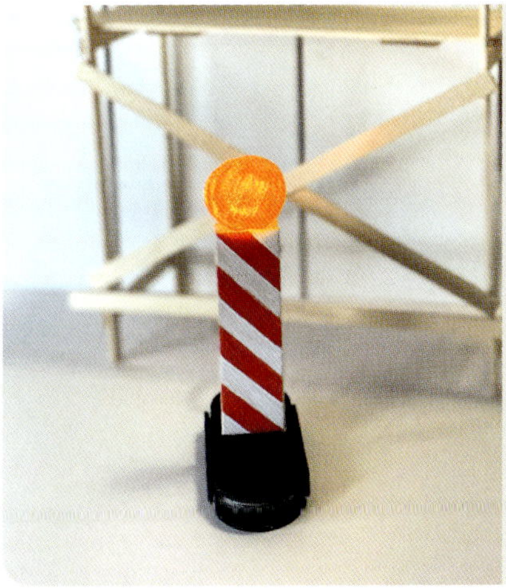

## MATERIAL

- Holzstäbchen, Gr. S (6 mm x 19 cm)
- 2 Holzstäbchen, Gr. M (1,8 cm x 15 cm)
- Holzstäbchen, Gr. L (2,5 cm x 20 cm)
- Micro-LED-Drahtlichterkette mit 10 LEDs
- Acrylfarbe in Rot, Weiß und Gelb
- doppelseitiges Klebeband, 8 mm breit (z. B. Tacky Tape)
- Heißklebepistole
- Holzleim

## HILFSMITTEL

- Blechschere
- Bleistift
- Geodreieck
- Schmirgelpapier, 240er Körnung
- dünner Pinsel
- Backpapier
- Schwamm

**1** Kürze die zwei Holzstäbchen Gr. M mit der Blechschere auf 6 cm. Schneide von dem Holzstäbchen Gr. L jeweils die Enden mit einer Länge von 6,5 cm ab. Zeichne an den beiden Schnittkanten mithilfe der Rundung des jeweils anderen Stücks eine Rundung an und schneide die Enden mit der Blechschere in Form. Schmirgle die Schnittkanten.

**2** Klebe den Batteriekasten der Lichterkette mit doppelseitigem Klebeband zwischen die beiden abgerundeten Holzstäbchenstücke Gr. L und kürze den Lichterdraht auf fünf verbleibende LEDs.

**3** Schneide von dem Holzstäbchen Gr. S jeweils die Enden mit einer Länge von 4,5 cm ab. Zeichne an den beiden Schnittkanten mithilfe der Rundung des jeweils anderen Stücks eine Rundung an und schneide die Enden mit der Blechschere in Form. Schmirgle die Schnittkanten. Klebe die beiden Stücke mit wenig Heißkleber seitlich als Verblendung an. Streiche die ganze Verkleidung schwarz.

**4** Streiche die Holzstäbchenstücke Gr. M rot-weiß gestreift an; verwende dabei das doppelseitige Klebeband zum Abkleben. Trocknen lassen.

**5** Wickle die Lichterkette zu einer Schnecke mit ca. 1 cm Durchmesser eng und vom Ende her auf, sodass ein Rest Draht von etwa 6 cm übrigbleibt. Lege die Schnecke auf ein Stück Backpapier und setze einen großen Klecks Heißkleber darauf, sodass der Draht gut abgedeckt ist und eine kleine Lampenkuppel entsteht. Trocknen lassen. Wende die Kuppel und wiederhole diesen Vorgang von der anderen Seite. Trocknen lassen.

**6** Klebe ein Stück doppelseitiges Klebeband hinter eins der rot-weiß gestreiften Hölzer und befestige den 6 cm langen Lichterkettendraht darauf. Klebe die gestreiften Hölzer mit Heißkleber zusammen und klebe das Teil auf die Batterieverkleidung. Die oben rausschauende Lampe mithilfe des Schwamms mit gelber Farbe betupfen.

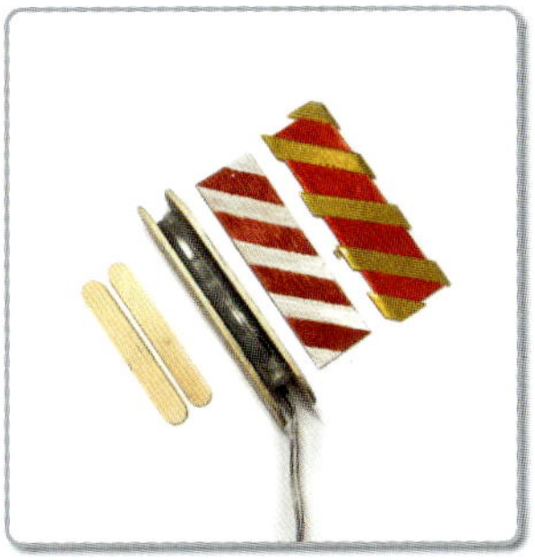

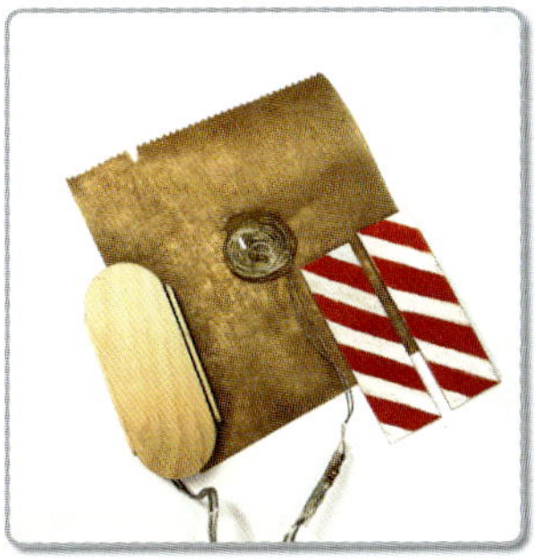

# BAUZAUN

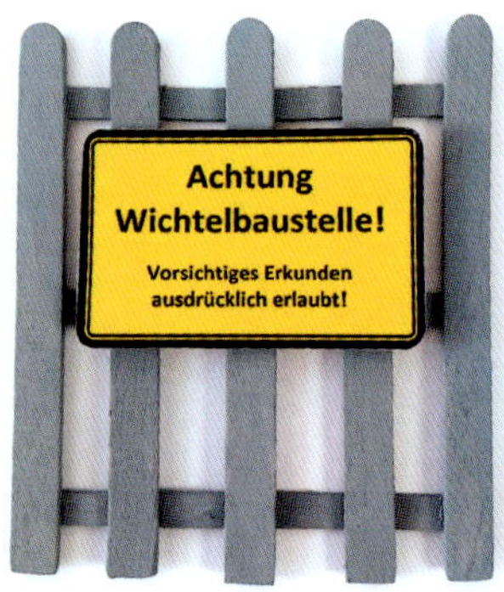


### VORLAGE

Baustellenschilder (S. 31)

### MATERIAL

- 10 Holzstäbchen, Gr. K (1,1 cm x 11 cm)
- 3 Holzstäbchen, Gr. S (6 mm x 19 cm)
- Acrylfarbe in Grau
- Heißklebepistole
- Holzleim

### HILFSMITTEL

- Blechschere
- Bleistift
- Geodreieck
- Schmirgelpapier, 240er Körnung
- kleiner Borstenpinsel
- Schere

**1** Kürze die zehn Holzstäbchen Gr. K mit der Blechschere auf 11 cm. Schneide aus den Holzstäbchen Gr. S sechs 9 cm lange Querstreben. Schmirgle alle Schnittkanten.

**2** Lege jeweils fünf Holzstäbchenstücke Gr. K mit einem Abstand von ca. 1 cm nebeneinander und leime jeweils drei Holzstäbchenstücke Gr. S waagerecht daran. Das obere Holzstäbchen hat 1,5 cm Abstand, das untere 1 cm Abstand zur Kante. Das dritte Holzstäbchen verleimst du mittig. Streiche die Bauzäune grau an.

**3** Drucke ein Baustellenschild aus und klebe es auf einen Zaun.

**4** Klebe die beiden Holzzäune mit Heißkleber entlang der oberen Kanten der schmalen Holzstäbchen zu einer Barriere zusammen.

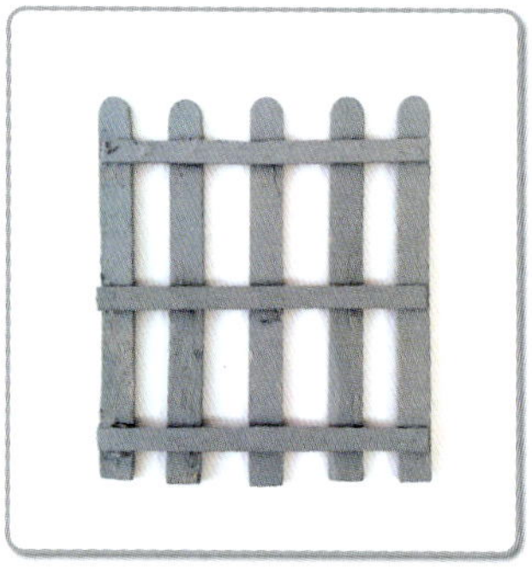

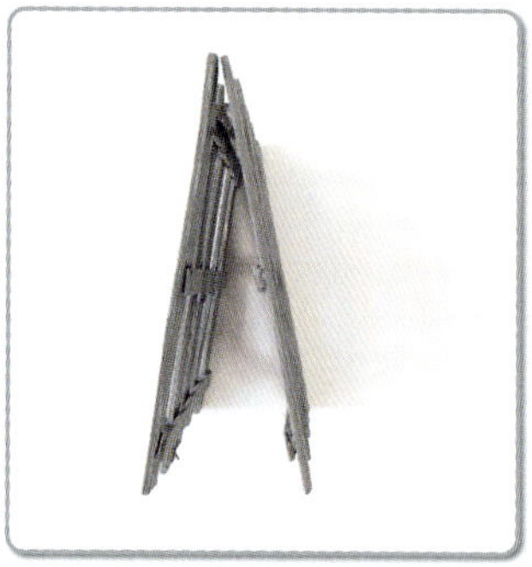

## BAUSTELLENSCHILDER

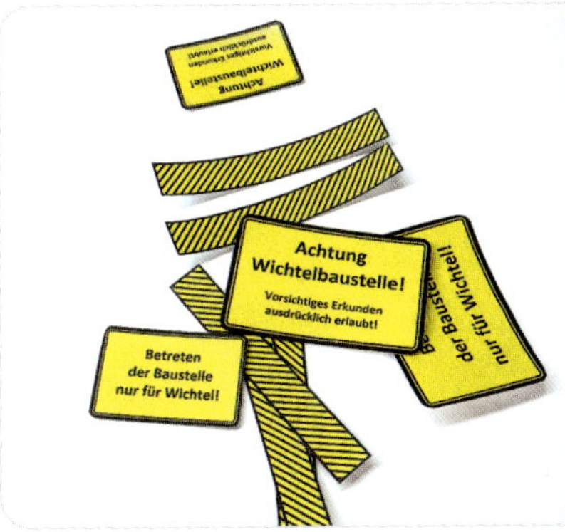


### VORLAGE

Baustellenschilder (S. 31)

### MATERIAL

- Rundholz, ø 4 mm, 15 cm lang
- dünne Astscheiben, ø ca. 4 cm
- Tonkarton in Weiß
- Klebestift
- Heißklebepistole

### HILFSMITTEL

- Schere
- Blechschere

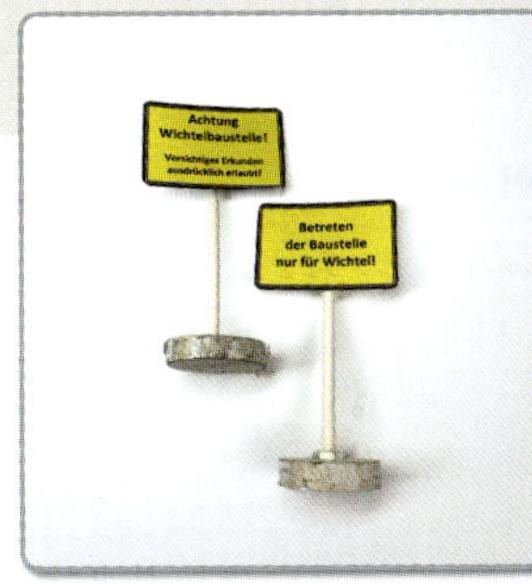

**1** Drucke die Baustellenschilder farbig aus. Klebe die Schilder mit Klebestift auf ein Stück Tonkarton und schneide sie aus.

**2** Schneide Rundholzstücke in der gewünschten Länge zu und klebe sie mit Heißkleber auf der Rückseite der Schilder fest. Klebe die Rundholzstücke zum Schluss auf eine Astscheibe als Ständer.

## BESEN

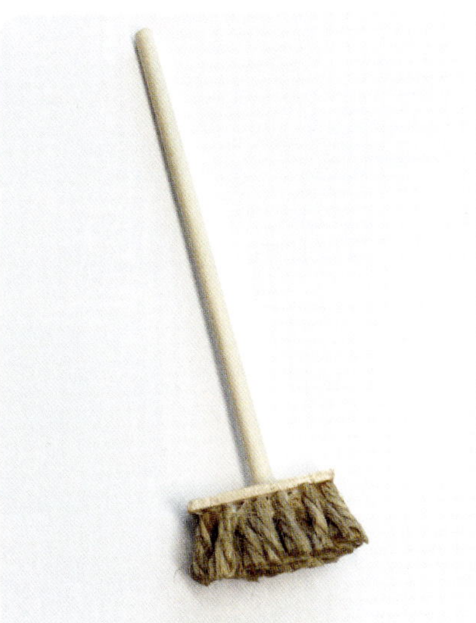

### MATERIAL

- Holzstäbchen, Gr. M (1,8 cm x 15 cm)
- Rundholz, ø 4 mm, 15 cm lang
- Jutekordel in Braun, ø 2 mm
- Holzleim

### HILFSMITTEL

- Blechschere
- Bleistift
- Geodreieck
- Schmirgelpapier, 240er Körnung
- Schere

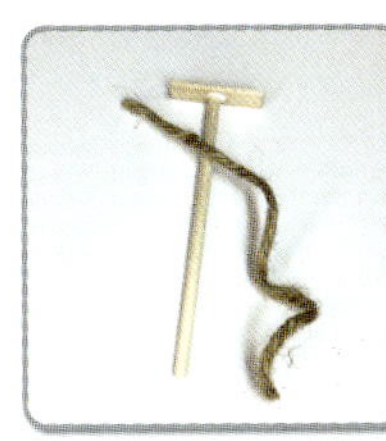

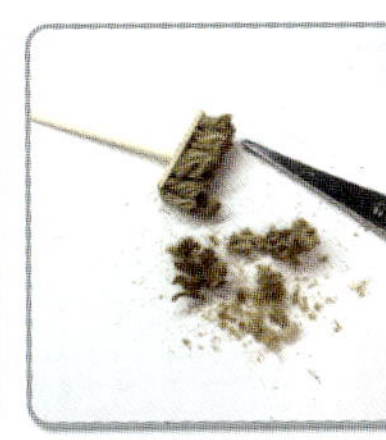

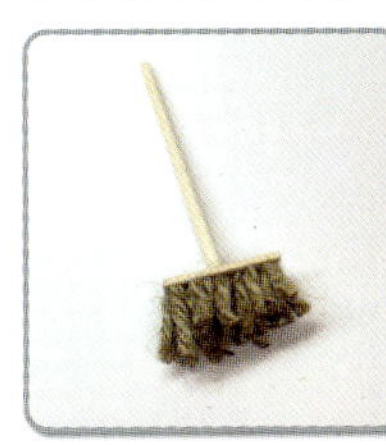

**1** Kürze das Rundholz mit der Blechschere auf 10 cm und schneide ein 3 cm langes Stück von dem Holzstäbchen Gr. M zu. Schmirgle die Schnittkanten.

**2** Schneide von der Jutekordel 1 cm lange Stücke und klebe sie mit Holzleim auf das Holzstäbchenstück. Achte darauf, dass alle Stücke gut in Leim gebettet sind.

**3** Leime das Rundholz mittig an das Holzstäbchenstück. Über Nacht trocknen lassen.

**4** Schneide am nächsten Tag die Borsten auf eine Länge.

ANSPRUCHSVOLL!

# WICHTEL-GROSSBAUSTELLE

Nanu? Da klafft ein magisch leuchtendes Loch in der Wand! Überall liegen Ziegelsteine verteilt, und ist das etwa eine winzig kleine Schuttrutsche? Taucht eine kleine Baustelle an der Wand auf, ist der Wichtel nicht weit. Im Moment ruht er sich nach der schweren Arbeit in seinem bequemen Wohnwagen aus. Denn schon morgen muss es weitergehen, damit seine Tür zum 1. Dezember fertig wird. Er freut sich schon riesig auf den Einzug!

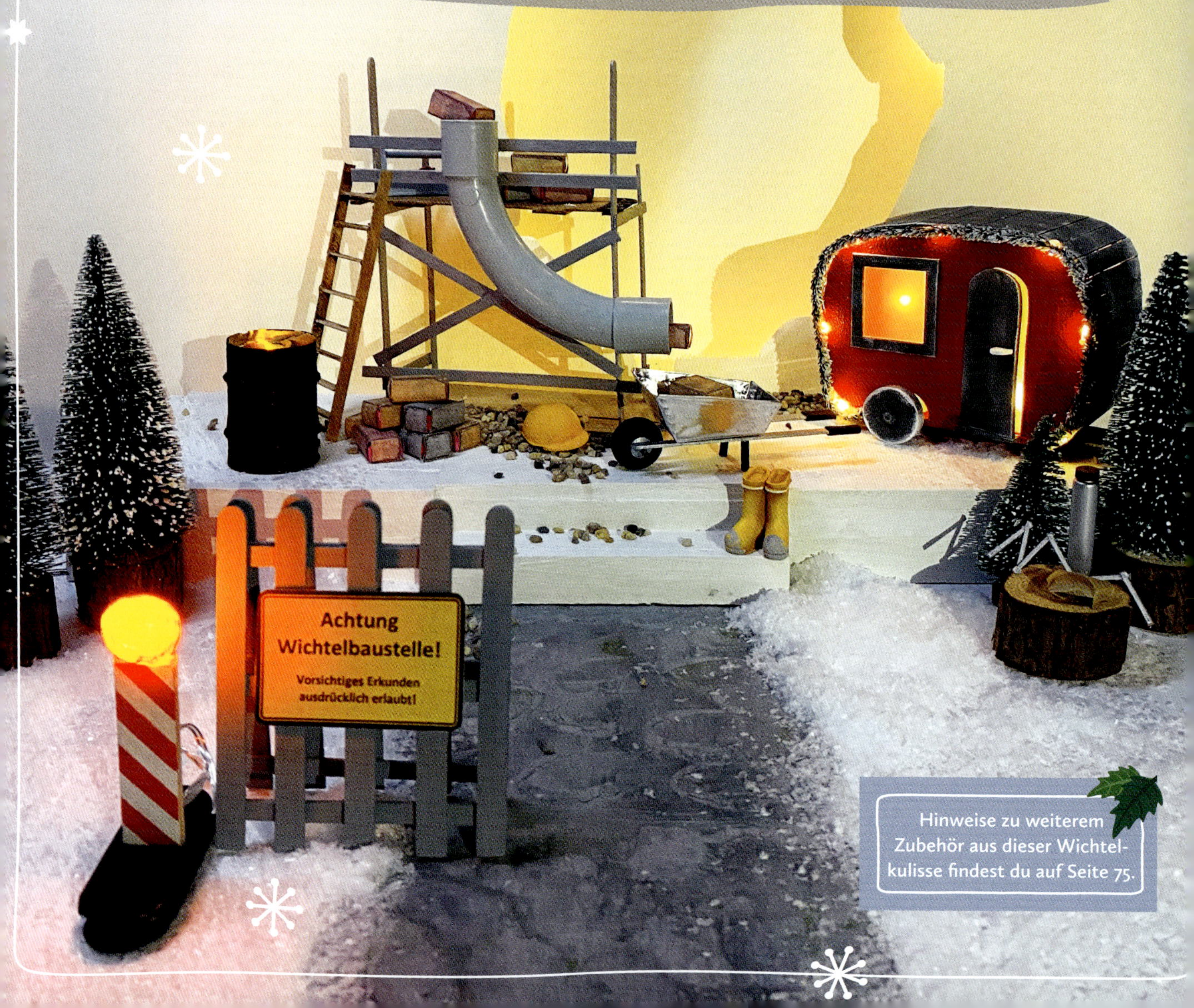


Hinweise zu weiterem Zubehör aus dieser Wichtelkulisse findest du auf Seite 75.

# BAUGERÜST

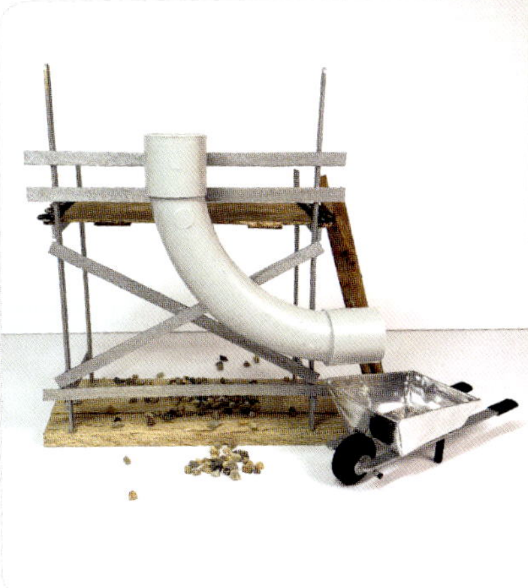

### MATERIAL

- 16 Holzstäbchen, Gr. S (6 mm x 19 cm)
- 5 Holzstäbchen, Gr. M (1,8 cm x 15 cm)
- 3 Holzklötzchen, 16 cm x 2,2 cm x 8 mm
- Rohrbogen für Kabelkanal, ø 2,3 cm
- Holzwachs in Braun
- Acrylfarbe in Silber und Schwarz
- Gelroller in Weiß
- doppelseitiges Klebeband, 8 mm breit (z. B. Tacky Tape)
- Holzleim
- Heißklebepistole

### HILFSMITTEL

- Blechschere
- Geodreieck
- Schmirgelpapier, 240er Körnung
- 2 Holzstäbchen, Gr. L (2,5 cm x 20 cm)
- Pinsel

**1** Lege drei Holzstäbchen Gr. M nebeneinander zu einer Fläche. Schneide zwei 5 cm lange Holzstäbchen Gr. M zurecht und leime sie jeweils in einem Abstand von 2,5 cm zum oberen und unteren Rand waagerecht auf die Holzstäbchenfläche. Leime zusätzlich noch je ein 5 cm langes Holzstäbchen Gr. S ganz an die Enden der Platte, kürze es und schleife die Kanten.

**2** Für die beiden Seitenteile entfernst du an vier Holzstäbchen Gr. S die unteren runden Enden. Für die Querstreben schneidest du aus einem Holzstäbchen Gr. S vier 6,5 cm lange Stücke. Klebe die kurzen Stücke in 1 cm und 8 cm Höhe an zwei der langen Holzstäbchenstücke.

**3** Schneide fünf Holzstäbchen Gr. S 15 cm lang zu. Lege die beiden Seitenteile mit der dazwischenliegenden Platte auf die Arbeitsfläche und verbinde die beiden Seitenteile, indem du ein Holzstäbchen direkt über die beiden unteren Hölzer der Seitenteile leimst. Verleime noch zwei der Holzstäbchen kreuzförmig. Bringe über der Platte in einem Abstand von 1 cm zwei Holzstäbchen als Brüstung an. Kürze die vorderen langen Hölzer des Gerüsts um 2 cm.

**4** Für die Leiter schneidest du zwei Holzstäbchen Gr. S als Seitenteile 14 cm lang zu und acht 4 cm lange Trittstreben aus Holzstäbchen Gr. S. Klebe als Hilfsmittel jeweils einen Streifen doppelseitiges Klebeband auf je ein Holzstäbchen Gr. L und stelle die Holzstäbchen für die Seitenteile der Leiter mit einer Kante darauf. Leime die Trittstreben gleichmäßig verteilt zwischen die Seitenteile.

**5** Streiche das Gerüst silberfarben. Für den Shabby-Look zerkratzt du die Platte etwas und schleifst sie grob. Zum Schluss wachsen. Male die Enden der Platte schwarz an. Zeichne mit dem Gelroller Schraubenköpfe an. Trocknen lassen und alles noch mal grob überschleifen. Die Leiter braun wachsen. Den Rohrbogen klebst du mit Heißkleber an. Leime drei Klötzchen flachliegend zusammen und leime das Gerüst darauf.

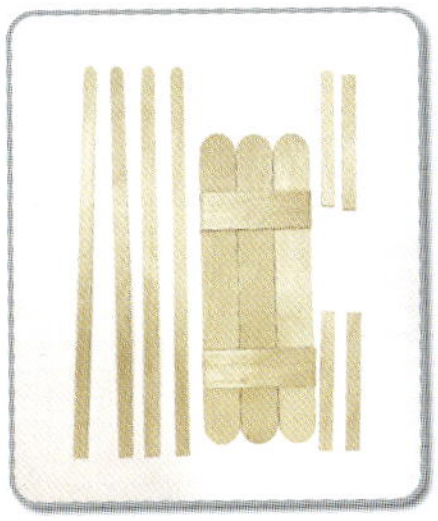
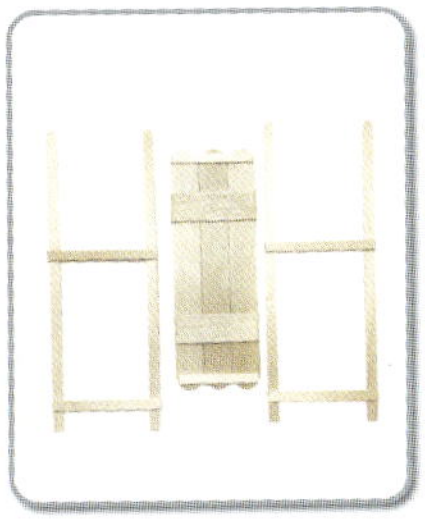
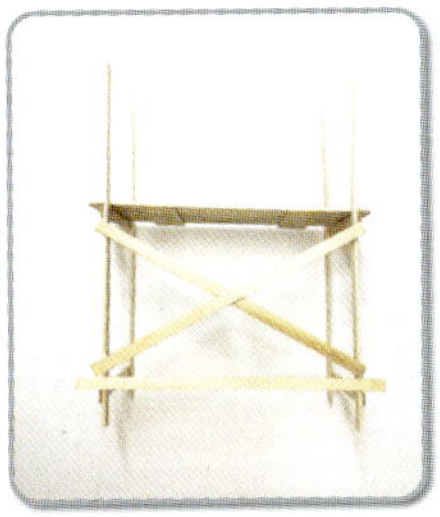
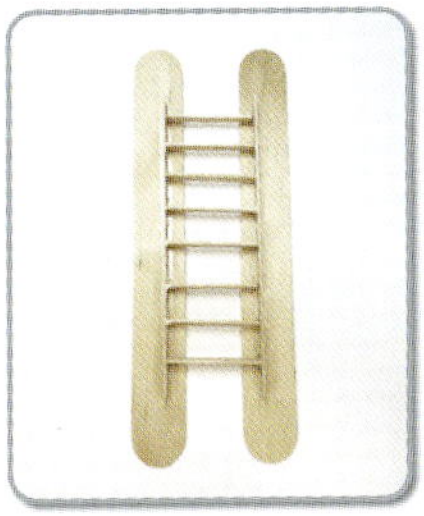
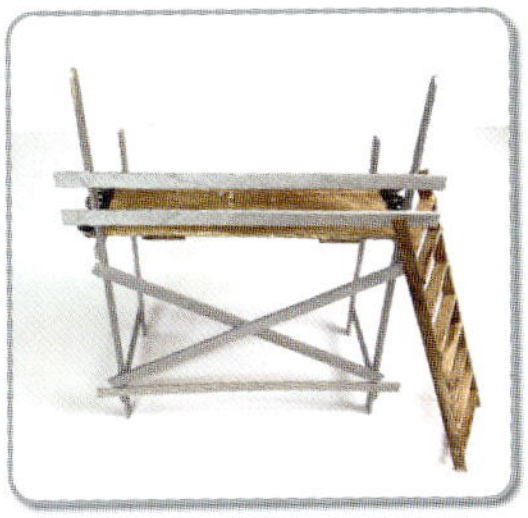

# WOHNWAGEN

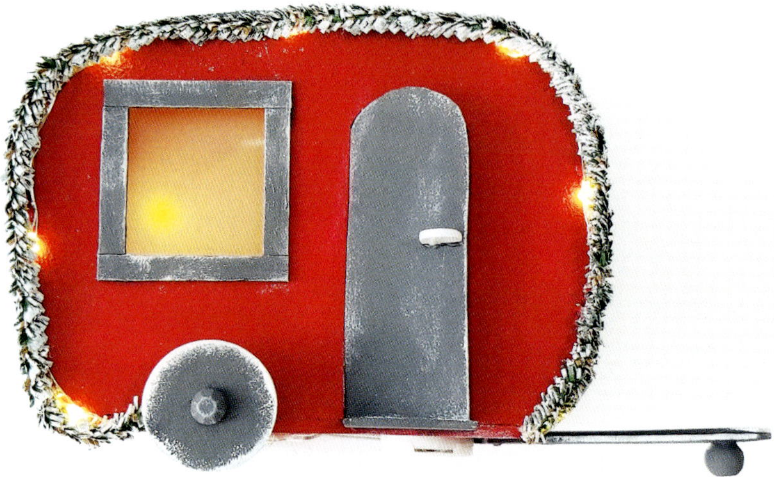

### VORLAGE
Wohnwagen (S. 31)

### MATERIAL
- Modellkarton, 3 mm stark, A4
- 32 Holzstäbchen, Gr. K (1,1 cm x 11 cm)
- 2 Holzstäbchen, Gr. S (6 mm x 19 cm)
- 2 Holzstäbchen, Gr. M (1,8 cm x 15 cm)
- Rundholz, ø 4 mm, 15 cm lang
- 2 fertige Holzräder, ø 3 cm
- Lampenschirmfolie in Milchig-Weiß
- 2 Strasssteine, ø 7 mm
- Holzperle, ø 10 mm
- dünne Tannenranke
- Micro-LED-Drahtlichterkette mit 20 LEDs
- Acrylfarbe in Rot, Dunkelgrau und Weiß
- doppelseitiges Klebeband, 8 mm breit (z. B. Tacky Tape)
- Holzleim
- Heißklebepistole

### HILFSMITTEL
- Bleistift
- Bastelmesser mit Schneideunterlage
- Schere
- Borstenpinsel
- Geodreieck
- Blechschere
- Schwamm

**1** Zeichne zwei Wohnwagenteile mithilfe der Vorlage auf den Modellkarton: ein Teil mit Fenster und Tür und ein gegengleiches Teil ohne Ausschnitte. Schneide alle Teile inklusive Fenster und Tür mit dem Bastelmesser aus. Achte dabei darauf, dass du die Tür später noch benötigst. Schneide außerdem einen Unterboden mit den Maßen 7 cm x 11 cm zu. Leime die Seitenteile bündig auf den Unterboden, beachte dabei die Markierungen.

**2** Streiche die Seitenteile, Fenster- und Türrahmen sowie Radkasten und den Unterboden rot an. Trocknen lassen. Für das Wagendach legst du 32 Holzstäbchen Gr. K flach nebeneinander auf die Arbeitsfläche und verbindest sie mit doppelseitigem Klebeband. Zeichne auf diese Matte mithilfe des Geodreiecks einen 7 cm breiten Streifen an und schneide ihn aus.

**3** Lege die Lampenschirmfolie über die entsprechenden Ausschnitte von Fenster und Tür. Markiere die Größe und schneide die Folie etwas größer zu. Klebe dann die Folie mit doppelseitigem Klebeband von innen hinter die Ausschnitte.

**4** Kürze das Rundholz auf 9,5 cm und schneide für den Fensterrahmen zwei Holzstäbchen Gr. S 4,5 cm lang für oben und unten und zwei weitere Holzstäbchen 3,6 cm lang für die Seiten zu. Für die Deichsel schneidest du zwei Holzstäbchen Gr. M 8 cm lang zu und leimst sie eng zu einem V zusammen. Leime die Perle als Stütze unter die Spitze des Vs. Streiche Dach, Fensterleisten, Räder, die Tür beidseitig und die Stütze mit Perle dunkelgrau an. Trocknen lassen.

**5** Passe das Dach an, indem du das letzte Holzstäbchen ggf. zurechtschleifst. Klebe das Dach mit Heißkleber auf den Wagen. Klebe die Deichsel vorne unter den Wagen und setze die Tür, halb geöffnet, mit Heißkleber in den Ausschnitt ein.

**6** Leime nun die Leisten für den Fensterrahmen auf. Klebe das Rundholz mit Heißkleber mittig in die Radaussparungen. Auf die Enden, die ca. 1,5 cm rausschauen, schiebst du je ein Rad. Als Kappe klebst du mit wenig Heißkleber einen Strassstein.

**7** Schneide aus einem Rest von einem Holzstäbchen Gr. S einen Griff und klebe ihn an die Tür. Schneide einen 3 cm langen Tritt und klebe ihn unter der Tür fest. Streiche den Tritt und die Radkappen grau an.

**8** Klebe das Batteriefach des Lichterdrahts unter den Wagen und leite den Draht direkt zum hinteren Radkasten. Klebe den Draht von dort mit Heißkleber an der Kante des Dachs entlang einmal nach vorne und wieder zurück an. Lass die restlichen Lämpchen über den Radausschnitt im Inneren des Wagens verschwinden. Überklebe nun den Lichterdraht mit einer Tannenranke. Wische zum Schluss mit einem Schwamm und etwas weißer Farbe über alle Kanten des Wagens.

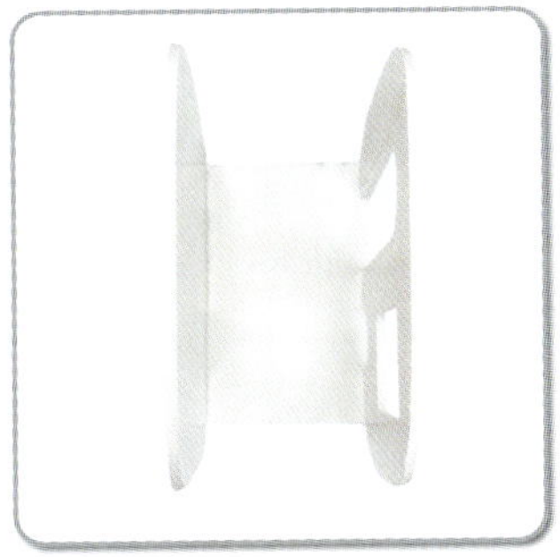

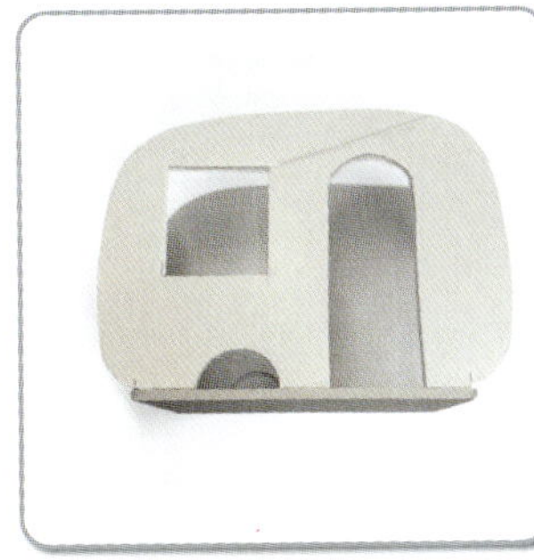

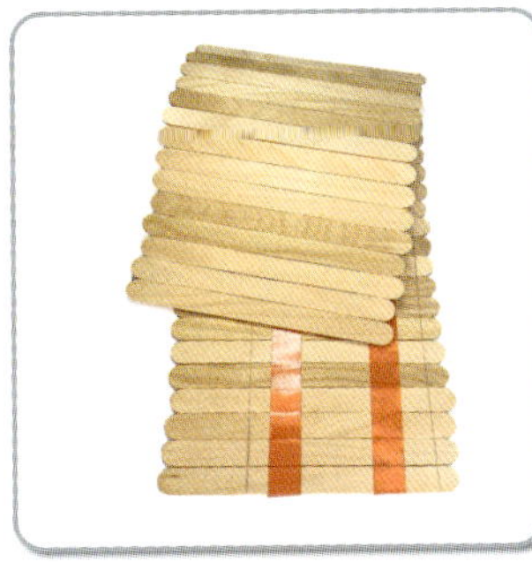

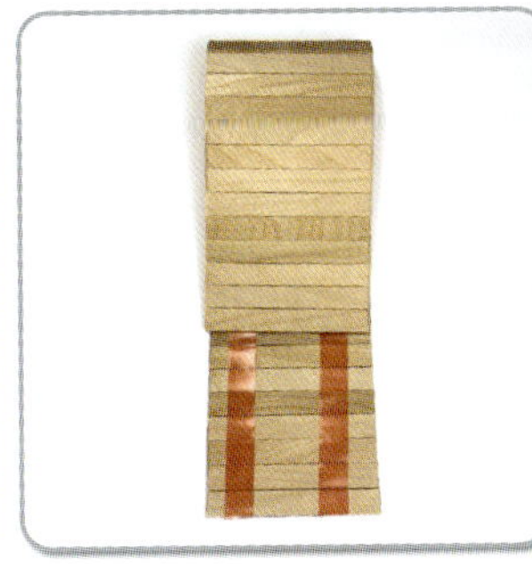

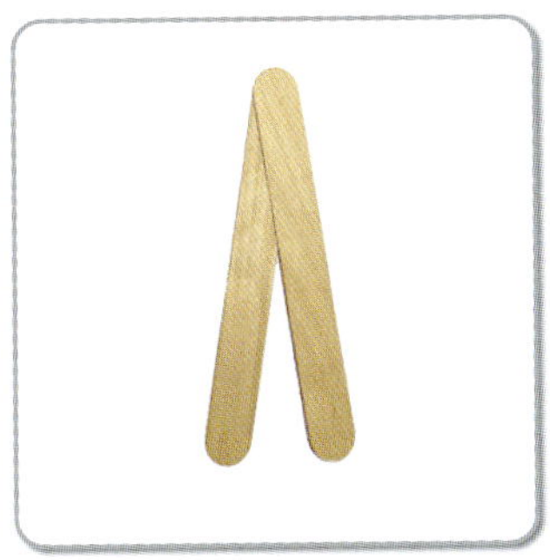

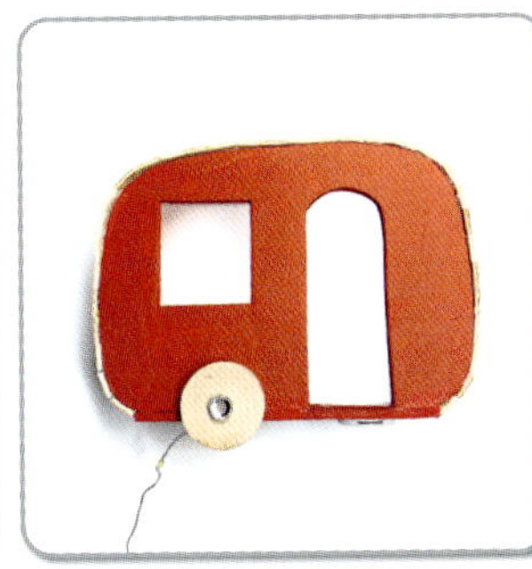

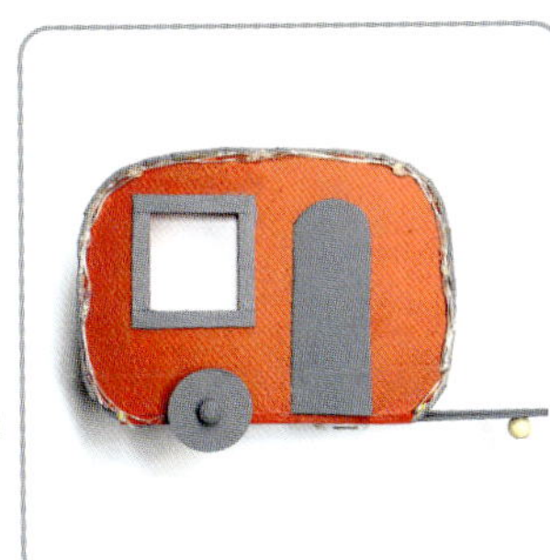

### TIPP

Du kannst statt fertiger Holzräder auch aus 2 mm starker Graupappe oder Karton zwei Räder mit Naben ausschneiden und diese grau anmalen.

### WEITERES ZUBEHÖR

Die Anleitungen für Bauhelm, Schubkarre, Warnlicht, Ziegelsteine, Bauzaun und Schilder in der Wichtelkulisse auf Seite 72 findest du ab Seite 65, für das Podest auf Seite 45, für die Tannen auf Seite 61. Die Gummistiefel sind Fertigteile. Für das Baustellenloch in der „Wand" schneidest du in einen mindestens 50 cm x 50 cm großen Keilrahmen ein ungleichmäßiges Loch. Stelle den Keilrahmen mit etwas Abstand vor die Wand und beleuchte den Zwischenraum mit einer Lichterkette.

# FEUERTONNE

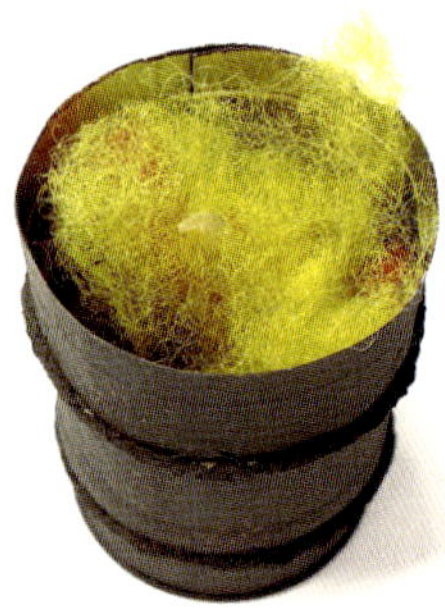

### MATERIAL

- Bastelalufolie, 6 cm x 15 cm
- Aluteelichthalter
- Jutekordel, ø 2 mm, 40 cm
- Filzwolle in Rot, Orange und Gelb
- künstliches Teelicht mit Pustefunktion
- Acrylfarbe in Dunkelbraun
- doppelseitiges Klebeband, 8 mm breit (z. B. Tacky Tape)
- Kraftkleber

### HILFSMITTEL

- alte Zeitschrift
- Prägestift oder kleine Häkelnadel
- Geodreieck
- Schere
- Schwamm

**1** Lege die Bastelalufolie auf die alte Zeitschrift und präge mit dem Prägestift und Geodreieck parallel zur kurzen Kante Linien im Abstand von 5 mm. Fahre dazu mit etwas Druck und mit dem Prägestift über die Folie.

**2** Klebe einen Streifen doppelseitiges Klebeband auf die kurze Kante des geprägten Alufolienstücks. Trage an der Außenwand des Teelichthalters Kraftkleber auf. Zieh die Folie vom doppelseitigen Klebeband ab, lege das Alufolienstück mit dem unteren Drittel um den umgedrehten Teelichthalter und klebe es an den kurzen Kanten zusammen.

**3** Schneide zwei Stücke Jutekordel in der passenden Länge zurecht und klebe sie im Abstand von jeweils 1,5 cm von den Rändern mit Kraftkleber auf die Tonne. Trocknen lassen. Betupfe die Tonne und die Teelichthülle anschließend mit Schwamm und dunkelbrauner Farbe. Setze das Teelicht in die Tonne und stecke als Feuer etwas Filzwolle in Rot, Gelb und Orange hinein.

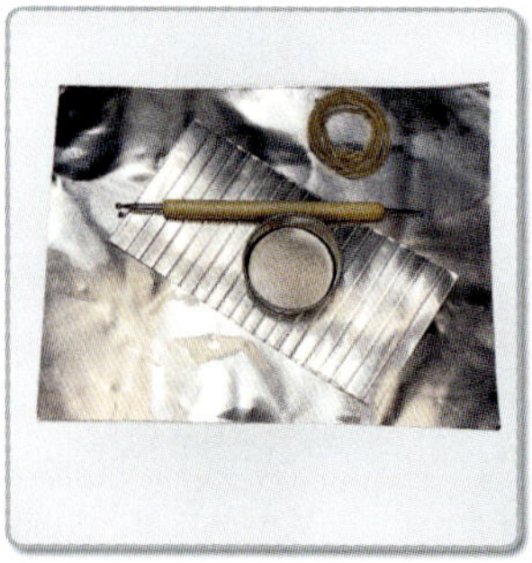

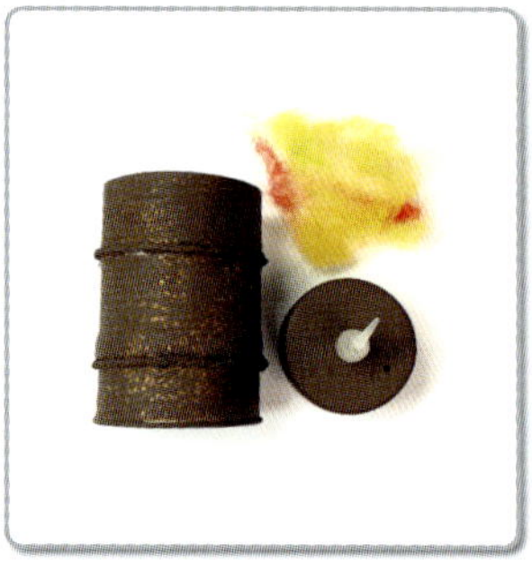

**TIPP**

Das Teelicht in der Tonne kann über den Pustesensor an- und ausgepustet werden. Die Kinder werden es lieben!

## ZOLLSTOCK

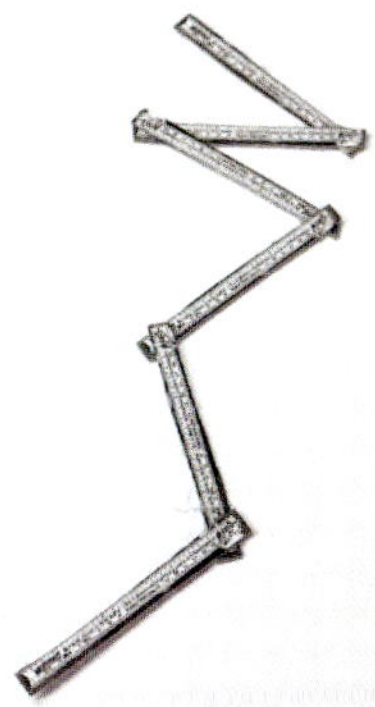

### MATERIAL

- Tonkarton in Weiß
- Klebestift
- Bastelkleber

### HILFSMITTEL

- Zollstock
- Schere

**TIPP**

In der Regel kannst du am Kopierer bis auf 25 Prozent verkleinern. Ist eine weitere Verkleinerung nötig, verkleinerst du wiederum die Kopie usw. Auf diese Weise kannst du Verpackungen von Lieblingsspeisen, Tee, Naschies und Backzutaten in ganz klein kopieren und für deine Wichtelkulisse nutzen.

**1** Lege den Zollstock auf den Kopierer und fertige mindestens vier Kopien in einer Größe von 25 % oder kleiner an.

**2** Schneide die kopierten Zollstockabschnitte grob aus und klebe sie mit einem Klebestift auf den Tonkarton.

**3** Schneide die Teile nun sauber aus und füge sie in der für einen geöffneten Zollstock typischen Form zusammen. An den Endpunkten mit etwas Bastelkleber fixieren.

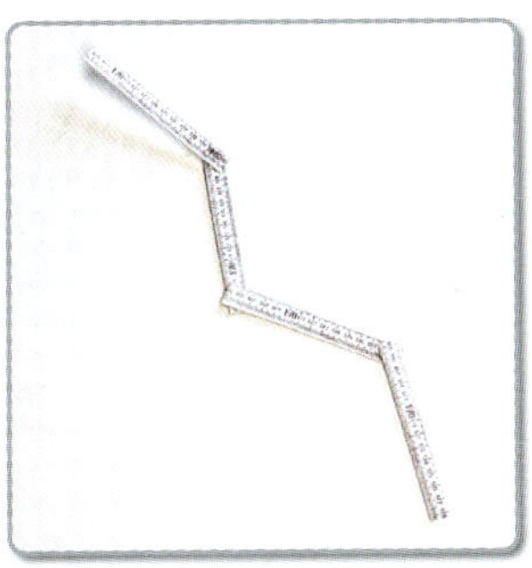

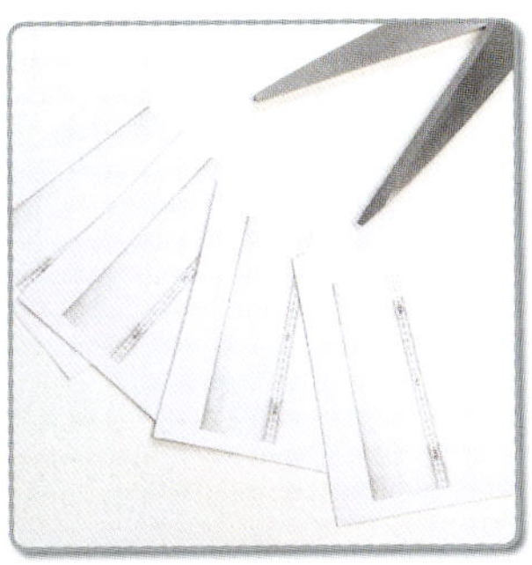

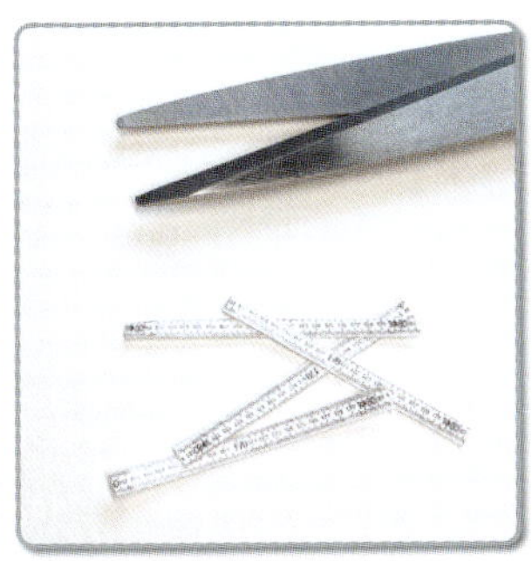

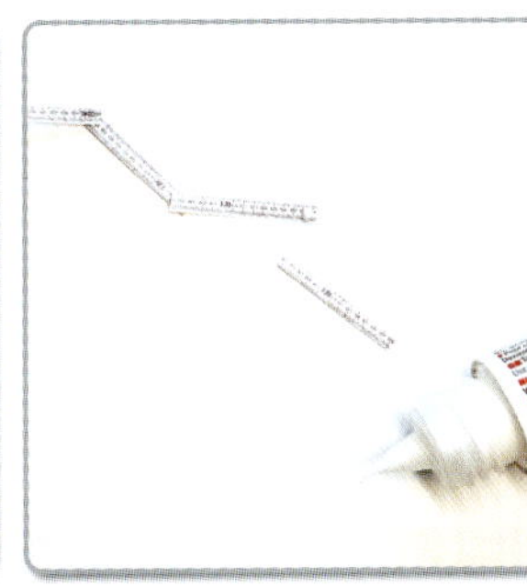

## ISOLIERKANNE & JAUSE

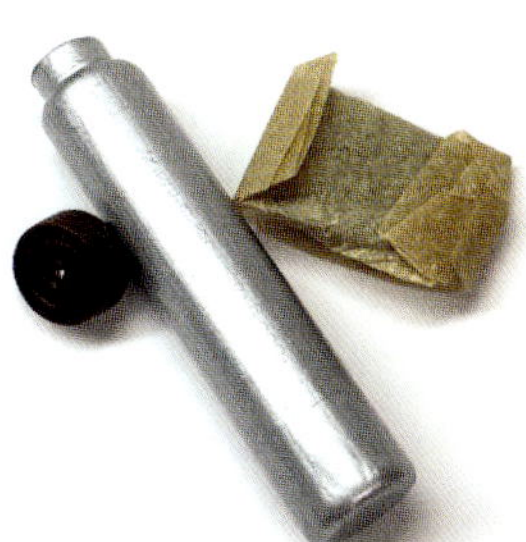

### MATERIAL

- Backaroma-Röhrchen
- Butterbrotpapier
- frisches Toastbrot
- Acrylfarbe in Silber

### HILFSMITTEL

- Pinsel

**1** Male für die Isolierkanne das Backaroma-Röhrchen silberfarben an.

**2** Schneide ein kleines Stück Toastbrot zurecht und wickle es in ein Stück Butterbrotpapier.

EINFACH UMSETZBAR!

# WICHTELEINZUG MIT SCHLITTEN

Endlich ist es so weit: Es hat tüchtig geschneit! Wichtel Nils hat seinen Schlitten vollgepackt. Sein Rentier Domino ist erschöpft von der langen Reise, doch sie erkennen beide sofort: Hier sind wir willkommen. Die Laternen leuchten ihnen den Weg. Überglücklich packen sie ihre Umzugskartons, ihr Köfferchen und den Hausrat aus. Ein Umzugskarton ist umgekippt, was fällt denn da heraus? Nils und Domino sind da, was am nächsten Morgen bleibt, sind Schlittenspuren und Fußabdrücke im Schnee …

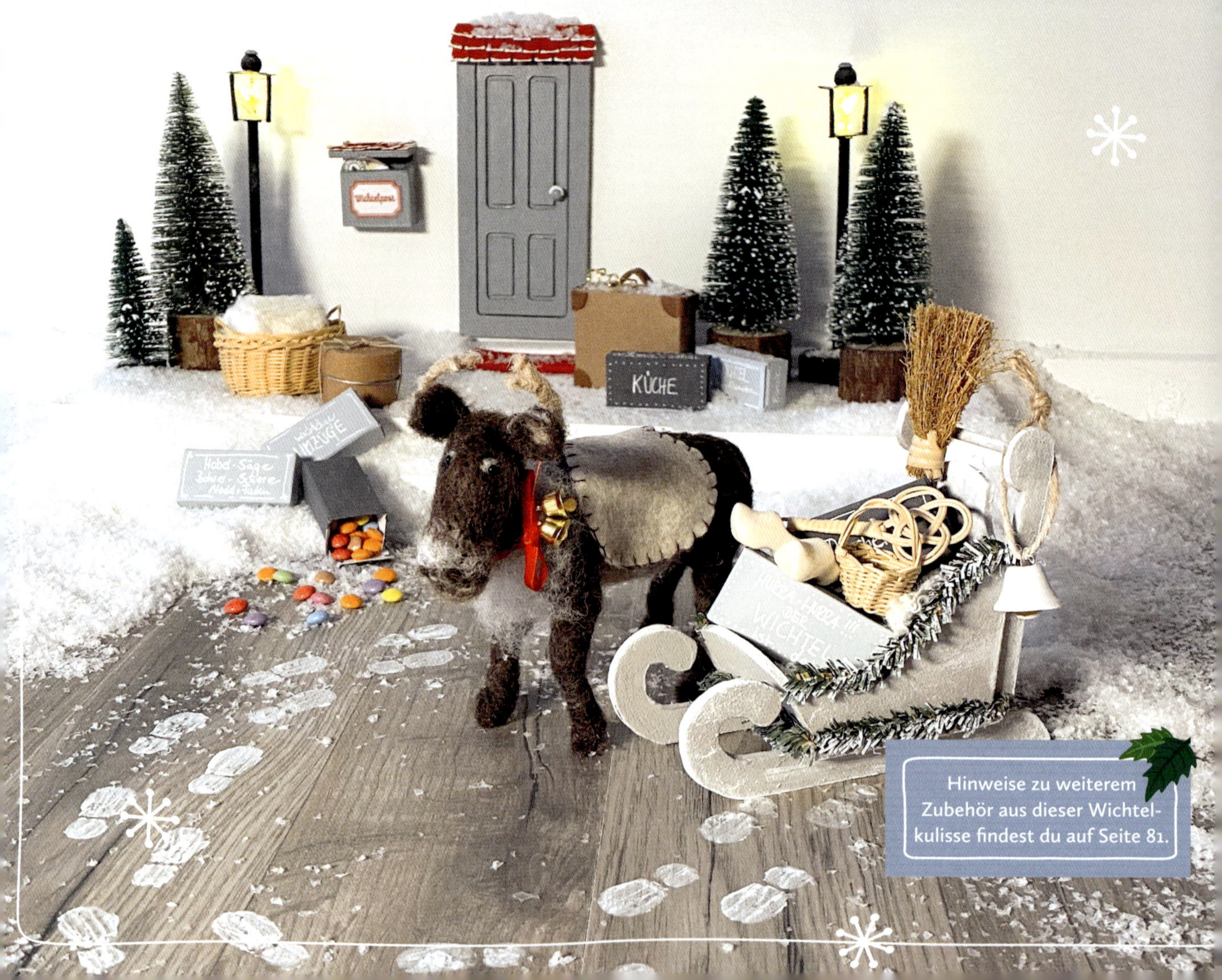


Hinweise zu weiterem Zubehör aus dieser Wichtelkulisse findest du auf Seite 81.

# SCHLITTEN

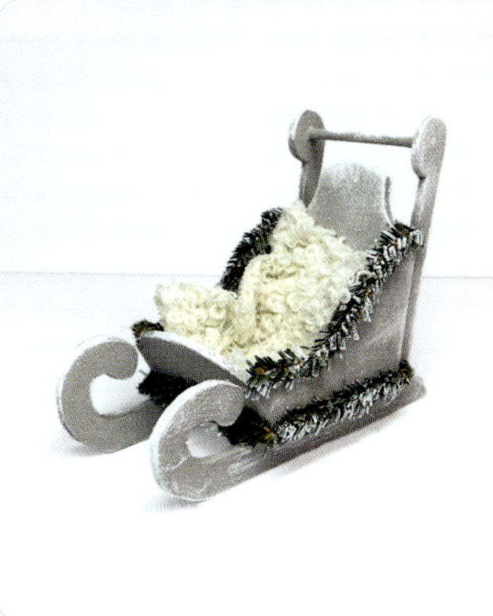

**VORLAGE**
Schlitten (S. 31)

**MATERIAL**
- Modellkarton, 3 mm stark
- Rundholz, ø 4 mm, 15 cm lang
- Holzstäbchen, Gr. M (1,8 cm x 15 cm)
- Fell, 8 cm x 8 cm
- Tannenranke
- Betonfarbe oder Acrylfarbe in Grau
- Acrylfarbe in Weiß
- Heißklebepistole
- Holzleim

**HILFSMITTEL**
- Bleistift
- Bastelmesser mit Schneideunterlage
- Blechschere
- Pinsel
- Schwamm
- Wattestäbchen

**1** Übertrage die Teile für den Wichtelschlitten mithilfe der Vorlage auf Modellkarton und schneide sie mit dem Bastelmesser aus.

**2** Leime die beiden Seitenteile des Schlittens mit ca. 2 mm Abstand zum Rand auf den Schlittenboden und setze gleich hinten das Rücken- und vorn das Fußteil dazwischen.

**3** Schneide aus dem Holzstäbchen Gr. M ein 5,5 cm langes Brett für die Sitzbank. Kürze das Rundholz auf 5,5 cm.

**4** Lege die beiden Halterungen für den Griff gegengleich auf die Arbeitsfläche und drücke mit dem Rundholz an der Markierung eine Vertiefung nur in die obere Schicht des Modellkartons. Schneide nur die obere Schicht an beiden Halterungen vorsichtig mit dem Bastelmesser heraus. Klebe das Rundholz in die entstandenen Vertiefungen zwischen die Halterungen und leime die Halterung mit Griff an das Rückenteil.

**5** Leime das Brett für die Sitzbank von innen gegen die Rückwand und setze die Kufen mit einem Abstand von 1 cm zur Kante unter den Schlitten. Trocknen lassen.

**TIPP**
Fülle alle Fugen mit Leim und ziehe sie sofort mit einem Wattestäbchen ab. So füllst du die Zwischenräume und deine Arbeit sieht immer sauber aus, denn Leim lässt sich überstreichen.

**6** Streiche den Schlitten mit Betonfarbe. Trocknen lassen. Anschließend wischst du mit dem Schwamm etwas weiße Farbe auf.

**7** Dekoriere den Schlitten zum Schluss mit dem Fell und klebe die Tannenranke mit Heißkleber an den Seitenteilen und unten am Schlitten an.

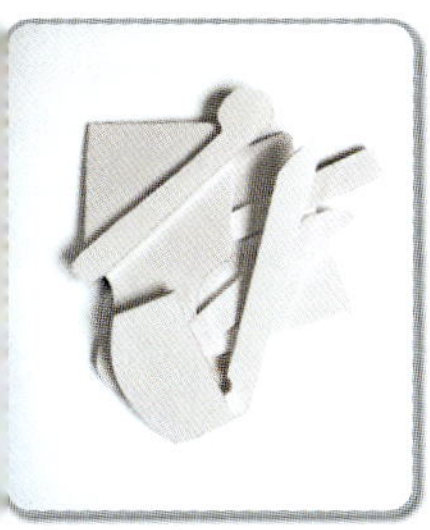

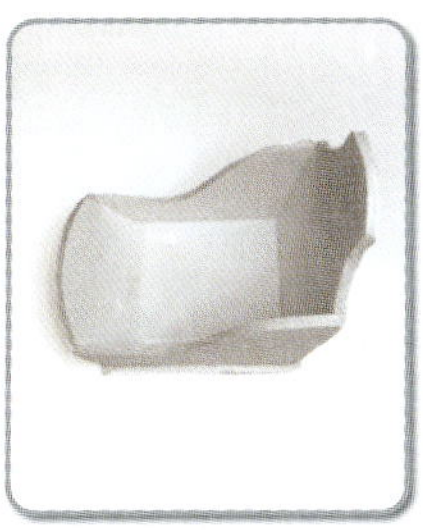

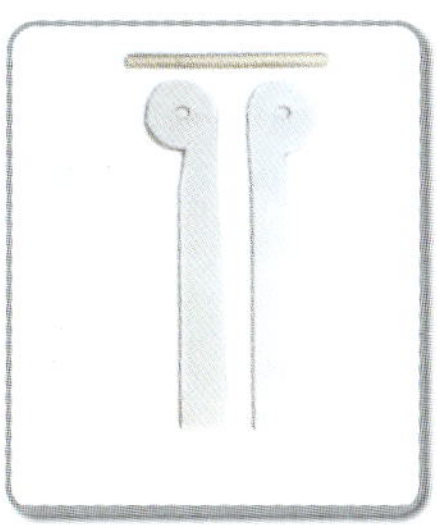

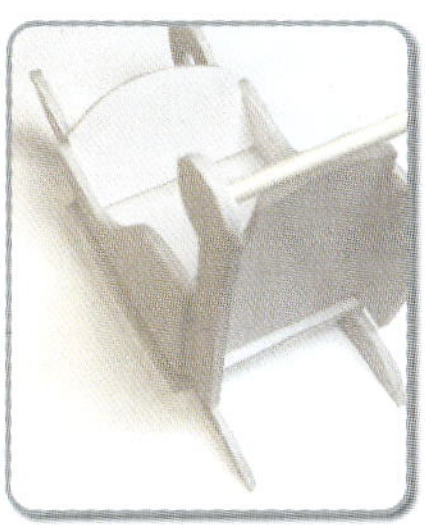

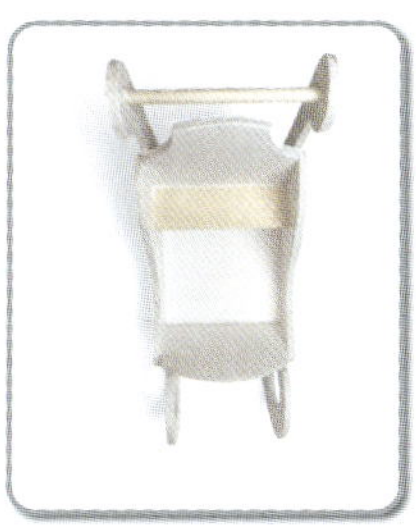

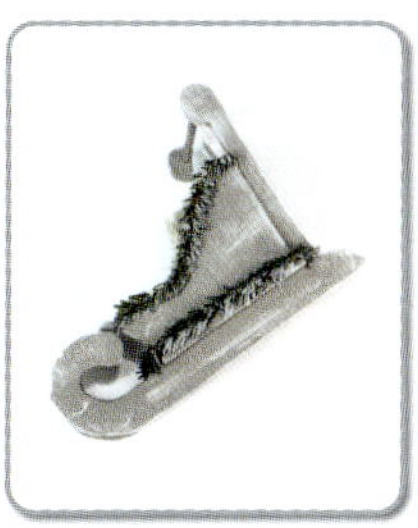

# STRASSENLATERNE

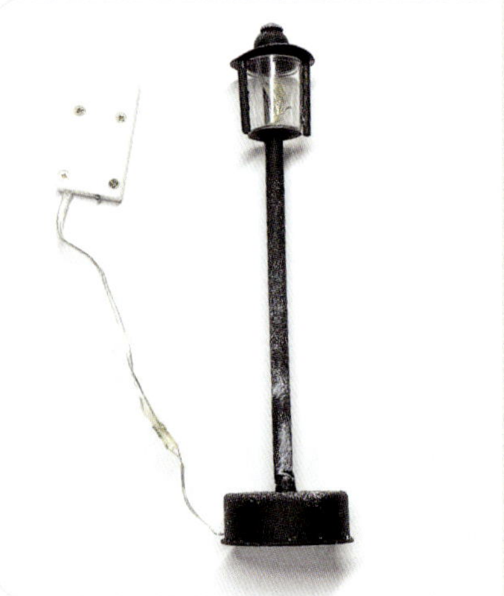

### MATERIAL

- Holzspieß, 20 cm lang
- Pappe
- Papiertrinkhalm
- Aluteelichthalter
- kleine Sprühflaschen-Verschlusskappe in Transparent
- Micro-LED-Drahtlichterkette mit 10 LEDs
- Holzperle, ca. ø 10 mm
- Strassstein
- Gießmasse oder ein kleiner, flacher Stein
- Acrylfarbe in Schwarz
- Heißklebepistole
- Holzleim

### HILFSMITTEL

- Prickelnadel oder Dosenlocher
- Schere
- Locher
- Pinsel
- Schmirgelpapier, 240er Körnung

**1** Drücke mithilfe der Prickelnadel mittig ein Loch in den Aluteelichthalter, das so groß ist, dass du den Trinkhalm hineinstecken kannst. Führe den Trinkhalm hinein und kürze ihn auf 14 cm Länge. Schneide den Halm im oberen Bereich in gleichmäßigen Abständen wenige Millimeter ein.

**2** Kürze die Drahtlichterkette auf sechs LEDs und fädle sie von unten in den Halm. Schneide aus Pappe einen Kreis mit dem Durchmesser der geschlossenen Seite der Verschlusskappe und einen zweiten Kreis mit einem 5 mm größeren Durchmesser.

**3** Stanze in die Mitte des kleineren Pappkreises ein Loch. Anschließend schmorst du mit der Heißklebepistole ein Loch in die geschlossene Seite der Verschlusskappe. Klebe den kleinen Pappkreis mit dem Loch darüber. Wickle den Lichterkettendraht locker um den Finger, verdrehe die Drähte zu einer Flamme und schiebe sie durch die Öffnung in die Verschlusskappe. Jetzt bestreichst du den eingeschnittenen Bereich am Halm mit Leim und klebst die Kappe auf den Halm. Trocknen lassen und scharfe Kanten mit Schmirgelpapier überschleifen.

**4** Klebe den Strassstein auf die Holzperle. Male den Laternenfuß inklusive Halm, den Holzspieß und die Holzperle schwarz an. Schneide aus dem Holzspieß drei Stücke in der Höhe der Verschlusskappe aus und klebe sie gleichmäßig verteilt an die Kappe. Leime den großen Pappkreis auf die Kappe und klebe zum Schluss die Holzperle oben auf.

**5** Schneide die Kante des Aluteelichthalters ein wenig ein und führe den Draht der Lichterkette mit dem Batteriefach durch. Zum Schluss füllst du für einen besseren Stand den Aluteelichthalter mit Gießmasse oder klebst mit Heißkleber einen kleinen, flachen Stein hinein.

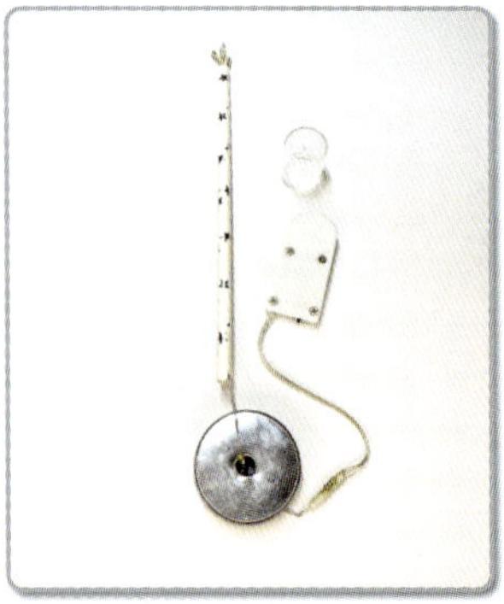

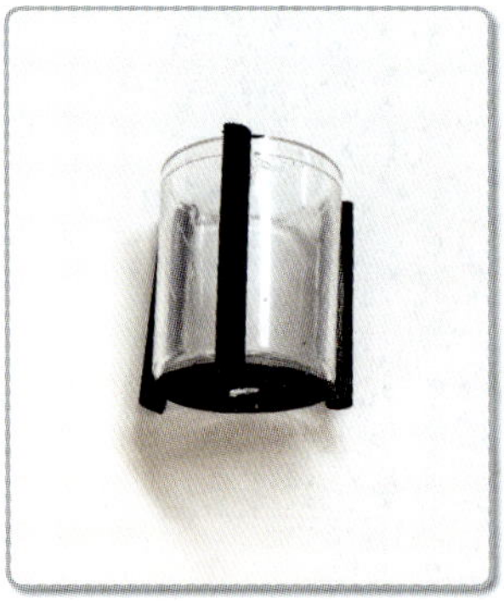

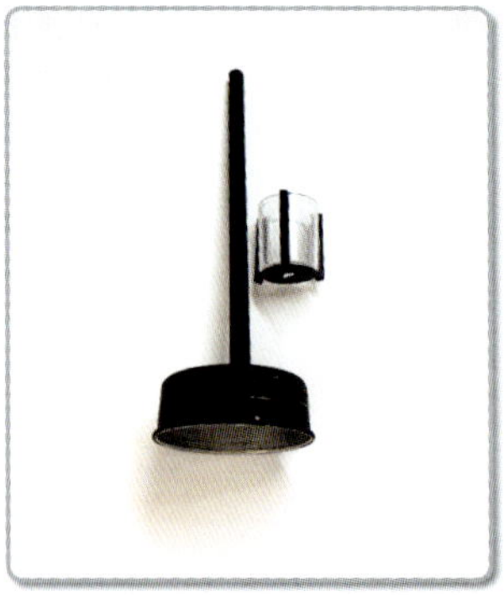

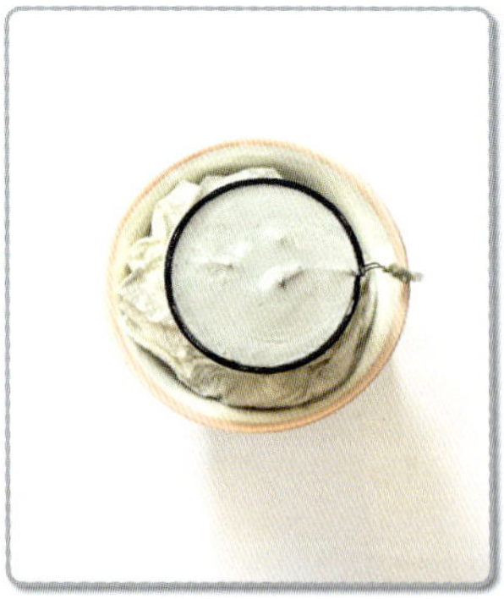

## UMZUGSKARTONS



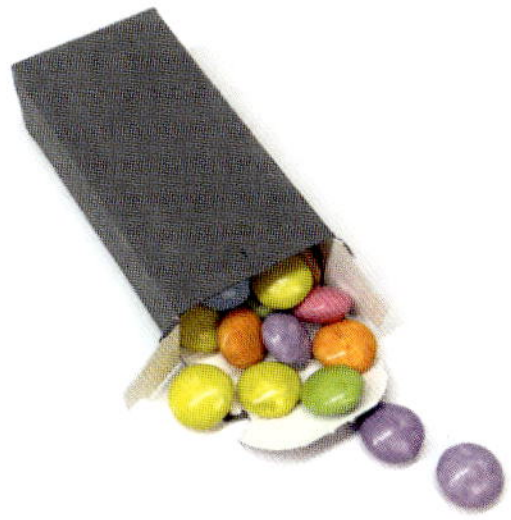

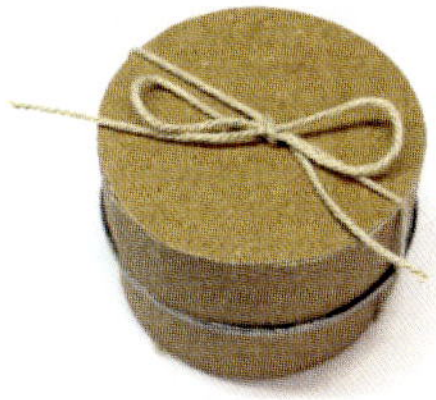

**MATERIAL**
- kleine Kartons mit Schokolinsen
- festes Papier (ca. 200 g/m²)
- Aluteelichthalter
- Aluteelichthülle
- dünne Jutekordel in Braun
- Acrylfarben nach Wunsch
- Gelroller in Weiß
- Kraftkleber

**HILFSMITTEL**
- Pinsel
- Schere

**1** Male die Schokolinsenkartons in den gewünschten Farben an. Trocknen lassen. Beschrifte die Kartons mit dem Gelroller. Du kannst „Bücher", „Werkzeug" oder „Küche" auf die Kartons schreiben, persönliche Schriftzüge oder z.B. eure Familienadresse und den Namen eures Wichtels.

**2** Bestreiche den Aluteelichthalter mit Kraftkleber und beklebe ihn passgenau mit Papier. Beklebe die Aluteelichthülle ebenfalls mit Papier und lass dabei oben 5 mm Papier überstehen. Stecke die beiden Teile als kleine Umzugsschachtel zusammen. Schneide ein Stück Jutekordel zurecht und binde sie um die Schachtel.

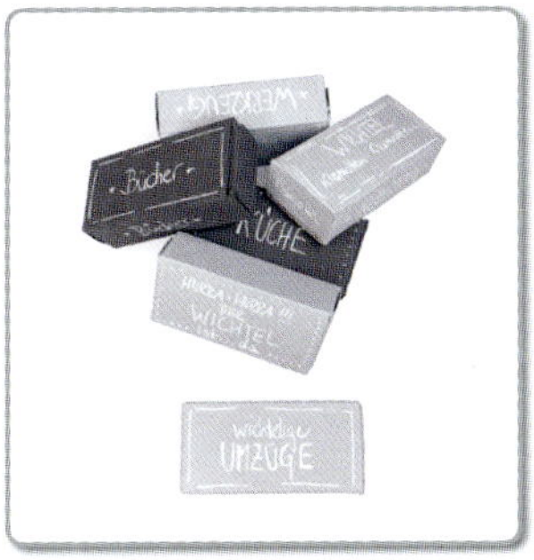


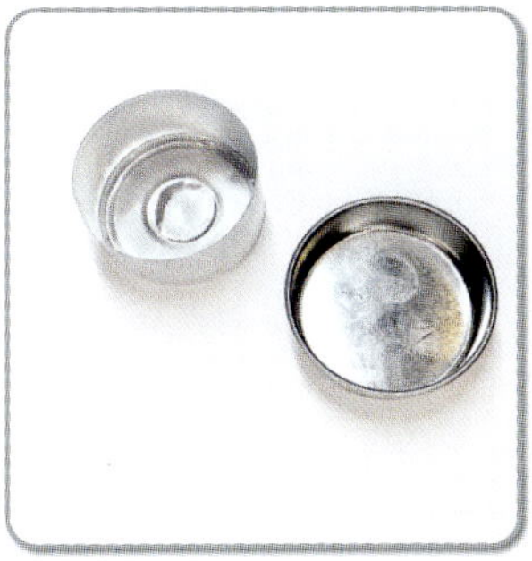

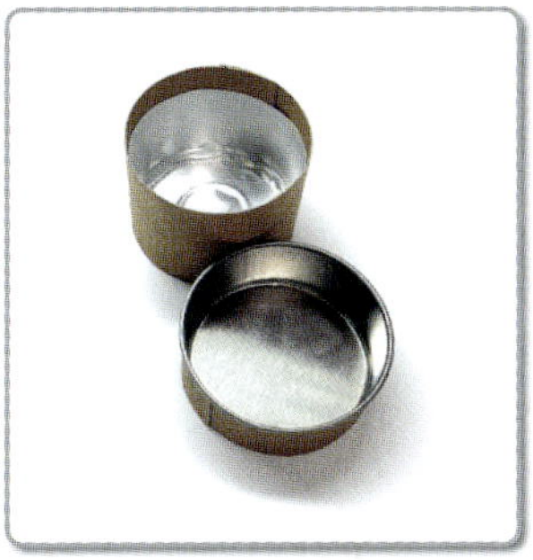

### TIPP

Eine Vorlage für weitere Umzugskartons findest du in der Digitalen Bibliothek (S. 31).

### WEITERES ZUBEHÖR

Die Anleitung für die Haustür in der Wichtelkulisse auf Seite 78 findest du auf Seite 37, die Anleitungen für den Briefkasten auf Seite 56, für die Fußmatte auf Seite 49 und für die Tannenbäume auf Seite 61. Die Holzklompen im Schlitten sind Fertigteile, ebenso die Korbwaren und der Besen. Als Glocke kannst du ein Glöckchen vom Osterhasen verwenden oder ein fertiges Glöckchen im Handel erwerben. Und das Rentier Domino (es liebt Dominosteine!) ist ein handgefilztes Unikat. Wenn du dazu mehr Infos haben möchtest, schau mal bei www.basteln-und-dekorieren.de. Du kannst alternativ ein fertiges Rentier im Handel erwerben.

# KOFFER

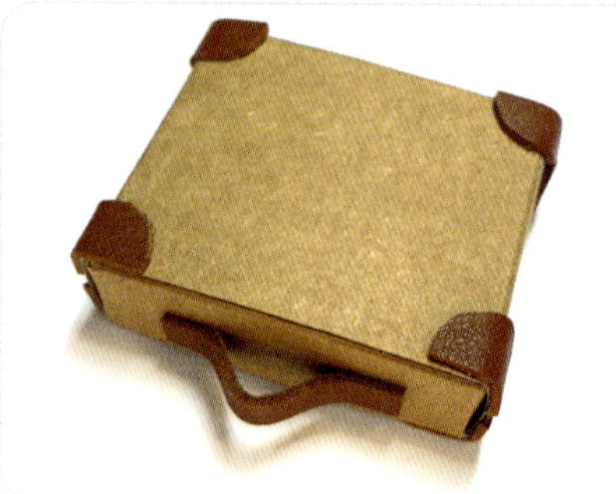

### MATERIAL

- große Streichholzschachtel in Braun, ca. 11 cm x 7 cm
- Lederrest in Braun
- Holzleim

### HILFSMITTEL

- Bastelmesser mit Schneideunterlage
- Nähklammern
- Geodreieck
- Bleistift
- Schere

**1** Schneide das Innenteil und die Ummantelung der Streichholzschachtel genau in der Mitte durch. Schiebe die beiden Innenteile zusammen und verklebe sie. Mit Klammern fixieren und trocknen lassen. Eine Hälfte der Ummantelung wird der äußere Koffer.

**2** Schneide aus dem Leder vier Kreise mit 2 cm Durchmesser und halbiere die Kreise jeweils. Leime die Halbkreise über die acht Kofferecken.

**3** Schneide aus Leder einen schmalen und 5 cm langen Streifen und klebe ihn als Tragegriff auf das Innenteil. Schiebe einen Bleistift zwischen Leder und Innenteil, damit der Griff seine Form erhält. Mit Klammern fixieren und trocknen lassen. Du kannst den Koffer noch bekleben und mit einem Kofferticket versehen.

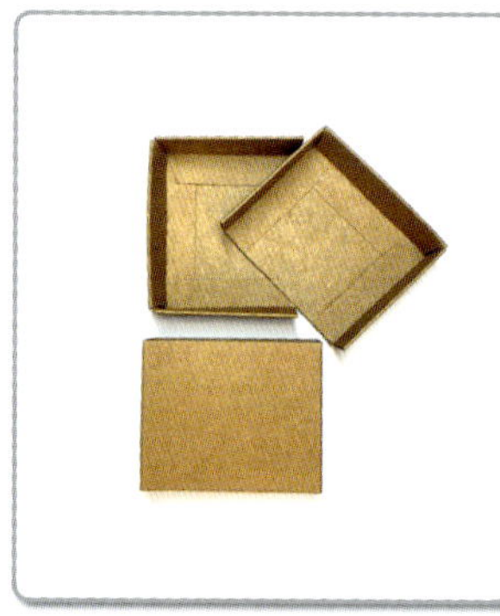

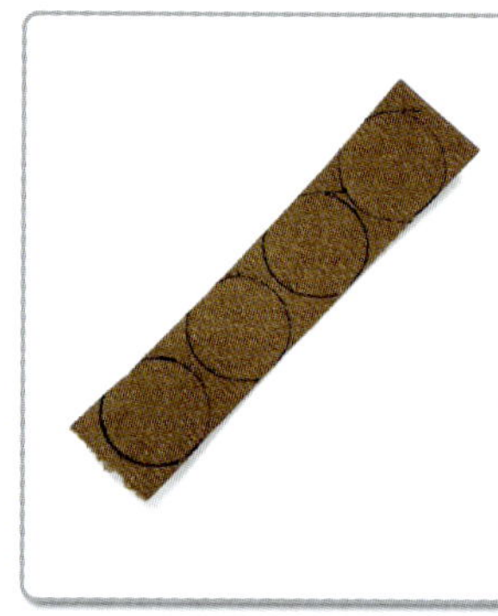

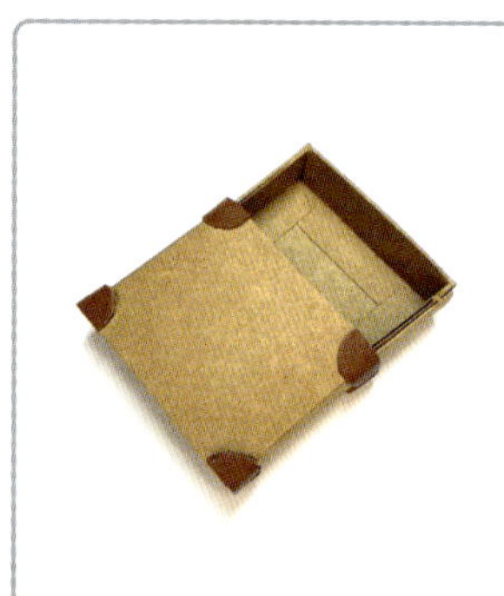

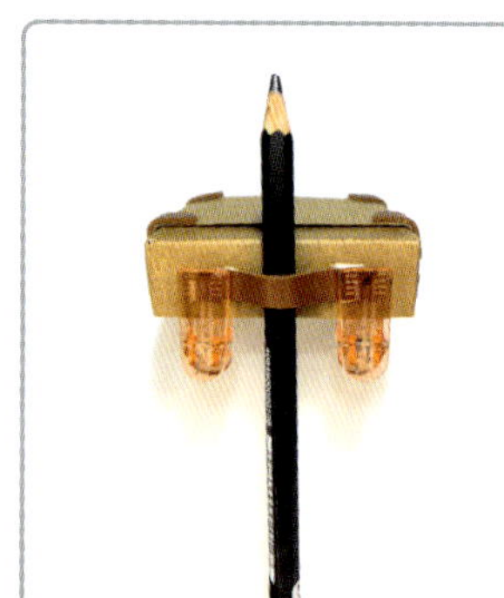

**TIPP**

Eine Vorlage für einen anderen Koffer findest du in der Digitalen Bibliothek (S. 31).

# FUSSSPUREN

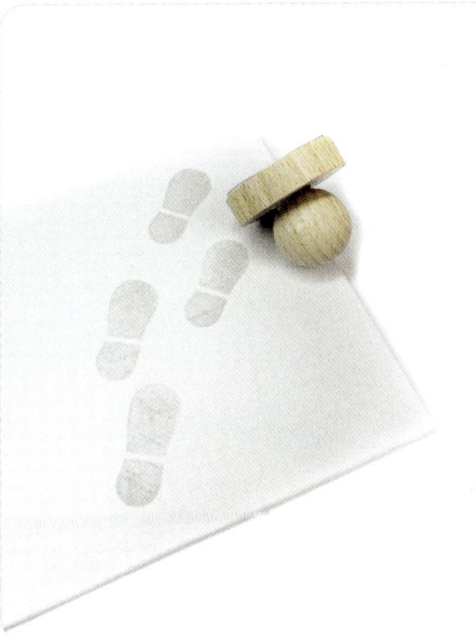

## MATERIAL

- Moosgummi
- Holzkugel, ø 2,5 cm
- Holzscheibe, ø 4 cm
- Kreidemarker
- Holzleim

## HILFSMITTEL

- Kugelschreiber
- Schere

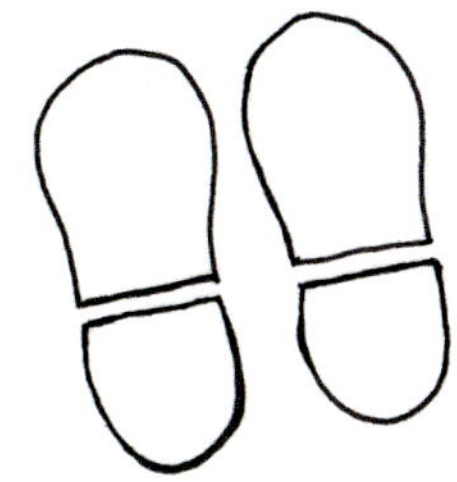

SCHABLONE

1 Übertrage die Fußspur mithilfe der Schablone auf Moosgummi und schneide sie aus. Leime die Holzkugel auf die Holzscheibe. Trocknen lassen.

2 Klebe die Moosgummi-Fußspur auf die Holzscheibe.

3 Benetze die Fußspur mit dem Kreidemarker und stemple die Spuren auf den Fußboden. Probiere die Farbe vorher immer an einer unauffälligen Stelle aus.

**TIPP**

Statt der Holzscheibe mit Holzkugel kannst du auch ein Stück Korken verwenden. Wenn du nicht direkt auf das Holz des Fußbodens stempeln möchtest, kannst du eine transparente Folie bestempeln, diese in die Kulisse legen und die Ränder mit Schnee anschütten.

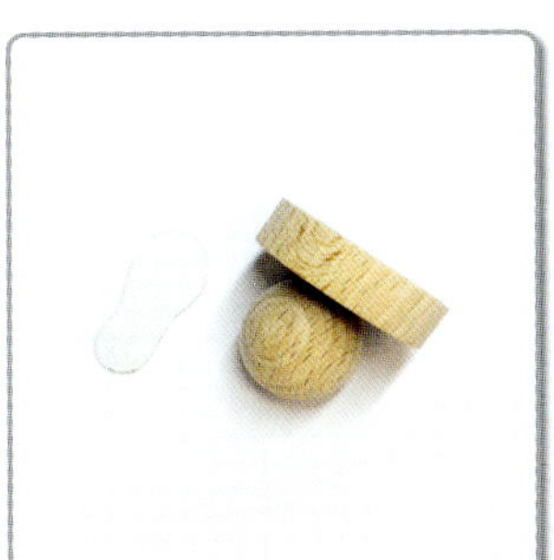

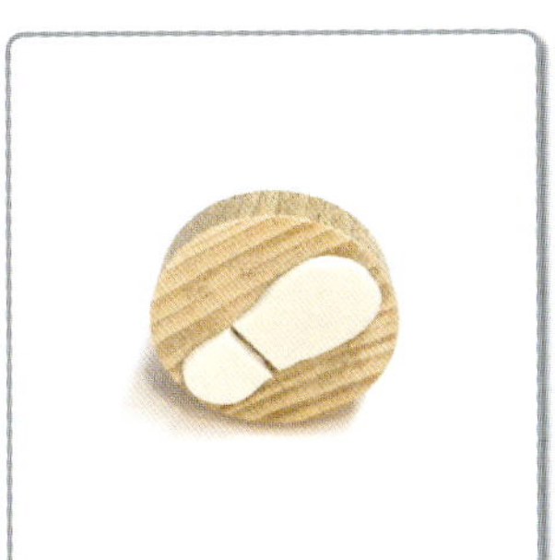

ANSPRUCHSVOLL!

# WICHTELEINZUG MIT NACHTLAGER

Das Wichtelfarmhaus ist noch unbewohnt, unbeleuchtet und nicht ganz fertiggestellt, es fehlen noch Kleinigkeiten. Um Wichtel Oke trotzdem willkommen zu heißen, wurde vor dem Haus ein kleines Zelt aufgestellt, dazu ein passender, kuscheliger Schlafsack mit Kissen aus Filz. Es ist bitterkalt, doch Oke hat eine Feuerschale, die ihn wärmen wird. Oke wird es bestimmt gefallen, wenn er erstmal da ist. Doch zunächst müssen wir ihn mit der Wichtelrufer-Laterne (S. 89) rufen. Wie soll er sonst wissen, dass er bei seiner Familie willkommen ist?!

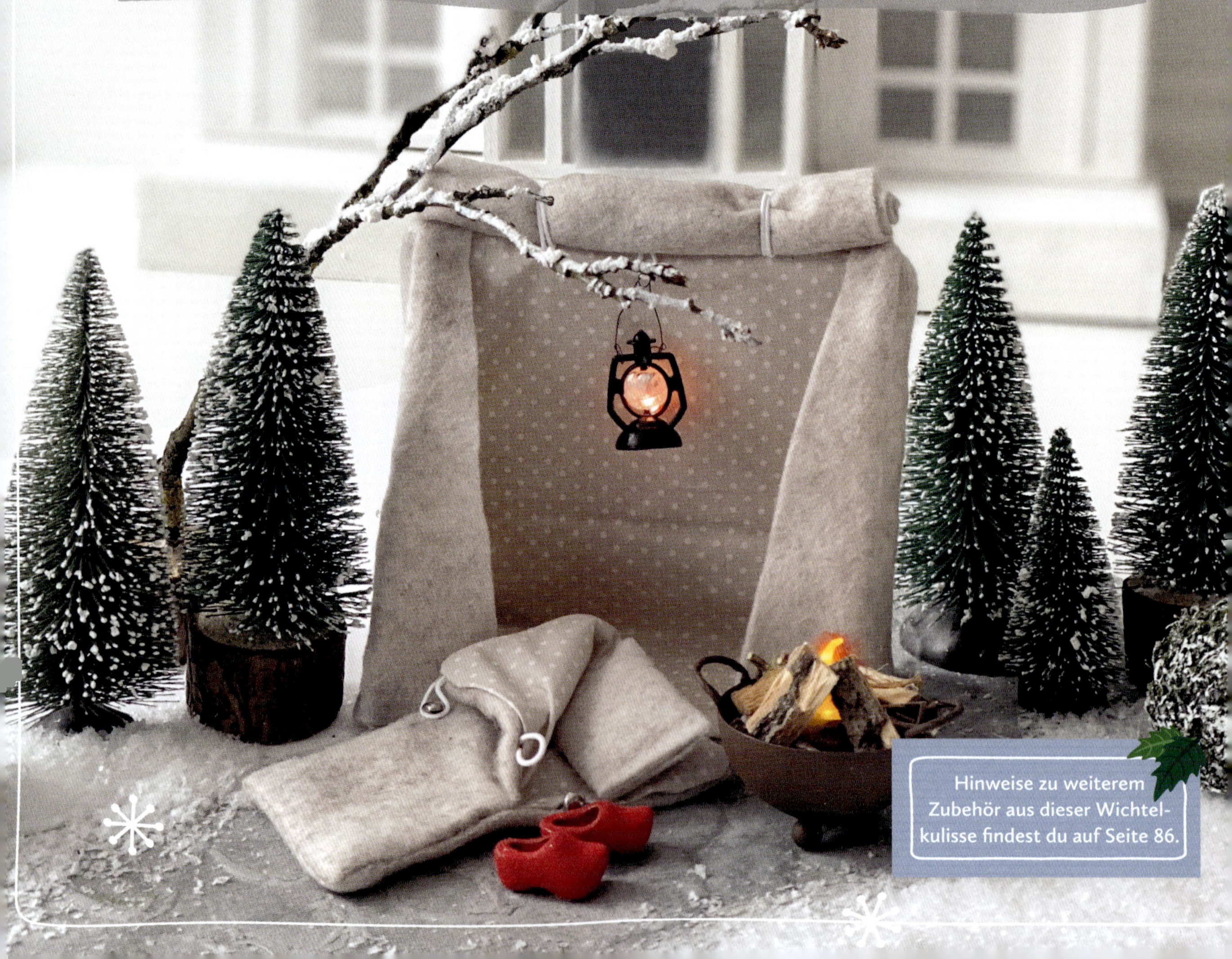

Hinweise zu weiterem Zubehör aus dieser Wichtelkulisse findest du auf Seite 86.

# ZELT

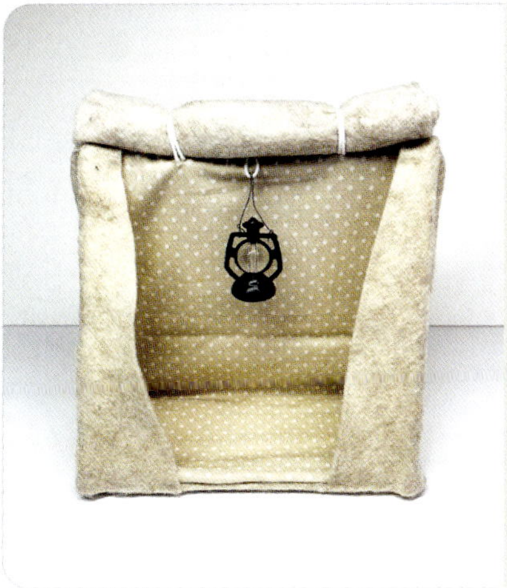

### VORLAGE

Zelt (S. 31)

### MATERIAL

- 16 Holzstäbchen, Gr. M (1,8 cm x 15 cm)
- Rundholz, ø 4 mm, 15 cm lang
- 2 Bögen Filz in Beige meliert, 1 mm stark, A4
- Stoff in Beige-Weiß gepunktet, A4
- Hutgummi in Weiß, 25 cm lang (siehe Tipp S. 87)
- 2 Musterbeutelklammern
- doppelseitiges Klebeband, 8 mm breit (z. B. Tacky Tape)
- Heißklebepistole
- Holzleim

### HILFSMITTEL

- Blechschere
- Bleistift
- Geodreieck
- Schere

**1** Lege einmal acht Holzstäbchen Gr. M flach nebeneinander und einmal vier Holzstäbchen Gr. M. Schneide aus weiteren Holzstäbchen Gr. M je zwei passende Stücke zurecht und klebe sie oben und unten quer über die Breite der Platten.

**2** Schneide für die hintere Zeltwand und den Zeltboden aus Filz und Stoff jeweils ein 17 cm x 24 cm großes Rechteck zu. Lege das Stoffstück mit der rechten Stoffseite auf den Filz und klebe die Stofflagen an den beiden langen Kanten und einer kurzen Kante mit Heißkleber zu einer Tasche zusammen. Wende die Tasche und schiebe zuerst die größere Holzplatte hinein. Dabei zeigt die glatte Seite der Holzplatte in Richtung Filz. Schiebe anschließend die kleine Platte in die Tasche, dabei zeigt die glatte Seite in Richtung Stoff. Beide Platten liegen locker in der Tasche. Schlage die offenen Kanten sauber nach innen und fixiere sie mit Heißkleber.

**3** Schneide die Seitenwände und Vorderteile des Zelts mithilfe der Vorlage aus Filz zu. Klebe die Seitenwände von außen gegen die hintere Zeltwand. Achte dabei darauf, immer Filz auf Filz zu kleben. Klebe jeweils auf die vordere Kante der Seitenwände einen Streifen Klebeband und rolle darin ein 15 cm langes Rundholz ein. Klebe das umrollte Rundholz jeweils von vorne links und rechts gegen den Zeltboden.

**4** Schneide vom Hutgummi zwei 10 cm lange Stücke und ein 5 cm langes Stück zu. Lege die Stücke zur Schlaufe und klebe die beiden großen Schlaufen mit Heißkleber links und rechts der Mitte an der oberen Zeltkante fest. Mittig klebst du die kleine Schlaufe fest. An ihr kannst du später die Laterne aufhängen.

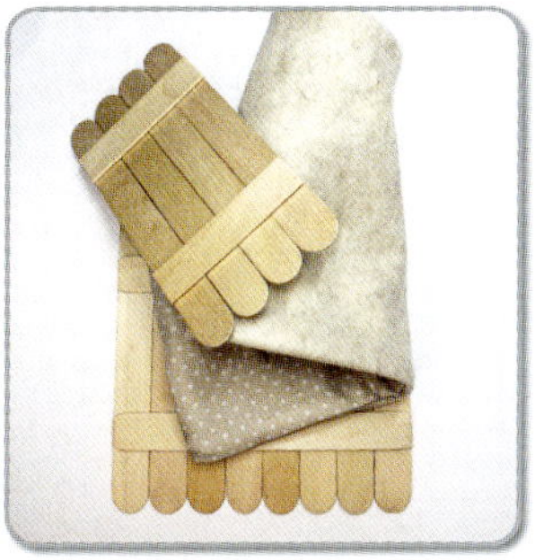

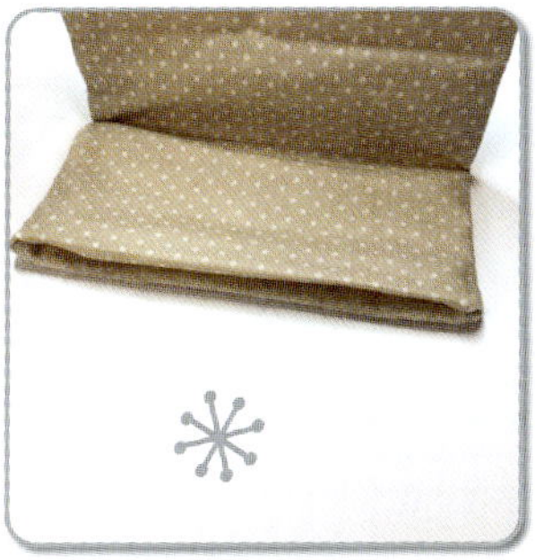

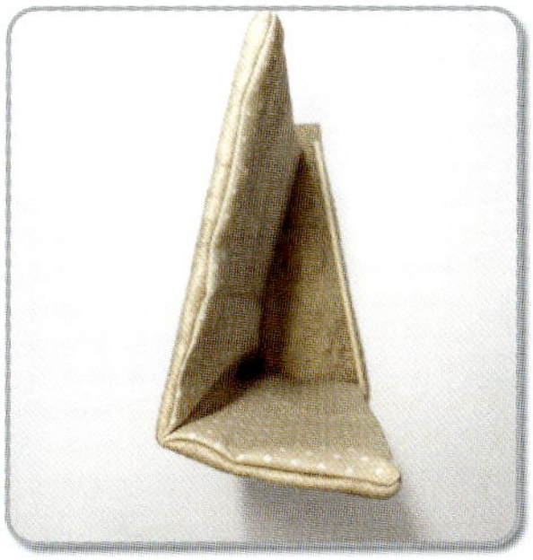

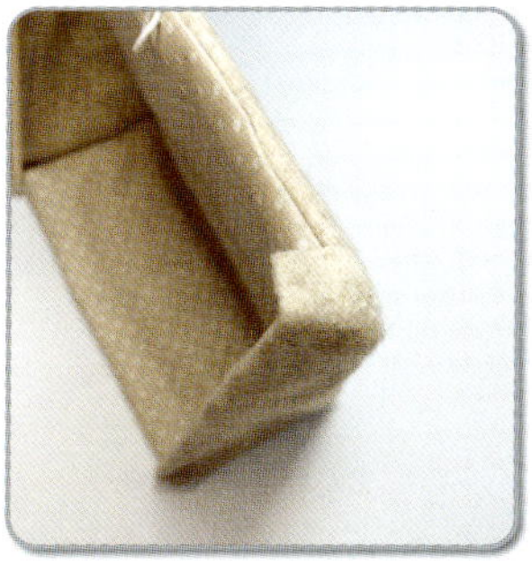

**5** Drehe die Rundhölzer etwas nach innen, sodass sich der Filz spannt und klebe die Rundhölzer mit dem Filz in den Ecken von innen fest. Schneide die Ecken rund ab. Den oben überstehenden Filz legst du zur Mitte um und klebst ihn fest. Klebe nun die dreieckigen Vorderteile fortlaufend an die Kanten der Seitenwände, ebenso im unteren Bereich.

**6** Schneide ein 14 cm x 17 cm großes Stück Filz als vordere Zeltbahn und befestige es mit Heißkleber an der oberen Zeltkante. Schiebe auf der Rückseite des Zelts zwei Musterbeutelklammern auf Höhe der Schlaufen in den Innenraum und biege die Enden um. Nun kannst du die vordere Zeltbahn aufrollen und mit den großen Schlaufen befestigen.

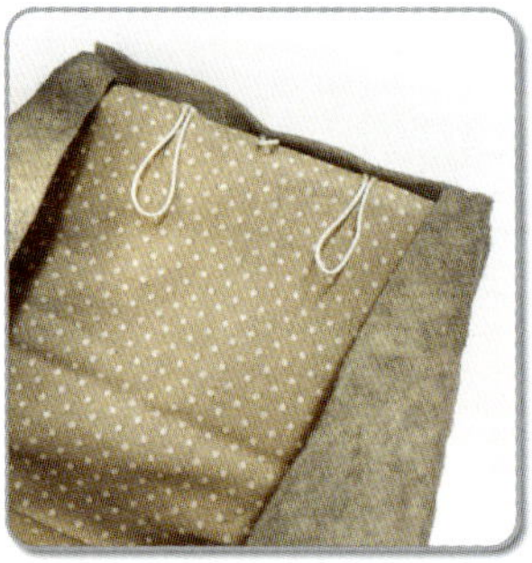

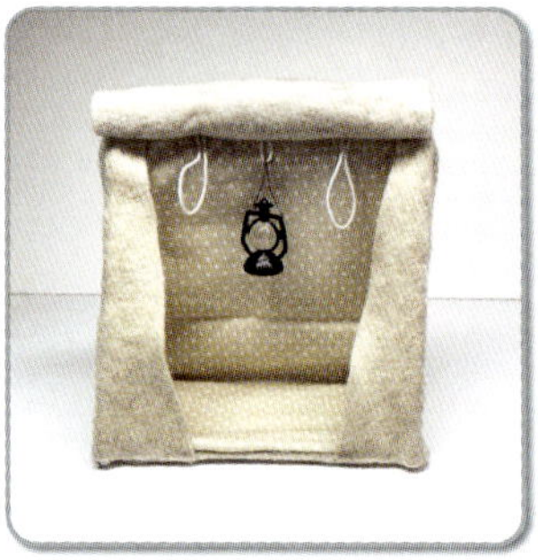

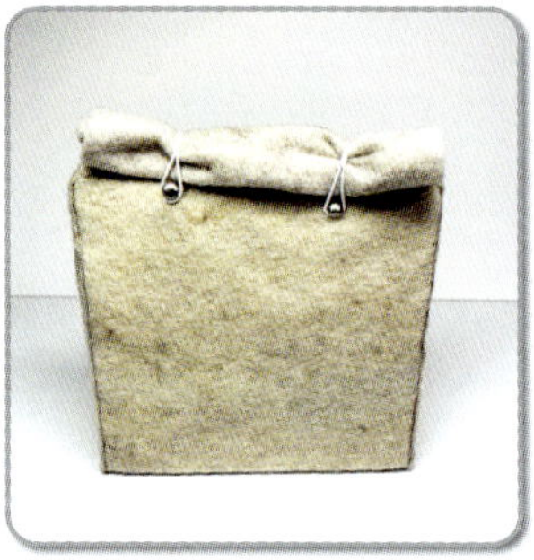

## ROTE KLOMPEN

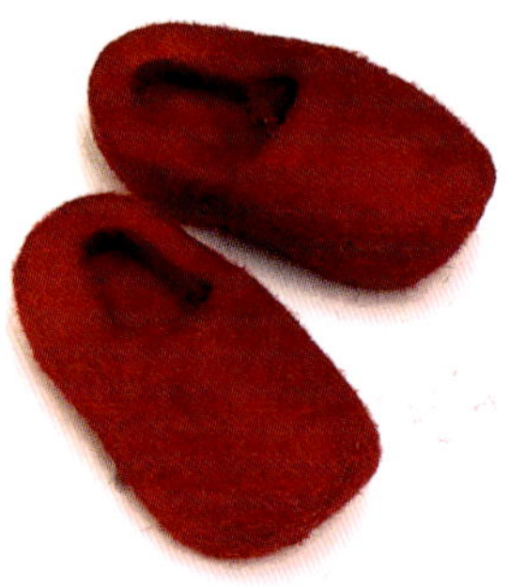

### MATERIAL

- fertige Holzklompen, 3 cm lang
- Samtpulver in Rot
- Acrylfarbe in Rot
- Holzleim

### HILFSMITTEL

- Pinsel

**1** Die fertigen Holzklompen mit der roten Acrylfarbe anmalen und trocknen lassen.

**2** Die Klompen mit Holzleim bestreichen und Samtpulver darüberstreuen, solange der Leim noch feucht ist.

### WEITERES ZUBEHÖR

Die Anleitung für die Zweige und die Bäume in der Wichtelkulisse auf Seite 84 findest du auf Seite 61, für das Haus auf Seite 42. Die Laterne ist ein Fertigteil. Eine Wichtelrufer-Laterne ist auf dem Bild nicht zu sehen, sie ist aber ein tolles weiteres Accessoire für den Wichteleinzug. Du findest die Anleitung dafür auf Seite 89.

# SCHLAFSACK

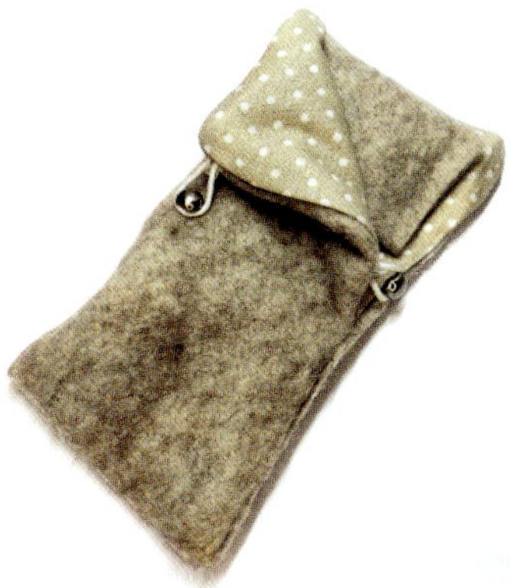

## MATERIAL

- Filz in Beige meliert, 1 mm stark, 15 cm x 15 cm und 5 cm x 10 cm
- Stoff in Beige-Weiß gepunktet, 15 cm x 15 cm
- Hutgummi in Weiß
- 2 Musterbeutelklammern
- Heißklebepistole

## HILFSMITTEL

- Schere

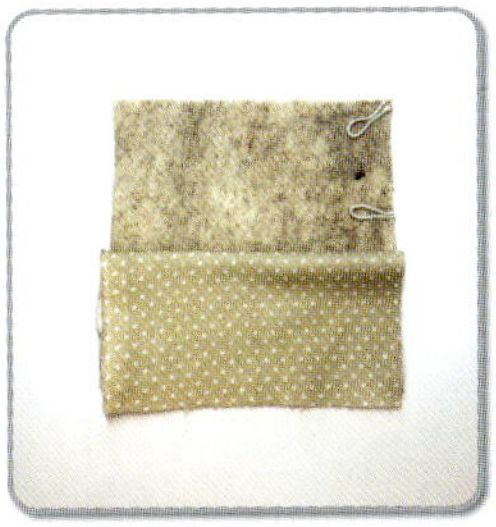

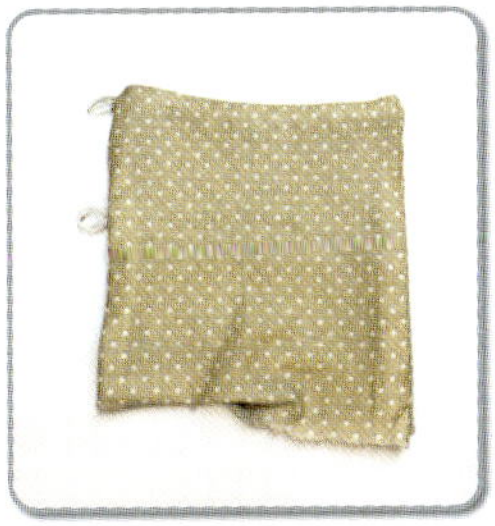

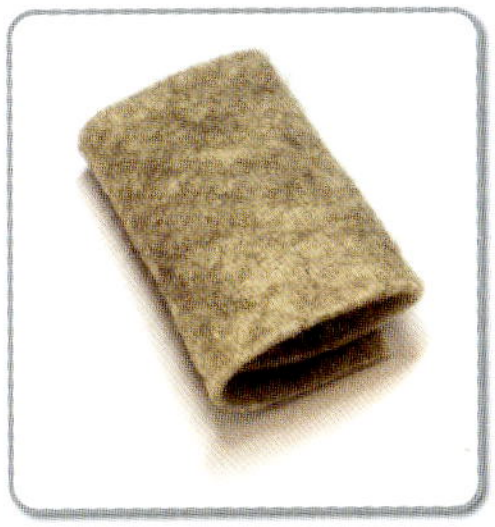

**1** Schneide zwei 3 cm lange Stücke Hutgummi zurecht und lege sie zur Schlaufe. Lege das Stoffquadrat mit der rechten Stoffseite auf das Filzquadrat. Schiebe an einer Kante die erste Schlaufe mit 1 cm Abstand zur Ecke zwischen die Stofflagen, die zweite Schlaufe 6 cm tiefer. Die Schlaufen zeigen nach innen. Klebe Stoff und Filz an den Kanten mit Heißkleber zusammen; lass dabei im unteren Bereich eine 5 cm lange Wendeöffnung und achte darauf, dass du den Kleber gleichmäßig aufträgst. Trocknen lassen.

**2** Wende den Schlafsack und klebe die Wendeöffnung mit Heißkleber zu. Schiebe zum Schluss zwei Musterbeutelklammern mit etwas Heißkleber auf Höhe der unteren Schlaufe auf der linken und rechten Seite des Schlafsacks durch den Stoff.

**3** Für das Kissen faltest du das 5 cm x 10 cm große Filzstück zweimal, indem du zuerst das untere Drittel in die Mitte klappst und anschließend das obere Drittel. Klebe die Lagen mit Heißkleber zusammen.

**TIPP**

Anstelle eines Hutgummis kannst du auch Gummibänder von einer Mundschutzmaske verwenden.

# FEUERSCHALE

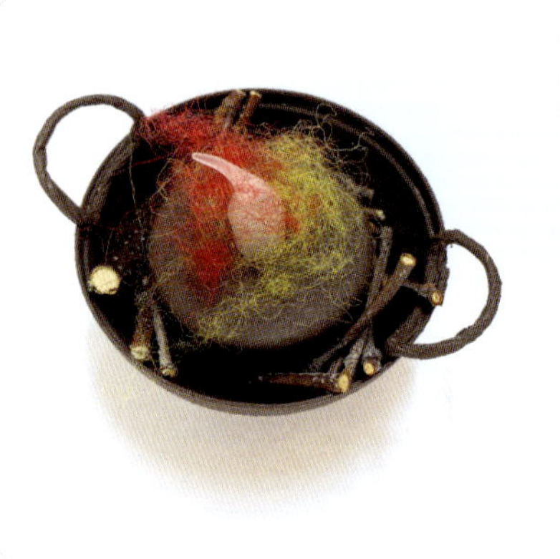

**MATERIAL**
- Acrylkugel-Hälfte, ø 7 cm
- 3 Holzperlen, ø 8 mm
- Papierdraht
- Filzwolle in Gelb und Orange
- dünne Zweige
- künstliches Teelicht mit Pustefunktion
- Acrylfarbe in Braun
- Kraftkleber

**HILFSMITTEL**
- Schere
- Pinsel

**1** Klebe die drei Holzperlen in gleichmäßigem Abstand als Füße unter die Acrylkugelhälfte. Schneide zwei passende Stücke Papierdraht zurecht, forme sie zu Griffen und klebe sie mit Kraftkleber an die Schale. Male Schale, Griffe, Kugelfüße sowie das Teelichtgehäuse braun an. Trocknen lassen.

**2** Stelle das Teelicht in die Schale. Schneide die Zweige in passende Stücke und lege sie rundherum um das Teelicht. Zupfe etwas Filzwolle in Gelb und Orange zurecht und setze die Wolle auf die künstliche Flamme des Teelichts.

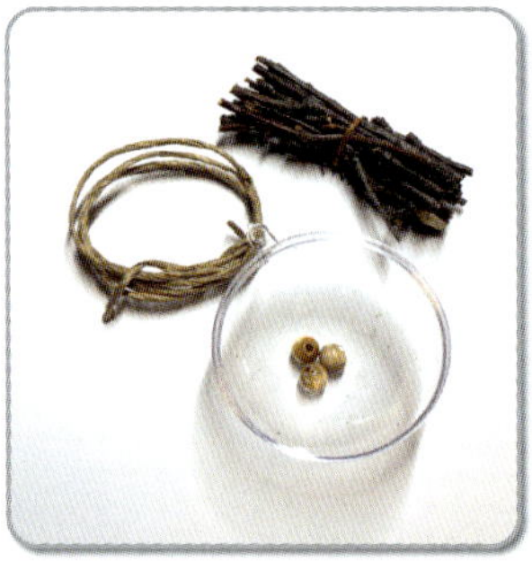

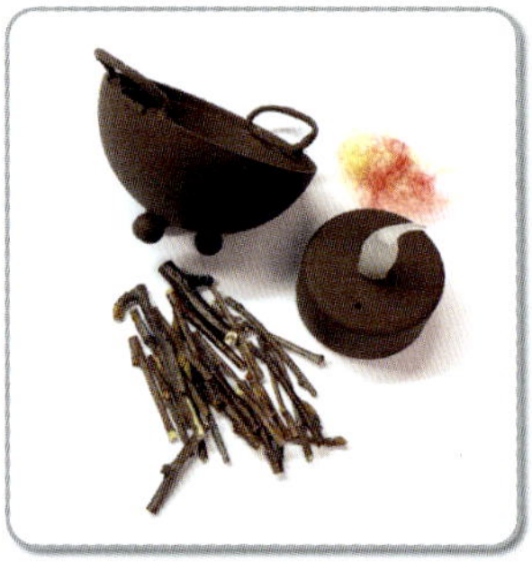

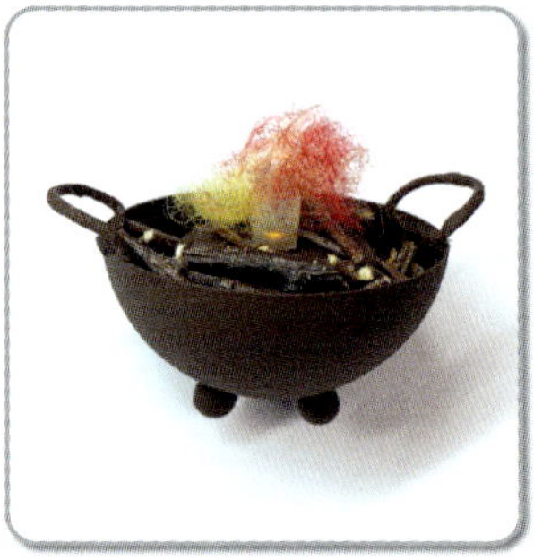

# WICHTELRUFER-LATERNE



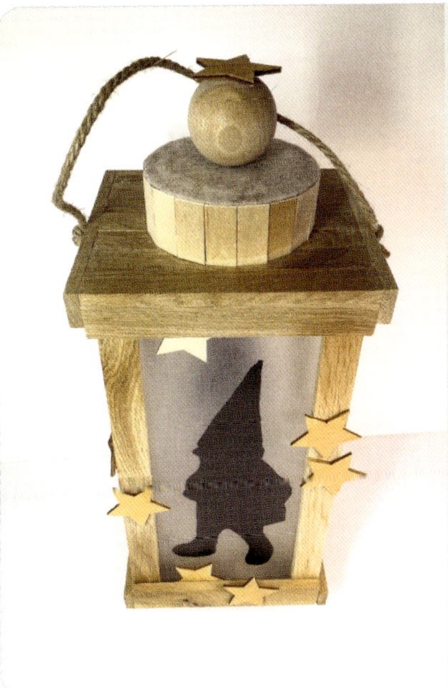

### VORLAGE

Wichtelrufer-Laterne (S. 31)

### MATERIAL

- 38 Holzklötzchen, 16 cm x 2,2 cm x 8 mm
- ca. 20 Holzstäbchen, Gr. M (1,8 cm x 15 cm)
- 4 Holzkugeln, ø 2,5 cm
- Holzkugel, ø 4,5 cm
- Holzsterne, 4 cm hoch
- Karton, A4
- Lampenfolie in Milchig-Weiß, 65 cm x 33 cm
- Dosendeckel oder 1-kg-Joghurteimerboden (Umfang ca. 35 cm)
- Filz in Beige, 1 mm stark, A5
- Jutekordel in Braun, 10 mm breit, 30 cm lang
- Micro-LED-Drahtlichterkette mit 20 LEDs
- Acrylfarbe in Schwarz und Gold
- Glitzerspray in Gold
- doppelseitiges Klebeband, 8 mm breit (z. B. Tacky Tape)
- Holzleim

### HILFSMITTEL

- Schere
- Bleistift
- Lineal
- Schwamm
- Pinsel

**1** Für den Deckel und den Boden der Laterne baust du zwei Tabletts aus je sieben Holzklötzchen. Lege dazu zuerst jeweils sieben Holzklötzchen flach nebeneinander und leime sie zusammen. Rahme die beiden Platten nun mit jeweils vier weiteren Holzklötzchen ein. Dazu immer zwei Holzklötzchen AUF die Platte leimen und zwei DAGEGEN.

**2** Leime bei einem Tablett jeweils zwei Holzklötzchen über Eck von innen gegen die Rahmenklötzchen. Erweitere diese Eckklötzchen jeweils um ein weiteres Holzklötzchen, sodass die Laterne ihre Höhe bekommt. Trocknen lassen.

**3** Schneide aus der Folie zwei 12 cm x 32 cm und zwei 13 cm x 32 cm große Rechtecke zu. Fertige mithilfe der Vorlage eine Negativschablone aus Tonkarton an. Hefte die Schablone mit doppelseitigem Klebeband auf ein 13 cm x 32 cm großes Folienrechteck und tupfe den Wichtel mit Schwamm und schwarzer Acrylfarbe aus. Trocknen lassen und anschließend erneut mit Farbe austupfen. Trocknen lassen. Die Schablone abnehmen, wenden, auf das andere 13 cm x 32 cm große Folienrechteck heften und den Vorgang wiederholen.

**4** Klebe doppelseitiges Klebeband von innen auf die senkrecht stehenden Eckklötzchen. Klebe die Folien – die Wichtel einander gegenüber, auf die Seite des höherstehenden Klötzchens am Boden – in die Laterne. Setze das zweite Tablett als Deckel auf.

**5** Schneide Holzstäbchen Gr. M in der Höhe des Dosendeckels zu und klebe sie rundherum auf den Dosendeckel. Leime den Dosendeckel auf die Laterne. Schneide aus Filz einen Kreis mit dem Durchmesser des Dosendeckels aus und klebe ihn auf. Zum Schluss klebst du die große Holzkugel darauf. Verknote die Enden der Jutekordel und klebe sie als Deko-Henkel seitlich am Deckel fest.

**6** Male die Holzsterne goldfarben an und klebe sie nach Wunsch auf die Laterne. Zum Schluss kannst du die ganze Laterne innen und außen mit Glitzerspray einsprühen.

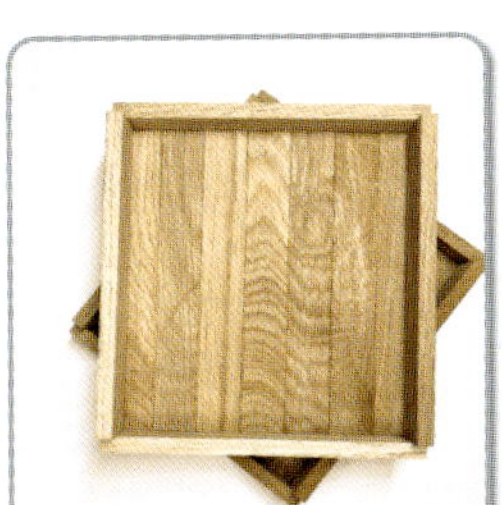

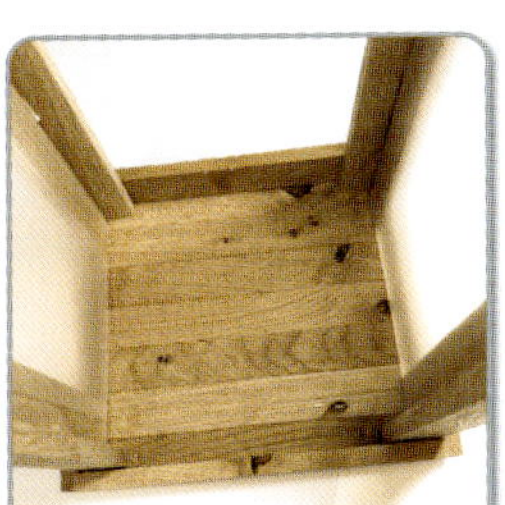

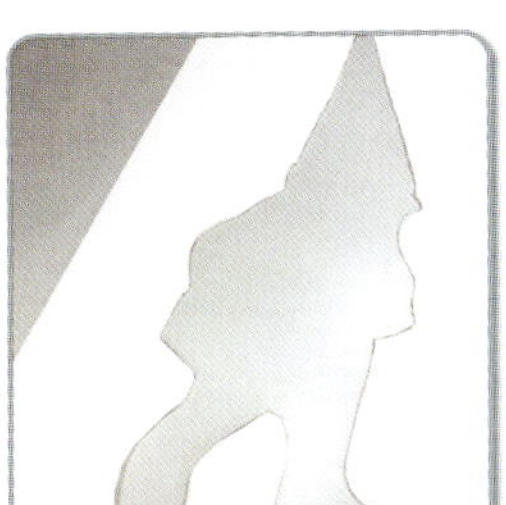

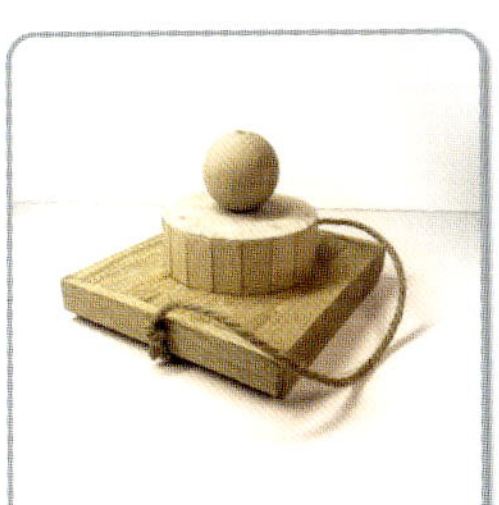

EINFACH UMSETZBAR!

# GEMÜTLICHER LESEABEND

Wenn es draußen regnerisch und kalt ist, gibt es nichts Schöneres, als es sich zu Hause so richtig gemütlich zu machen. Wichtel Balduin liebt es, sich in seine Decke zu kuscheln, einen warmen Tee mit Honig zu trinken und in seinen Büchern zu schmökern. Eine Wärmflasche hält ihn schön warm. Auch für die Kinder hat er etwas vorbereitet, das von innen wärmt: Wichteltee!

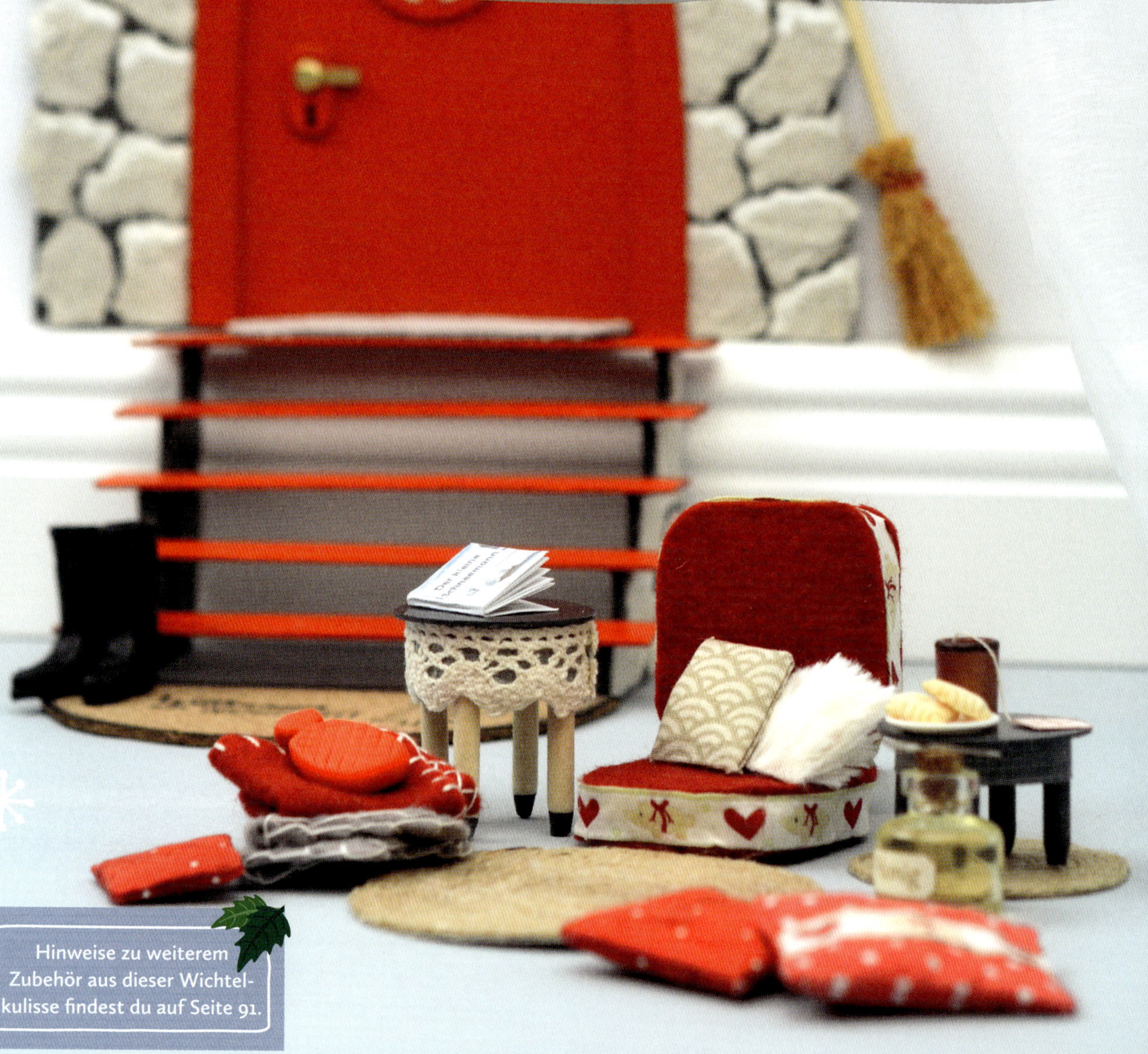

Hinweise zu weiterem Zubehör aus dieser Wichtelkulisse findest du auf Seite 91.

## TEPPICH

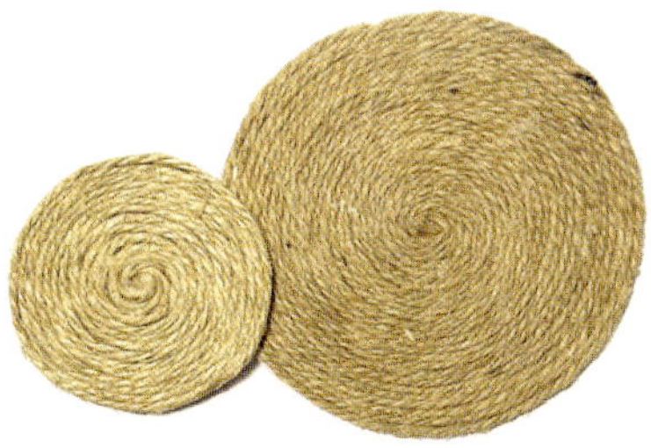

**MATERIAL**
- Jutekordel in Braun, ø 2 mm
- Stoffrest
- Express-Holzleim

**HILFSMITTEL**
- Zirkel
- Schere
- Backpapier
- Buch zum Beschweren

**1** Zeichne einen Kreis (ø ca. 8 cm) auf den Stoff und schneide ihn mit etwas Zugabe aus.

**2** Klebe das Ende der Jutekordel in die Mitte des Kreises. Trage anschließend nach und nach Holzleim rund um den Kreismittelpunkt auf und lege die Jutekordel schneckenförmig in den Leim, bis die Jutekordel an die Kreismarkierung gelangt. Schneide die Kordel ab, lege ein Stück Backpapier auf die Jutekordelschnecke und beschwere das Ganze mit einem Buch, damit sich der Teppich nicht verzieht. Trocknen lassen.

**3** Entferne Buch und Backpapier und schneide den Stoffrand bündig ab.

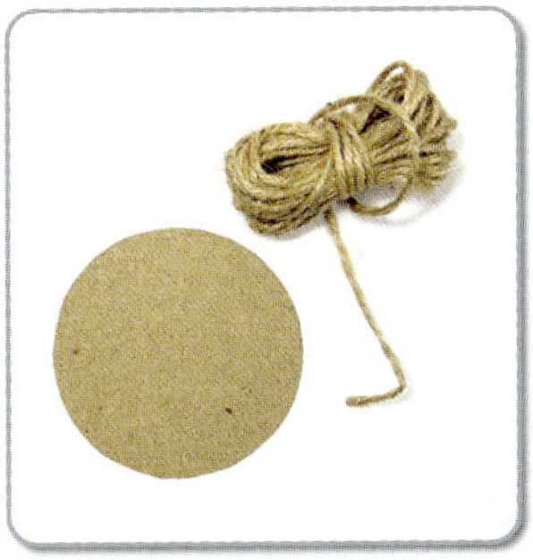

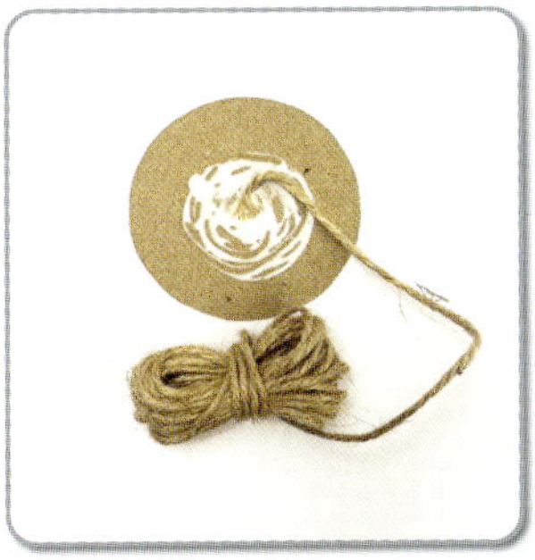

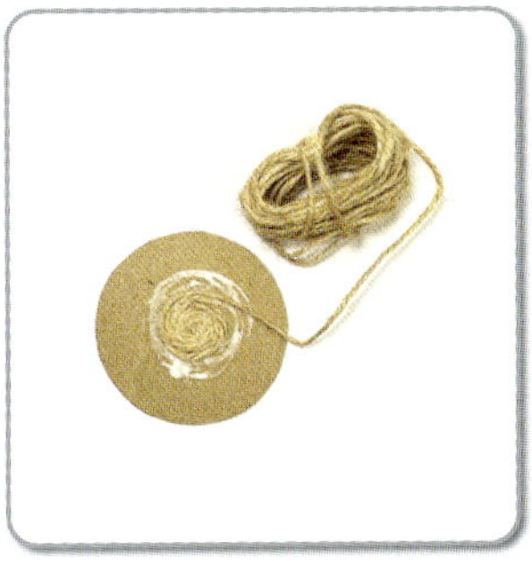

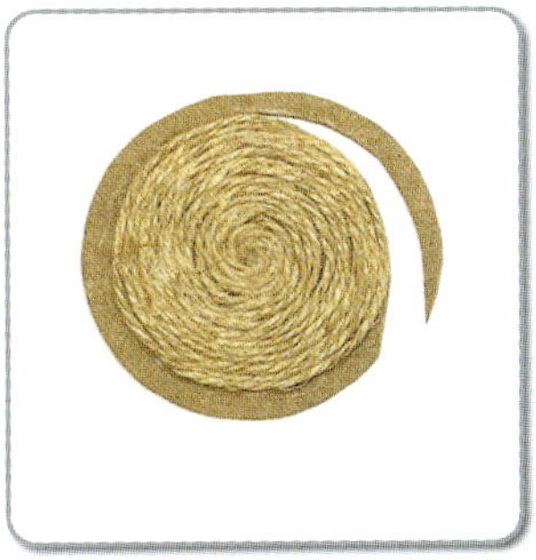

**WEITERES ZUBEHÖR**

Die Anleitung für die Tür in der Wichtelkulisse auf Seite 90 findest du auf Seite 36. Die Anleitungen für die Treppe findest du auf Seite 51, für die Fußmatte auf Seite 49. Für das Honigglas kannst du ein fertiges Gläschen mit Korkdeckel verwenden, das im Handel erhältlich ist. Für das Etikett gibt es eine Vorlage in diesem Buch, siehe Seite 200. Der kleine Teller ist eine fertige Puppenhaus-Miniatur im Verhältnis 1:12. Falls du kein Puppenhaus-Zubehör hast, kannst du einen kleinen Kreis aus festem Papier ausschneiden und diesen als Teller verwenden, oder du bastelst einen aufwendigeren Mini-Teller (S. 226).

## WÄRMFLASCHE

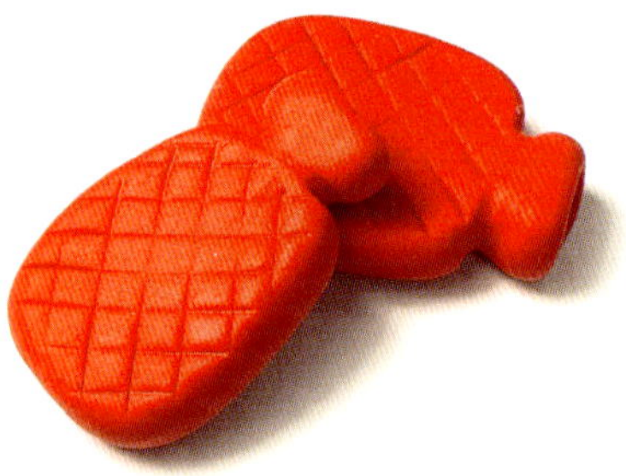

**MATERIAL**
- ofenhärtende Modelliermasse in Rot

**HILFSMITTEL**
- Zahnstocher
- Küchenmesser
- Backpapier

**1** Knete eine kleine Menge Modelliermasse zu einem flachen Oval (ca. 2 cm x 3 cm x 5 mm).

**2** Forme mit dem Zahnstocher den Wärmflaschenhals und präge mit dem Küchenmesser ein Karomuster in das Oval.

**3** Trockne die Wärmflasche nach Herstelleranleitung im Backofen.

**TIPP**

Der Vorteil von ofenhärtender Modelliermasse im Vergleich zu lufttrocknender Modelliermasse ist, dass es sie in verschiedenen Farben gibt und sie nicht mehr bemalt werden muss; zudem ist das Ergebnis wetterbeständig und sehr stabil. Wenn du mit ofenhärtender Modelliermasse arbeitest, versuche gleich mehrere Objekte herzustellen und sie gesammelt in den Ofen zu geben, um Energie zu sparen: Sie können über mehrere Tage ungebrannt auf Backpapier liegen, ohne Schaden zu nehmen. Alternativ kannst du die Restwärme des Ofens zum Trocknen verwenden, wenn du Pizza oder Plätzchen gebacken hast.

## TEEBEUTEL

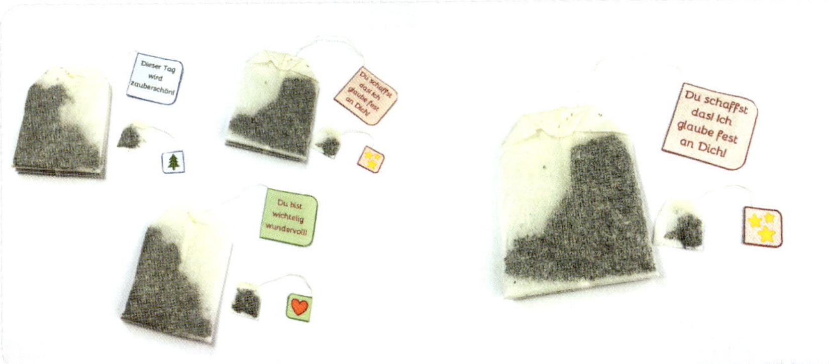


### VORLAGE

Teebeutel-Schildchen (S. 31)

### MATERIAL

- 4 Teebeutel nach Wunsch
- Klebestift

### HILFSMITTEL

- Schere

**1** Drucke die Vorlage farbig und schneide alle Teebeutel-Schildchen aus. Klebe die drei großen Schildchen über die originalen Schilder von drei Teebeuteln.

**2** Schneide den vierten Teebeutel in drei ca. 2,5 cm x 2,5 cm große Teile, die du mit Tee füllst und an den Rändern zusammenklebst.

**3** Schneide die Schnur des vierten Teebeutels in drei gleich lange Stücke. Trage an der oberen Kante der kleinen Teebeutel Klebstoff auf, lege ein Schnurende hinein und klappe die Kante um. Klebe zum Schluss die kleinen Teebeutel-Schilder an das andere Schnurende.

## KUSCHELDECKE

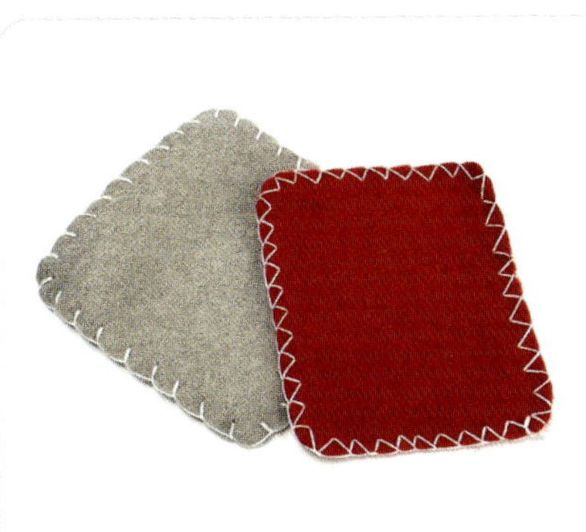

### MATERIAL

- Filz, 1,5 mm stark, in Rot und Grau
- Nähgarn in Weiß

### HILFSMITTEL

- Geodreieck
- Bleistift
- Schere
- Nähnadel

**1** Schneide jeweils ein 7 cm x 8 cm großes Stück Filz aus.

**2** Fädle Nähgarn auf die Nadel, lass beide Enden gleich lang hängen und verknote sie. Stich an einer Kante von vorne in den Filz. Stich mit der Nadel von hinten durch die beiden Fäden und zieh den Stich fest. Stich erneut von vorn ein und wiederhole die Stiche, bis die Kante rundum verziert ist.

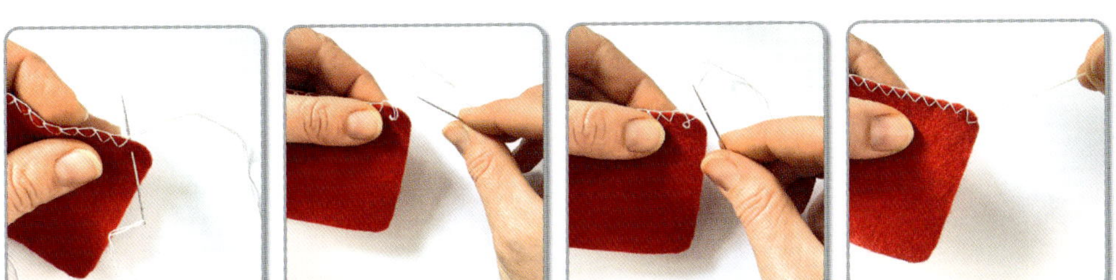

## SITZPOLSTER

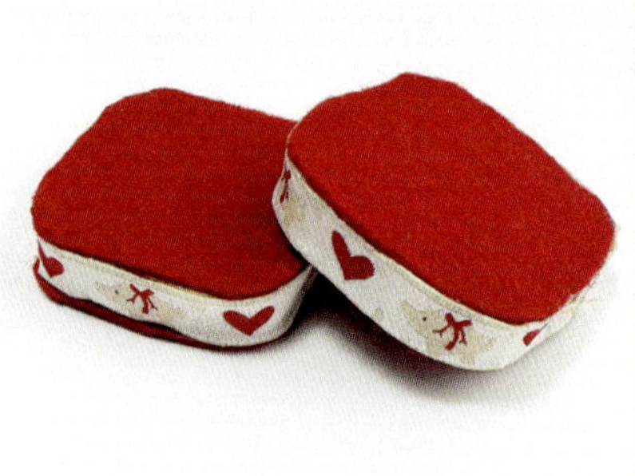

**MATERIAL**
- Schwammtuch, 5 mm stark
- Filz, 1,5 mm stark, in Rot
- Webband in Weiß mit roten Herzen, 1 cm breit
- Heißklebepistole

**HILFSMITTEL**
- Geodreieck
- Bleistift
- Schere

**1** Schneide aus dem Schwammtuch vier jeweils 5 cm x 5 cm große Stücke aus. Runde die Kanten ab. Klebe jeweils zwei Teile mit Heißkleber zusammen. Trocknen lassen.

**2** Schneide zwei Stücke Webband zurecht und klebe sie jeweils rundum auf die Seitenkanten der Schwammtuchpolster. Trocknen lassen.

**3** Schneide vier 5 cm x 5 cm große Stücke Filz aus und klebe sie jeweils oben und unten auf das Schwammtuchpolster.

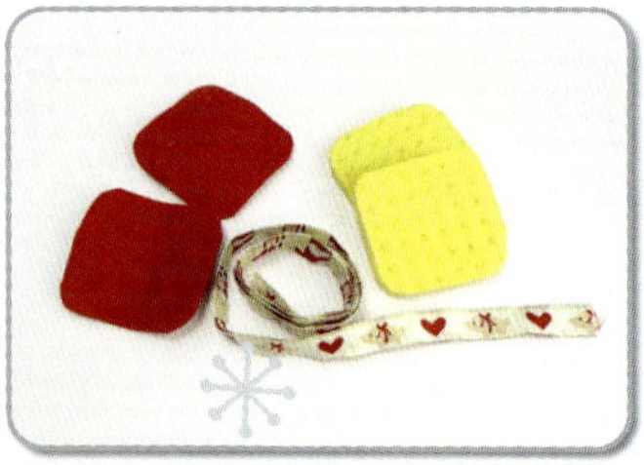

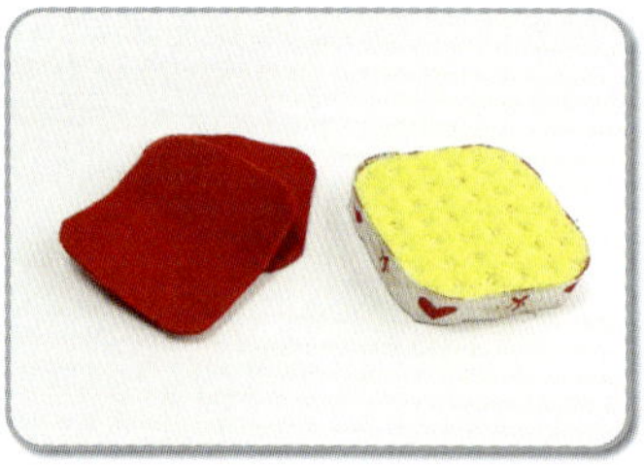

## KISSEN

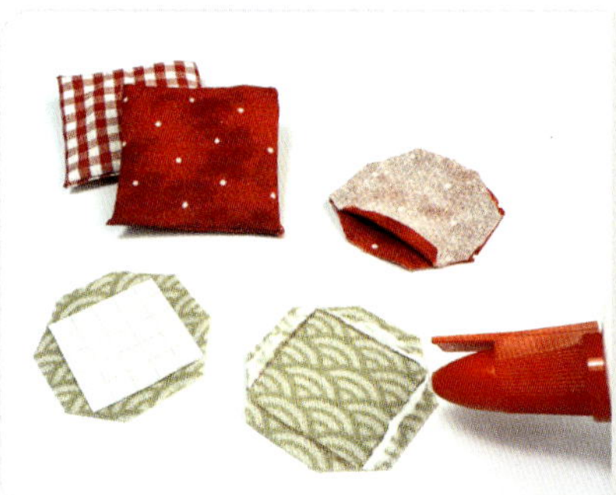

**MATERIAL**
- Stoff in Rot-Weiß kariert, in Rot mit weißen Punkten und in Beige gemustert
- Watte
- Textilkleber

**HILFSMITTEL**
- Geodreieck
- Bleistift oder Textilmarker
- Schere

**1** Lege den Stoff doppelt rechts auf rechts und zeichne pro Kissen ein ca. 4 cm x 4 cm großes Quadrat auf. Schneide die Stoffquadrate mit 5 mm Nahtzugabe aus. Schneide die Ecken bis kurz vor die Markierungslinie schräg ab.

**2** Trage jeweils auf der rechten Stoffseite an drei Kanten in der Nahtzugabe Textilkleber auf und klebe jeweils zwei Quadrate rechts auf rechts an den Kanten aufeinander. Trocknen lassen.

**3** Wende die Kissenbezüge, fülle sie mit Watte, klappe die Nahtzugaben an der offenen Kante nach innen und klebe sie mit Textilkleber zu.

## BEISTELLTISCH

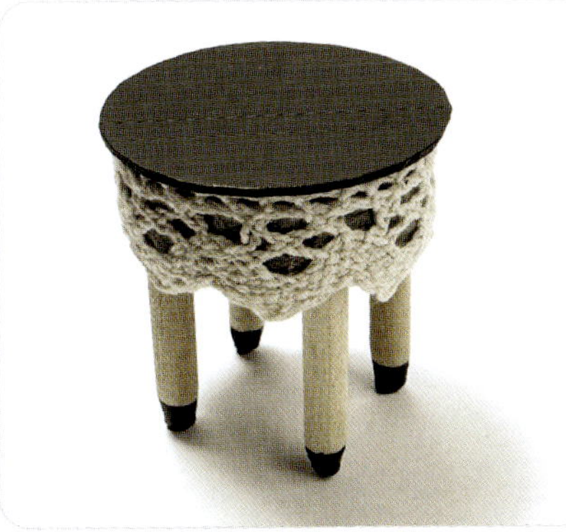

### MATERIAL

- Graupappe, 2 mm stark (980 g/m²)
- Tonpapier
- 2 Rundhölzer, ø 4 mm, 15 cm lang
- Häkelbordüre in Weiß, 1,5 cm breit, 13 cm lang
- Acryl- oder Lackfarbe in Dunkelgrau
- Heißklebepistole

### HILFSMITTEL

- Zirkel
- Geodreieck
- Bleistift
- Schere
- Spitzer
- Pinsel
- Federklemme
- Seitenschneider

**1** Zeichne auf die Graupappe einen Kreis mit 4 cm Durchmesser und schneide ihn aus. Schneide aus Tonpapier einen 1 cm breiten und 13 cm langen Streifen aus. Schneide mit dem Seitenschneider vier jeweils 4 cm lange Rundholzstücke und spitze jeweils ein Ende mit dem Spitzer an.

**2** Male den Kreis aus Graupappe und den Tonpapierstreifen dunkelgrau an. Trocknen lassen. Klebe die vier Holzstücke mit Heißkleber als Tischbeine an den Graupappekreis. Trocknen lassen.

**3** Lege den Tonpapierstreifen um die vier Tischbeine und markiere die Stelle, an der das Papier überlappt. Klebe das überlappende Stück zusammen und fixiere die Stelle mit einer Federklemme oder Wäscheklammer. Trocknen lassen. Entferne die Federklemme und klebe den Tonpapierkreis um die Holzbeine unter die Tischplatte.

**4** Klebe zum Schluss die Häkelbordüre außen auf den Tonpapierkreis und male die angespitzten Enden der Tischbeine dunkelgrau.

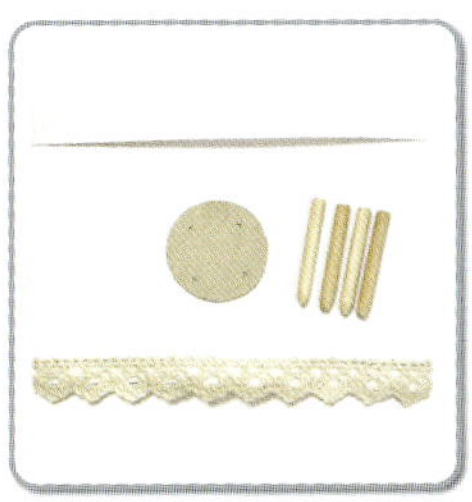

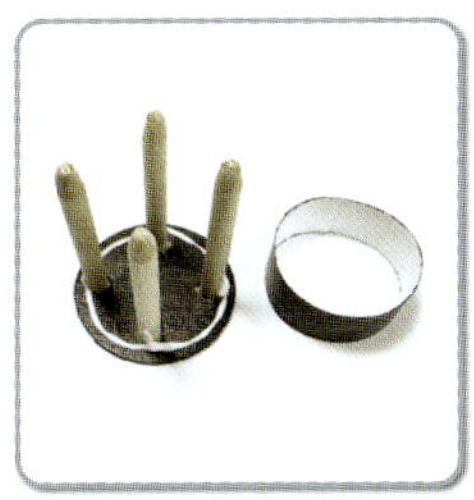

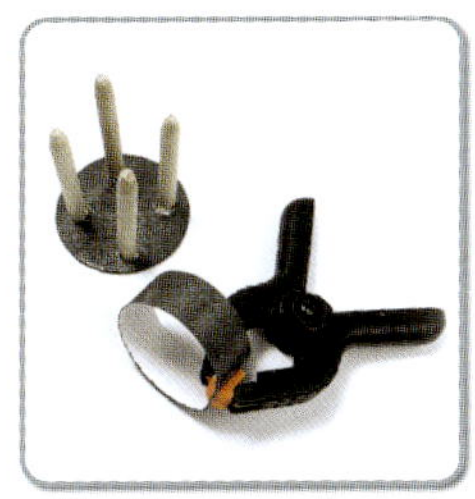

## BUCH

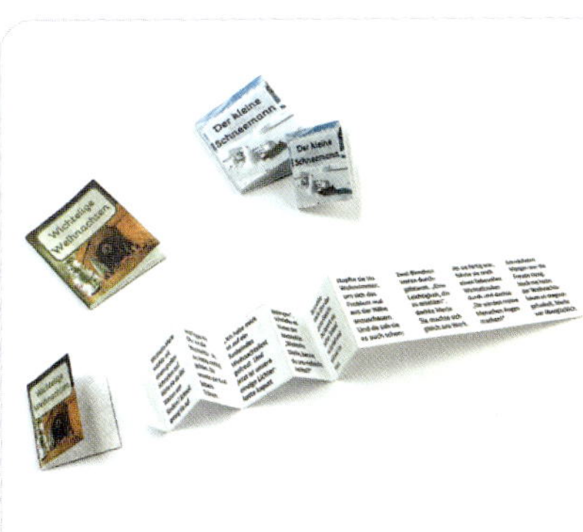

### VORLAGE

Buch (S. 31)

### MATERIAL

- Papierkleber oder Klebestift

### HILFSMITTEL

- Schere

**1** Drucke das Cover und die Buchinnenseiten farbig und schneide die Teile aus. Falte die Buchinnenseiten einzeln wie eine Ziehharmonika, sodass am Ende fünf Doppelseiten entstehen.

**2** Trage Klebstoff auf der Innenseite des Covers auf und klebe die gefalteten Buchinnenseiten ins Cover. Drücke die gefalteten Enden am Buchrücken fest.

# GEMÜTLICHER KAMINABEND

Nach einem anstrengenden Arbeitstag ruht sich Wichtelin Smilla auf ihrem Sessel aus. Ihre kleinen Füßchen steckt sie am liebsten in ihre mollig weichen Puschen und legt sie bequem auf dem Fußhocker ab, während im Schwedenofen das Kaminfeuer knistert und knackt.

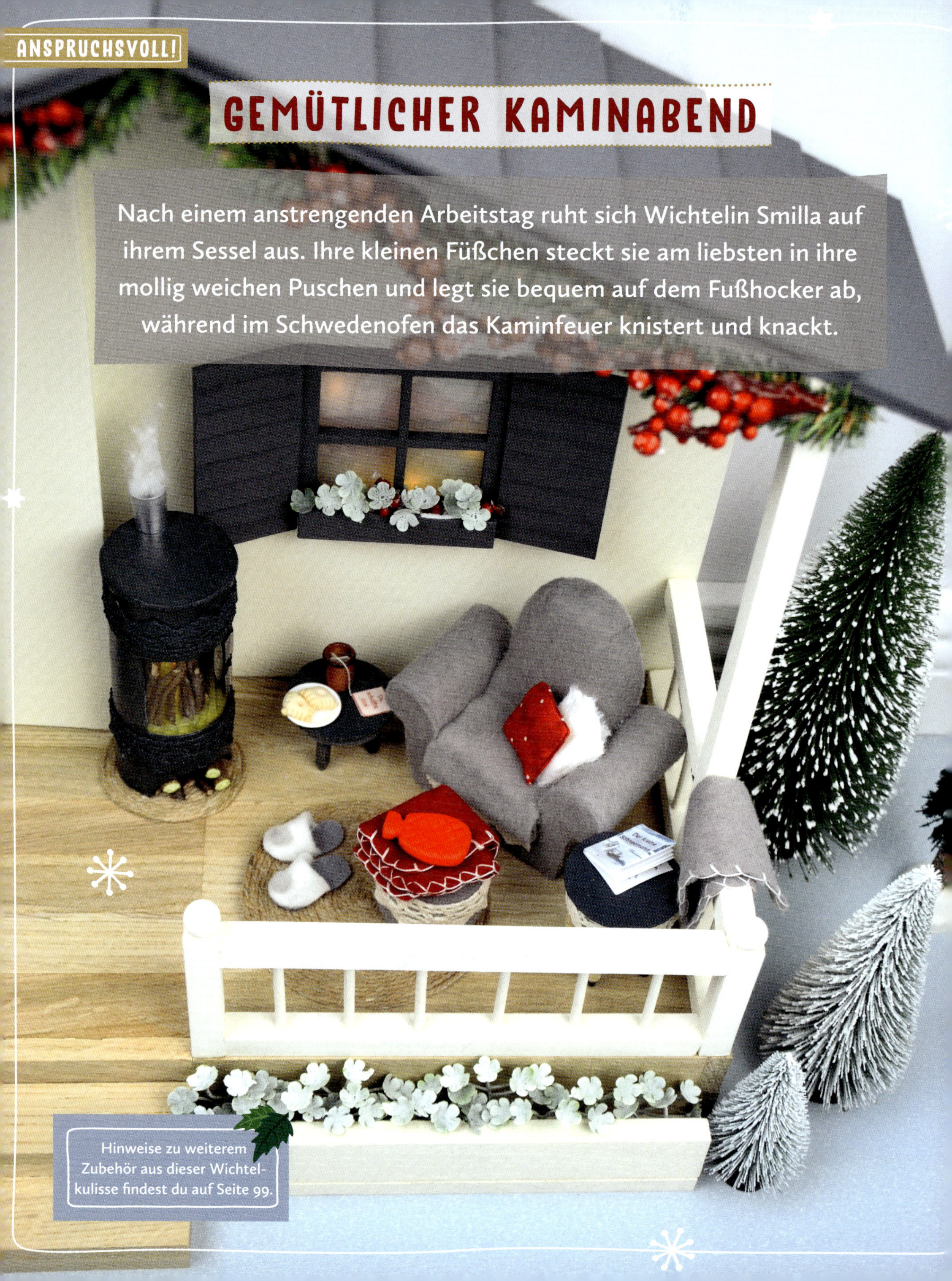

Hinweise zu weiterem Zubehör aus dieser Wichtelkulisse findest du auf Seite 99.

# SESSEL

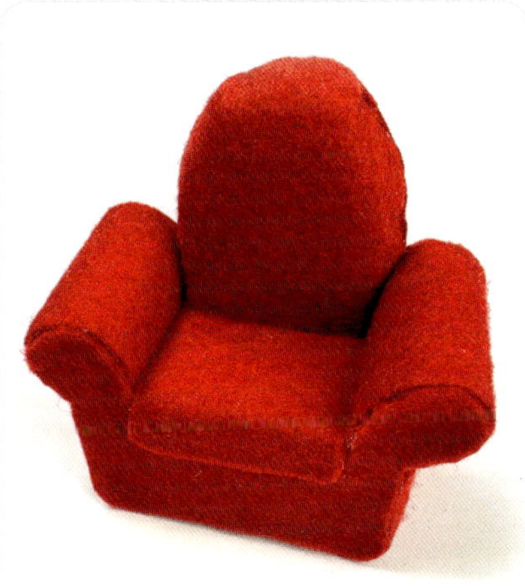

**MATERIAL**

- Topfreiniger, 9,5 cm x 7 cm x 4,5 cm
- Schwammtuch, 18 cm x 20 cm
- Bastelfilz in Rot, 1,5 mm stark
- Heißklebepistole

**HILFSMITTEL**

- langes Küchenmesser (Klinge mind. 4,5 cm)
- Schere
- Filzstift

**1** Schneide für die Armlehnen mit dem Messer die Griffrillen am Topfreiniger ab, sodass eine gerade, ca. 4 cm breite Kastenform entsteht.

**2** Schneide einen 4,5 cm x 20 cm großen Streifen Schwammtuch zurecht und halbiere den Streifen quer. Schneide anschließend zwei 4,5 cm x 3 cm große Rechtecke aus dem Schwammtuch.

**3** Klebe die kleinen Schwammtuchstücke mit Heißkleber jeweils so an ein Ende der Schwammtuchstreifen, dass die 4,5 cm langen Kanten bündig aufeinandertreffen. Rolle jeweils das andere Ende der Streifen schneckenartig bis zum aufgeklebten Stück ein und fixiere die Rundung mit Heißkleber.

**4** Für die Sitzfläche schneidest du 3 cm von einer kurzen Schwammkante entfernt über die ganze Schwammbreite 3 cm tief in den Schwamm. Für die Rückenlehne schneidest du mit 1,5 cm Abstand parallel zu der Scheuerseite des Schwamms von der anderen kurzen Kante des Schwamms nach unten bis zu dem ersten Schnitt: Die beiden Schnitte treffen sich an der Sitzfläche. Entferne das ausgeschnittene rechteckige Stück.

**5** Zeichne mit Filzstift die Rundung der Rückenlehne an und schneide sie aus. Du kannst als Schablone einen Marmeladendeckel oder ein Trinkglas verwenden. Klebe die Schwammtuchlehnen mit Heißkleber seitlich und unten bündig an den Sitz.

**6** Schneide für den Boden und die Armlehnen einen 24 cm langen und 4,5 cm breiten Streifen aus Filz. Stelle den Sessel mittig auf den Filzstreifen und klebe ihn dort fest. Klebe den Filzstreifen an den Lehnen fest und stecke die Streifenenden zwischen Lehnen und Sitz.

**7** Verwende nun den Sessel als Schablone für die Filzzuschnitte für die Rückseite, die Rückenlehne mit Sitzfläche sowie die Vorderseite und schneide die Teile zu; schneide die Rundung an der Rückenlehne mit 5 mm Zugabe zu. Schneide zwei Kerben in die Rundung der Rückenlehne, damit sie sich beim Umklappen besser an die Rundung anpasst. Klebe die Filzteile mit Heißkleber an.

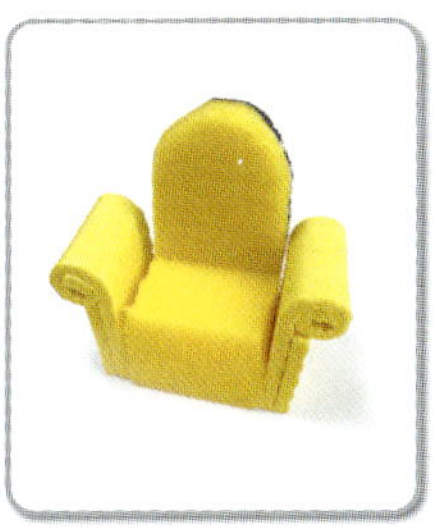

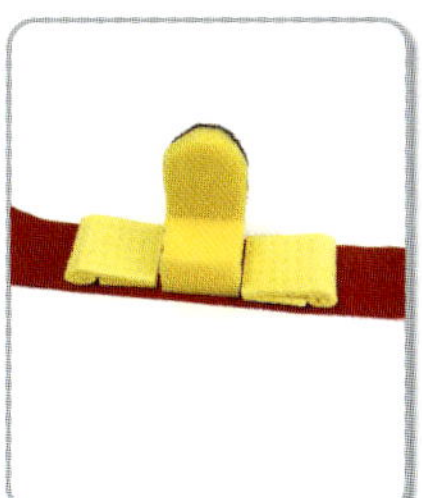

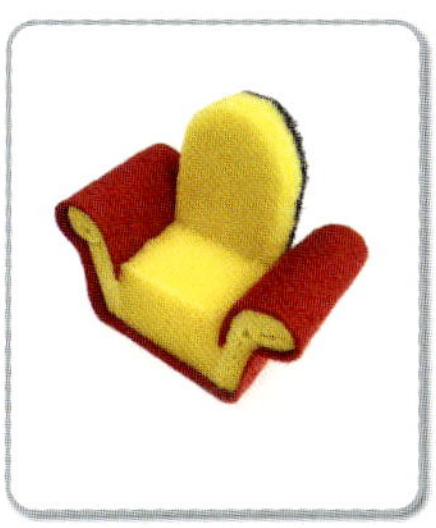

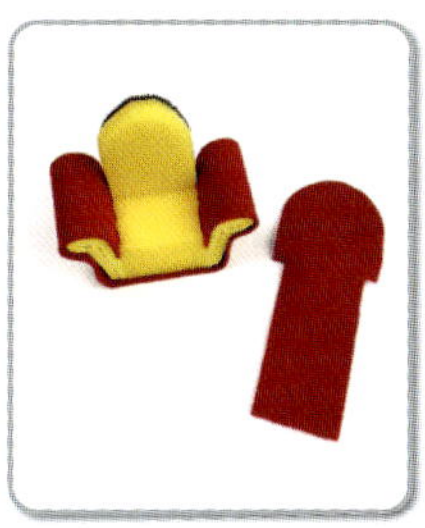

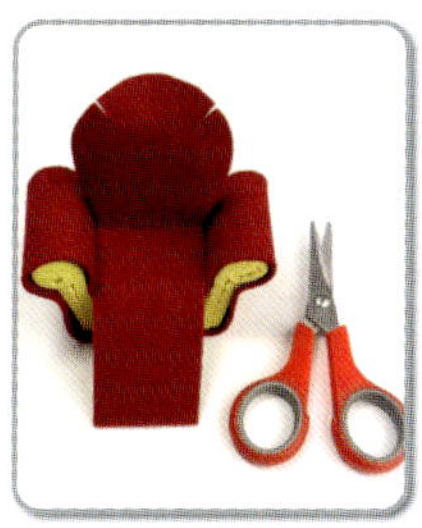

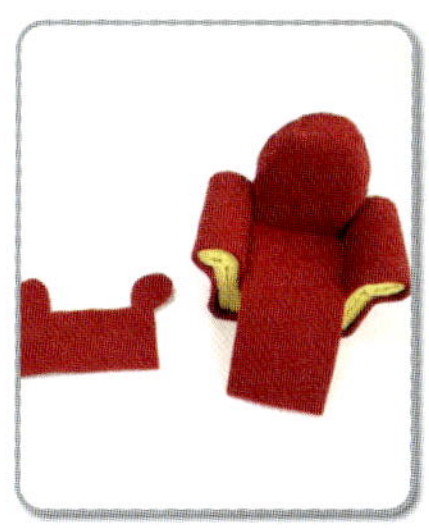

# SCHWEDENOFEN

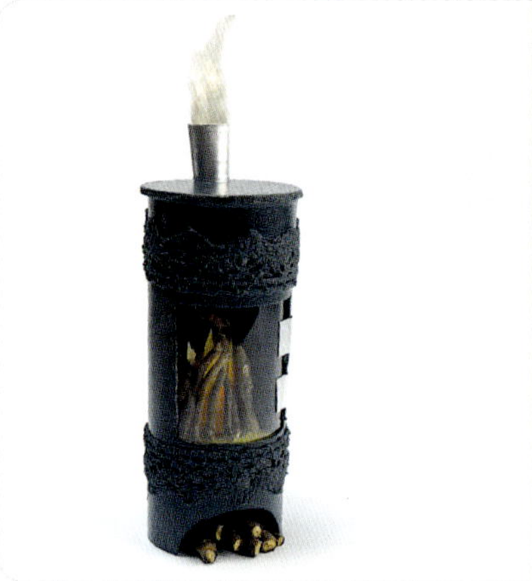

**MATERIAL**

- leere Klorolle
- Graupappe, 2 mm stark (980 g/m²)
- PET-Flasche, 500 ml Inhalt
- Bastelalufolie
- Transparentpapier in Gelb, Orange und Rot
- Häkelbordüre, 1,5 cm breit
- Aluteelichthülle
- LED-Teelicht
- dünne Zweige
- Watte in Weiß
- Acryl- oder Lackfarbe in Dunkelgrau
- Express-Holzleim
- Heißklebepistole

**HILFSMITTEL**

- Schere
- Bastelmesser mit Schneideunterlage

**1** Schneide in die untere Kante der Klorolle eine 3 cm breite und 1,5 cm hohe Rundung. Schneide aus der Mitte der Klorolle über dem unteren Ausschnitt ein 3,5 cm x 4 cm großes rechteckiges Fenster. Zwischen Rundung und Fenster muss so viel Abstand sein, dass später nur die Flamme des LED-Teelichts im Fenster zu sehen ist.

**2** Für die Abdeckung schneidest du aus der Graupappe einen Kreis mit 4 cm Durchmesser aus.

**3** Schneide für die Glasscheibe aus der PET-Flasche ein 5,5 cm x 6 cm großes Rechteck aus. Alternativ kann auch ein anderes durchsichtiges Verpackungsmaterial verwendet werden, zum Beispiel die Verpackung von Streudeko zum Backen.

**4** Schneide zwei passende Stücke Häkelbordüre zurecht und klebe sie mit Holzleim über und unter dem Fenster um die Rolle. Male die Rolle und ca. 5 mm des oberen Teelichtrands dunkelgrau an. Trocknen lassen.

**5** Schneide für das Feuer aus gelbem Transparentpapier einen Kreis mit dem Durchmesser des Teelichts. Schneide in die Mitte des Kreises ein kleines Loch, durch das die Teelichtflamme passt. Klebe den Papierkreis mit Holzleim auf das Teelicht.

**6** Schneide für die Flammen aus gelbem und orangefarbenem Transparentpapier gezackte Streifen zurecht. Aus rotem Transparentpapier schneidest du einige einzelne Flammenzacken aus. Klebe die Streifen und die einzelnen Flammen rund um die LED-Flamme, sodass eine Feueroptik entsteht. Trocknen lassen. Schneide einige 2–3 cm lange Zweige zurecht und klebe sie mit Heißkleber gegen die LED-Flamme.

**7** Klebe die Glasscheibe von innen gegen den rechteckigen Ausschnitt in der Klorolle.

**8** Schneide aus der Teelichthülle ca. 1 cm x 1 cm kleine Quadrate aus und stanze mit der Spitze der Schere kleine Löcher hinein, sodass der Eindruck von Nagelköpfen entsteht. Klebe die Aluteile als Scharniere auf Klorolle und Scheibe.

**9** Klebe das Teelicht unterhalb des rechteckigen Ausschnitts in die Klorolle.

**10** Schneide einen 1,5 cm x 4,5 cm großen Streifen Bastelalufolie zurecht und rolle ihn über die kurze Kante zu einem Rohr. Klebe das Rohr mit Heißkleber an den Ofen. Stecke zum Schluss ein wenig Watte als Rauch hinein. Schneide einige kurze Zweigstücke und lege sie in den unteren Ausschnitt.

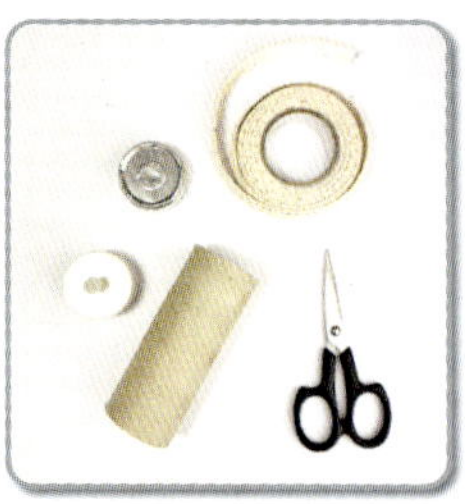

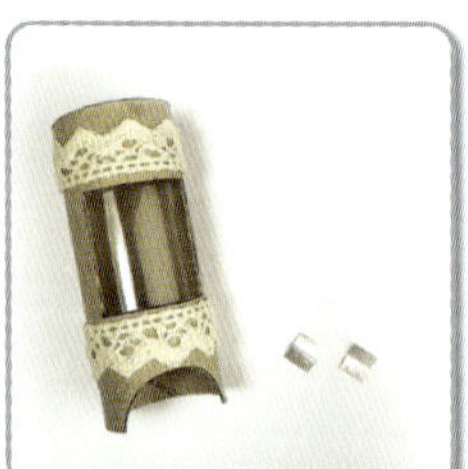

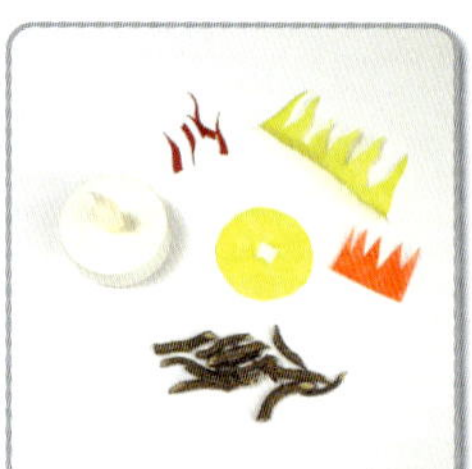

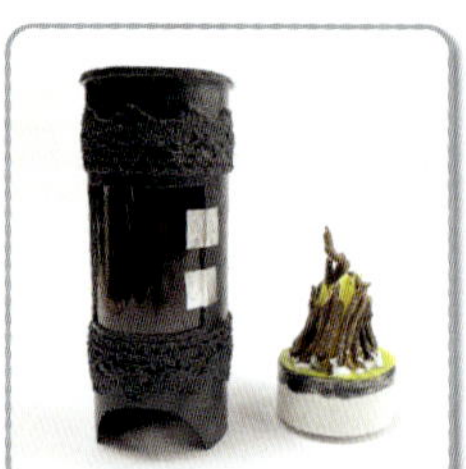

## FUSSHOCKER

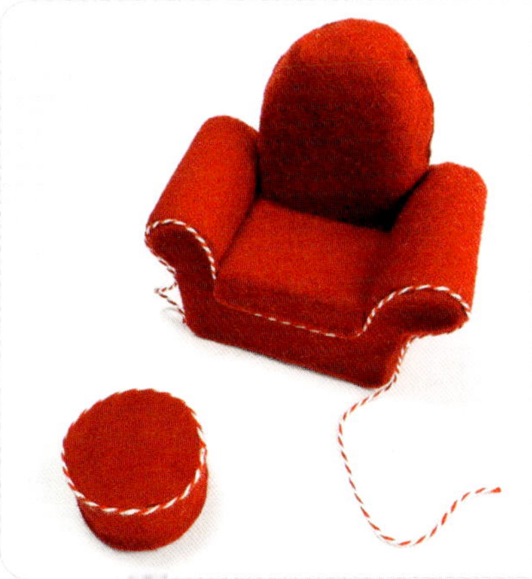

### MATERIAL

- Topfreiniger, 9,5 cm x 7 cm x 4,5 cm
- Filz in Rot oder Grau, 2 mm stark
- Bäckergarn in Rot-Weiß gestreift oder Häkelbordüre in Weiß
- Heißklebepistole

### HILFSMITTEL

- Küchenmesser
- Schere

**1** Schneide aus einem Topfreiniger einen 3,5 cm x 3,5 cm großen und 3 cm hohen Kubus heraus. Ritze die Ecken so ab, dass ein Kegel entsteht.

**2** Schneide zwei Kreise mit 3,5 cm Durchmesser und einen 3 cm x 12 cm langen Streifen aus Filz zurecht. Klebe den Streifen seitlich an den Hocker und die Kreise auf die Flächen oben und unten.

**3** Klebe zum Schluss Bäckergarn oder Häkelbordüre rund um die Oberkante des Hockers.

### TIPP

Die Vorderseite des Sessels (S. 97) kannst du auch noch mit Bäckergarn verzieren.

### WEITERES ZUBEHÖR

Die Anleitung für das Haus in der Wichtelkulisse auf Seite 96 findest du auf Seite 39. Die Anleitung für Teppich, Wärmflasche, Teebeutel, Kuscheldecke, Sitzpolster, Kissen, Beistelltisch und Buch findest du ab Seite 91. Der kleine Teller ist eine fertige Puppenhaus-Miniatur im Verhältnis 1:12. Falls du kein Puppenhaus-Zubehör hast, kannst du einen kleinen Kreis aus festem Papier ausschneiden und diesen als Teller verwenden, oder du bastelst einen aufwendigeren Mini-Teller (S. 226).

## PUSCHEN

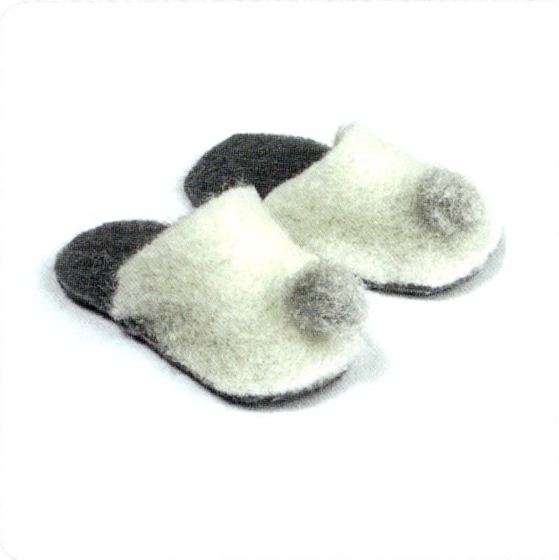

### VORLAGE

Puschen (S. 31)

### MATERIAL

- Filz in Grau und Weiß, 1,5 mm stark
- Bastelkleber
- Heißklebepistole

### HILFSMITTEL

- Schere

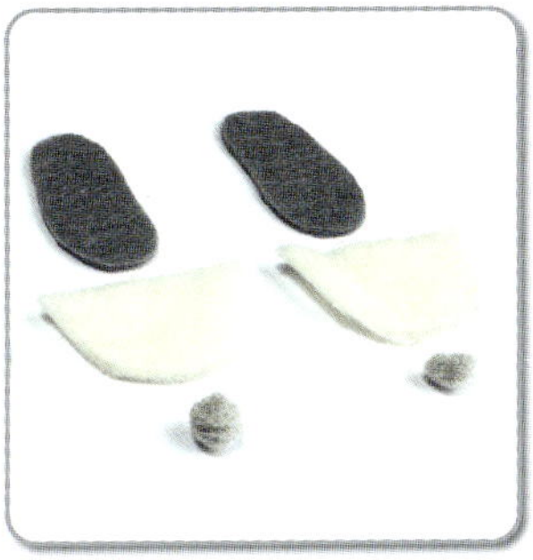

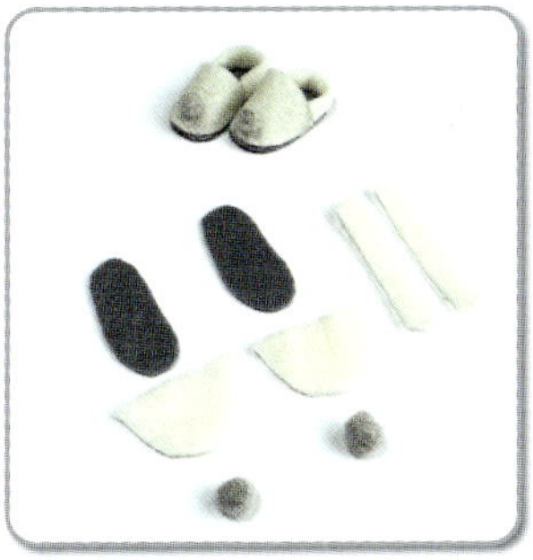

**1** Übertrage die Vorlagen für die Sohlen auf grauen Filz, die Vorlagen für die Vorderteile und (optional) die Fersenstreifen auf weißen Filz und schneide die Teile aus. Klebe die Zuschnitte mit Heißkleber zusammen.

**2** Für die Bommeln schneidest du jeweils zwei sehr kleine Stücke grauen Filz und rollst sie mit wenig Bastelkleber zu einer kleinen Kugel. Klebe die Bommeln zum Schluss auf die Puschen.

EINFACH UMSETZBAR!

# SCHNELLER SCHNEEMANN-SPASS

Hurra, vor Finjas Wichteltür fiel der erste Schnee! Die kleine Wichtelin hat natürlich zuallererst einen Schnee-Engel gemacht. Mütze, Schal und Handschuhe liegen auch parat. So friert sie nicht, wenn sie einen Schneemann baut.

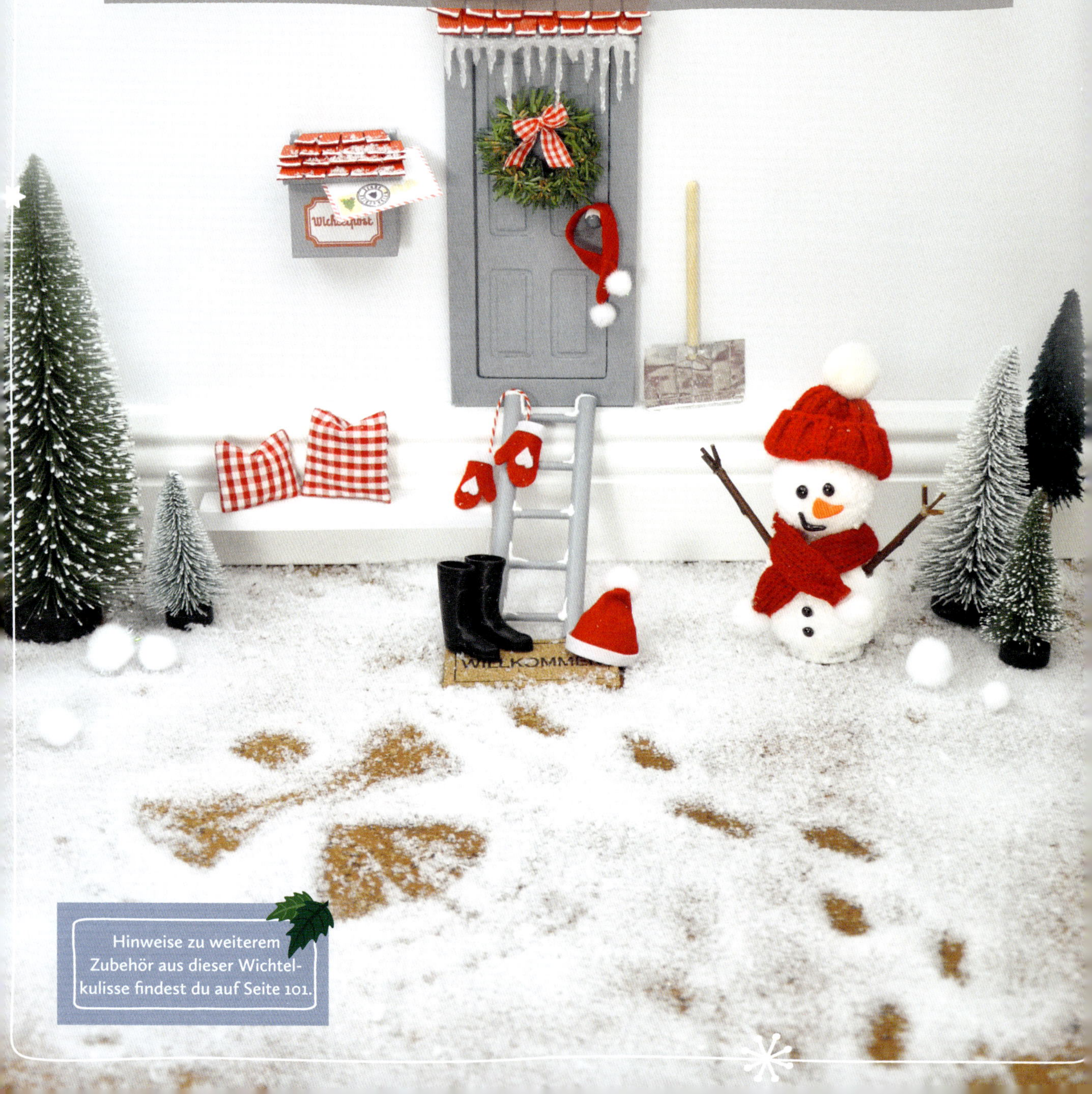

Hinweise zu weiterem Zubehör aus dieser Wichtelkulisse findest du auf Seite 101.

## MÜTZE, SCHAL & HANDSCHUHE

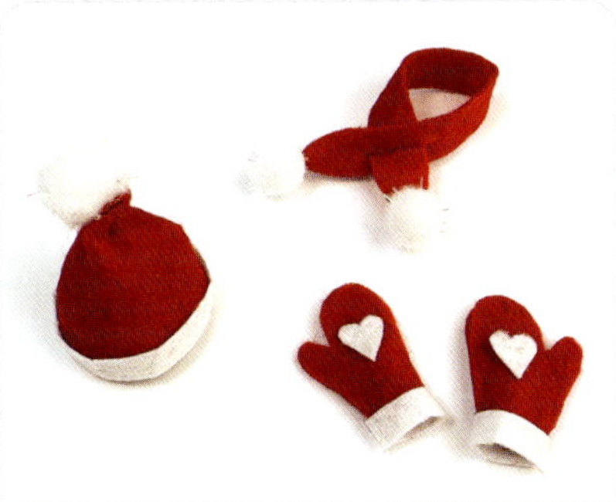

### VORLAGE

Mütze, Schal, Handschuhe (S. 31)

### MATERIAL

- Filz in Rot und Weiß, 1,5 mm stark
- Mini-Pompon in Weiß, ø 1,5 cm
- 2 Mini-Pompons in Weiß, ø 1 cm
- Heißklebepistole

### HILFSMITTEL

- Bleistift
- Schere

**1** Übertrage die Vorlagen für Mütze, Handschuhe und Schal auf roten und weißen Filz. Schneide die Teile aus und klebe sie mit Heißkleber zusammen. Achte dabei darauf, bei den Handschuhen eine Öffnung für die Hände freizulassen. Aus dem weißen Filz schneidest du zwei dünne Streifen als Manschetten für die Handschuhe und einen Streifen für die Mütze aus und klebst die Teile auf. Schneide Miniherzen aus weißem Filz und klebe sie auf die Handschuhe.

**2** Schneide in den Schal in einer Hälfte einen kleinen Schlitz und ziehe das andere Ende durch, sodass eine Schlaufe entsteht.

**3** Klebe zum Schluss die Pompons als Bommeln an die Schalenden und auf die Mützenspitze.

### WEITERES ZUBEHÖR

Die Anleitung für die Tür in der Wichtelkulisse auf Seite 100 findest du auf Seite 37, für den Türkranz auf Seite 59, für den Briefkasten auf Seite 56, für die Fußmatte auf Seite 48. Die Anleitung für den Wichtelbrief findest du auf Seite 24 und für das Kissen auf Seite 94. Die Tannen und die Gummistiefel sind Fertigteile und die Schneebälle Mini-Pompons in Weiß.

## EISZAPFEN

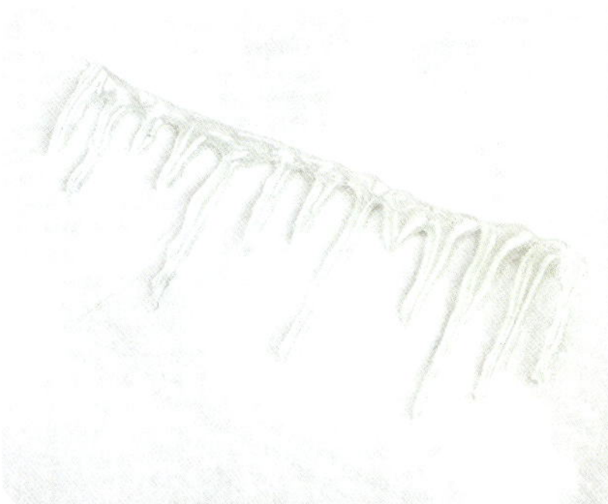

### MATERIAL

- Glitzer oder Glitzerstift in Weiß oder Schnee-Effekt-Stift
- Heißklebepistole
- Klebestift (optional)

### HILFSMITTEL

- Backpapier

**1** Male mit Heißkleber Eiszapfen auf ein Stück Backpapier. Trocknen lassen.

**2** Verziere die Eiszapfen, indem du sie entweder mit dem Klebestift bestreichst und dann mit weißem Glitzer bestreust oder einen Stift dafür verwendest.

# SCHNEEMANN

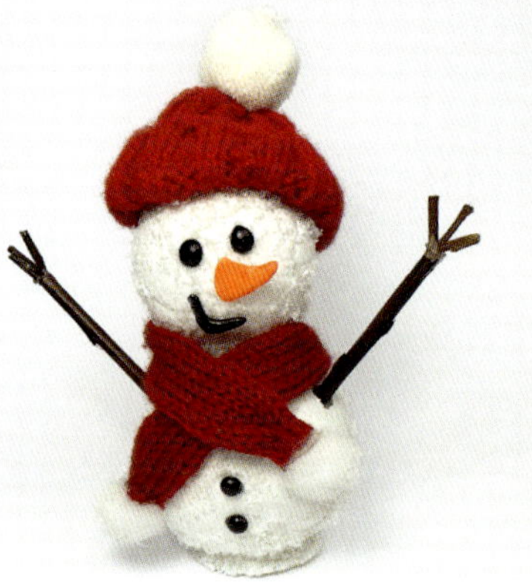

**MATERIAL**

- Styropor®-Kugel, ø 4 cm und ø 5 cm
- Kunstschnee
- dünne Zweige oder Holzspieß, 20 cm
- Mütze und Schal (S. 101)
- Acrylfarbe in Schwarz und Orange
- Heißklebepistole
- Bastelkleber

**HILFSMITTEL**

- Backpapier
- Pinsel
- Schere

**1** Klebe die kleinere Styroporkugel mit Heißkleber auf die größere Styroporkugel. Damit der Schneemann stehen bleibt, trägst du Heißkleber kreisförmig als Fuß auf ein Stück Backpapier auf und stellst den Schneemann dort hinein. Trocknen lassen.

**2** Male beide Styroporkugeln und den Fuß mit weißer Acrylfarbe an und streue Kunstschnee über die noch feuchte Farbe. Alternativ kannst du auch flüssigen Kleber dafür verwenden, falls die Farbe schon zu trocken ist. Trocknen lassen.

**3** Gib für Knöpfe und Augen fünf kleine Tropfen Heißkleber auf ein Stück Backpapier; den Mund malst du entsprechend mit Heißkleber in der gewünschten Form. Trocknen lassen und schwarz anmalen. Für die Nase gibst du etwas Heißkleber in Form einer Möhre auf das Backpapier. Trocknen lassen und orange anmalen. Klebe die Teile mit Heißkleber am Schneemann an.

**4** Für die Arme schneidest du zwei dünne Zweige oder Holzspieße zurecht. Für die Finger schneidest du sechs sehr kurze Stücke und klebst je drei mit Heißkleber an die Arme. Stecke die Arme links und rechts in den Schneemannkörper und klebe sie mit Heißkleber in die Löcher.

**5** Setze dem Schneemann zum Schluss eine Strickmütze auf und binde ihm einen Schal um.

**TIPP**

Alternativ zu der Mütze und dem Schal kannst du für den Schneemann auch einen fertigen Minizylinder und ein Stück Chenilledraht als Schal verwenden.

## SCHNEESCHAUFEL

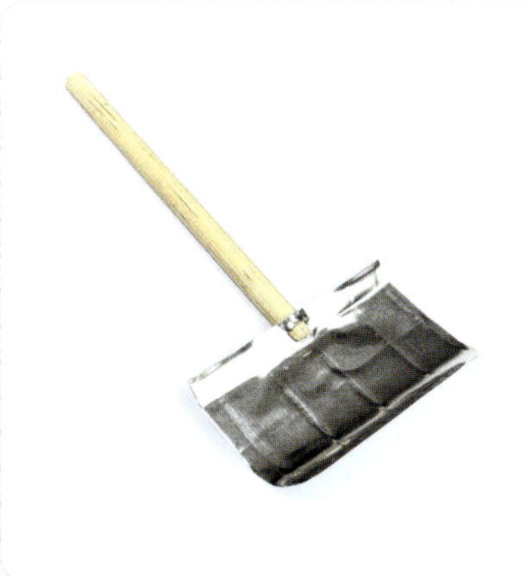

### MATERIAL
- Bastelalufolie
- Rundholz, ø 4 mm, 15 cm lang
- Holzleim

### HILFSMITTEL
- Geodreieck
- Schere
- Bastelmesser mit Schneideunterlage
- Spitzer

**1** Schneide für das Schaufelblatt aus der Bastelalufolie ein 4,5 cm x 3 cm großes Rechteck. Runde die Ecken an einer langen Kante ab. Schneide mit dem Bastelmesser an der anderen langen Kante parallel und mit 5 mm Abstand zum Rand mittig einen 5 mm langen Schlitz. Präge mithilfe von Rundholz und Geodreieck parallel zu den kurzen Kanten fünf Linien im Abstand von 7 mm in die Alufolie. Biege die Kante mit den abgerundeten Ecken ein wenig nach oben.

**2** Kürze für den Schaufelstiel das Rundholz auf 8 cm Länge. Spitze das abgeschnittene Ende mit dem Spitzer leicht an. Schneide mit dem Bastelmesser mittig in das angespitzte Ende des Rundholzes einen Schlitz.

**3** Schiebe das Schaufelblatt so in den Schlitz am Stiel, dass der 5 mm breite Rand oben auf dem Stiel liegt. Klebe das Schaufelblatt hinten an den Stiel.

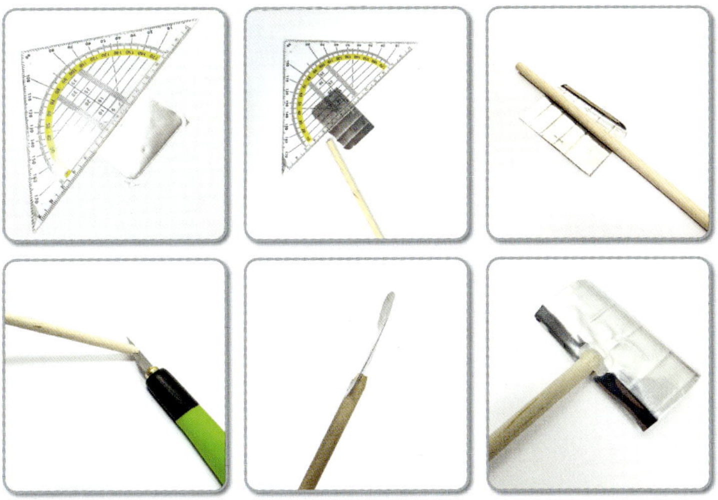

## SCHNEE-ENGEL

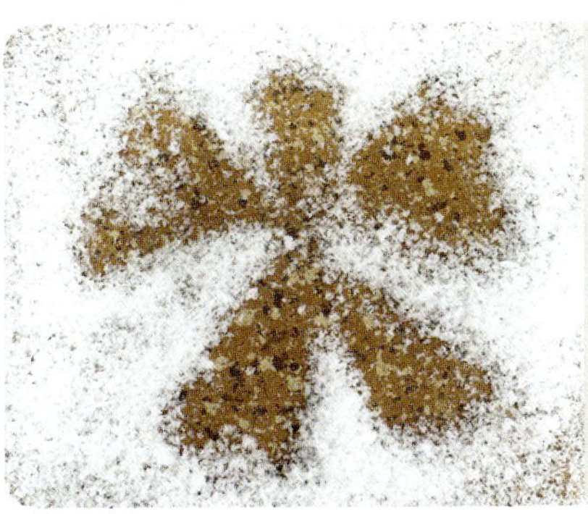

### MATERIAL
- Mehl oder Bio-Dekoschnee

Für einen Schnee-Engel vor der Wichteltür streust du einfach etwas Mehl oder Bio-Dekoschnee vor die Wichtelkulisse und zeichnest mit dem Zeigefinger einen Schnee-Engel hinein.

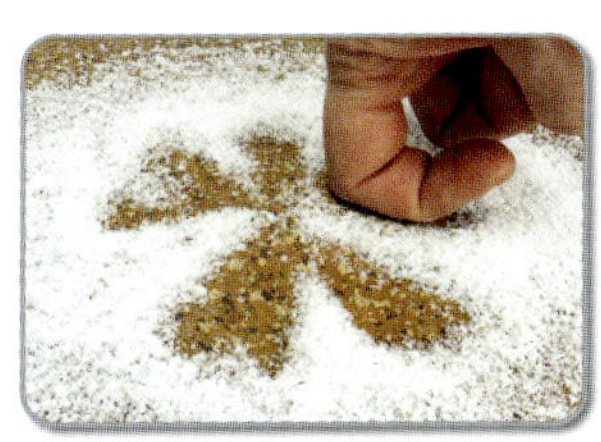

ANSPRUCHSVOLL!

# SCHNEEMANN-SPASS MIT IGLU

Nachdem Finja einen lustigen Schneemann gebaut hat, kam ihr Freund Ole auf einen heißen Tee vorbei. Gemeinsam haben sie sich ein muckeliges Iglu gebaut. Dort macht Finja es sich auch gern gemütlich, wenn es draußen schon dunkel ist. Und wenn die Fackel leuchtet, wird Finja richtig warm ums Herz.

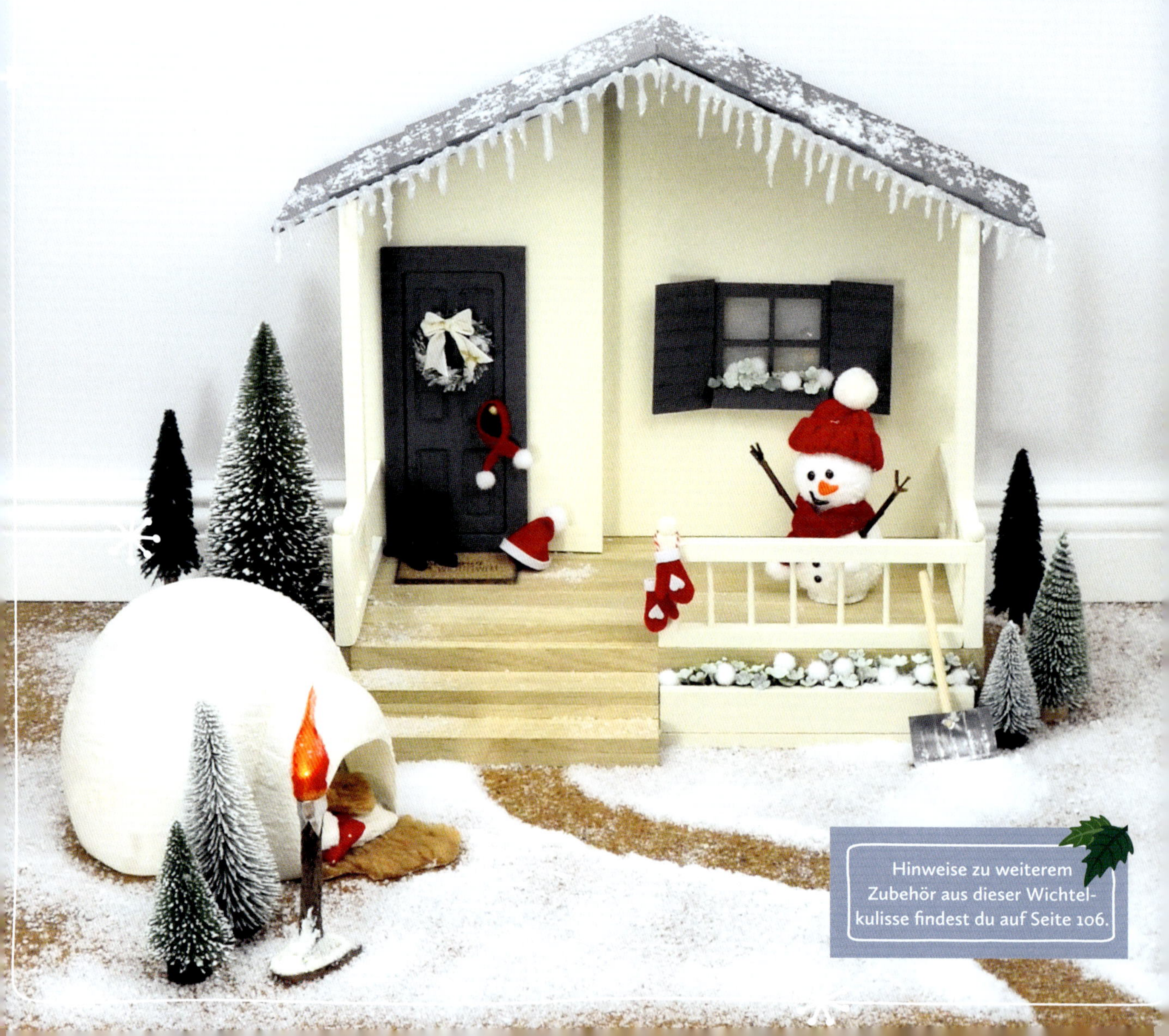

Hinweise zu weiterem Zubehör aus dieser Wichtelkulisse findest du auf Seite 106.

## IGLU

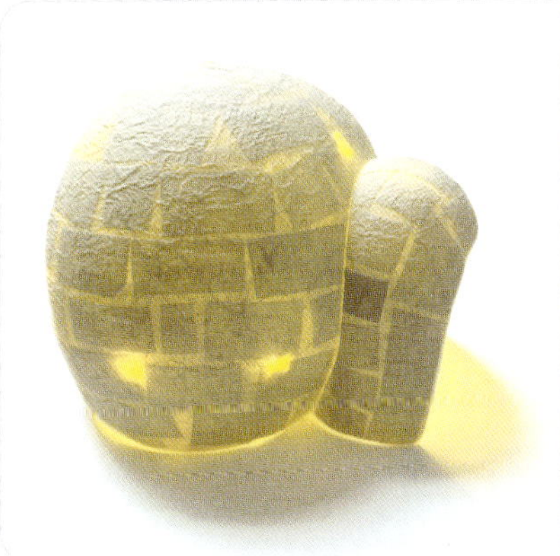

### MATERIAL

- mehrlagiges Toilettenpapier in Weiß
- runder Luftballon
- länglicher Luftballon
- Micro-LED-Drahtlichterkette mit 10 LEDs
- Glitzer-Schnee
- Heißklebepistole
- Bastelkleber

### HILFSMITTEL

- 2 Trinkgläser
- Sprühflasche
- Schwammtuch
- Bleistift
- Schere

**1** Blase die Luftballons auf – den runden mit einem Durchmesser von ca. 15 cm, den länglichen mit ca. 9 cm Durchmesser – und platziere sie auf den Trinkgläsern. Zerlege mehrere Toilettenpapierblätter in einzelne Lagen und reiße die Lagen in ca. 4 cm x 4 cm große Stücke.

**2** Fülle 150 ml warmes Wasser und 50 g Bastelkleber in die Sprühflasche. Schwenke die Flasche so lange, bis Kleber und Wasser gut vermischt sind. Sprühe die Luftballons mit der Wasser-Kleber-Mischung ein und klebe die Toilettenpapierstücke nach und nach gleichmäßig und überlappend auf die Ballons. Tupfe die Stücke mit dem Schwammtuch fest. Trage die Toilettenpapierstücke in drei bis vier Lagen auf.

**3** Schneide aus Toilettenpapierblättern ca. 2 cm x 3,5 cm große Rechtecke. Klebe die Rechtecke als „Schneesteine“ in Reihen und versetzt auf die Luftballons. Klebe beim länglichen Ballon einige Rechtecke am späteren Iglu-Eingang so auf, dass die Form einer ca. 7 cm hohen und 6 cm breiten Türumrandung entsteht. Über Nacht trocknen lassen.

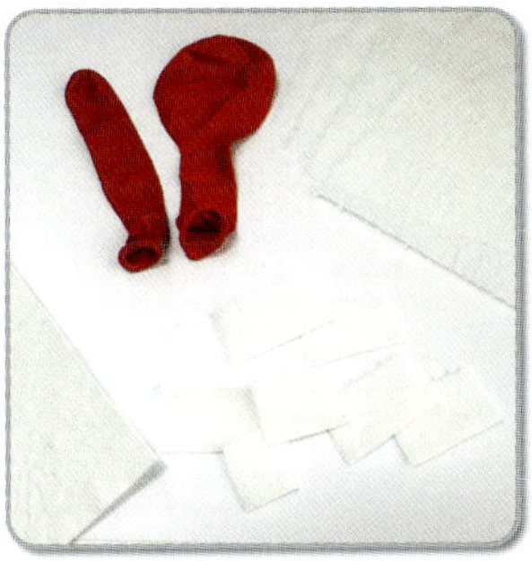

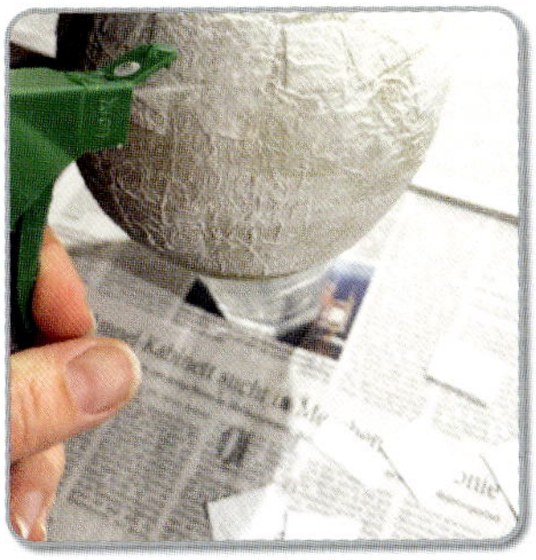

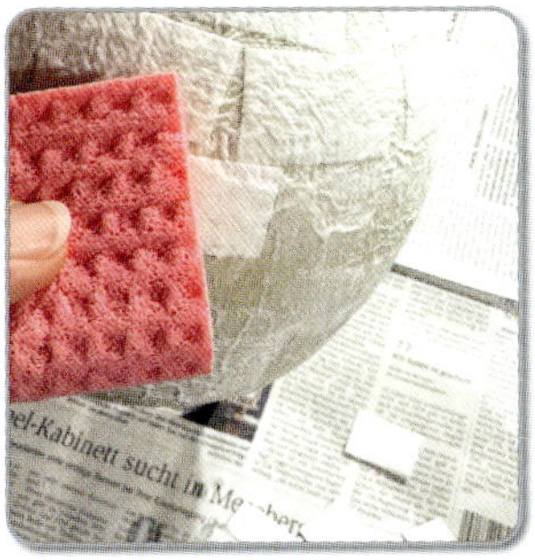

4 Stich die Luftballons auf und entferne sie vorsichtig von den getrockneten Iglu-Bauteilen. Die größere Form bildet den Hauptteil des Iglus, aus der länglichen wird der Eingangsbereich. Schneide den unteren Rand der beiden Bauteile gerade, sodass Halbkugeln entstehen.

5 Schneide in das kleine Bauteil an der vorher geklebten Türumrandung entlang eine Tür.

6 Zeichne für den Durchgang zwischen dem kleinen und dem großen Bauteil auf das größere Bauteil einen ca. 8 cm hohen und 7 cm breiten Rundbogen und schneide ihn aus. Zeichne auf dem kleineren Bauteil gegenüber von der bereits hineingeschnittenen Eingangstür einen 9 cm hohen und 7 cm breiten Rundbogen an. Den Rundbogen des größeren Teils und den Durchgangs-Rundbogen des kleineren Teils mit Heißkleber zusammenkleben.

7 Befestige die LED-Drahtlichterkette von innen mit einigen Heißkleberpunkten und klebe den Schalter neben die Tür zum Hauptraum des Iglus.

8 Bestreue das Iglu zum Schluss mit Glitzer-Schnee.

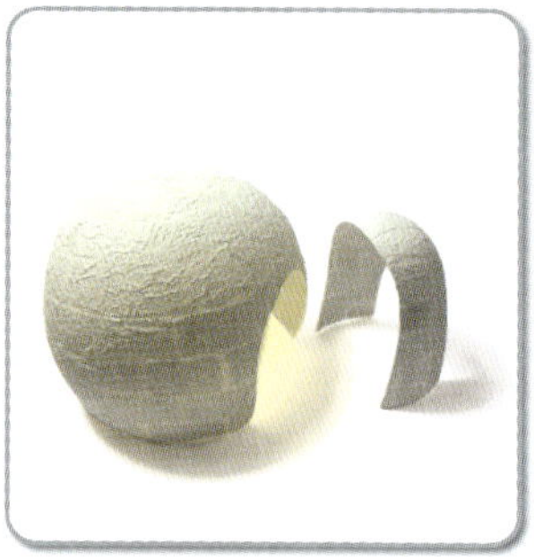

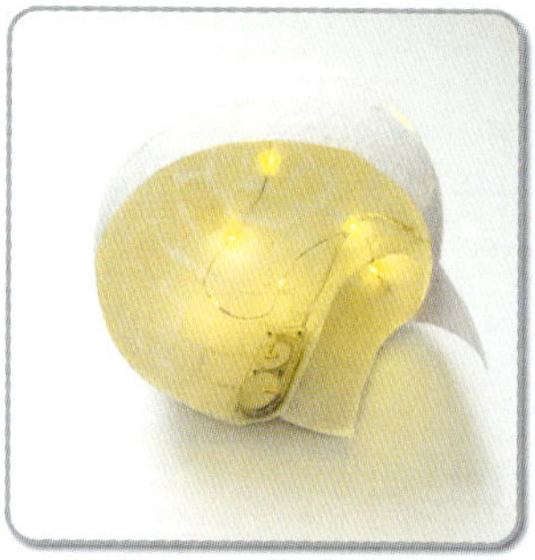

### WEITERES ZUBEHÖR

Die Anleitung für das Haus in der Wichtelkulisse auf Seite 104 findest du auf Seite 39. Die Anleitung für den Türkranz findest du auf Seite 59, für die Fußmatte auf Seite 48, für das Kissen auf Seite 94, für die Schneeschaufel auf Seite 103. Die Schneebälle sind Mini-Pompons in Weiß. Tannen und Gummistiefel sind Fertigteile.

## FELLCHEN FÜRS IGLU

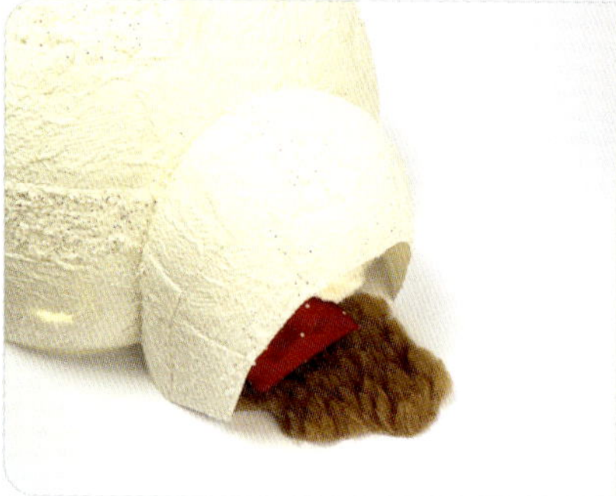

#### MATERIAL

- Teddy-Fleece oder Fellstoff
- Textilkleber

#### HILFSMITTEL

- Schere

1 Schneide den Fellstoff in die gewünschte Form.

2 Trage Textilkleber auf die Schnittkanten auf, damit der Stoff nicht ausfranst.

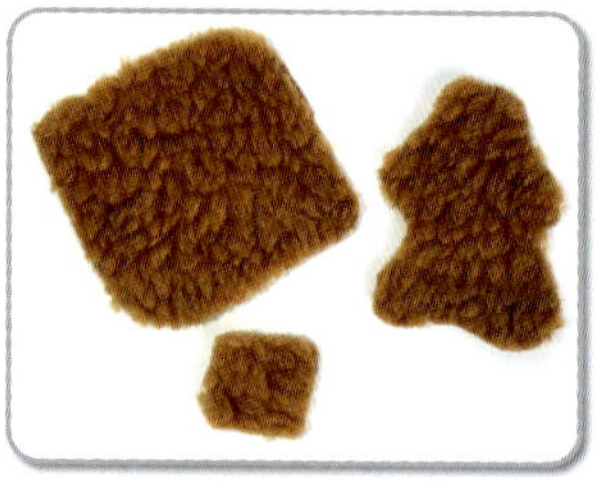

# FACKEL

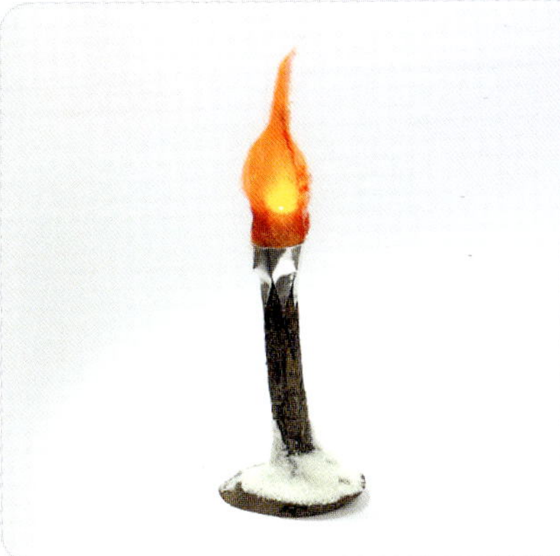

### MATERIAL

- Zweig, ø ca. 1 cm, ca. 7 cm lang
- längliche Holzscheibe, 5 mm stark, ca. 2,5 cm lang und 4,5 cm breit
- Bastelalufolie
- LED-Ballonlicht
- Filzwolle in Rot, Orange und Gelb
- Glitzer-Schnee
- Heißklebepistole
- Express-Holzleim
- Sekundenkleber

### HILFSMITTEL

- Schere

**1** Schneide ein 5,5 cm x 2 cm großes Stück Bastelalufolie zurecht. Schneide an einer langen Kante ca. 1 cm lange Zacken hinein.

**2** Lege die Bastelalufolie so um ein Zweigende, dass die Zacken zum Rest des Zweiges zeigen und ein Stück Folie oben übersteht. Dies bildet die Halterung für die Flamme. Lege das LED-Ballonlicht in die Halterung und forme die Folie so, dass sie eng an Zweig und LED-Licht anliegt. Klebe die überlappenden Seiten der Alufolie mit Sekundenkleber fest.

**3** Nimm das LED-Ballonlicht aus der Halterung. Zupfe drei ungefähr gleich große Stücke Filzwolle zurecht und lege sie so übereinander, dass eine Flammenoptik entsteht. Klebe die Flamme mit Holzleim um das LED-Ballonlicht herum.

**4** Klebe die Fackel mit Heißkleber mittig auf die Holzscheibe. Trage etwas Heißkleber auf die Holzscheibe auf und streue Glitzer-Schnee darüber.

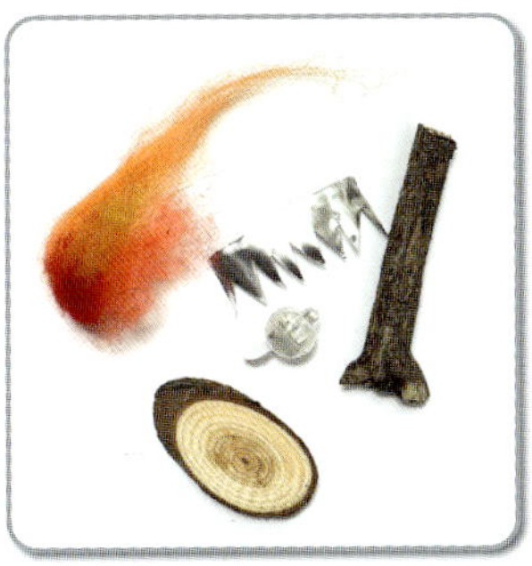

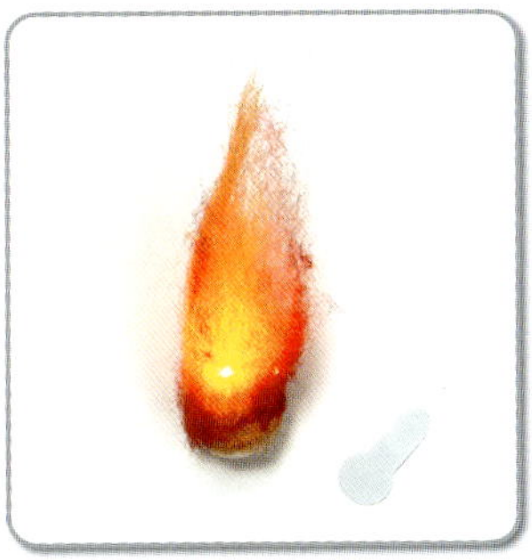

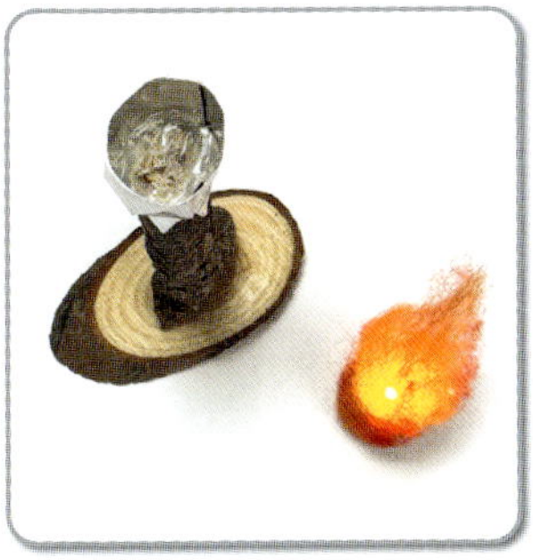

EINFACH UMSETZBAR!

# KLEINE WICHTELWERKSTATT

Für Wichtelin Tilda gibt es keinen schöneren Duft als den von frisch geschnitztem Holz. In ihrer Werkstatt schreinert sie sich alles, was man so braucht. Irgendetwas hat sie auch jetzt wieder vor: Der Farbeimer ist geöffnet und Pinsel liegen bereit. Tilda hat außerdem Glitzerfarbe vorbereitet, wahrscheinlich mit der geheimen Wichtelzutat aus den Gläsern auf dem Regal. Eine Spur aus Holzspänen zieht sich bis zu ihrer Wichteltür. Unter dem Tisch hat Tilda ihren Zeitungshut vergessen. So einer steht auch den Kindern gut.

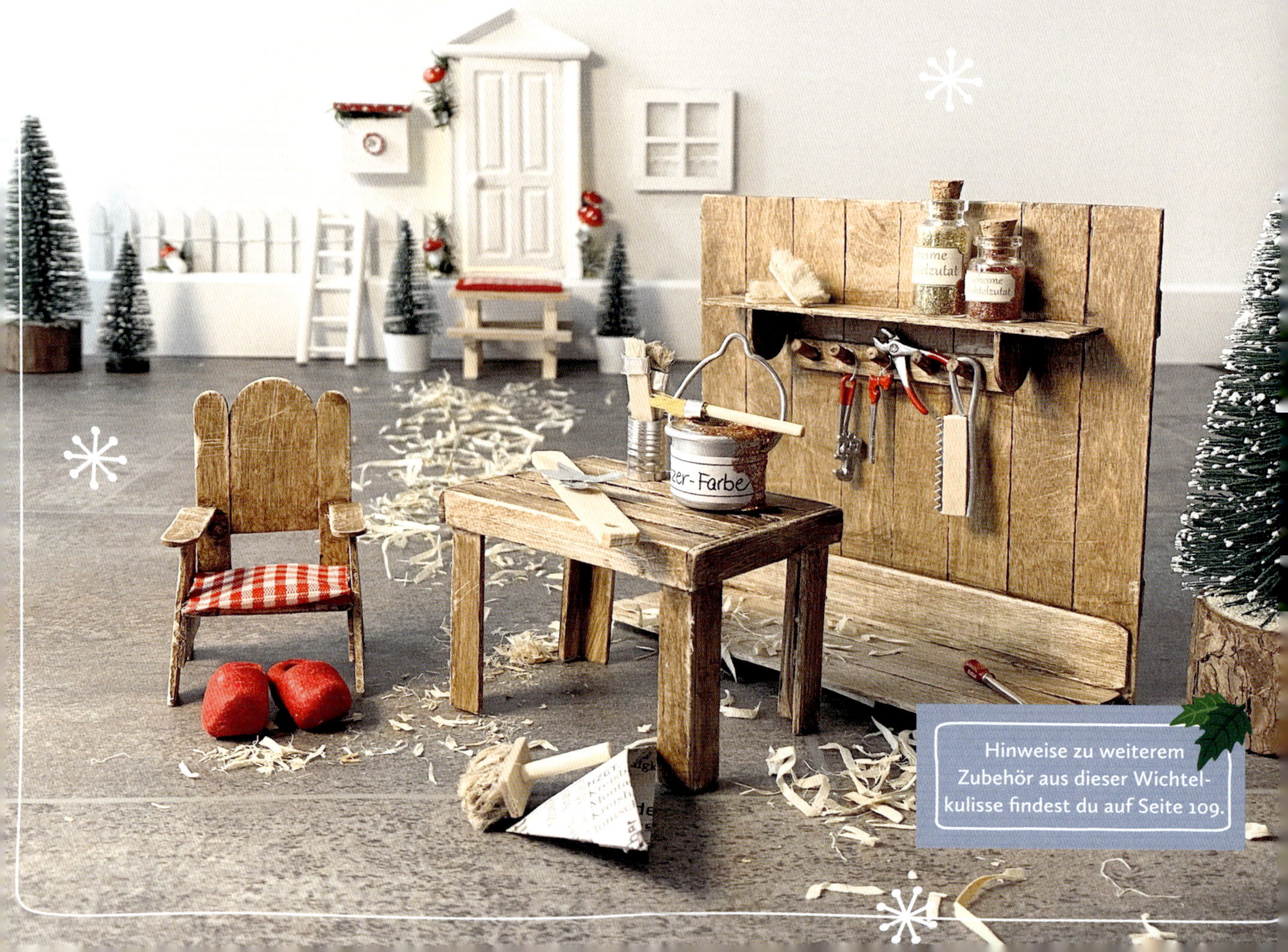


Hinweise zu weiterem Zubehör aus dieser Wichtelkulisse findest du auf Seite 109.

# WERKSTATTWAND

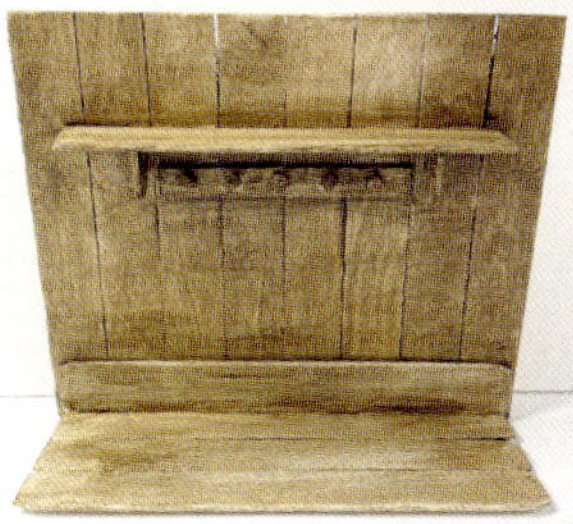

### MATERIAL

- Holzstäbchen, Gr. K (1,1 cm x 11 cm)
- 17 Holzstäbchen, Gr. M (1,8 cm x 15 cm)
- Rundholz, ø 4 mm, 15 cm lang
- Holzleim
- Material für Old Shabby Style (S. 123)

### HILFSMITTEL

- Blechschere
- Geodreieck
- Bleistift
- Schmirgelpapier, 240er Körnung
- Hilfsmittel für Old Shabby Style (S. 123)

**1** Lege acht Holzstäbchen Gr. M flach nebeneinander. Leime zwei Holzstäbchen quer und jeweils im Abstand von 2 cm zur Ober- und Unterkante über die Fläche. Trocknen lassen. Schneide die Rundungen der Holzstäbchenenden gerade ab, sodass die Fläche nur noch 13 cm hoch ist; markiere die Linien zuvor mithilfe des Geodreiecks. Klebe zur Stabilisierung auf die Vorderseite ein Holzstäbchen Gr. M mit etwas Abstand zur Unterkante quer als Fußleiste auf die Wand.

**2** Für die Bodenplatte legst du drei Holzstäbchen Gr. M flach nebeneinander und leimst sie mit zwei 4 cm langen Holzstäbchenstücken zusammen. Trocknen lassen. Kürze die Bodenplatte auf 14 cm.

**3** Kürze für das Regalbrett ein Holzstäbchen Gr. M auf 12 cm. Leime es an die Vorderseite der Wand und klebe zwei 2 cm lange Rundungen darunter.

**4** Schneide das Holzstäbchen Gr. K auf 7 cm zurecht. Schneide aus dem Rundholz fünf 1 cm lange Stücke und schräge sie an einem Ende mit Schmirgelpapier an. Klebe die Stücke mit der angeschrägten Seite als Haken auf das Holzstäbchen Gr. K. Klebe die Hakenleiste unter das Regalbrett.

**5** Leime die Bodenplatte unterhalb der Fußleiste an die Rückwand. Achte darauf, die Fußleiste und die Rückwand mit Leim zu bestreichen.

**6** Zum Schluss verleihst du der Wand noch einen Shabby-Look (S. 123).

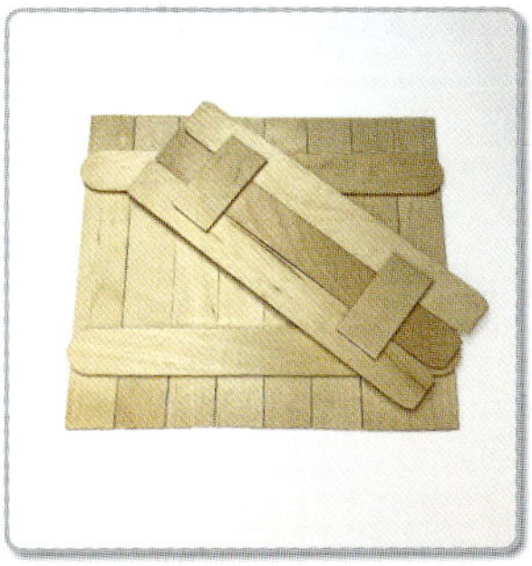

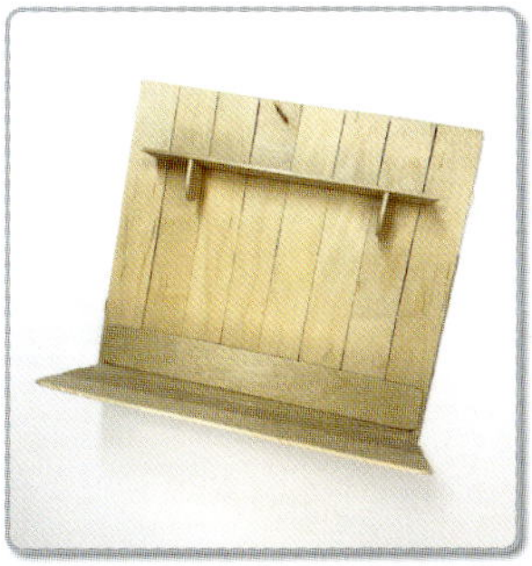

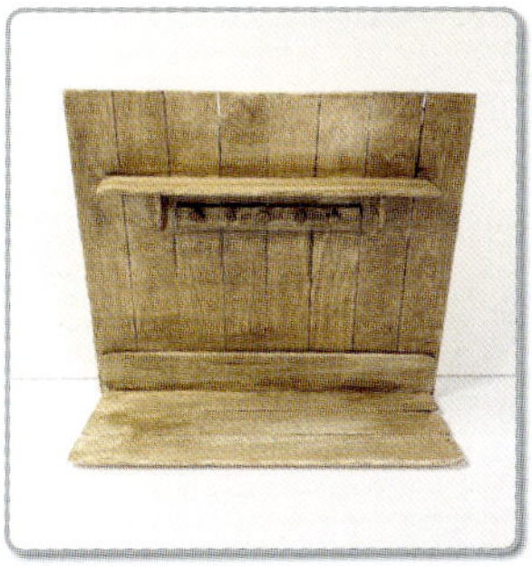

### WEITERES ZUBEHÖR

Die Anleitung für die Bürsten in der Wichtelkulisse auf Seite 108 findest du auf Seite 144, für die Flaschen auf Seite 200, für die Kissen auf Seite 94, für die Tanne auf Seite 61 und für die roten Klompen auf Seite 86. Die weiteren Werkzeuge sind Fertigteile.

## TISCH

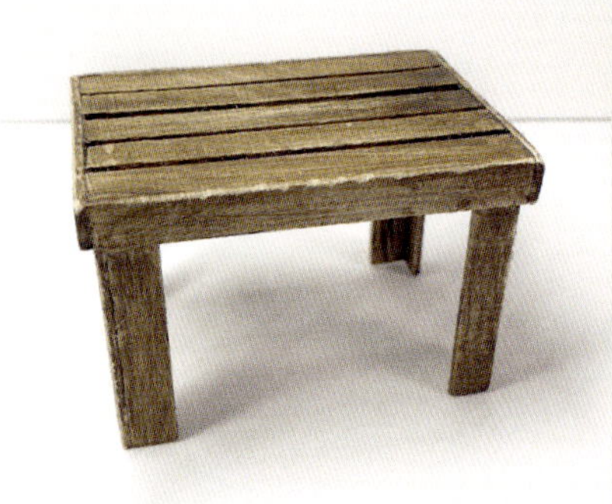

### MATERIAL
- 20 Holzstäbchen, Gr. K (1,1 cm x 11 cm)
- Holzleim
- Material für Old Shabby Style (S. 123)

### HILFSMITTEL
- Blechschere
- Geodreieck
- Bleistift
- Schmirgelpapier, 240er Körnung
- Hilfsmittel für Old Shabby Style (S. 123)

**1** Kürze für die Tischplatte fünf Holzstäbchen Gr. K auf 8 cm Länge und schneide zwei Holzstäbchen Gr. K auf 5 cm zurecht. Leime die 8 cm langen Holzstäbchen auf die 5 cm langen Querstreben und platziere jeweils ein kleines Holzstäbchen hochkant als Abstandhalter dazwischen. Trocknen lassen und anschließend die Abstandhalter entfernen.

**2** Schneide vier Holzstäbchenstücke Gr. K in der Länge der Tischkanten zurecht und leime sie senkrecht und oben bündig an die Tischplatte.

**3** Schneide acht Holzstäbchen Gr. K auf 5,5 cm Länge und leime jeweils zwei Teile als Tischbeine über Eck in den Tischplattenrahmen.

**4** Zum Schluss verleihst du dem Tisch noch einen Shabby-Look (S. 123).

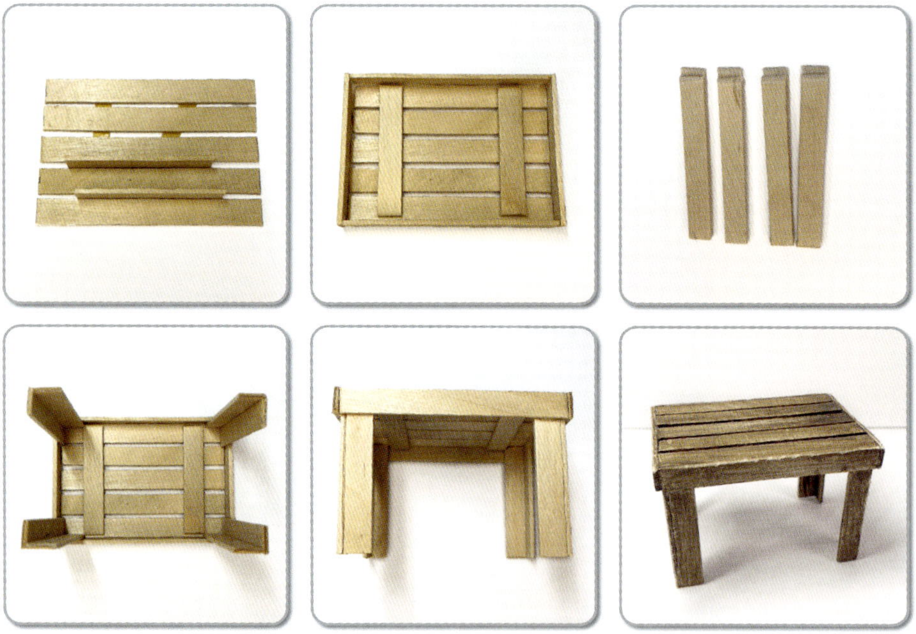

# STUHL

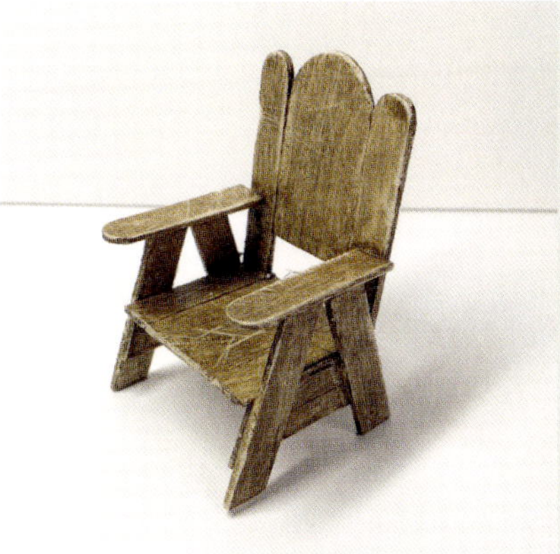

### MATERIAL

- 10 Holzstäbchen, Gr. K (1,1 cm x 11 cm)
- 2 Holzstäbchen, Gr. S (6 mm x 19 cm)
- 2 Holzstäbchen, Gr. L (2,5 cm x 20 cm)
- Holzleim
- Material für Old Shabby Style (S. 123)

### HILFSMITTEL

- Blechschere
- Geodreieck
- Bleistift
- Schmirgelpapier, 240er Körnung
- Hilfsmittel für Old Shabby Style (S. 123)

**1** Schneide für die Rückenlehne zwei Holzstäbchen Gr. K 5 cm lang und ein Holzstäbchen Gr. L 4,5 cm lang zu. Leime die Holzstäbchen Gr. K links und rechts an das Holzstäbchen Gr. L, versetze das mittlere Holzstäbchen 1 cm nach oben.

**2** Schneide für die Sitzfläche zwei Holzstäbchen Gr. K und ein Holzstäbchen Gr. L 3,5 cm lang zu und leime sie zu einer Fläche zusammen.

**3** Schneide für die Seitenteile jeweils zwei Holzstäbchen Gr. K und zwei Holzstäbchen Gr. S 4,5 cm lang zu. Leime die Stücke aus den Holzstäbchen Gr. K jeweils als umgekehrtes V so auf die Stücke aus den Holzstäbchen Gr. S, dass Letztere 1 cm Abstand zur unteren Kante haben. Das V sollte unten eine Öffnung von 2,5 cm haben und die schrägen Enden sollten sich im oberen Bereich treffen. Schneide die Kanten mithilfe des Geodreiecks ab. Leime die Sitzfläche zwischen die Seitenteile, sodass sie auf den Kanten der Holzstäbchen Gr. S aufliegt.

**4** Schneide zwei weitere Holzstäbchen Gr. K 3,5 cm lang zu und leime sie als Armlehnen auf die Kanten der Seitenteile. Klebe das Rückenteil auf die Sitzfläche und von hinten gegen die Armlehnen.

**5** Zum Schluss verleihst du dem Stuhl noch einen Shabby-Look (S. 123).

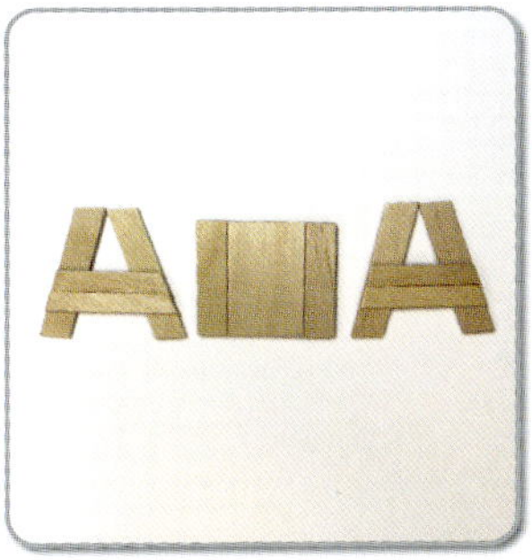

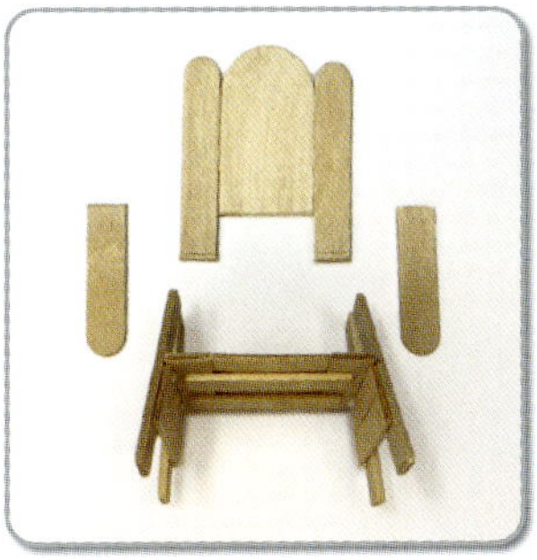

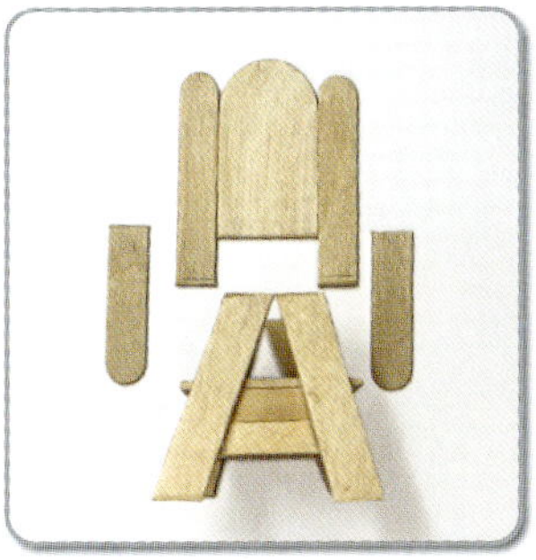

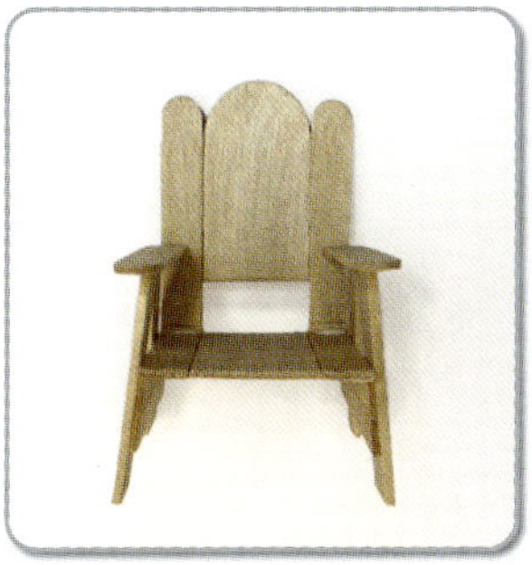

## FARBEIMER

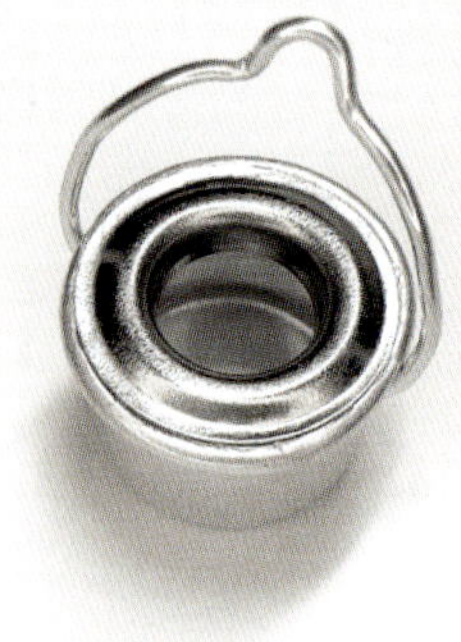

### MATERIAL

- Alukerzenhalter für Stabkerze, ø 2,5 cm
- Metallöse, ø 2,5 cm
- Aludraht, ø 1,5 mm
- Fineliner in Schwarz
- Kraftkleber
- Glitzergel

### HILFSMITTEL

- Schere
- Geodreieck
- Bleistift
- dicke Nadel o. Ä.
- Spitzzange

**1** Schneide ein 8 cm langes Stück Aludraht zu und forme einen Bügel daraus. Stich mit der Nadel zwei gegenüberliegende Löcher in den Kerzenhalter. Schiebe den Draht durch die Löcher ins Innere des Eimers und biege die Enden knapp um.

**2** Klebe die Öse mit Kraftkleber auf den Kerzenhalter. Trage etwas Glitzergel als „Inhalt" auf den Eimerrand auf.

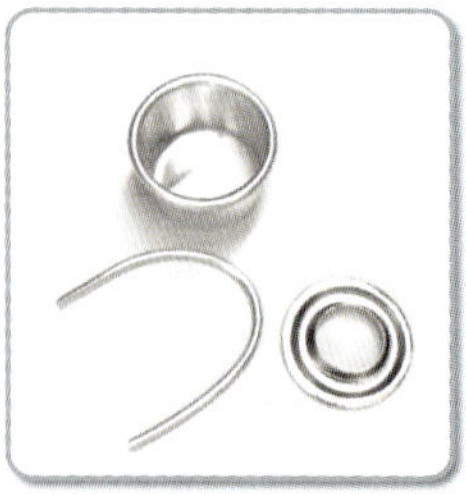

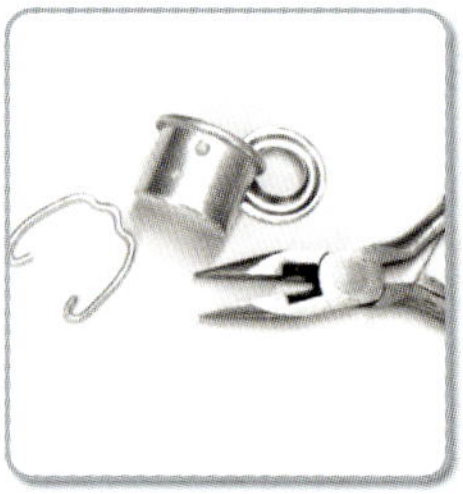

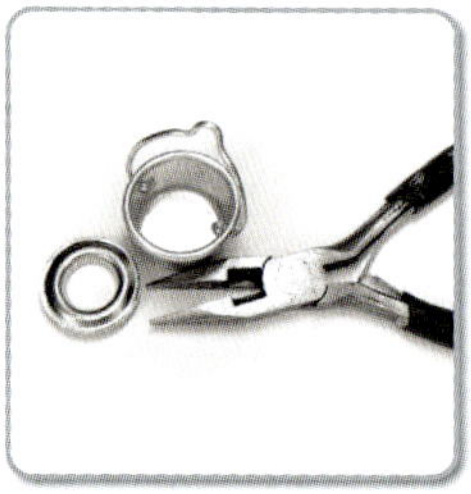

### TIPP

Schneide einen Streifen Papier, beschrifte ihn (z.B. mit „Glitzerfarbe") und klebe ihn als Etikett mit Kraftkleber auf den Eimer.

## PINSELSAMMLUNG

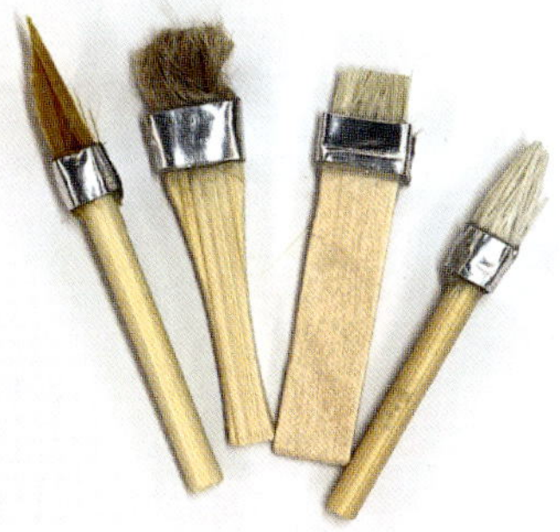

### MATERIAL
- Rundholz, ø 4 mm, 15 cm lang
- Bastelalufolie
- Fingerfood-Gabeln aus Holz
- Pinselhaare oder Jutekordel in Braun, ca. 2 mm breit
- doppelseitiges Klebeband, 8 mm breit (z.B. Tacky Tape)
- Holzleim

### HILFSMITTEL
- Blechschere
- Geodreieck
- Bleistift
- Schmirgelpapier, 240er Körnung
- Bastelmesser mit Schneideunterlage
- Schere

**1** Schneide für den Pinselstiel jeweils ein 2,5–3 cm langes Stück von einer Fingerfood-Gabel oder einem Rundholz ab. Schmirgle die Enden glatt. Schneide jeweils einen 4 mm breiten und 2 cm langen Bastelalufolienstreifen zurecht. Beklebe den Streifen mit doppelseitigem Klebeband. Zieh die Klebebandfolie ab und lege den Streifen quer unter das obere Ende des Pinselstiels.

**2** Schneide jeweils ein Bündel Pinselhaare oder Jutekordelstücke zurecht, gib auf das untere Ende einen Tropfen Holzleim, lege das Bündel an das obere Ende des Pinselstiels und wickle den Alustreifen drumherum. Trocknen lassen. Anschließend kannst du die Pinselhaare mit der Schere stutzen.

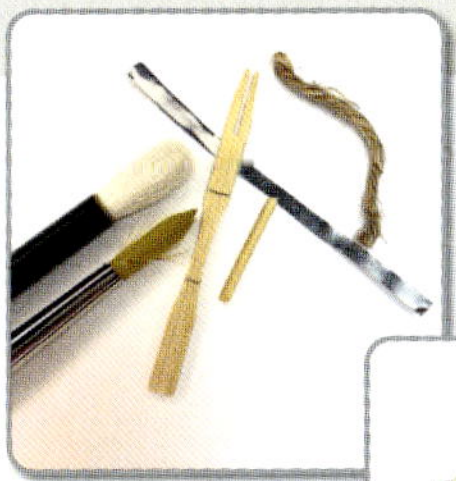

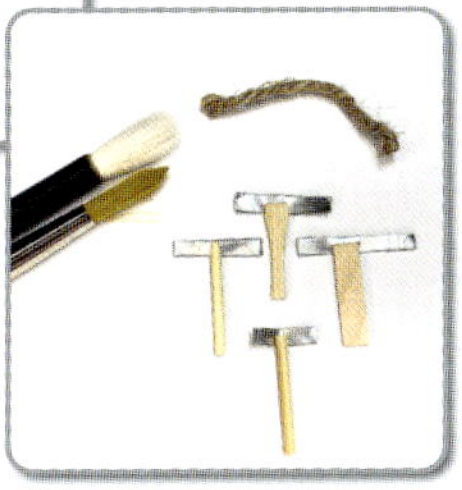

## MALERHUT

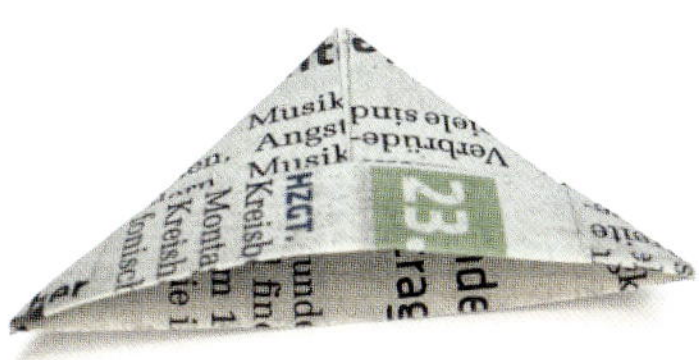

### MATERIAL
- Zeitungsausschnitt mit Schrift
- Holzleim

### HILFSMITTEL
- Schere
- Geodreieck
- Bleistift

**1** Schneide ein 8 cm x 6 cm großes Rechteck aus der Zeitung zu. Falte die kurzen Seiten aufeinander. Die geschlossene Kante liegt oben. Markiere die Mitte, falte die linke und rechte obere Ecke zur Mittellinie, sodass eine Hutspitze entsteht. Falte die beiden unteren Kanten jeweils vorn und hinten nach oben und klappe die vier überstehenden Ecken jeweils nach innen um. Fixiere die Ecken mit wenig Holzleim.

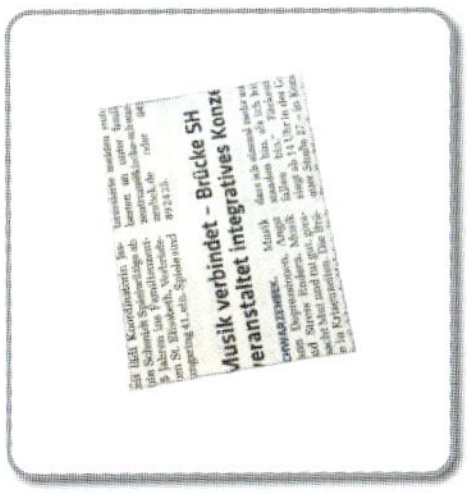

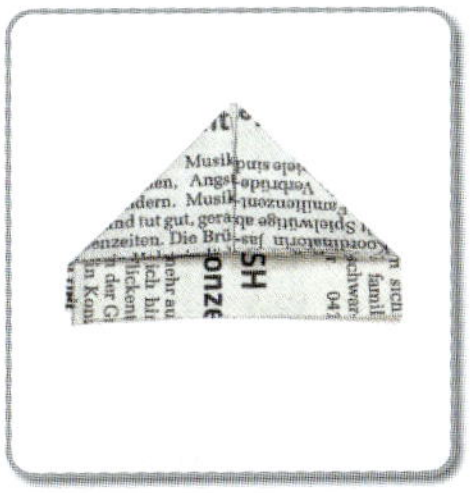

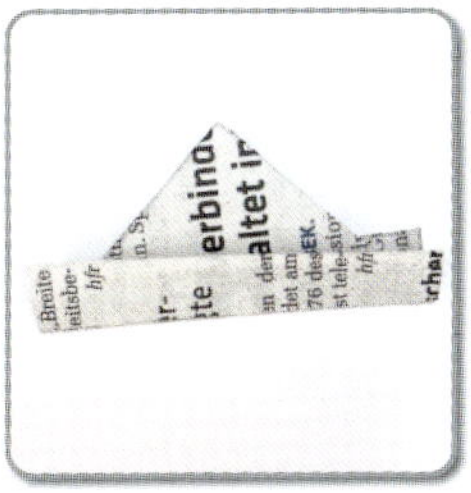

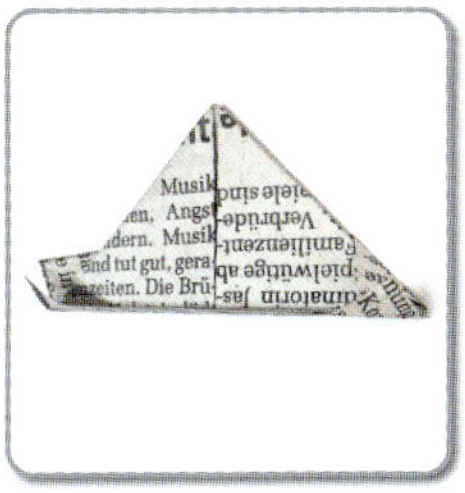

## HANDSÄGE

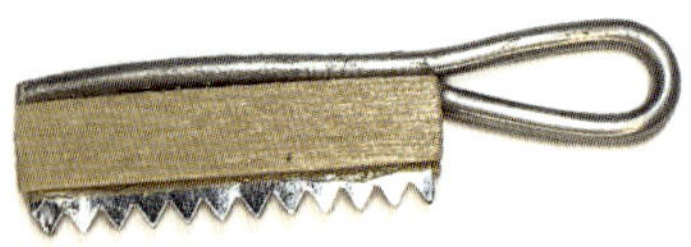

### MATERIAL
- Holzstäbchen, Gr. S (6 mm x 19 cm)
- Abreißkante einer Frischhaltefolienverpackung in Metallfarben, 2,5 cm lang
- Aludraht, ø 1,5 mm, 6 cm lang
- Holzleim

### HILFSMITTEL
- Blechschere
- Geodreieck
- Bleistift
- Schmirgelpapier, 240er Körnung

**1** Schneide aus dem Holzstäbchen Gr. S zwei 2,5 cm lange Stücke zu. Leime die Abreißkante zwischen die Holzstäbchenstücke.

**2** Schneide ein 5 cm langes Stück Aludraht und biege ein Ende, ca. 1 cm, zur Schlaufe um. Klebe das lange Stück auf die Oberkante der Säge.

**3** Ziehe die Sägezähne so lange über das Schmirgelpapier, bis sie stumpf sind.

## SCHERE

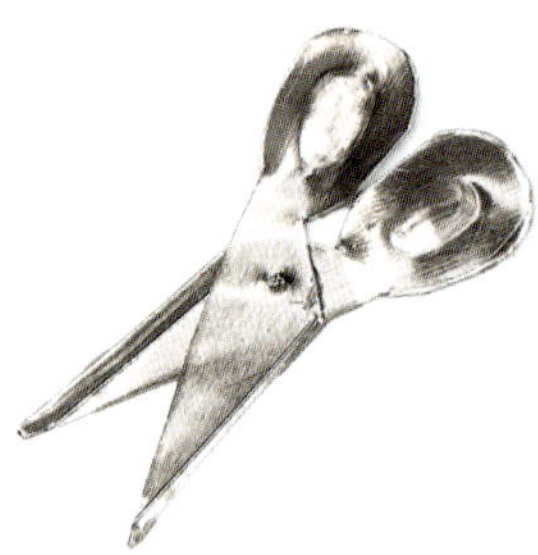

### VORLAGE
Schere (S. 31)

### MATERIAL
- Bastelalufolie
- Kraftkleber

### HILFSMITTEL
- Tageszeitung
- Kugelschreiber
- Schere
- dünne Häkelnadel

**1** Lege die Bastelalufolie auf die Tageszeitung und darüber den Ausdruck der Vorlage. Zeichne nun alle Linien in der Vorlage mithilfe des Kugelschreibers mit leichtem Druck nach. Wiederhole den Schritt für das zweite Scherenteil.

**2** Schneide die Scherenteile aus. Präge beim ersten Scherenteil alle gepunkteten Linien sauber mit der Häkelnadel nach. Wiederhole den Schritt gegengleich bei dem anderen Scherenteil. Klebe die beiden Scherenteile mit Kraftkleber zusammen.

# QUAST, SCHIENE & FARBROLLE

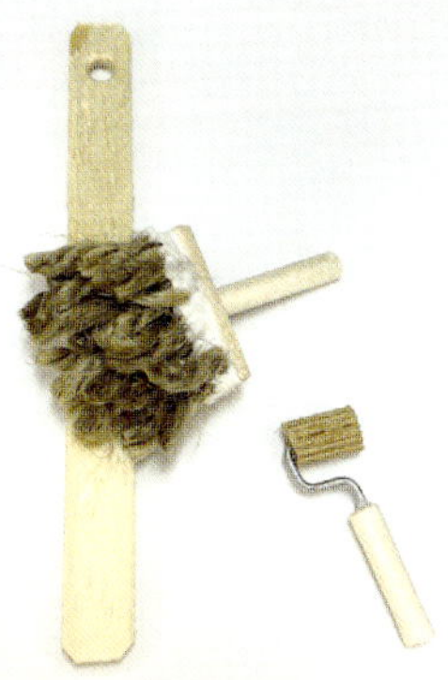

## MATERIAL

- Holzstäbchen, Gr. K (1,1 cm x 11 cm)
- Holzstäbchen, Gr. M (1,8 cm x 15 cm)
- Rundholz, ø 4 mm, 15 cm lang
- Holzdübel, ø 5 mm
- Büroklammer
- Jutekordel in Braun, ø 2 mm
- Holzleim

## HILFSMITTEL

- Blechschere
- Bleistift
- Geodreieck
- Bohrmaschine mit Bohrer, ø 2 mm
- Schmirgelpapier, 240er Körnung
- Prickelnadel
- Handsäge
- Schere

**1** Schneide aus einem Holzstäbchen Gr. K eine 9 cm lange Schiene. Bohre an einem Ende ein Loch für die Aufhängung und schleife die Kanten mit Schmirgelpapier schräg ab.

**2** Kürze den Dübel mit der Säge auf 1,5 cm und stich mit der Prickelnadel an einem Ende ein Loch in das Holz. Biege die Büroklammer in die entsprechende Form und leime sie in das Loch. Schneide für den Griff ein 1,5 cm langes Stück Rundholz zurecht und stich in ein Ende mit der Prickelnadel ein Loch. Leime das andere Ende der gebogenen Büroklammer in das Loch.

**3** Für den Quast schneidest du ein 2 cm langes Stück von einem Holzstäbchen Gr. M und ein 2 cm langes Stück Rundholz. Schmirgle die Kanten glatt. Schneide die Jutekordel in ca. 1 cm lange Stücke. Trage viel Holzleim auf das Holzstäbchenstück auf und leime die Stücke mit einem Ende an. Trocknen lassen. Stutze die Jutekordelstücke auf eine Länge und klebe den Griff an.

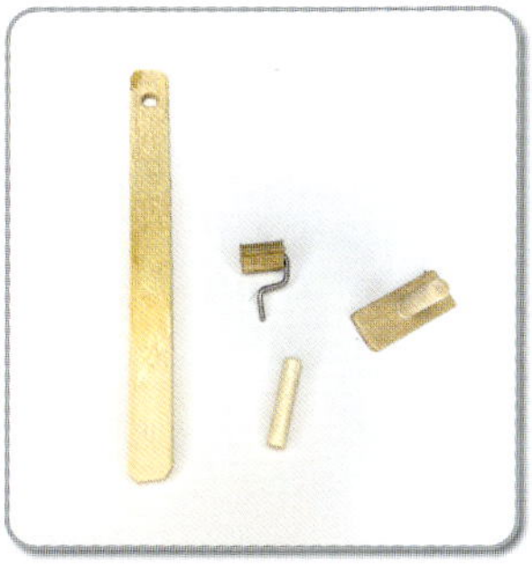

ANSPRUCHSVOLL!

# PROFI-WICHTELWERKSTATT

Nur noch wenige Tage bis zum Fest! Wichtelin Ida verbringt jetzt viel Zeit in ihrer Wichtelwerkstatt. Ihr größter Schatz ist ihre Werkbank, die sie von ihrem Opa Manfred geerbt hat. Für einen reibungslosen Arbeitsablauf hat in der Werkstatt alles seinen Platz. Die Werkzeuge hängen an der Hakenleiste, die gereinigten Pinsel stecken zum Trocknen in einer alten Konservendose. In ihrem Holzlager findet Ida immer das passende Brett, und sind die Hölzer mal zu schwer, nimmt sie die Sackkarre zu Hilfe. Am Abend fegt sie die Werkstatt aus und hängt ihre Lederschürze an die Wand.

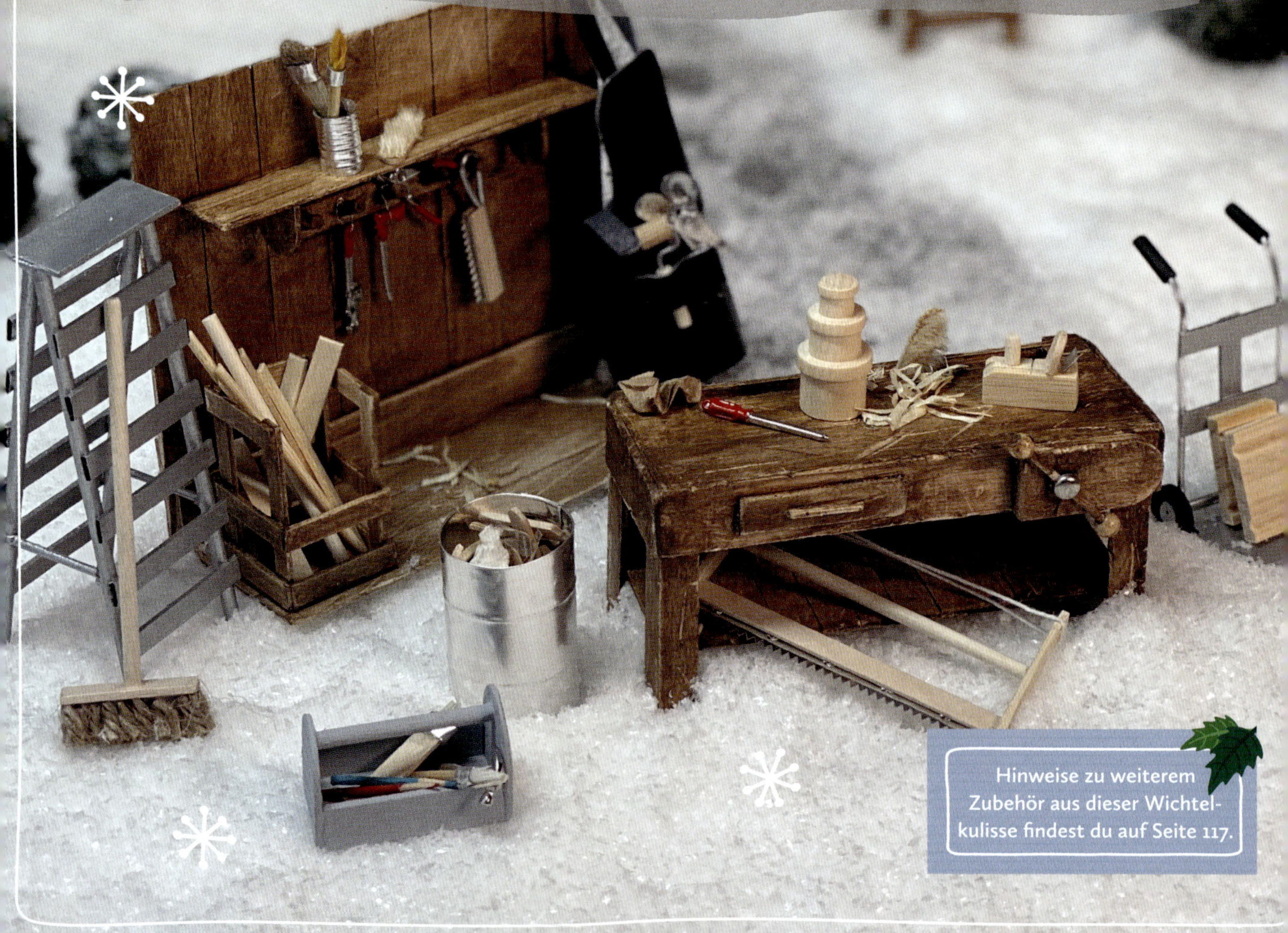

Hinweise zu weiterem Zubehör aus dieser Wichtelkulisse findest du auf Seite 117.

# BOCK

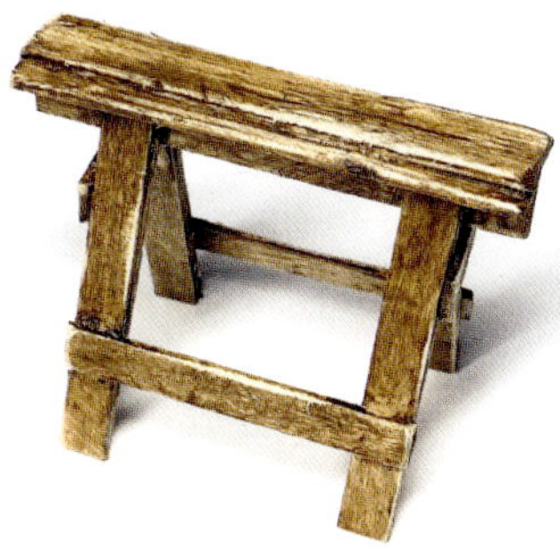

### MATERIAL

- 2 Holzstäbchen, Gr. K (1,1 cm x 11 cm)
- 6 Holzstäbchen, Gr. S (6 mm x 19 cm)
- Holzleim
- Material für Old Shabby Style (S. 123)

### HILFSMITTEL

- Blechschere
- Geodreieck
- Bleistift
- Schmirgelpapier, 240er Körnung
- Hilfsmittel für Old Shabby Style (S. 123)

**1** Schneide für das Oberteil jeweils zwei 6 cm lange Stücke aus Holzstäbchen Gr. K und Gr. S zu. Leime die beiden Holzstäbchen Gr. S seitlich gegen ein Holzstäbchen Gr. K, sodass ein T entsteht. Das zweite Holzstäbchen Gr. K leimst du zur Stabilisierung oben über die Verbindung der beiden Holzstäbchen Gr. S.

**2** Für die Beine schneidest du vier 5 cm lange Stücke Holzstäbchen Gr. S und vier 4,9 cm lange Stücke. Leime jeweils ein 4,9 cm und ein 5 cm langes Stück zusammen, sodass das lange Stück an einer Seite 1 mm übersteht. Schleife dieses Ende schräg an.

**3** Schneide zwei 4,5 cm lange Stücke aus einem Holzstäbchen Gr. S. Lege jeweils zwei Beine mit der Rückseite der Schräge auf die Arbeitsfläche und verbinde jeweils zwei Holzstäbchenstücke 1 cm von der Unterkante entfernt mit der Querstrebe.

**4** Leime die Beinpaare leicht schräg mit der angeschliffenen Seite seitlich an das Oberteil. Schneide zwei 1,5 cm lange Holzstäbchen Gr. S zurecht und leime sie als Verbindung der Beinpaare kurz unter dem Oberteil an.

**5** Zum Schluss verleihst du dem Bock noch einen Shabby-Look (S. 123).

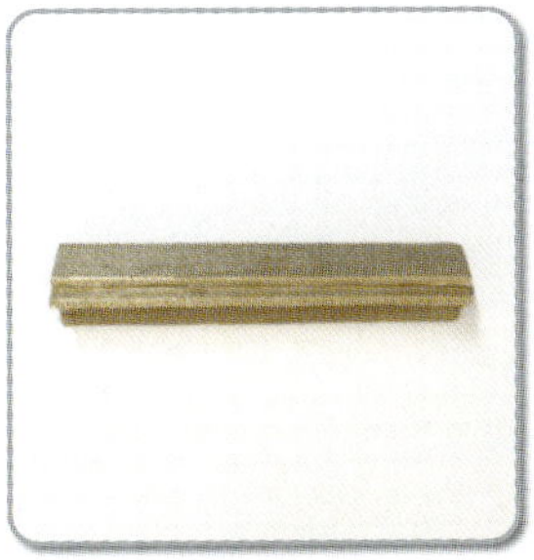

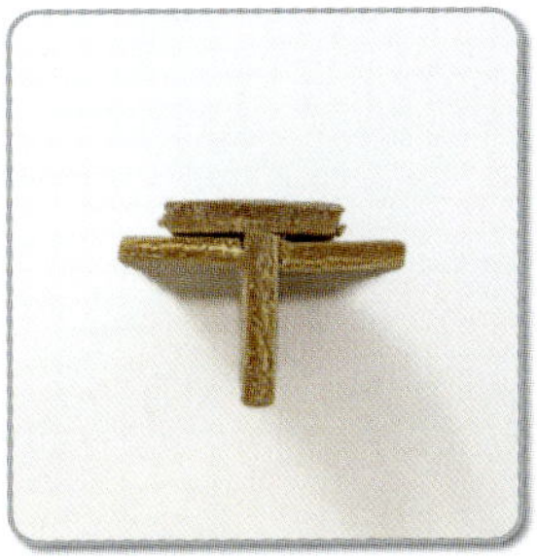

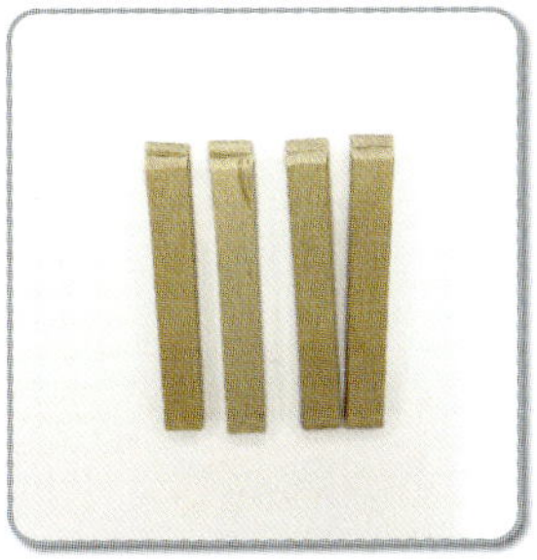

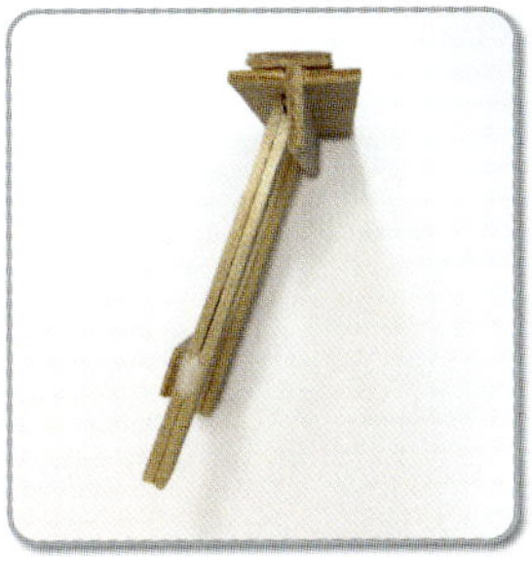

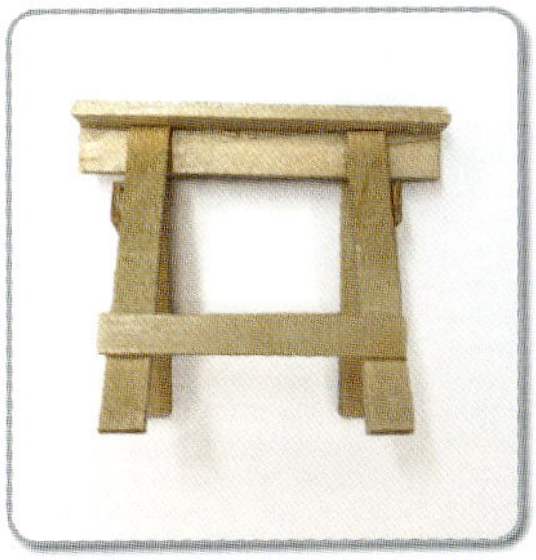

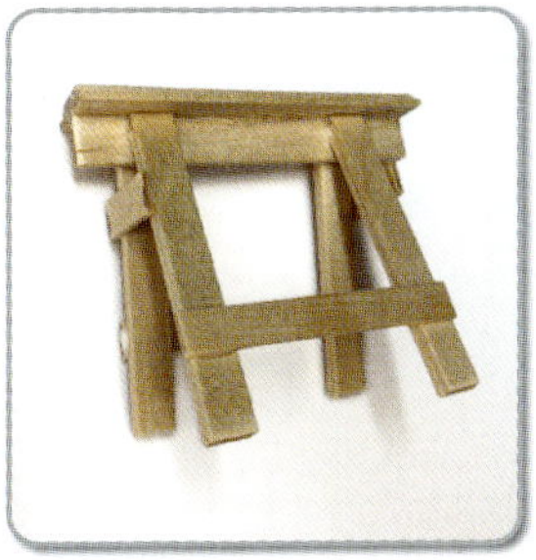

### WEITERES ZUBEHÖR

Die Anleitung für die Aluleiter in der Wichtelkulisse auf Seite 116 findest du auf Seite 68, für den Besen auf Seite 71, für die Pinsel auf Seite 113, für die Bürsten auf Seite 144, für die Handsäge auf Seite 114, für die Farbrolle auf Seite 115, für die Werkzeugkiste auf Seite 133. Die weiteren Werkzeuge und die Holzdosen sind Fertigteile.

# HOBELBANK

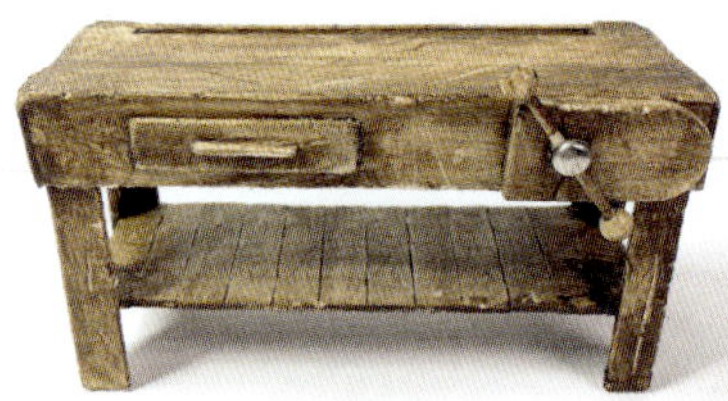

### MATERIAL

- 16 Holzstäbchen, Gr. K (1,1 cm x 11 cm)
- 5 Holzstäbchen, Gr. S (6 mm x 19 cm)
- 9 Holzstäbchen, Gr. M (1,8 cm x 15 cm)
- Zahnstocher
- 2 Holzperlen, ø 6 mm
- Musterbeutelklammer
- Holzleim
- Material für Old Shabby Style (S. 123)

### HILFSMITTEL

- Blechschere
- Geodreieck
- Bleistift
- Bohrer, ø 3 mm
- Schmirgelpapier, 240er Körnung
- Hilfsmittel für Old Shabby Style (S. 123)

**1** Kürze drei Holzstäbchen Gr. M und zwei Holzstäbchen Gr. S auf 12 cm sowie zwei Holzstäbchen Gr. S auf 1 cm Länge. Leime für das Werkzeugfach ein 12 cm langes Holzstäbchen Gr. S bündig und hochkant auf ein Holzstäbchen Gr. M. Das zweite 12 cm lange Holzstäbchen Gr. S leimst du hochkant und mit 6 mm Abstand dazu an. Leime die beiden 1 cm langen Holzstäbchenstücke links und rechts in das Fach. Klebe die beiden restlichen Holzstäbchen Gr. M vorn bündig an das Werkzeugfach, um die Arbeitsplatte zu erweitern.

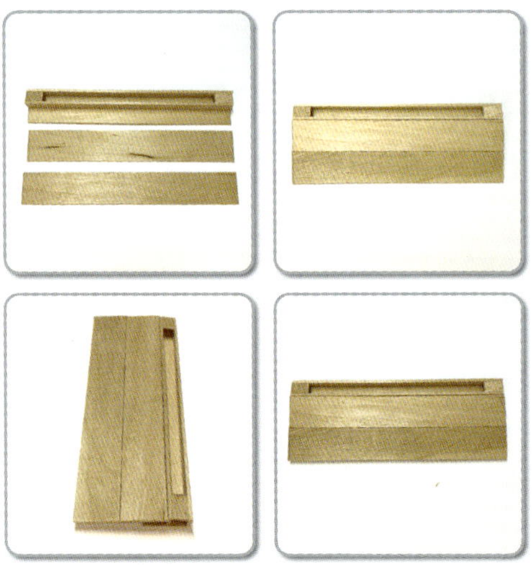

**2** Für die Seitenteile schneidest du zwei Holzstäbchen Gr. M 4,7 cm lang zu und für die Front ein Holzstäbchen Gr. M auf 12 cm Länge. Leime die Teile als Umrahmung vorn und seitlich an die Arbeitsplatte.

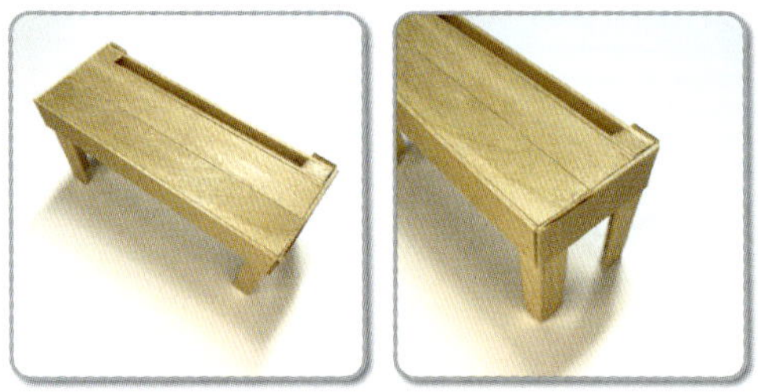

**3** Schneide für die hinteren Beine zwei Holzstäbchen Gr. K 6,5 cm und zwei Holzstäbchen Gr. K 5,8 cm lang zu. Leime die 6,5 cm langen Stücke hinten außen gegen die Tischplatte und die 5,8 cm langen Stücke seitlich von innen über Eck. Schneide für die vorderen Beine vier Holzstäbchen Gr. K 6,5 cm lang zu. Leime die Beine über Eck von innen fest.

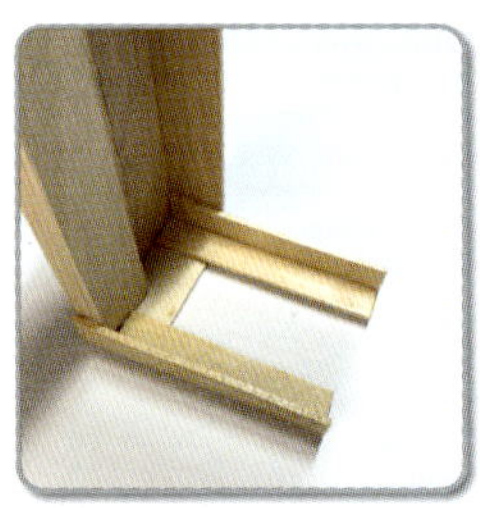

4 Halbiere für die Ablage sechs Holzstäbchen Gr. K und lege die Stücke dicht nebeneinander auf die Arbeitsfläche. Leime zwei Holzstäbchen Gr. S mittig quer und mit 2,5 cm Abstand zueinander darüber. Schneide die Ablage 4,4 cm breit zu und leime sie mit einem Abstand von 2 cm zum Boden zwischen die Beine der Hobelbank.

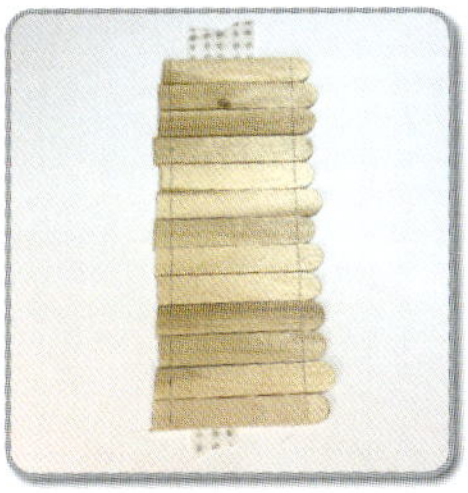

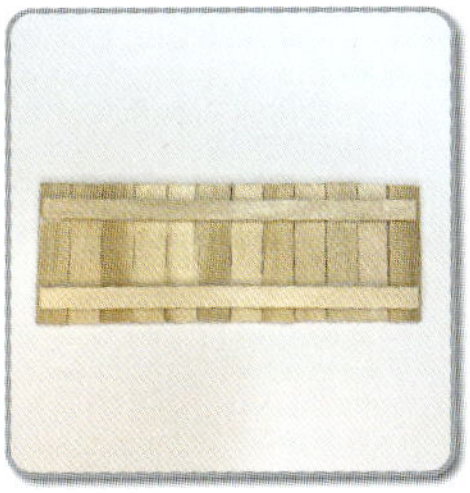

5 Schneide drei runde Enden von Holzstäbchen Gr. M 3,5 cm lang ab und leime sie übereinander. Trocknen lassen. Bohre in einem Abstand von 1 cm zur Schnittkante ein Loch durch alle Lagen und ein entsprechendes Loch vorne rechts durch die Front der Hobelbank. Lege einen Zahnstocher zwischen die Laschen der Musterbeutelklammer und schiebe die Laschen durch alle Bohrungen. Biege die Laschen auf der Rückseite im Inneren des Tisches nach außen. Kürze den Zahnstocher auf 3,5 cm und leime zwei Perlen auf die Enden.

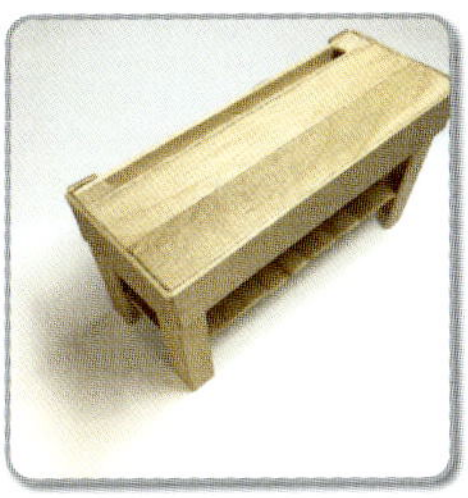

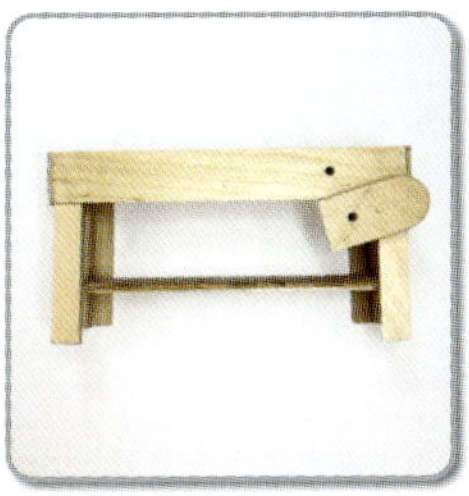

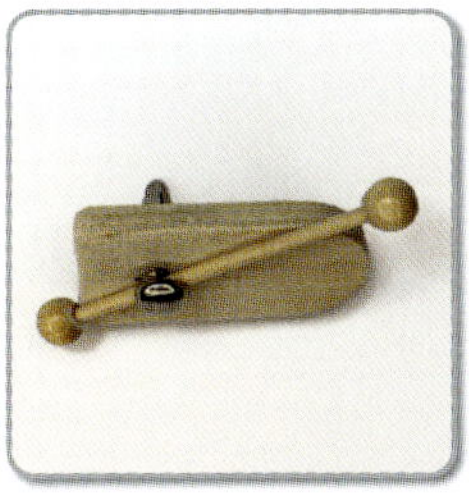

6 Schneide für die Schublade ein 4 cm langes Holzstäbchen Gr. K und ein 2 cm langes Stück Holzstäbchen Gr. S, das du längs halbierst. Klebe das Teil waagerecht als Griff auf das Holzstäbchen Gr. K und das ganze Teil auf die Front der Hobelbank.

7 Zum Schluss verleihst du der Hobelbank noch einen Shabby-Look (S. 123).

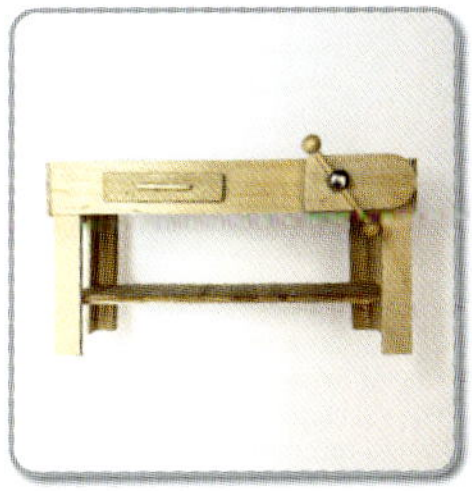

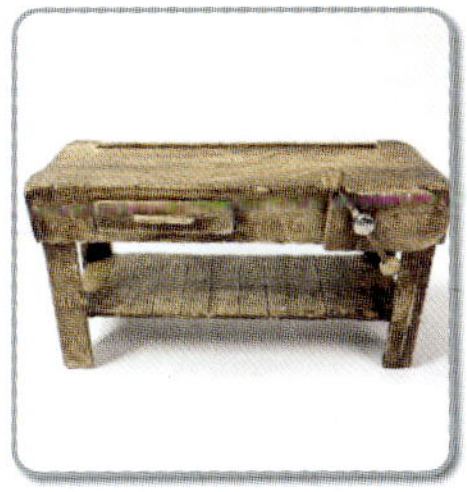

## HOBEL

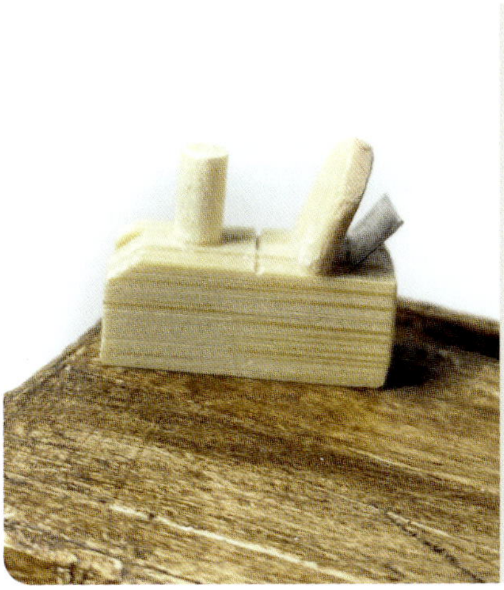

### MATERIAL

- 3 Burger- oder Fingerfoodspieße aus Bambus
- Holzstäbchen, Gr. K (1,1 cm x 11 cm)
- Rundholzrest, ø 4 mm, 7 mm lang
- Bastelalufolie
- Holzleim

### HILFSMITTEL

- Blechschere
- Schere

1 Klebe drei auf 2,2 cm gekürzte Griffe von Burgerspießen mit Holzleim zusammen. Kürze für den Keil die Rundung des Holzstäbchens Gr. K auf 1 cm und leime den Keil mit einem Abstand von 5 mm zur hinteren Kante auf den Hobel.

2 Schneide für die Klinge ein 5 mm breites und 1 cm langes Stück Bastelalufolie zu und knicke es in der Mitte. Die Folie liegt jetzt doppelt und wird mit der abgerundeten Kante nach oben schräg hinter den Keil geklebt.

3 Klebe den Rundholzrest als Griff vorne auf dem Hobel an.

# HOLZLAGER

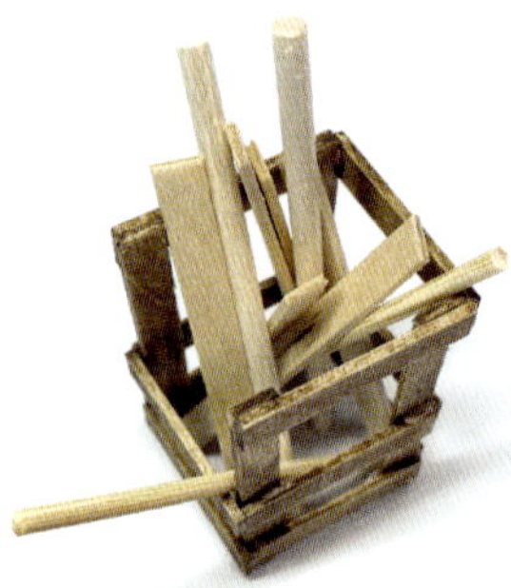

### MATERIAL

- 4 Holzstäbchen, Gr. S (6 mm x 19 cm)
- Bastelholzreste
- Hartfolienrest in Transparent, z.B. von einer Verpackung
- Holzleim
- Material für Old Shabby Style (S. 123)

### HILFSMITTEL

- Blechschere
- Geodreieck
- Bleistift
- Schere
- Hilfsmittel für Old Shabby Style (S. 123)

**1** Schneide für die Seitenteile aus Holzstäbchen Gr. S vier 5 cm lange und sechs 3 cm lange Stücke zu. Lege jeweils zwei 5 cm lange Stücke nebeneinander auf die Arbeitsfläche. Leime die 3 cm langen Holzstäbchenstücke jeweils oben, in einer Höhe von 2 cm, und unten quer auf die 5 cm langen Stücke, um sie zu verbinden.

**2** Schneide fünf 3 cm lange Holzstäbchenstücke zurecht. Stelle die Seitenteile einander gegenüber auf und leime drei der 3 cm langen Stücke wie in Schritt 1 angegeben von hinten an die Seitenteile. Leime die restlichen zwei Holzstäbchenstücke an der Vorderseite unten und in der Höhe von 2 cm an.

**3** Schneide aus der Hartfolie einen Boden in der Größe des Holzlagers aus. Klebe den Boden an.

**4** Verleihe dem Holzlager einen Shabby-Look (S. 123) und fülle es dann mit Bastelholzresten.

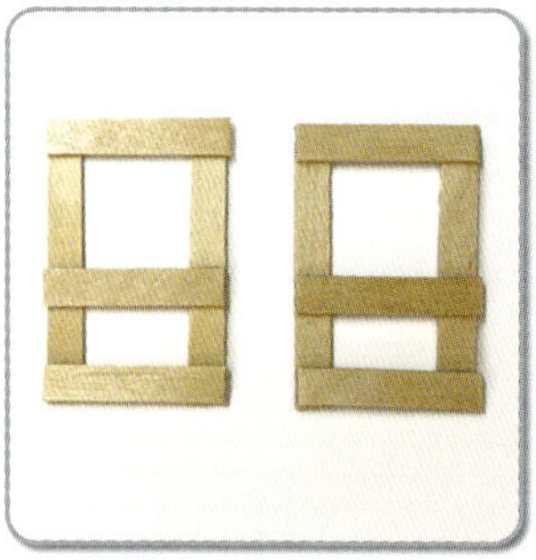

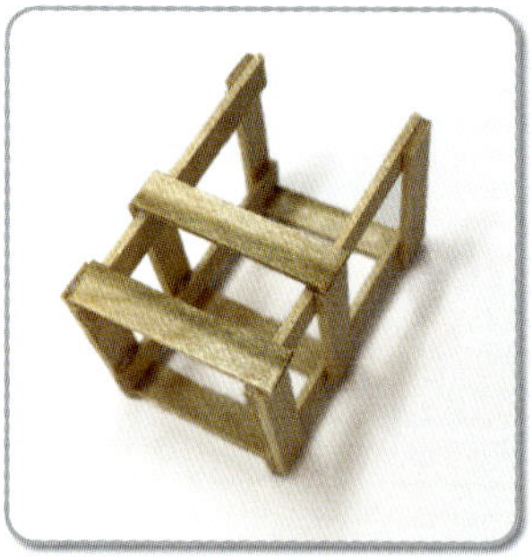

# LEDERSCHÜRZE

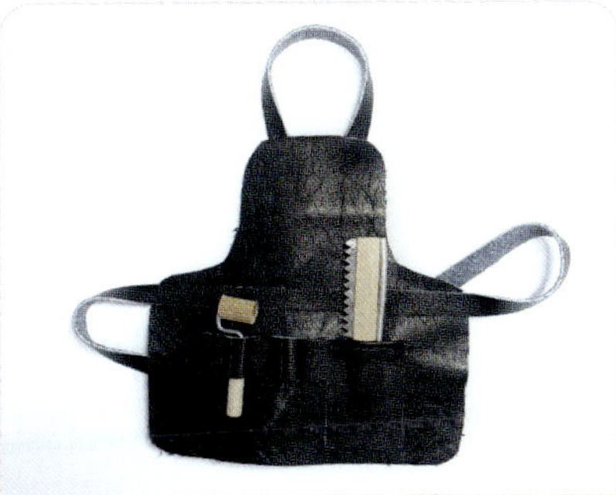

**VORLAGE**

Schürze (S. 31)

**MATERIAL**

- Leder in Schwarz
- Holzleim

**HILFSMITTEL**

- Schere
- Rundholzreste, ø 4 mm
- Stoffklammern

**1** Schneide mithilfe der Vorlage nur das Schürzenteil im Stoffbruch aus Leder zu (die Tasche und den Streifen aus der Vorlage weglassen). Runde die Ecken mit der Schere ab. Schneide als Tasche ein 2 cm x 3 cm großes Rechteck zurecht und leime es seitlich rechts auf die Schürze. Schneide ein 6,5 cm x 1 cm großes Rechteck und leime es als Werkzeughalter links neben die Tasche; spare dabei an zwei Stellen Leim aus und schiebe jeweils ein Stück Rundholz als Abstandhalter unter das Leder. Fixiere den Bereich mit Klammern. Trocknen lassen, anschließend die Klammern entfernen.

**2** Schneide drei 5 mm breite und 13 cm lange Streifen aus Leder und leime sie mittig vorn über die Schürze als Bindegurte sowie als Nackenschlaufe von hinten an die Oberkante der Schürze.

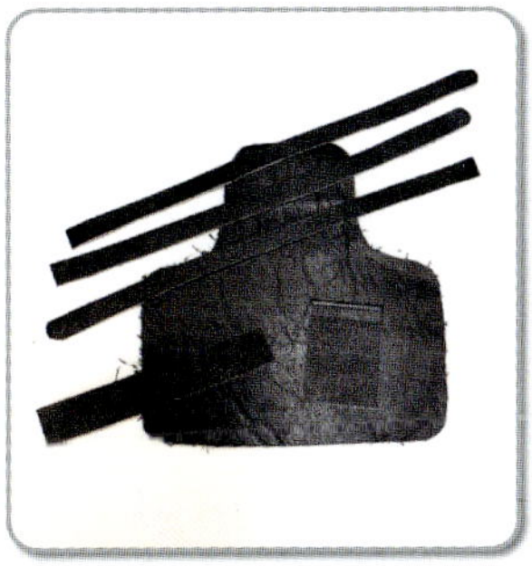

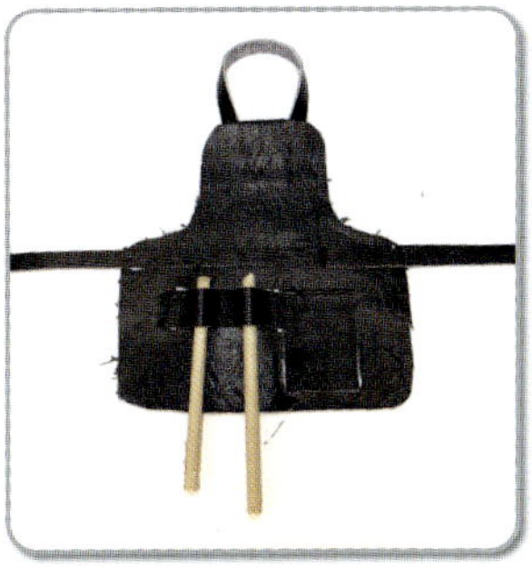

**TIPP**

Nutze für die Schürze wenn vorhanden Leder von ausrangierten Handtaschen, Geldbeuteln oder Stiefelschaften.

## MÜLLTONNE

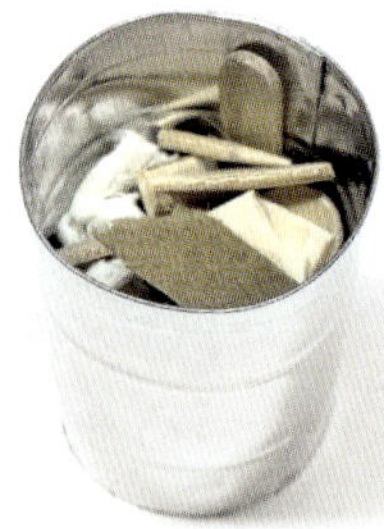

### MATERIAL
- Bastelalufolie, 11 cm x 5,5 cm
- doppelseitiges Klebeband, 8 mm breit (z.B. Tacky Tape)
- Bastelholzreste
- Kraftkleber

### HILFSMITTEL
- alte Zeitung
- Kugelschreiber
- Geodreieck
- Schere

**1** Lege die Bastelalufolie auf die alte Zeitung und präge mit Kugelschreiber und Geodreieck parallel zur langen Kante Linien im Abstand von 5 mm, 2 cm und 4 cm. Fahre dazu mit etwas Druck und mit dem Kugelschreiber über die Folie.

**2** Klebe die kurzen Kanten des Rechtecks mit doppelseitigem Klebeband zusammen, sodass eine Tonne entsteht. Trage Kraftkleber auf die Unterkante der Tonne auf und klebe die Tonne auf einen Rest Bastelalufolie. Trocknen lassen und überstehende Folie sauber abschneiden. Befülle die Tonne mit Bastelholzresten als Müll.

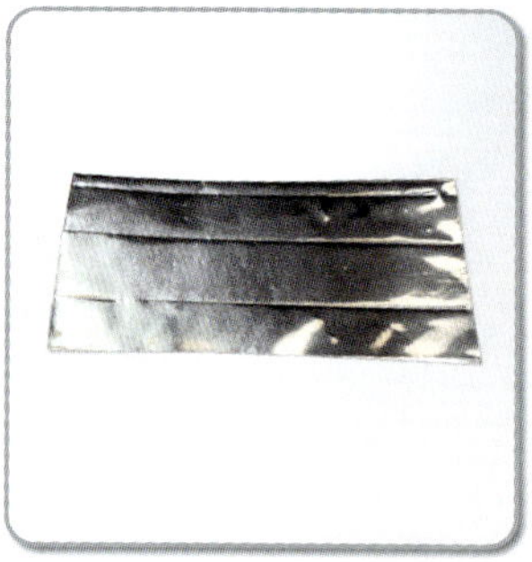

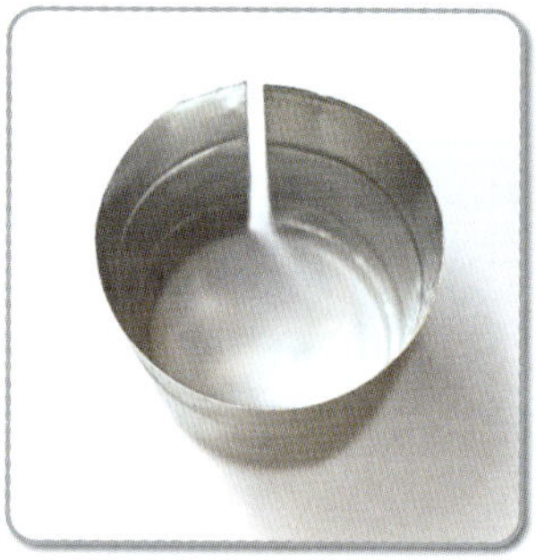

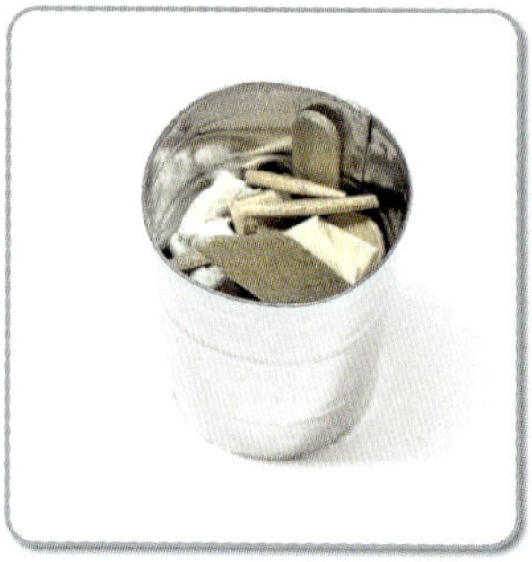

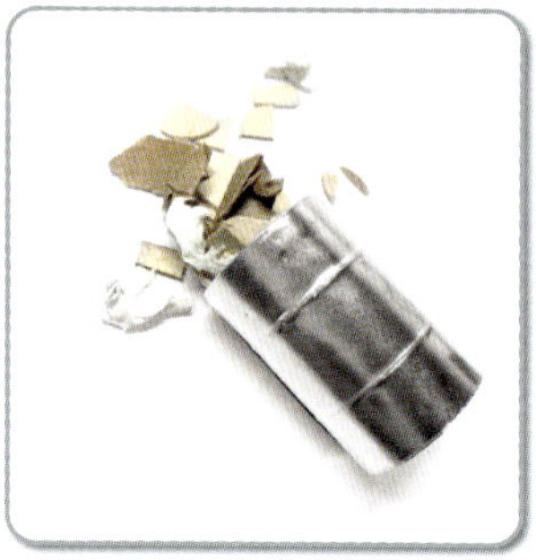

## SACKKARRE

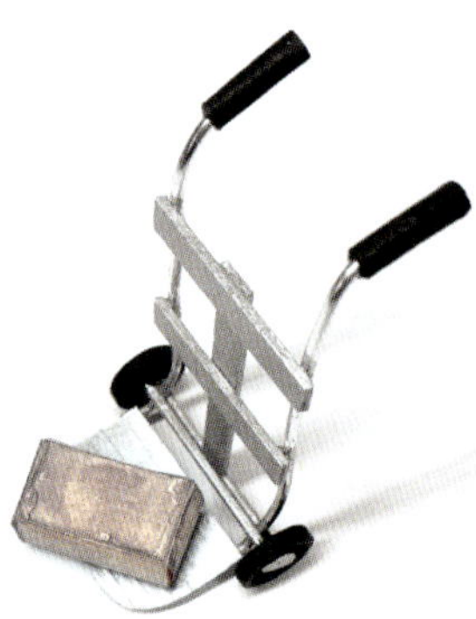

### VORLAGE
Sackkarre (S. 31)

### MATERIAL
- Holzstäbchen, Gr. S (6 mm x 19 cm)
- 2 Zahnstocher
- 2 Holzknöpfe, ø 15 mm
- Tonkarton in Schwarz
- Aludraht, ø 2 mm, 25 cm lang
- Acrylfarbe in Schwarz und Silber
- Kraftkleber
- Holzleim

### HILFSMITTEL
- Blechschere
- Schere
- Pinsel
- Geodreieck
- Bleistift
- Locher

1 Biege den Aludraht mithilfe der Vorlage in die Form. Beachte, dass die Vorlage nur eine Hälfte des Drahtgestells der Karre abbildet und du die zweite Hälfte gegengleich biegen musst.

2 Schneide aus dem Holzstäbchen Gr. S zwei 3,6 cm lange Stücke und ein 5 cm langes Stück. Leime ein 3,6 cm langes Stück rechtwinklig auf das untere Ende des 5 cm langen Stücks, sodass ein umgekehrtes T entsteht. Leime das zweite 3,6 cm lange Holzstäbchenstück 2 cm über die Querstrebe.

3 Male das Holzstäbchenteil und die Zahnstocher silberfarben, die Knöpfe schwarz. Trocknen lassen. Klebe das Holzstäbchenteil mit Kraftkleber von vorne gegen das Drahtgestell. Das lange Holzstäbchen, welches jetzt nach unten gerichtet ist, endet auf Höhe der Ladefläche.

4 Schiebe die Knöpfe auf die zwei Zahnstocher, sodass eine Achse mit zwei Rädern entsteht. Lege die Achse mit den Rädern von vorne über die Rundung des Drahtgestells und verklebe die Zahnstocher und die Reifen mit dem Gestell. Lass die Zahnstocher noch lang. Trocknen lassen. Kürze nun die Zahnstocher. Male zwei mit dem Locher aus dem Tonkarton gestanzte Kreise silberfarben an und klebe sie als Felgen auf.

5 Schneide die Ladefläche mithilfe der Vorlage aus Tonkarton aus. Falze den Karton mithilfe des Geodreiecks mehrmals im Abstand von 3 mm zur vorderen Kante. Klebe den Karton als Ladefläche auf das Drahtgestell, lasse alles trocknen und male die Ladefläche silberfarben an.

6 Schneide aus schwarzem Tonkarton zwei 1,5 cm breite und 2,5 cm lange Streifen und umleime damit die Griffe der Sackkarre.

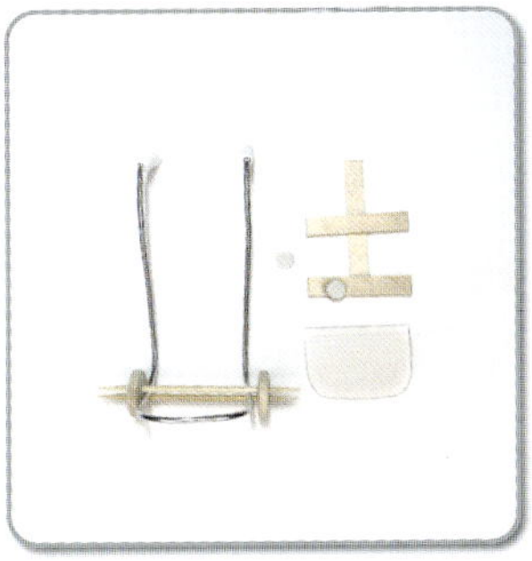

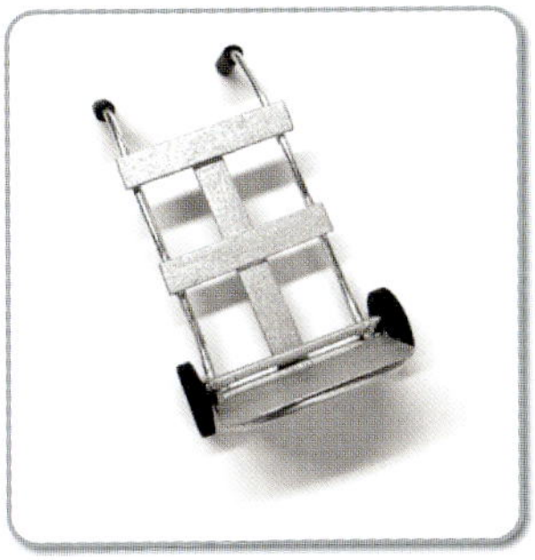

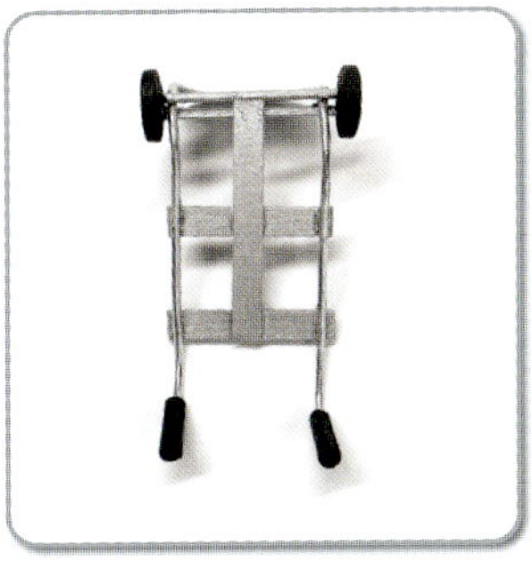

## OLD SHABBY STYLE

**MATERIAL**
- Holzwachs in Braun
- Acrylfarbe nach Wunsch (optional)

**HILFSMITTEL**
- Schmirgelpapier, 40er Körnung
- Nagel
- Messer
- Drahtbürste
- Lappen
- alter Borstenpinsel (optional)

1 Streiche die gut getrockneten Wichtelmöbel mit Holzwachs ein. Erneut gut trocknen lassen.

2 Bearbeite für den Shabby-Look die Wichtelmöbel mit Schmirgelpapier. Dafür ziehst du das Schmirgelpapier über die Ecken und Kanten der Möbel hinweg. Achte darauf, dies ungleichmäßig zu tun, das Holz soll ordentlich abgenutzt aussehen.

3 Als Nächstes kannst du mit einem Messer Ecken aus dem Holz herausschnitzen, mit den Nägeln Löcher und Kratzer im Holz andeuten und die Flächen mit der Drahtbürste aufrauen.

4 Wische anschließend Holzwachs in die Vertiefungen im Holz und nimm den Überschuss mit dem Lappen wieder ab. Dies wiederholen, bis dir der Shabby-Look gefällt. Mit einem kurz geschnittenen Borstenpinsel und Acrylfarbe kannst du z.B. noch Farbspritzer aufbringen.

EINFACH UMSETZBAR!

# KLEINES NIKOLAUSGESCHENK

Das hätte Wichtel Karl nicht gedacht, was für eine Aufregung am Nikolausmorgen! Seine Strickpuschen sind mit Goldtalern gefüllt, ein kleines Buch liegt vor seiner Tür und überall sind goldene Sterne verstreut. Der Nikolaus hat an ihn gedacht! Woher hat er nur gewusst, dass Karl so gerne Mandarinen isst? Eine liegt vor der Tür auf der Fußleiste und sein bunter Teller ist mit allerlei Köstlichkeiten gefüllt.

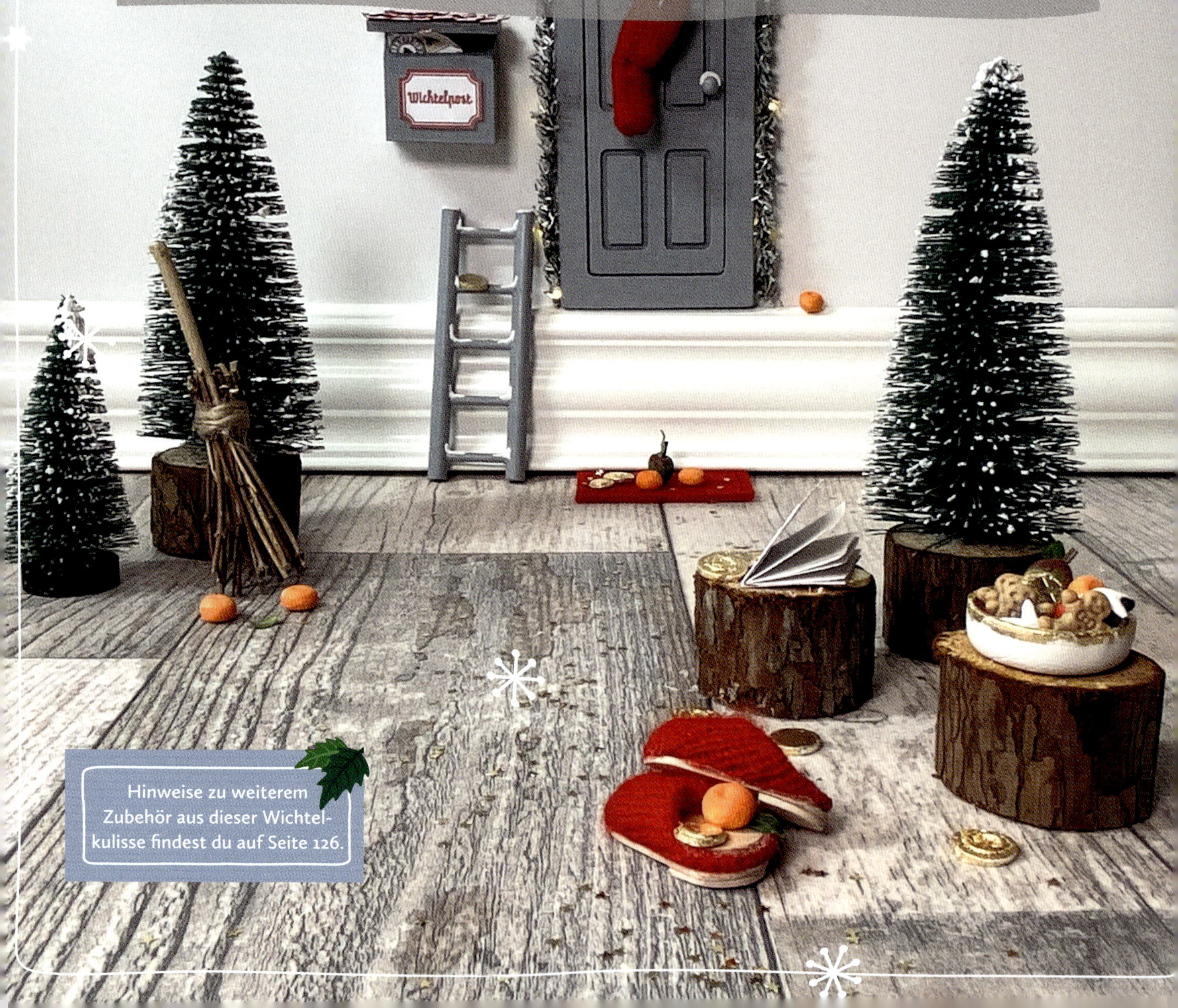


Hinweise zu weiterem Zubehör aus dieser Wichtelkulisse findest du auf Seite 126.

## PLÄTZCHENTELLER

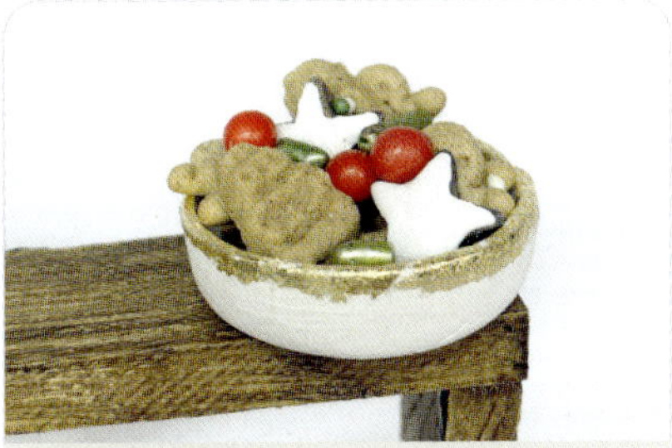

**MATERIAL**
- lufttrocknende Modelliermasse
- Verschlusskappe, ø 3 cm
- Design-Metall in Gold
- Anlegemilch

**HILFSMITTEL**
- 2 Holzstäbchen, Gr. L (2,5 cm x 20 cm)
- Backpapier
- Nudelholz
- Messer
- Schmirgelpapier, 240er Körnung
- Schwamm

**1** Lege zwei Holzstäbchen auf ein Stück Backpapier und rolle ein Stück Modelliermasse dazwischen gleichmäßig mit dem Nudelholz aus. Schneide einen Kreis aus, dessen Durchmesser mindestens 2 cm größer als die Verschlusskappe ist. Lege die Modelliermasse um die Verschlusskappe und drücke sie leicht an. Trocknen lassen.

**2** Entferne die Schale von der Kappe und schleife sie mit dem Schmirgelpapier glatt. Betupfe mithilfe des Schwamms den Rand der Schale mit Anlegemilch. Trocknen lassen. Belege den Rand mit Design-Metall.

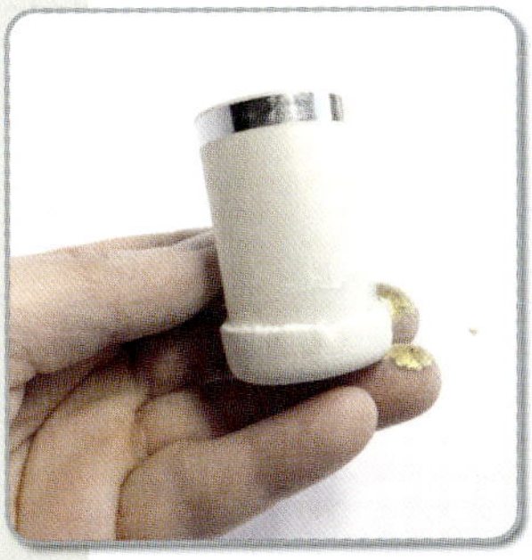

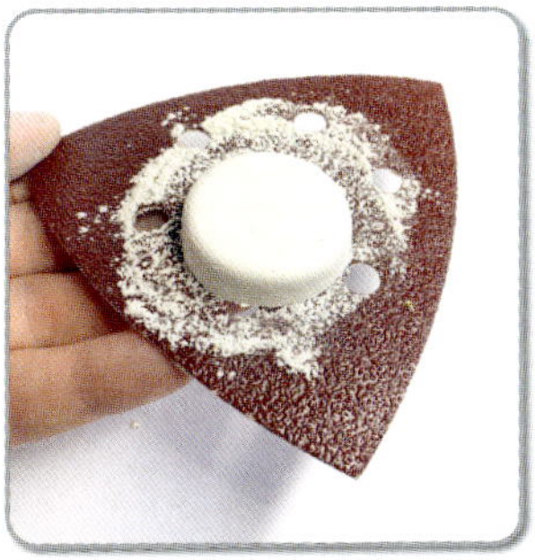

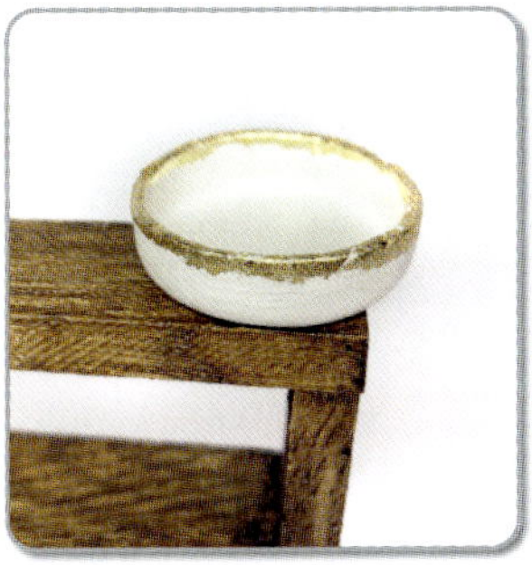

## RUTE

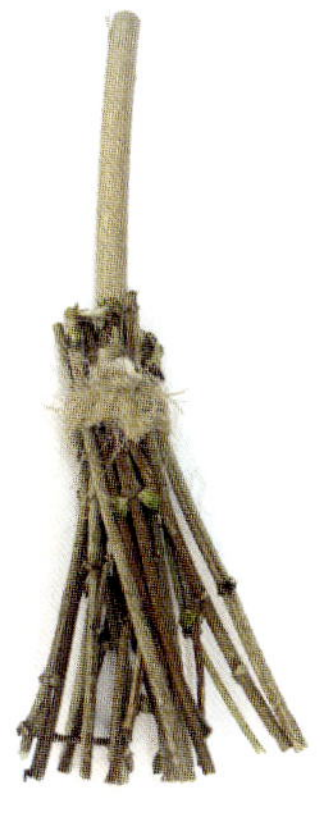

**MATERIAL**
- Zweig, ø 4 mm
- dünne Zweige
- Jutekordel in Braun, ø 2 mm
- Holzleim

**HILFSMITTEL**
- Blechschere
- Schere

**1** Kürze für den Stiel den Zweig mit der Blechschere auf 10 cm. Lege die dünnen Zweige nebeneinander auf die Arbeitsfläche und bestreiche sie im oberen Bereich mit Holzleim. Lege die Zweige zu einem Strauß zusammen, schiebe den Stiel mittig zwischen die Zweige und umwickle die Stelle mit Jutekordel. Gib einen Tropfen Leim auf den Jutekordelknoten. Trocknen lassen.

**2** Schneide die Jutekordel kurz ab und stutze die Zweige auf die gleiche Länge.

# ÄPFEL & MANDARINEN

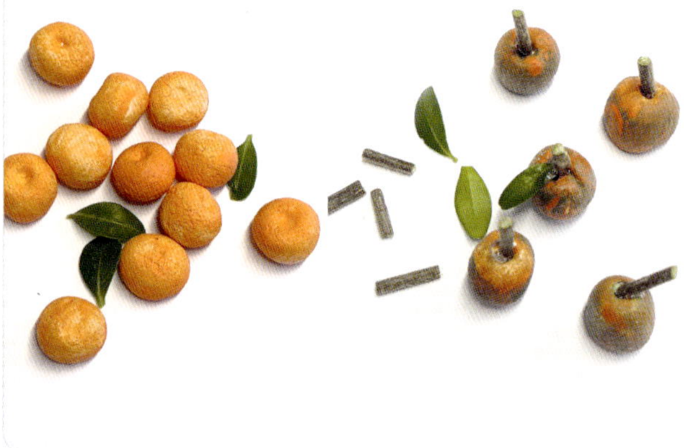

**MATERIAL**

- dünne Zweige
- lufttrocknende Modelliermasse
- Buchsbaumblätter
- Acrylfarbe in Orange, Rot und Grün
- doppelseitiges Klebeband, 8 mm breit (z.B. Tacky Tape)
- Heißklebepistole

**HILFSMITTEL**

- Messer
- Schmirgelpapier, 80er Körnung
- Pinsel mit abgerundetem Ende
- 2 Holzstäbchen, Gr. L (2,5 cm x 20 cm)
- Holzspieß

**1** Forme aus der Modelliermasse einen ca. 7 mm dicken Strang. Schneide daraus für die Mandarinen 7 mm lange und für die Äpfel 1 cm lange Stücke.

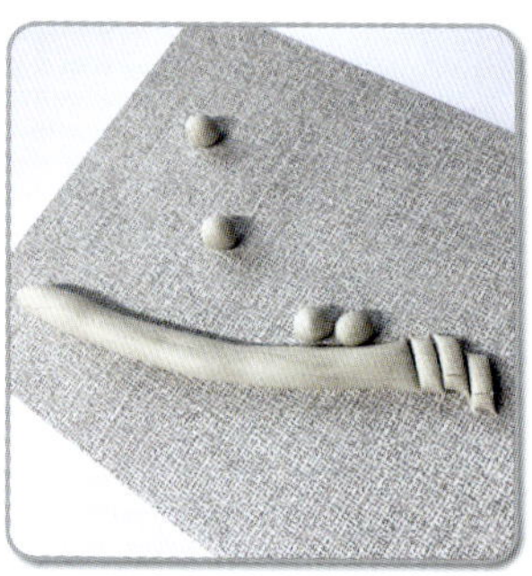

**2** Forme die Stücke für die Mandarinen zu kleinen Kugeln, drücke diese etwas flach und präge mit dem Pinselende beidseitig Mulden hinein. Rolle die Kugeln über das Schmirgelpapier. Trocknen lassen.

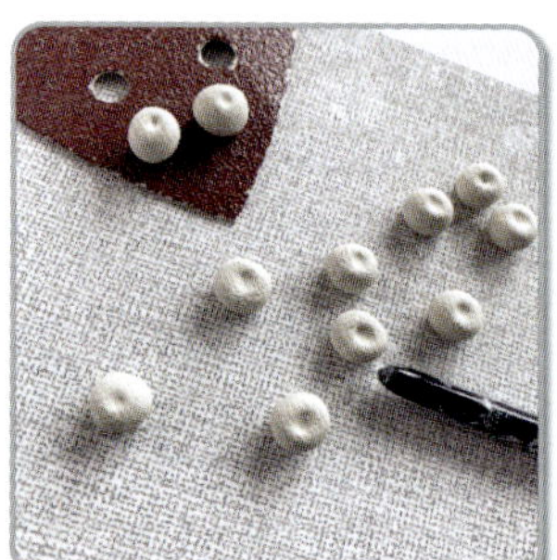

**3** Fixiere die Mandarinen mit doppelseitigem Klebeband auf einem der Holzstäbchen. Male sie orangefarben an. Trocknen lassen. Entferne das Holzstäbchen und male die Mandarinen auch von der anderen Seite an.

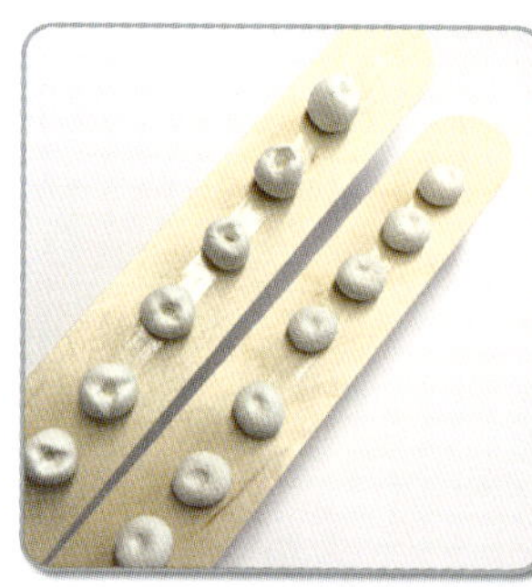

**WEITERES ZUBEHÖR**

Die Anleitung für die Tür in der Wichtelkulisse auf Seite 124 findest du auf Seite 37, für den Briefkasten auf Seite 56, für die Fußmatte auf Seite 49, für die Leiter auf Seite 52, für das Buch auf Seite 95, für die Tannen auf Seite 61.

4 Forme die Stücke für die Äpfel zu etwas länglichen Kugeln. Präge mit dem Ende vom Pinselstiel von unten eine Mulde in den Apfel und stich oben ein Loch mit dem Holzspieß hinein. Die für einen Weihnachtsapfel charakteristische Rosette im oberen Bereich wird mit dem Holzspieß geformt. Trocknen lassen.

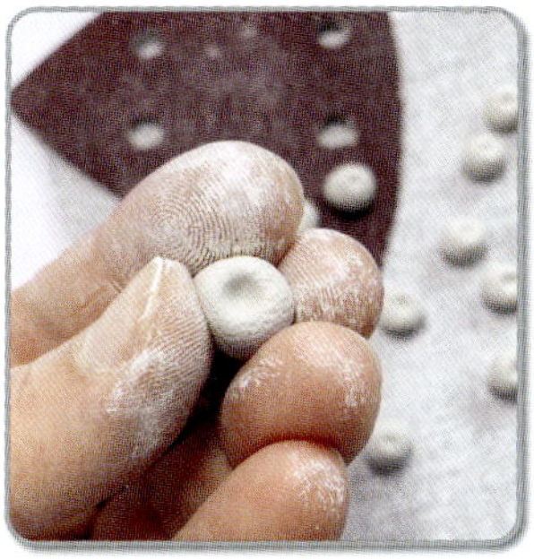

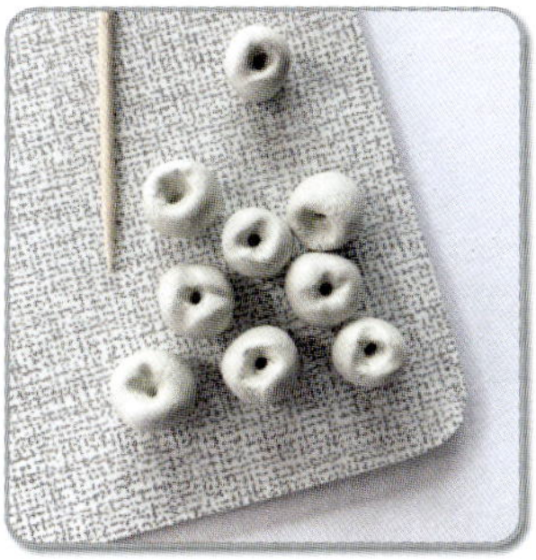

5 Fixiere die Äpfel mit doppelseitigem Klebeband auf einem Holzstäbchen und male sie orange, rot und grün an. Trocknen lassen. Bemale die Äpfel anschließend auch von der anderen Seite.

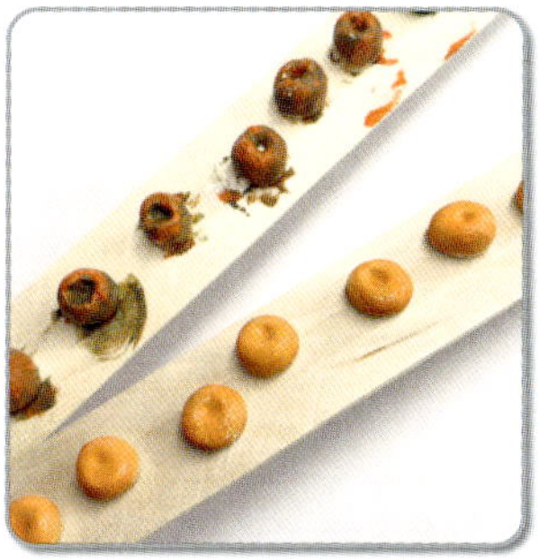

6 Kürze die Zweige auf 1 cm. Klebe jeweils einen Zweig und ein Blatt mit Heißkleber in die Löcher der Äpfel.

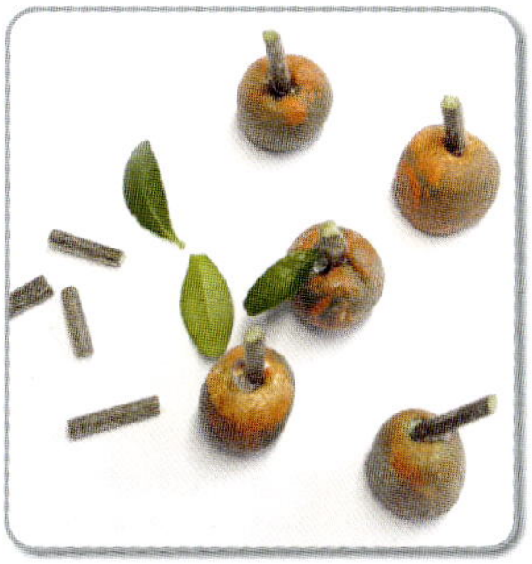

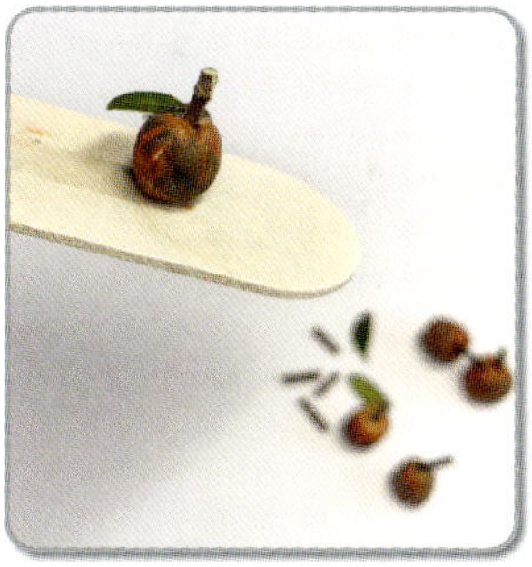

# GOLDTALER

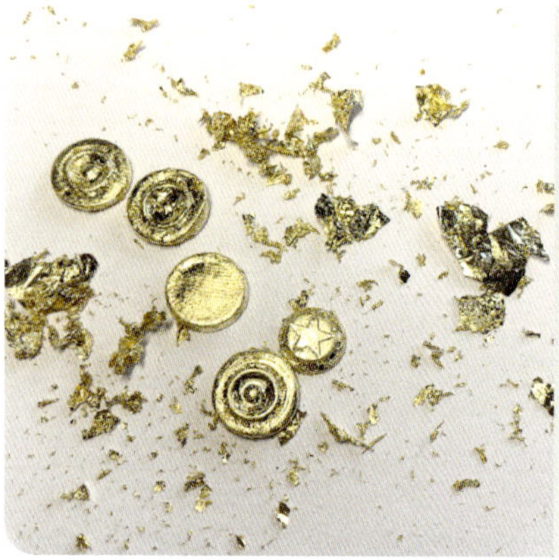

**MATERIAL**
- lufttrocknende Modelliermasse
- Design-Metall in Gold
- Anlegemilch
- doppelseitiges Klebeband, 8 mm breit (z.B. Tacky Tape)

**HILFSMITTEL**
- 2 Holzstäbchen, Gr. L (2,5 cm x 20 cm)
- Backpapier
- Nudelholz
- runde Ausstecher, ø 1–1,2 cm
- Knöpfe, Spieltaler, Stempel, Stiftkappen
- Pinsel

**1** Lege zwei Holzstäbchen auf ein Stück Backpapier und rolle die Modelliermasse mit dem Nudelholz dazwischen gleichmäßig aus. Stich kleine Taler aus. Präge mit Knöpfen, Stempeln, Stiftkappen usw. Muster hinein. Trocknen lassen.

**2** Fixiere die getrockneten Taler mit doppelseitigem Klebeband auf einem Holzstäbchen und bestreiche sie mit Anlegemilch. Trocknen lassen.

**3** Belege die getrockneten Taler mit dem Designmetall. Entferne den Überschuss mit einem Pinsel und wiederhole den Schritt auch auf der anderen Seite der Taler.

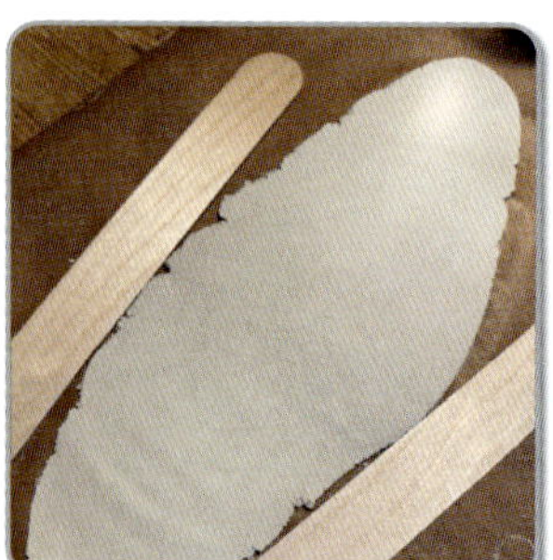

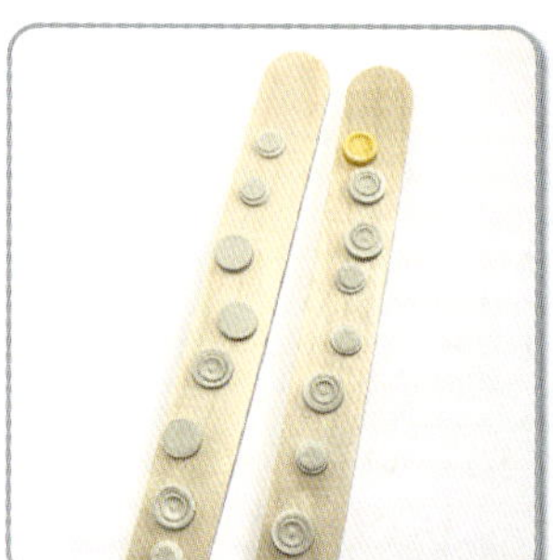

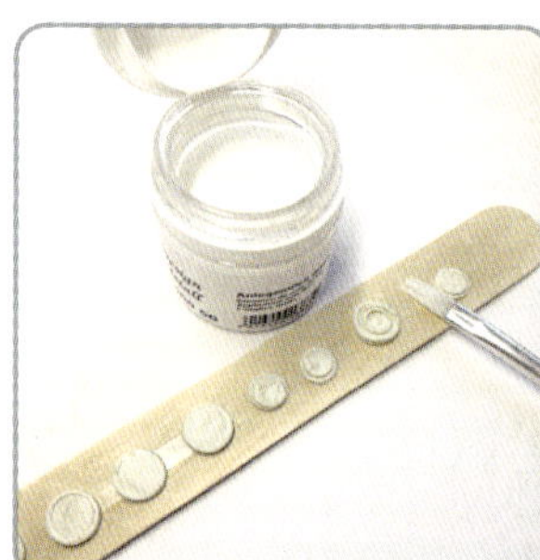

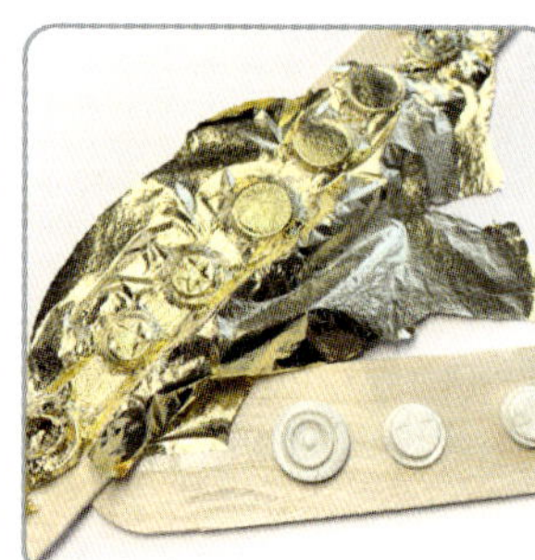

# STRICKPUSCHEN

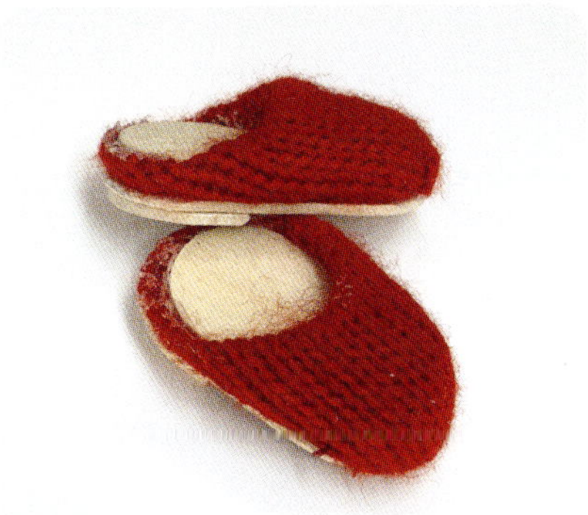

### MATERIAL

- 4 Holzstäbchen, Gr. M (1,8 cm x 15 cm)
- 2 Strickschläuche, ca. 2,2 cm breit, 6 cm lang, oder 2 Finger von gestrickten Fingerhandschuhen
- Nähgarn
- Heißklebepistole

### HILFSMITTEL

- Geodreieck
- Blechschere
- Bleistift
- Schmirgelpapier, 240er Körnung

**1** Wende die Strickschläuche auf links und binde jeweils ein Ende stramm ab. Verknote die Garnenden. Wende die Schläuche erneut.

**2** Schneide für die Innensohlen von zwei Holzstäbchen Gr. M jeweils 3 cm des gerundeten Endes ab. Runde die gegenüberliegenden Seiten, indem du das runde Ende eines anderen Holzstäbchens als Muster anlegst, es mit Bleistift nachfährst und die Kanten rund schneidest. Schleife alle Kanten. Schneide für die Außensohlen die Enden eines Holzstäbchens Gr. M 3,5 cm lang ab und runde die Ecken wie oben beschrieben. Schneide für die Absätze die Enden eines Holzstäbchens Gr. M 1,5 cm lang ab.

**3** Schiebe die obere Hälfte der Schläuche an der offenen Seite nach innen. Gib einen Tropfen Heißkleber unter die Spitze der Innensohlen und schiebe diese in den Innenraum. Schiebe jeweils die untere Lage der Strickschläuche unter das hintere Ende der Innensohlen und klebe sie mit wenig Heißkleber sehr sauber fest.

**4** Klebe die Außensohle an die Unterseite der Puschen. Klebe zum Schluss den Absatz hinten an die Außensohle.

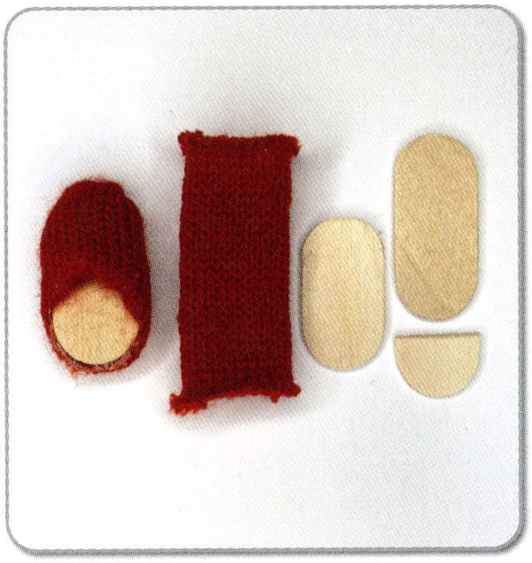

ANSPRUCHSVOLL!

# NIKOLAUSGESCHENK MIT ADVENTSKALENDER

Huch! Das fünfte Türchen am Adventskalender wurde geöffnet. Das heißt, es gibt viel zu tun. Der Abend vor Nikolaus ist einer der aufregendsten Abende im Advent und Wichtelin Runa ist bestens vorbereitet: Ihre Schuhe sind auf Hochglanz poliert und Socken hängen am Kamin. Sie hat es sogar geschafft, ein kleines Lebkuchenhäuschen zu bauen. Der Nikolaus und die Kinder werden staunen …

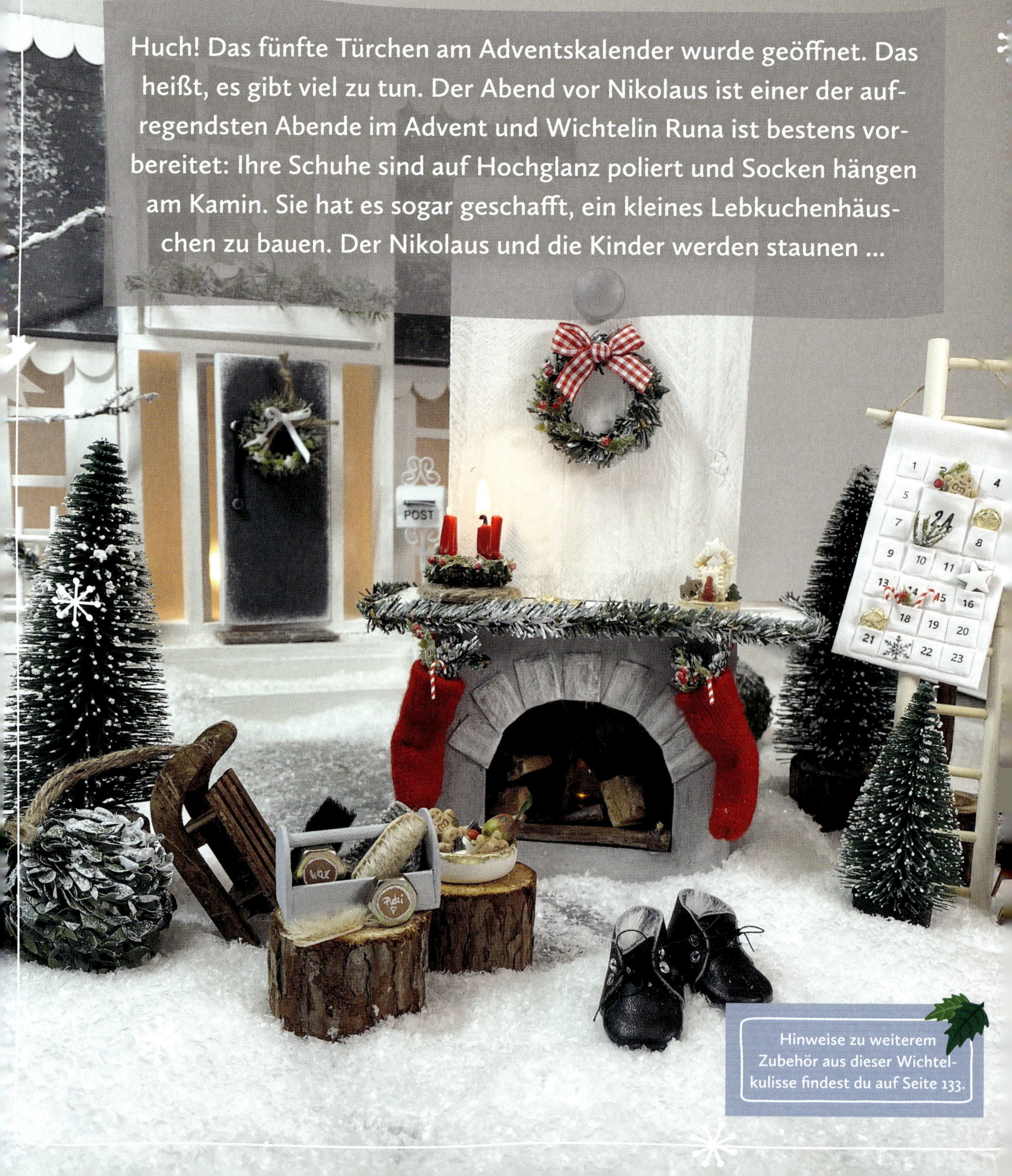


Hinweise zu weiterem Zubehör aus dieser Wichtelkulisse findest du auf Seite 133.

## KAMIN

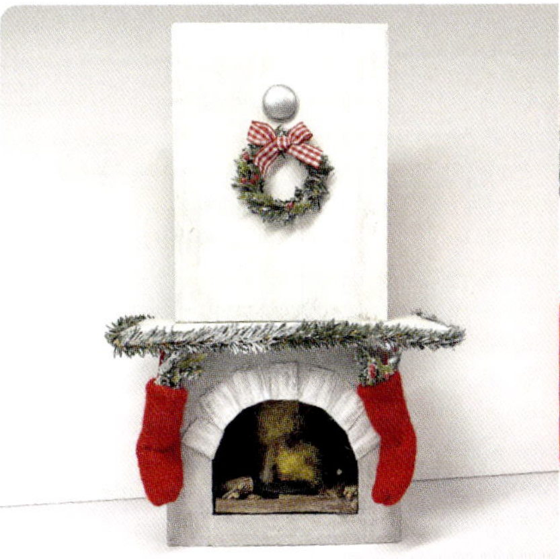

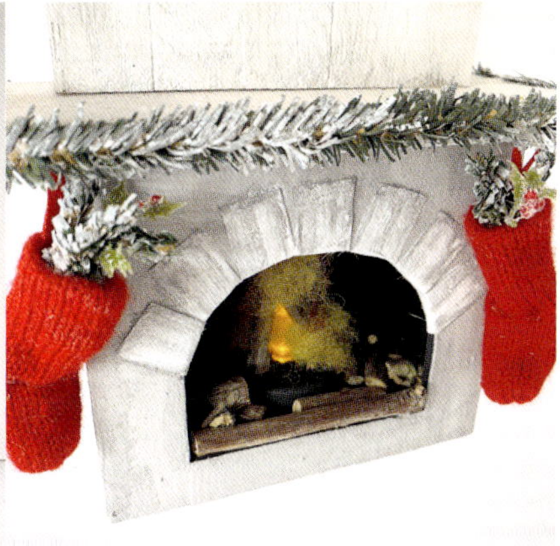

**VORLAGE**

Kaminausschnitt (S. 31)

**MATERIAL**

- 10 Holzklötzchen, 16 cm x 2,2 cm x 8 mm
- dünne Zweige
- Modellkarton, 3 mm stark, A4
- Maulbeerpapier, A4
- fertige Tannenranke
- Kranz (S. 59)
- Filzwolle in Rot, Gelb und Orange
- Teelicht mit Pustesensor
- Wackelauge, ø 10 mm
- Acrylfarbe in Schwarz, Weiß, Grau und Silber
- Heißklebepistole
- Holzleim

**HILFSMITTEL**

- Geodreieck
- Bleistift
- Bastelmesser mit Schneideunterlage
- Pinsel
- Schere

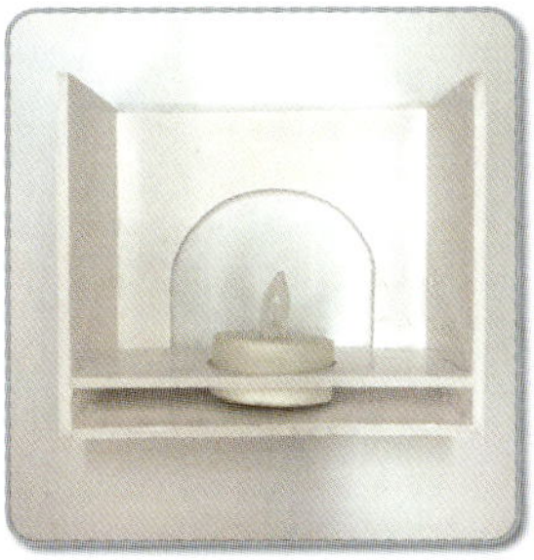

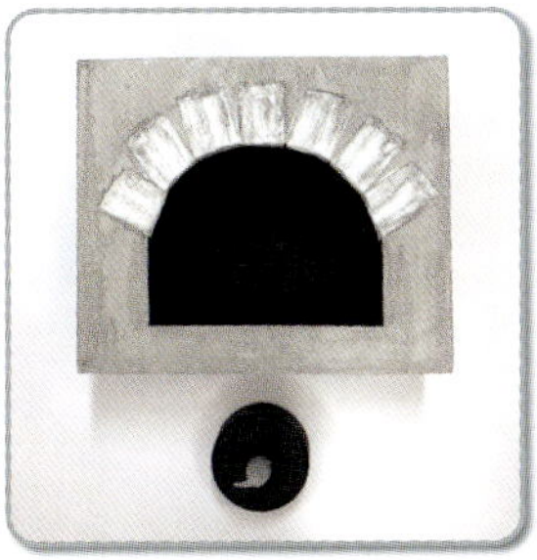

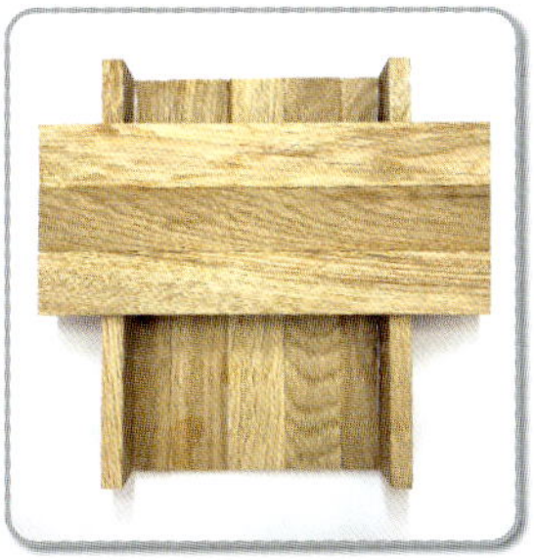

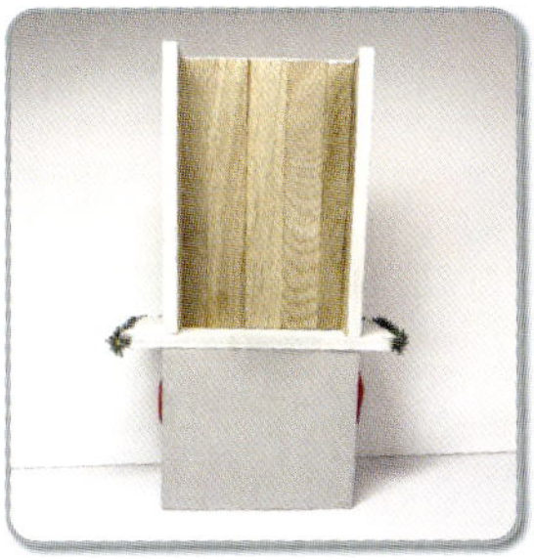

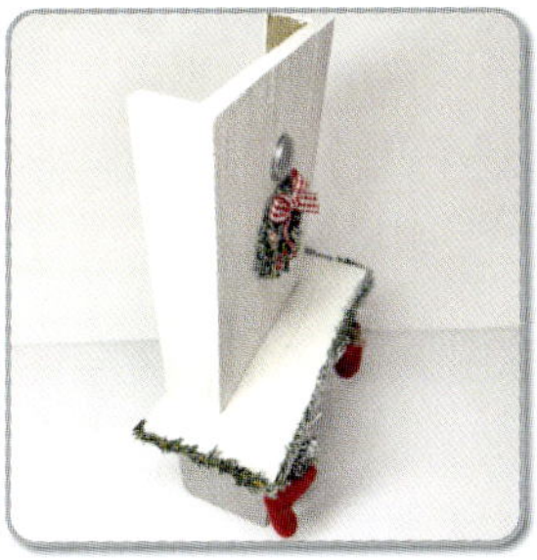

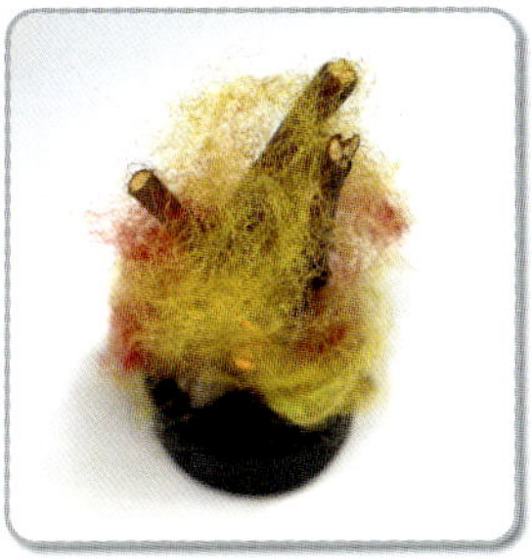

**1** Schneide mit dem Bastelmesser aus dem Modellkarton ein Vorder- und Rückteil in den Maßen 11,6 cm x 10 cm, zwei Seitenteile mit 5 cm x 10 cm und den Boden und Innenboden in den Maßen 5 cm x 11 cm aus.

**2** Zeichne mittig auf den Innenboden mithilfe des Teelichts einen Kreis und schneide diesen 2 mm größer aus. Zeichne mithilfe der Vorlage den Kaminausschnitt auf das Vorderteil und schneide diesen Bereich mit dem Bastelmesser aus. Leime alle Teile zusammen und setze den Innenboden ein. Der Innenboden sitzt auf Höhe der unteren Kante des Kaminausschnitts. Male den gesamten Innenraum und das Teelichtgehäuse schwarz und den Korpus hellgrau an.

**3** Leime für den Kaminsims drei Holzklötzchen zu einer Platte zusammen. Für den Abzug leimst du fünf Klötzchen zusammen und klebst an jedes Ende jeweils ein Klötzchen von hinten an die Platte. Trocknen lassen. Male die beiden Teile weiß an.

**4** Schneide aus Maulbeerpapier sieben 3 cm x 1,5 cm große Rechtecke als Steine zu und klebe sie um den Kaminausschnitt herum. Schattiere die Steine mit grauer Farbe. Leime den Kaminsims mittig auf den Korpus und anschließend den Abzug hinten bündig auf den Sims.

**5** Für das Reinigungsfach malst du das Wackelauge silberfarben an und klebst es auf den Abzug. Klebe einen Kranz an den Abzug und Tannenranken um den Sims herum.

**6** Zupfe etwas rote, gelbe und orangefarbene Filzwolle zurecht und hülle die Teelichtflamme damit ein. Stecke das Teelicht in den Innenraum. Schneide einige Zweige als Holzscheite und lege sie ebenfalls hinein.

**7** Zum Schluss hängst du die Socken (S. 132) an den Kaminsims.

## SOCKEN

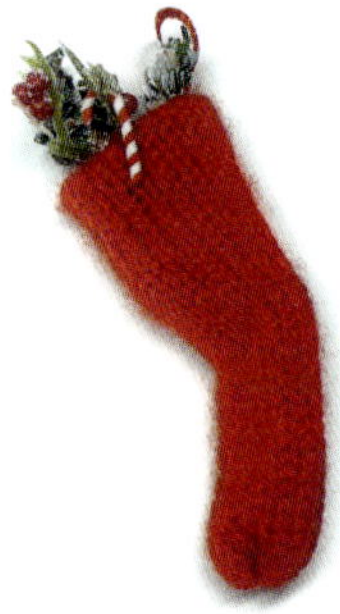

### MATERIAL

- Holzstäbchen, Gr. M (1,8 cm x 15 cm)
- 2 Strickschläuche in Rot, 10 cm lang
- Satinband in Rot, 2 mm breit
- fertige Tannenranke
- fertige Ilexranke
- Nähgarn
- Heißklebepistole

### HILFSMITTEL

- Schere
- Blechschere

**1** Wende die Strickschläuche auf links und binde sie jeweils an einem Ende mit dem Nähgarn ab. Verknote die Garnenden und schneide sie ab. Wende den Schlauch. Schiebe die obere Kante des Schlauchs nach innen und klebe den umgelegten Rand mit Heißkleber fest.

**2** Schneide aus dem Holzstäbchen zwei 3 cm lange Stücke als Sohlen. Runde die Ecken ab und schiebe die Sohlen in die Socken. Setze auf der Vorderseite 2,5 cm über der Sockenspitze einen sehr kleinen Tropfen Heißkleber und klappe die Socke an dieser Stelle zusammen. Bringe den Schlauch in Sockenform.

**3** Lege das Satinband zu einer Schlaufe und klebe es als Aufhänger in den Sockenrand. Schneide Stücke von der Tannen- und Ilexranke und fülle die Socken damit.

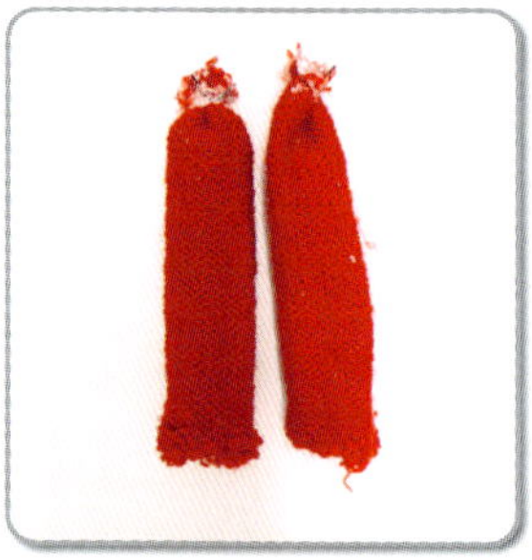

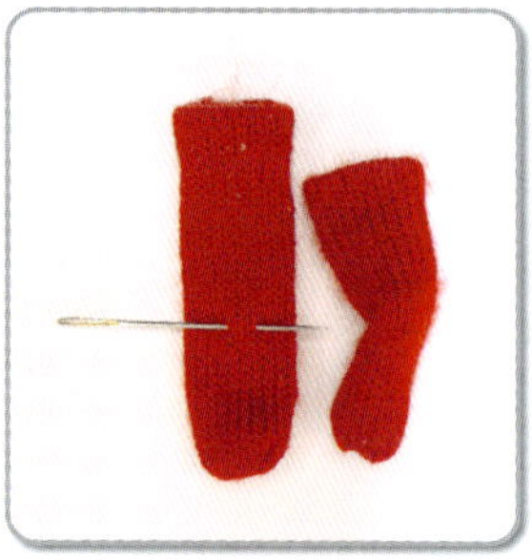

## ADVENTSKALENDER

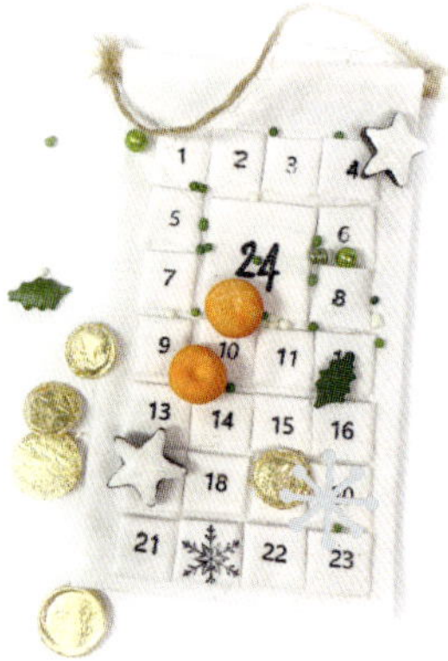

### MATERIAL

- Rundholz, ø 4 mm, 15 cm lang
- dünner Baumwollstoff in Weiß, 20 cm x 30 cm
- Jutekordel in Braun, 2 mm breit
- Mini-Zahlenstempel oder Fineliner in Schwarz
- Holzleim

### HILFSMITTEL

- Geodreieck
- Schere
- Holzstäbchen, Gr. S (6 mm x 19 cm)
- Stempelkissen (optional)

1 Falte den Stoff an einer Kante 1 cm um und bügle den Stoffbruch. Schneide den doppellagigen Streifen ab. Schneide aus dem Streifen 24 Stücke à 2 cm Länge. Klappe die Enden der Stücke jeweils 5 mm um, sodass eine Tasche entsteht. Schneide für die große Tasche (die 24) in der Mitte ein 3 cm x 4 cm großes Stück Stoff. Falte es so, dass die 3 cm langen Kanten aufeinanderliegen, und bügle den Stoffbruch. Klappe die seitlichen Kanten 5 mm um und bügle sie. Die Stoffbruchkante ist bei allen Taschen die Oberseite.

2 Bestreiche die Taschen nacheinander an den umgeklappten Kanten und der Unterkante mit wenig Holzleim und klebe sie einzeln wie abgebildet auf den restlichen Stoff. Schiebe in jede Tasche dabei ein Holzstäbchen Gr. S, damit sie nicht zukleben und um sie zu modellieren. Drücke dabei mit dem Holzstäbchenende auf die unteren Ränder der Taschen, bis der Kleber anzieht. Trocknen lassen.

3 Lege das Stoffstück mit den Taschen doppelt und schneide es im Bruch so zu, dass die fertige Fläche 11 cm x 5,5 cm plus 1 cm Klebezugabe an den Seitenkanten und der Unterkante groß ist. Klappe das Stoffstück auf und falte die Seitenkanten und die Unterkante nach innen. Lege die Seitenkanten aufeinander und klebe Seitenkanten und Unterkante zusammen. Die Oberseite bleibt offen.

4 Lege das Rundholz von hinten an die Oberkante, rolle den Stoff leicht darüber und klebe das Rundholz fest.

5 Befestige die Jutekordel an den Enden des Rundholzes. Beschrifte die Taschen mit Fineliner oder bedrucke sie mit Zahlenstempeln.

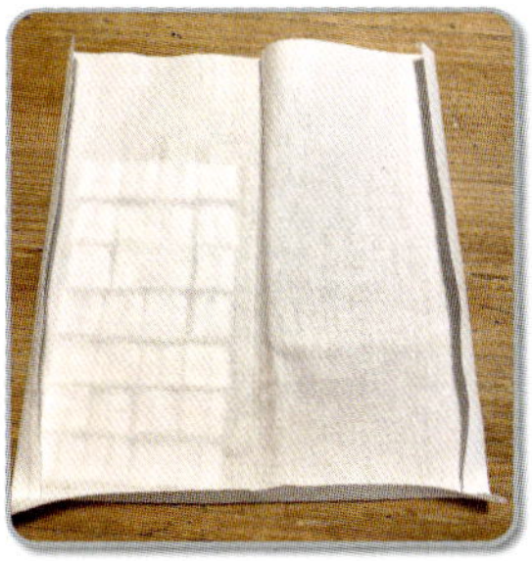

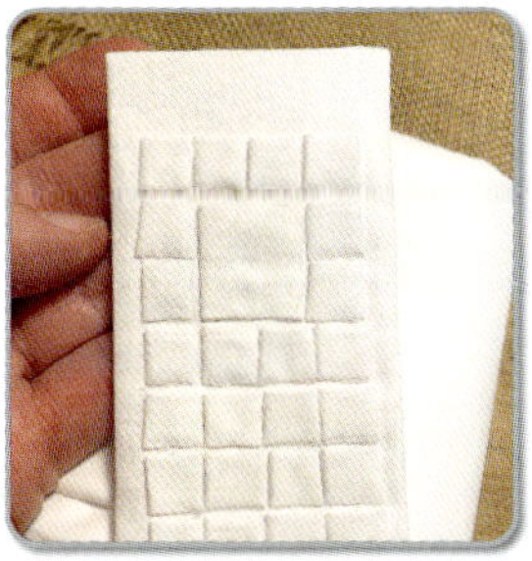

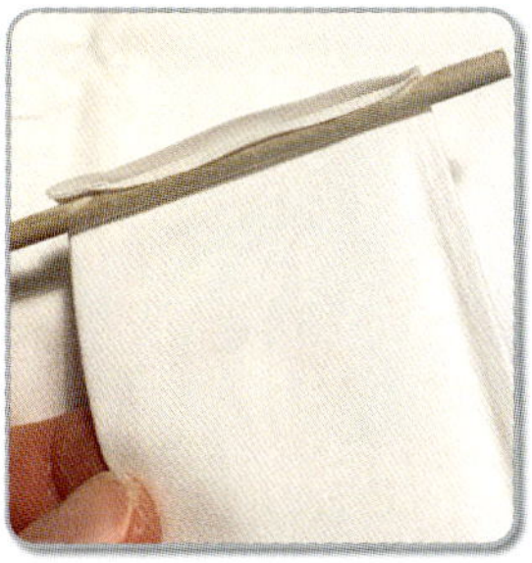

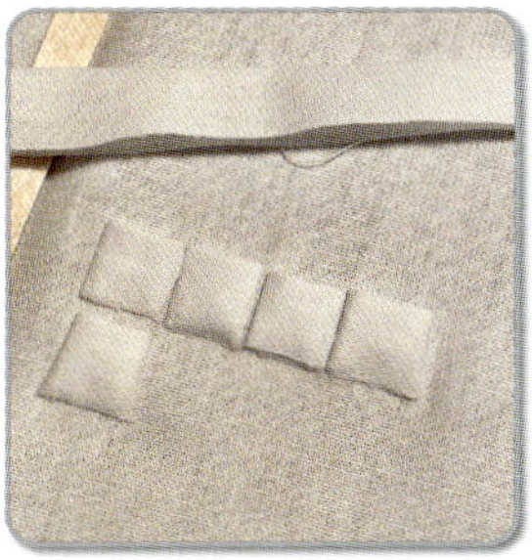

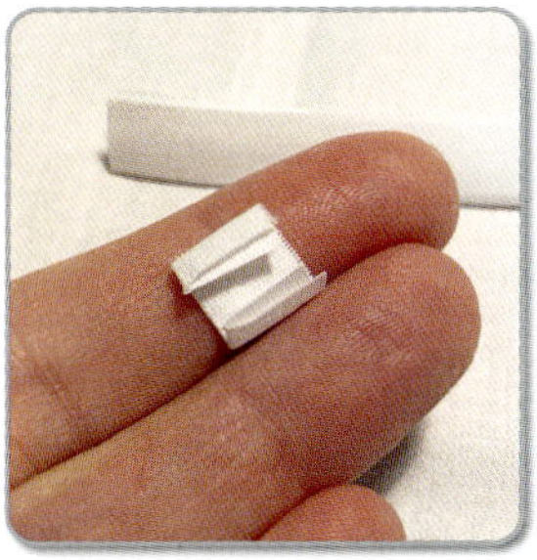

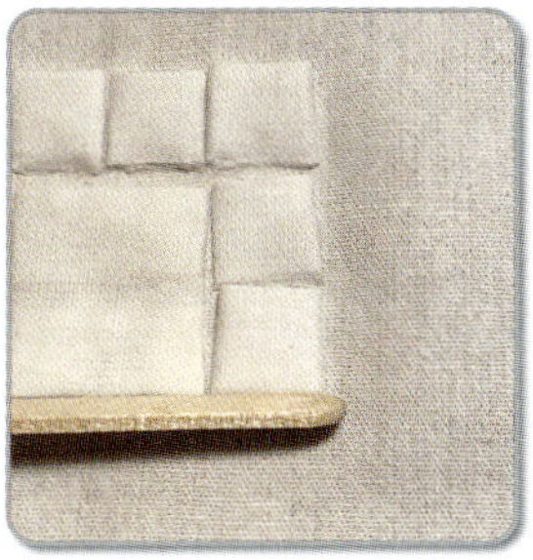

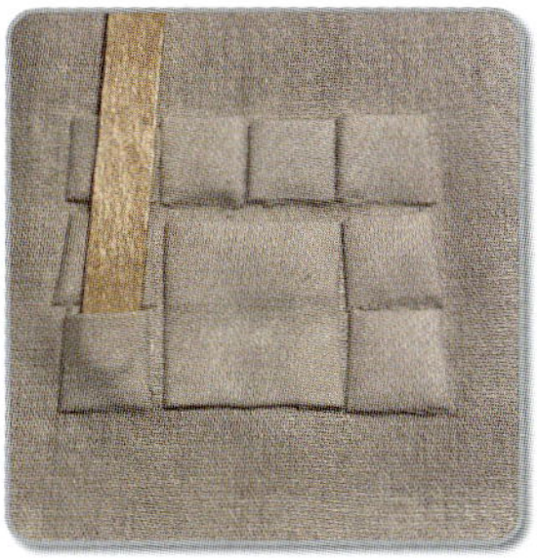

## WEITERES ZUBEHÖR

Die Anleitung für Mandarinen und Äpfel, den Plätzchenteller und die Rute in der Wichtelkulisse auf Seite 130 findest du ab Seite 125, für den Türkranz auf Seite 59, für die Leiter auf Seite 52, für den Leuchtstern auf Seite 46, für die Mooskugeln auf Seite 60 und für die Tannen auf Seite 61. Der Rodelschlitten ist ein Fertigteil.

# ADVENTSKRANZ

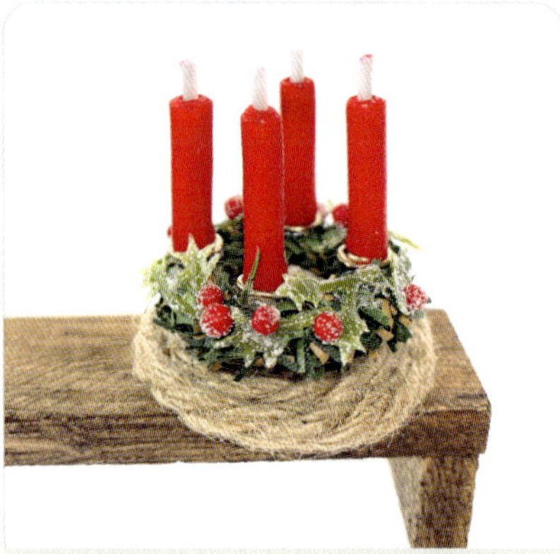

**MATERIAL**

- Schlüsselring, ø 2,5 cm
- fertige dünne Tannenranke, 30 cm lang
- fertige Ilexranke mit Beeren
- Jutekordel in Braun, ø 5 mm
- 4 Kerzen mit Halterung (S. 221)
- Heißklebepistole

**HILFSMITTEL**

- Schere

**1** Wickle die Tannenranke stramm um den Schlüsselring, indem du die Ranke immer wieder durch den Ring führst.

**2** Lege für die Unterlage des Kranzes die Jutekordel zu einer Schnecke mit einer Aussparung in der Mitte. Klebe dabei das Ende in regelmäßigen Abständen mit Heißkleber fest.

**3** Klebe den Kranz auf die Unterlage. Ordne die Kerzen auf dem Kranz an und klebe sie fest. Dekoriere den Kranz mit einzelnen Ilexblättern.

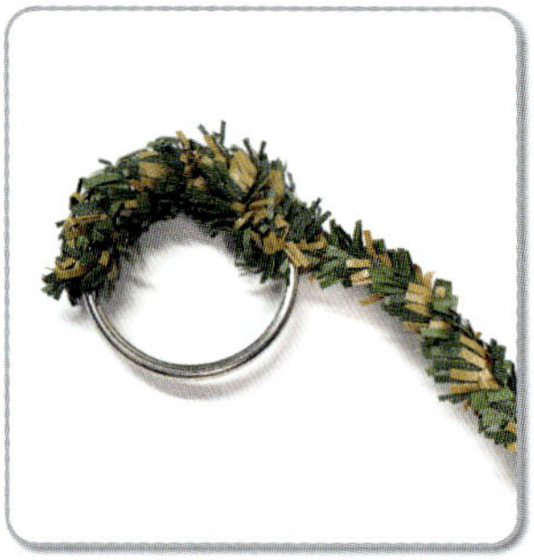

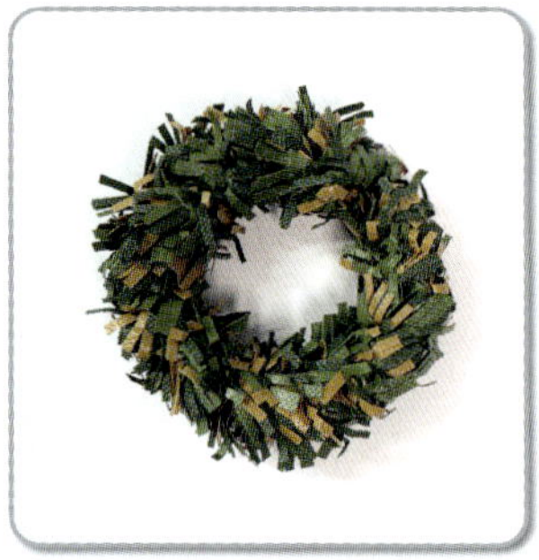

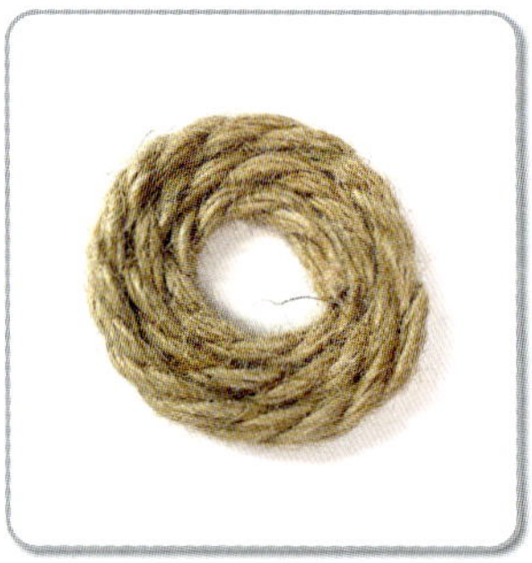

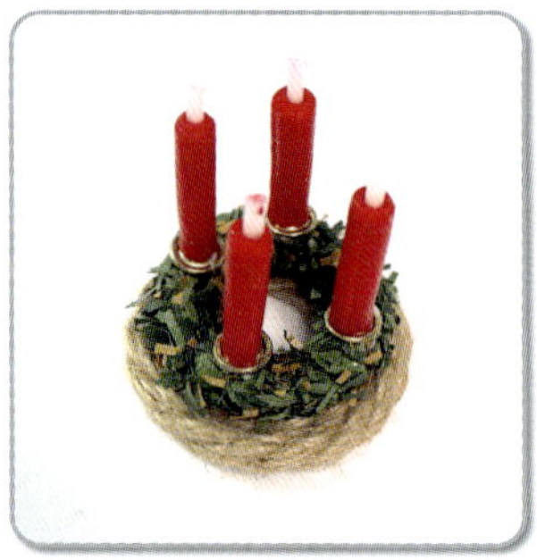

# LEBKUCHENHAUS

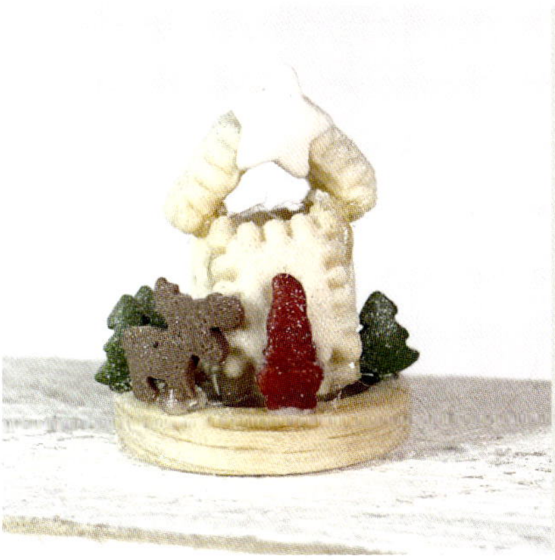

**MATERIAL**

- Holzknopf, ø 2 cm
- 7 Mini-Butterkekse
- Zuckerstreusel mit Weihnachtsmotiven (Rentier, Baum, Weihnachtsmann)
- Glitzer-Puderzucker
- Zuckerguss

**HILFSMITTEL**

- Pinzette
- Zahnstocher

**1** Klebe die Butterkekse mit selbst angerührtem Zuckerguss so zusammen, dass ein kleines Haus entsteht.

**2** Trage ein wenig Zuckerguss mit einem Zahnstocher auf die Zuckerstreusel auf. Verziere damit das Lebkuchenhaus mithilfe einer Pinzette.

**3** Streue Glitzer-Puderzucker als Schnee über das Häuschen.

**4** Klebe das Lebkuchenhaus für mehr Standfestigkeit mit Zuckerguss auf den Holzknopf.

# SCHUHPUTZKASTEN

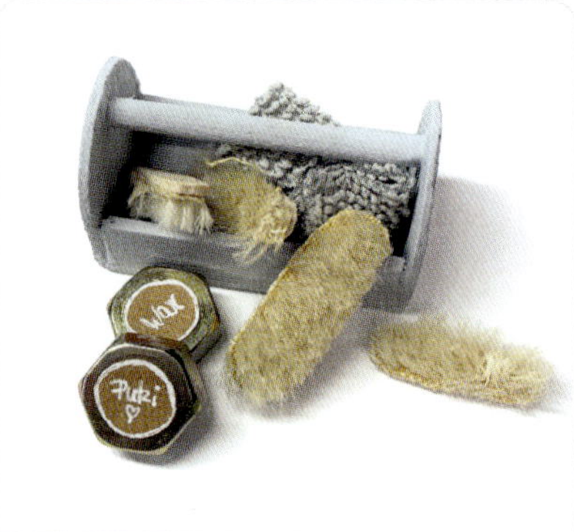


### MATERIAL
- Holzstäbchen, Gr. K (1,1 cm x 11 cm)
- Holzstäbchen, Gr. S (6 mm x 19 cm)
- Holzstäbchen, Gr. L (2,5 cm x 20 cm)
- Rundholz, ø 4 mm, 15 cm lang
- Pappe in Braun (ca. 120 g/m²)
- 2 Muttern, ø ca. 10 mm
- Fellband, 4 cm x 4 cm
- Mikrofaserspültuch
- Gelroller in Weiß
- Acrylfarbe in Hellgrau
- Holzleim

### HILFSMITTEL
- Blechschere
- Geodreieck
- Schmirgelpapier, 240er Körnung
- Bleistift
- Schere

**1** Schneide für die runden Seitenteile des Putzkastens die beiden Enden des Holzstäbchens Gr. L 2,5 cm lang ab. Schneide für den Boden den Rest des Holzstäbchens Gr. L sowie für den Griff das Rundholz 4 cm lang zu. Schneide für die länglichen Seitenteile aus dem Holzstäbchen Gr. K zwei 3,8 cm lange Stücke. Leime die länglichen Seitenteile senkrecht an die langen Kanten des Bodens. Leime die runden Seitenteile an die kurzen Kanten des Bodens und die länglichen Seitenteile. Leime das Rundholz als Griff dazwischen. Trocknen lassen.

**2** Schleife die Kanten des Putzkastens. Male ihn grau an.

**3** Schneide für die Bürsten vier kleine Stücke von dem Holzstäbchen Gr. S ab und schleife die Enden rund. Lege die Teile auf das Fellband und fahre die Umrisse mit Bleistift nach. Schneide die Teile aus dem Fellband aus und klebe sie jeweils auf die Holzstücke. Stutze das Fell, wenn es zu lang ist.

**4** Schneide zwei Kreise aus Pappe, die ein wenig kleiner sind als die Muttern. Klebe die Pappkreise auf die Muttern und beschrifte sie nach Wunsch mit einem Gelroller. Schneide zum Schluss für das Tuch ein 3 cm x 3 cm großes Stück von dem Mikrofaserspültuch ab.

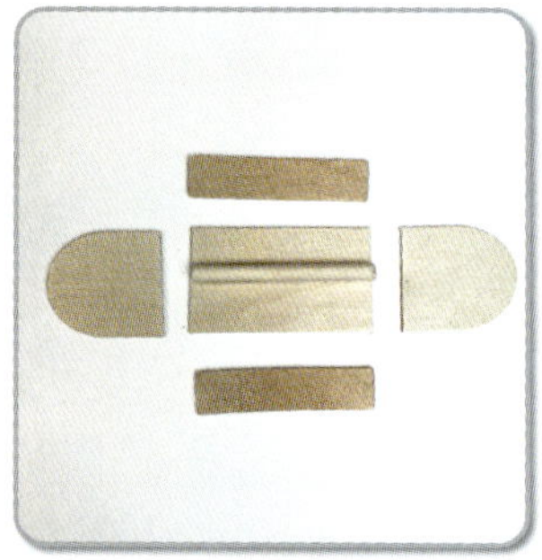

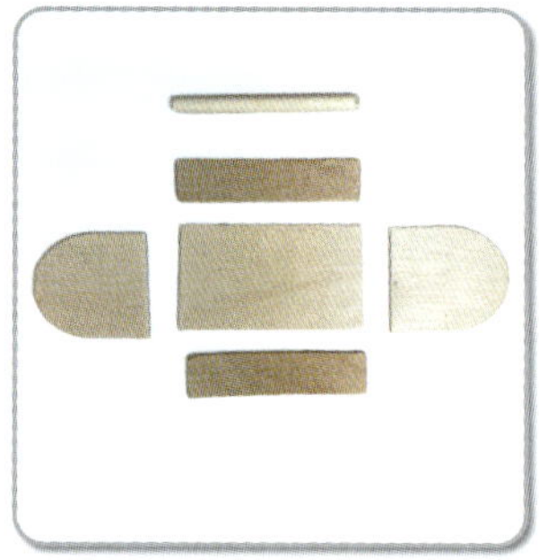

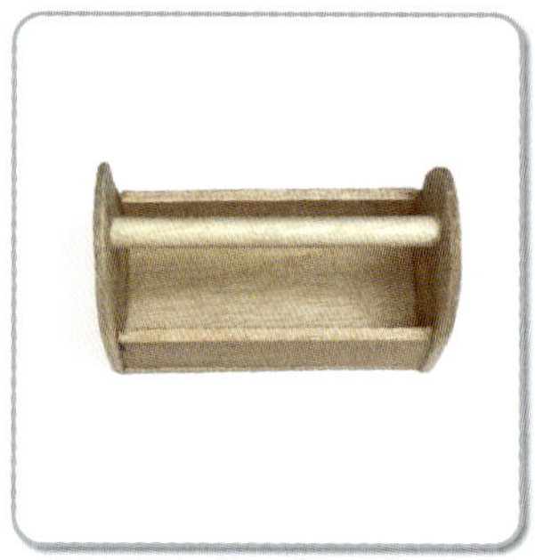

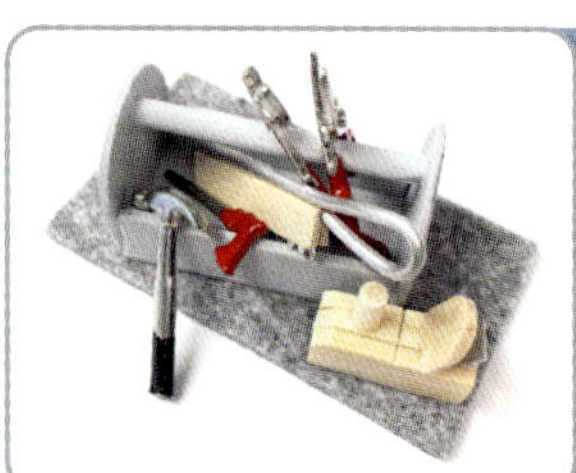

## VIELSEITIGER SCHUHPUTZKASTEN

Den Schuhputzkasten kannst du in vielen Wichtelkulissen verwenden. Er kommt als Werkzeugkiste in der Profi-Wichtelwerkstatt zum Einsatz (ab S. 116) und im Rentierstall für das Rentierputzzeug (ab S. 140). Die Bürsten, Dosen und Lappen kannst du austauschen. Die Schuhbürsten sind aus verschiedenen Bastelhölzern gefertigt, die mit kurzgeschnittenem Fell beklebt sind.

# WICHTELSTIEFEL

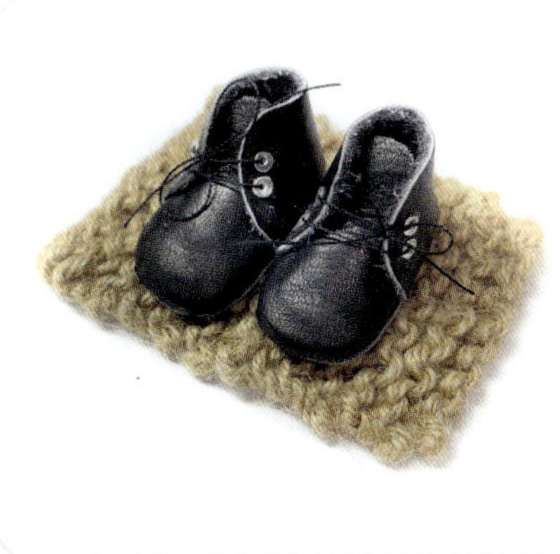

**VORLAGE**
Wichtelstiefel (S. 31)

**MATERIAL**
- Holzstäbchen, Gr. M (1,8 cm x 15 cm)
- Bastelalufolie
- Lederreste in Schwarz
- Zwirn in Schwarz, 40 cm lang
- Kraftkleber
- Heißklebepistole

**HILFSMITTEL**
- Kugelschreiber
- Schere
- Blechschere
- Nähnadel
- Stoffklammern
- Schmirgelpapier, 240er Körnung
- Lochzange

**1** Übertrage die Vorlage folgendermaßen auf das Leder: zweimal Vorderteil, zweimal Hinterteil, je zweimal Sohlen (insgesamt acht Teile). Übertrage die Vorlage der Sohlen auf ein Holzstäbchen Gr. M. Schneide alle Teile aus. Schneide die Nahtzugaben an den Vorder- und Hinterteilen alle 3 mm ein. Stich mit der Nadel markierungsgemäß die Löcher an den Hinterteilen durch das Leder. Schleife die Sohlen aus Holz in die richtige Form; sie sollten etwas kleiner als die Vorlage sein.

**2** Streiche Kraftkleber auf die linke Seite der Nahtzugabe an den Vorderteilen und klebe sie an die Unterseite der beiden Holzsohlen. Trocknen lassen.

**3** Wiederhole Schritt 2 mit den Hinterteilen. Fixiere die Klebestellen mit Stoffklammern. Trocknen lassen.

**4** Bestreiche zwei Sohlenteile aus Leder auf der Unterseite mit Kraftkleber und schiebe sie in die Schuhe.

**5** Stanze mit der Lochzange aus der Bastelalufolie kleine Kreise aus und stich mit der Nadel ein Loch in die Mitte. Klebe die Kreise auf die vorgestochenen Löcher und drücke sie flach. Schneide zwei 20 cm lange Stücke Zwirn und fädle sie als Schnürsenkel mithilfe der Nadel durch die Löcher im Leder. Binde zum Schluss eine Schleife und kürze den Zwirn.

**6** Bestreiche die Nahtzugaben auf der Unterseite der Schuhe mit Kraftkleber und fülle den Raum dazwischen mit Heißkleber. Klebe die beiden restlichen Ledersohlen auf.

**7** Schneide mithilfe der Vorlage für die Sohlen zwei Lederabsätze und klebe sie auf die Unterseite der Schuhe.

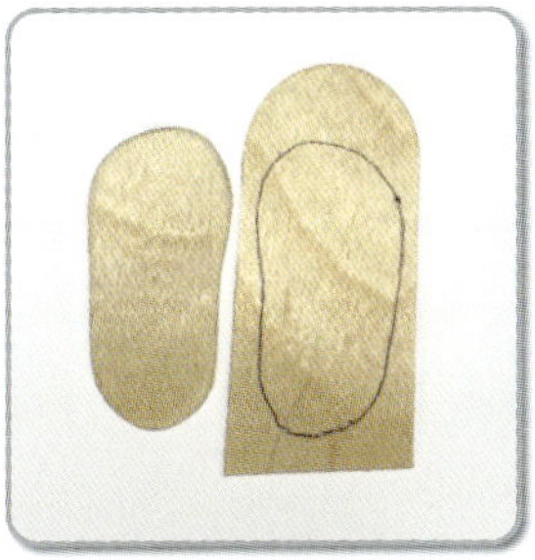

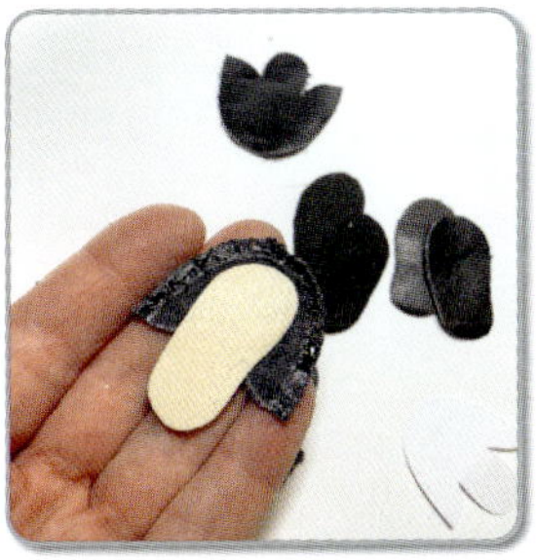

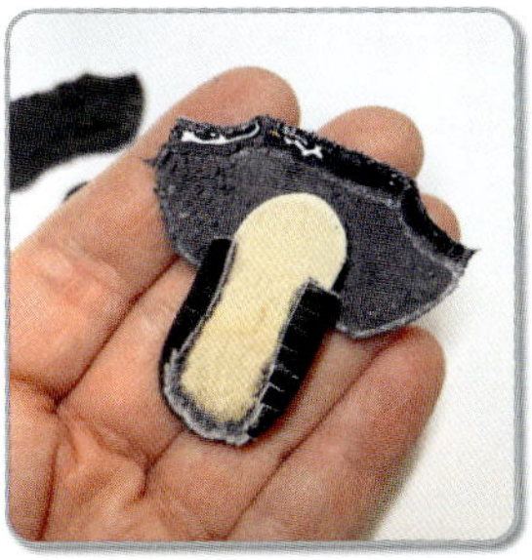

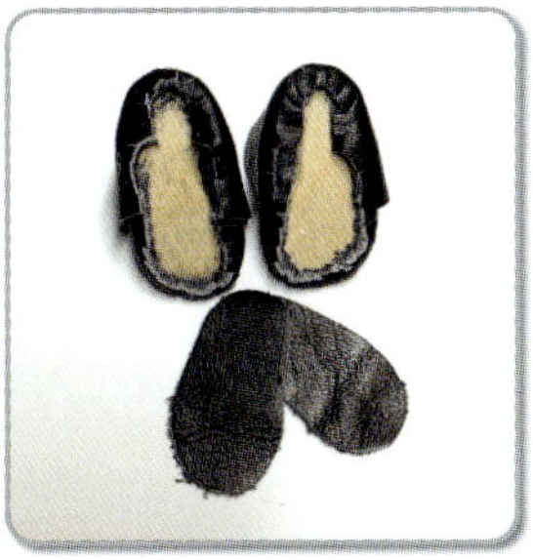

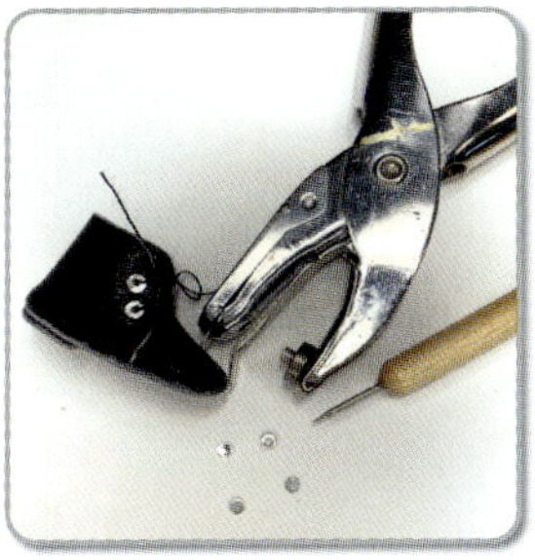

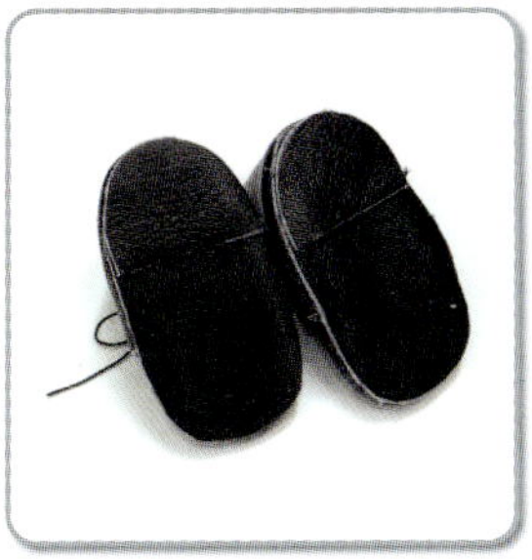

EINFACH UMSETZBAR!

# SCHLICHTER RENTIERSTALL

Wichtel haben einen ganz besonderen Draht zu Tieren. Kein Wunder, dass es Rentier Domino nicht lange ohne Wichtelin Alva ausgehalten hat. Von ihr bekommt er eine kuschelige Decke, sie bürstet ihm angenehm das Fell und sie füttert ihn ab und zu mit seiner absoluten Lieblingsspeise: Dominosteine. Wenn Domino allerdings auf Erkundungstour geht, verläuft er sich oft. Die Kinder helfen Alva bestimmt und bringen Domino zurück.

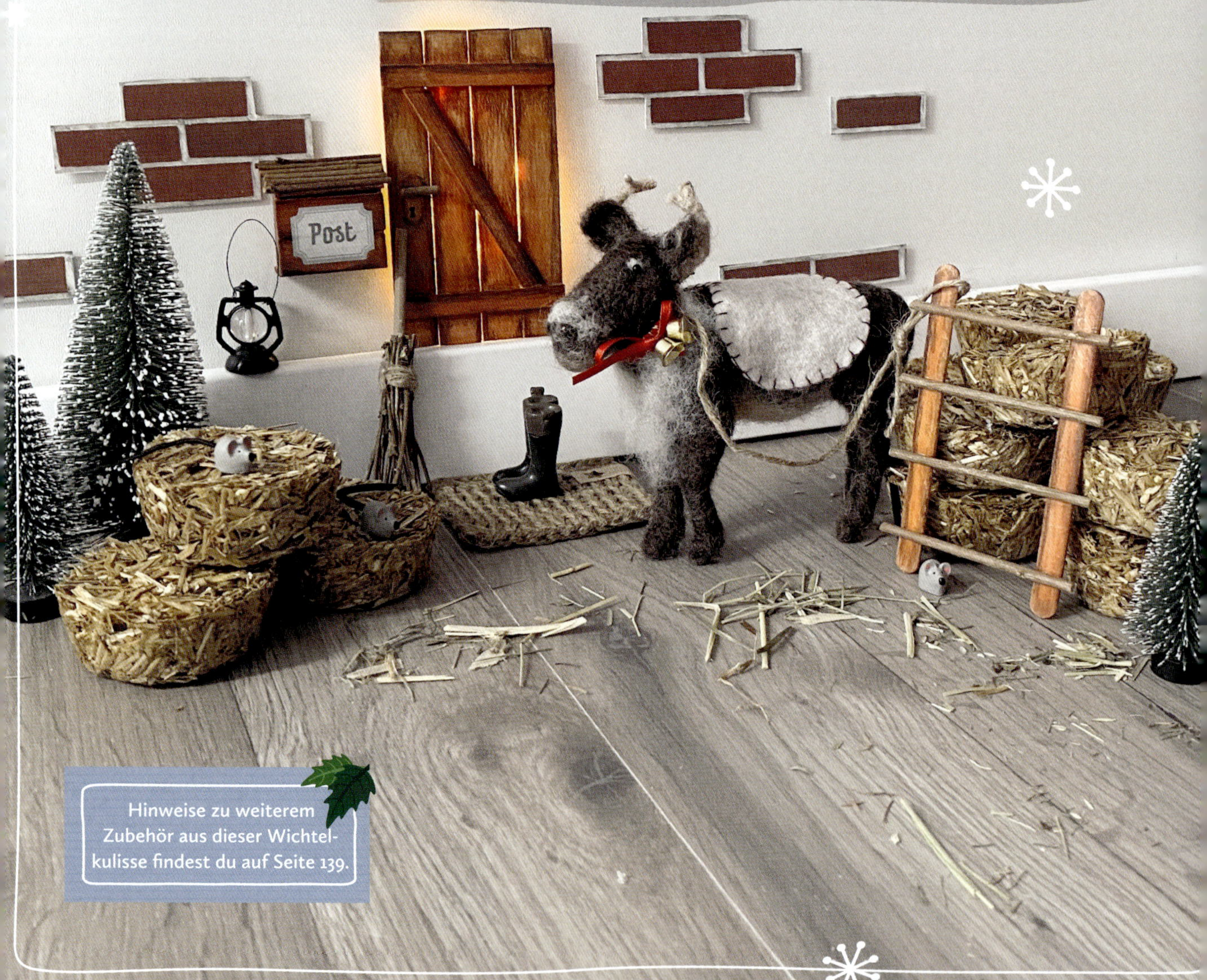


Hinweise zu weiterem Zubehör aus dieser Wichtelkulisse findest du auf Seite 139.

## STROHBALLEN

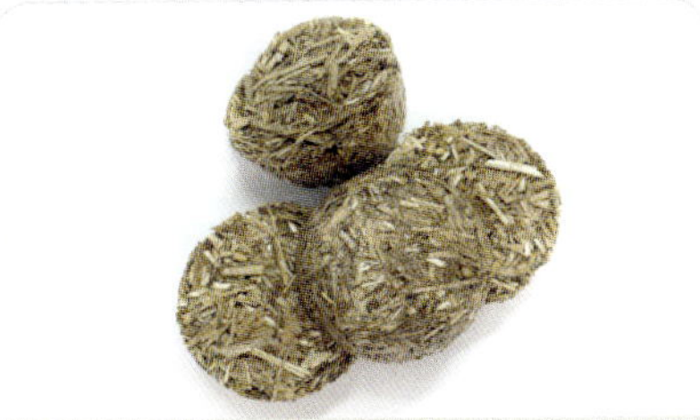

### MATERIAL
- Frischhaltefolie
- 120 g Stroh oder Heu
- 200 ml Bastelkleber oder Leim

### HILFSMITTEL
- Schere
- Muffinblech mit 12 Mulden
- Eimer
- Einmalhandschuhe

**1** Schneide die Frischhaltefolie in passende Quadrate und lege damit die Mulden des Muffinblechs aus. Schneide das Stroh in 2 cm lange Stücke. Vermische ca. 400 ml Wasser mit dem Stroh in einem Eimer. Füge Bastelkleber zu und knete alles durch.

**2** Fülle die Masse in die Mulden und drücke sie fest. Achte darauf, dass oben keine Strohhalme herausstehen. Stelle das Muffinblech eine Woche zum Trocknen auf die Heizung. Hebe die Strohballen nach ein bis zwei Tagen an und löse, wenn möglich, vorsichtig die Folie vom Rand; wenn die Folie nicht mehr am Stroh klebt, kannst du sie entfernen. So können die Strohballen besser trocknen. Schneide abstehendes Stroh ab.

## RENTIERDECKE

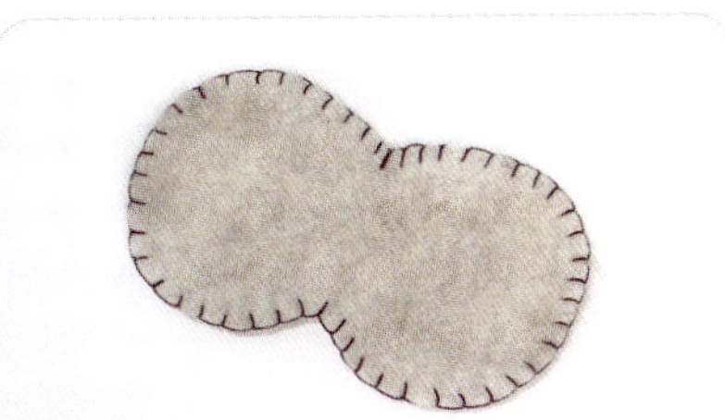

### MATERIAL
- Filz in Beige, 1 mm stark
- Nähgarn in Rot

### HILFSMITTEL
- Trinkglas, ø 5 cm
- Kugelschreiber
- Schere
- Nähnadel

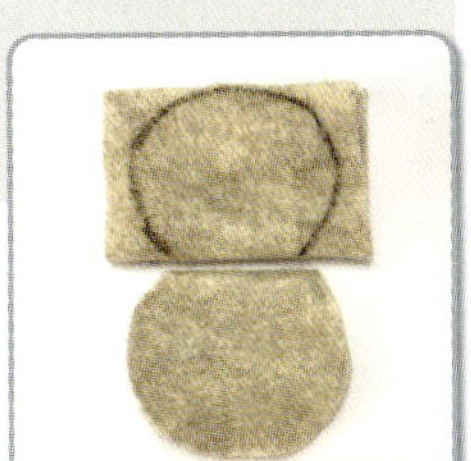

**1** Lege für die Satteldecke den Filz doppelt. Zeichne an der Bruchkante mithilfe des Trinkglases einen Kreisbogen mit 5 cm Durchmesser, der von der Bruchkante begrenzt wird. Schneide den Kreis aus und klappe die Satteldecke auf.

**2** Fasse den Rand der Decke mit Schlingstich ein. Fädle dazu Nähgarn auf die Nadel und verknote das Fadenende. Stich an einer beliebigen Stelle mit 5 mm Abstand zum Rand von unten in den Filz. Zieh den Faden durch und stich erneut von unten an derselben Stelle durch den Filz. Fädle die Nadel durch die entstandene Schlaufe und zieh das Garn fest. Stich mit einem Abstand von 5 mm zur ersten Einstichstelle erneut von unten durch den Filz und führe die Nadel durch die entstehende Schlaufe. Wiederhole diesen Schritt, bis der gesamte Rand der Decke eingefasst ist.

## HALSBAND MIT GLÖCKCHEN

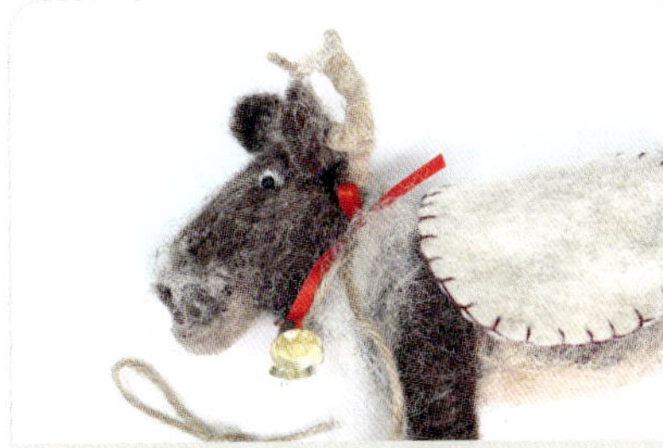

### MATERIAL
- Jutekordel in Braun, ø 2 mm, 20 cm lang
- Schleifenband in Rot, 2 mm breit
- 2 Glöckchen, ø 8 mm

### HILFSMITTEL
- Schere

**1** Binde ein Ende der Jutekordel zu einer Schlaufe. Fädle die Glöckchen auf das Schleifenband und binde dem Rentier das Band um den Hals. Knote die Jutekordel an das Halsband.

### WEITERES ZUBEHÖR

Die Anleitung für die Tür in der Wichtelkulisse auf Seite 138 findest du auf Seite 35, für den Briefkasten auf Seite 53, für die Leiter auf Seite 52, für die Rute auf Seite 125. Gummistiefel, Maus, Laterne und Tannen sind Fertigteile. Das Rentier Domino ist ein handgefilztes Unikat (S. 82). Du kannst auch ein fertiges im Handel erwerben. Die Ziegelsteine schneidest du aus braunem Tonkarton zu, umrandest sie mit weißem Gelroller und klebst sie mit Klebepads (1 mm) an die Wand.

ANSPRUCHSVOLL!

# RENTIERSTALL MIT UNTERSTAND

Rentier Domino liebt seinen gemütlichen Unterstand! Im hinteren Teil befindet sich eine Schiebetür, die in seinen Stall führt. Wie bei der Wichteltür bleibt auch diese Tür verschlossen und die Kinder können nur erahnen, was sich dahinter verbirgt. Außerdem hat Domino eine Futterraufe, die von den Kindern mit Futtermöhren und Heu gefüllt werden kann. Und nachts leuchtet die Stall-Lampe, denn Wichtelin Alva schaut jeden Abend noch einmal nach ihrem Lieblingsrentier …

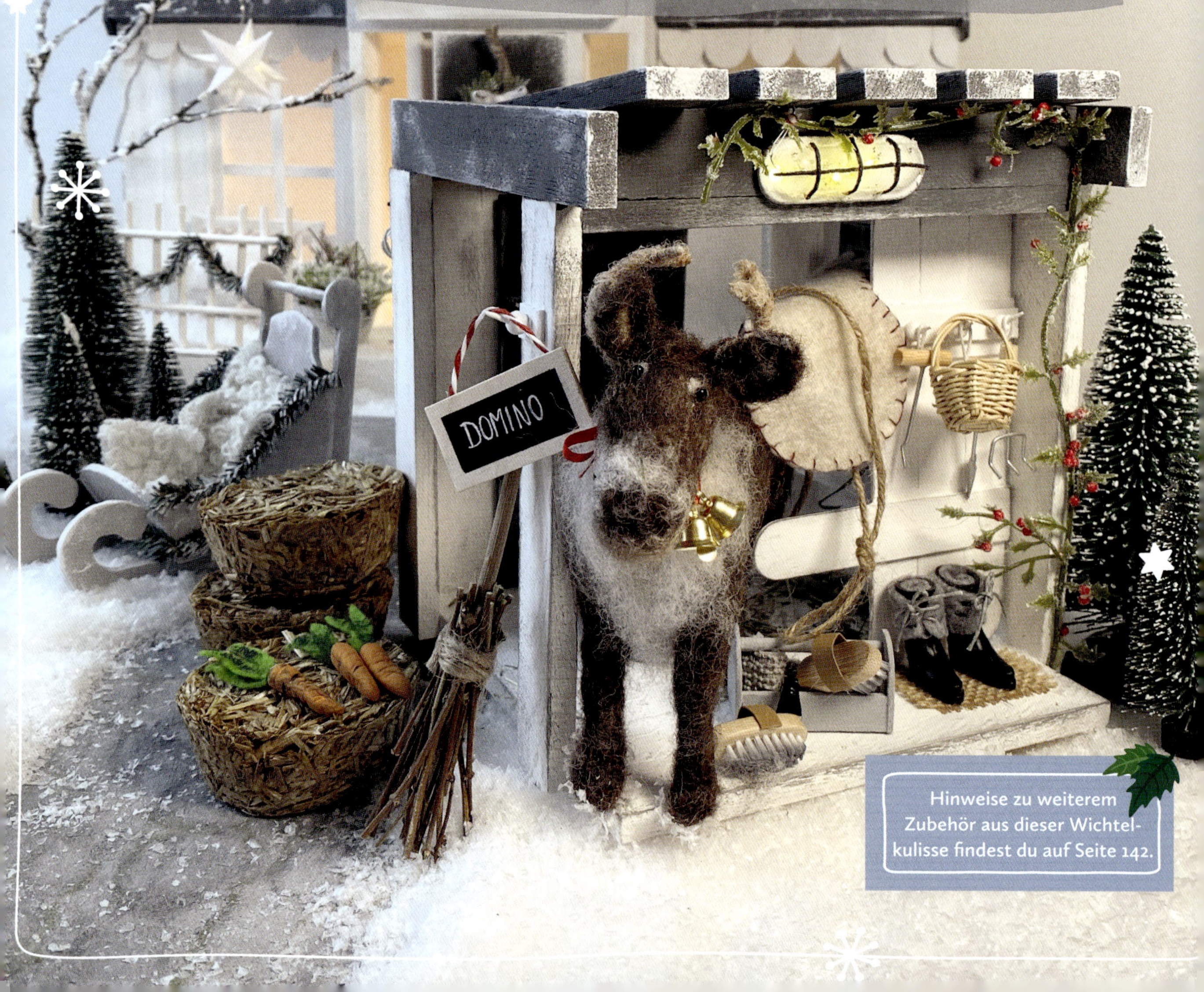


Hinweise zu weiterem Zubehör aus dieser Wichtelkulisse findest du auf Seite 142.

# UNTERSTAND MIT SCHIEBETÜR

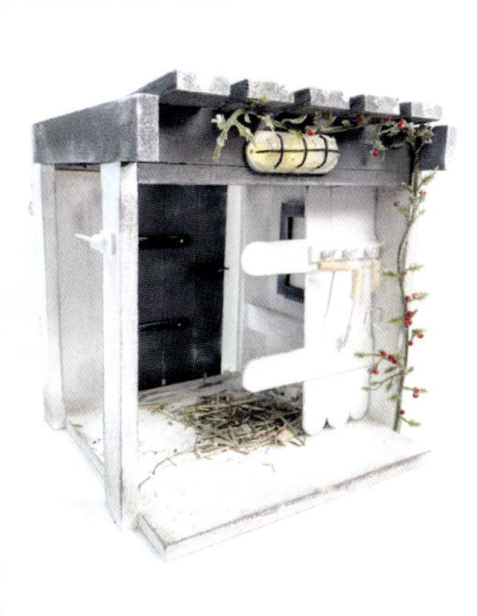

**MATERIAL**

- fertiges Fenster, 7 cm x 7 cm
- 29 Holzklötzchen, 16 cm x 2,2 cm x 8 mm
- Holzstäbchen, Gr. K (1,1 cm x 11 cm)
- 2 Holzstäbchen, Gr. S (6 mm x 19 cm)
- 7 Holzstäbchen, Gr. M (1,8 cm x 15 cm)
- 6 Holzstäbchen, Gr. L (2,5 cm x 20 cm)
- Holzspieß, 20 cm lang
- 2 Zahnstocher
- Lampenschirmfolie in Milchig-Weiß
- fertige Ilexranke
- 2 Ringösen, ø 8 mm
- 4 Holzperlen, ø 4 mm
- Acrylfarbe in Weiß, Dunkelgrau und Schwarz
- doppelseitiges Klebeband, 8 mm breit (z.B. Tacky Tape)
- Heißklebepistole
- Holzleim

**HILFSMITTEL**

- Borstenpinsel
- Blechschere
- Schwamm

**1** Lege für den Boden sieben Holzklötzchen flach auf die Arbeitsfläche und leime sie an den langen Kanten zusammen. Leime für die Außenwand sechs Holzklötzchen zusammen. Leime die Wand an die rechte Seite des Bodens, sodass sie an der hinteren Ecke 8 mm übersteht. Leime ein weiteres Holzklötzchen an der hinteren Ecke rechtwinklig dagegen. Leime für die Rückwand drei Holzklötzchen zusammen und anschließend an die Rückseite des Bodens, bündig mit der linken hinteren Ecke. Leime ein weiteres Holzklötzchen rechtwinklig daran. Leime nun ein Holzklötzchen als Stütze so an die linke vordere Seite des Bodens, dass es mit der gegenüberliegenden Wand rechts vorn abschließt. Leime ein Holzklötzchen als Querbalken zwischen die rechte Wand und die Stütze, sodass ein Rahmen entsteht.

**2** Klebe als Dachbalken ein waagerecht liegendes Holzklötzchen auf die Rückwand und jeweils ein senkrecht stehendes Holzklötzchen auf die linke und rechte Wand (rot gekennzeichnet). Leime ein senkrecht stehendes Holzklötzchen vorne bündig auf den Querbalken.

**3** Streiche die Wände und den Boden weiß. Male die Dachbalken, das Fenster und fünf weitere Holzklötzchen dunkelgrau an. Trocknen lassen.

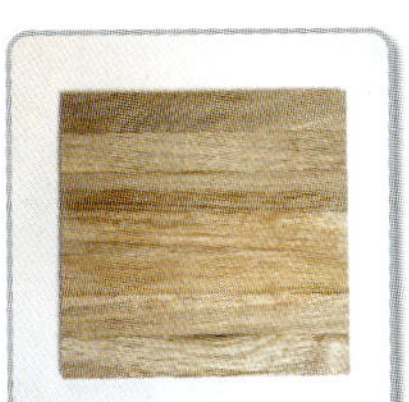
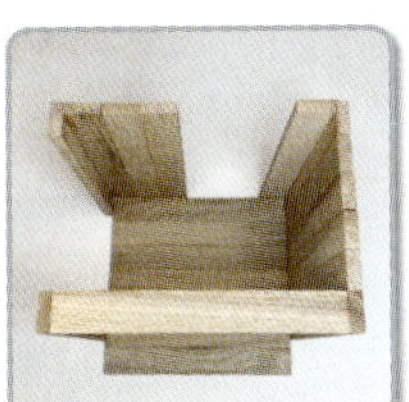
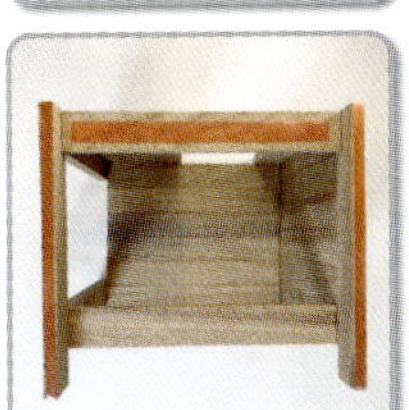
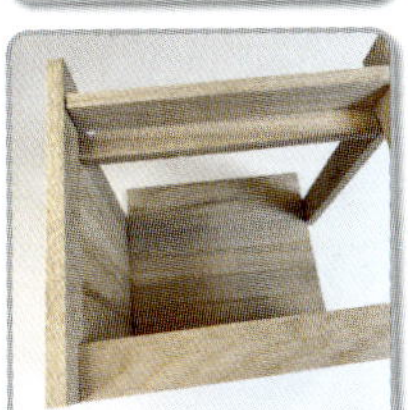

**4** Lege für die Tür zweimal drei Holzstäbchen Gr. L dicht nebeneinander auf die Arbeitsfläche. Schneide jeweils zwei Streifen doppelseitiges Klebeband und klebe sie quer über die Holzstäbchen. Schneide die zwei Türteile auf je 14 cm Länge. Klebe mit Heißkleber die Ringösen wie abgebildet mit 5 cm Abstand an die Oberkante eines Türteils. Schneide ein Holzstäbchen Gr. S auf zweimal 5 cm zu und klebe die beiden Stücke aufeinander. Klebe das Teil zwischen die Ringösen. Leime die Türteile zusammen. Trocknen lassen. Streiche die Tür dunkelgrau an.

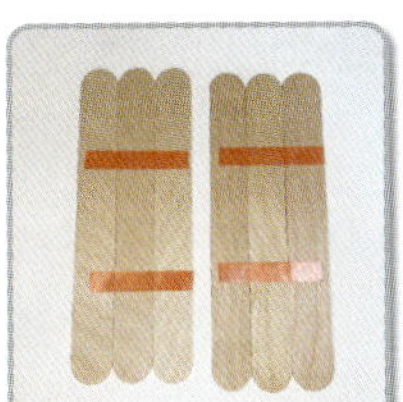
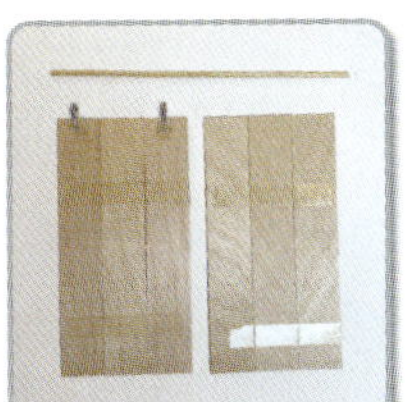
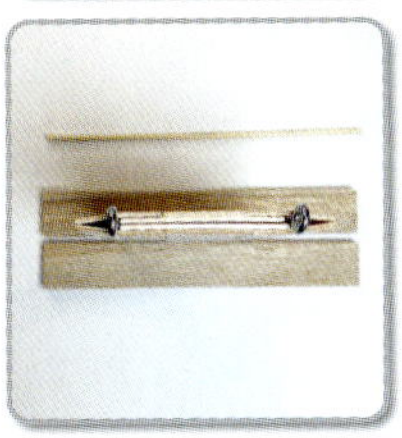
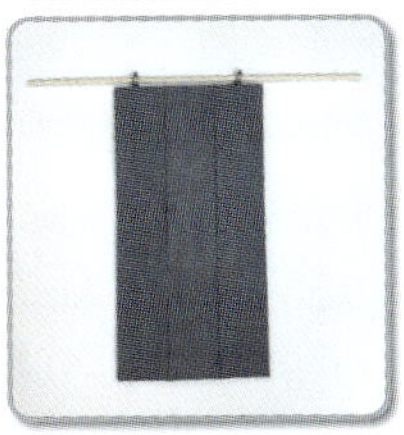

**5** Klebe die fünf dunkelgrau angemalten Holzklötzchen parallel zu der rechten Wand gleichmäßig verteilt auf die Dachbalken. Klebe das fertige Fenster mit Heißkleber innen an die rechte Stallwand. Kürze den Holzspieß auf 16,1 cm und schleife ihn so, dass er genau zwischen die linke und rechte Wand passt. Schiebe den Holzspieß durch die Ringösen an der Tür und leime ihn knapp unter dem Dach zwischen die Wände. Schneide ein Holzstäbchen Gr. S auf 10 cm Länge zu. Schiebe die Stalltür vor die Öffnung und klebe das Holzstäbchen waagerecht liegend direkt vor die Tür auf den Stallboden.

**6** Schneide von den Resten der Holzstäbchen Gr. S zwei runde Enden und ein kleines rechteckiges Stück ab. Male die Teile schwarz an. Die gerundeten Teile klebst du als Türbänder an und das rechteckige Teil klebst du mit der langen Seite als Griff an die Tür. Schneide ein 10 cm x 16 cm großes Stück Lampenschirmfolie zu und klebe es hinter die Stalltür.

**7** Wische mit einem Schwamm und weißer Farbe über die Dachkanten und mit einem Schwamm und dunkelgrauer Farbe über alle weißen Teile des Stalls, um ihm einen Shabby-Look zu verpassen.

**8** Kürze für die Raufe zwei Holzstäbchen Gr. M auf 11 cm und male sie weiß an. Trocknen lassen. Klebe ein Holzstäbchenstück waagerecht einige Zentimeter unter dem Fenster an die Wand. Klebe das zweite Holzstäbchenstück leicht schräg auf die Kante des waagerechten Holzstäbchens.

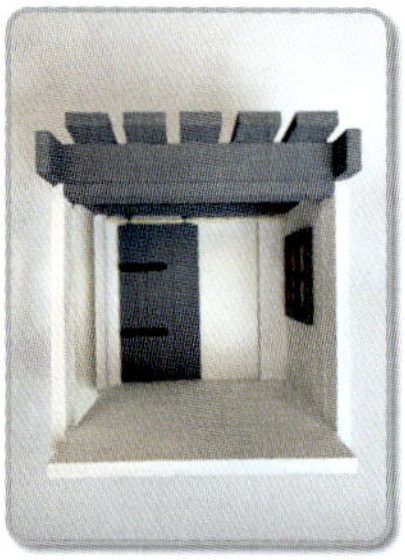

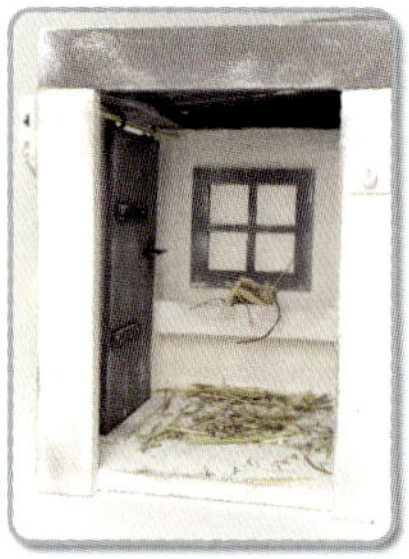

**9** Lege für die Abtrennung drei Holzstäbchen Gr. M nebeneinander auf die Arbeitsfläche. Leime quer darüber zwei Holzstäbchen Gr. M mit einem Abstand von 3,5 cm. Die Holzstäbchen stehen links 3 cm über. Kürze die Holzstäbchen auf der rechten Seite bündig. Male die Abtrennung weiß an. Trocknen lassen. Leime die Abtrennung direkt hinter den vorderen Querbalken an die Wand und an die Raufe.

**10** Schneide für die Aufhängeleiste von einem Holzstäbchen Gr. K ein 5 cm langes Stück ab. Schneide drei Zahnstocherspitzen ab und schiebe sie jeweils in das Loch der Holzperlen, sodass sie vorne herausstehen. Klebe die Zahnstocherspitzen fest. Die Perlen klebst du auf das Holzstäbchen. Male die Aufhängeleiste weiß an und klebe sie an die Abtrennung vorne am Stall.

**11** Schneide ein kleines Quadrat von einem Holzstäbchen Gr. S und eine Zahnstocherspitze ab. Klebe die Zahnstocherspitze in die vierte Holzperle und klebe sie auf das Quadrat. Male den Aufhänger weiß an. Trocknen lassen. Klebe den Aufhänger an den Balken auf der linken Seite des Stalls.

**12** Dekoriere den Stall zum Schluss mit Ilexranke.

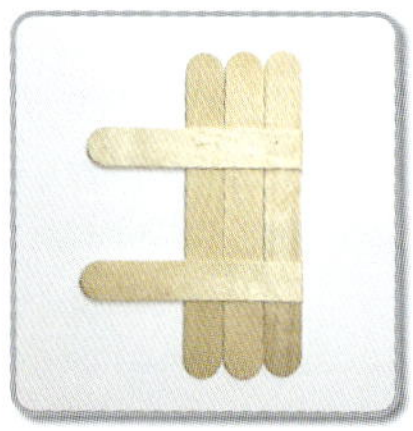

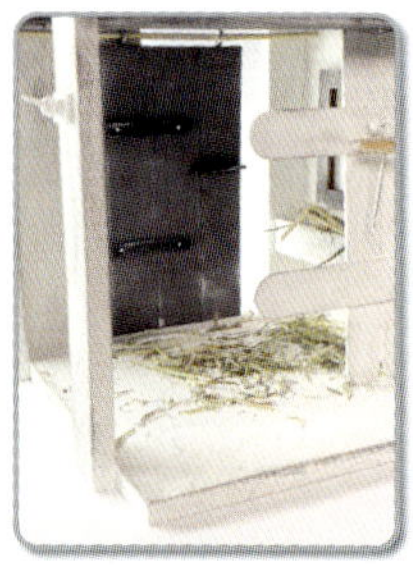

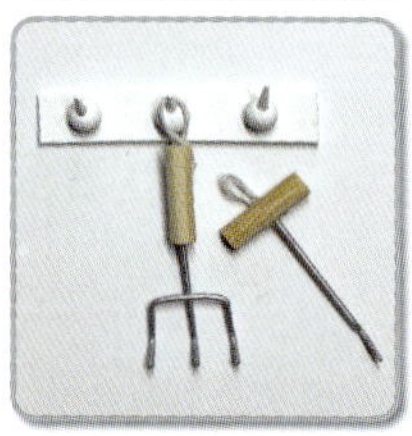

## WEITERES ZUBEHÖR

Die Anleitung für das Haus in der Wichtelkulisse auf Seite 142 findest du auf Seite 46, für die Fußmatte auf Seite 48, für den Schlitten auf Seite 79, für Strohballen, Halsband und Rentierdecke auf Seite 139, für die Rute auf Seite 125. Das Rentier Domino ist ein handgefilztes Unikat (S. 82). Du kannst auch ein fertiges im Handel erwerben.

## TIPP

Das Stallwerkzeug besteht aus einem fertig im Handel erhältlichen Sägen-Set. Die Geräte wurden zur Aufhängung mit einer kleinen Schlaufe aus 1 mm breitem Baumwollband versehen.

## STALL-LAMPE

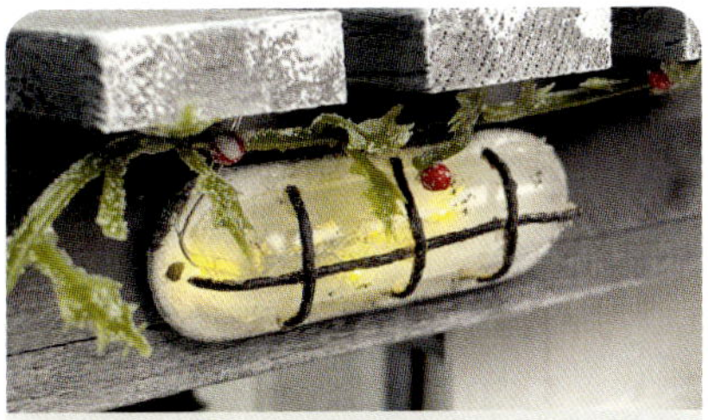

### MATERIAL

- 2 Holzstäbchen, Gr. M (1,8 cm x 15 cm)
- Pipette, 10 cm lang
- Micro-LED-Drahtlichterkette mit 20 LEDs
- Papierdraht
- feiner Permanentmarker in Schwarz
- Acrylfarbe in Weiß
- Heißklebepistole
- Kraftkleber

### HILFSMITTEL

- Schere
- Glasreiniger und Lappen
- Blechschere
- Pinsel
- Schmirgelpapier, 240er Körnung

**1** Halbiere den Pipettentank längs mit der Schere. Reibe das Stück mit Glasreiniger ab.

**2** Zeichne auf ein Holzstäbchen Gr. M mithilfe eines weiteren Holzstäbchens Gr. M bei 5,5 cm eine Rundung. Kürze das Holzstäbchen, schneide es rund ab und schleife die Kanten. Male das Holzstäbchen weiß an.

**3** Fasse acht LEDs der Drahtlichterkette zusammen und lege sie hinter das Pipettenstück. Gib wenig Kraftkleber auf die Kante des Pipettenstücks und klebe es auf das weiß angemalte Holzstäbchen. Trocknen lassen.

**4** Nimm die andere Hälfte der Pipette als Maß und schneide ein langes und drei kurze Drahtstücke für ein Gitter auf der Lampe zurecht. Male die Drahtstücke mit dem Fineliner schwarz an und klebe sie auf die Lampe.

**5** Klebe die Lampe mittig am Dachbalken des Unterstandes an. Führe die restliche Lichterkette zwischen den Holzklötzchen des Daches durch und klebe das Batteriefach an die Hinterseite des Unterstands.

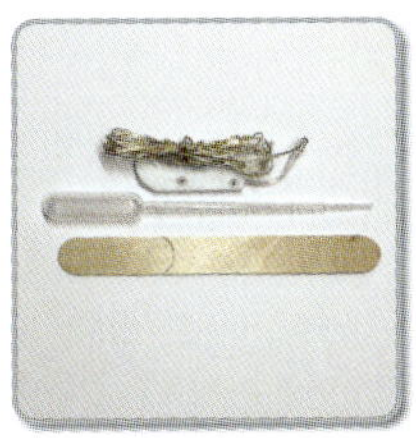

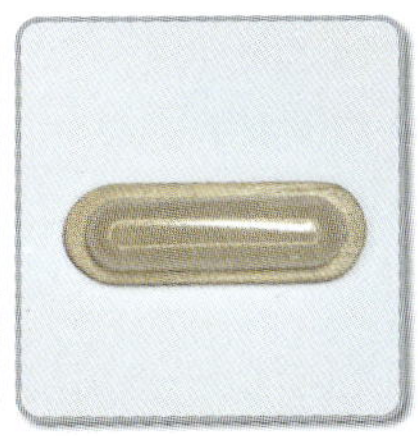

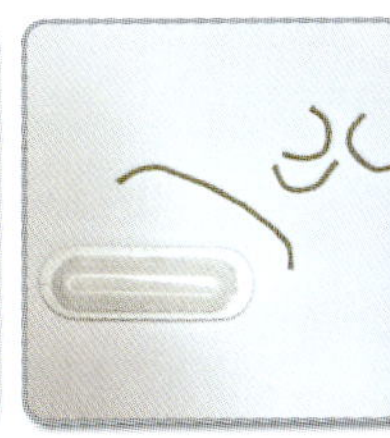

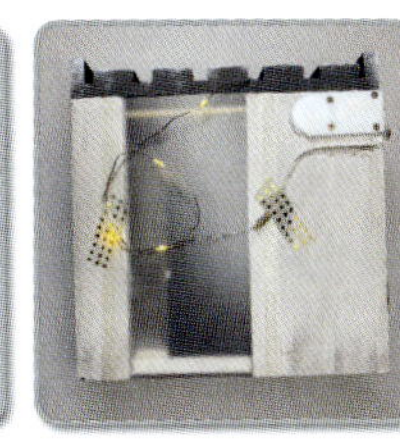

## NAMENSSCHILD

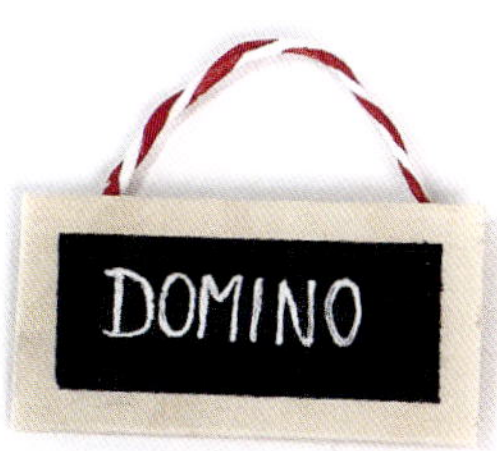


### MATERIAL

- Holzstäbchen, Gr. L (2,5 cm x 20 cm)
- Schnur in Rot-Weiß
- Acrylfarbe in Schwarz
- Gelroller in Weiß
- Papierklebeband (z.B. Washi Tape)

### HILFSMITTEL

- Geodreieck
- Bleistift
- Blechschere
- Pinsel

**1** Schneide das Holzstäbchen auf 4 cm Länge zu. Klebe den Rand mit Papierklebeband ab. Male das Holzstäbchen schwarz an. Trocknen lassen. Entferne das Papierklebeband.

**2** Beschrifte das Schild nach Wunsch mit Gelroller. Schneide ein kurzes Stück Schnur als Aufhänger ab und klebe die Enden hinter das Schild.

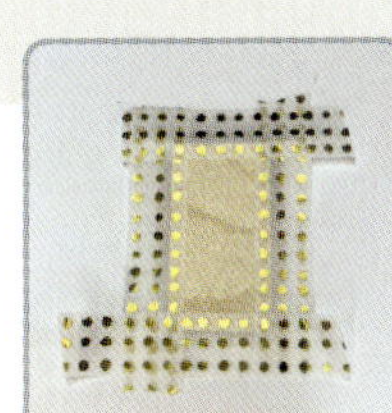

# PUTZKISTE MIT BÜRSTEN

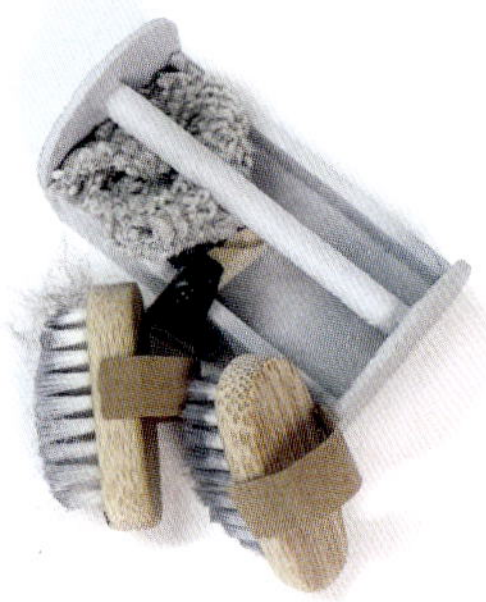

**MATERIAL**

- Holzstäbchen, Gr. K (1,1 cm x 11 cm)
- Holzstäbchen, Gr. S (6 mm x 19 cm)
- Holzstäbchen, Gr. L (2,5 cm x 20 cm)
- Rundholz, ø 4 mm, 15 cm lang
- Papier in Braun (120 g/m²)
- Mikrofaserspültuch
- 2 Kinderzahnbürsten aus Holz
- Acrylfarbe in Hellgrau
- Holzleim
- Kraftkleber

**HILFSMITTEL**

- Geodreieck
- Blechschere
- Schmirgelpapier, 240er Körnung
- Pinsel
- kleine Holzsäge

**1** Kürze für die runden Seitenteile der Putzkiste die beiden Rundungen des Holzstäbchens Gr. L auf 2,5 cm. Schneide für den Boden den Rest des Holzstäbchens Gr. L und für den Griff das Rundholz auf 4 cm zu. Schneide für die länglichen Seitenteile aus dem Holzstäbchen Gr. K zwei 3,8 cm lange Stücke. Leime die länglichen Seitenteile senkrecht an die langen Kanten des Bodens. Leime die runden Seitenteile an die kurzen Kanten des Bodens und die länglichen Seitenteile. Leime das Rundholz als Griff zwischen die runden Seitenteile. Trocknen lassen.

**2** Schleife die Kanten der Putzkiste. Male die Kiste grau an.

**3** Säge die Zahnbürsten gleich hinter dem Bürstenkopf ab und schleife sie rund. Schneide zwei schmale Streifen Papier und klebe sie mit Kraftkleber rechts und links an die Bürsten. Wische für eine leicht verschmutzte Bürste etwas graue Farbe an die Borsten.

**4** Schneide ein 2 cm x 2 cm großes Stück aus dem Mikrofasertuch und lege es als Handtuch in die Putzkiste.

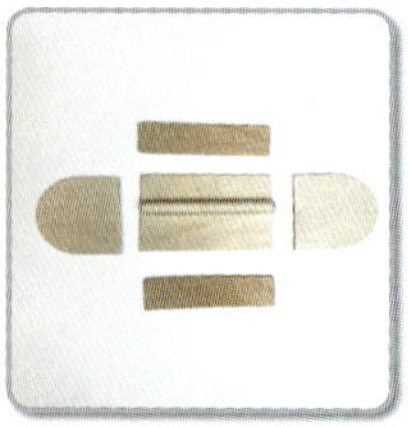

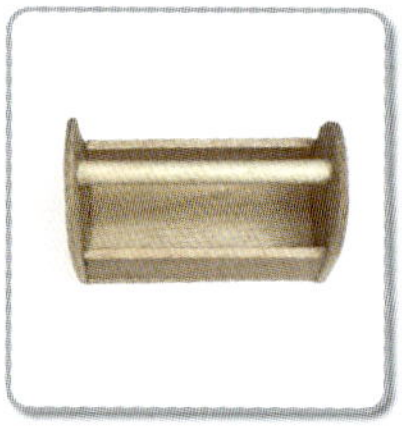

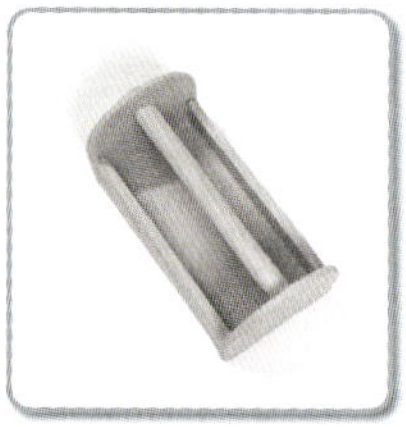

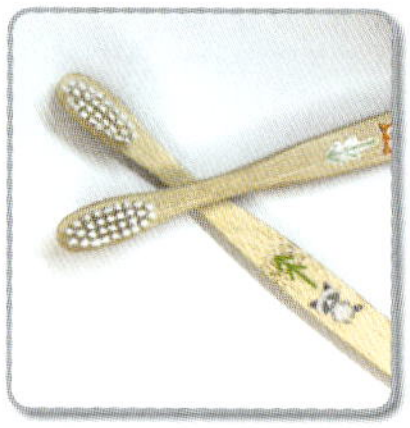

## MÖHREN

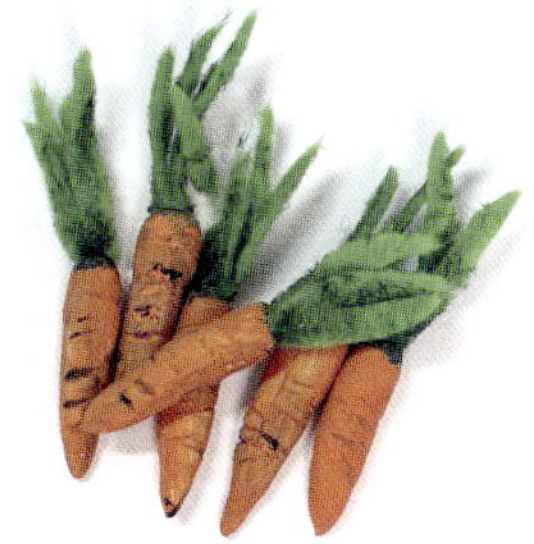

### MATERIAL
- lufttrocknende Modelliermasse
- Filz in Grün, 1 mm stark
- Acrylfarbe in Orange und Schwarz
- Holzleim

### HILFSMITTEL
- Messer
- 10 Zahnstocher
- Hartschaumrest
- Pinsel
- Schwamm
- Schere

**1** Rolle ein Stück Modelliermasse zu einem ca. 8 mm dicken Strang. Schneide mit dem Messer ca. 10 Stücke à 2 cm Länge ab. Forme die Stücke jeweils zu einer Möhre. Präge mit dem Messer Rillen in die Möhren. Stich mit einem Zahnstocher von oben in die Möhren und erweitere jeweils das Loch, indem du den Zahnstocher drehst. Mit den Zahnstochern trocknen lassen. Du kannst die Zahnstocher zum Trocknen in ein Stück Hartschaum stecken.

**2** Male die Möhren orange an. Trocknen lassen. Wische die Möhren mit einem Schwamm mit schwarzer Farbe ab, damit sie etwas schmutzig wirken. Entferne die Zahnstocher.

**3** Falte den Filz und schneide im Bruch schmale Blätter zu. Leime in jedes Loch einer Möhre zwei Blätter.

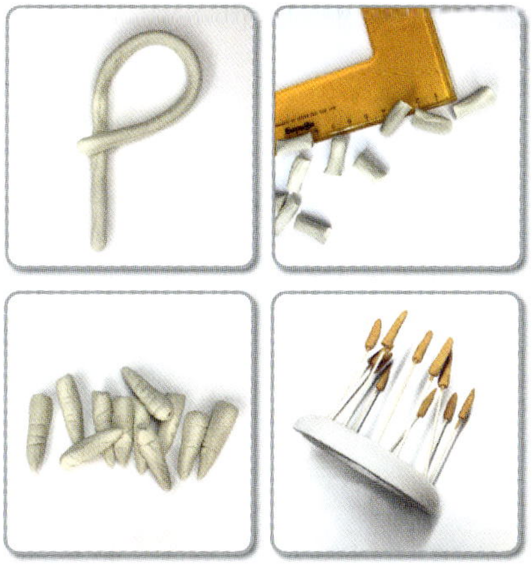

## LODENSTIEFEL

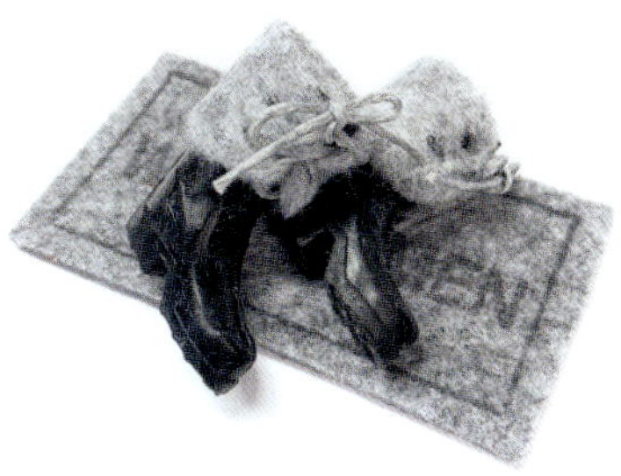

### MATERIAL
- 2 fertige Gummistiefel
- Filz in Grau, 1 mm stark
- Baumwollband in Grau, 1 mm stark

### HILFSMITTEL
- Schere
- Lochzange

**1** Schneide zwei 1,5 cm breite und 4 cm lange Streifen aus Filz. Runde die Kanten ab. Stanze an allen kurzen Kanten jeweils zwei Löcher in den Filz.

**2** Kürze den Gummistiefelschaft um 5 mm. Lege die Filzstreifen um den Stiefelschaft, sodass die kurzen Enden mit den Löchern vorn sitzen. Zieh das Baumwollband durch die Löcher im Filz und binde eine Schleife. Stecke etwas aufgerollten Filz in die Stiefel.

EINFACH UMSETZBAR!

# SCHNEETAG MIT SCHLITTEN

Wichtel Ole liebt den Winter und den kalten Fahrtwind, der ihm beim Rodeln um die Ohren saust. Er schnappt sich seinen Schlitten und ab geht die rasante Fahrt. Wenn du also morgens vor der Wichteltür Schlittenspuren findest, halte Ausschau, ob du vielleicht irgendwo noch eine Rodelbahn aus Klopapier entdeckst! Und was ist das Allerbeste nach einer ausgiebigen Rodelpartie? Natürlich warmer Kakao, den Ole deshalb in seiner Thermoskanne überall mit hinnimmt.

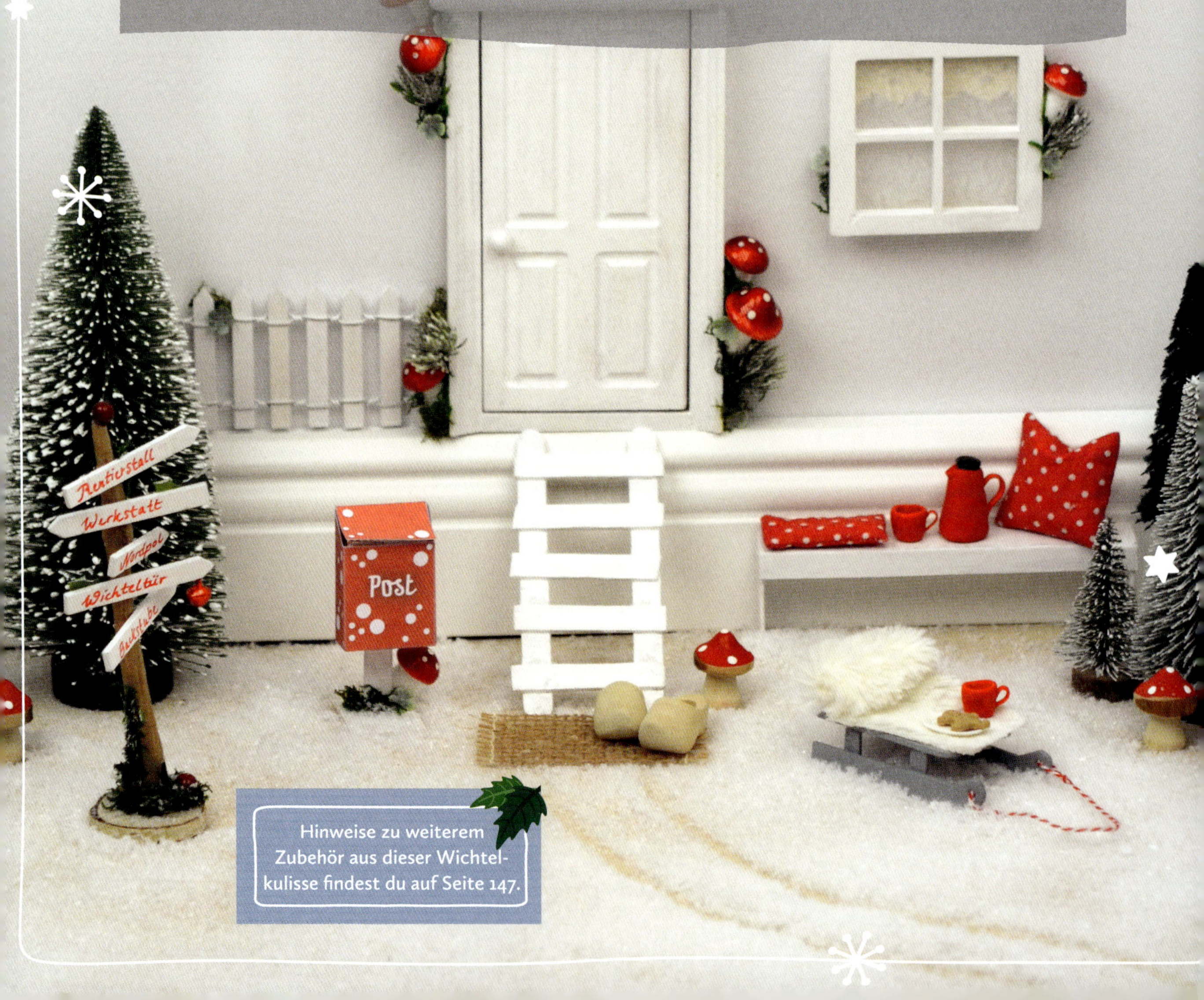


Hinweise zu weiterem Zubehör aus dieser Wichtelkulisse findest du auf Seite 147.

# SCHLITTEN

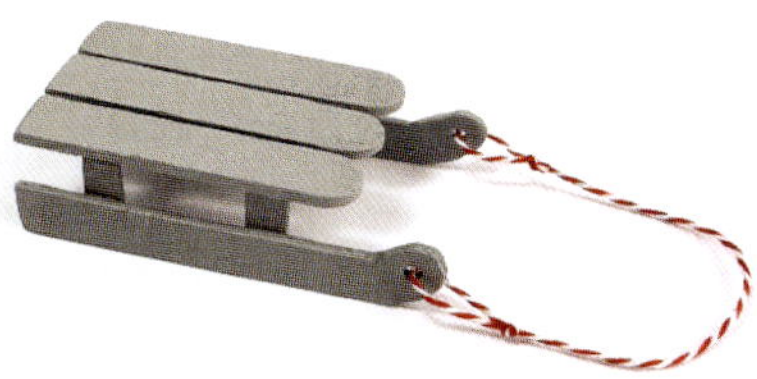

### MATERIAL

- 2 Holzstäbchen, Gr. K (1,1 cm x 11 cm)
- Holzstäbchen, Gr. S (6 mm x 19 cm)
- Graupappe, 1 mm stark (700 g/m²)
- Bäckergarn in Rot-Weiß
- Lack- oder Acrylfarbe in Grau
- Express-Holzleim oder Heißklebepistole

### HILFSMITTEL

- Lochzange
- Seitenschneider
- Schere
- Pinsel

**1** Zeichne auf Graupappe 7 cm lange und 8 mm hohe Kufen für den Schlitten und schneide sie aus. Stanze an der Rundung vorn mit der Lochzange jeweils ein kleines Loch.

**2** Schneide aus den zwei kleinen Holzstäbchen Gr. K drei jeweils 5,5 cm lange Stücke mit einer Rundung zu. Aus dem Holzstäbchen Gr. S schneidest du vier 1,7 cm lange Stücke und zwei 3 cm lange Stücke.

**3** Lege die drei 5,5 cm langen Holzstäbchenteile mit etwas Abstand nebeneinander. Klebe die zwei 3 cm langen Stücke als Verbindungsglieder für die drei 5,5 cm langen Holzstäbchenteile mit 3 mm Abstand zur langen Außenkante fest. Trocknen lassen.

**4** Klebe die vier 1,7 cm langen Stücke seitlich an die Verbindungsstücke. Trocknen lassen. Anschließend klebst du unten die Kufen so an, dass die runden Enden der Holzstäbchen nach vorne zeigen. Trocknen lassen.

**5** Streiche den Schlitten grau an. Fädle zum Schluss ein Stück Bäckergarn durch die Löcher in den Kufen und verknote die Enden.

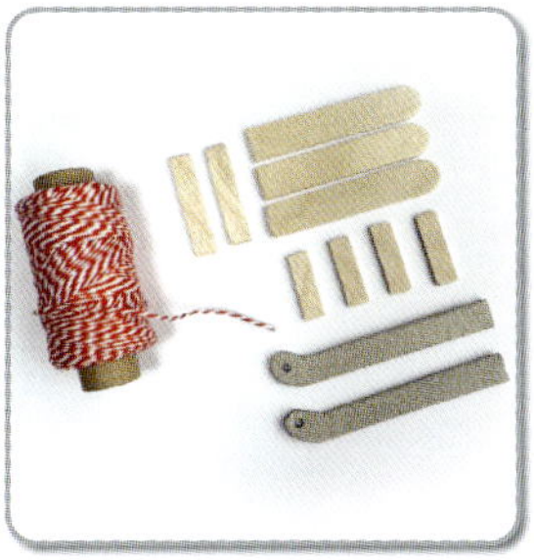

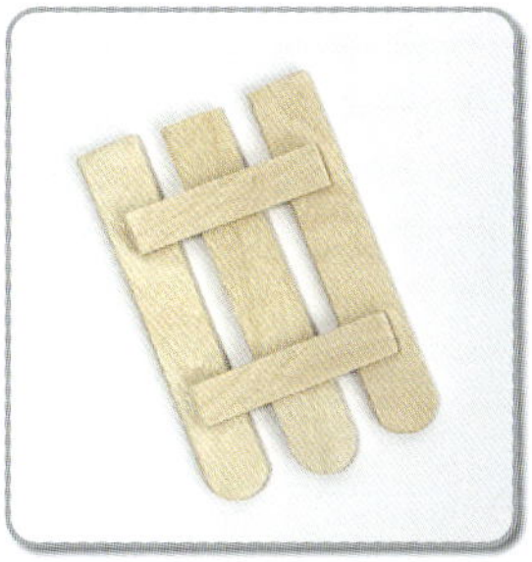

### WEITERES ZUBEHÖR

Die Anleitung für die Tür aus der Wichtelkulisse auf Seite 146 findest du auf Seite 38, für eine Leiter auf Seite 52, für die Fußmatte auf Seite 50, für einen Briefkasten auf Seite 53, für einen Wegweiser auf Seite 185, für die Kissen auf Seite 94. Tannen, Pilze und Holzklompen sind Fertigteile.

## SCHLITTEN-FELL

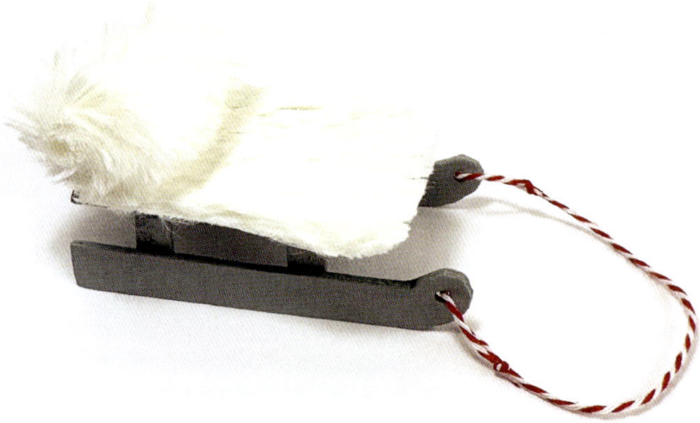

**MATERIAL**
- Fellstoff oder Teddyfleece in Weiß
- Heißklebepistole

**HILFSMITTEL**
- Schere

**1** Schneide aus dem Fellstoff zwei 5 cm x 4 cm große Rechtecke aus. Rolle das eine der beiden Stücke über eine kurze Kante als Kissen zusammen und klebe es an die kurze Kante des anderen Stücks.

**2** Runde die Ecken auf der anderen Seite des Fells ein wenig ab und entferne überstehende Flusen.

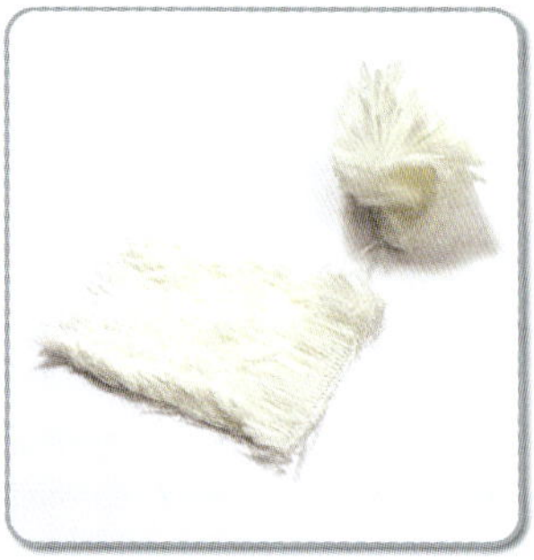

## TASSE & THERMOSKANNE

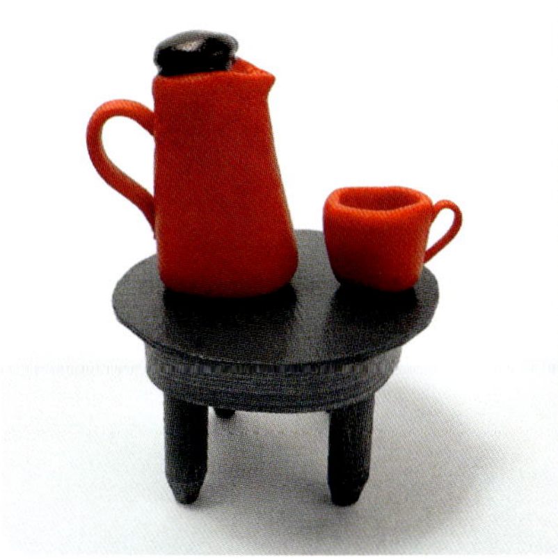

### MATERIAL
- ofenhärtende Modelliermasse in Rot (S. 92)
- Permanentmarker in Schwarz

### HILFSMITTEL
- Küchenmesser
- Zahnstocher
- Modellierwerkzeug oder Pinsel

**1** Rolle für die Tasse aus Modelliermasse eine kleine Kugel mit ca. 1 cm Durchmesser und drücke mit dem Modellierwerkzeug oder mit der Rückseite des Pinselstiels eine Mulde hinein, bis eine gleichmäßige Öffnung entsteht. Für den Henkel formst du einen dünnen Strang und drückst ihn etwas flach. Befestige ihn mithilfe eines Zahnstochers an der Tasse.

**2** Forme für die Thermoskanne einen ca. 3 cm hohen und 1,5 cm breiten Zylinder, der nach oben hin etwas dünner wird. Drücke mit dem Zahnstocher eine Kerbe für den Deckel in die Form und arbeite einen kleinen Ausgießer heraus. Für den Kannengriff formst du einen dünnen Strang und drückst ihn etwas flach. Befestige ihn mithilfe eines Zahnstochers an der Thermoskanne.

**3** Tasse und Thermoskanne nach Herstellerangaben trocknen. Male zum Schluss den Deckel schwarz an.

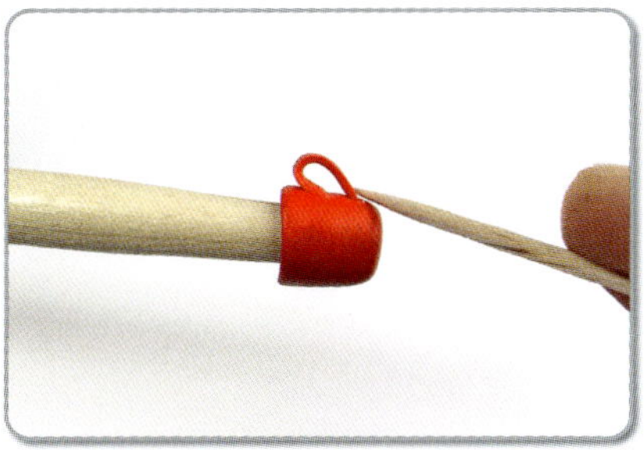

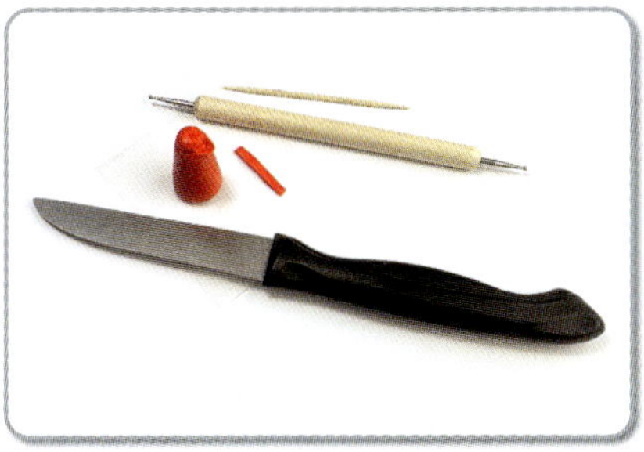

ANSPRUCHSVOLL!

# SCHNEETAG MIT WINTERSPORT

Wichtelin Ava ist eine begeisterte Schlittschuhläuferin und hat sich deshalb einen kleinen Teich gezaubert. Wie schön er im Licht glitzert und funkelt! Doch der magische Teich ist nicht nur wundervoll, um darauf Kurven zu drehen. Nein, er birgt auch ein kleines Geheimversteck! Darin wird Ava bestimmt die eine oder andere Überraschung für ihre liebe Menschenfamilie hinterlassen. Vielleicht haben die Kinder Lust, dort nach einem magnetischen Schatz zu angeln?

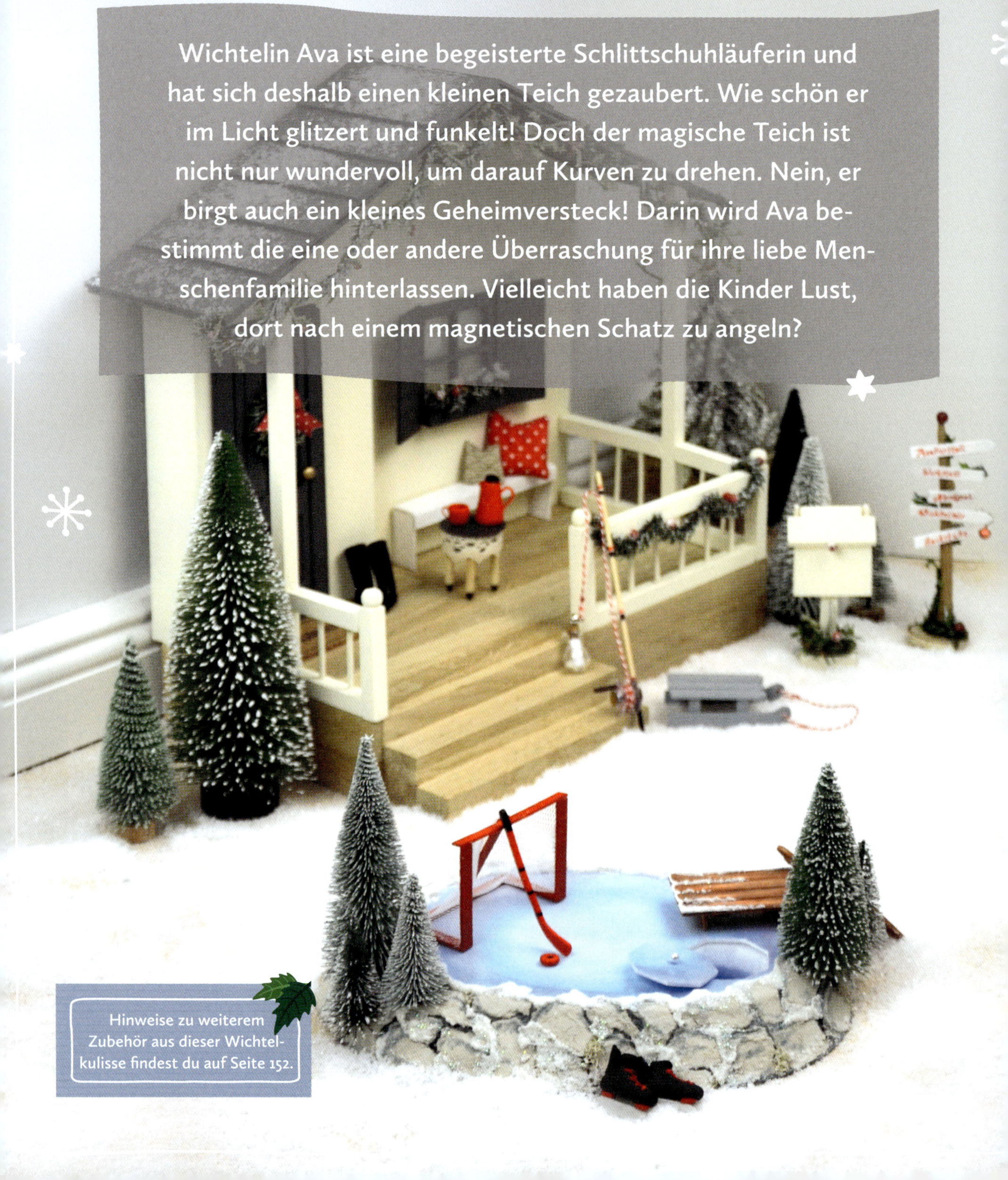

Hinweise zu weiterem Zubehör aus dieser Wichtelkulisse findest du auf Seite 152.

# GEFRORENER TEICH MIT GEHEIMVERSTECK

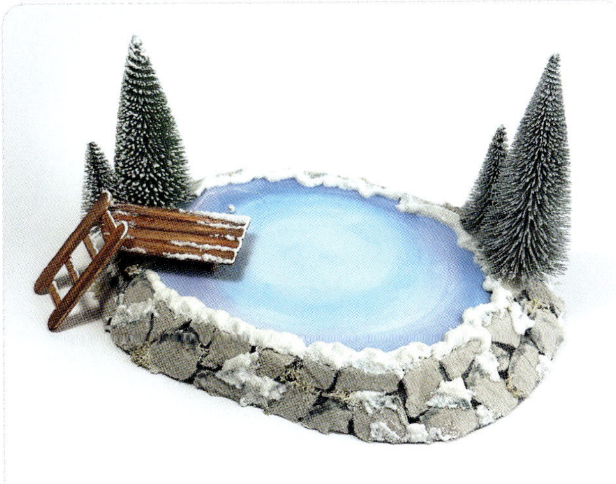

**MATERIAL**

- Kopierpapier in Weiß (160 g/m²), 2x A4
- Graupappe, 1 mm stark (700 g/m²), A4
- Eierkarton in Grau
- Klarsichtfolie
- Schaumstoffplatte, 2 cm stark, 21 cm x 15 cm
- Moosgummi-Platte in Weiß, A4
- Bastelmoos in Weiß (optional)
- 2 kleine fertige Tannen
- 2 große fertige Tannen
- Nähgarn
- 2 Perlen in Weiß, ø 4 mm
- Wasserfarbe in Blau und Grün
- Lack- oder Acrylfarbe in Grau
- Filzstift in Grau
- Schnee-Effekt-Stift
- Glitzer-Schnee
- Heißklebepistole

**HILFSMITTEL**

- Pinsel
- Bügeleisen
- Schere
- Schmirgelpapier, 240er Körnung
- Bastelmesser mit Schneideunterlage
- Klebestift
- Nähnadel
- Seitenschneider

**1** Bemale für den Teich zwei Bögen Kopierpapier mit Wasserfarbe in Blau und ein wenig Grün als Wasseroberfläche. Trocknen lassen. Das Papier mit niedriger Temperatur glattbügeln.

**2** Schneide das Moosgummi, einen bemalten Papierbogen und ein Stück Klarsichtfolie ovalförmig (ca. 14 cm x 18 cm) in die gleiche Form. Für Schlitterspuren auf dem Eis kannst du mit Schmirgelpapier Spuren auf die Folie kratzen. Klebe Moosgummi, Papier und Folie mit Klebestift zusammen; trage den Klebestift dabei sehr dick auf.

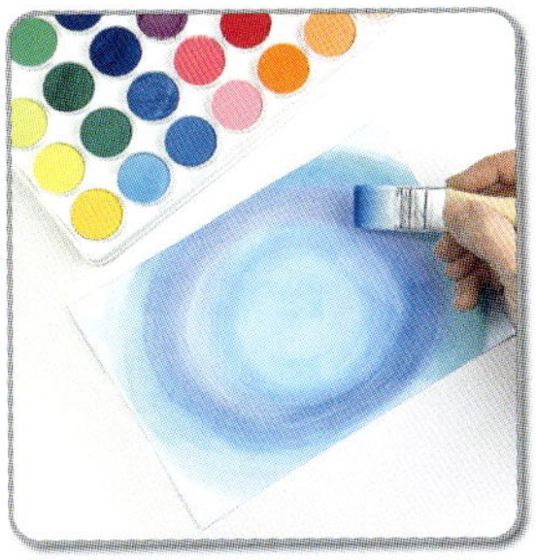

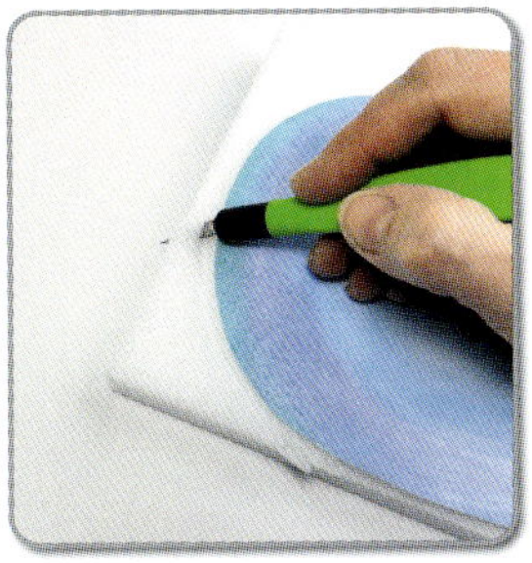

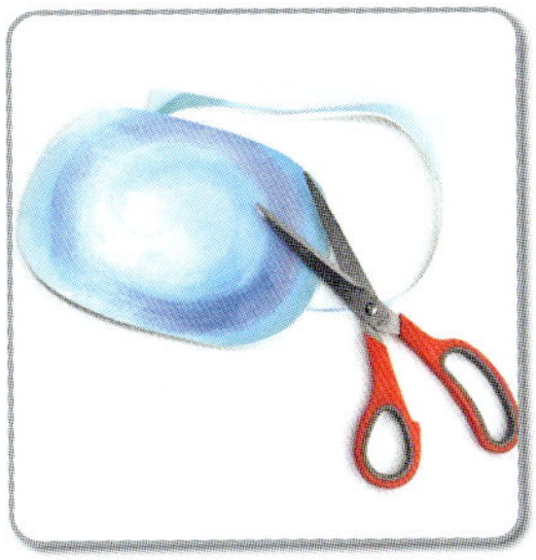

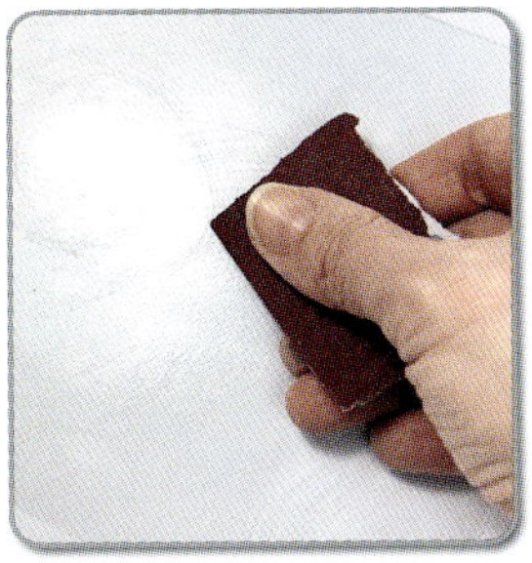

**3** Schneide mit dem Bastelmesser ein Loch (ø 3,7 cm) durch alle drei Schichten. Fädle einen Faden auf die Nähnadel und befestige damit an dem Ausschnitt oben und unten eine Perle. Die obere Perle wird der Griff, an dem man den Deckel hochheben kann; die untere Perle dient als Stabilisator, damit das Garn nicht durch die drei Schichten reißt.

**4** Schneide mit einem Bastelmesser ein Loch in die Schaumstoffplatte; lege dazu das Moosgummi-Papier-Folien-Teil auf die Schaumstoffplatte und markiere die Stelle, an der das Loch in die Schaumstoffplatte geschnitten werden soll. Das Loch in der Schaumstoffplatte sollte ein bisschen kleiner sein als das im Moosgummi-Papier-Folien-Teil. So bekommt der Deckel eine Auflage.

5 Schneide die Schaumstoffplatte außen mit einer Schräge zu, sodass eine Art Hügel entsteht und die Unterseite der Schaumstoffplatte größer ist als die Oberseite. Die Oberseite sollte so groß sein wie das Moosgummi-Papier-Folien-Teil. Lege die Teile, die du von der Schaumstoffplatte abschneidest, zur späteren Weiterverwendung beiseite.

6 Klebe erst den zweiten bemalten Papierbogen auf die Graupappe. Klebe dann die Schaumstoffplatte mit Klebestift mittig auf die Graupappe, bestreiche dazu Graupappe und Schaumstoffplatte großzügig mit Klebestift.

7 Schneide die beiseite gelegten Schaumstoffteile so zu, dass du sie als Steigung am Hügel verwenden kannst. Klebe die Teile so an die Schaumstoffplatte, dass nach oben eine Steigung entsteht.

8 Streiche die Schaumstoffplatte an den Seiten dunkelgrau. Trocknen lassen. Klebe anschließend das Moosgummi-Papier-Folien-Teil oben auf die Schaumstoffplatte.

9 Reiße den Eierkarton in kleine Stücke und klebe die Stücke mit Heißkleber als Steine an die Seiten der Schaumstoffplatte. Oben können die Eierkartonteile über die Klarsichtfolie ragen, das gibt der Konstruktion noch mehr Stabilität. Nach Wunsch ein wenig weißes Bastelmoos zwischen die Eierkartonteile kleben. Alles trocknen lassen.

10 Zieh mit grauem Filzstift die oberen Kanten der Eierkartonteile nach. Verziere dann den See mithilfe eines Holzstäbchens mit Glitzer-Schnee (oder mit dem Schnee-Effekt-Stift). Knipse mit dem Seitenschneider die Ständer der Tannenbäume ab, stecke die Bäume in die Schaumstoffplatte und klebe sie mit Heißkleber fest.

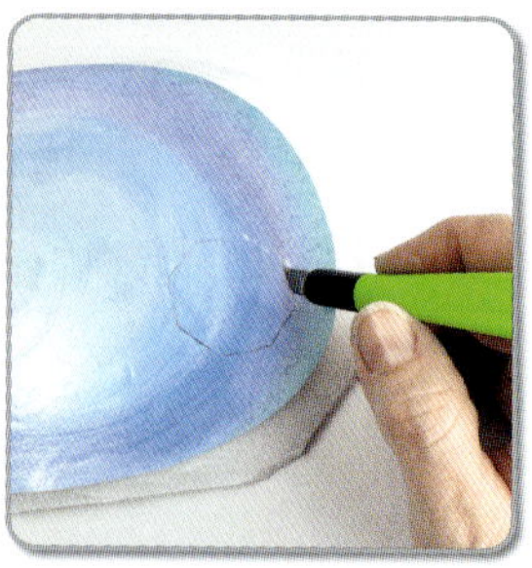

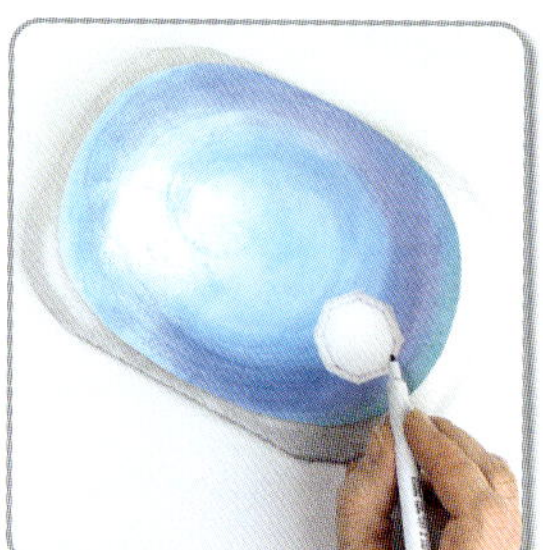

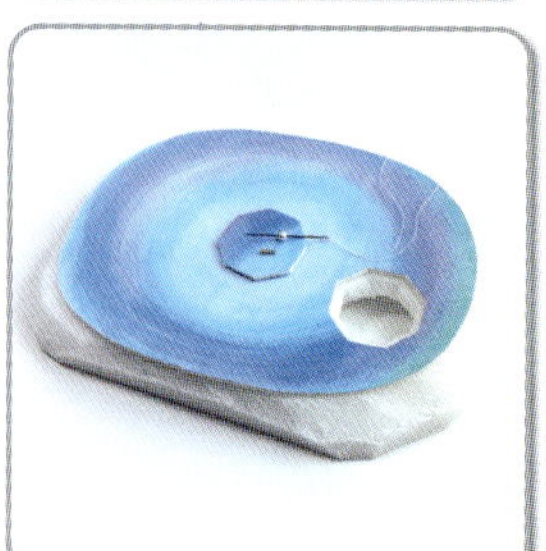

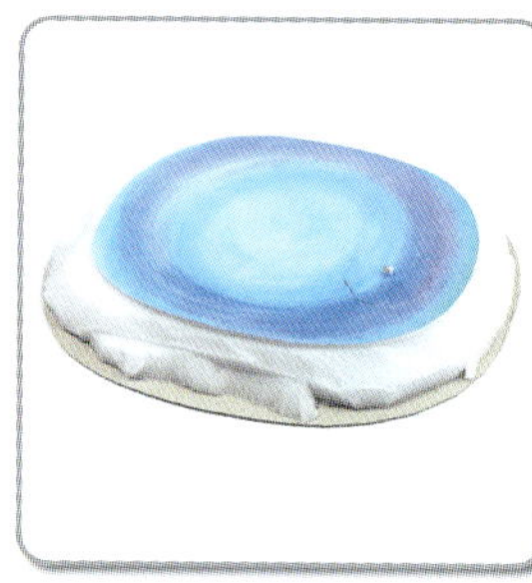

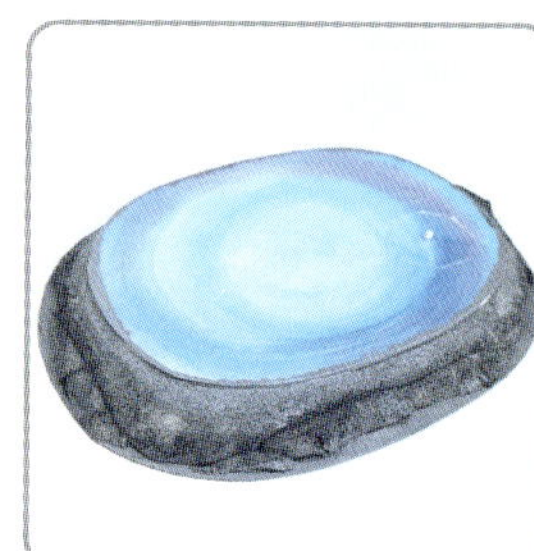

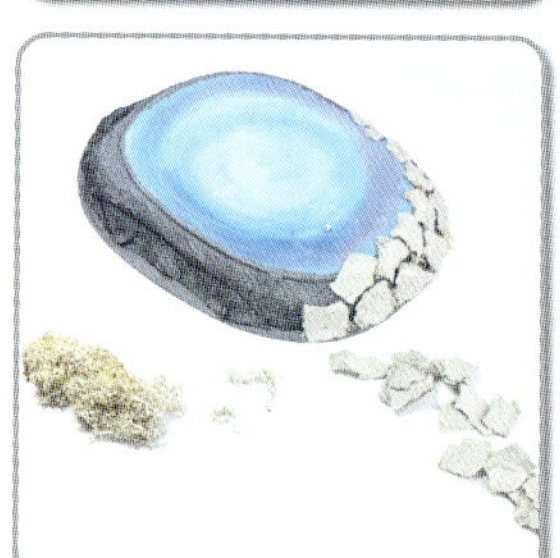

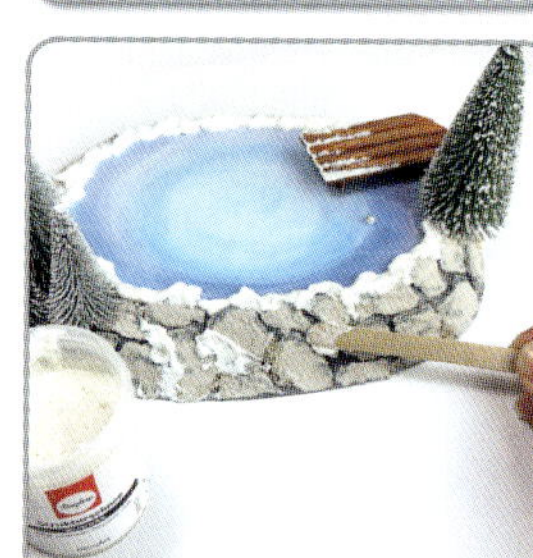

## WEITERES ZUBEHÖR

Die Anleitung für das Haus in der Wichtelkulisse auf Seite 150 findest du auf Seite 39, für den Türkranz auf Seite 59, für den Beistelltisch auf Seite 95, für die Kissen auf Seite 94, für den Schlitten auf Seite 147, für die Bank auf Seite 199, für die Thermoskanne auf Seite 149, für die Fußmatte auf Seite 48, für einen Wegweiser auf Seite 185, für einen Briefkasten auf Seite 53. Gummistiefel und Tannen sind Fertigteile.

# STEG MIT LEITER

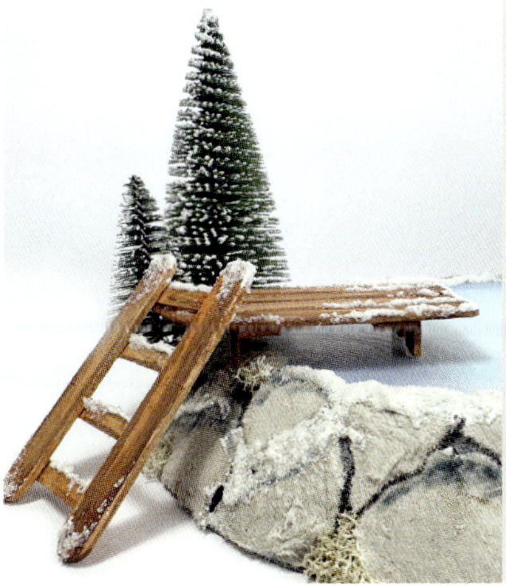

### MATERIAL
- 8 Holzstäbchen, Gr. K (1,1 cm x 11 cm)
- Holzstäbchen, Gr. S (6 mm x 19 cm)
- Wasserfarbe in Braun
- Buntstift in Braun
- Klarlack (optional)
- Express-Holzleim

### HILFSMITTEL
- Seitenschneider
- Schmirgelpapier, 240er Körnung
- Pinsel

**1** Kappe für die Leiter zwei Holzstäbchen Gr. K. auf 6,5 cm und runde die entstandene kantige Seite mit dem Seitenschneider ab. Schneide dann aus dem Holzstäbchen Gr. S vier 3,5 cm lange Stücke zurecht. Klebe die vier Stücke in gleichmäßigen Abständen hinter die beiden Holzstäbchen Gr. K. Glätte alle Kanten mit Schmirgelpapier.

**2** Male die Leiter mit brauner Wasserfarbe an. Trocknen lassen. Mit braunen Buntstiften kannst du die Holzmaserung aufmalen. Lackiere die Leiter nach Wunsch.

**3** Schneide für den Steg vier Holzstäbchen Gr. K so zu, dass sie an einer Seite gleichmäßig gerade sind und auf der anderen Seite eine Rundung ergeben, die der Rundung des Teiches entspricht. Schneide zwei weitere Holzstäbchen 4 cm lang zu. Glätte alle Kanten mit Schmirgelpapier. Klebe die zwei 4 cm langen Stücke mit Holzleim quer auf die vier längeren Holzstäbchen, um sie zu verbinden.

**4** Schneide aus den Holzstäbchenresten die Stegbeine: zwei 1 cm lange Stücke und zwei 3 cm lange Stücke. Klebe die kurzen Stegbeine in der Nähe der geraden Kante auf die Unterseite des Stegs, die längeren Stegbeine klebst du auf die andere Seite.

**5** Male den fertigen Steg wie die Leiter mit Wasserfarbe und Buntstiften an und lackiere ihn nach Wunsch.

**6** Klebe Steg und Leiter zum Schluss an den Teich.

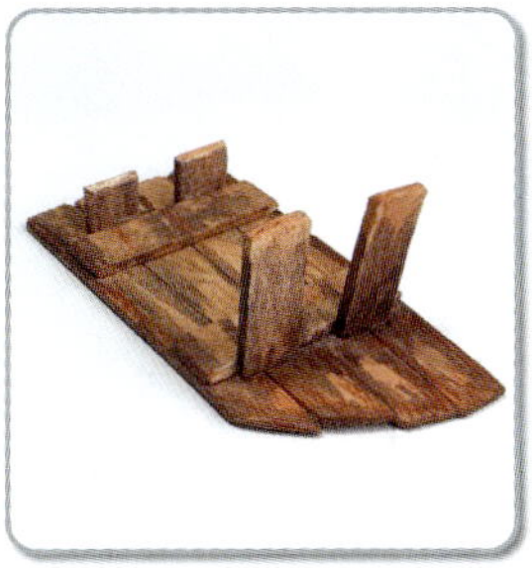

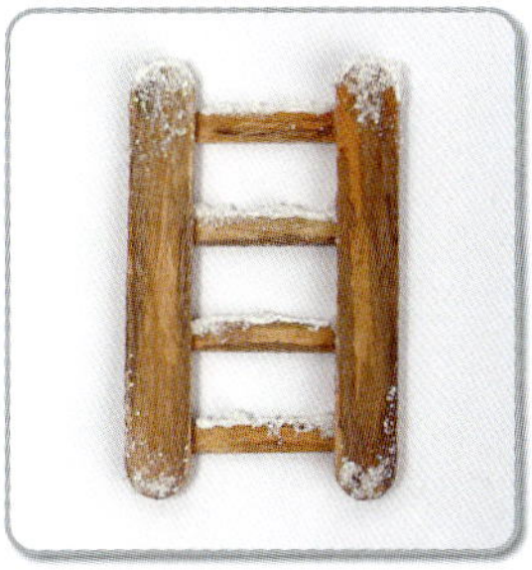

# ANGEL

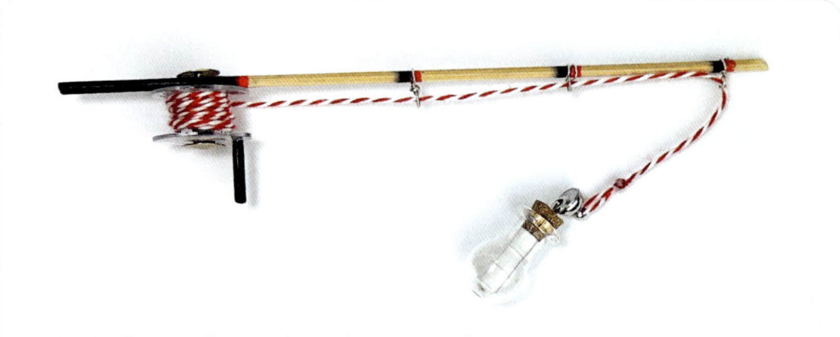

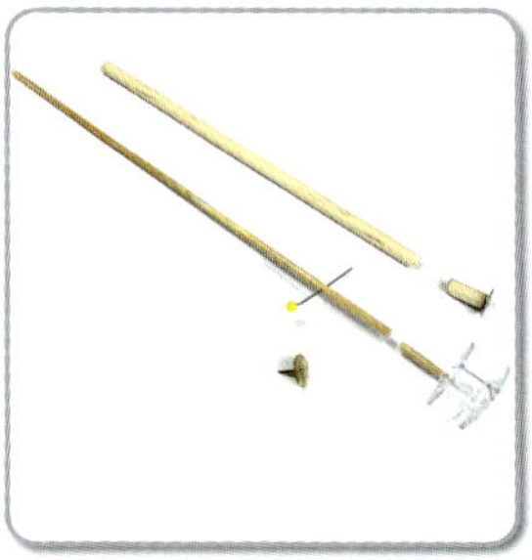

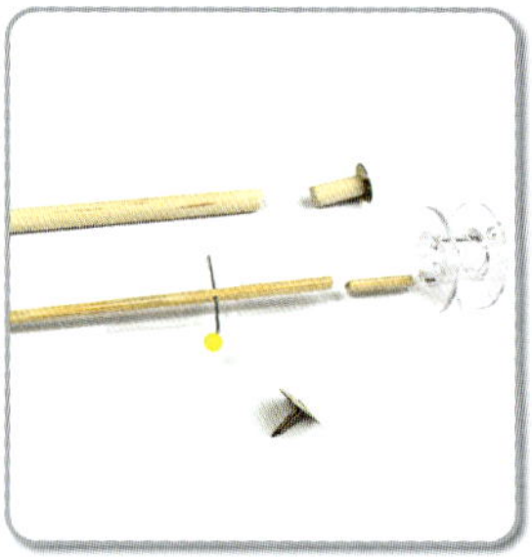

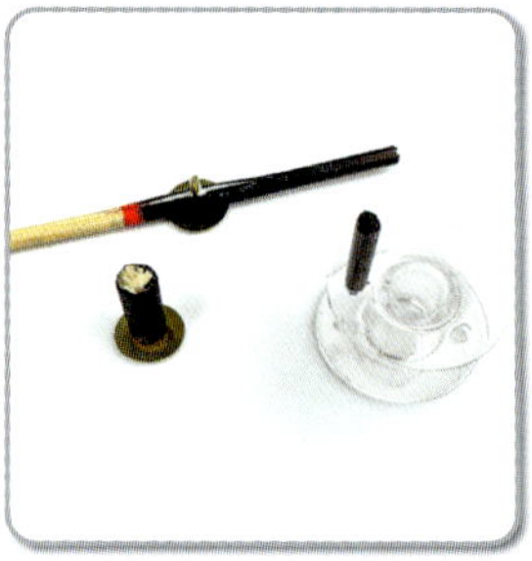

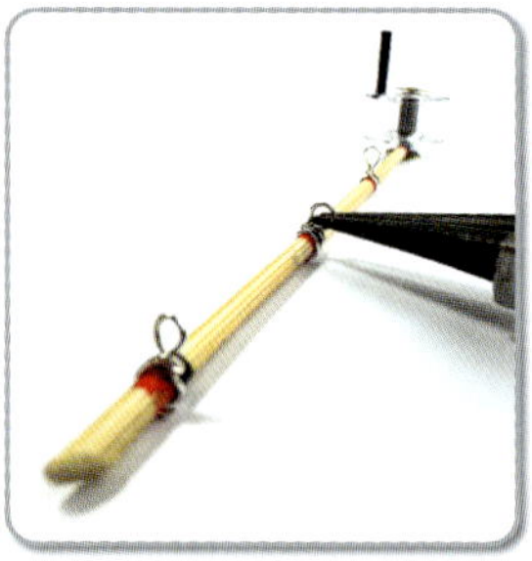

### MATERIAL

- Holzspieß, ø 2 mm, 20 cm lang
- Rundholz, ø 4 mm, 15 cm lang
- 2 Reißzwecken
- Unterfadenspule der Nähmaschine
- Silberdraht
- Hälfte eines magnetischen Kettenverschlusses
- Bäckergarn in Rot-Weiß
- Acryl- oder Lackfarbe in Schwarz und Rot
- Klebefilm
- Express-Holzleim

### HILFSMITTEL

- Seitenschneider
- Stecknadel
- Pinsel
- Rundzange

**1** Kürze für die Angelrute den Holzspieß auf 16 cm. Lege das abgeschnittene Stück zur späteren Weiterverwendung beiseite. Bohre auf einer Seite mit einer Stecknadel im Abstand von 3 cm zum Ende ein kleines Loch in den Holzspieß. Um zu vermeiden, dass das Holz reißt, klebst du rechts und links der Stelle Klebefilm um das Holz.

**2** Schneide ein 1,2 cm langes Stück Rundholz zurecht. Stecke von einer Seite eine Reißzwecke in das Stück.

**3** Male das kleine Stück Rundholz mit Reißzwecke, das beiseite gelegte kleine Holzspießstück und das Ende der Angelrute am Griff schwarz an. Male jeweils im Abstand von 3,5 cm drei schwarze und rote Markierungen auf die Angel. Trocknen lassen. Klebe das kleine Holzspießstück als Kurbelgriff seitlich in ein Loch der Unterfadenspule.

**4** Schneide drei 3,5 cm lange Drahtstücke zurecht, lege sie zwischen den roten und schwarzen Strichen um die Angel und verdrehe sie mit der Rundzange zweimal. Wickle dann jeweils ein Drahtende um die Angel und biege mit der Rundzange aus dem anderen Ende eine kleine Öse.

**5** Stecke durch das Loch im Holzspieß eine Reißzwecke und verklebe sie großzügig mit dem Holzleim, um zu verhindern, dass das Holz reißt. Stecke das Rundholz mit der Reißzwecke durch die Mitte der Fadenspule und drücke das andere Ende in die Reißzwecke in der Angelrute. Die Fadenspule sollte sich zwischen den Reißzwecken frei drehen können.

**6** Schneide ein 50 cm langes Stück Bäckergarn zurecht. Fädle ein Ende durch alle Ösen und klebe es anschließend in die Unterfadenspule. Wickle die Schnur auf die Spule. Knote an das andere Schnurende den magnetischen Kettenverschluss.

## MAGNETISCHER BRIEF & FLASCHENPOST

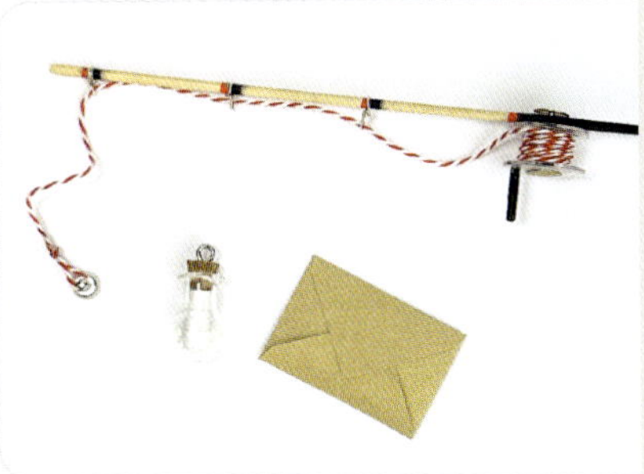

### MATERIAL

- fertiges Fläschchen mit Korken und Öse, ø 1,5 cm, 3 cm hoch
- Papier
- Briefumschlag, 4,5 cm x 3 cm
- Magnetband
- Glitzerpulver

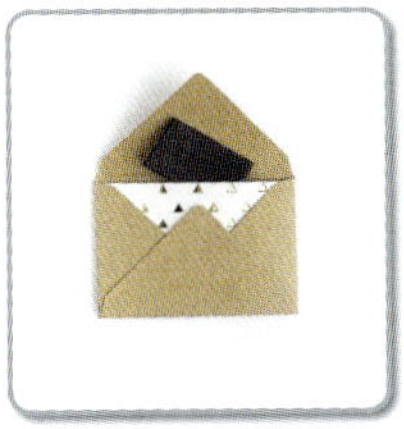

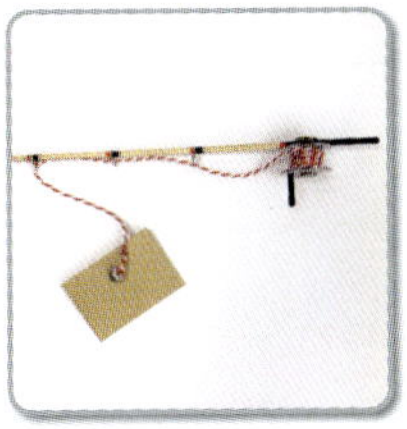

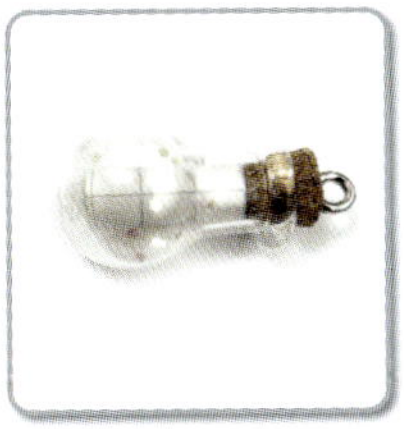

**1** Schneide ein Stück Magnetband zurecht und klebe es in den Briefumschlag. Jetzt kann der Brief „geangelt" werden.

**2** Fülle ein wenig Glitzerpulver in das Fläschchen. Schreibe einen kleinen Brief, rolle ihn zusammen und stecke die Schriftrolle in die Flasche.

## SCHLITTSCHUHE

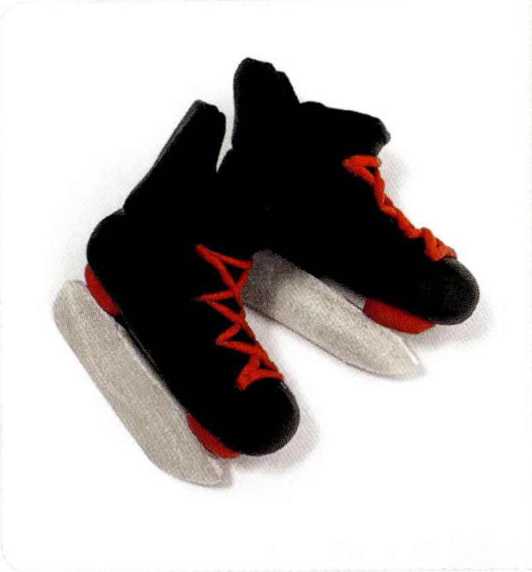

### MATERIAL

- ofenhärtende Modelliermasse in Schwarz, Silberfarben und Rot (S. 92)
- Sekundenkleber

### HILFSMITTEL

- Modellierwerkzeug oder Pinsel mit rundem Stielende
- Zahnstocher
- Schere

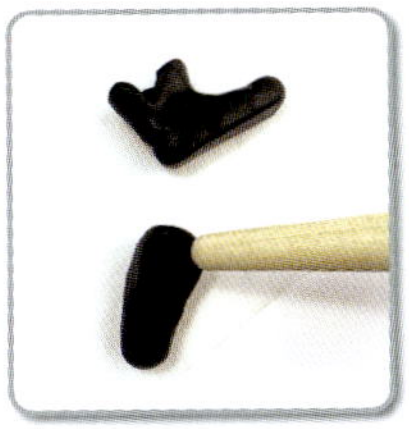

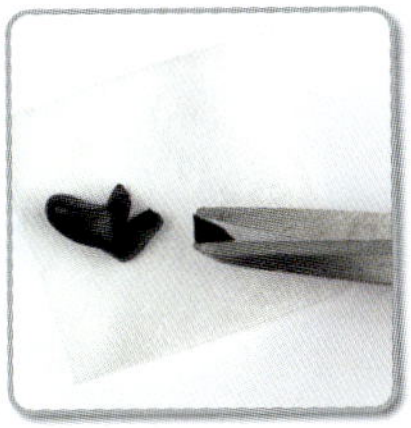

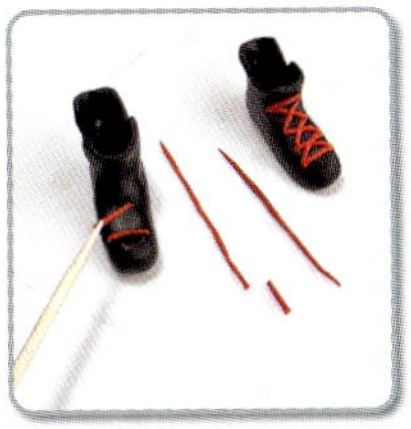

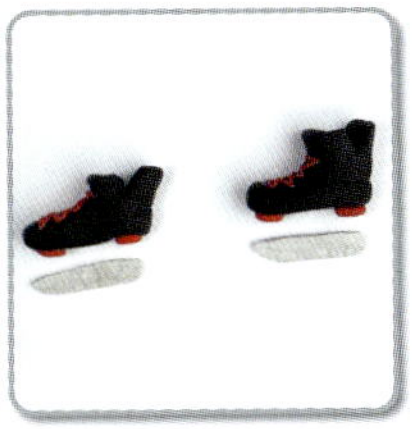

**1** Forme aus schwarzer Modelliermasse zwei ca. 3 cm lange und knapp 1 cm breite Schuhe. Drücke mit dem Modellierwerkzeug einen Schaft in den Stiefel. Schneide auf beiden Seiten des Schuhschafts eine Kerbe und klappe das vordere Teil so nach vorne, dass es aussieht wie die Zunge eines Schuhs.

**2** Rolle aus roter Modelliermasse zwei ca. 5 cm lange, sehr dünne Schnürsenkel und schneide sie in jeweils 8 mm lange Stücke. Appliziere mithilfe des Zahnstochers die Schnürsenkelstücke auf die Vorderseite der Stiefel, sodass es aussieht wie eine Schnürung.

**3** Forme aus roter Modelliermasse vier 5 mm lange, kleine Stege und befestige je zwei an der Sohle eines Schuhs. Hier werden später die Kufen befestigt. Forme aus silberfarbener Modelliermasse zwei Kufen. Alle Teile nach Herstellerangaben trocknen.

**4** Klebe zum Schluss die Kufen mit Sekundenkleber an die Stege.

# EISHOCKEY-TOR

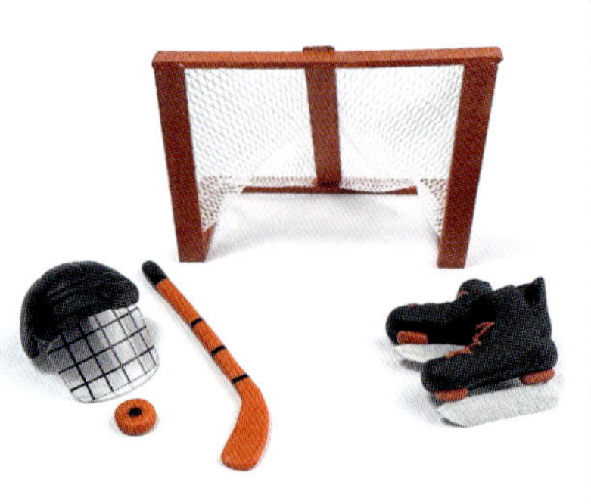

**MATERIAL**
- 3 Holzstäbchen, Gr. S (6 mm x 19 cm)
- Gemüsenetz (z.B. Knoblauchverpackung) in Weiß
- Lack- oder Acrylfarbe in Rot
- Express-Holzleim
- Heißklebepistole

**HILFSMITTEL**
- Seitenschneider
- Schmirgelpapier, 240er Körnung
- Pinsel
- 2 Federklemmen

**1** Schneide aus den Holzstäbchen Gr. S zwei 7 cm lange Stücke, zwei 5 cm lange Stücke, zwei 3 cm lange Stücke und ein 5,7 cm langes Stück. Glätte alle Kanten mit Schmirgelpapier.

**2** Klebe zuerst zwei 3 cm lange Stücke an ein 7 cm langes Stück für das Bodenteil. Klebe anschließend die beiden 5 cm langen Stücke als Torpfosten senkrecht unter das zweite 7 cm lange Stück.

**3** Klebe die Torpfosten mit Heißkleber auf das Bodenteil. Klebe das 5,7 cm lange Stück mittig als Verbindung zwischen Querbalken und Bodenteil. Male das Tor rot an. Trocknen lassen.

**4** Schneide aus dem Gemüsenetz ein 7 cm x 7 cm großes Quadrat. Klebe das Netz mit Holzleim an den Torrahmen und fixiere es zum Trocknen mit Federklemmen.

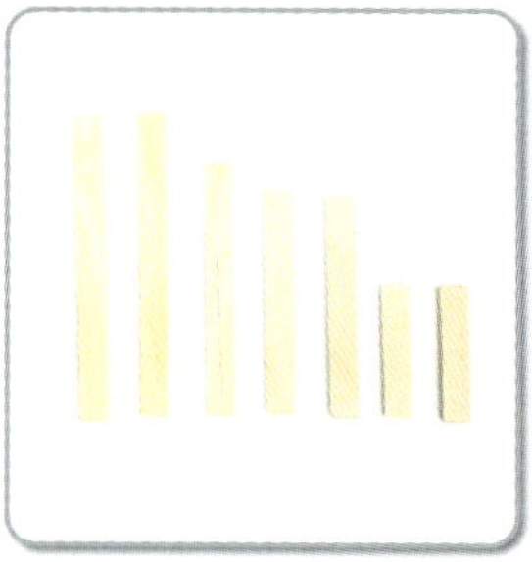

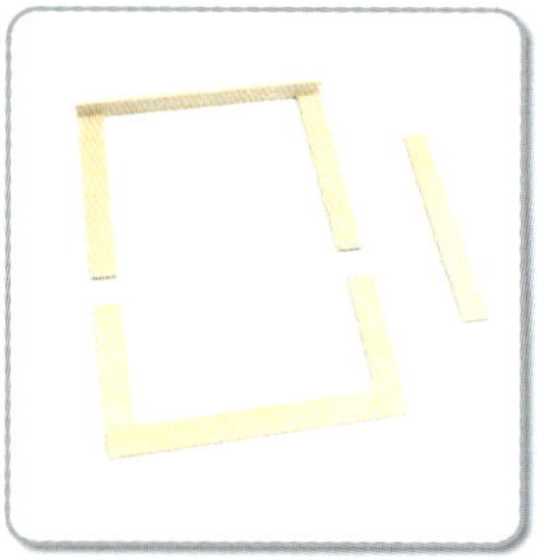

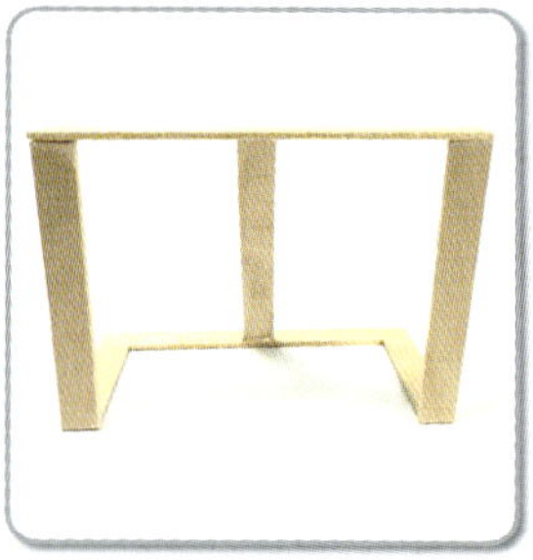

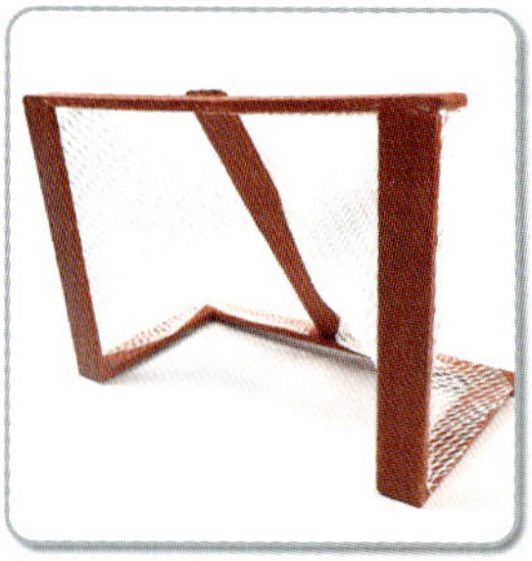

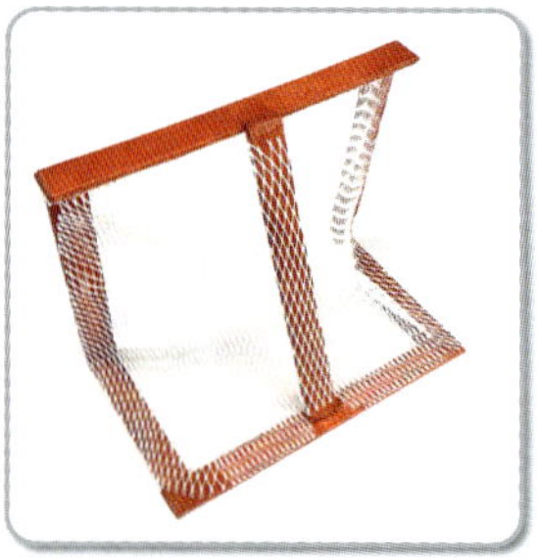

# EISHOCKEY-HELM

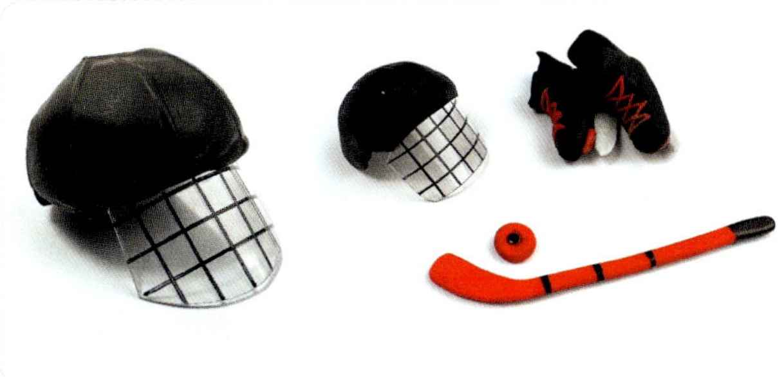

### MATERIAL
- ofenhärtende Modelliermasse in Schwarz (S. 92)
- leere Schoko-Nuss-Pralinen-Verpackung
- PET-Flasche, 500 ml Inhalt
- Permanentmarker in Schwarz
- Heißklebepistole

### HILFSMITTEL
- Schere
- Geodreieck

**1** Forme für den Helm aus der Modelliermasse eine Kugel mit ca. 1,5 cm Durchmesser. Drücke die Kugel mit dem Daumen in die leere Verpackungsmulde, sodass eine hohle Halbkugel entsteht. Die Maserung der Verpackung überträgt sich auf die Modelliermasse. Die Modelliermasse in der Mulde über Nacht ins Gefrierfach legen. Anschließend herausnehmen und den Helm vorsichtig herausdrücken.

**2** Schneide am unteren Rand des Helms seitlich jeweils eine Rundung heraus, wo der Helm über den Ohren sitzt.

**3** Schneide für den Gesichtsschutz aus der PET-Flasche ein 2,5 cm x 2 cm großes gebogenes Stück heraus. Runde die Ecken mit der Schere ab. Drücke das Stück von innen gegen die Außenkante des Helms, um die Stelle vorzubereiten, an der der Gesichtsschutz später angebracht wird. Härte den Eishockeyhelm nach Herstellerangaben aus.

**4** Zeichne mit Permanentmarker und Geodreieck ein Gitternetz auf den Gesichtsschutz. Klebe den Gesichtsschutz mit Heißkleber von innen in den Helm.

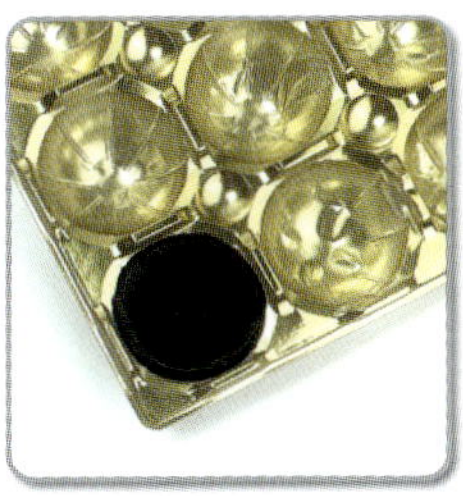
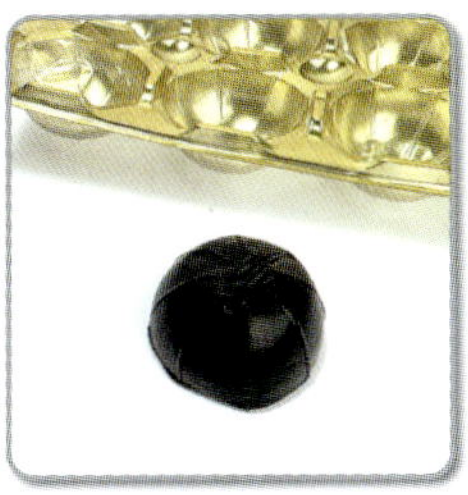
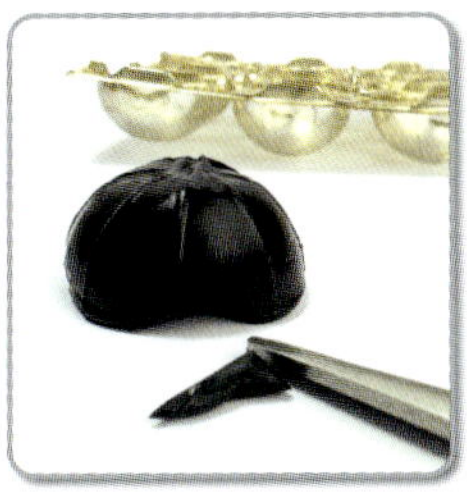
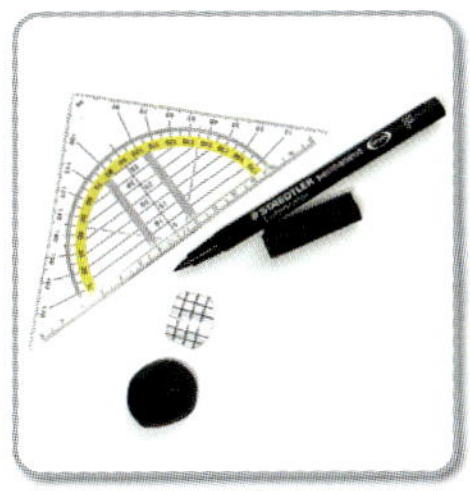

# EISHOCKEY-SCHLÄGER & PUCK

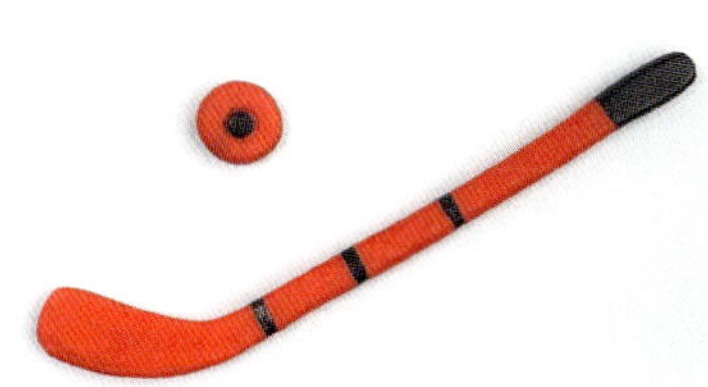

### MATERIAL
- ofenhärtende Modelliermasse in Rot (S. 92)
- Permanentmarker in Schwarz

### HILFSMITTEL
- Zahnstocher oder Modellierwerkzeug

**1** Rolle für den Puck aus der Modelliermasse eine Kugel mit ca. 3 mm Durchmesser und drücke sie leicht flach. Präge mit dem Zahnstocher einen kleinen Kreis hinein.

**2** Forme für den Schläger einen ca. 4 mm dicken und 7,5 cm langen Strang und drücke ihn ein wenig flach. Drehe den Strang um 90 Grad und drücke ihn erneut gegen die Arbeitsfläche, damit eine Kante entsteht. Biege 1,5 cm eines Endes in einem Winkel von 45 Grad um und drücke es flach.

**3** Härte Schläger und Puck nach Herstellerangaben aus und verziere sie dann mit Permanentmarker.

EINFACH UMSETZBAR!

# WASCHSALON MIT WÄSCHELEINE

Wer viele Abenteuer erlebt, so wie unser Wichtel Tjore, kommt einfach nicht drum herum: Ab und zu muss Wäsche gewaschen werden. Die Wäscheleine ist schon gespannt, der Wäschekorb ist gefüllt und die Eimer stehen bereit. Wie gut, dass mit dem Sauberzauber-Waschmittel in Windeseile alles wieder blütenrein ist. Und steht da nicht auch ein Gläschen mit Seifenblasen? Das finden die Kinder bestimmt ganz besonders interessant …

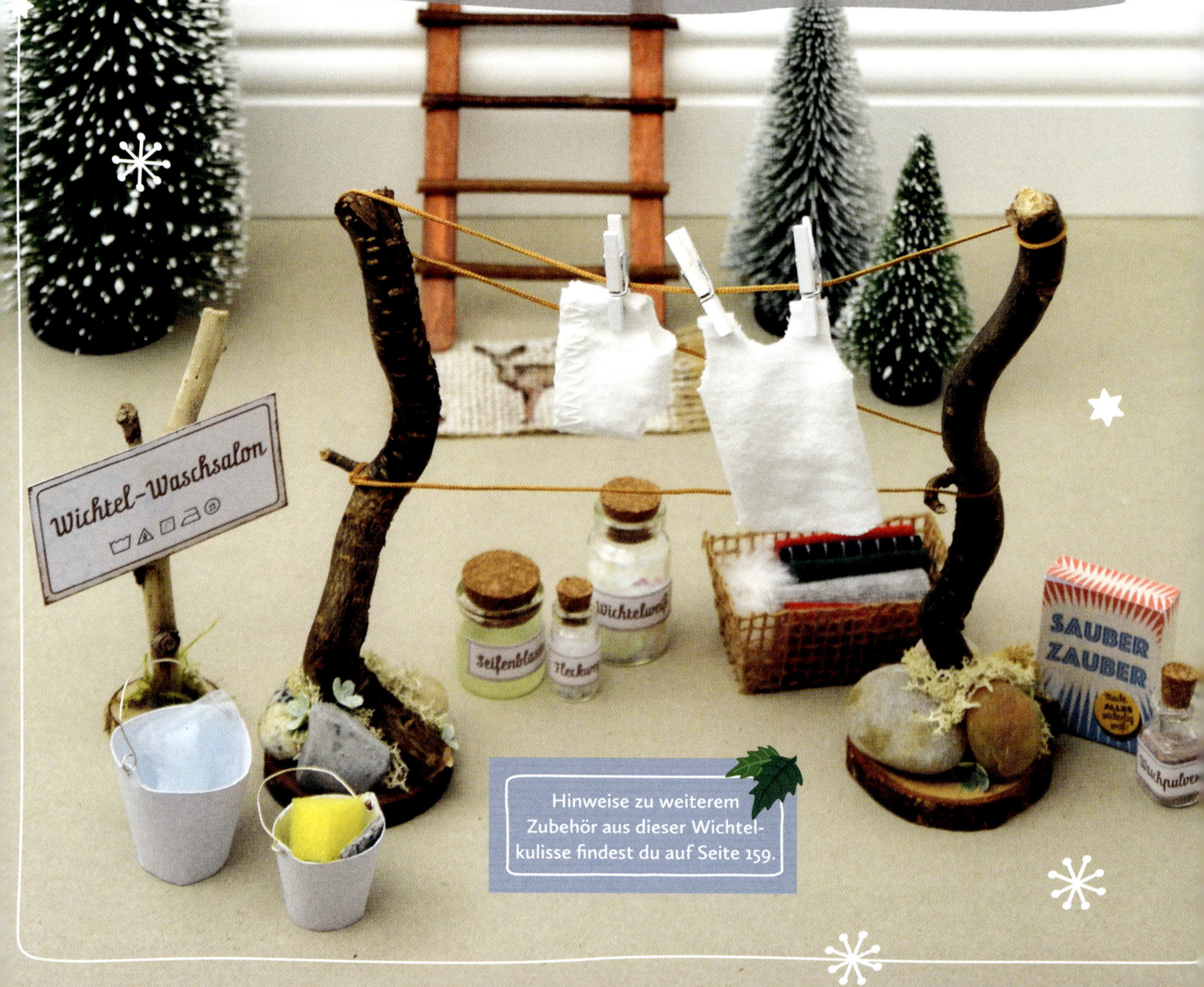


Hinweise zu weiterem Zubehör aus dieser Wichtelkulisse findest du auf Seite 159.

# WÄSCHELEINE

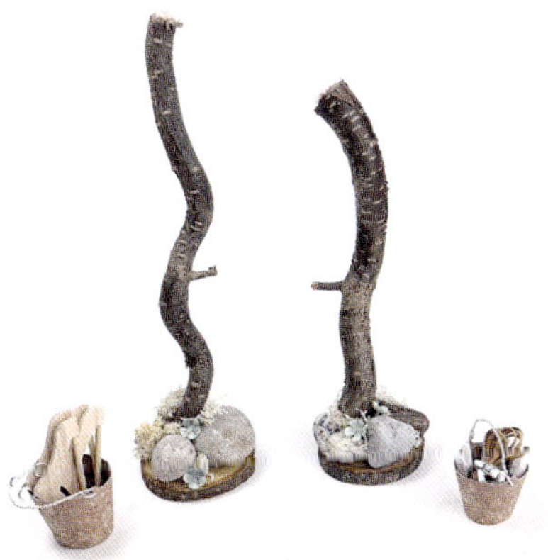

## MATERIAL

- 2 Holzscheiben, ø mind. 4 cm
- 2 Zweige, ø ca. 1 cm, 10–12 cm lang
- 6 kleine schwere Kieselsteine
- Bastelmoos
- Dekoblumen
- Stickgarn, 6-fädig, glatt verzwirnt in Hellbraun
- Heißklebepistole

## HILFSMITTEL

- Schere

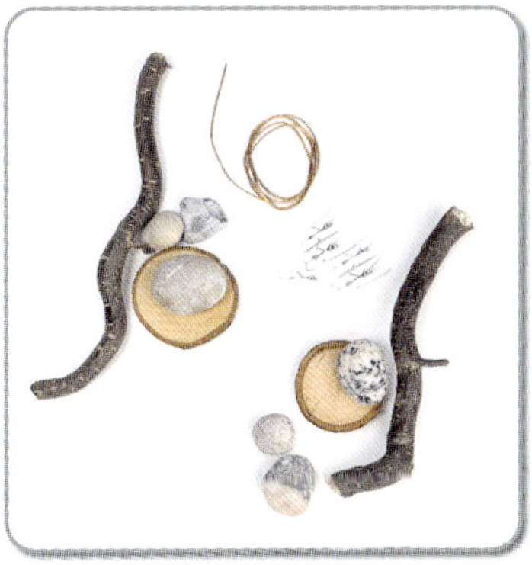

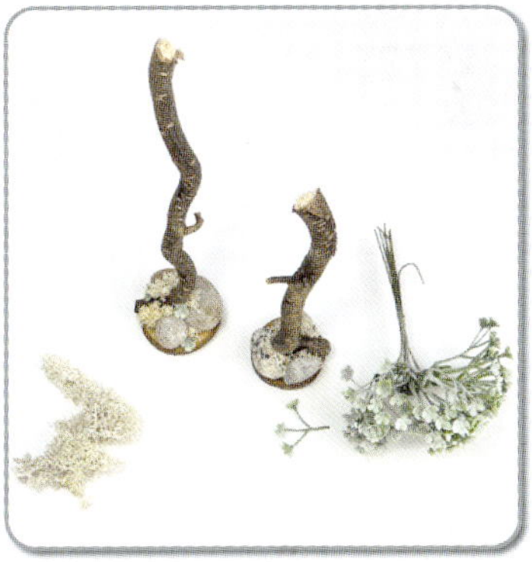

**1** Klebe die Zweige mit Heißkleber jeweils senkrecht auf die Holzscheiben. Klebe jeweils drei Steine auf die Holzscheiben um den Zweig herum.

**2** Klebe das Bastelmoos und die Dekoblumen auf die Steine. Schneide ein Stück Stickgarn als Wäscheleine zurecht. Du kannst die Wäscheleine zwischen die Zweige spannen oder aufgewickelt dekorativ in einen Eimer stecken.

## WEITERES ZUBEHÖR

Die Anleitung für die Holztür in der Wichtelkulisse auf Seite 158 findest du auf Seite 35, für die Leiter auf Seite 51, für den Briefkasten auf Seite 53, für die Fußmatte auf Seite 50. Die Tannen und die Wäscheklammern sind Fertigteile.

# EIMER

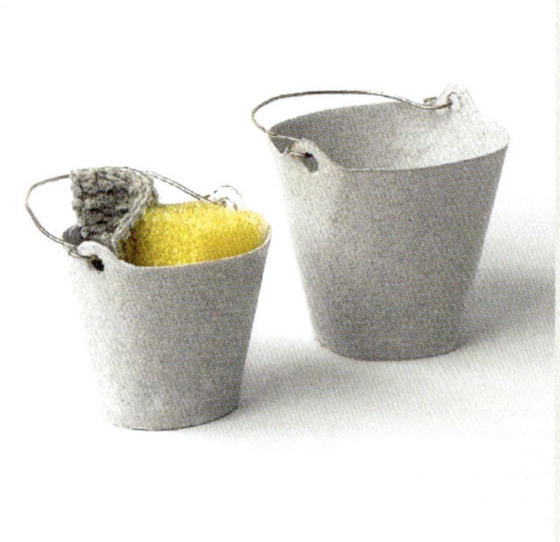

### VORLAGE
Eimer (S. 31)

### MATERIAL
- Aludraht in Silber, ø 1 mm
- Heißklebepistole
- Klebestift

### HILFSMITTEL
- Schere
- Federklemmen
- Backpapier
- Bleistift
- Lochzange oder Nadel
- Seitenschneider
- Rundzange
- Bastelmesser mit Schneideunterlage

**1** Drucke die Vorlage zweimal und schneide die Teile aus. Klebe jeweils zwei Eimerteile mit dem gleichen Muster und in derselben Größe mit Klebestift so zusammen, dass das Muster zu sehen ist.

**2** Klebe die Enden der Eimerteile überlappend zusammen. Fixiere die geklebte Stelle mit Federklemmen. Trocknen lassen.

**3** Stelle die Eimer auf ein Stück Backpapier und zeichne mit Bleistift die Umrisse der Eimerböden nach. Fülle die Kreise mit Heißkleber und setze die Eimer jeweils darauf. Trocknen lassen.

**4** Stich mithilfe der Lochzange oder einer Nadel markierungsgemäß Löcher für die Henkel in die Eimer. Schneide für jeden Henkel ein 4 cm langes Stück Draht mit dem Seitenschneider ab. Fädle die Drahtenden jeweils in die Löcher der Eimer und biege mit der Rundzange die Enden hoch.

**5** Entferne zum Schluss mit dem Bastelmesser überstehende Heißkleberreste von der Außenseite der Eimer.

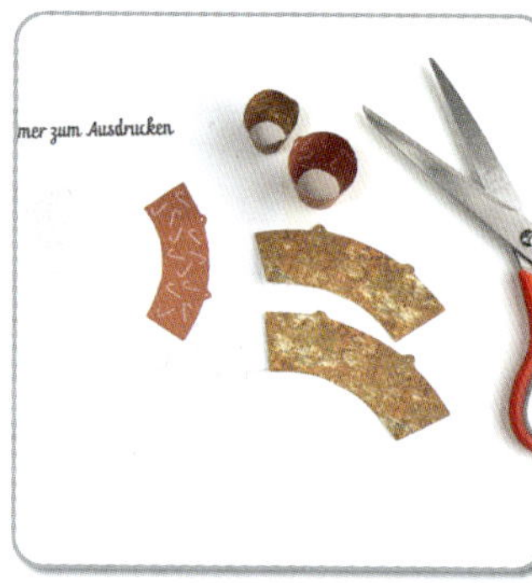


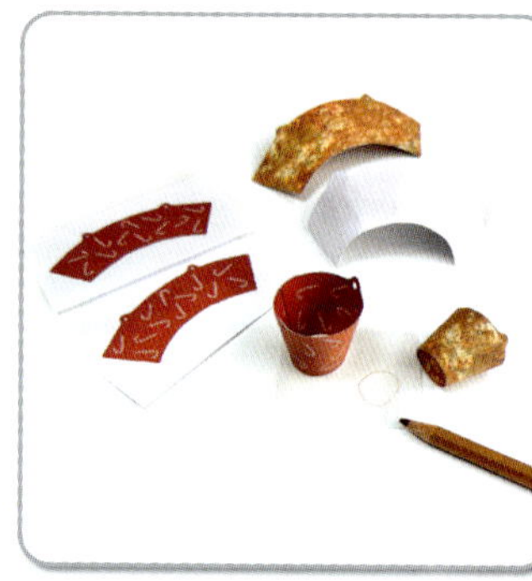

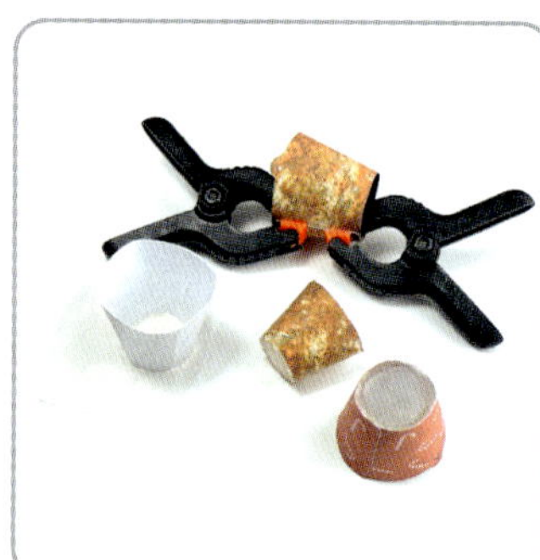

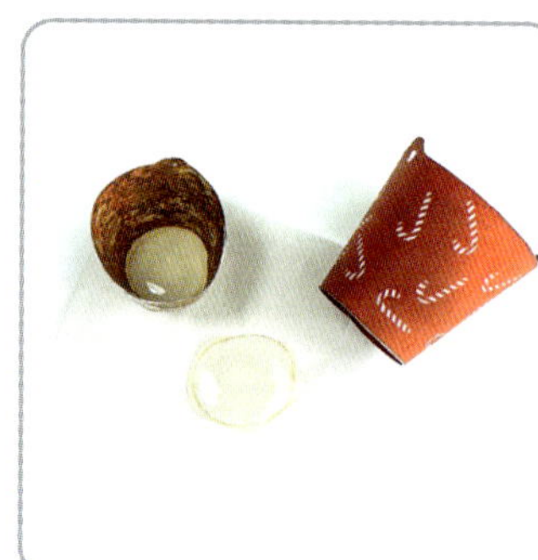

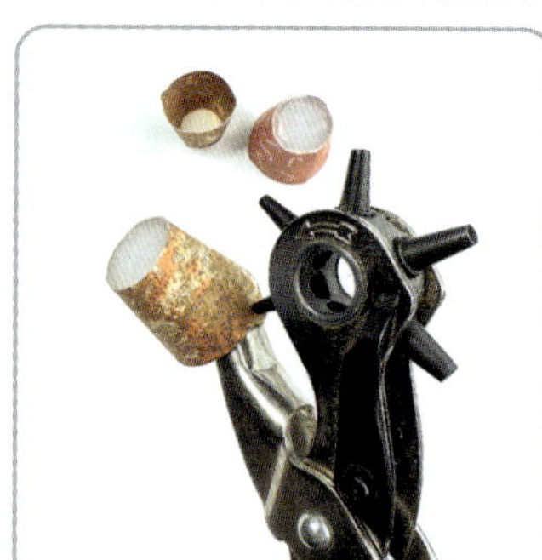

# WÄSCHEKORB

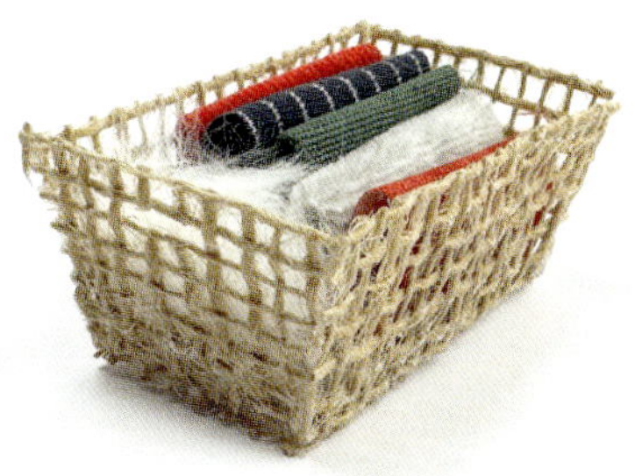

### VORLAGE
Wäschekorb (S. 31)

### MATERIAL
- grob gewebtes Juteband, 7 cm breit
- Stoff in verschiedenen Farben und Mustern
- Holzleim

### HILFSMITTEL
- Schere
- Backpapier
- Pinsel
- Buch zum Beschweren

**1** Vermische 2 EL Holzleim mit einigen Tropfen Wasser.

**2** Schneide zwei 15 cm lange Stücke Juteband zurecht und lege sie auf ein Stück Backpapier. Bestreiche das Juteband mit einer großen Menge des Leim-Wasser-Gemischs. Lege Backpapier über das Juteband und beschwere es mit einem Buch. Über Nacht trocknen lassen.

**3** Übertrage die Vorlage auf die beiden Jutebandstücke und schneide die Teile aus. Klebe die Teile zu einem Wäschekorb zusammen.

**4** Schneide verschiedene Stücke aus Stoff in verschiedenen Größen als Wäschestücke zurecht. Falte die Wäschestücke ordentlich und lege sie in den Wäschekorb.

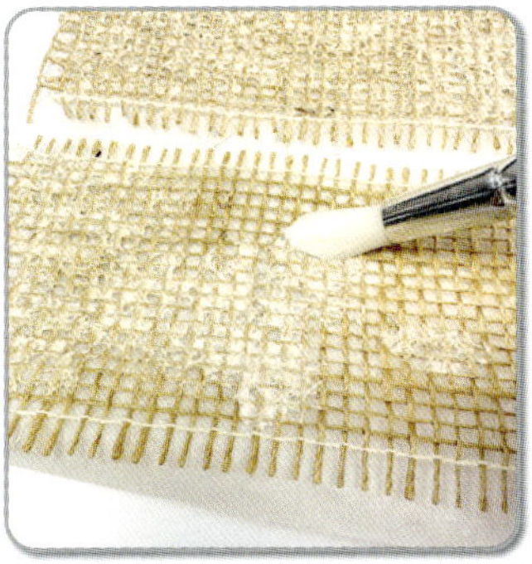

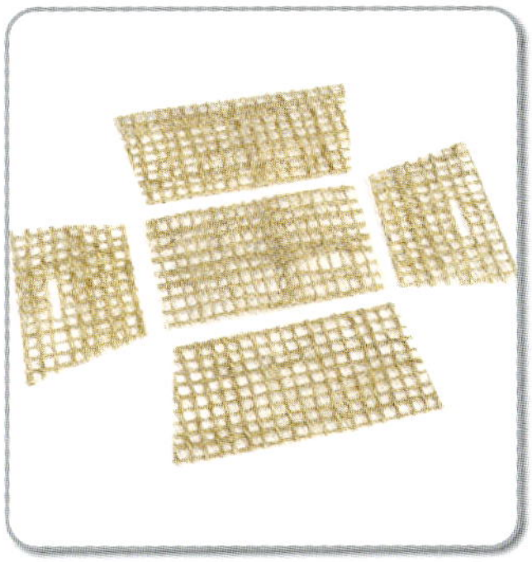

## UNTERWÄSCHE

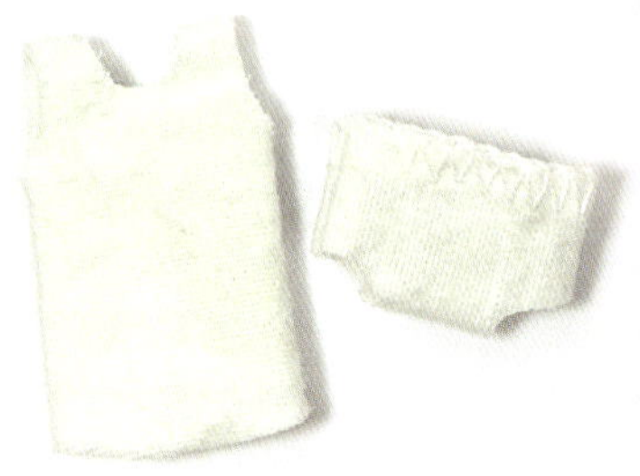

**VORLAGE**
Unterwäsche (S. 31)

**MATERIAL**
- Stoff in Weiß
- Textilkleber

**HILFSMITTEL**
- Stoffschere
- Nähmaschine (optional)

**1** Übertrage die Vorlage jeweils zweimal auf den Stoff und schneide die Teile aus. Versäubere die Oberkante der Unterhose nach Wunsch mit einem Zickzackstich der Nähmaschine.

**2** Trage Textilkleber beim Unterhemd an den Schulterkanten und den Seitenkanten dünn auf der rechten Stoffseite auf; bei der Unterhose an den Seitenkanten und der Unterkante. Klebe die Teile rechts auf rechts zusammen. Trocknen lassen. Wende die Unterwäsche.

**3** Bestreiche die noch offenen Außenkanten der Unterwäsche mit Klebstoff, damit sie nicht ausfransen. Trocknen lassen. Schneide zum Schluss überschüssige Kleberreste oder Fadenenden ab.

## WASCHMITTEL

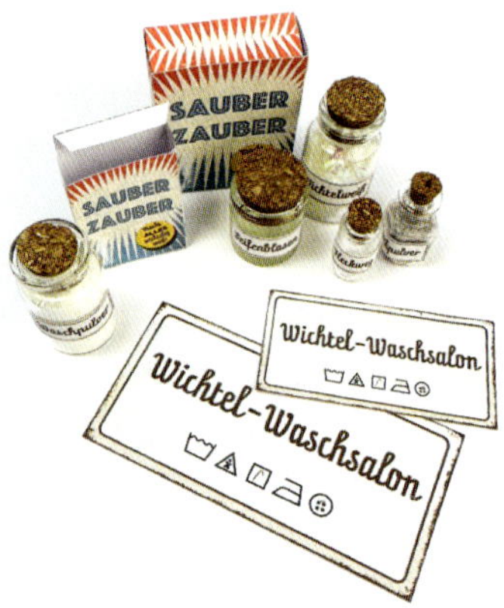


**VORLAGE**
Waschsalon (S. 31)

**MATERIAL**
- Tonpapier in Weiß, A4
- kleine Glasfläschchen mit Korken
- Brausepulver
- Holzleim

**HILFSMITTEL**
- Schere

**1** Drucke die Vorlage auf weißes Tonpapier und schneide alle Teile aus.

**2** Knicke die Kanten der Waschmittelkartons und trage Kleber auf die hellblauen Klebezugaben auf. Klebe die Kartons zusammen.

**3** Klebe die Etiketten auf die kleinen Glasfläschchen. Fülle Brausepulver in die Fläschchen. Klebe den Korkverschluss zu.

## WASCHSALONSCHILD

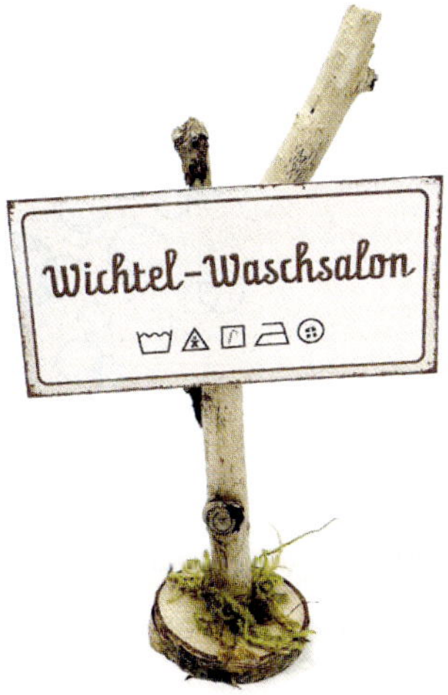


**VORLAGE**
Waschsalon (S. 31)

**MATERIAL**
- Tonpapier in Weiß, A4
- Holzscheibe, ø 2,5 cm
- Zweig, ø 7 mm, 9 cm lang
- Bastelmoos
- Heißklebepistole
- Klebestift

**HILFSMITTEL**
- Schere

**1** Klebe den Zweig senkrecht auf die Holzscheibe und dekoriere die Scheibe mit Bastelmoos.

**2** Drucke die Vorlage auf Tonpapier und schneide das Waschsalon-Schild aus. Klebe das Schild vorne auf den Zweig.

## SEIFE & HANDTUCH

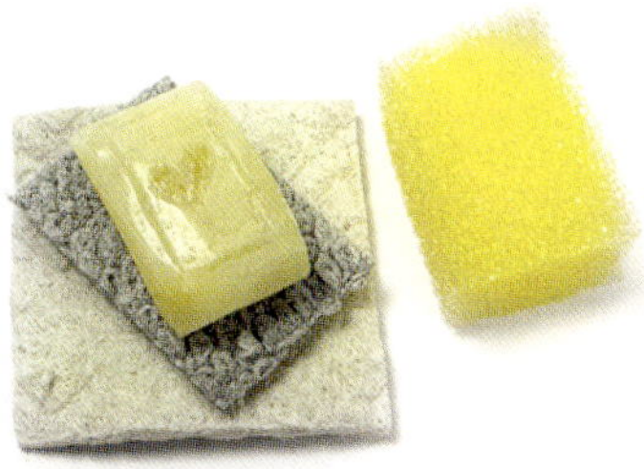

**MATERIAL**
- Seifenstück
- altes Handtuch oder Mikrofasertuch

**HILFSMITTEL**
- Bastelmesser mit Schneideunterlage
- Stoffschere

**TIPP**
Schneide kleine Stücke von einem Schwammtuch und einem Schwamm ab und lege sie zu der Seife und dem Handtuch.

**1** Schneide mit dem Bastelmesser ein kleines, rechteckiges Stück aus der Seife heraus. Übe nicht zu viel Druck aus, damit die Seife nicht bricht, sondern fahre mit dem Messer immer wieder an derselben Kante entlang.

**2** Schnitze das Stück Seife in eine beliebige Form und schnitze Muster nach Wunsch in die Oberfläche, z.B. ein Herz mit einem Rahmen. Halte das Seifenstück kurz unter Wasser und runde die Schnitzkanten ab. Lege das Seifenstück zum Trocknen auf ein Handtuch.

**3** Schneide ein 2,5 cm x 1,5 cm großes Stück von einem alten Handtuch ab.

ANSPRUCHSVOLL!

# WASCHSALON MIT WASCHBOTTICH

Wichtel Tomte liebt das Wäschewaschen. Er spannt eine Wäscheleine, schnappt sich einen Eimer voll Wasser und verwendet reichlich Wichtelwaschpulver, dass es nur so schäumt. Pitsche, patsche – für ihn kann es gar nicht wild genug zugehen. Und wenn die Seifenblasen aus dem Waschbottich aufsteigen, weiß er, seine Wäsche ist blitzeblank. Die Kinder können sich mit seiner Seife ruhig mal die Hände waschen oder mit einem Strohhalm in den Waschbottich mit Seifenblasen pusten.

Hinweise zu weiterem Zubehör aus dieser Wichtelkulisse findest du auf Seite 166.

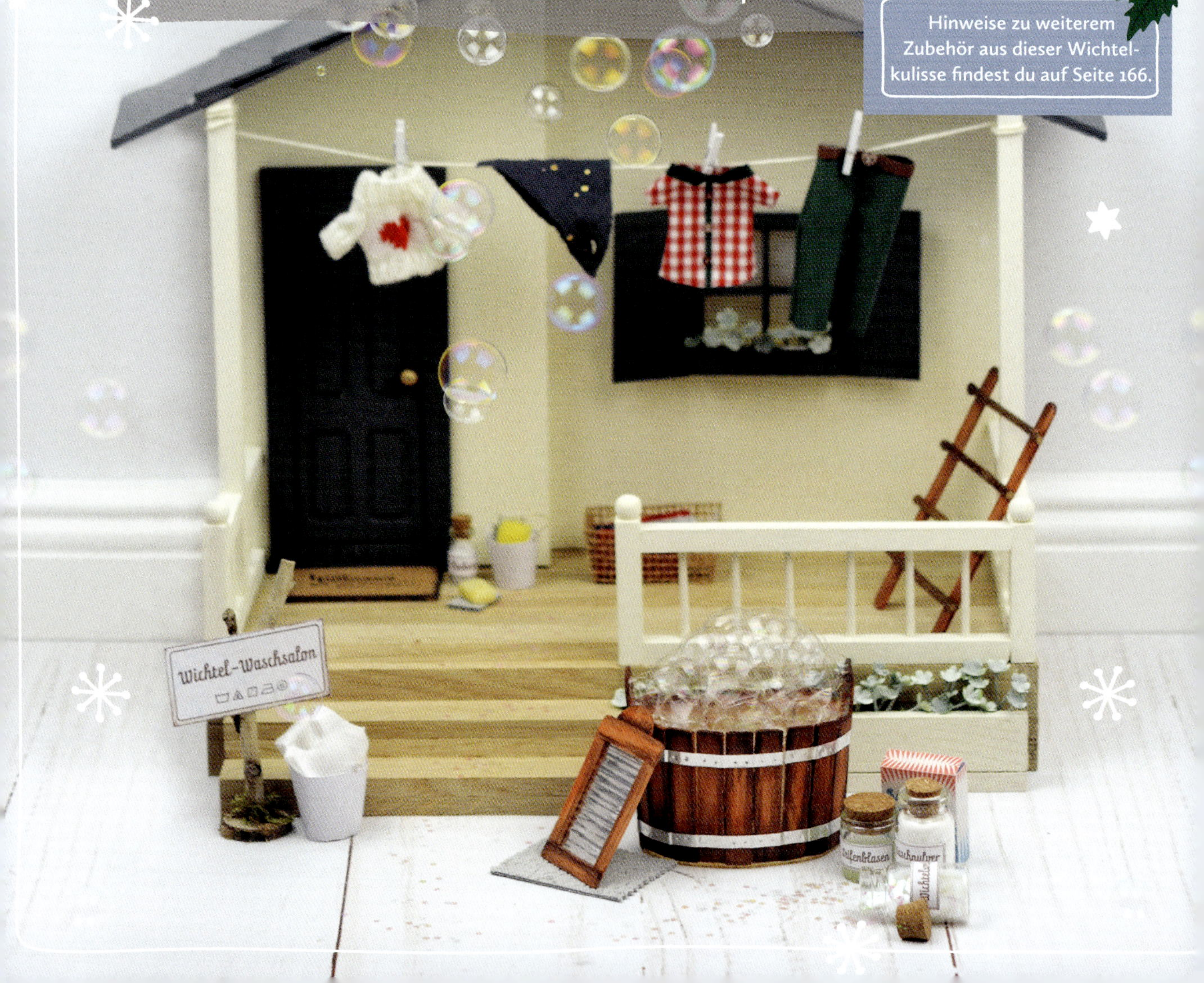

# WASCHBOTTICH

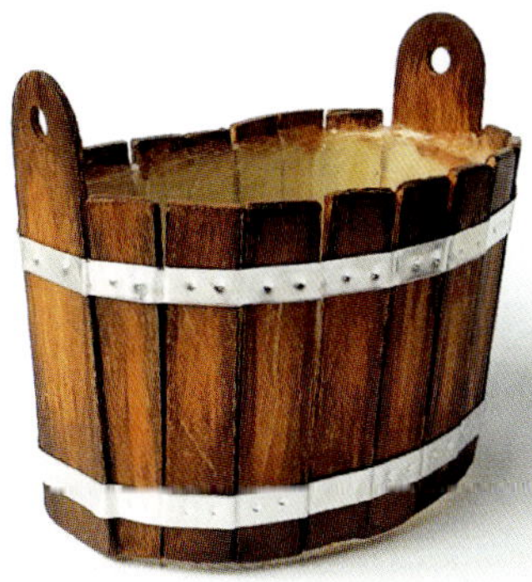

### MATERIAL

- ovaler Plastikbehälter (z.B. Seifenspender oder Shampooflasche) in Weiß oder Transparent, ca. 8,5 cm x 5,5 cm
- 17 Holzstäbchen, Gr. K (1,1 cm x 11 cm)
- Holzstäbchen, Gr. L (2,5 cm x 20 cm)
- Bastelalufolie
- Wasserfarbe in Braun
- Buntstifte in Braun
- Klarlack
- Heißklebepistole
- Sekundenkleber

### HILFSMITTEL

- Bastelmesser mit Schneideunterlage
- Schere
- Schmirgelpapier, 240er Körnung
- Seitenschneider
- Lochzange
- Pinsel
- Zahnstocher oder Kugelschreiber

**1** Schneide mithilfe des Bastelmessers und der Schere den Boden des Plastikbehälters in 5 cm Höhe so gerade wie möglich ab. Schleife mögliche Aufdrucke mit dem Schmirgelpapier ab.

**2** Schneide aus den Holzstäbchen Gr. K 5,5 cm lange rechteckige Stücke. Schleife alle Enden glatt. Schneide die Enden des Holzstäbchens Gr. L 7 cm lang ab. Stanze mit der Lochzange jeweils ein Loch in die Rundung der Holzstäbchen Gr. L.

**3** Lege die Holzstäbchen Gr. K und Gr. L zunächst um den Plastikbehälter, um zu prüfen, wo sie später positioniert werden sollen; die Holzstäbchen Gr. L sitzen jeweils an den kurzen Seiten des Behälters mit der Rundung jeweils nach oben. Klebe die Holzstäbchen nacheinander mit Heißkleber fest; ggf. musst du bei einigen die langen Kanten mit Schmirgelpapier etwas abschrägen, um sie einzupassen.

**4** Male die Holzstäbchen mit Wasserfarbe an. Trocknen lassen. Mit Buntstiften kannst du eine Holzmaserung aufzeichnen. Versiegle das Holz mit Klarlack.

**5** Schneide zwei 5 mm breite Bastelalufolienstücke zu; die Länge entspricht dem Umfang des Bottichs. Klebe die Streifen oben und unten mit Sekundenkleber um den Waschbottich herum fest. Trocknen lassen.

**6** Präge mit einem Zahnstocher oder Kugelschreiber pro Holzstäbchen zwei Löcher in beide Stücke Alubastelfolie.

**7** Trage zum Schluss innen auf den Rand des Plastikbehälters Heißkleber als Abdichtung auf.

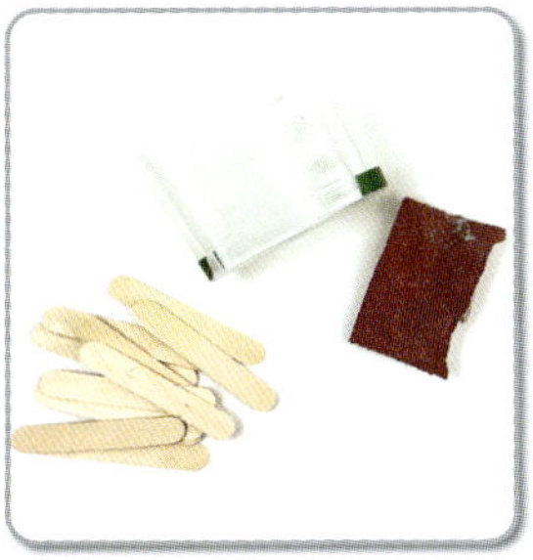

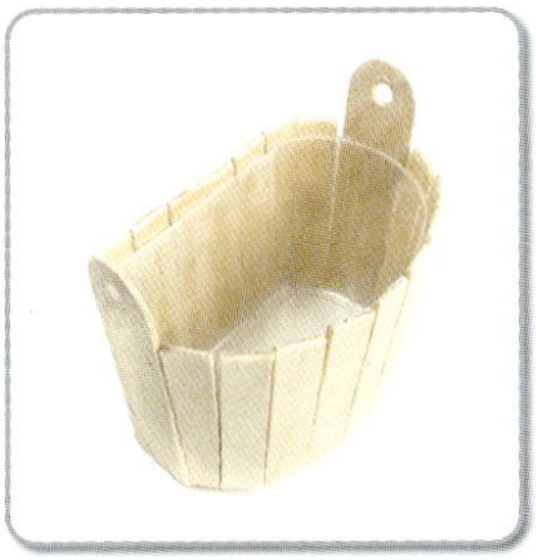

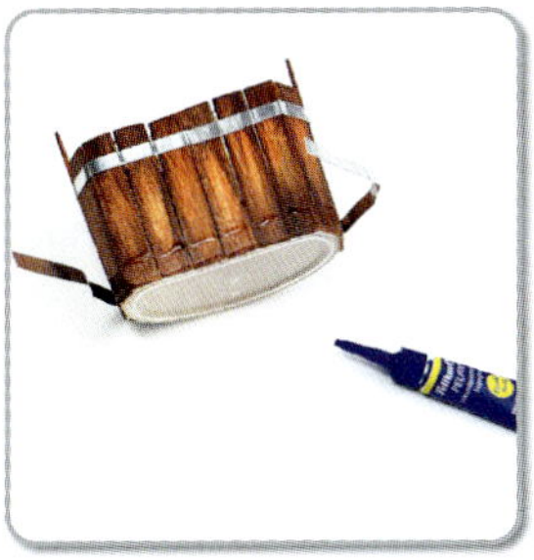

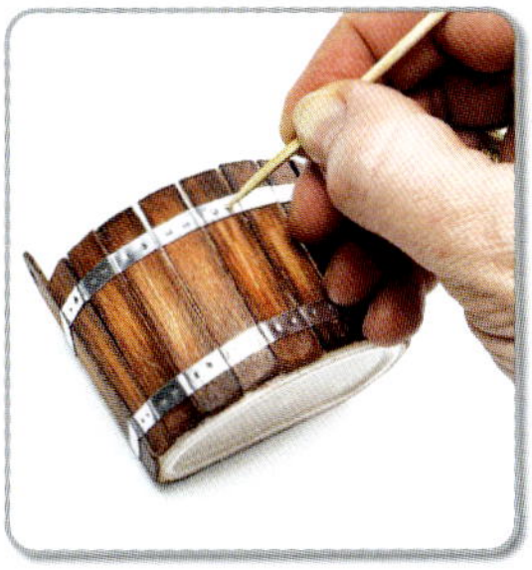

## KLEIDUNG

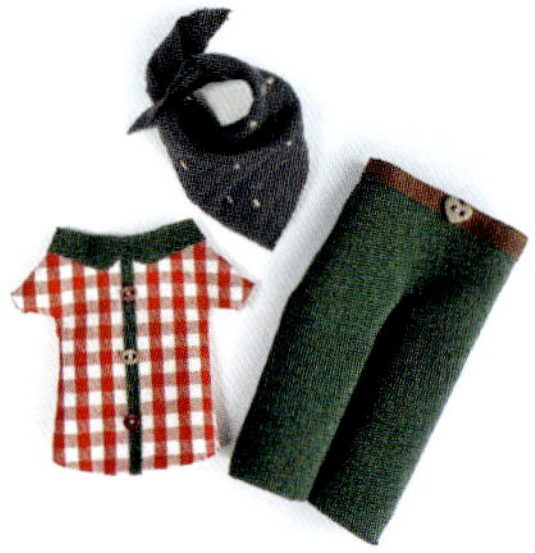

### VORLAGE
Kleidung (S. 31)

### MATERIAL
- Stoff in Rot-Weiß kariert, Grün, Braun und Grau
- 3 Mini-Knöpfe in Braun, ø 4 mm
- Mini-Herzknopf in Braun, 7 mm hoch, 6 mm breit
- Textilkleber

### HILFSMITTEL
- Stoffschere

**1** Übertrage die Vorlagen auf den Stoff und schneide die Teile für Hemd und Hose zweimal, für Tuch, Knopfleiste, Kragen und Gürtel jeweils einmal aus.

**2** Trage Textilkleber beim Hemd an den Schulterkanten und den Seitenkanten, bei der Hose an den Seiten- und Innenbeinkanten jeweils auf der rechten Stoffseite dünn auf. Klebe die Teile zusammen. Trocknen lassen. Wende die Teile. Klebe die Knopfleiste mittig auf das Hemdvorderteil, das Kragenteil klebst du an die Oberkante des Hemds. Klebe den Gürtel an den Hosenbund.

**3** Bestreiche die offenen Kanten mit Textilkleber, damit sie nicht ausfransen. Trocknen lassen. Schneide Kleberreste und Fadenenden ab.

**4** Klebe die drei runden Knöpfe auf die Knopfleiste, den Herzknopf klebst du auf die vordere Mitte der Hose. Alternativ kannst du die Knöpfe auch annähen.

## KLEIDERBÜGEL

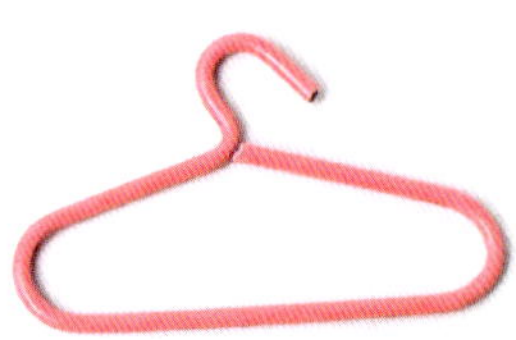

### MATERIAL
- ummantelte Büroklammer

### HILFSMITTEL
- Seitenschneider
- Rundzange

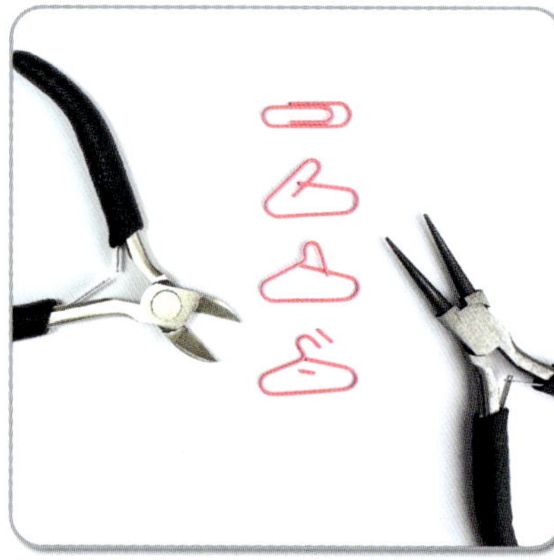

**1** Biege den kleineren der beiden Drahtbögen der Büroklammer mit der Rundzange schräg nach oben. Knicke den oberen Teil des Bogens so nach hinten ab, dass der Aufhänger entsteht.

**2** Schneide mit dem Seitenschneider die überstehenden Enden der Büroklammer ab. Forme zum Schluss den Aufhänger.

### WEITERES ZUBEHÖR
Die Anleitung für das Haus in der Wichtelkulisse auf Seite 164 findest du auf Seite 39, für die Fußmatte auf Seite 48, für die Leiter auf Seite 52, für das Waschsalon-Schild, den Eimer, die Seife und die Waschmittelbehälter ab Seite 159. Der weiße Pulli mit dem roten Herz ist ein Fertigteil.

# WASCHBRETT

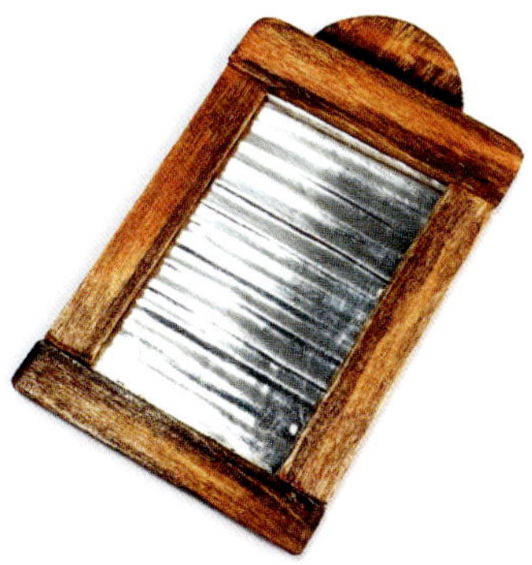

**MATERIAL**
- Holzstäbchen, Gr. K (1,1 cm x 11 cm)
- Holzstäbchen, Gr. S (6 mm x 19 cm)
- Holzstäbchen, Gr. L (2,5 cm x 20 cm)
- Bastelalufolie
- Wasserfarbe in Braun
- Buntstifte in Braun
- Klarlack
- Heißklebepistole
- Sekundenkleber

**HILFSMITTEL**
- Seitenschneider
- Pinsel

**1** Schneide aus der Bastelalufolie ein 3,5 cm x 5,5 cm großes Rechteck. Präge mit einem Holzstäbchen parallel zu den kurzen Kanten Rillen in die Folie.

**2** Schneide das Holzstäbchen Gr. S in ein 4 cm und zwei 4,5 cm lange rechteckige Stücke. Schneide aus dem Holzstäbchen Gr. K ein 4 cm langes rechteckiges Stück. Schneide die Rundung des Holzstäbchens Gr. L 1 cm lang ab.

**3** Klebe die Holzstäbchenstücke Gr. S und Gr. K so zu einem Rahmen zusammen, dass die Seitenteile zwischen Ober- und Unterteil des Rahmens sitzen; das Holzstäbchen Gr. K platzierst du oben. Klebe das Teil aus dem Holzstäbchen Gr. L mit der Rundung an die Oberkante einer kurzen Seite. Trocknen lassen.

**4** Male den Rahmen mit Wasserfarben braun an. Trocknen lassen. Die Holzmaserung kannst du mit Buntstiften aufzeichnen.

**5** Klebe das Folienrechteck mit Sekundenkleber hinter den Rahmen. Male die Rückseite des Rahmens braun an. Trocknen lassen. Versiegle das Holz zum Schluss mit Klarlack.

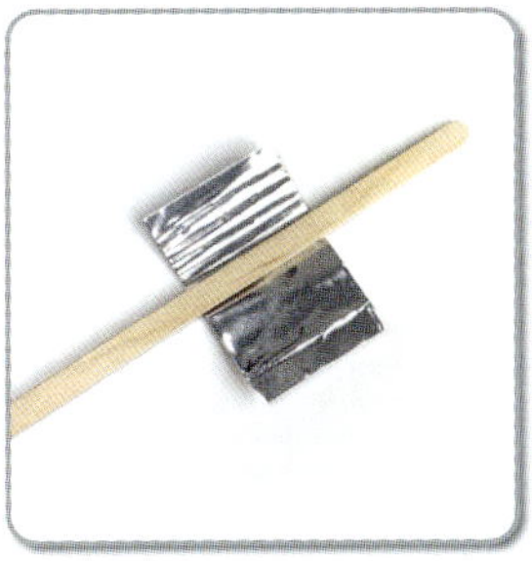

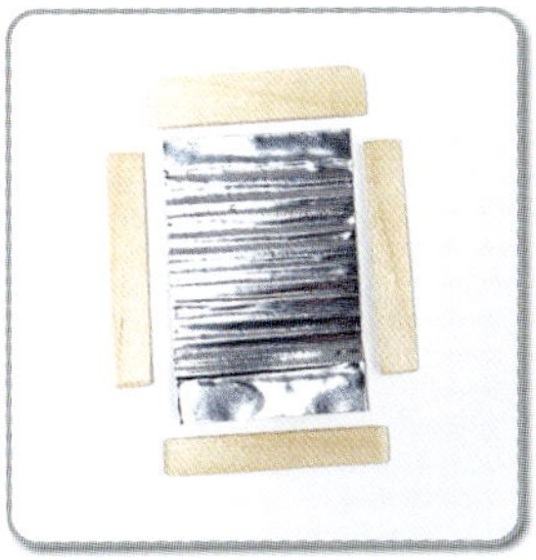

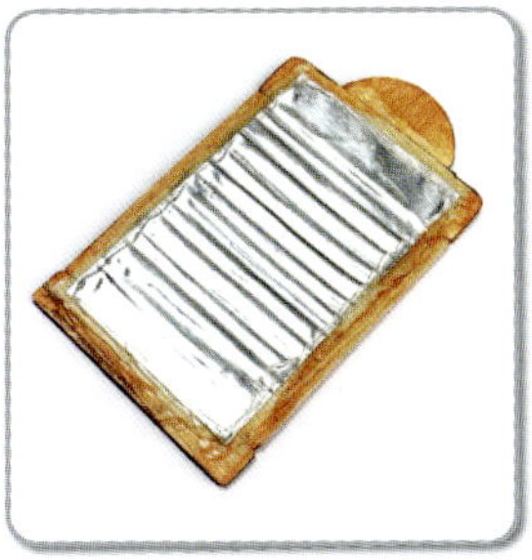

EINFACH UMSETZBAR!

# WEIHNACHTSMARKT MIT SCHNEEMANN

Weihnachtsmärkte sind ein Highlight im Advent, das finden auch die Wichtel. Wichtelin Svea hat sich deshalb einen eigenen Stand gebaut und mit einer funkelnden Sternchen-Lichterkette verziert. In ihrem Stand gibt es viel zu entdecken! Vor allem Naschkatzen werden hier fündig. Sogar ihr selbstgebauter Schneemann ist zum Anbeißen, denn er besteht hauptsächlich aus Marshmallows. Ach, und Kinder, aufgepasst! Auf dem Aufsteller stehen immer die aktuellsten Neuigkeiten von Svea.

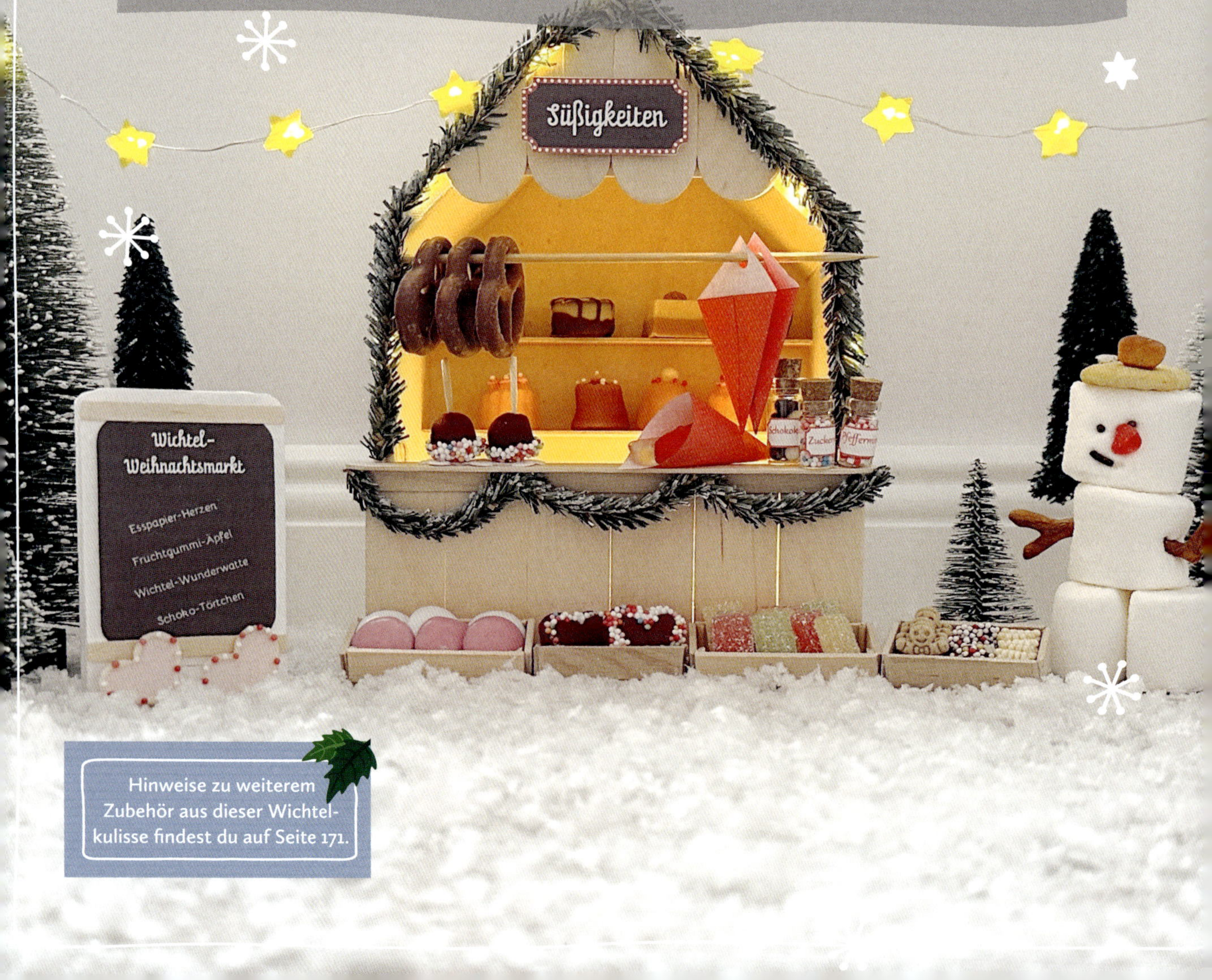


Hinweise zu weiterem Zubehör aus dieser Wichtelkulisse findest du auf Seite 171.

# EINFACHER WEIHNACHTSMARKTSTAND

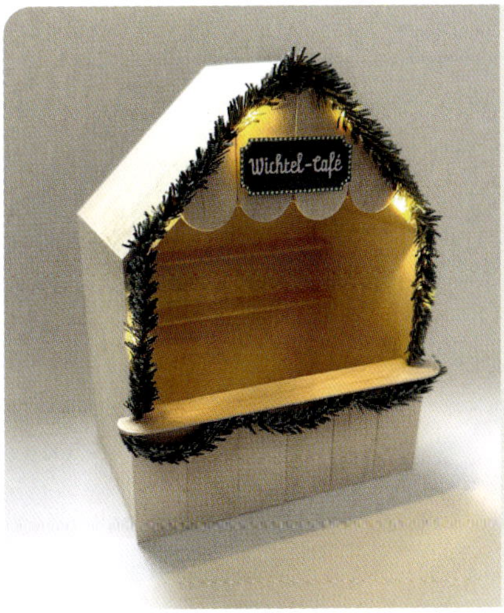


### VORLAGE

Weihnachtsmarktschilder (S. 31)

### MATERIAL

- fertiges Holzhäuschen, 14 cm x 19 cm x 9,5 cm
- 3 Holzstäbchen, Gr. S (6 mm x 19 cm)
- 2 Holzstäbchen, Gr. M (1,8 cm x 15 cm)
- 6 Holzstäbchen, Gr. L (2,5 cm x 20 cm)
- Kopierpapier
- Micro-LED-Drahtlichterkette mit 10 LEDs
- Magnetband
- Tannengirlande
- Express-Holzleim
- Heißklebepistole

### HILFSMITTEL

- Blechschere
- Schmirgelpapier, 240er Körnung
- 2 Federklemmen
- Bleistift
- Schere

**1** Schneide für die Front drei Holzstäbchen Gr. L in sechs 6 cm lange Stücke. Kappe zwei der Holzstäbchen Gr. S auf 14,2 cm (Häuschenbreite). Schmirgle die Kanten glatt. Leime ein 14,2 cm langes Holzstäbchen Gr. S in 6 cm Höhe waagerecht an die Front des Häuschens. Leime die 6 cm langen Stücke senkrecht an dem waagerechten Holzstäbchen und am Boden fest. Befestige von vorne an der oberen Kante der sechs senkrechten Stäbchen das zweite 14,2 cm lange Holzstäbchen Gr. S. Mit Federklemmen fixieren und trocknen lassen.

**2** Schneide für die Theke aus einem Holzstäbchen Gr. M beidseitig an einer langen Kante jeweils ein 1 cm langes und 5 mm tiefes Stück heraus, sodass das Stäbchen zwischen die Seitenteile passt. Klebe es waagerecht an der Front an. Trocknen lassen.

> **TIPP**
> Kappe einen Holzspieß auf 15 cm, spitze das gekappte Ende an und schiebe den Spieß zum Aufhängen der Schokobrezeln und Zuckertüten zwischen Tannengirlande und Stand.

**3** Für die Regalbretter an der Rückwand des Häuschens schneidest du ein Holzstäbchen Gr. L und ein Holzstäbchen Gr. M 12,5 cm lang zu. Klebe die Teile waagerecht an die Rückwand: das breite Holzstäbchen nach unten, das schmalere nach oben. Trocknen lassen.

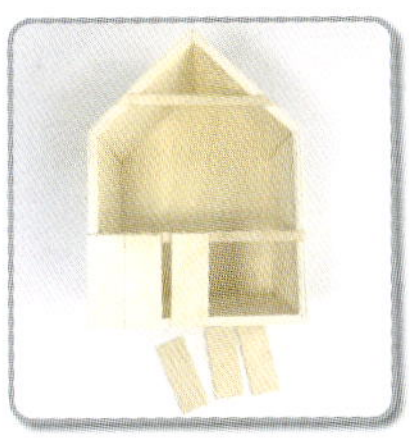

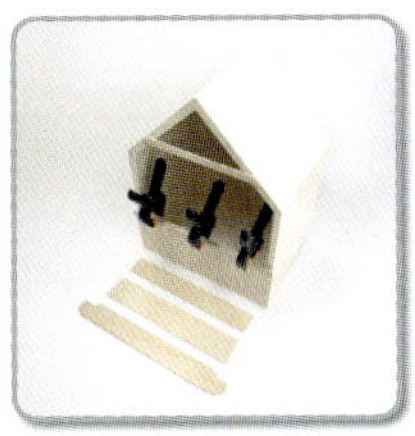

**4** Lege für die Dachverkleidung ein Holzstäbchen Gr. S 4 cm unterhalb der Dachspitze waagerecht an und zeichne beidseitig den Winkel an, in dem das Dach dazu verläuft. Kürze das Stäbchen entlang der Markierungslinien und klebe es an.

**5** Lege vier Holzstäbchenstücke Gr. L mit der Rundung nach unten am Giebel an und zeichne die Linien wie in Schritt 4 beschrieben an. Schneide die Holzstäbchen entlang der Markierungslinien zurecht und leime sie an dem waagerechten Holzstäbchen und dem Giebel an.

**6** Befestige das Ende der LED-Lichterkette mit Heißkleber an der Außenseite des Holzhäuschens an fünf Punkten. Lege das andere Ende ins Häuschen.

**7** Klebe die Tannengirlande mit Heißkleber über der LED-Lichterkette mit sieben Heißklebepunkten fest.

**8** Schneide ein 3,5 cm langes Stück Magnetband zurecht und klebe es in der Mitte der Dachverkleidung mit Holzleim fest. Fixiere es mit einer Federklemme. Trocknen lassen.

**9** Drucke die Vorlagen für die Schilder auf Kopierpapier aus und klebe je ein Gegenstück Magnetband auf die Rückseite. Du kannst mehrere Schilder vorbereiten und sie im Lauf des Advents austauschen.

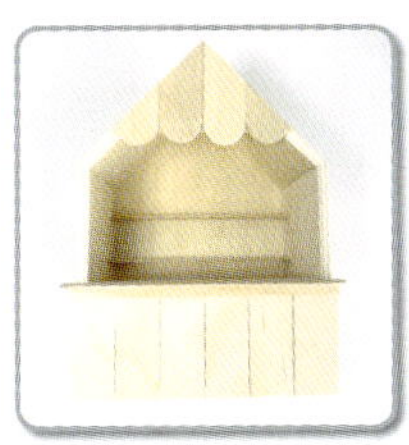

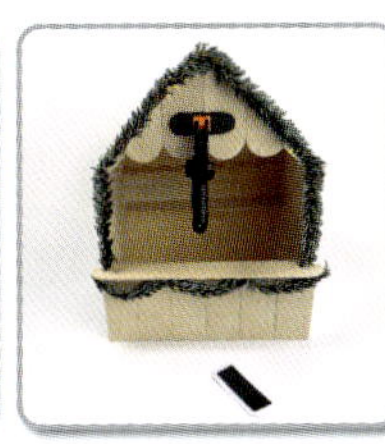

## LICHTERKETTE MIT STERNCHEN

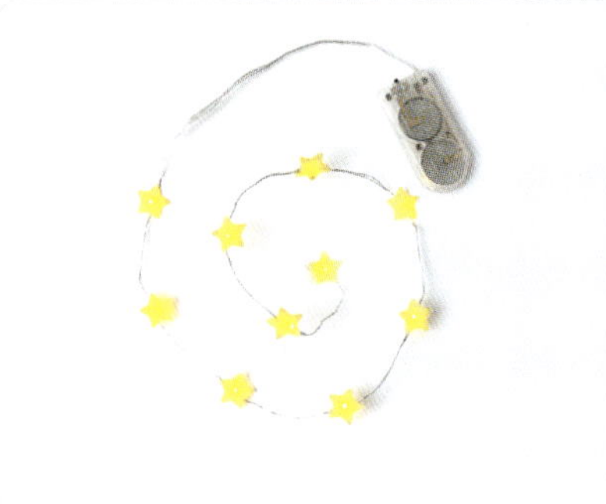

### MATERIAL

- Transparentpapier in Gelb
- Micro-LED-Drahtlichterkette mit 10 LEDs
- Bastelkleber

### HILFSMITTEL

- Motivstanzer „Stern“, ca. 1,5 cm hoch

**1** Stanze aus Transparentpapier 20 Sternchen aus.

**2** Klebe jeweils einen Stern vorn und einen Stern auf die Rückseite jeder LED an der Lichterkette.

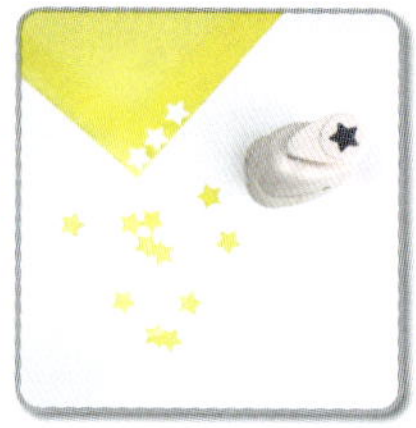

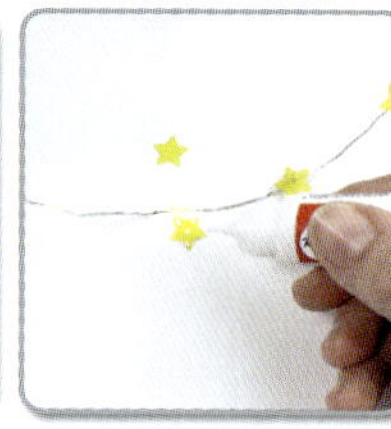

## AUFSTELLERTAFELN

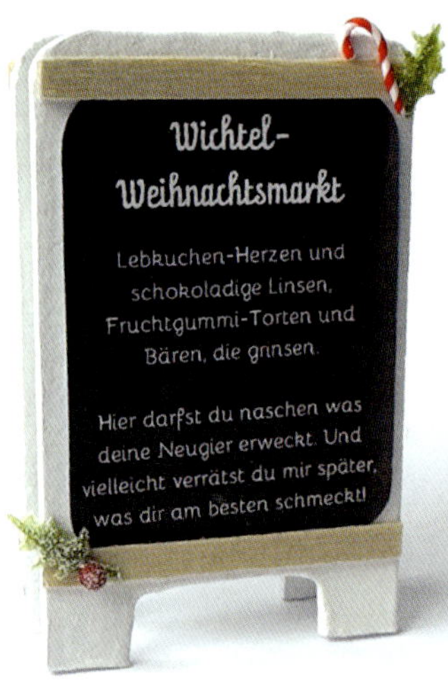


### VORLAGE

Aufsteller (S. 31)

### MATERIAL

- 2 Holzstäbchen, Gr. S (6 mm x 19 cm)
- Graupappe, 2 mm stark (700 g/m²)
- 2 Mini-Wäscheklammern aus Holz, 2,5 cm lang
- Acryl- oder Lackfarbe in Weiß
- Holzleim

### HILFSMITTEL

- Schere
- Bleistift
- Pinsel
- Blechschere
- Schmirgelpapier, 240er Körnung

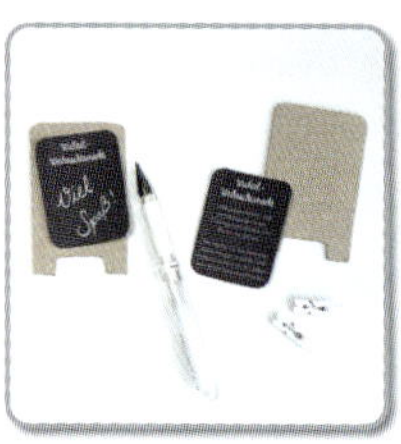

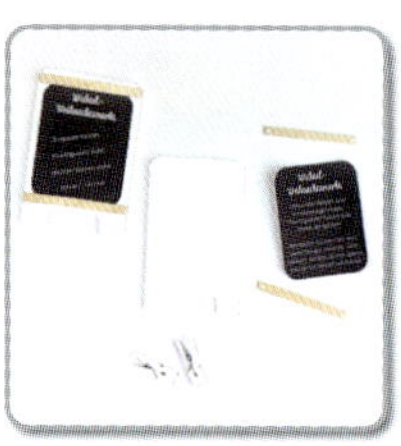

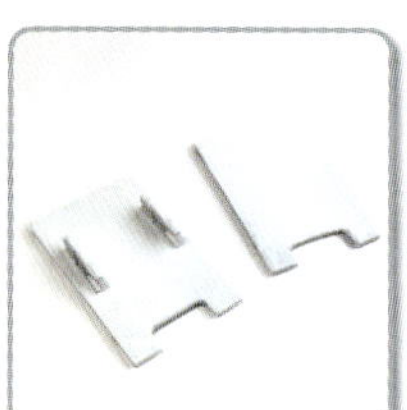

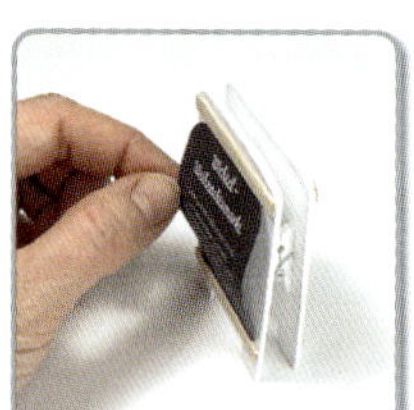

**1** Drucke die Schilder für die Aufsteller und schneide sie aus. Übertrage die Vorlage für den Aufsteller auf Graupappe und schneide sie aus. Male die Aufstellerteile und die Wäscheklammern weiß an. Trocknen lassen.

**2** Schneide aus den Holzstäbchen Gr. S vier 5 cm lange Stücke und glätte die Enden mit Schmirgelpapier. Befestige die Holzstäbchenstücke mit jeweils einem kleinen Klebepunkt an den Enden oben und unten an den Aufstellern, sodass du die Papierschilder jeweils noch darunter schieben kannst. Trocknen lassen.

**3** Klebe die Wäscheklammern mit der geschlossenen Seite nach oben parallel zueinander mit 2 cm Abstand zum oberen und 5 mm Abstand zum seitlichen Rand auf der Rückseite eines Aufstellerteils fest. Klebe das andere Aufstellerteil dagegen. Trocknen lassen.

**4** Klemme zum Schluss die Tafelschilder unter die Holzstäbchen. Dekoriere den Aufsteller nach Wunsch mit Ilexranken oder Zuckerstangen.

## SCHNEEMANN AUS MARSHMALLOWS

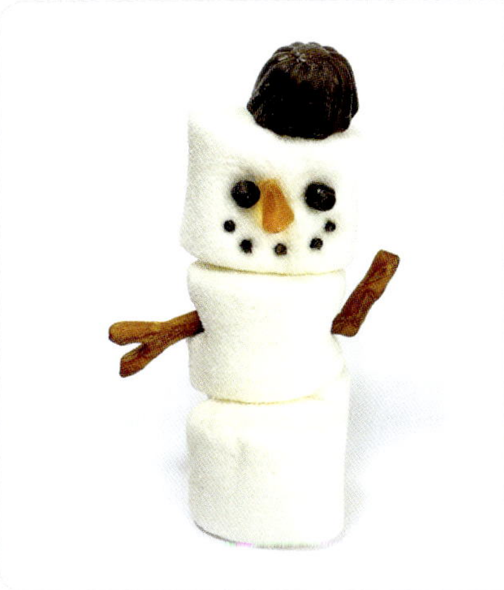

### MATERIAL

- 3 Marshmallows in Weiß
- Salzstangen-Buchstaben oder Salzstangen
- Schokoperlen
- Schokostreusel
- Gummibärchen in Orange
- Schokopraline als Hut
- Zahnstocher

### HILFSMITTEL

- Schere

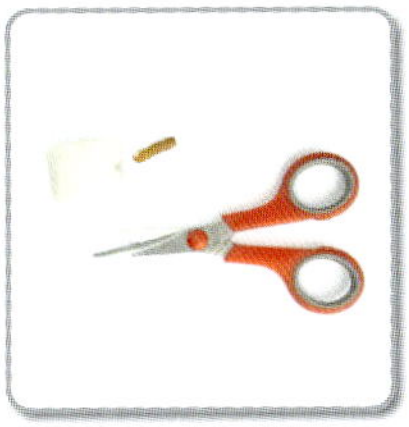

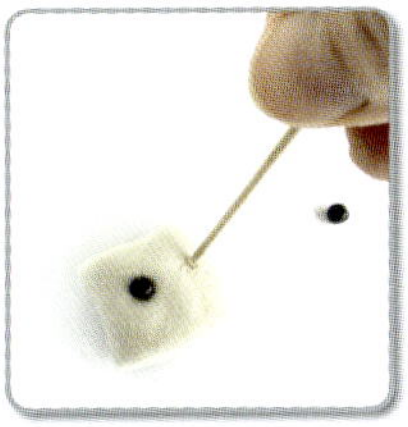

**1** Schneide für das Bauchteil mit der Schere in ein Marshmallow jeweils zwei Löcher für die Arme. Brich zwei 3 cm lange Stücke Salzstange ab und stecke sie hinein.

**2** Stich am Kopf mit einem Zahnstocher für Augen und Mund Löcher in das Marshmallow. Stecke für den Mund in jedes Loch einen Schokostreusel und für die Augen jeweils eine Schokoperle. Schneide für die Nase das Gummibärchen in Möhrenform. Schneide ein kleines Loch an die Stelle der Nase in das Marshmallow und stecke das Gummibärchen hinein.

**3** Stecke Fuß-, Bauch- und Kopfteil auf den Zahnstocher und zum Schluss die Schokopraline als Hut obenauf.

## BUNTE KUCHEN

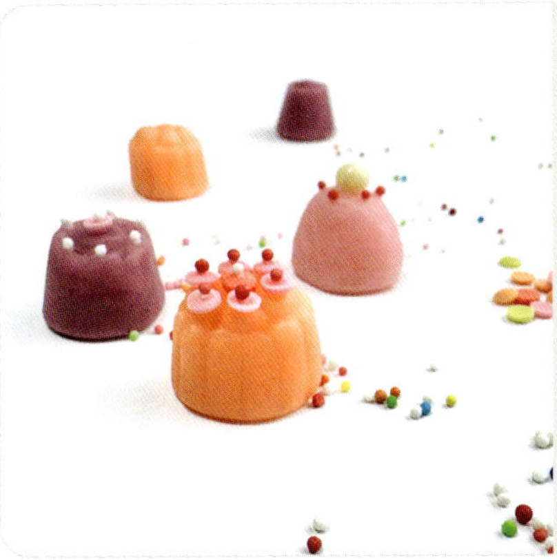

### MATERIAL

- 1 EL Puderzucker
- Fruchtgummis in verschiedenen Farben und Formen
- Zuckerperlen in verschiedenen Farben und Größen

### HILFSMITTEL

- Zahnstocher

**1** Rühre den Puderzucker mit wenigen Tropfen Wasser an, sodass eine dickflüssige Masse entsteht. Je dickflüssiger der Zuckerguss, desto schneller trocknet und desto besser hält er.

**2** Klebe die Zuckerperlen mithilfe des Zahnstochers mit Zuckerguss auf die Fruchtgummis. Trocknen lassen.

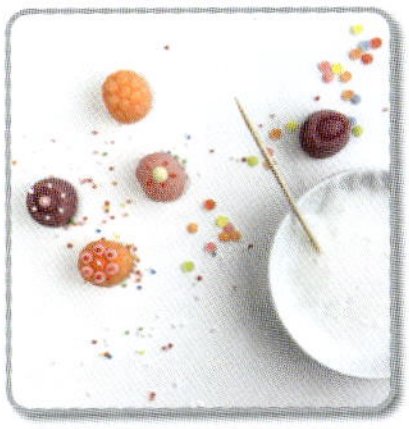

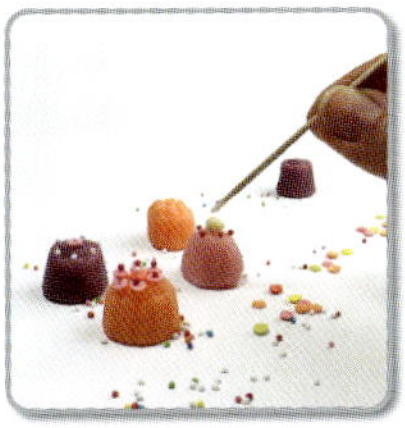

### WEITERES ZUBEHÖR

Die Schokobrezeln und alle Süßigkeiten in den Regalkisten in der Wichtelkulisse auf Seite 168 sind echte Süßigkeiten (Schokolinsen, Mini-Lebkuchenherzen, Weingummi, Zuckerstreusel-Lebkuchenmännchen, Schokokränze, Butterkekse). Der Schnee ist fertiger Bio-Dekoschnee, die Tannen sind Fertigteile.

## SÜSSIGKEITENGLÄSER

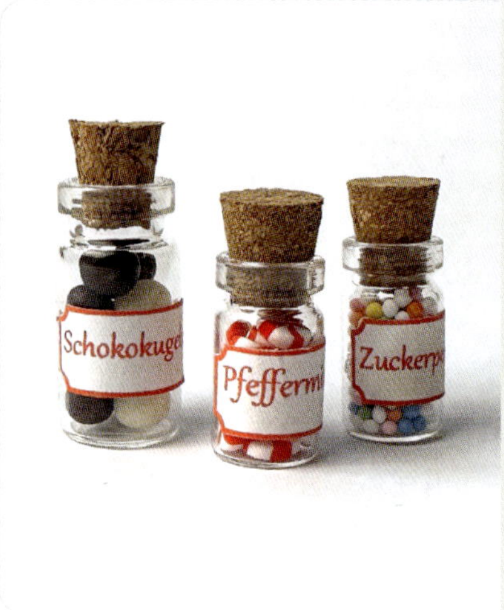

### VORLAGE

Etiketten (S. 31)

### MATERIAL

- Glasfläschchen mit Korken, 2–3 cm hoch
- Brausepulver, Zuckerperlen oder Schokokugeln nach Wunsch
- feiner Filzstift (optional)

### HILFSMITTEL

- Schere
- Klebestift

**1** Drucke die gewünschten Etiketten und schneide sie aus. Blanko-Etiketten kannst du nach Wunsch beschriften. Klebe sie jeweils auf ein Glasfläschchen.

**2** Fülle das Glasfläschchen mit deinen Wunschinhalten und verschließe es mit dem Korken. Klebe den Korken zu, falls es sich um nicht verzehrbaren Inhalt handelt.

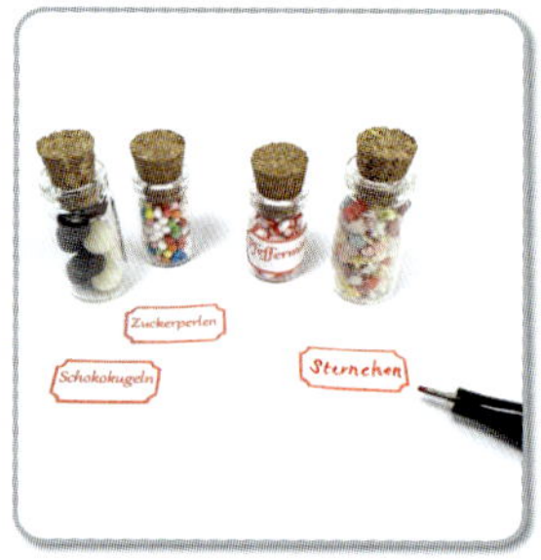

## REGALKISTEN

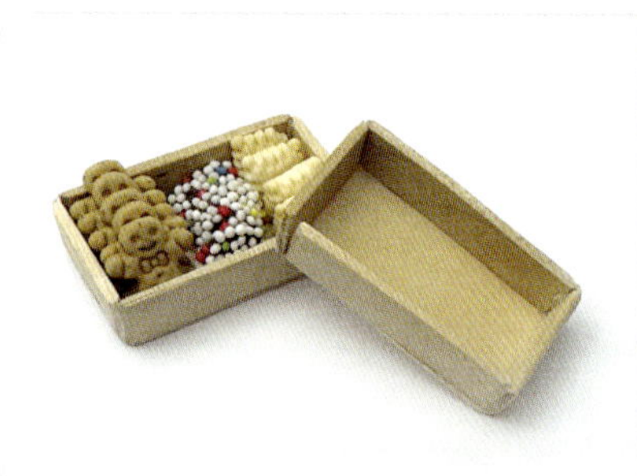

### MATERIAL

- 2 Holzstäbchen, Gr. K (1,1 cm x 11 cm)
- Holzstäbchen, Gr. L (2,5 cm x 20 cm)
- Heißklebepistole

### HILFSMITTEL

- Seitenschneider

**1** Schneide für die Seitenteile aus den Holzstäbchen Gr. K zwei 3,6 cm lange Stücke und zwei 2,5 cm lange Stücke.

**2** Für den Boden schneidest du das Holzstäbchen Gr. L in ein 4 cm langes Stück.

**3** Klebe alle Seitenteile mit Heißkleber am Boden fest.

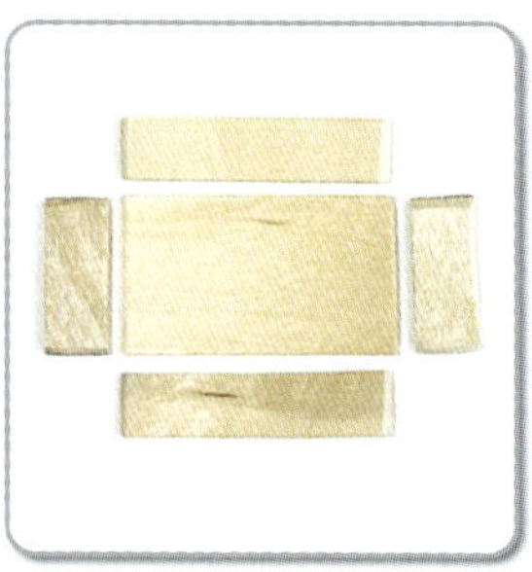

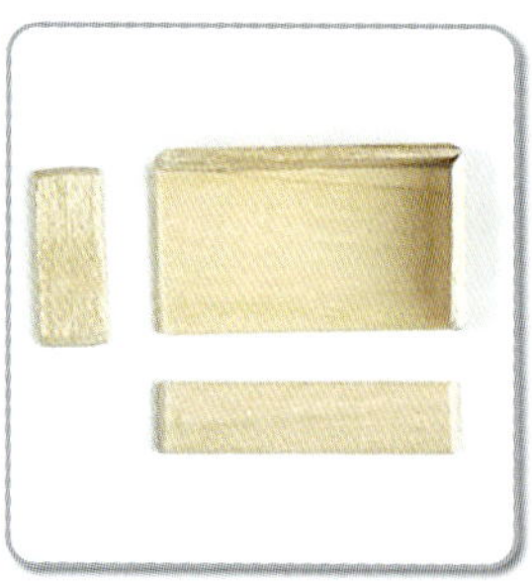

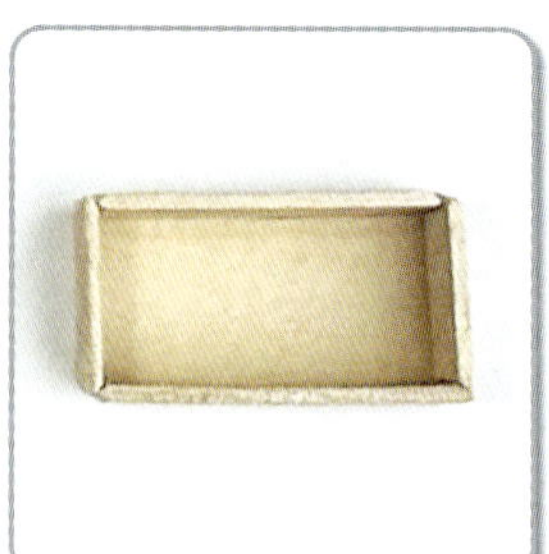

## PARADIESÄPFEL

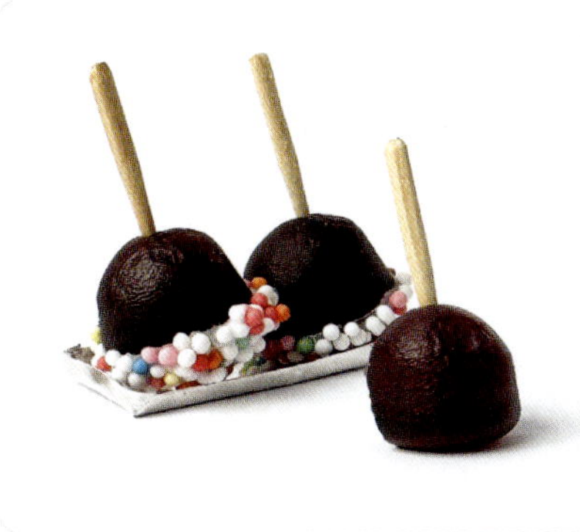

### MATERIAL

- 1 EL Puderzucker
- Zitronensaft (optional)
- runde Fruchtgummis in Rot
- Zuckerperlen
- Zahnstocher

### HILFSMITTEL

- Schere

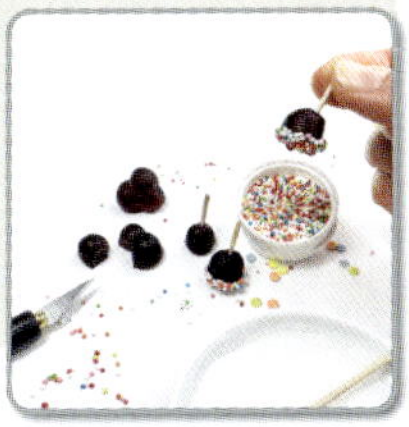

1 Rühre den Puderzucker mit wenigen Tropfen Zitronensaft oder Wasser an, sodass eine dickflüssige Masse entsteht. Je dickflüssiger der Zuckerguss, desto schneller trocknet und desto besser hält er.

2 Schneide 3 cm lange Zahnstocherstücke mit Spitze zu. Stecke die Zahnstocherspitzen in die Fruchtgummis. Tauche den Fruchtgummi 1 mm tief in den Zuckerguss und anschließend in die Zuckerperlen. Trocknen lassen.

## ZUCKERTÜTEN

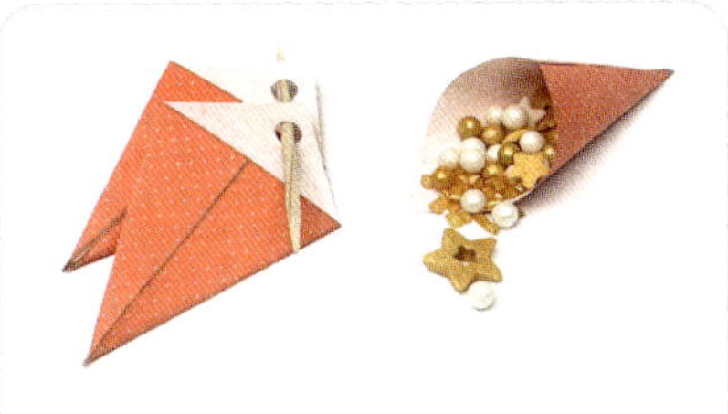

### VORLAGE

Zuckertüten (S. 31)

### MATERIAL

- Zuckerperlen, Schokokugeln o. Ä.
- Klebestift

### HILFSMITTEL

- Schere
- Lochzange

1 Drucke die Vorlagen für die Zuckertüten und schneide sie aus. Falte die Lasche auf links, trage Klebstoff auf die Lasche auf und klebe die Lasche an die angrenzende Kante, sodass eine Tüte entsteht. Stanze ein Loch in die obere Spitze der Tüten.

2 Fülle Zuckerperlen oder Schokokugeln in die Tütchen oder hänge sie am Weihnachtsmarktstand auf.

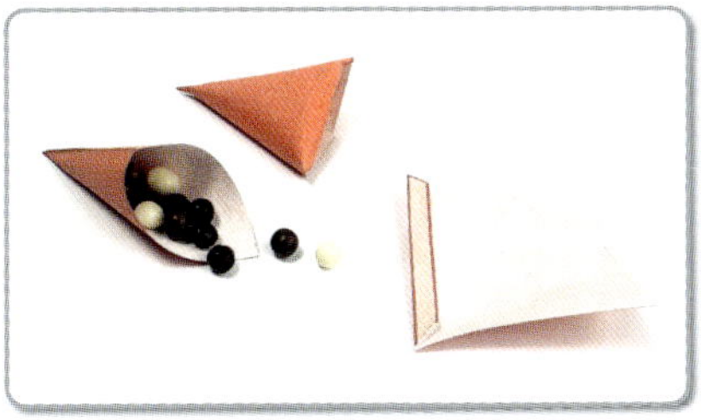

## ESSPAPIERHERZEN

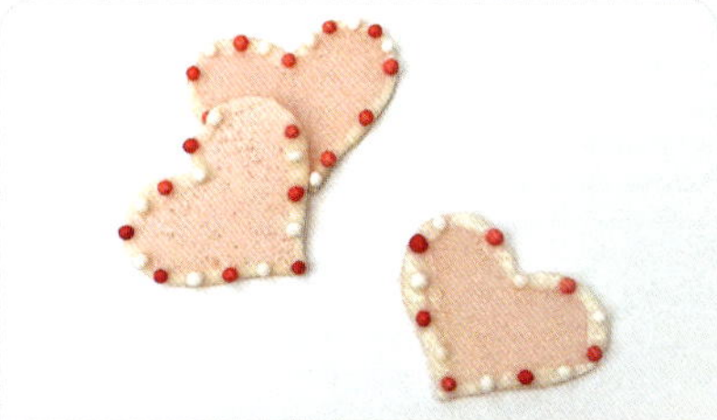

### MATERIAL

- Esspapier in Rosa
- weiße Schokolade
- bunte Zuckerperlen

### HILFSMITTEL

- Motivstanzer „Herz“, 2 cm hoch
- Pinzette
- Zahnstocher

1 Stanze mit dem Motivstanzer Herzen aus dem Esspapier aus.

2 Erhitze die weiße Schokolade im Wasserbad oder in der Mikrowelle und tauche die Ränder der Esspapier-Herzen mithilfe der Pinzette in die flüssige Schokolade.

3 Appliziere mit dem Zahnstocher oder der Pinzette die Zuckerperlen auf die Schokolade.

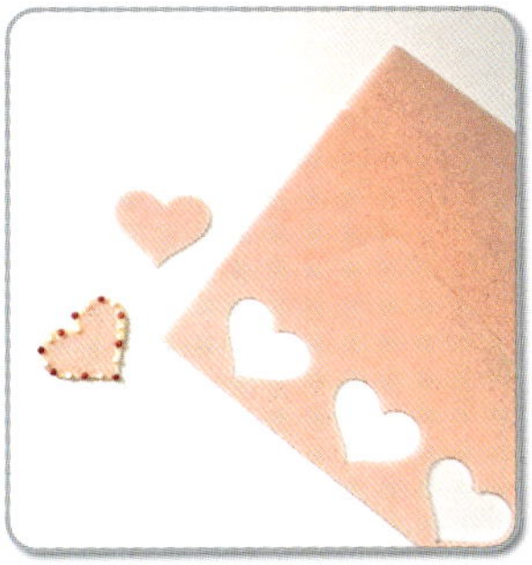

ANSPRUCHSVOLL!

# WEIHNACHTSMARKT MIT SCHIFFSCHAUKEL

Wichtelin Elfie ist voll in ihrem Element: Sie hat für die Kinder einen Weihnachtsmarkt aufgebaut. Der Geruch von Wichtelpunsch liegt in der Luft, überall funkeln Lichter und der Stand ist gefüllt mit den leckersten Süßigkeiten. Hier wird es in den nächsten Tagen viel zu entdecken geben! Vielleicht etwas zum Basteln oder eine Kleinigkeit zum Spielen und Knobeln? Und nachts, wenn alle Menschen schlafen, schaukelt Elfie glückselig in ihrer Schiffschaukel.

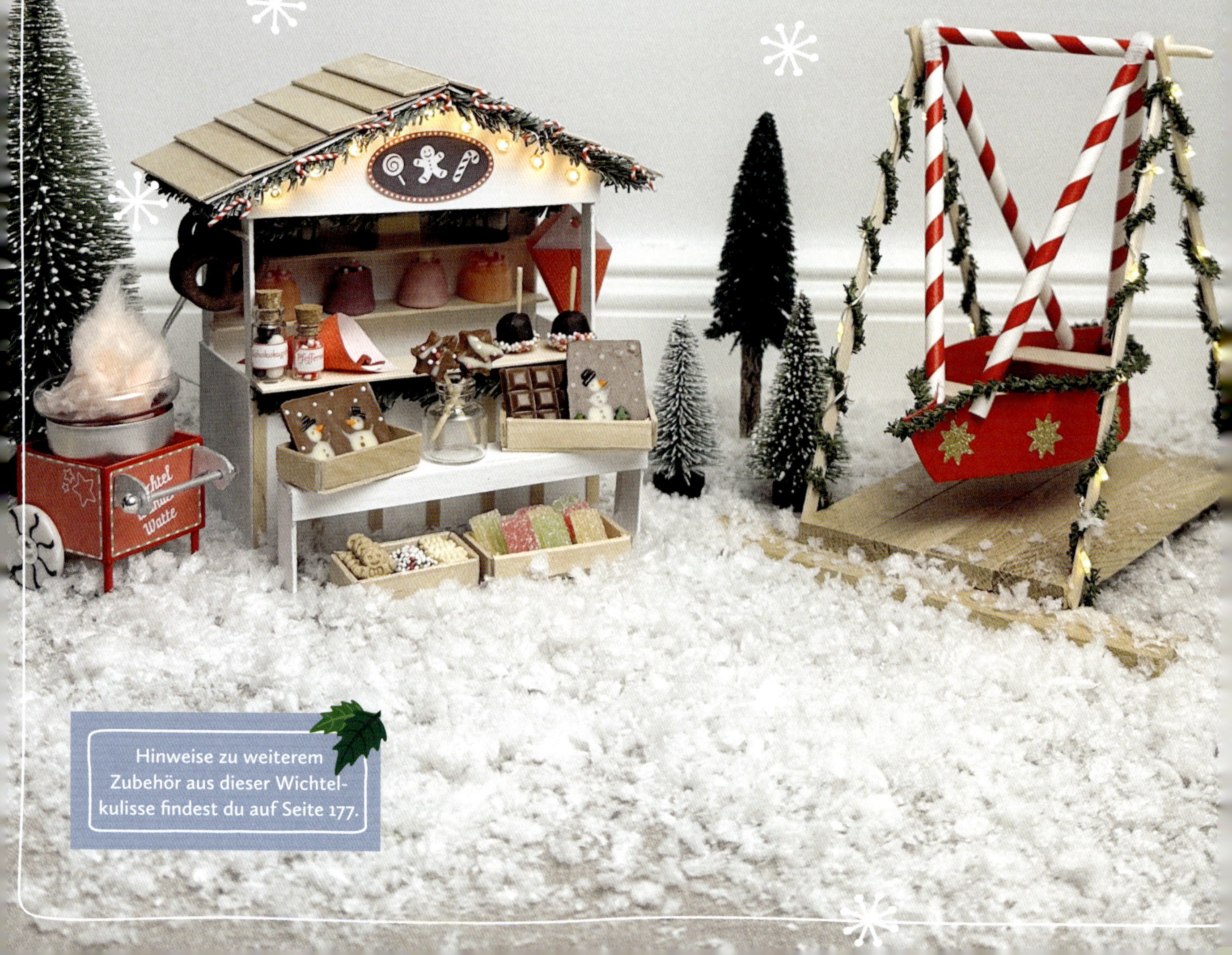

Hinweise zu weiterem Zubehör aus dieser Wichtelkulisse findest du auf Seite 177.

# GROSSER WEIHNACHTSMARKTSTAND

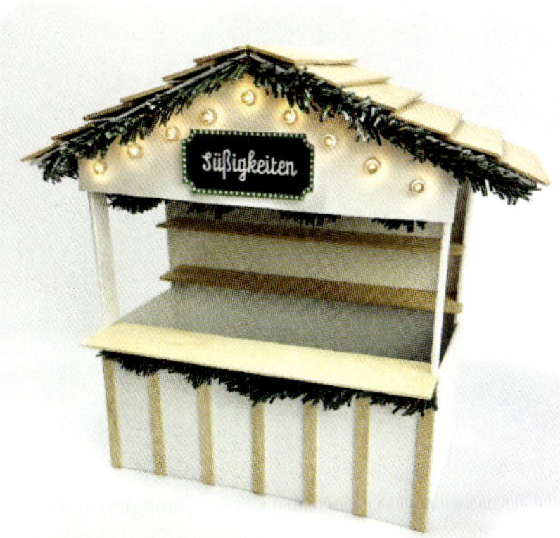


**VORLAGE**
Weihnachtsmarktstand und Weihnachtsmarktschilder (S. 31)

**MATERIAL**
- 3 Holzstäbchen, Gr. S (6 mm x 19 cm)
- 19 Holzstäbchen, Gr. M (1,8 cm x 15 cm)
- Holzstäbchen, Gr. L (2,5 cm x 20 cm)
- Graupappe, 1 mm stark (700 g/m$^2$)
- Chenilledraht in Weiß
- LED-Lichterkette mit 10 LEDs
- Magnetband
- Tannengirlande
- Lack- oder Acrylfarbe in Weiß
- Heißklebepistole
- Klebeband

**HILFSMITTEL**
- Bleistift
- Schere
- Seitenschneider
- Bastelmesser mit Schneideunterlage
- Lineal
- Schmirgelpapier, 240er Körnung
- Pinsel
- Lochzange, ø 4 mm
- 4 Federklemmen

**1** Übertrage die Vorlagen für die Rückwand, die beiden Seitenwände, die Front, den Dachgiebel und die beiden Dachteile auf die Graupappe und schneide mit der Schere alle Teile aus. Schneide für die Seitenpfosten vier Holzstäbchen Gr. M in jeweils 13 cm lange Stücke. Um den Stand etwas luftiger zu machen, schneide die Holzstäbchen mit Bastelmesser und Lineal auf ca. 1,2 cm Breite. Glätte die Kanten mit Schmirgelpapier und male alle Teile weiß an.

**2** Schneide für die Regalbretter im Stand ein Holzstäbchen Gr. L und zwei Holzstäbchen Gr. M auf 13 cm Länge zu. Trenne jeweils beidseitig an den kurzen Kanten ein 1,1 cm langes und 3 mm tiefes Stück ab, sodass die Seitenleisten genau in den Ausschnitt passen.

**3** Schneide die Holzstäbchen Gr. S in sieben 6 cm lange Stücke und klebe sie mit 1,6 cm Abstand zueinander senkrecht an die Front.

**4** Schneide für die seitlichen Querbalken ein Holzstäbchen Gr. M in zwei 6,3 cm lange Stücke und schneide sie auch auf ca. 1,2 cm Breite. Leime die Seitenpfosten an den Außenkanten anliegend auf die Seitenteile. Befestige die Querbalken am oberen Ende der Seitenleisten und klebe danach die Front mit Heißkleber an die Seitenteile. Dann befestigst du die Rückwand mit Heißkleber. Zum Schluss leimst du die Regalbretter und die Verkaufstheke fest. Fixiere die geklebten Stellen jeweils mit Federklemmen.

**5** Stanze mit der Lochzange die Löcher für die LEDs der Lichterkette in das vordere Dachgiebelteil. Der Mittelpunkt jedes Lochs hat 1 cm Abstand zum Rand, jedes Loch hat 1,5 cm Abstand zum nächsten Loch. Insgesamt sind es neun Löcher. Beginne an der oberen Spitze.

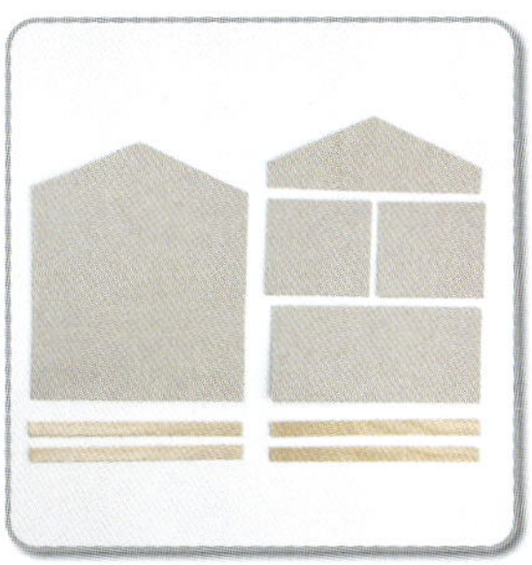

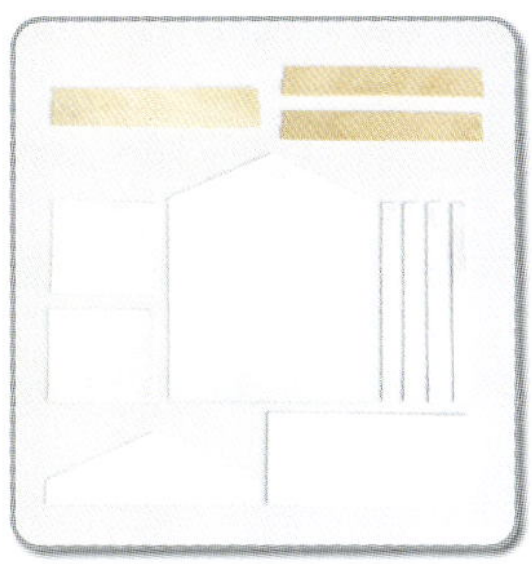

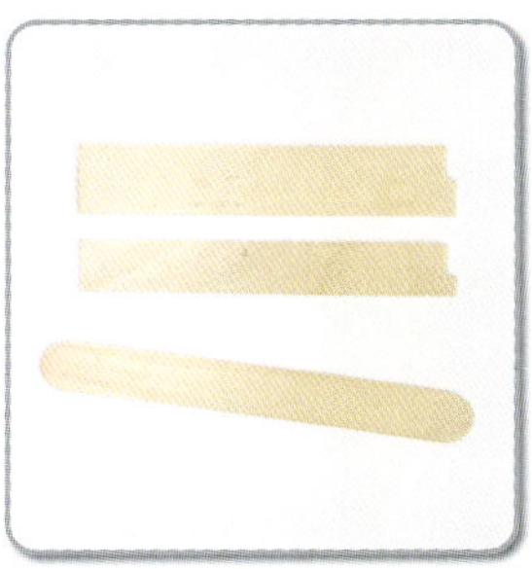

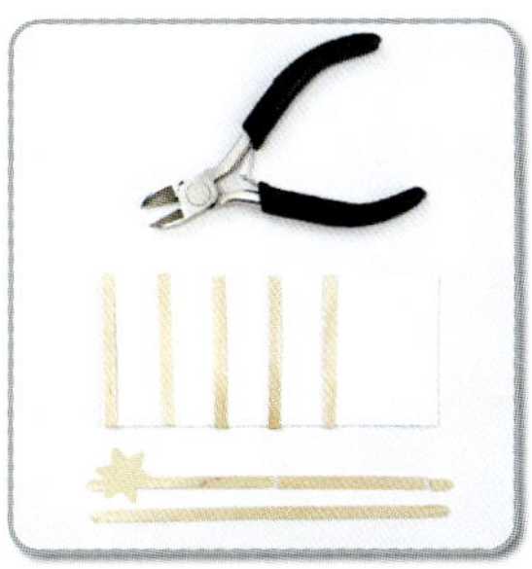

**6** Stecke neun LEDs der Lichterkette in die Löcher; eine bleibt übrig, du kannst sie mit dem Seitenschneider abtrennen. Isoliere den offenen Draht mit einem Tropfen Heißkleber. Binde den Lichterkettendraht mit einem Stücke Chenilledraht zusammen, damit er nicht in den Weihnachtsmarktstand baumelt. Führe das Kabel mit dem Batteriekasten über das Dach hinter dem Stand entlang. Knipse mit der Lochzange einen Halbkreis in die Rückwand des Stands und zieh das Kabel durch, damit es am Dach nicht stört. Klebe den Giebel an der Vorderseite an den Stand.

**7** Klebe die beiden Dachteile von unten mit Klebeband in der Mitte zusammen. Schneide für die Dachlatten zwölf Holzstäbchen Gr. M 8 cm lang zu. Wenn das Dach etwas überstehen soll, kannst du sie minimal länger zuschneiden. Sie dürfen auch ruhig ein wenig schief abgeschnitten sein. Klebe die Dachlatten mit Holzleim auf die Graupappe. Fang dabei immer unten an und lass die Dachlatten etwas überlappen. Klebe das Dach auf den Stand.

**8** Schneide zwei 3,5 cm lange Stücke Magnetband zurecht und klebe ein Teil mittig auf den Dachgiebel. Drucke mithilfe der Vorlage Standschilder, schneide sie aus und klebe das Gegenstück des Magnetbands auf die Rückseite. Bereite mehrere Schilder vor, die du dann nach Wunsch auswechseln kannst.

**9** Zum Schluss kannst du den Weihnachtsmarktstand noch mit Tannengrün verzieren: Für die Girlande im Inneren des Standes schneidest du zwei 15 cm lange Stücke von der Tannengirlande ab und biegst fünf 3 cm lange Bögen in den Draht. Befestige die Girlande mit Heißkleber im Stand. Für die Girlande unter dem Dach schneidest du zwei 18 cm lange Stücke von der Tannengirlande ab und klebst sie flach an den Überstand des Daches. Verziere zum Schluss alles mit Zuckerstangen (gegenüber) oder anderer Deko.

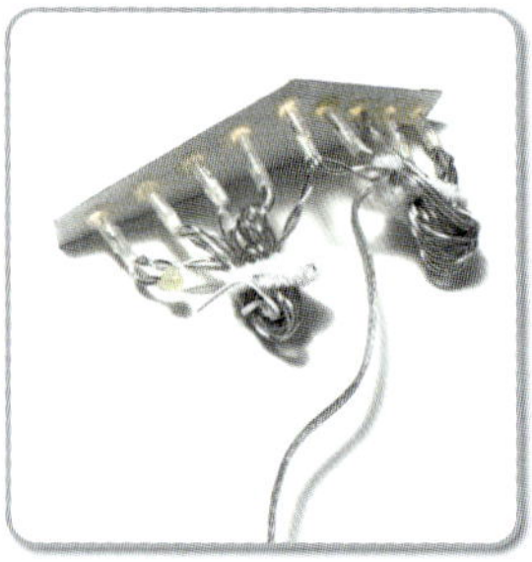

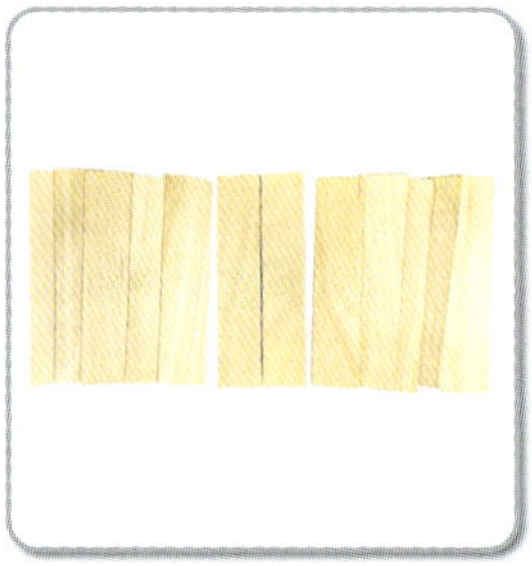

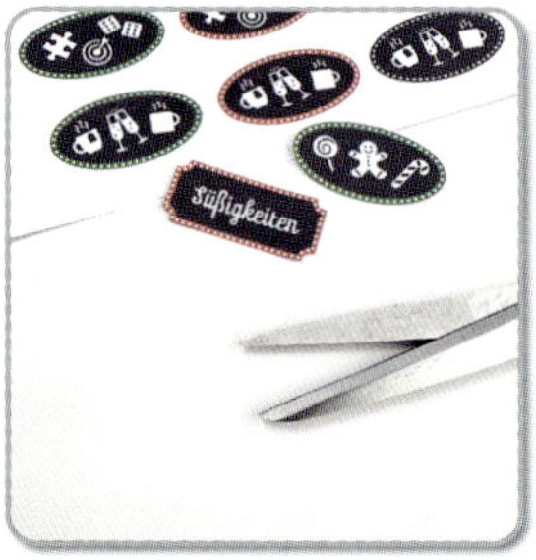

## ZUCKERSTANGEN

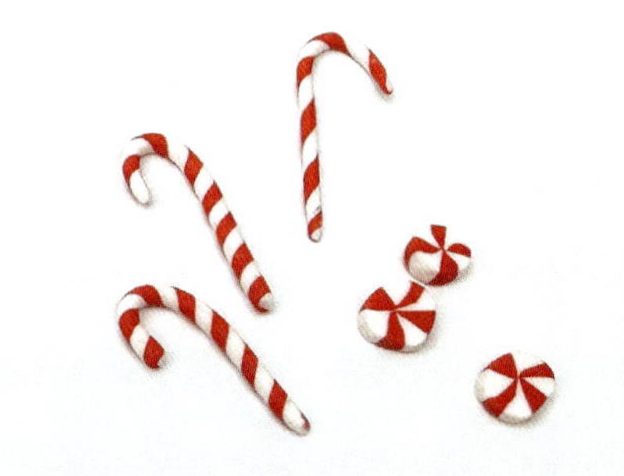

**MATERIAL**
- ofenhärtende Modelliermasse in Weiß und Rot (S. 92)

**HILFSMITTEL**
- Einmalhandschuh
- Bastelmesser mit Schneideunterlage

**1** Rolle ein Stück rote und ein Stück weiße Modelliermasse ca. 1 mm dünn aus. Verzwirble die beiden Stränge miteinander.

**2** Schneide mit dem Bastelmesser 2 cm lange Stücke ab. Biege an jedem Stück ein Ende zu einem Haken. Lass die Zuckerstangen nach Herstellerangaben trocknen.

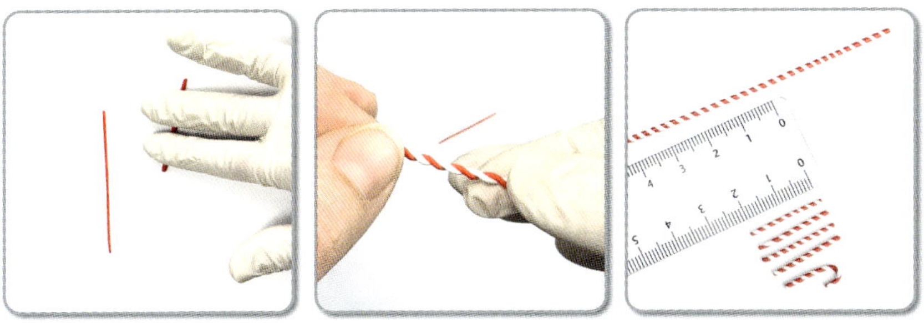

**WEITERES ZUBEHÖR**

Die Anleitung für die Kisten in der Wichtelkulisse auf Seite 174 sowie für die Gläschen, Zuckertüten, Kuchen, Paradiesäpfel und Aufstellertafel findest du ab Seite 169. Die Schokobrezeln und die Süßigkeiten in den Kisten sind echte Süßigkeiten. Der Schnee ist fertiger Bio-Dekoschnee, die Tannen sind Fertigteile.

# SCHIFFSCHAUKEL

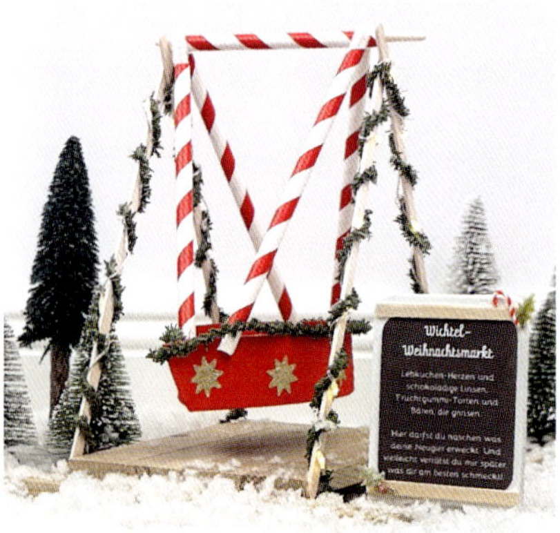


### VORLAGE

Schiffschaukel (S. 31)

### MATERIAL

- 6 Holzklötzchen, 16 cm x 2,2 cm x 8 mm
- 4 Holzstäbchen, Gr. S (6 mm x 19 cm)
- Holzstäbchen, Gr. M (1,8 cm x 15 cm)
- Rundholz, ø 4 mm, 15 cm lang
- Graupappe, 2 mm stark (ca. 700 g/m²)
- Tonpapier in Rot
- 5 Papierstrohhalme in Rot-Weiß geringelt
- Chenilledraht in Weiß
- 2 Micro-LED-Drahtlichterketten mit je 10 LEDs
- Mini-Tannengirlande
- 10 Glitzerstern-Aufkleber in Gold, 1,5 cm hoch
- Lack- oder Acrylfarbe in Rot
- Express-Holzleim
- Heißklebepistole

### HILFSMITTEL

- Bleistift
- Schere
- Bastelmesser mit Schneideunterlage
- Pinsel
- Seitenschneider
- Spitzer

**1** Lege für die Bodenplatte vier Holzklötzchen flach nebeneinander und klebe sie an den langen Kanten mit Holzleim zusammen. Klebe jeweils ein weiteres Holzklötzchen etwas versetzt quer unter die kurzen Seiten, sodass auf beiden Seiten eine Treppenstufe entsteht.

**2** Klebe an die langen Außenkanten des Podests auf jeder Seite zwei Holzstäbchen Gr. S schräg so an, dass sie sich oben mittig kreuzen. Die Kreuzung sollte ca. 1 cm unter dem oberen Ende der Holzstäbchen liegen. Klebe die Holzstäbchen an dieser Stelle zusammen.

**3** Drucke die Vorlagen aus. Übertrage den Boden der Schiffschaukel auf die Graupappe und das Seitenteil zweimal auf das rote Tonpapier. Klebe die Seitenteile an den Enden jeweils mit einem dünnen Klebestrich zusammen. Male den Schiffsboden mit der Lackfarbe von allen Seiten rot an.

**4** Halbiere für die Sitzbänke ein Holzstäbchen Gr. M und lege die Hälften mit 4,5 cm Abstand zu den Spitzen auf den Schiffsboden. Zeichne die Kontur des Bodens auf das Holz und schneide die Sitzbänke zu. Klebe die Seitenteile mit Holzleim an die Außenkante des Schiffbodens und anschließend die Sitzbänke etwas unterhalb der Oberkante an die Seitenteile.

**5** Verziere die Seitenteile mit den Goldsternchen. Schneide von der Mini-Tannengirlande ein passendes Stück zurecht, biege es etwas in Form und klebe es dann mit Heißklebepunkten an die Oberkante der Seitenteile.

**6** Kürze vier Papierstrohhalme auf 12,5 cm Länge und ritze sie mit dem Bastelmesser an einer Seite 5 mm ein. Stecke die Strohhalme mit dem Schlitz auf die Tonpapier-Seitenteile.

**7** Schneide mit dem Seitenschneider zwei 4 cm lange Stücke Chenilledraht zurecht. Knicke die Stücke und stecke sie provisorisch von oben in die Papierstrohhalme. Kürze den fünften Papierstrohhalm auf 8,5 cm Länge und klemme ihn in die Chenilledraht-Verbindungen.

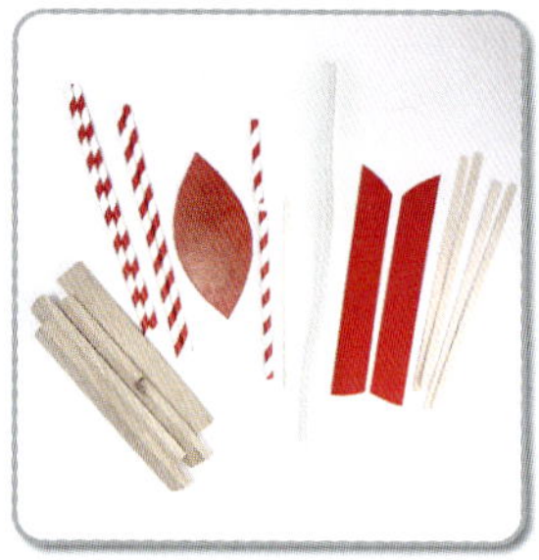

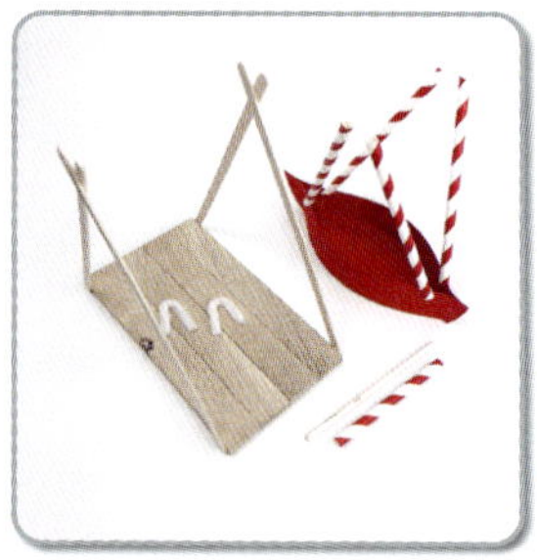

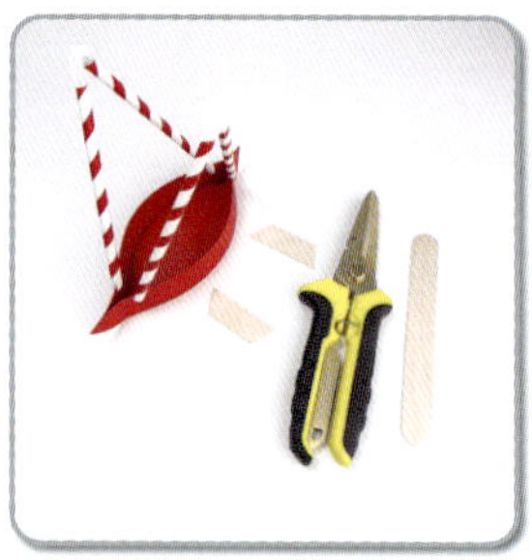

**8** Kürze das Rundholz auf 13 cm Länge und spitze beide Enden ein wenig an. Schiebe es in den waagerechten Strohhalm der Schiffschaukel.

**9** Wickle zuerst die beiden LED-Lichterketten um die Holzstäbchen, anschließend passende Stücke Tannengirlande. Klebe beides mit Heißkleber fest. Die Batteriekästchen klebst du unter die Holzklötzchen-Konstruktion.

**10** Teste, ob die Schiffschaukel gleichmäßig schwingt: Hänge dazu die Schiffschaukel am Rundholz in die Holzstäbchen-Kreuzungen. Wenn sie gleichmäßig schwingt, leimst du das Rundholz in den Holzstäbchen-Kreuzungen fest und fixierst auch den Chenilledraht in den Strohhalmen mit Kleber. Der Papierstrohhalm, in dem das Rundholz steckt, soll sich frei drehen können.

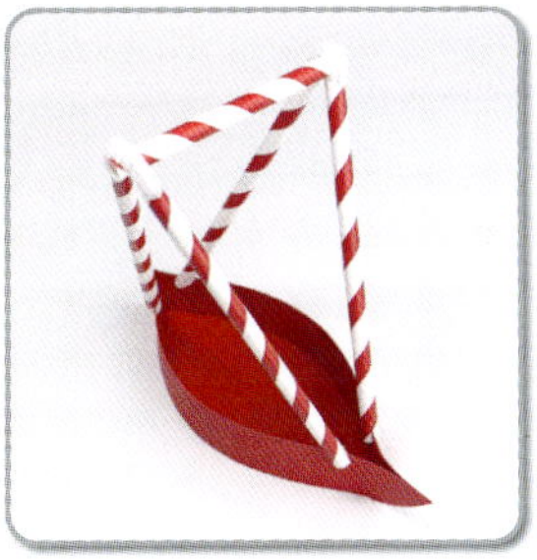

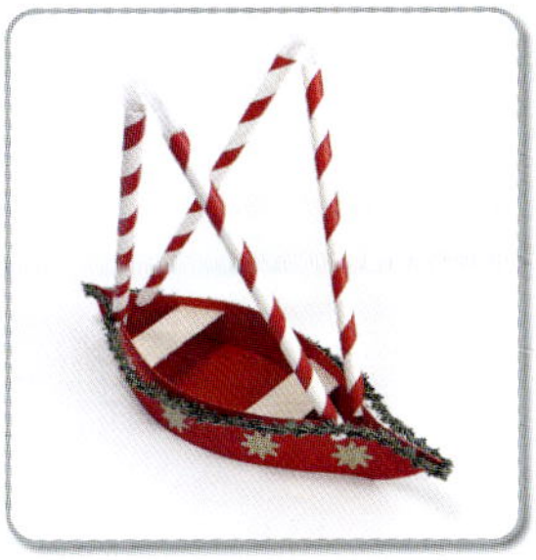

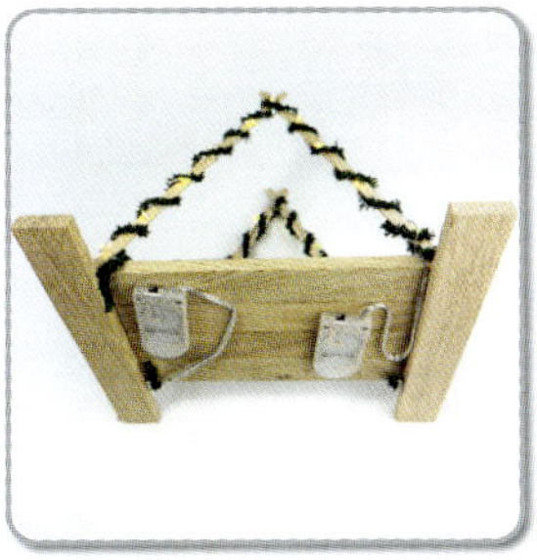

## SCHOKOFRÜCHTE

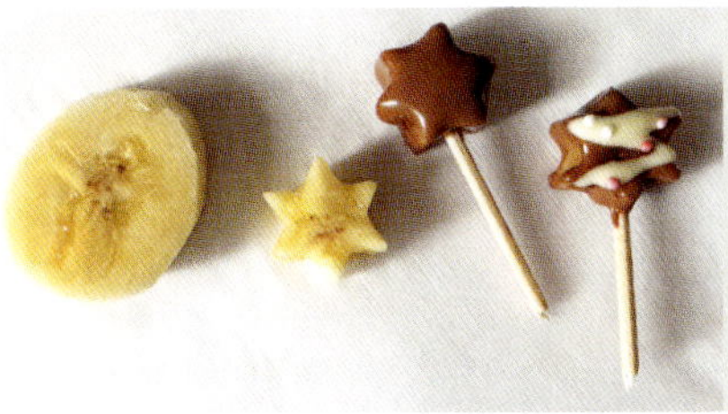

**MATERIAL**
- Banane oder Apfel
- Schokolade
- Minizuckerperlen
- Zahnstocher

**HILFSMITTEL**
- Küchenmesser
- Stern- oder Herzausstecher (optional)
- Backpapier

**1** Schäle den Apfel und befreie ihn vom Kerngehäuse. Schäle die Banane. Schneide Apfel und Banane in ca. 5 mm dicke Scheiben. Stich Herzen oder Sterne aus. Alternativ kannst du die Formen auch mit dem Küchenmesser ausschneiden.

**2** Halbiere einige Zahnstocher und spieße die Obststücke darauf.

**3** Erhitze die Schokolade im Wasserbad und tauche die Obststücke hinein. Verziere die Schokofrüchte zum Schluss mit Zuckerperlen. Lege sie zum Auskühlen auf Backpapier in den Kühlschrank.

# ZUCKERWATTE-MASCHINE

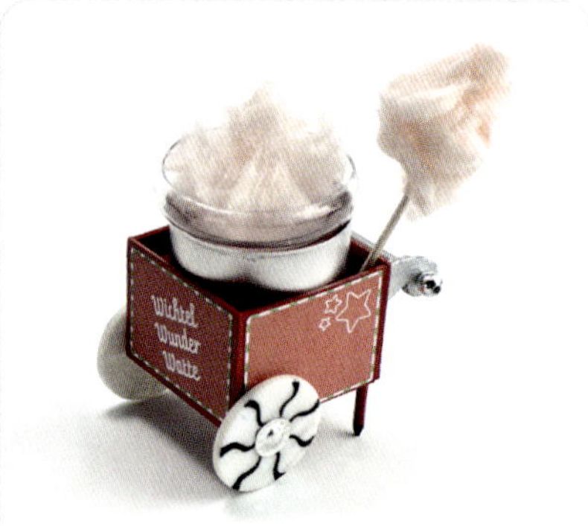


### VORLAGE

Zuckerwattenstand (S. 31)

### MATERIAL

- Graupappe, 1 mm stark
- Holzspieß, 20 cm lang
- Aluteelichthülle
- Zuckerperlen-Kunststoff-verpackung
- Bastelalufolie
- 2 Knöpfe in Weiß, ø 2,8 cm
- 2 Perlen in Silber, ø 6 mm
- fertige Zuckerwatte
- Lack- oder Acrylfarbe in Rot
- Acrylfarbe oder -stift in Silber
- Permanentmarker in Schwarz
- Express-Holzleim

### HILFSMITTEL

- Geodreieck
- Bleistift
- Schere
- Lochzange
- Seitenschneider
- Spitzer
- Pinsel
- Kugelschreiber

**1** Schneide aus der Graupappe für die Seitenteile zwei 3,9 cm x 3 cm große und für Vorder- und Rückseite zwei 4 cm x 3 cm große Rechtecke. Schneide außerdem für den Zwischenboden ein 3,8 cm x 3,9 cm großes Rechteck aus. Stanze in jede Ecke des Zwischenbodens mit der Lochzange ein Loch mit 2 mm Durchmesser.

**2** Schneide aus dem Holzspieß mit dem Seitenschneider vier 4 cm lange Stücke: Zwei davon werden die Standbeine, eines wird die Griffstange und eines wird ein Zuckerwattestab. Spitze die Enden mit dem Spitzer leicht an.

**3** Male die Seitenteile, die Vorder- und Rückseite, den Zwischenboden und zwei der Holzspießstücke (die Standbeine) rot an. Danach die Seitenteile zu einem Kubus zusammenkleben. Klebe den Zwischenboden 5 mm tief in die Mitte des Kubus und die Standbeine innen an der Rückseite von unten gegen den Zwischenboden.

**4** Male mit Permanentmarker Speichen auf die Knöpfe. Schneide aus Bastelalufolie zwei Kreise, die so groß sind, dass sie die Löcher in der Mitte der Knöpfe verdecken. Präge mit der Rückseite des Pinsels eine Mulde in die Mitte der Alukreise. Mit einem Kugelschreiber prägst du kleine Punkte um die Mulde herum.

**5** Drucke die Vorlage, schneide sie aus und klebe sie auf den Wagen. Klebe auf Vorder- und Rückseite jeweils den Schriftzug „Wichtel Wunder Watte“ und auf die Seitenteile die Sternchen. Klebe anschließend die Knöpfe an die Ecken der Seitenwände an, die sich an der Vorderseite befinden.

**6** Für den Griff schneidest du mithilfe der Vorlage zwei Griffhalter aus Graupappe zu. Stanze mit der Lochzange in jeden Griffhalter ein 2 mm großes Loch. Male die Griffhalter und das dritte 4 cm lange Holzspießstück silberfarben an. Schiebe den Holzspieß durch die Löcher in den Griffhaltern und klebe an jedem Ende eine Perle fest.

**7** Klebe die Aluteelichthülle in die Mitte des Wagens. Schneide von der Zuckerperlen-Verpackung das obere Teil ab und klebe es mit dem Drehverschluss nach unten in die Hülle.

**8** Zupfe zwei Stücke Zuckerwatte zurecht und stecke eines davon in die Teelichthülle. Stecke das andere auf das vierte Holzspießstück und stelle es in den Wagen.

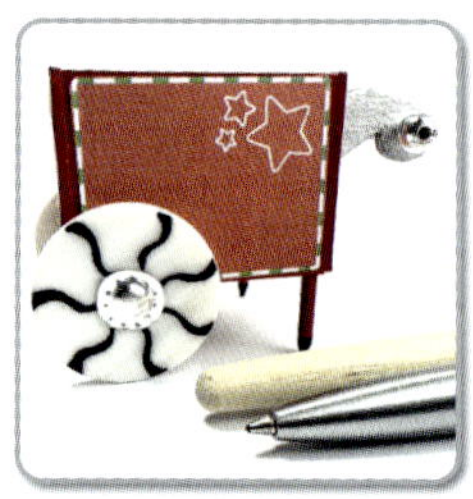

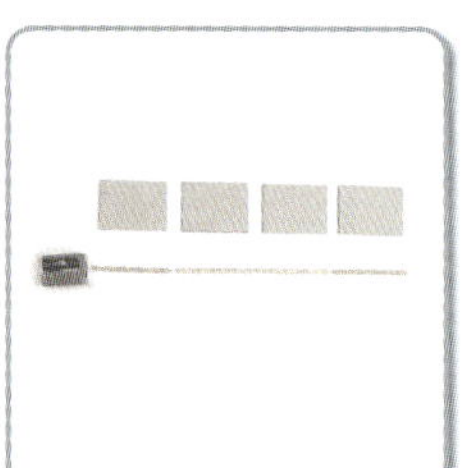

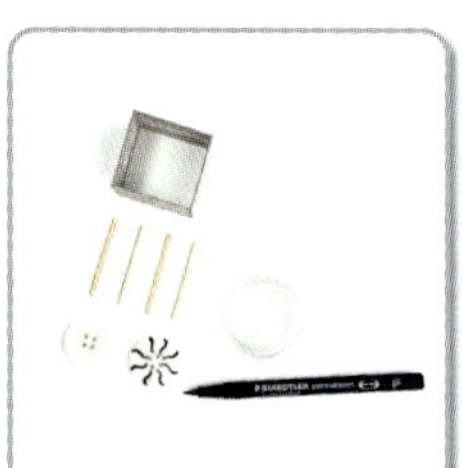

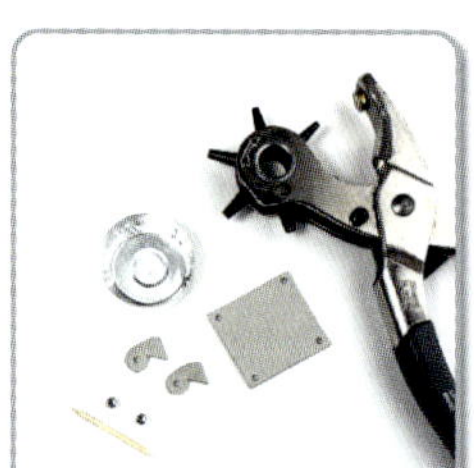

### TIPP

Zuckerwatte fällt schnell in sich zusammen, wenn sie an der Luft ist. Die Verpackung immer gut schließen und die Zuckerwatte frisch um die Holzstiele wickeln. Du kannst alternativ Bastelwatte nehmen; das sieht genau so schön aus, aber die Kinder können sie selbstverständlich nicht essen.

# WEIHNACHTLICHE SCHOKOLADE

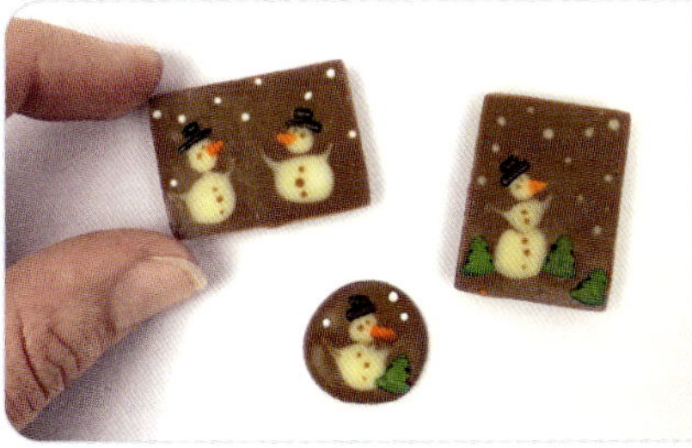

## MATERIAL

- weiße Schokolade und Vollmilchschokolade
- Mini-Schokoladenform
- Zuckerperlen und Backstreudeko

## HILFSMITTEL

- Zahnstocher
- Pinzette
- Backpapier (optional)

**1** Erhitze Vollmilch und weiße Schokolade getrennt im Wasserbad oder in der Mikrowelle, sodass sie flüssig ist. Gib die flüssige Schokolade in die Schokoladenformen und streiche die Oberfläche glatt.

**2** Für die zweifarbige Schokolade gibst du dunkle und helle Schokolade in die Form und verziehst beide mithilfe des Zahnstochers ineinander. Streue zum Schluss Backstreudeko darüber.

**3** Für einen Schneemann gibst du zuerst Vollmilchschokolade in die Form und träufelst anschließend einen großen und einen kleinen Tropfen weiße Schokolade übereinander in die dunkle Schokolade. Zieh mit dem Zahnstocher zwei Ärmchen aus der weißen Schokolade. Für Knöpfe und Augen tauchst du den Zahnstocher in die Vollmilchschokolade und bringst die Schokoladenpunkte an den entsprechenden Stellen auf. Für die Möhrennase verwendest du ein Stück orangefarbene Backstreudeko. Brich dazu ein Teil in Form einer Spitze zurecht und platziere die Nase mit einer Pinzette. Für den Hut legst du zwei verschieden große Schokostreusel in die Form. Für die Schneeflocken trägst du weiße Schokolade mithilfe des Zahnstochers auf oder applizierst weiße Zuckerperlen.

**TIPP**

Du brauchst nicht unbedingt spezielle Schokoladenformen. Du kannst die flüssige Schokolade auch einfach ohne Form auf Backpapier löffeln. Die kleinen Drops, die entstehen, sind ebenfalls zauberhaft.

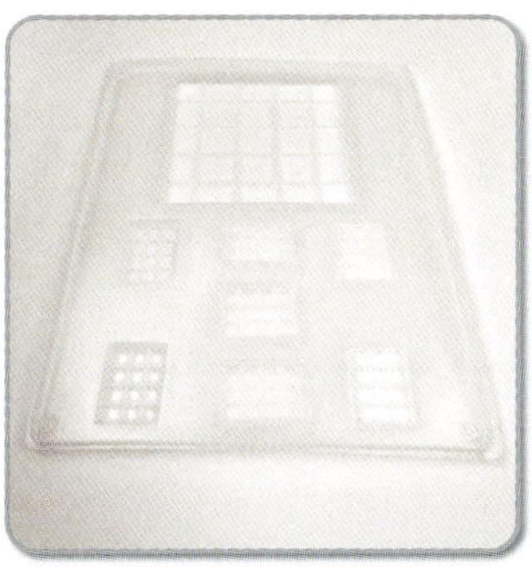

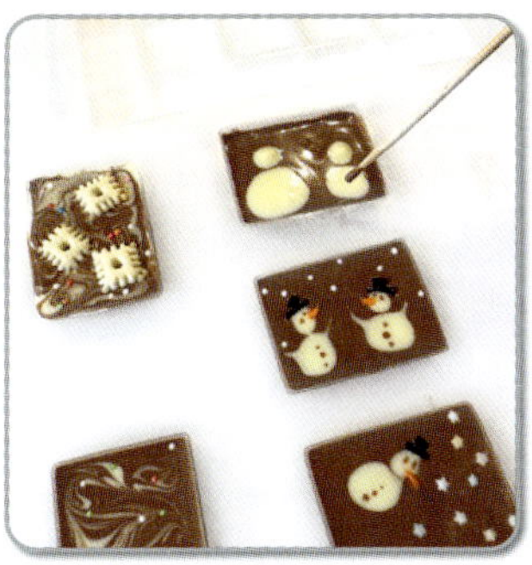

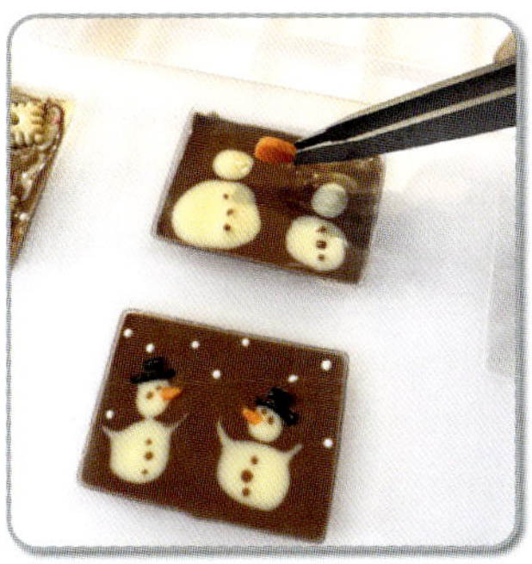

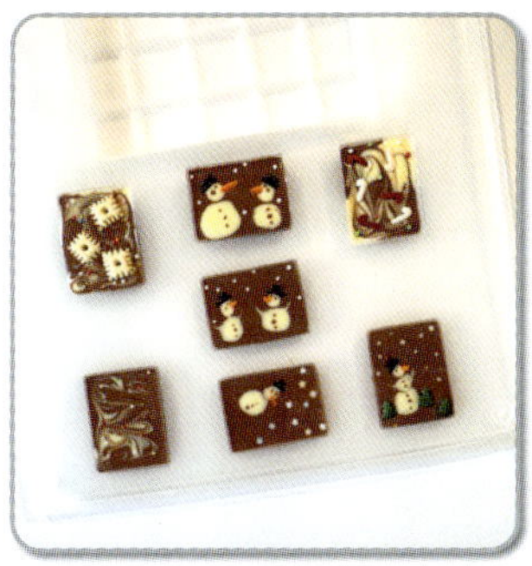

EINFACH UMSETZBAR!

# WALDABENTEUER MIT PICKNICKTISCH

Waldwichtel Fibs war den ganzen Tag auf der nahegelegenen Lichtung unterwegs und hat Igelin Izzy beim Schneckensammeln geholfen. Ein paar leere Schneckenhäuser hat er auch gefunden und in seinem Eichelhut-Körbchen vor seine Wichteltür gestellt. Die große Scheckenhaus-Laterne hilft ihm, dass er auch nachts immer sicher nach Hause findet. Als er seine Tür erreicht, sieht er, dass ihm jemand ein paar Kekse vorbeigebracht hat. Was für eine zauberhafte Überraschung!

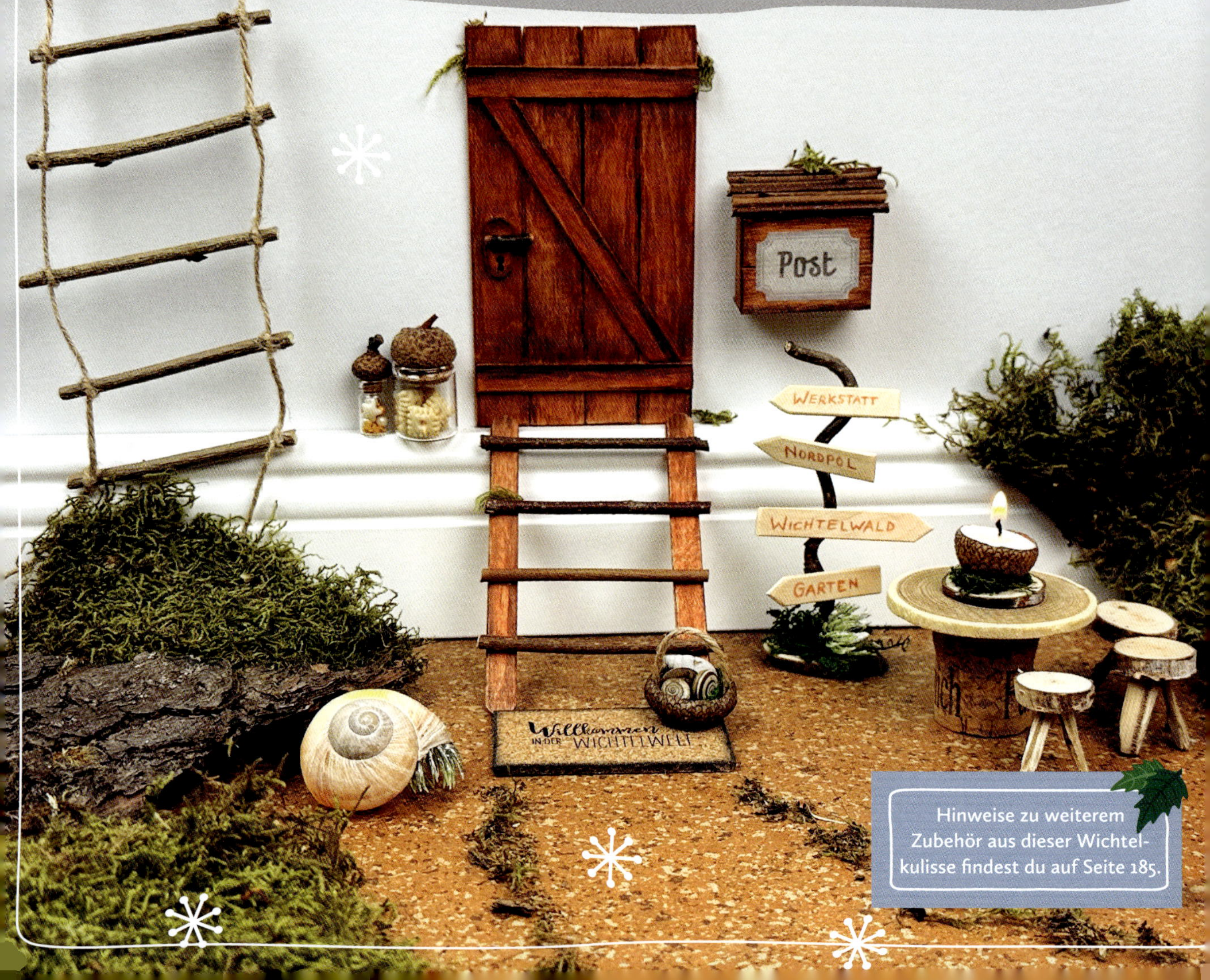


Hinweise zu weiterem Zubehör aus dieser Wichtelkulisse findest du auf Seite 185.

## STRICKLEITER

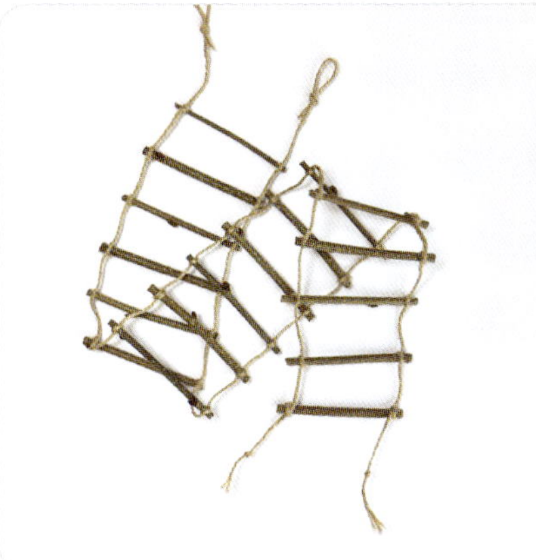

### MATERIAL

- 5 Zweige, ø ca. 5 mm, ca. 30 cm lang
- Jutekordel in Braun, ø 2 mm
- Holzleim

### HILFSMITTEL

- Seitenschneider
- Schere

**1** Schneide die Zweige in 20 Stücke à 7,5 cm Länge. Schneide zwei 80 cm lange Stücke Jutekordel. Du kannst nach Wunsch beliebig viele Zweigstücke und beliebig lange Jutekordelstücke zurechtschneiden.

**2** Knote die Zweigstücke jeweils an einem Ende mit 3 cm Abstand zueinander an ein Stück Kordel. Knote das andere Stück Kordel an die anderen Zweigenden. Fixiere die Knoten mit Holzleim.

**3** Knote an einem Leiterende zwei Schlaufen in die Koerdelenden und am anderen Ende zwei einfache Knoten.

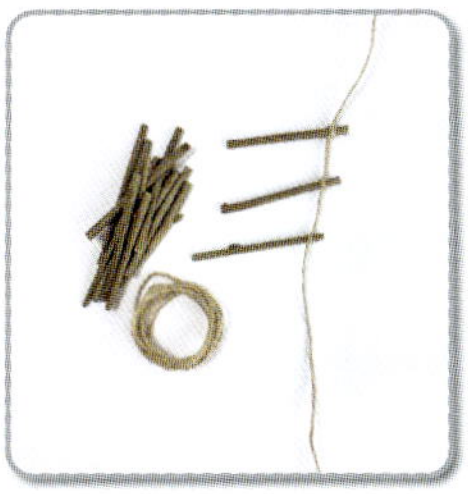

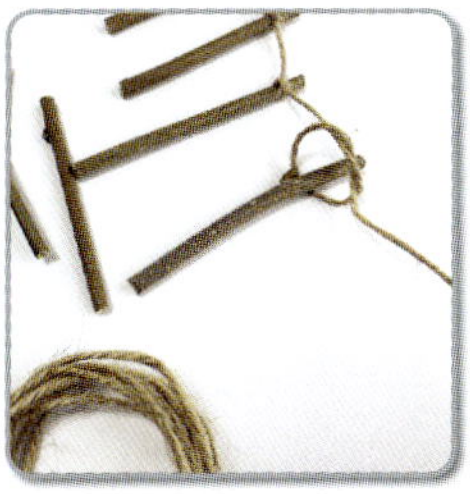

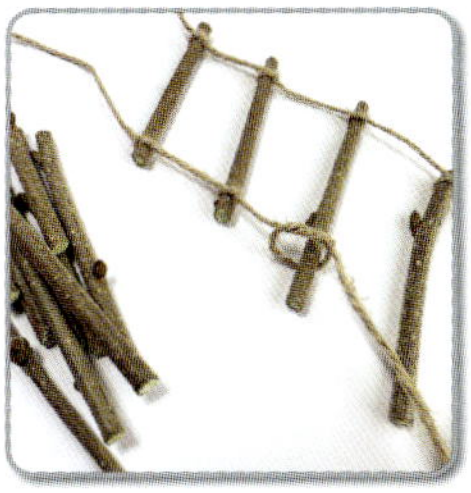

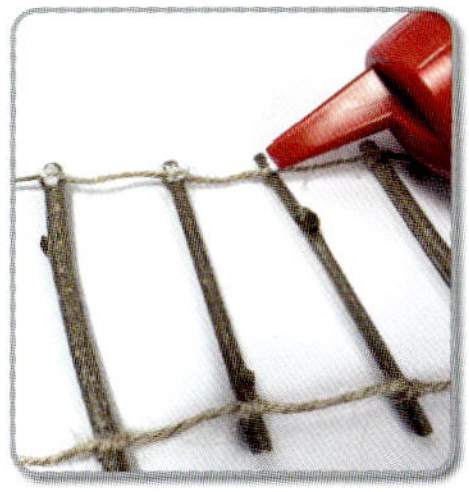

## SCHNECKENHAUS-LEUCHTE

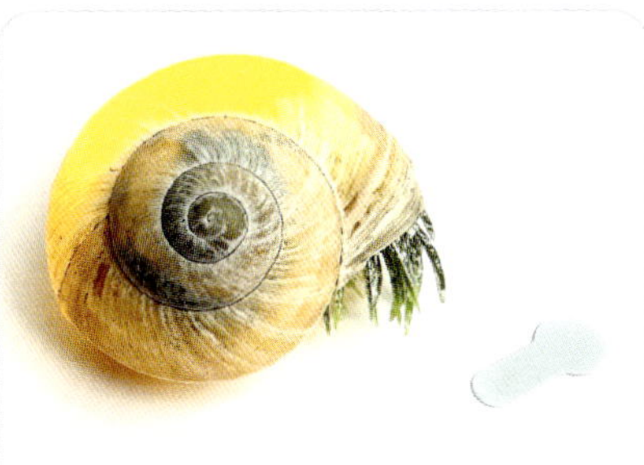

### MATERIAL

- großes Schneckenhaus
- LED-Ballonlicht
- Bastelmoos
- Heißklebepistole

**1** Säubere das Schneckenhaus.

**2** Klebe das LED-Ballonlicht so an beide Seiten in den Schneckenhauseingang, dass du noch gut an das Isolierblatt herankommst.

**3** Stecke etwas Bastelmoos in den Eingang des Schneckenhauses.

### TIPP

Zum Einschalten des Ballonlichts ziehst du einfach das Isolierblatt heraus. Zum Ausschalten steckst du es wieder ein.

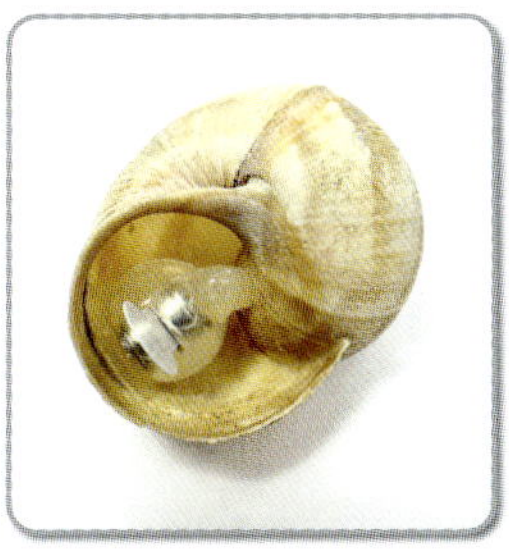

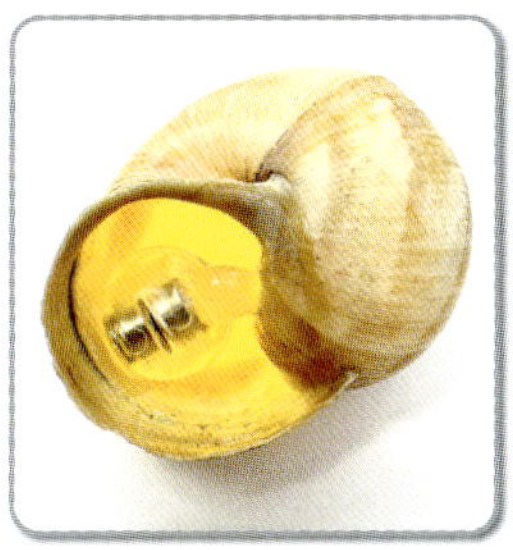

## TISCH & HOCKER

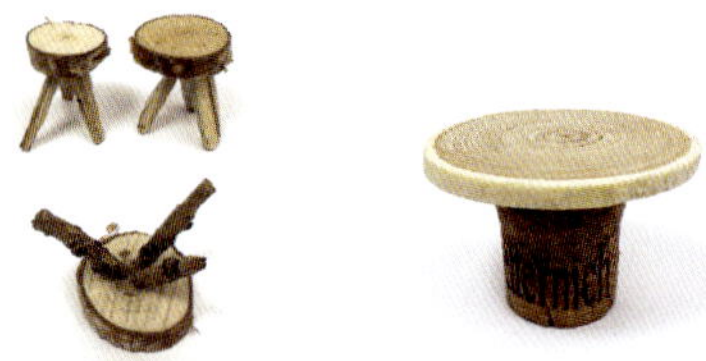

**MATERIAL**
- 3 Baumscheiben, ø 3 cm
- Baumscheibe, ø 6 cm
- 3 Zweige, ø 3 mm, mind. 10 cm lang
- Sektflaschen-Korken
- Heißklebepistole

**HILFSMITTEL**
- Seitenschneider

1 Klebe für den Tisch das breitere Ende des Sektflaschen-Korkens mit Heißkleber mittig auf die Holzscheibe mit 6 cm Durchmesser. Trocknen lassen.

2 Schneide für die Hocker die Zweige jeweils in drei 3 cm lange Stücke. Trage mit Heißkleber mittig einen Kreis auf die 3 cm großen Holzscheiben auf. Setze die Zweige schräg nach oben stehend darauf. Trocknen lassen.

## VORRATSGLÄSER MIT EICHELHÜTCHEN-DECKEL

1 Klebe den Korken der Glasfläschchen mit Holzleim in ein Eichelhütchen. Trocknen lassen.

2 Fülle die Glasfläschchen mit Zucker-Streudeko und Mini-Butterkeksen und verschließe sie mit dem Korken.

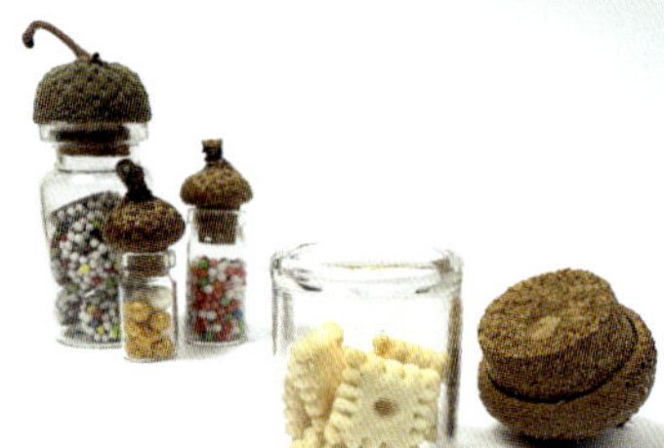

**MATERIAL**
- kleine Glasfläschchen mit Korken, 2,5–4 cm hoch
- Eichelhütchen
- Zucker-Streudeko
- Mini-Butterkekse
- Holzleim

## EICHELHÜTCHEN-KORB

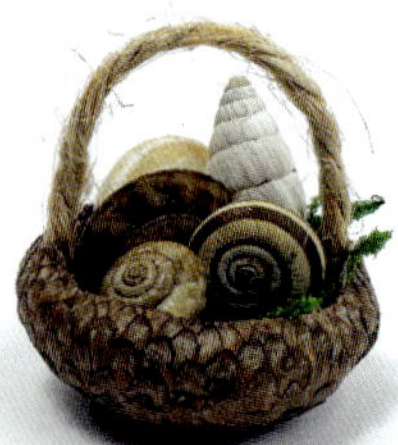

**MATERIAL**
- großes Eichelhütchen
- Jutekordel in Braun, ø 2 mm
- Bastelmoos
- kleine Schneckenhäuser
- Holzleim

**HILFSMITTEL**
- Schmirgelpapier, 240er Körnung
- Schere

1 Schleife die Oberseite des Eichelhütchens flach ab, sodass es stehen kann.

2 Schneide für den Henkel ein ca. 5,5 cm langes Stück Jutekordel zurecht und klebe die Enden mit Holzleim einander gegenüberliegend in das Eichelhütchen. Klebe etwas Bastelmoos über die angeklebten Enden. Trocknen lassen.

3 Fülle das Körbchen mit kleinen Schneckenhäusern.

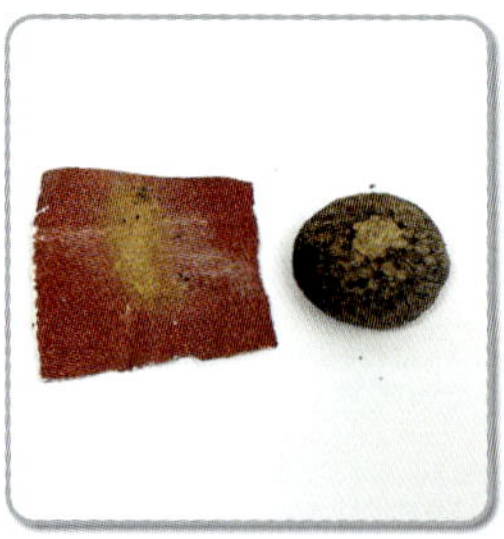

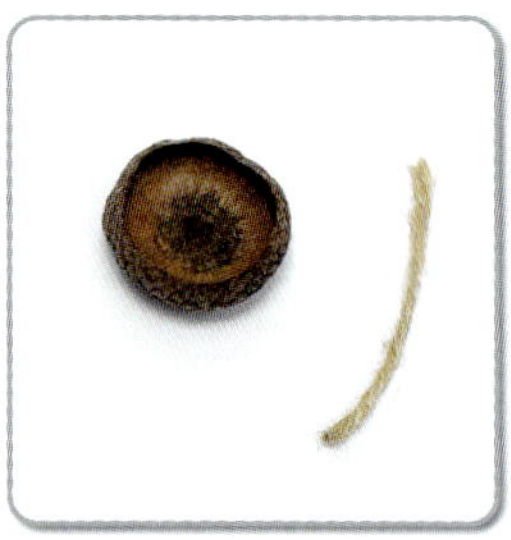

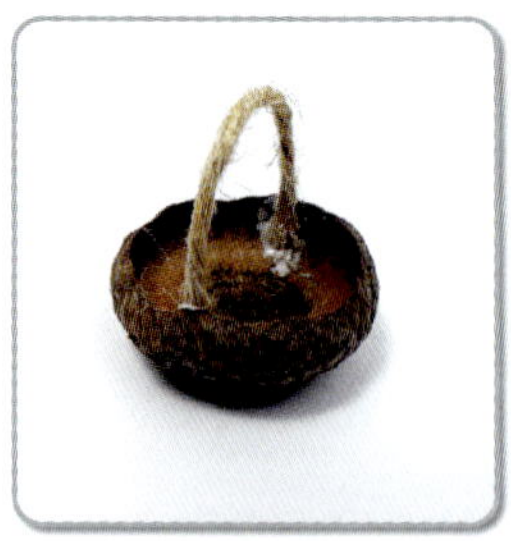

## EICHELHÜTCHEN-KERZE

1 Klebe mit Heißkleber einen Ring aus Bastelmoos auf die Baumscheibe. Klebe das Eichelhütchen mit der Oberseite nach unten mittig in den Ring.

2 Entferne den Docht des Teelichts; schiebe dazu ein Messer unter das Aluplättchen und zieh den Docht vorsichtig heraus. Sollte sich der Docht von dem Aluplättchen lösen, kannst du ihn mithilfe der Rundzange herausziehen und ihn wieder in die Öffnung des Plättchens stecken. Lege das Aluplättchen mit dem Docht in das Eichelhütchen.

3 Erhitze das Wachs des Teelichts mit dem Feuerzeug und lass das flüssige Wachs in das Eichelhütchen tropfen, bis das Hütchen voll ist. Aushärten lassen.

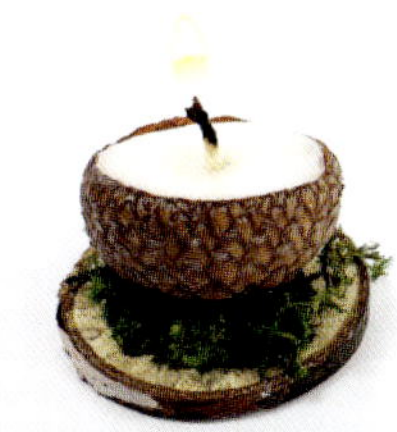

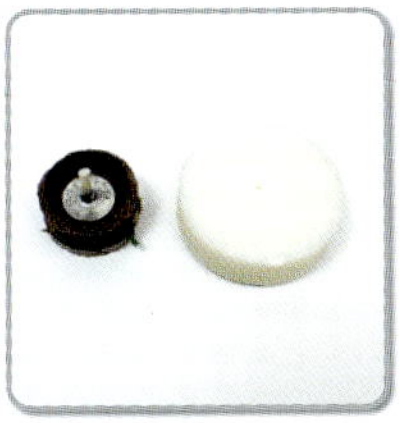

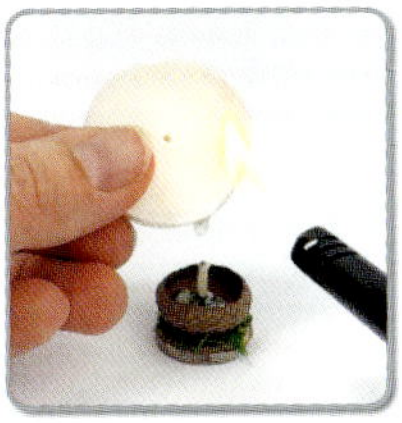

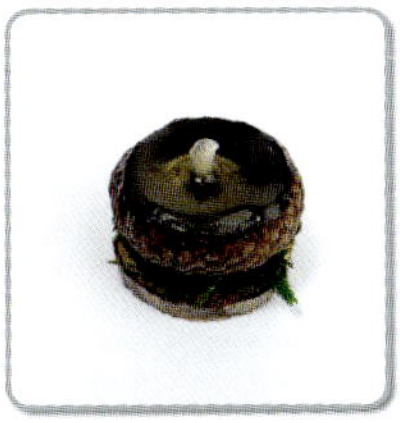

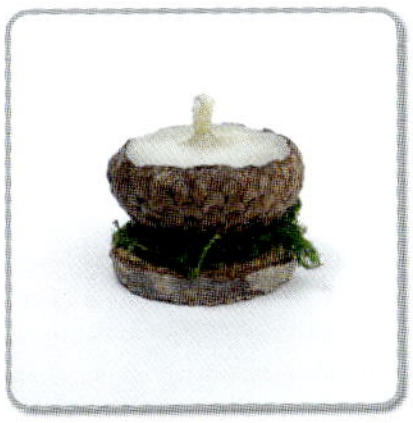

### MATERIAL

- Baumscheibe, ø ca. 2,5 cm
- Eichelhütchen
- Teelicht
- Bastelmoos
- Heißklebepistole

### HILFSMITTEL

- Messer
- Rundzange
- Feuerzeug

## WEGWEISER

1 Schneide für die Schilder die Holzstäbchen Gr. K in vier 4–6 cm lange rechteckige Stücke. Schneide die Stücke an einem Ende spitz zu und schleife die Kanten.

2 Beschrifte die Schilder mit Buntstift nach Wunsch mit verschiedenen Orten.

3 Klebe die Schilder leicht schräg und in verschiedene Richtungen zeigend auf den Zweig.

4 Klebe den Zweig senkrecht auf die Mitte der Holzscheibe und verziere die Scheibe zum Schluss mit Bastelmoos.

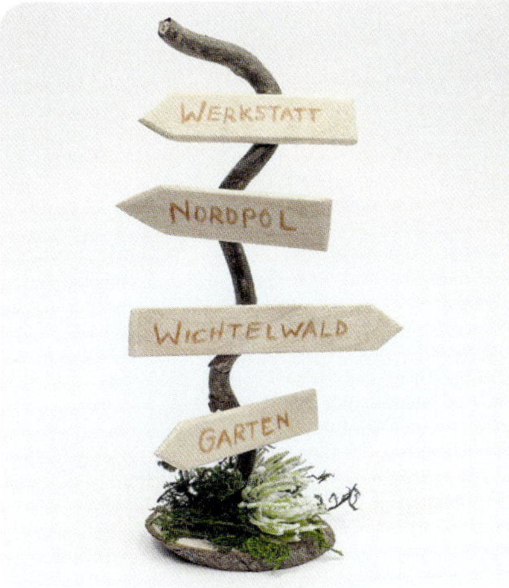


### MATERIAL

- 2 Holzstäbchen, Gr. K (1,1 cm x 11 cm)
- Zweig, ca. 10 cm lang
- Baumscheibe, ø ca. 4,5 cm
- Bastelmoos
- Buntstift in beliebiger Farbe
- Heißklebepistole

### HILFSMITTEL

- Seitenschneider
- Schmirgelpapier, 240er Körnung

### WEITERES ZUBEHÖR

Die Anleitung für die Tür in der Wichtelkulisse auf Seite 182 findest du auf Seite 35, für die Leiter auf Seite 52, für die Fußmatte auf Seite 48, für den Briefkasten auf Seite 53. Baumrinde und Moos sind Naturmaterialien.

ANSPRUCHSVOLL!

# WALDABENTEUER MIT SITZBANK UND REGAL

Wichtelin Minella liebt den Wald und alles, was darin zu finden ist. Sie könnte stundenlang ihre Nase ins frische Moos stecken und körbeweise Rinde sammeln. Schneckenhäuser erscheinen ihr wie das größte Wunder überhaupt. Aber ihre größten Schätze sind die Knöpfe, die sie einmal im Wald gefunden hat. Wer die wohl vermisst? Weil Glühwürmchen ihre Lieblingstiere sind, hat sie sich spezialisiert auf alles, was leuchtet. In ihrem Rindenregal gibt es deshalb einige Zauberutensilien, die man mit der Taschenlampe zum Leuchten bringen kann.

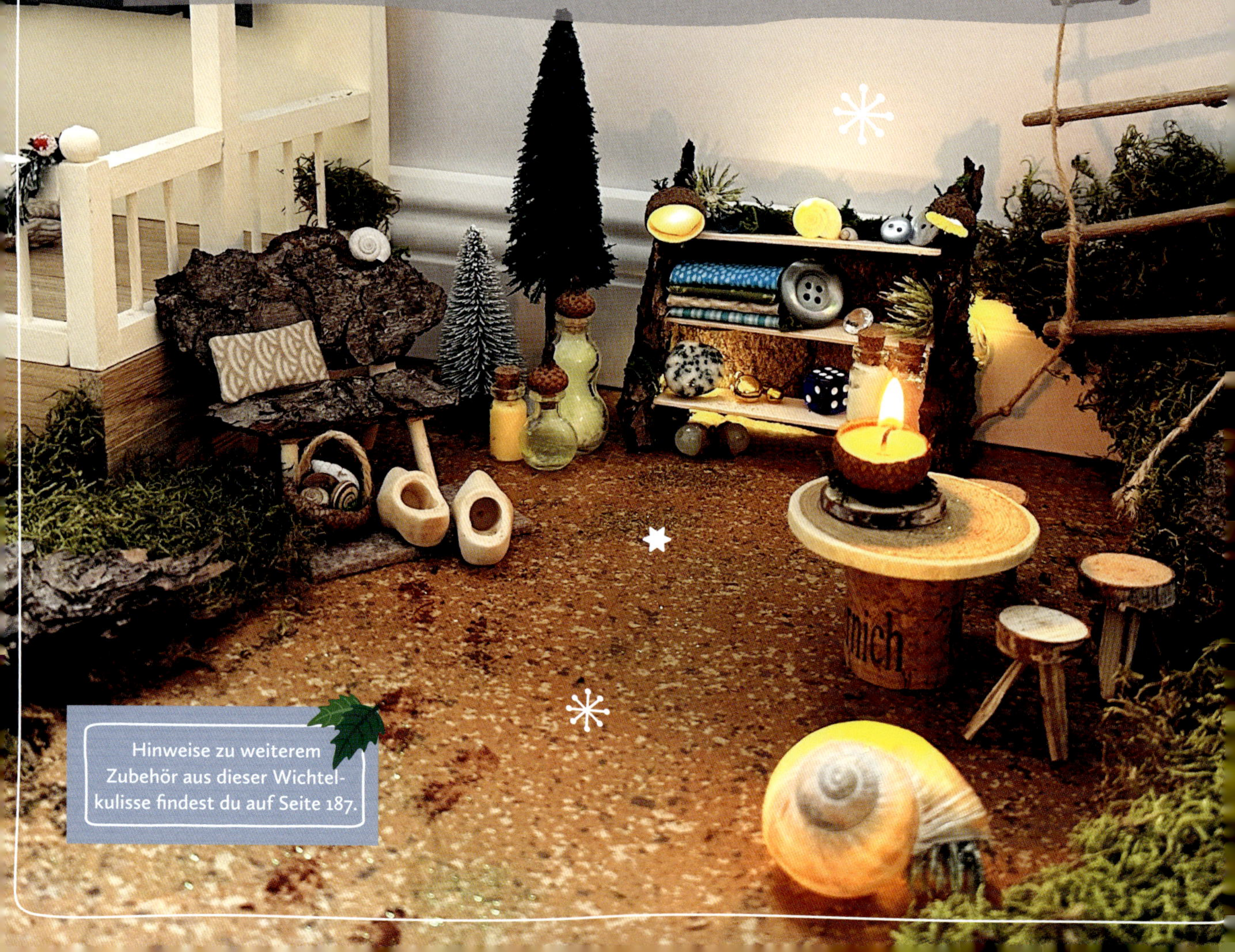

Hinweise zu weiterem Zubehör aus dieser Wichtelkulisse findest du auf Seite 187.

# BANK AUS BAUMRINDE

## TIPP

Alle zum Basteln gesammelten Naturmaterialien sollten vor der Verarbeitung mindestens eine Stunde bei 70 °C Umluft im Backofen getrocknet werden, damit etwaige Schädlinge beseitigt werden.

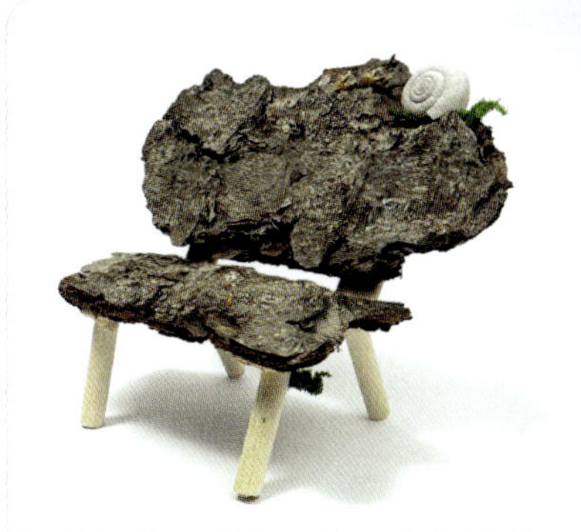

**1** Trockne die Baumrinde eine Stunde bei 70 °C Umluft im Backofen.

**2** Brich die Baumrinde in ein ca. 9 cm x 3 cm großes Stück für die Sitzfläche und ein ca. 9 cm x 5 cm großes Stück für die Lehne oder schneide sie mit dem Bastelmesser zurecht.

**3** Kürze für die Rückenlehnenhalterung die Holzstäbchen Gr. K auf 7 cm. Schneide die Holzstäbchen im Abstand von 3 cm zu der geraden Kante mit dem Bastelmesser leicht ein. Knicke die Holzstäbchen an der eingeschnittenen Stelle, sodass ein 45-Grad-Winkel entsteht. Fixiere den Winkel mit Holzleim.

**4** Klebe die Sitzfläche mit der Rückseite an die kürzere Kante der Rückenlehnenhalterung. Klebe die Lehne mit der Rückseite an die längere Kante der Halterung. Fixiere die geklebten Stellen mit Federklemmen. Trocknen lassen.

**5** Schneide aus dem Rundholz für die Hinterbeine zwei 3 cm lange und für die Vorderbeine zwei 2,5 cm lange Stücke.

**6** Klebe die Hinterbeine mit Heißkleber leicht schräg auf den Knick der Rückenlehne. Trocknen lassen. Klebe die Vorderbeine mit Heißkleber schräg an die Vorderkanten der beiden Holzstäbchen. Solange der Heißkleber noch flexibel ist, kannst du sie so ausrichten, dass die Bank stabil steht. Trocknen lassen.

**7** Verziere die Bank mit etwas Bastelmoos. Klebe zum Schluss ein kleines Schneckenhaus oben auf die Lehne.

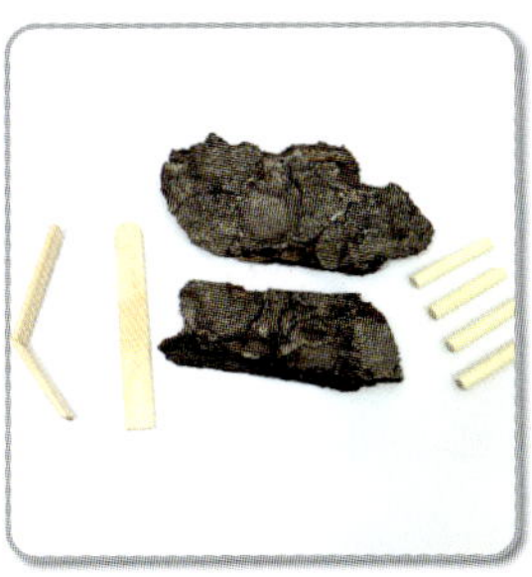

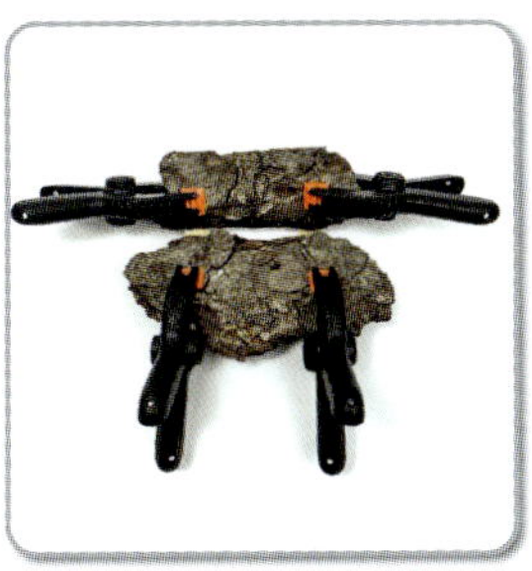

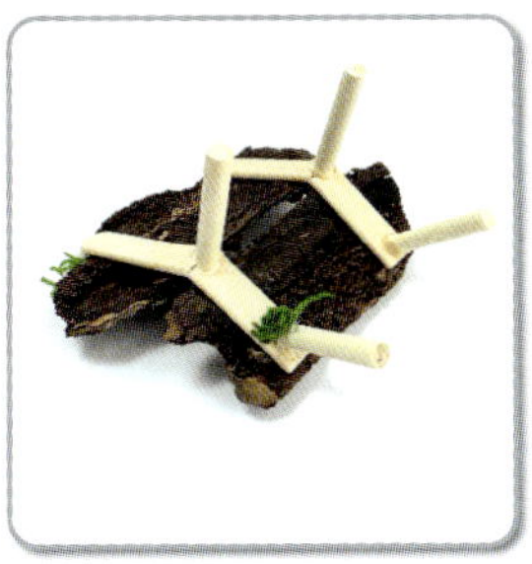

### MATERIAL

- 2 Stücke Baumrinde, ca. 9 cm x 3 cm und ca. 9 cm x 5 cm
- 2 Holzstäbchen, Gr. K (1,1 cm x 11 cm)
- Rundholz, ø 4 mm, 15 cm lang
- Bastelmoos
- kleines Schneckenhaus
- Heißklebepistole
- Holzleim

### HILFSMITTEL

- Schere
- Seitenschneider
- Bastelmesser mit Schneidunterlage
- 4 Federklemmen

### WEITERES ZUBEHÖR

Die Anleitung für das Haus in der Wichtelkulisse auf Seite 186 findest du auf Seite 39, für Strickleiter, Tisch & Hocker, Eichelhütchen-Kerze, Eichelhütchen-Korb, Schneckenhaus-Leuchte und Vorratsgläser mit Eichelhütchen-Deckel ab Seite 183, für das Kissen auf Seite 94. Die Holzklompen und die Tannen sind Fertigteile.

# REGAL AUS BAUMRINDE

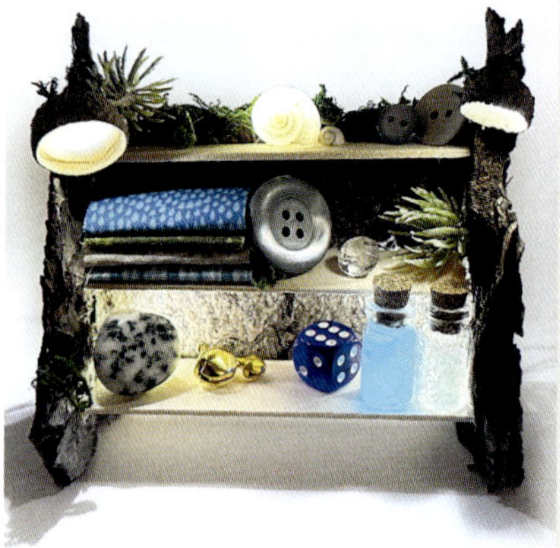

### MATERIAL

- 3 Stücke Baumrinde,
  1x ca. 9 cm x 8 cm,
  2x ca. 5 cm x 10 cm
- Holzstäbchen, Gr. K (1,1 cm x 11 cm)
- Holzstäbchen, Gr. M (1,8 cm x 15 cm)
- Holzstäbchen, Gr. L (2,5 cm x 20 cm)
- 2 Eichelhütchen
- 2 Schneckenhäuser
- kleine Glasfläschchen mit Korken
- Bastelmoos und fertige Kunststoffpflanzen
- Dekomaterial (z.B. Knöpfe, Stoffreste, Edelsteine, Glöckchen, Steine)
- Micro-LED-Drahtlichterkette mit 10 LEDs
- Nachtleuchtfarbe
- Heißklebepistole
- Heißklebepistole mit nachtleuchtendem Heißkleber (optional)

### HILFSMITTEL

- Schere
- Seitenschneider
- Reißzwecke
- Zahnstocher

**1** Trockne die Baumrinde eine Stunde bei 70 °C Umluft im Backofen.

**2** Brich für die Seitenwände die Baumrinde in zwei ca. 10 cm hohe und 5 cm breite dreieckähnliche Stücke mit rechtem Winkel. Schneide die senkrechte hintere Kante und die Unterkante mit der Schere gerade.

**3** Schneide für die Regalbretter die drei Holzstäbchen in 9 cm lange rechteckige Stücke. Klebe die Regalbretter im Abstand von ca. 3 cm zueinander mit der hinteren Kante bündig an die Seitenwände; das Holzstäbchen Gr. L sitzt unten mit ca. 1,5 cm Abstand zum Boden; das Holzstäbchen Gr. K platzierst du oben. Trocknen lassen.

**4** Schneide für die Rückwand ein 7–8 cm hohes und etwas weniger als 9 cm breites Stück Baumrinde zurecht. Klebe die Rückwand mit Heißkleber so an die Regalbretter und an die Seitenwände, dass kleine Lücken zwischen der Rückwand und den Seitenwänden bleiben. Durch die Lücken wird später der Lichterkettendraht gezogen. Trocknen lassen. Verziere das Regal mit Bastelmoos und Kunststoffpflanzen.

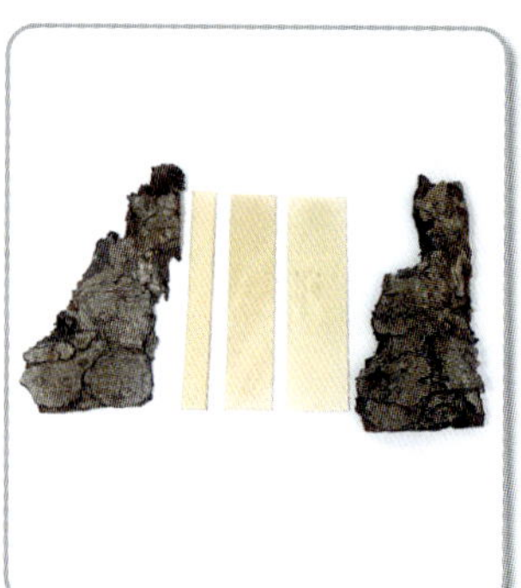

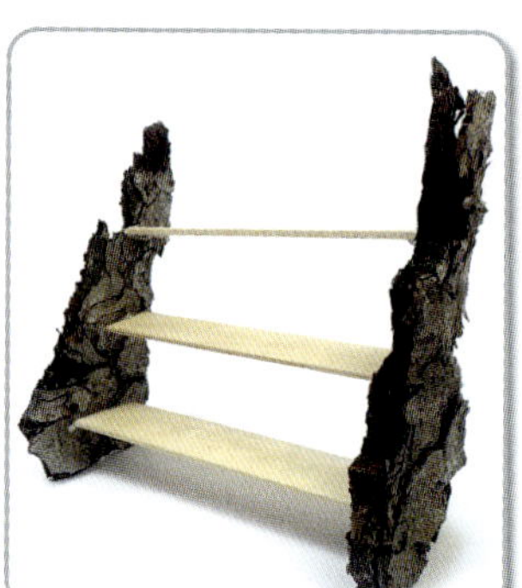

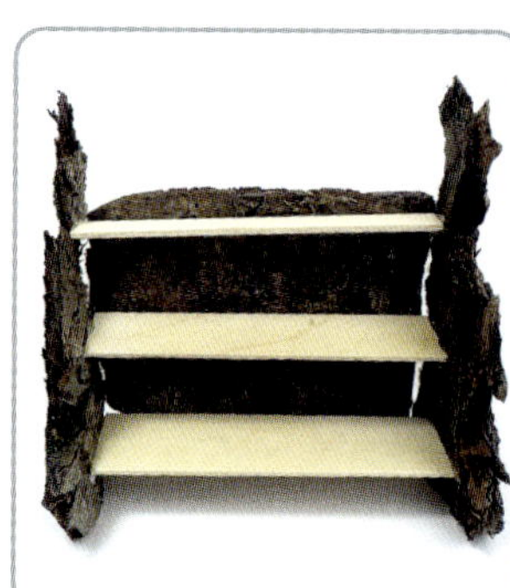

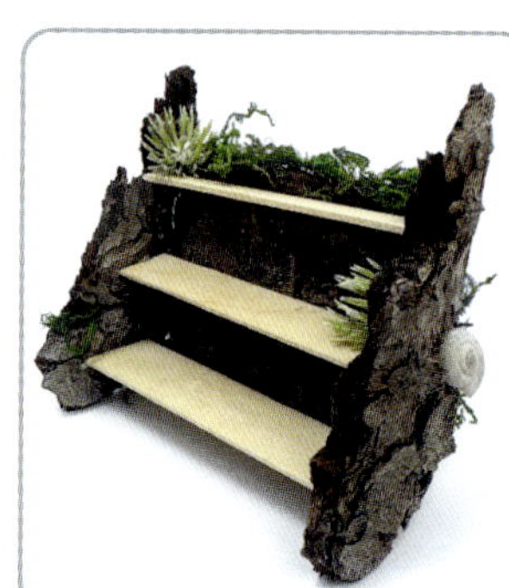

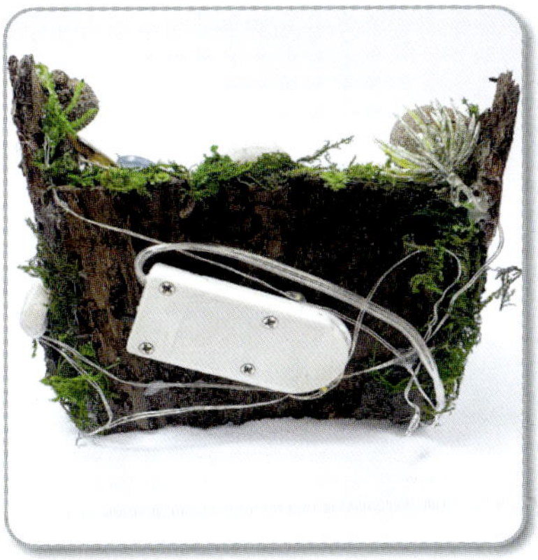

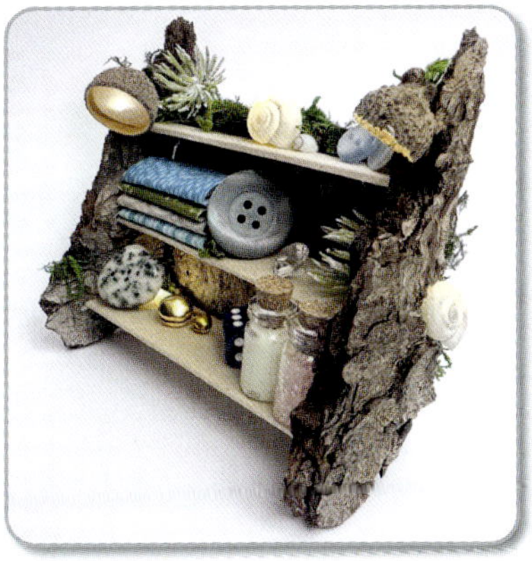

**5** Stich mithilfe einer Reißzwecke jeweils oben ein Loch in die Eichelhütchen, durch das die Lichterkette hindurchpasst. Stecke jeweils ein LED-Licht von außen in die Eichelhütchen und klebe es mittig fest. Fülle die Eichelhütchen mit Heißkleber oder nachtleuchtendem Heißkleber. Schiebe jeweils ein LED-Licht in die Schneckenhäuser und klebe es mit Heißkleber fest.

**6** Platziere die Schneckenhäuser am Regal und klebe die Eichelhütchen als Lampen oben an die Seitenwände. Ziehe den Draht der Lichterkette durch die Lücken an der Rückwand und biege ihn mit einem Zahnstocher zurecht; er sollte von vorne so wenig wie möglich zu sehen sein. Fixiere den Draht an verschiedenen Stellen mit einem kleinen Heißkleberpunkt und klebe das Batteriefach an die Rückwand.

**7** Fülle die Glasfläschchen mit Nachtleuchtfarbe und klebe den Korken fest zu. Dekoriere zum Schluss das Regal mit den Glasfläschchen, Knöpfen und anderem Dekomaterial.

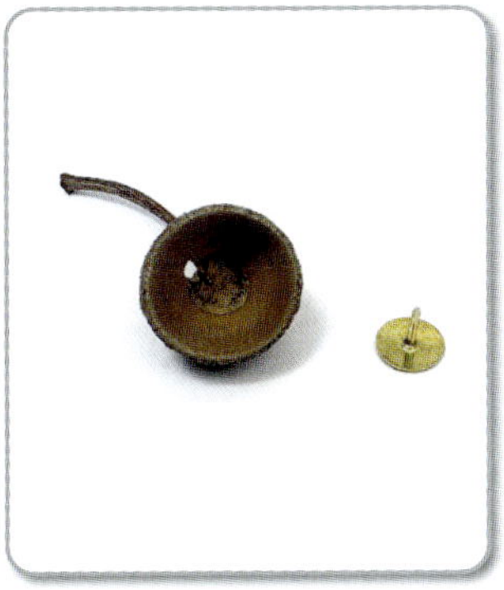

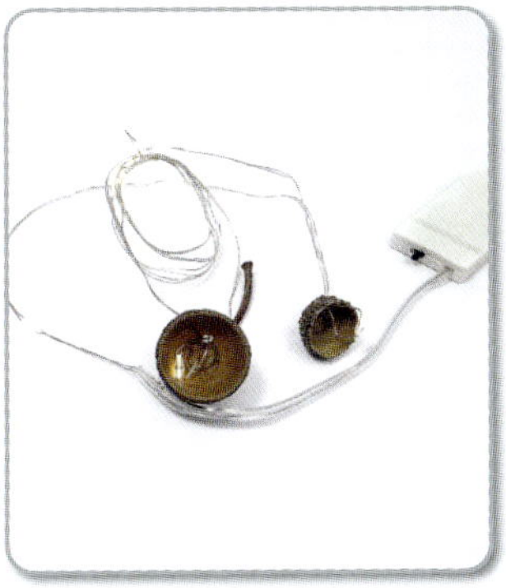

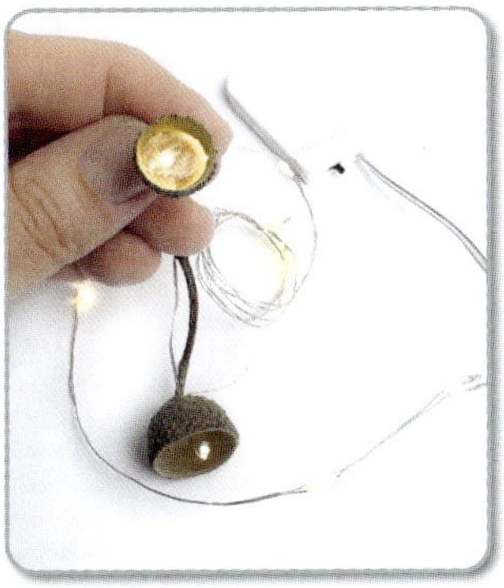

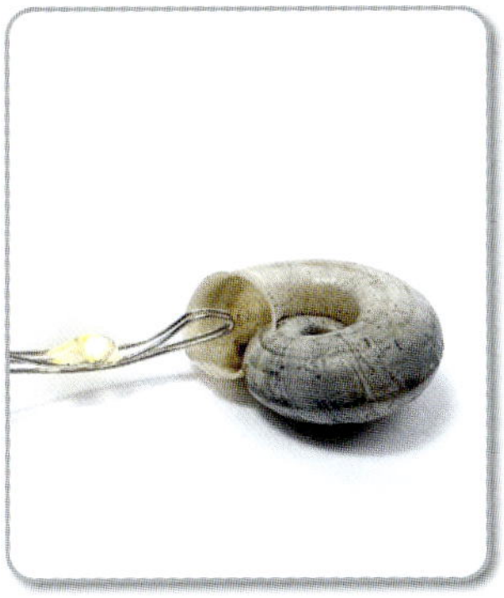

EINFACH UMSETZBAR!

# WELLNESS-TAG MIT DUSCHE

Verwöhnprogramm ist angesagt! Wichtel Knut spielt, die Dusche sei ein Wasserfall. Dabei singt er ein Lied und schäumt sich seinen Bart mit dem herzigen Shampoo ein. Herrlich, so eine heiße Dusche nach einem anstrengenden Tag! Knut schrubbt sich den Rücken mit seiner Bürste. Danach kuschelt er sich in sein Handtuch... Ach, Knut, Zähneputzen nicht vergessen! Weißt du, wie das richtig geht? Oder sollen die Kinder dir das mal zeigen?

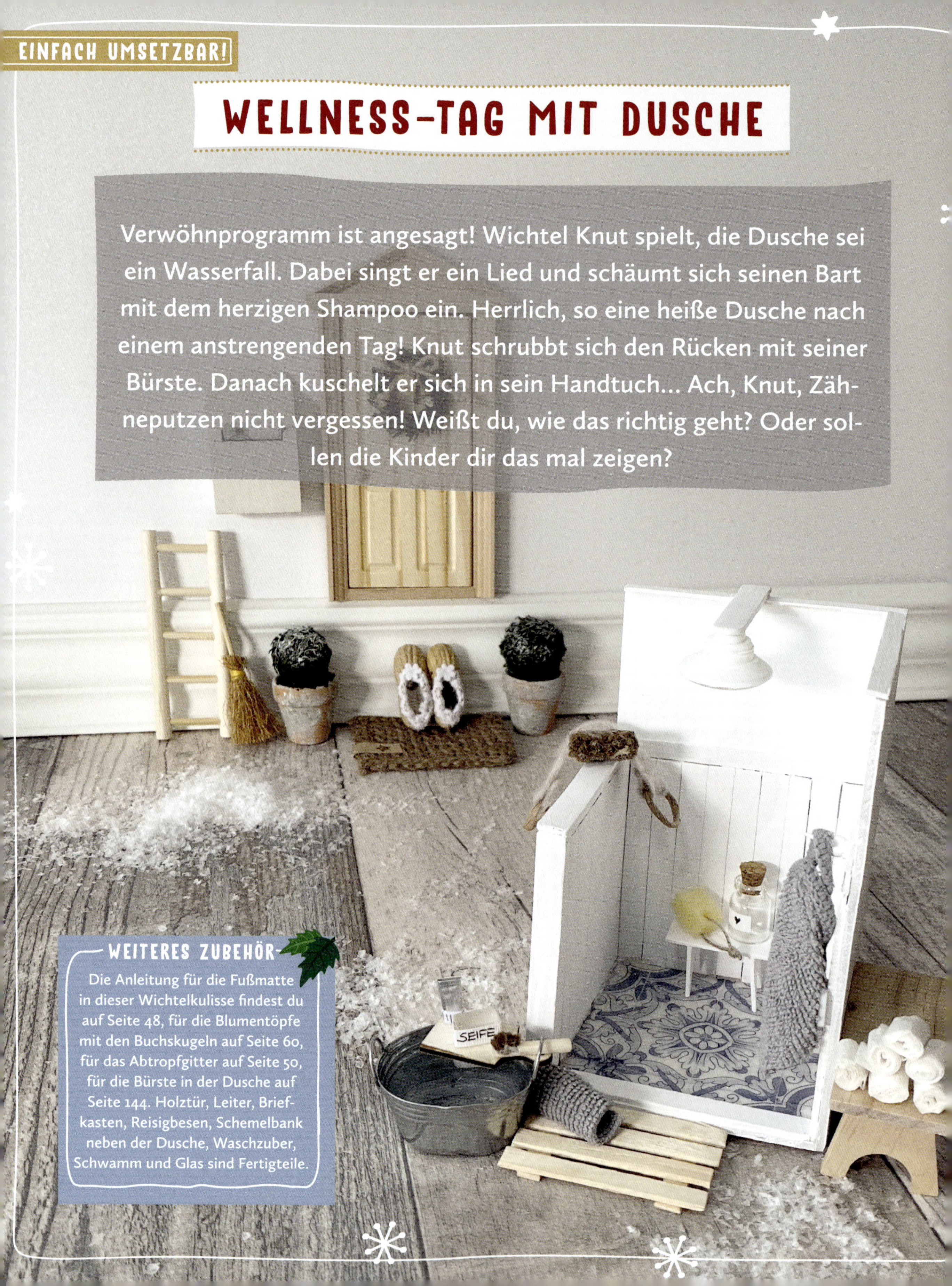


## WEITERES ZUBEHÖR

Die Anleitung für die Fußmatte in dieser Wichtelkulisse findest du auf Seite 48, für die Blumentöpfe mit den Buchskugeln auf Seite 60, für das Abtropfgitter auf Seite 50, für die Bürste in der Dusche auf Seite 144. Holztür, Leiter, Briefkasten, Reisigbesen, Schemelbank neben der Dusche, Waschzuber, Schwamm und Glas sind Fertigteile.

## DUSCHE

**1** Schneide aus Modellkarton ein jeweils 9 cm x 9 cm großes Quadrat für den Boden und die linke Seitenwand, ein 15 cm x 9 cm großes Rechteck für die Rückwand und ein 15 cm x 9,3 cm großes Rechteck für die rechte Seitenwand. Leime die Teile zusammen, achte darauf, dass du die kurze Seitenwand auf den Boden leimst, die anderen Teile dagegen.

**2** Schneide das Kachelmotiv aus der Serviette auf 9 cm x 9 cm zurecht und klebe es mit dem Serviettenkleber auf die Bodenplatte.

**3** Entferne von der gereinigten Zahncremetube den vorderen Teil inklusive Gewinde und fülle den Hohlraum mit Heißkleber auf, bis sich eine kleine Kuppel bildet. Trocknen lassen.

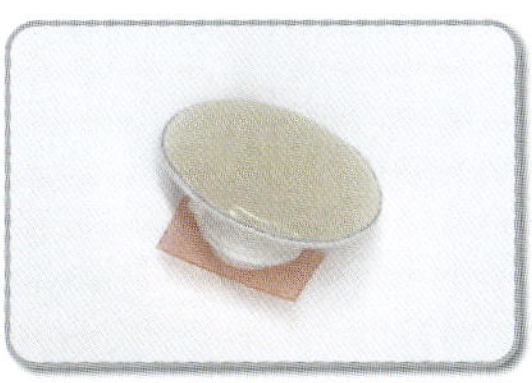

**4** Schneide für die Verkleidung 8,4 cm lange Holzstäbchenstücke Gr. K zu und klebe sie rundherum im Innenraum und an der linken Seitenwand auch von außen senkrecht an. Schneide zwei weitere 8,4 cm lange Stücke aus Holzstäbchen Gr. K und klebe sie oben waagerecht und vorn senkrecht auf die linke Seitenwand.

**5** Schneide zwei Holzstäbchen Gr. S 8,5 cm lang zu und klebe sie innen als waagerechten Abschluss über die Holzstäbchen der Verkleidung an Rückwand und Seitenwand. Schneide zwei 9 cm lange Holzstäbchenstücke Gr. S zu und klebe sie oben waagerecht als Abschluss auf die rechte Seitenwand und die Rückwand der Dusche. Schneide zum Schluss ein Holzstäbchen Gr. K 8 cm lang zu und klebe es als Schwelle vorn auf den Boden.

**6** Schneide ein Holzstäbchen Gr. K 6 cm lang mit Rundung zu und klebe es mittig waagerecht auf die Rückwand. Klebe die Duschbrause an das Holzstäbchen.

**7** Schiebe für den kleinen Kleiderhaken eine Perle auf einen Zahnstocher und kürze den Zahnstocher auf ca. 1 cm. Leime die Perle auf einen quadratischen Rest eines Holzstäbchens Gr. K und klebe den Haken an die rechte Seitenwand.

**8** Klebe den Boden mit dem Fliesenmotiv mit Papierklebeband ab und male die Holz- und Modellkartonteile der Dusche weiß an. Trocknen lassen. Trage einen zweiten Anstrich auf. Trocknen lassen. Entferne das Klebeband. Zum Schluss kannst du den Boden mit 3-D-Lack streichen.

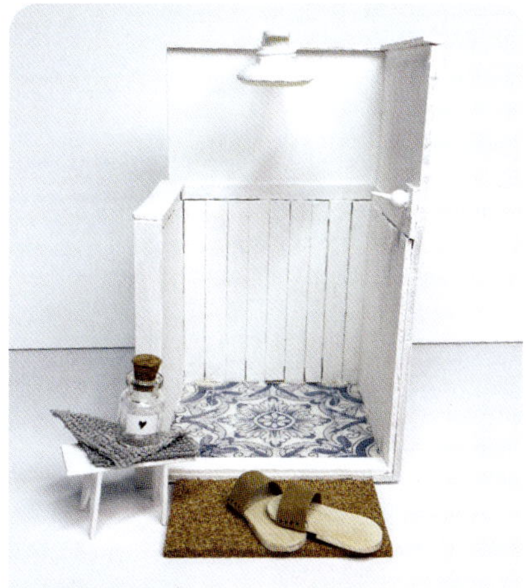

### MATERIAL

- 30 Holzstäbchen, Gr. K (1,1 cm x 11 cm)
- 8 Holzstäbchen, Gr. S (6 mm x 19 cm)
- Zahnstocher
- Modellkarton, 3 mm stark, A4
- Serviette mit Kachelmotiv
- Kunststoff-Zahncremetube
- Holzperle, ø 6 mm
- Acrylfarbe in Weiß
- 3-D-Lack (optional)
- Holzleim
- Serviettenkleber
- Heißklebepistole

### HILFSMITTEL

- Blechschere
- Geodreieck
- Bleistift
- Schere
- Papierklebeband (Washi Tape)
- Pinsel

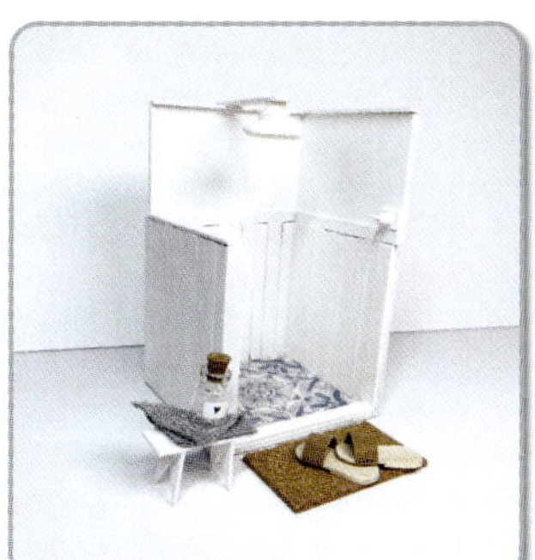

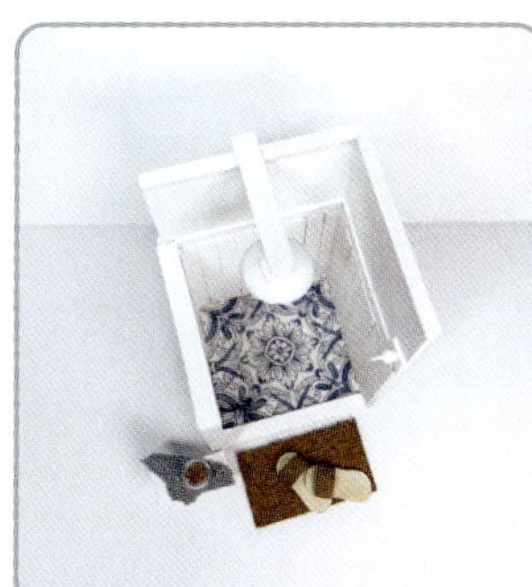

## TOILETTENPAPIER

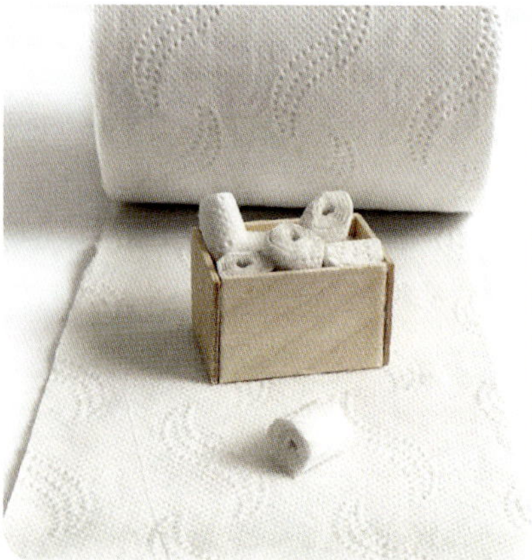

**MATERIAL**
- 2 Blatt Toilettenpapier mit Abreißkante
- Holzspieß, 20 cm lang
- Holzleim

**HILFSMITTEL**
- Schere
- Lineal

**1** Rolle zwei Blatt Toilettenpapier sehr stramm und gleichmäßig auf einen Holzspieß. Klebe zum Fixieren ca. 1 cm vor dem Ende der Rolle Holzleim auf das Papier. Trocknen lassen.

**2** Entferne vorsichtig den Holzspieß. Schneide die Rolle in 10–12 mm breite Stücke.

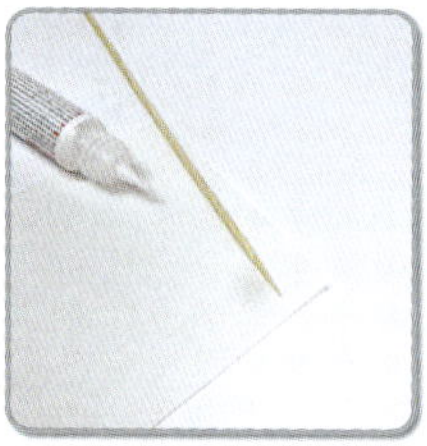

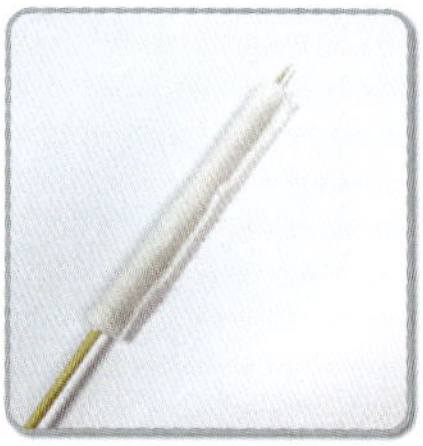

## HOCKER

**1** Schneide aus dem Holzstäbchen ein 4 cm langes Stück für die Sitzfläche und zwei 2,5 cm lange Stücke für die Beine. Schneide mit dem Bastelmesser an der Unterkante der Beine jeweils ein V ein.

**2** Leime die Beine ca. 1 cm nach innen versetzt unter die Sitzfläche. Trocknen lassen. Male den Hocker zum Schluss weiß an.

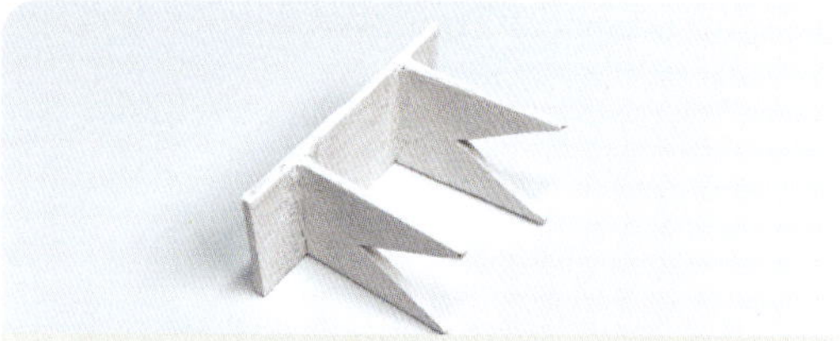

**MATERIAL**
- Holzstäbchen, Gr. M (1,8 cm x 15 cm)
- Acrylfarbe in Weiß
- Holzleim

**HILFSMITTEL**
- Bleistift
- Geodreieck
- Blechschere
- Bastelmesser mit Schneideunterlage
- Pinsel

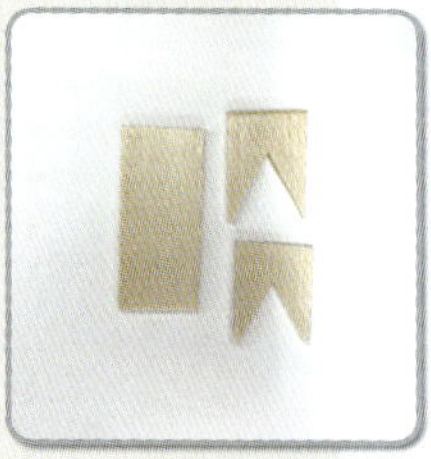

## HANDTÜCHER

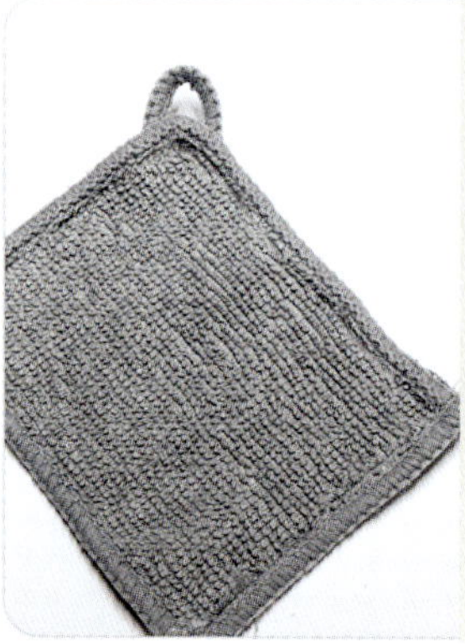

**MATERIAL**
- Mikrofasertuch in Grau
- Heißklebepistole

**HILFSMITTEL**
- Schere

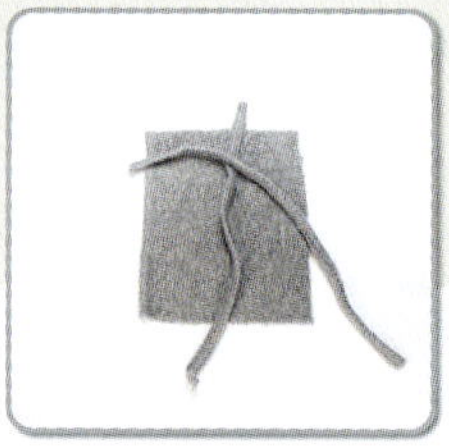

**1** Schneide aus einer Ecke des Mikrofasertuchs ein 7 cm x 5 cm großes Rechteck mit Kettelkante zurecht. Schneide ein 12 cm langes versäubertes Kantenstück vom Mikrofasertuch ab und klebe es mit Heißkleber auf die unversäuberten Kanten des Handtuchs.

**2** Schneide ein weiteres 3 cm langes Stück Mikrofasertuchkante, lege die Kante zu einer Schlaufe und klebe sie als Aufhänger auf die Rückseite des Handtuchs.

## ZAHNPUTZSET

### MATERIAL
- Rundholzrest, ø 4 mm
- Kopierpapier in Weiß
- Mikrofasertuch in Grau
- alter kleiner Pinsel
- Bastelseife
- Jutekordel in Braun, ø 2 mm
- Fineliner in Schwarz
- Holzleim
- Heißklebepistole

### HILFSMITTEL
- Schleifpapier, 240er Körnung
- Bastelmesser mit Schneideunterlage
- Schere
- Zange
- Locher

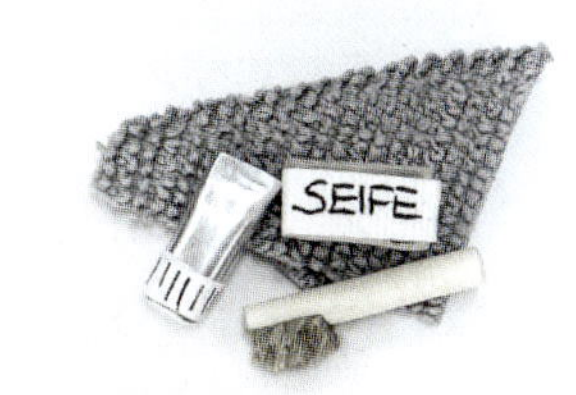


**1** Lege das Schleifpapier an die Tischkante, halte das Rundholz mit zwei Fingern so, dass vorn 4 mm herausragen. Bewege das Holz an der Kante hin und her, bis es vorn flach geschliffen ist.

**2** Schneide ca. 1 cm lange Stücke Jutekordel. Streiche die Fläche an der Rundholzspitze mit Holzleim ein und klebe die Jutestücke darauf. Trocknen lassen. Stutze die Jutestücke auf Zahnbürstenlänge. Kürze das Rundholz auf eine Länge von 2,5 cm.

**3** Schneide aus dem Mikrofasertuch einen 2 cm x 2 cm kleinen Waschlappen zurecht. Schneide aus der Kettelkante des Mikrofasertuchs einen 2 cm langen Streifen, lege ihn zur Schlaufe und klebe die Schlaufe mit Heißkleber als Aufhänger an den Waschlappen.

**4** Schneide aus Bastelseife mit dem Bastelmesser ein Miniseifenstück. Schneide einen dünnen Papierstreifen als Banderole und beschrifte ihn mit Fineliner. Klebe die Banderole um das Seifenstück.

**5** Schneide für die Zahnpastatube von dem alten Pinsel die Metallzwinge ab und kürze sie auf ca. 1,5 cm. Kneife das obere Ende mit einer Zange zusammen. Klebe auf das untere Ende einen Papierkreis aus dem Locher. Schneide einen schmalen Papierstreifen und klebe ihn um das untere Ende. Zeichne mit schwarzem Fineliner senkrechte Streifen auf.

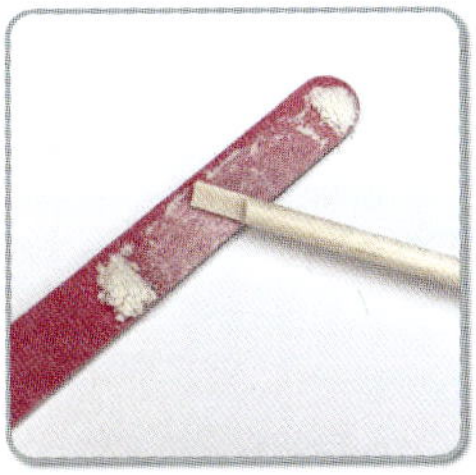

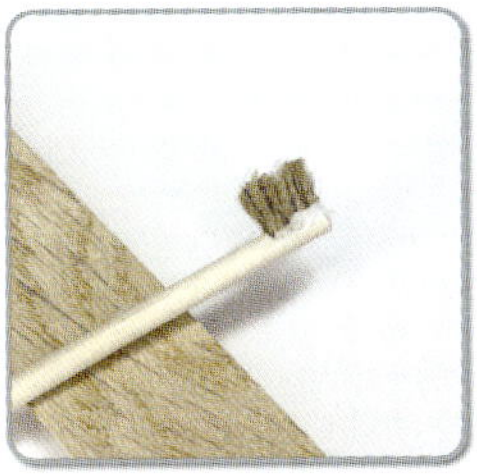

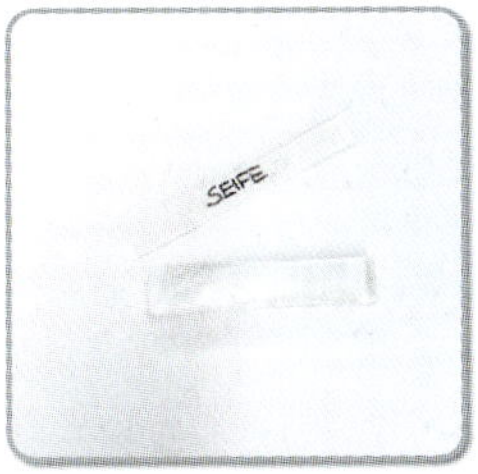


## PANTOFFELN

**1** Wähle zwei möglichst ähnliche Erdnüsse für ein Schuhpaar aus, öffne jeweils die Erdnussschale mit dem Bastelmesser und entferne die Erdnüsse.

**2** Schneide mit dem Bastelmesser den Ausschnitt zu und umklebe den Rand mit Spitzenband. Klebe die Blüten als Dekoration vorne auf die Schuhe.

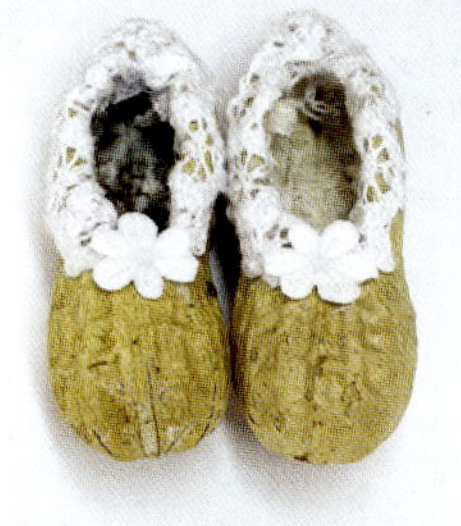

### MATERIAL
- 2 ganze Erdnüsse mit Schale
- Spitzenband, ca. 10 mm breit
- 2 Blumen in Weiß, ø ca. 5 mm
- Heißklebepistole

### HILFSMITTEL
- Bastelmesser mit Schneideunterlage

ANSPRUCHSVOLL!

# WELLNESS-TAG MIT WHIRLPOOL

Heute ist Badetag bei Familie Wichtel. Die Wichteleltern Tim und Tilda hatten gehofft, bei einem Glas köstlicher Limonade im Pool entspannen zu können. Aber die Kinder hüpfen wild im Wasser herum. Da hilft alles nichts – sie machen einfach mit beim Toben! Damit nichts passiert, gibt es kleine Schwimmflügel für den Nachwuchs. Und wenn später alle müde sind, wickeln sie sich in ihre Bademäntel ein. Ein Tag im Schwimmbad macht nicht nur den Wichtelkindern Spaß!

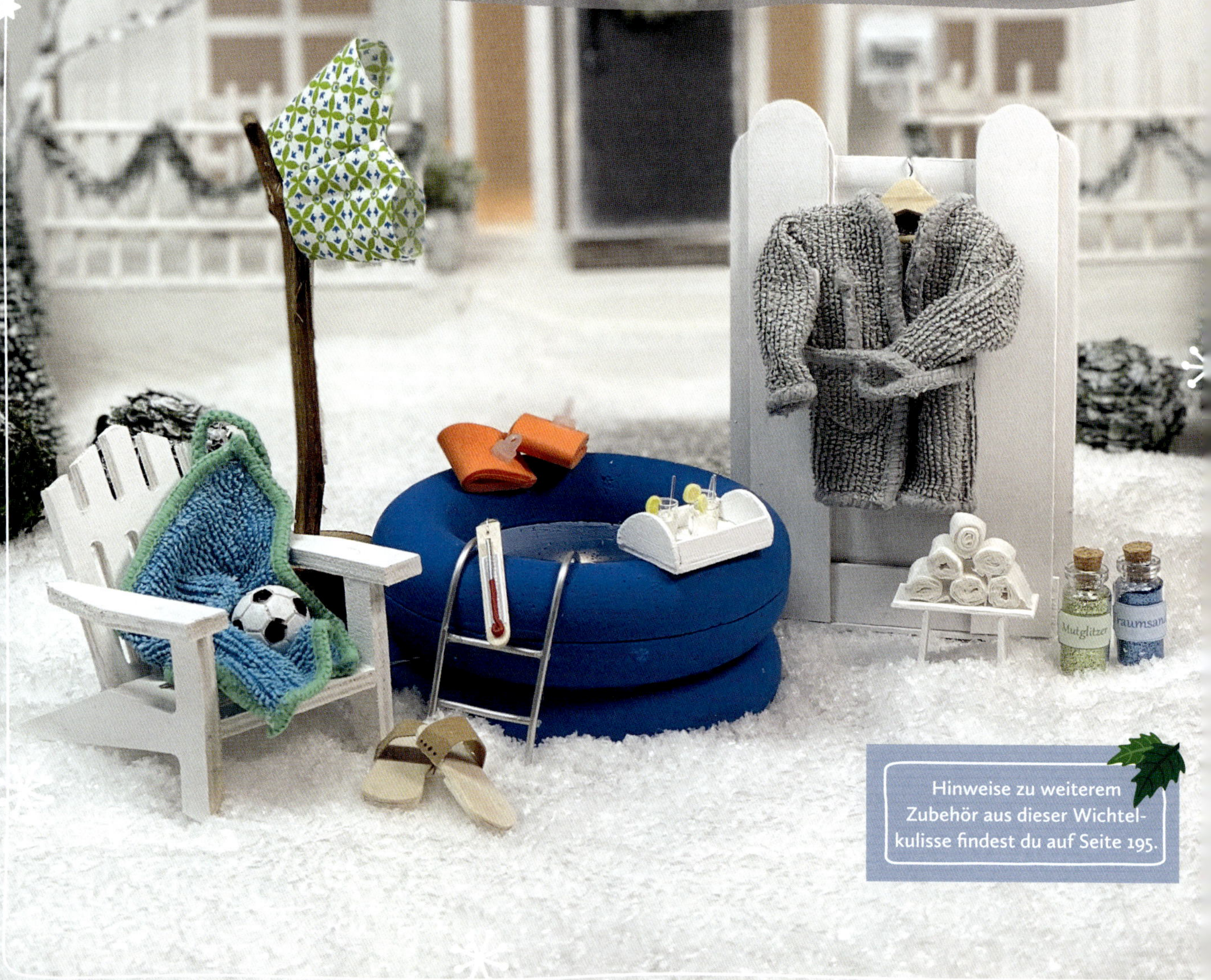


Hinweise zu weiterem Zubehör aus dieser Wichtelkulisse findest du auf Seite 195.

# WHIRLPOOL MIT LEITER

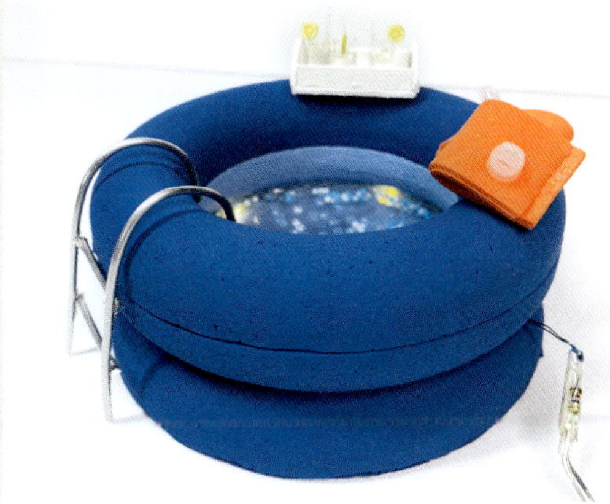

**MATERIAL**
- 3 Styropor®-Flachringe, ø 12 cm
- Tonkarton in Weiß
- Fensterfolie in Transparent, A4
- Aludraht, ø 3 mm
- Liebesperlen in Blau, Weiß und Transparent/Frost
- Micro-LED-Drahtlichterkette mit 10 LEDs
- Acrylfarbe in verschiedenen Blautönen
- Holzleim
- Kraftkleber
- Heißklebepistole

**HILFSMITTEL**
- Schere
- Pinsel
- Zirkel

**1** Streiche zwei Styropor®-Ringe im inneren Bereich hellblau an. Schneide einen Tonkartonkreis in der Größe eines Styropor®-Rings (ø 12 cm) aus und male einen Strudel in Blautönen auf. Trocknen lassen. Leime den Pappkreis auf die flache Seite eines innen bemalten Styropor®-Rings. Dies wird der untere Teil des Pools.

**2** Schneide zwei Kreise aus Fensterfolie mit 9 cm Durchmesser aus. Setze auf eine Folie einen durchgehenden Rand aus Heißkleber und lass den Kleber abkühlen. Befülle den Innenraum mit einigen Zuckerstreuseln, trage eine zweite Schicht Heißkleber auf und klebe die zweite Folienscheibe auf.

**3** Kürze die Lichterkette auf 6 LEDs. Fixiere den Draht mit Heißkleber auf der runden Seite des unteren Poolteils. Achte darauf, dass der Draht nach dem späteren Zusammensetzen der Ringe nicht zu sehen ist. Klebe das Fensterfolienteil auf das untere Poolteil. Anschließend klebst du den zweiten bemalten Ring mit der runden Seite nach unten mit Holzleim auf die Folie. Beschwere den oberen Styropor®-Ring und lass alles über Nacht trocknen.

**4** Bemale den dritten Styropor®-Ring und die Außenwände des Pools dunkelblau. Trocknen lassen. Leime den dritten Ring mit der flachen Seite nach unten auf.

**5** Für die kleine Leiter schneidest du zwei 9 cm lange und zwei 3 cm lange Drahtstücke zurecht. Biege die Enden der langen Drahtstücke rund. Klebe die zwei kurzen Drahtstücke als Trittstufen mit Kraftkleber dazwischen. Stelle die Leiter am fertigen Pool an.

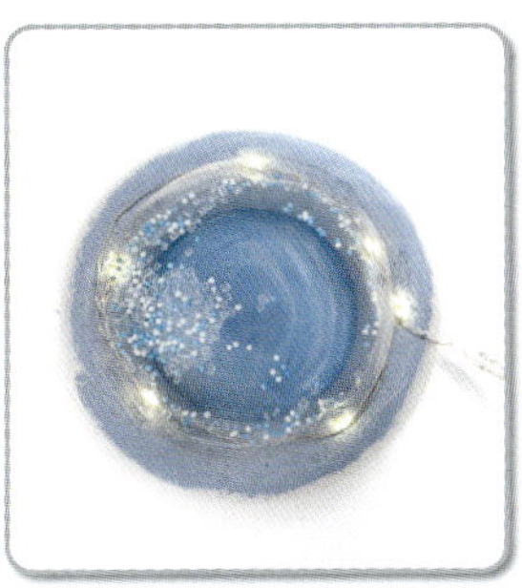

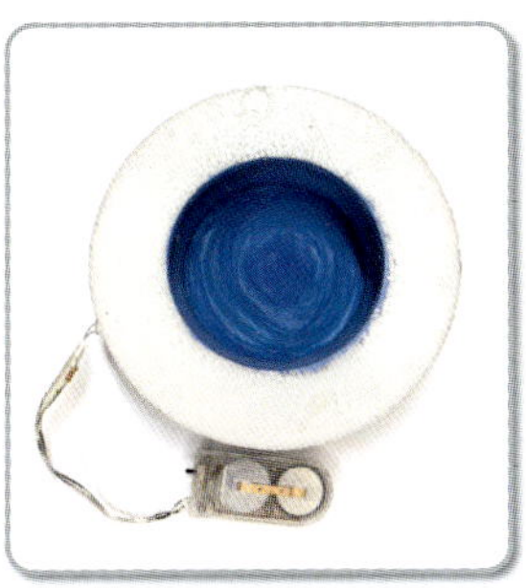

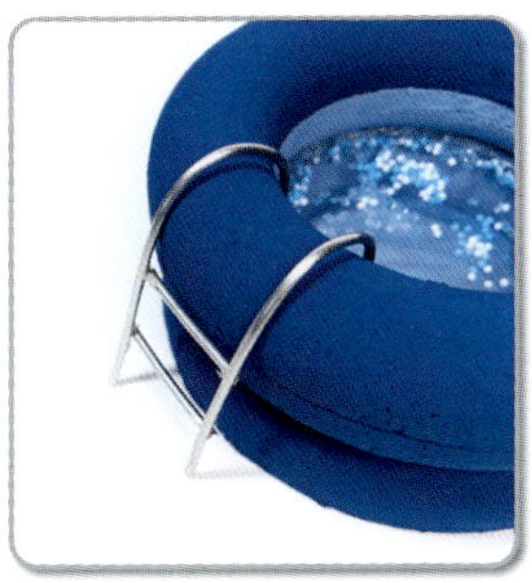

**WEITERES ZUBEHÖR**

Die Anleitung für das Haus in der Wichtelkulisse auf S. 194 findest du auf Seite 42, für den Türkranz auf Seite 59, für die Zweige auf Seite 61, für den Hocker und das Handtuch auf Seite 192, für die Fläschchen auf Seite 172. Tannen, Tablett und Gläser, Stuhl und Fußball sind Fertigteile.

## THERMOMETER

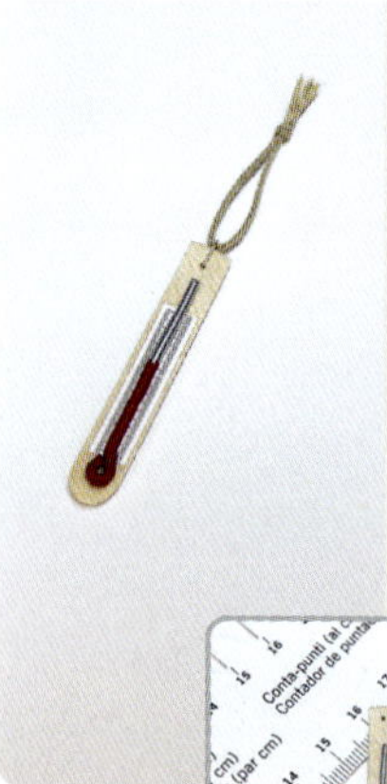

### MATERIAL
- Holzstäbchen, Gr. S (6 mm x 19 cm)
- Aludraht, ø 1,5 mm
- Draht, ø 0,25 mm
- Garnrest, 1 mm stark
- Acrylfarbe in Rot
- Holzleim

### HILFSMITTEL
- Schmirgelpapier, 240er Körnung
- Blechschere
- dicke Nähnadel
- Schere
- Lineal
- Kopiergerät
- Spitzzange
- Pinsel

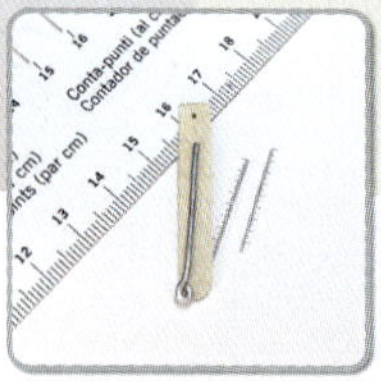

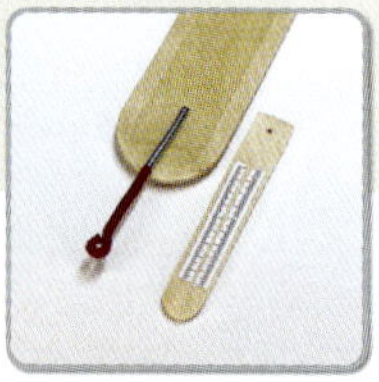

**1** Schneide ein Ende des Holzstäbchens 4 cm lang ab und schmirgle die Kanten. Stich mit der Nadel ein Loch in das gerade Ende, zieh ein Drahtstück durch und verzwirble die Enden. Knote ein Stück Garn als Aufhängung an.

**2** Kopiere die Skala des Lineals auf 25 Prozent. Schneide daraus zwei 2,5 cm lange und sehr schmale Skalenstücke und klebe sie nebeneinander auf das Holzstäbchen.

**3** Biege das Ende des Aludrahts mit der Spitzzange zu einer sehr engen Öse. Kürzen, sodass er als Steigrohr auf das Thermometer passt. Male die Öse und den unteren Bereich rot an und klebe den Draht zwischen die Skalen.

## SCHWIMMFLÜGEL

**1** Schneide zwei 2 cm x 10 cm große Streifen aus Moosgummi. Falte die Streifen einmal und leime sie flächig zusammen. Falte die Streifen noch mal und trage nun nur wenig Leim auf eine kurze Kante auf. Klebe die Kanten zusammen und fixiere sie mit Federklemmen. Trocknen lassen.

**2** Kürze die Stöpsel etwas und klebe sie auf die Schwimmflügel.

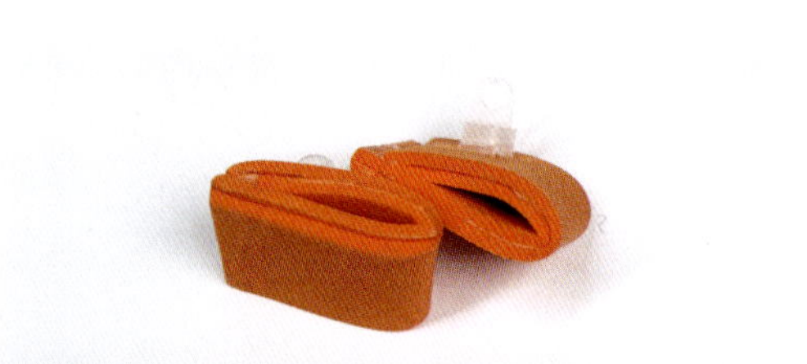

### MATERIAL
- Moosgummi in Orange
- 2 Stöpsel von Mini-Schmuckgläsern
- Holzleim

### HILFSMITTEL
- Geodreieck
- Kugelschreiber
- Schere
- Federklemmen

## BADELATSCHEN

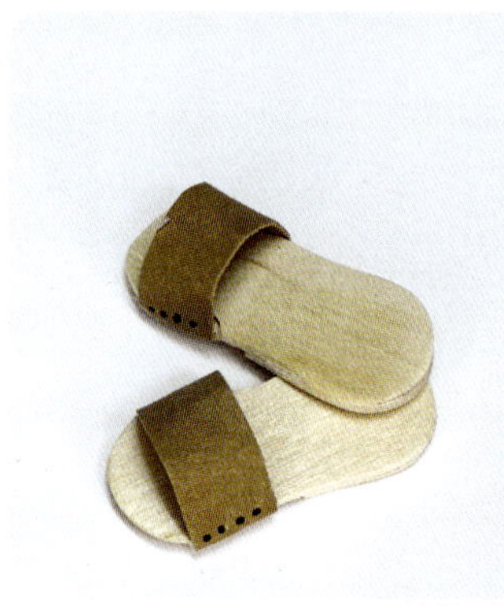

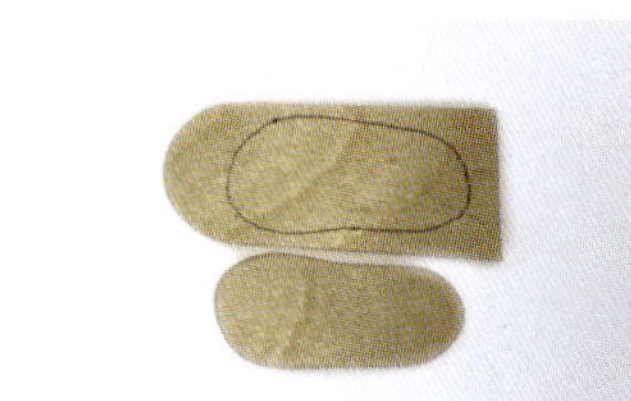

### VORLAGE
Schuhsohle (S. 31)

### MATERIAL
- Holzstäbchen, Gr. M (1,8 cm x 15 cm)
- Papier in Braun
- Fineliner in Schwarz
- Kraftkleber

### HILFSMITTEL
- Blechschere
- Bastelmesser mit Schneideunterlage
- Schmirgelpapier, 240er Körnung

**1** Übertrage die Vorlage für die Sohlen und die beiden Absätze noch einmal separat auf das Holzstäbchen. Schneide die Teile grob mit der Blechschere aus, schnitze und schleife die Stücke zurecht.

**2** Schneide zwei 1 cm breite und 3 cm lange Streifen Papier und klebe sie vorn auf. Zeichne Punkte als Nieten ein. Klebe die Absätze an.

## BADEHOSE

**1** Lege den Baumwollstoff doppelt und übertrage das Schnittmuster zweimal im Stoffbruch auf den Stoff; übertrage pro Hosenteil jeweils eine Kante entlang der Linie „Mitte vorne", die andere Kante entlang der Linie „Mitte hinten". Schneide die Teile ohne Nahtzugabe zu.

**2** Trage Holzleim dünn an der vorderen Mittelnaht auf und klebe die Hosenteile dort rechts auf rechts zusammen. Trage auf die hintere Mitte dünn Holzleim auf und klebe die Kanten rechts auf rechts zusammen. Klappe den oberen Rand 5 mm um und verklebe die obere Kante mit Leim. Schließe die Beinnähte. Klappe die Hosensäume 5 mm um und klebe sie fest. Wende die Hose.

**VORLAGE**
Badehose (S. 31)

**MATERIAL**
- Baumwollstoff in Farbe und Muster nach Wunsch
- Holzleim

**HILFSMITTEL**
- Bleistift
- Schere

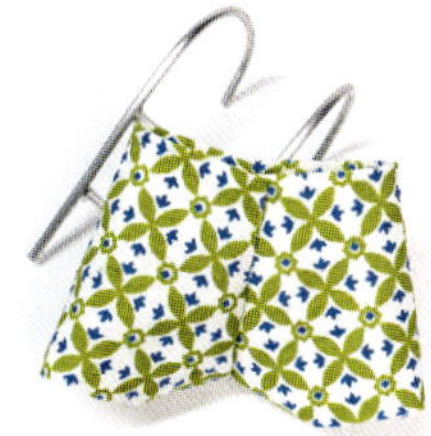

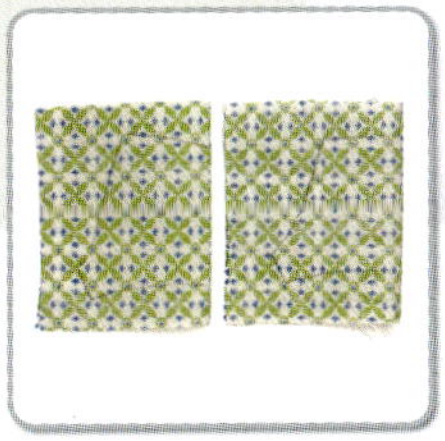

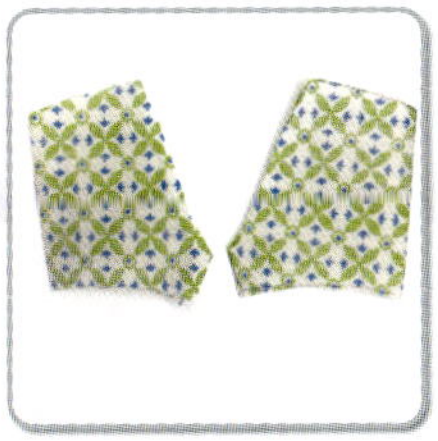

## BADEMANTEL

**1** Übertrage die Schnittmuster auf das Mikrofaserspültuch und schneide das Vorderteil zweimal gegengleich, das Rückteil im Stoffbruch, die Ärmel zweimal und die Tasche einmal aus. Lege dabei das Ärmelschnittmuster und die Tasche so an, dass du die gekettelte Kante des Tuchs als Saum bzw. Taschenoberkante nutzt.

**2** Klebe die Vorderteile mit Heißkleber rechts auf rechts an den Seitenkanten und den Schulterkanten an das Rückteil. Schließe die Ärmelnähte rechts auf rechts. Wende die Ärmel und klebe sie Stück für Stück in die Armausschnitte. Klebe zum Schluss die Tasche auf das rechte Vorderteil.

**3** Schneide versäuberte Kanten des Mikrofasertuchs ab und klebe sie mit Heißkleber sauber und gerade auf die noch offenen Kanten des Bademantels. Schneide ein weiteres Stück Mikrofasertuchkante für den Gürtel ab.

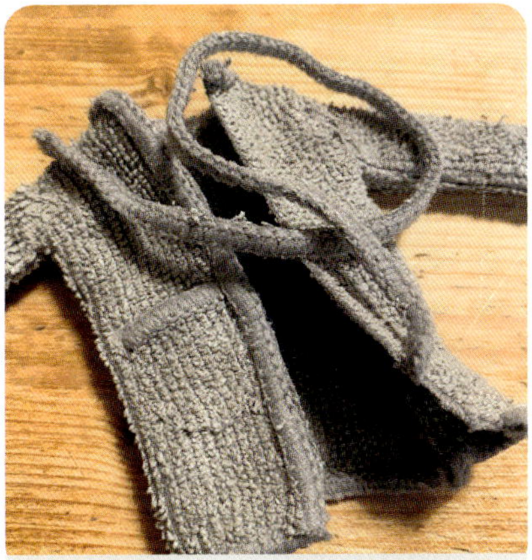

**VORLAGE**
Bademantel (S. 31)

**MATERIAL**
- Mikrofaserspültuch
- Heißklebepistole

**HILFSMITTEL**
- Schere

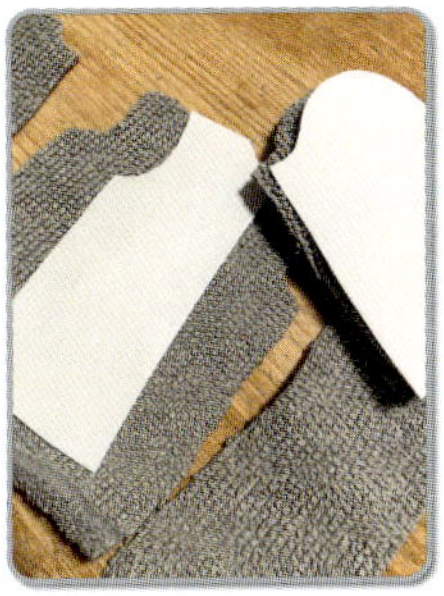

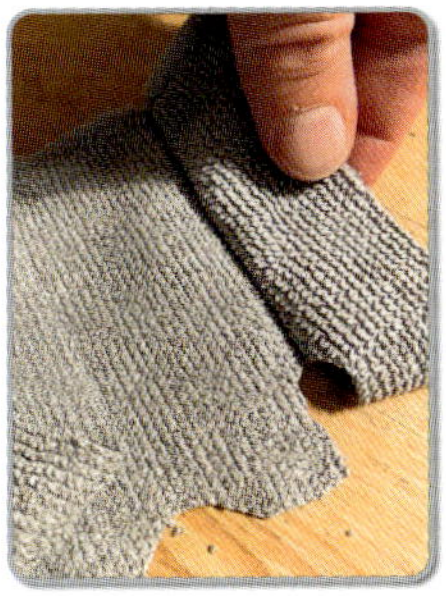

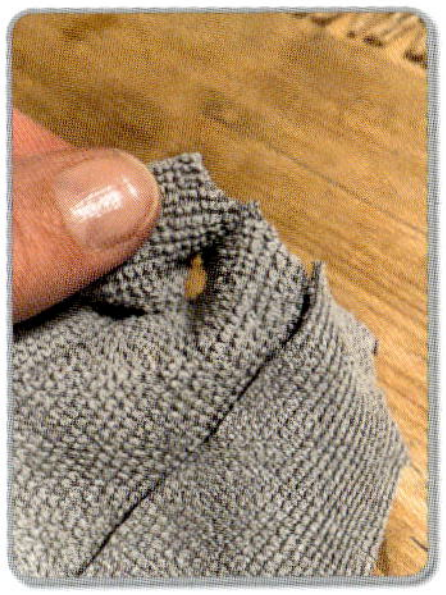

EINFACH UMSETZBAR!

# BACKTAG MIT KÜCHENTISCH

Rentier Domino ist ganz allein in der Wichtelküche. Der Duft hat ihn angelockt. Jemand hat Plätzchen gebacken, einige sind schon in den Keksdosen verschwunden. Das sieht Wichtel Hermann ähnlich, bestimmt versteckt er die Kekse. Doch was türmt sich da noch auf dem Küchentisch? Dominosteine! Lecker! Domino muss sie probieren! Auf dem Regal steht eine geheime Wichtelzutat. Was passiert wohl, wenn die kleinen Dominosteine mit Wichtelzauberglitzer bestreut werden?

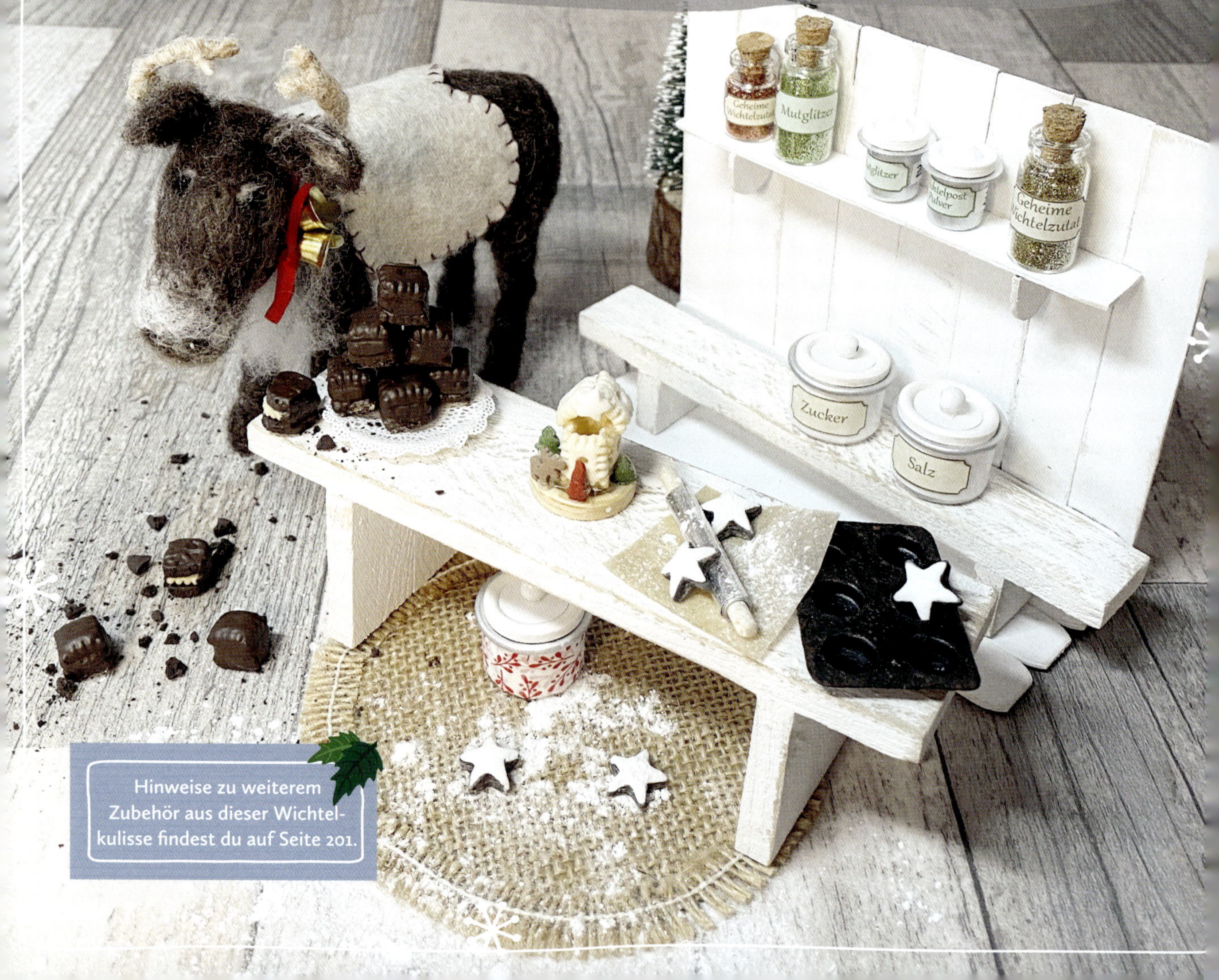


Hinweise zu weiterem Zubehör aus dieser Wichtelkulisse findest du auf Seite 201.

## KÜCHENWAND

**MATERIAL**
- 17 Holzstäbchen, Gr. M (1,8 cm x 15 cm)
- Acrylfarbe in Weiß
- Holzleim

**HILFSMITTEL**
- Blechschere
- Pinsel
- Geodreieck

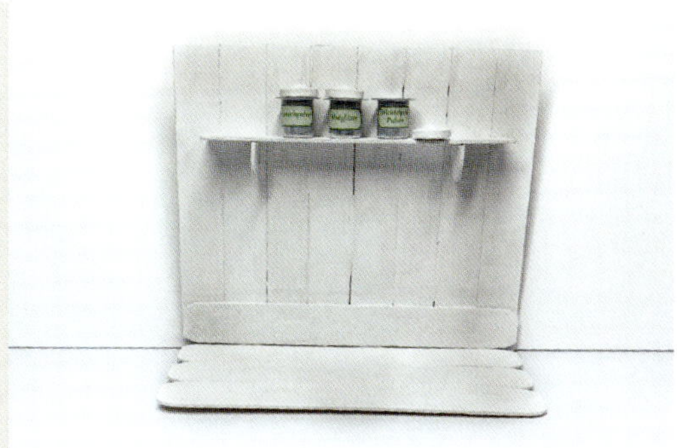

**1** Lege für die Rückwand acht Holzstäbchen Gr. M flach nebeneinander auf die Arbeitsfläche. Leime zwei Holzstäbchen quer und mit jeweils 2 cm Abstand zur Kante darüber, um die acht Holzstäbchen zu verbinden. Trocknen lassen. Schneide die Rundungen aller Holzstäbchen mithilfe des Geodreiecks ab, sodass die fertige Rückwand 13 cm hoch ist.

**2** Lege für die Bodenplatte drei Holzstäbchen Gr. M flach nebeneinander und leime zwei 4 cm lange Holzstäbchen quer und mit jeweils 2 cm Abstand zur Kante darüber. Schneide einen Teil der Rundungen ab, sodass die fertige Bodenplatte 14 cm lang ist.

**3** Kürze für das lange Regalbrett ein Holzstäbchen Gr. M auf 12 cm und schneide an einem weiteren Holzstäbchen zwei Rundungen 2 cm lang ab. Leime das Regalbrett mit 3 cm Abstand von der Oberkante auf die Rückwand und die beiden Rundungen links und rechts mit etwas Abstand zu den Enden darunter. Leime den Boden an die Rückwand und streiche die Küchenwand weiß.

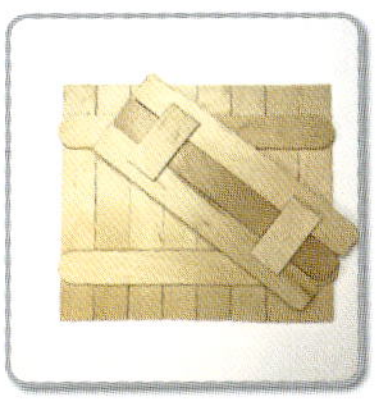

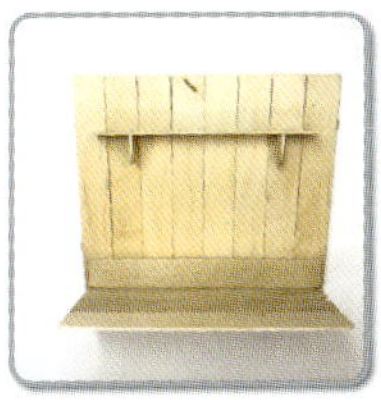

## KÜCHENTISCH & BANK

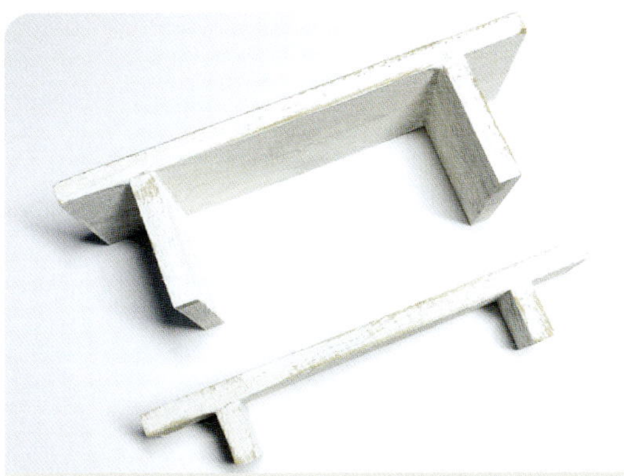

**MATERIAL**
- 6 Holzklötzchen, 16 cm x 2,2 cm x 8 mm
- Acrylfarbe in Weiß
- Holzleim

**HILFSMITTEL**
- kleine Holzsäge
- Teelicht
- Borstenpinsel
- Schleifpapier, 60er Körnung

**1** Leime für den Tisch zweimal zwei Holzklötzchen an der langen schmalen Kante zusammen. Trocken lassen. Säge aus einem Doppelklötzchen für die Tischbeine zwei 4,5 cm lange Stücke zurecht. Leime die Tischbeine mit 1 cm Abstand zur Kante unter die Tischplatte.

**2** Schneide für die Sitzbank zwei 1,5 cm lange Stücke aus einem Holzklötzchen und leime sie unter ein langes Holzklötzchen. Trocknen lassen.

**3** Für den Shabby Style reibst du Tisch und Sitzbank mit dem Wachs eines Teelichts ein. Streiche Tisch und Sitzbank weiß. Trocknen lassen und die Oberflächen schmirgeln.

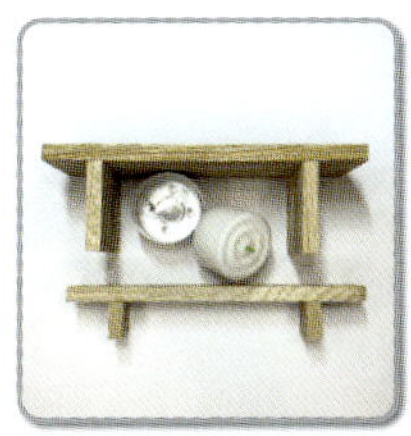

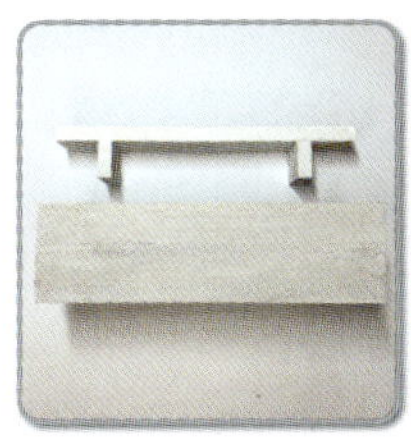

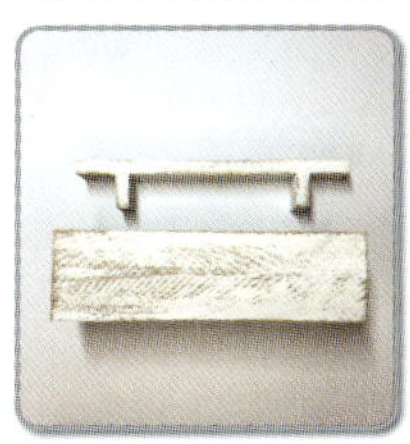

# MUFFINFORM

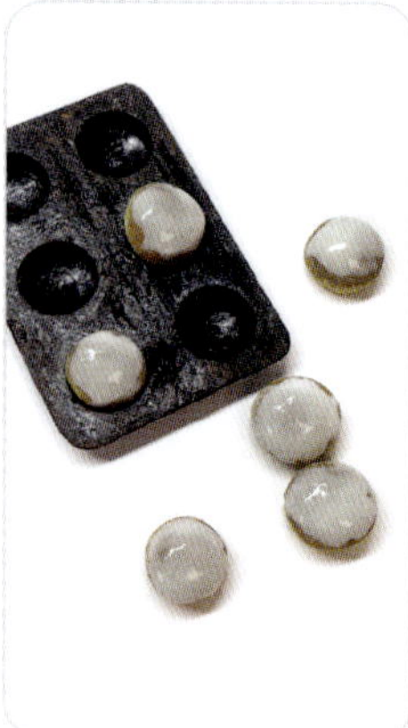

### MATERIAL

- leerer Tablettenblister mit 6 Mulden
- Acrylfarbe in Schwarz und Silber

### HILFSMITTEL

- Bastelmesser mit Schneideunterlage
- Schmirgelpapier, 240er Körnung
- Pinsel
- Schwamm

**1** Entferne von dem Tablettenblister Alufolie und Kleberückstände mithilfe von Bastelmesser und Schmirgelpapier. Male den Blister zweimal schwarz an. Trocknen lassen.

**2** Tupfe mit dem Schwamm etwas silberne Farbe auf.

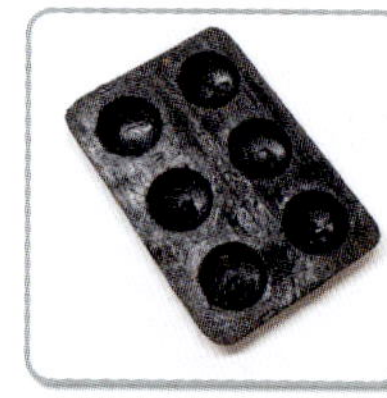

# VORRATSDOSEN & -GLÄSER

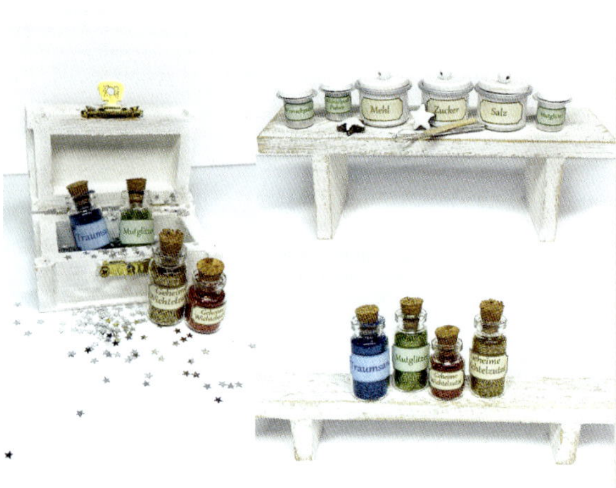


### VORLAGE

Label (S. 31)

### MATERIAL

- Alukerzenhalter in verschiedenen Größen (z.B. für Baumkerzen und Tafelkerzen)
- kleine Glasfläschchen mit Korken
- Holzknöpfe, ø passend zu den Alukerzenhaltern
- Perlen, ø 4 mm
- Strasssteine
- Glitzerpulver
- Kopierpapier
- Acrylfarbe in Weiß
- Holzleim
- Klebefilm

### HILFSMITTEL

- Schere
- Pinsel

**1** Drucke die Vorlage und schneide die Etiketten aus. Fülle die Glasfläschchen mit buntem Glitzer.

**2** Klebe jeweils ein Etikett auf die Alukerzenhalter als Vorratsdosen und auf die Glasfläschchen als Vorratsgläser, außerdem je eines auf die Zauberpulverfläschchen. Bringe als Schutz Klebefilm darüber an.

**3** Schneide für die Dosendeckel jeweils einen Papierkreis so groß aus, dass er Löcher in den Knöpfen verdeckt, und klebe ihn auf den Knopf. Klebe eine Perle als Griff oder einen Strassstein auf den Knopf. Streiche die Dosendeckel weiß.

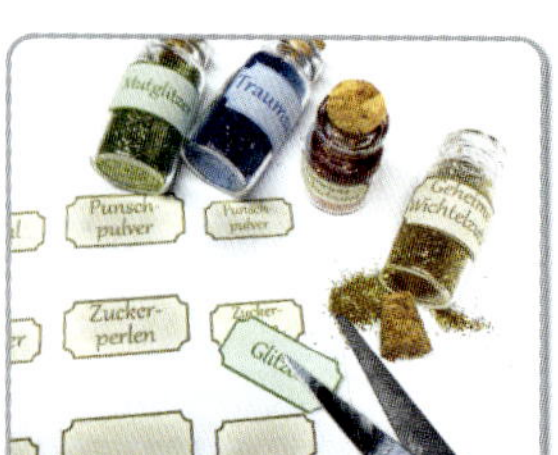


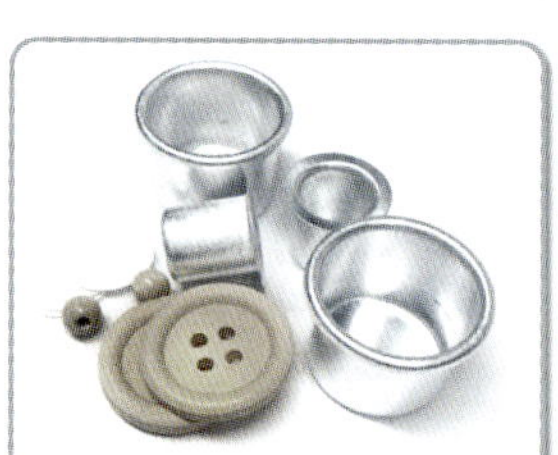

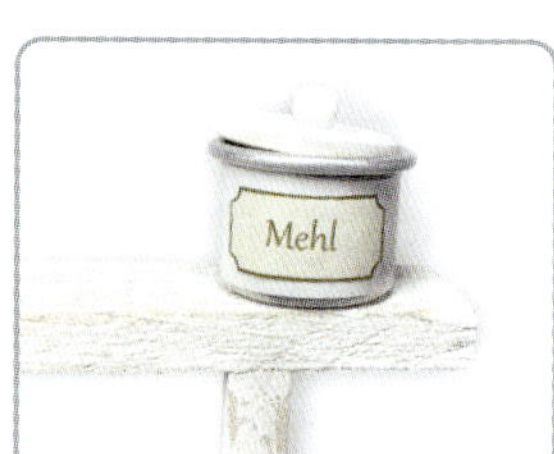

## ZIMTSTERNE

### MATERIAL
- lufttrocknende Modelliermasse
- Acrylfarbe in Braun und Weiß
- 3-D-Lack

### HILFSMITTEL
- Backpapier
- Nudelholz
- Mini-Sternausstecher, 8 mm hoch, oder Bastelmesser mit Schneideunterlage
- Pinsel

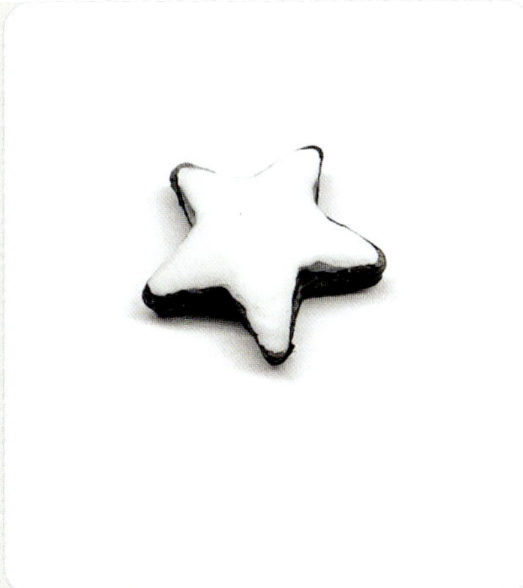

**1** Rolle die Modelliermasse auf Backpapier gleichmäßig ca. 4 mm dick aus. Stich oder schneide Sterne aus. Trocknen lassen.

**2** Bemale die Sterne braun. Trocknen lassen. Bemale die Oberfläche der Zimtsterne weiß. Trocknen lassen. Trage zum Schluss 3-D-Lack auf.

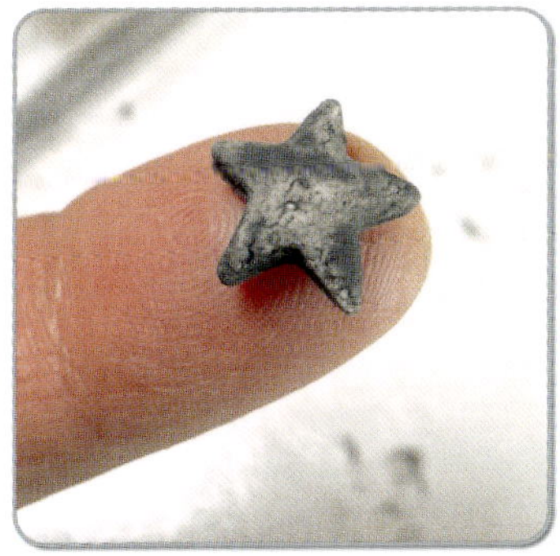

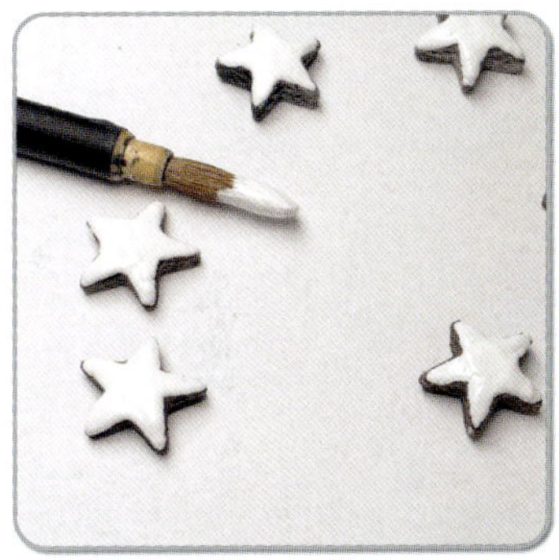

## NUDELHOLZ

### MATERIAL
- Rundholz, 4 mm, 15 cm lang
- Bastelalufolie
- Kraftkleber

### HILFSMITTEL
- Blechschere
- Schmirgelpapier, 240er Körnung
- Kugelschreiber
- Schere

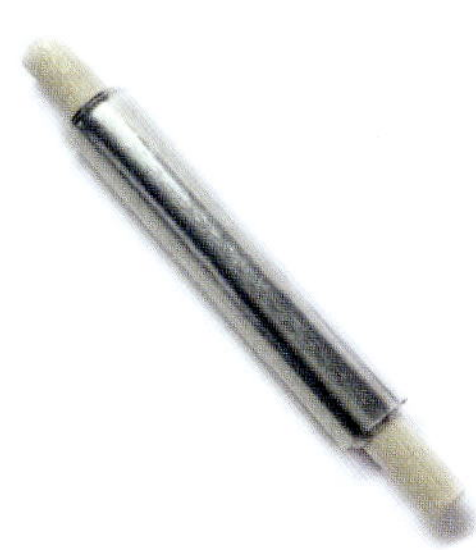

**1** Schneide das Rundholz 5 cm lang zu und schmirgle die Enden glatt.

**2** Schneide einen 3,5 cm breiten und 3 cm langen Bastelalufolienstreifen und klebe eine kurze Kante mittig an das Rundholz. Trocknen lassen. Wickle den Alufolienstreifen fest um das Rundholz, falte das Ende 5 mm um und klebe es an. Schleife die Alufolie an den Seiten etwas ab.

### WEITERES ZUBEHÖR

Die Anleitung für die Tür in der Wichtelkulisse auf Seite 198 findest du auf Seite 36, für die Treppe auf Seite 51, für den Briefkasten auf Seite 54, für das Lebkuchenhaus auf Seite 135, für den Teppich auf Seite 223 und für die Mooskugeln auf Seite 60. Die Schokoküchlein sind Butterkeksstücke, die gestapelt und in flüssige Schokolade getaucht wurden. Tannen und Holzklompen sind Fertigteile. Das Rentier ist ein handgefilztes Unikat (S. 82).

ANSPRUCHSVOLL!

# BACKTAG MIT BACKOFEN

Überall rund um die Outdoorküche ist Mehl verstreut und Zuckerperlen, Zimtsterne und Wichtel-Omas Backbuch liegen herum – ganz klar, Wichtel Nils hat gebacken! In der Wichtel-Weihnachtsbäckerei gibt es eine richtige Küchenzeile mit Waschbecken, Schubladen und Kühlschrank.

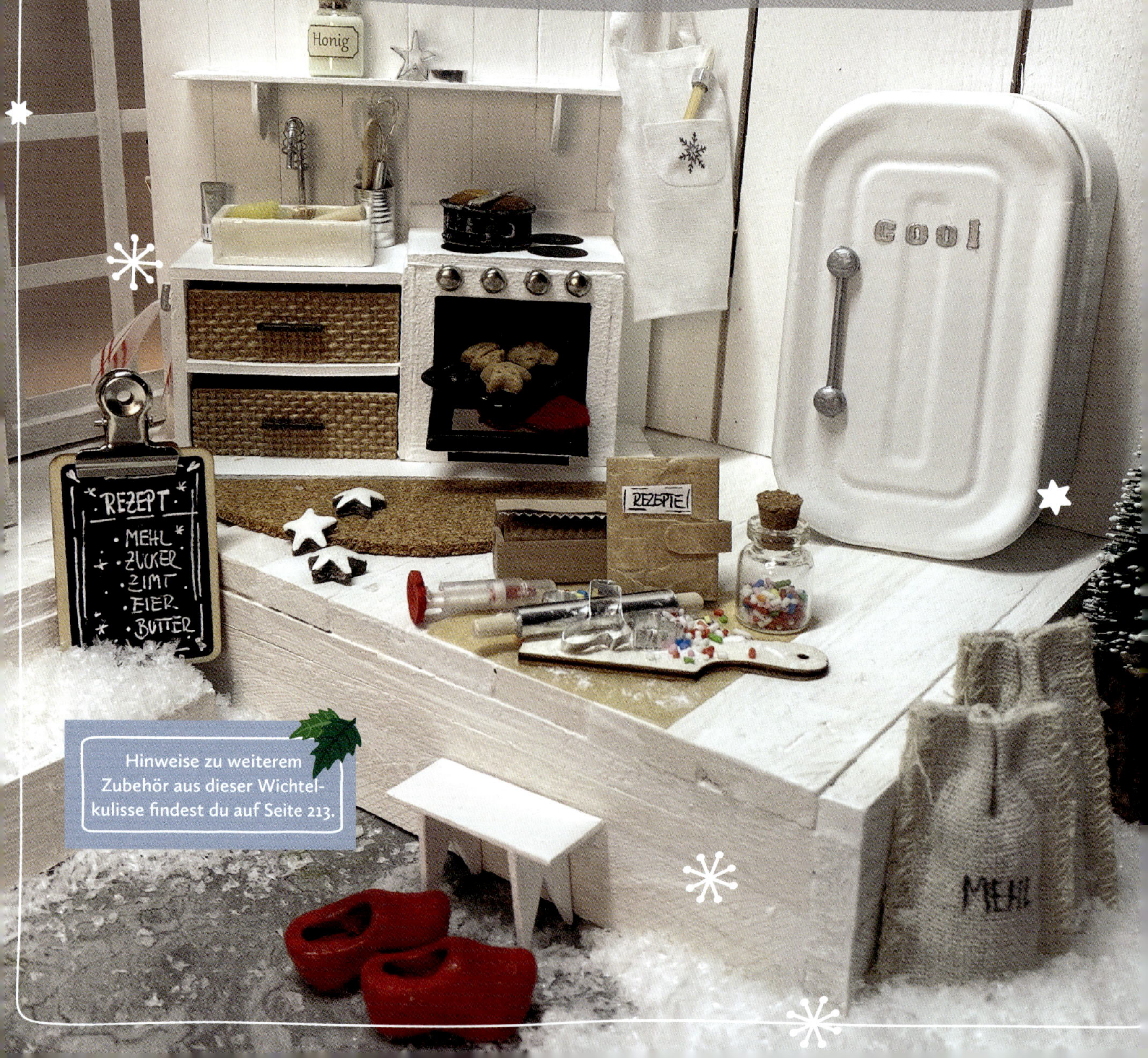


Hinweise zu weiterem Zubehör aus dieser Wichtelkulisse findest du auf Seite 213.

# KÜCHENZEILE MIT BELEUCHTETEM HERD

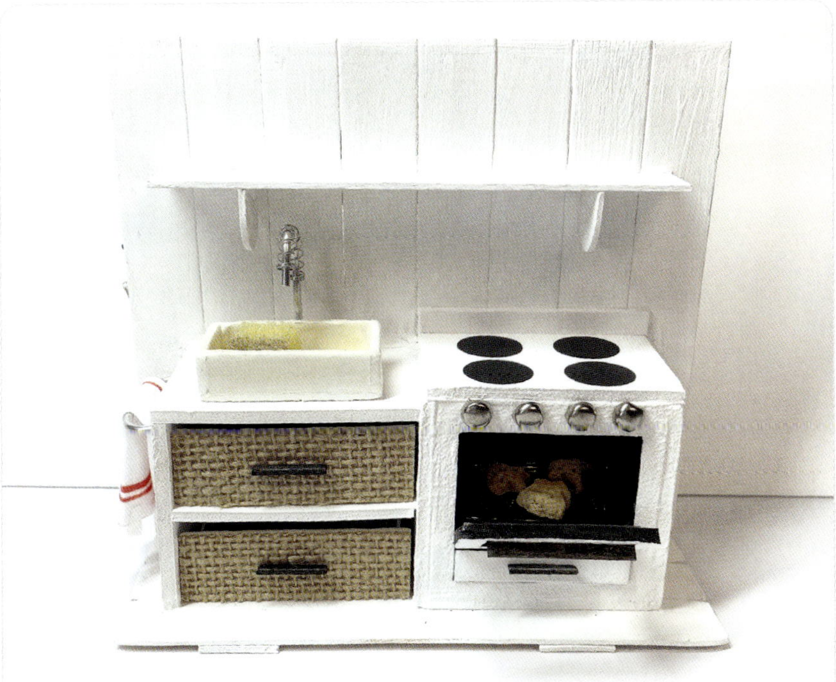

**MATERIAL**
- 2 Holzstäbchen, Gr. K (1,1 cm x 11 cm)
- 2 Holzstäbchen, Gr. S (6 mm x 19 cm)
- 16 Holzstäbchen, Gr. M (1,8 cm x 15 cm)
- Holzstäbchen, Gr. L (2,5 cm x 20 cm)
- 6 Zahnstocher
- Modellkarton, 3 mm stark, A4
- 2 Streichholzschachtelschubladen, 5,3 cm x 3,6 cm x 1,5 cm
- Karton in Schwarz (200 g/m²)
- 4 Musterbeutelklammern in Silber
- 2 Stecknadeln
- Reißzwecke in Silber
- Micro-LED-Drahtlichterkette mit 10 LEDs
- Aludraht, ø 1,5 mm, 10 cm lang
- Kugelschreiberfeder
- 2 Endkappen (Schmuck) in Silber, ø 3 mm, 5 mm hoch
- Perle in Silber, ø 6 mm, ø Loch mind. 1,5 mm
- Jutegewebe in Braun
- Hartfolie in Transparent (z.B. Lichterkettenverpackung), 3,5 cm x 3,5 cm
- Acrylfarbe in Weiß, Schwarz und Silber
- 3D-Lack
- Holzleim
- Heißklebepistole

**HILFSMITTEL**
- Seitenschneider
- Bleistift
- Geodreieck
- Bastelmesser mit Schneideunterlage
- Pinsel
- Schwamm
- Schmirgelpapier, 240er Körnung

**1** Bastle zuerst aus 16 Holzstäbchen Gr. M eine weiße Küchenwand (S. 199). Spare an der Rückwand beim Zusammenleimen der acht Holzstäbchen mit den Querstreben das vierte Holzstäbchen von rechts beim Leimen im unteren Bereich aus, hier läuft später der Lichterkettendraht der Backofenbeleuchtung durch. Klebe das Regalbrett zunächst noch nicht an.

**2** Schneide für den Herd aus Modellkarton folgende Teile zu:
- Rückwand, 5 cm x 5 cm
- Front, 5 cm x 5 cm
- 2 Seitenteile, 5,3 cm x 4 cm
- Boden, 5 cm x 4 cm
- Kochfeld, 5,6 cm x 4 cm
- Innenboden, 5 cm x 3,2 cm

**3** Zeichne auf das Teil für die Front mit Bleistift und Geodreieck zunächst einen Rahmen mit 5 mm Abstand zur Unterkante und den Seitenkanten und 7 mm Abstand zur Oberkante des Teils (Bild unten). Zeichne anschließend eine 4 cm breite und 3 cm hohe Ofenklappe mit einem 3 cm breiten und 2 cm hohen Fensterausschnitt ein. Zeichne die Schubladenblende 4 cm breit und 8 mm hoch. Schneide Ofenklappe, Fenster und Schubladenblende sehr sauber und steil mit dem Bastelmesser aus dem Motivkarton aus; die Teile werden noch benötigt.

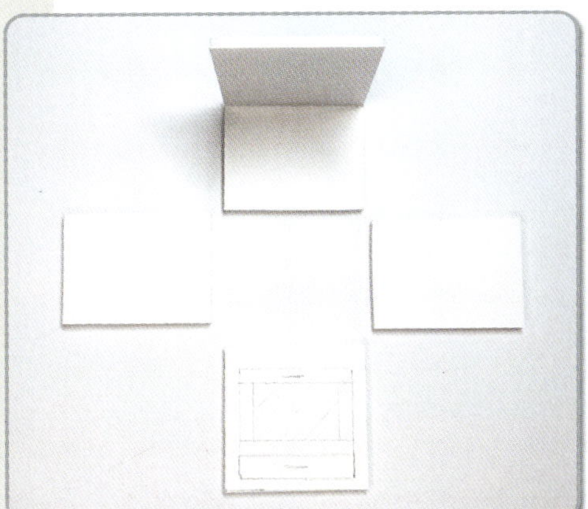

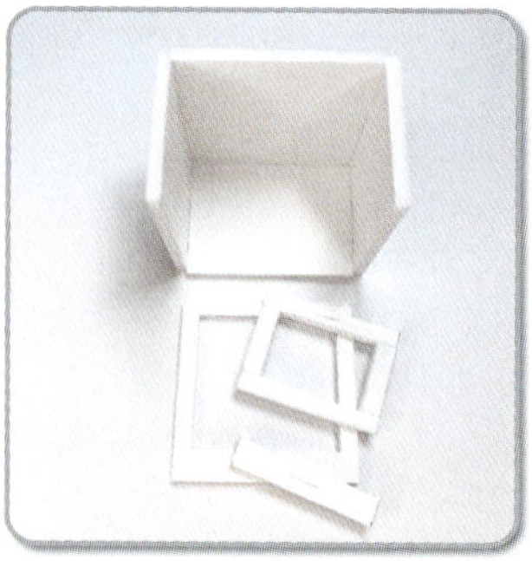

**4** Leime für den Herdkorpus die Seitenteile gegen den Boden und setze die Rückwand zwischen die Seitenteile auf den Boden. Trocknen lassen.

**5** Schiebe die Front mit der Ofenklappe von vorne zwischen die Seitenteile. Setze eine Markierung direkt unter der Klappe auf die Front und die Seitenteile. Entferne die Front und leime den Innenboden oberhalb der Markierung in den Ofen.

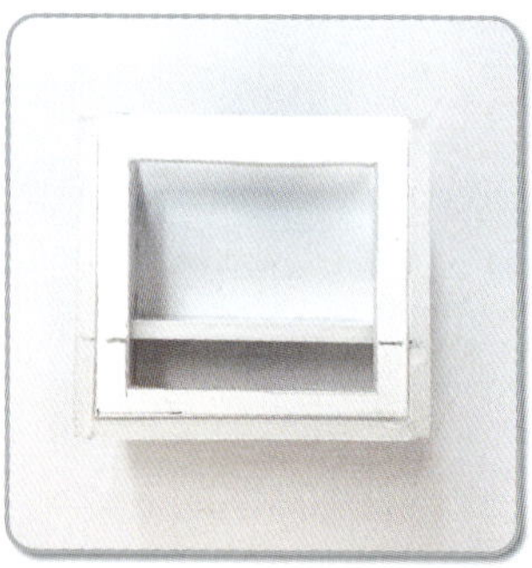

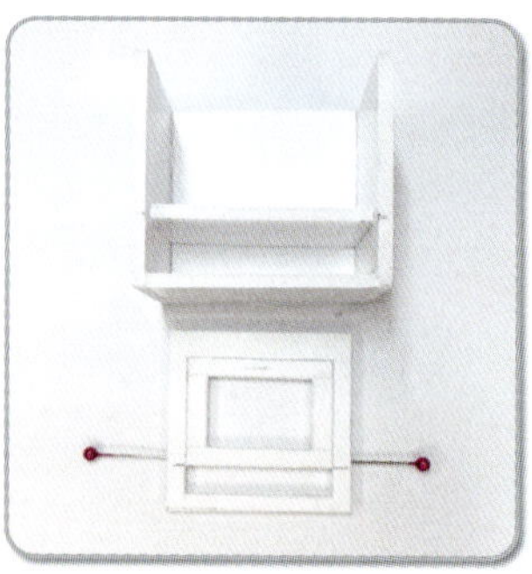

**6** Setze die Ofenklappe in die Front ein. Schiebe 2 mm über der Unterkante der Klappe (Markierung aus Schritt 5) links und rechts eine Stecknadel seitlich durch die Front in die Klappe. Knipse die Nadelköpfe vorsichtig mit dem Seitenschneider ab. Die Klappe lässt sich nun öffnen.

**7** Male den Ofeninnenraum, die Front und die Backofenklappe von innen sowie die Unterseite des Kochfelds schwarz an. Trocknen lassen.

**8** Schneide für die Schublade aus einem Holzstäbchen Gr. L ein 3 cm langes Stück für den Boden zurecht. Schneide aus einem Holzstäbchen Gr. S zwei 2,6 cm lange Stücke für die Seitenteile und ein 3 cm langes Stück für die Rückwand der Ofenschublade. Leime die Holzstäbchenstücke zu einer Schublade zusammen. Klebe zum Schluss die Schubladenblende aus Modellkarton davor. Male die gesamte Schublade und die Schubladenblende innen schwarz an.

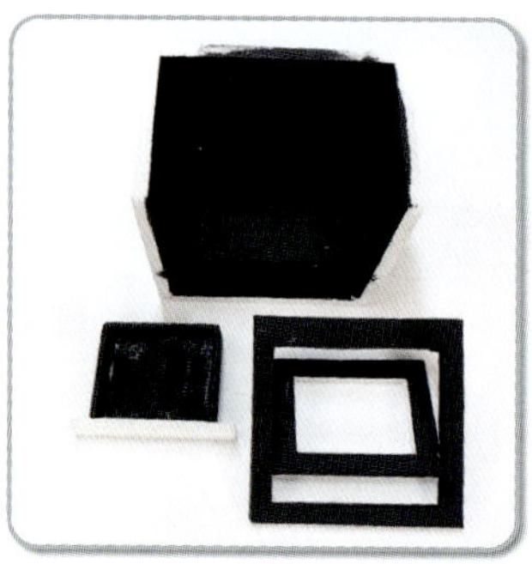

**9** Schneide fünf LEDs der Lichterkette ab. Wickle die restlichen fünf LEDs zu einer engen Schnecke auf und klebe sie mit Heißkleber mittig unter das Kochfeld.

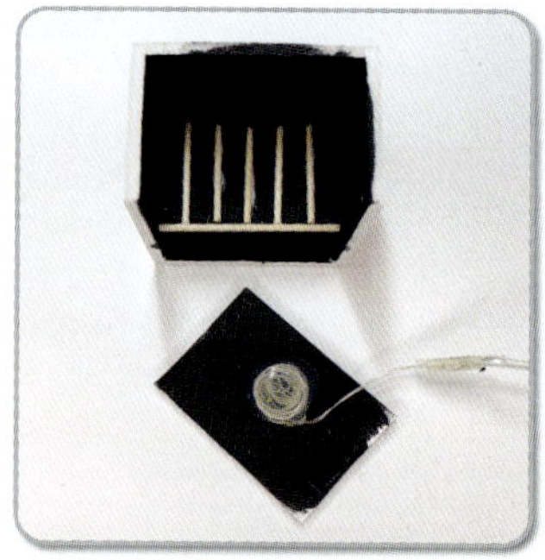

**10** Schneide für den Backofenrost fünf 3 cm lange und ein 5 cm langes Stück aus Zahnstochern zu. Klebe die 3 cm langen Stücke auf den Innenboden des Ofens. Das 5 cm lange Stück klebst du quer davor. Male die Zahnstocher schwarz an. Trocknen lassen. Wische mit dem trockenen Schwamm etwas silberne Farbe darüber.

**11** Schneide ein 3,5 cm x 2,5 cm großes Rechteck aus transparenter Hartfolie und klebe es mit sechs Pünktchen Holzleim hinter den Fensterausschnitt in der Backofenklappe.

**12** Leime die Front in den Korpus und anschließend das Kochfeld auf den Herd. Tupfe mit dem Schwamm weiße Farbe auf den gesamten Herd; achte darauf, dass die Ofentür nicht verklebt, die Schublade kannst du entfernen und separat betupfen. Trocknen lassen.

**13** Führe den Lichterkettendraht im unteren Bereich der Küchenwand durch die Lücke beim vierten Holzstäbchen nach hinten. Setze den Ofen vor die Rückwand, zieh den Draht stramm und klebe das Batteriefach von hinten an die Küchenrückwand. Klebe den Ofen mit Holzleim an Rückwand und Boden.

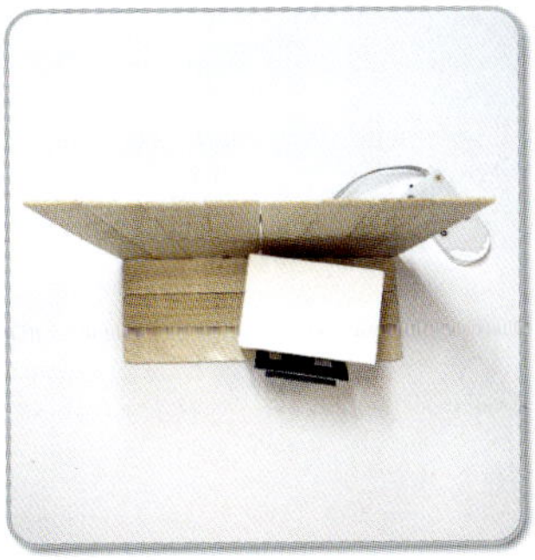

**14** Schneide aus einem Holzstäbchen Gr. S eine 5,6 cm lange Leiste, male sie weiß an und klebe sie über dem Herd an die Küchenwand. Schneide für die Griffe ein 3 cm langes und ein 1,5 cm langes Stück aus einem Holzstäbchen Gr. S, halbiere die Stücke längs, male sie schwarz an und klebe sie an die Ofenklappe und die Schubladenblende.

**15** Schneide für die Herdplatten vier Kreise mit 1,5 cm Durchmesser aus schwarzem Karton und leime sie auf das Kochfeld. Schneide die Köpfe von vier Musterbeutelklammern ab und klebe sie als Regler auf die Front.

**16** Schneide für den Schubladenschrank aus Modellkarton eine 5,8 cm x 4 cm große Arbeitsfläche und zwei 5 cm x 4 cm große Rechtecke als Seitenteil und Einlegeboden. Leime die Arbeitsplatte rechtwinklig auf das Seitenteil. Leime anschließend auf einer Höhe von 2,5 cm den Einlegeboden ein. Trocknen lassen. Streiche den Schrank weiß und leime ihn an Rückwand und Ofen. Leime nun auch das Regalbrett (Schritt 1) an die Rückwand der Küchenzeile.

**17** Schneide für den Handtuchhalter ein 5 cm langes Stück Aludraht, biege es an den Enden etwas um und leime es links am Schubladenschrank an.

**18** Schneide für den Wasserhahn ein 5 cm langes Stück Aludraht und biege es in die entsprechende Form. Schiebe die Kugelschreiberfeder über die Rundung. Klebe den Wasserhahn mit Holzleim in die kleine Perle. Anschließend klebst du den Wasserhahn im hinteren Bereich der Arbeitsplatte an und als Regler die Endkappen links und rechts daneben.

**19** Schneide für die Schubladen zwei 5,4 cm lange Stücke aus einem Holzstäbchen Gr. M zurecht. Klebe die Teile jeweils als Blende an die lange Kante der beiden Innenkartons der Streichholzschachteln. Schneide zwei Stücke Jutegewebe etwas größer als die Blenden zu. Streiche die Holzstäbchen mit Holzleim ein und klebe die Jutegewebestücke darauf. Trocknen lassen. Schneide das Jutegewebe an den Rändern der Blenden bündig ab. Schneide aus einem Holzstäbchen Gr. S ein 2,5 cm langes Stück und halbiere es. Male die beiden Teile schwarz an und klebe sie waagerecht als Griffe auf die Schubladenblenden.

**20** Schneide für das Spülbecken aus einem Holzstäbchen Gr. L ein 4 cm langes Stück für den Boden und jeweils zwei 3,6 cm und 2,3 cm lange Stücke aus einem Holzstäbchen Gr. K. Leime die vier Teile zu einem Rahmen zusammen. Trocknen lassen. Leime den Rahmen auf den Spülbeckenboden. Schleife das Spülbecken mit Schmirgelpapier. Male das Becken weiß an. Trocknen lassen. Bestreiche das Spülbecken nach Wunsch mit 3D-Lack. Drücke die Reißzwecke als Abflussdeckel ein. Klebe das Spülbecken zum Schluss vor den Wasserhahn.

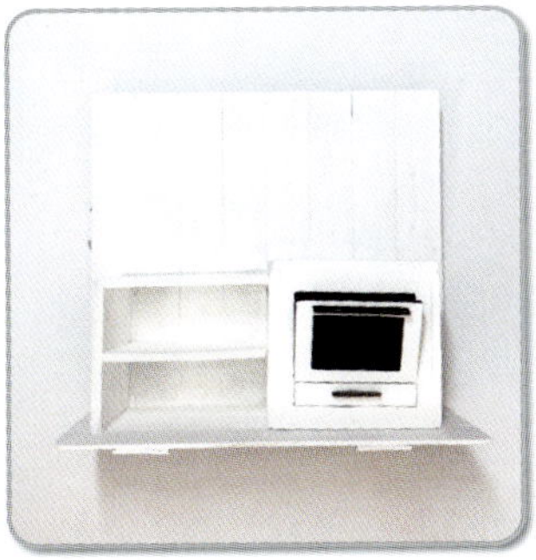

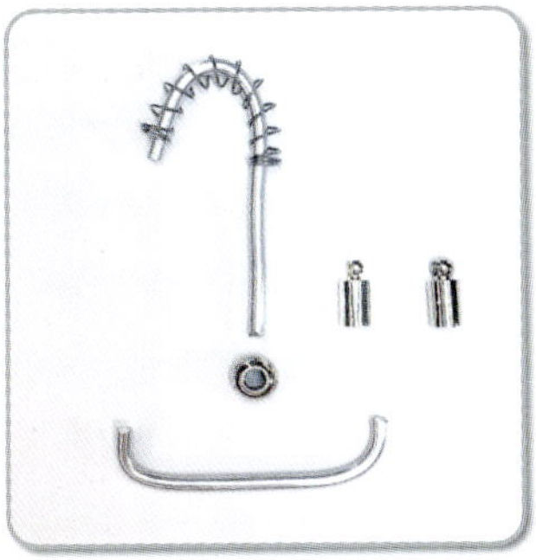

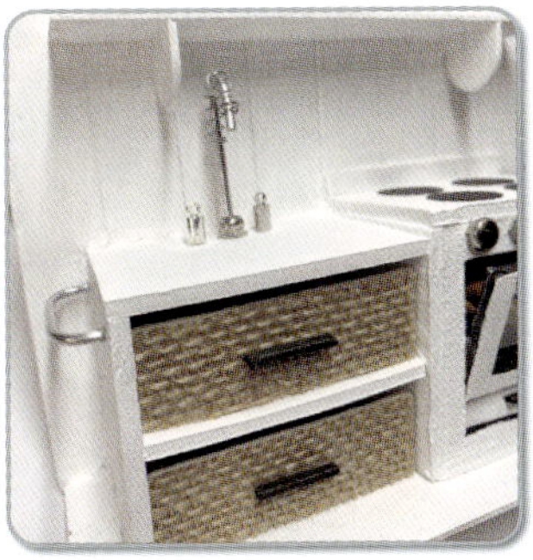

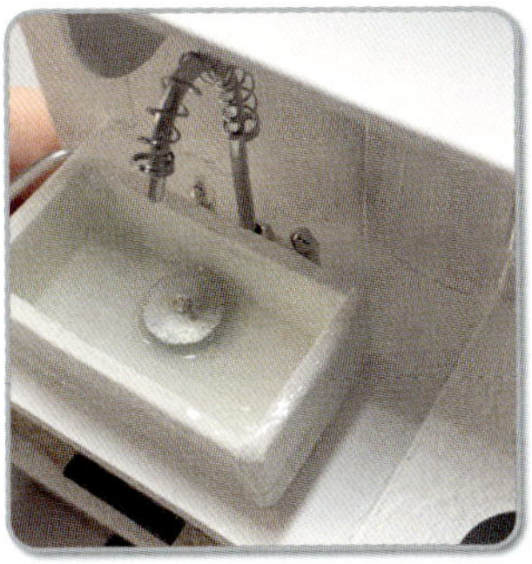

## BACKHANDSCHUH

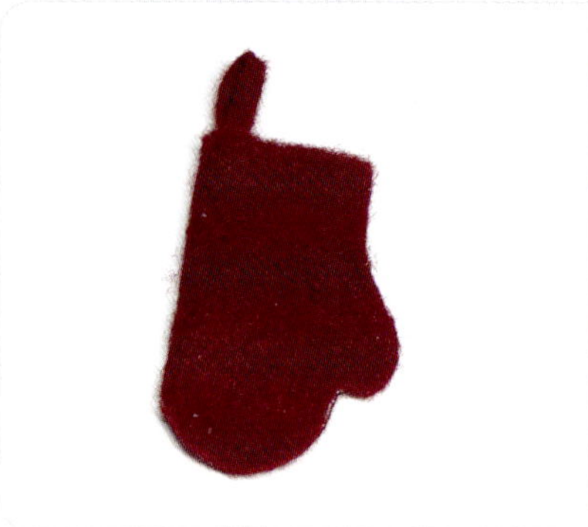

### VORLAGE

Backhandschuh (S. 31)

### MATERIAL

- Bastelfilz in Rot
- Heißklebepistole

### HILFSMITTEL

- Schere

**1** Schneide den Backhandschuh mithilfe der Vorlage im Stoffbruch aus Filz zu. Klebe die Vorder- und Seitenkanten mit wenig Heißkleber zusammen.

**2** Schneide einen dünnen Filzstreifen zu und klebe ihn als Aufhänger an.

## SCHÜRZE

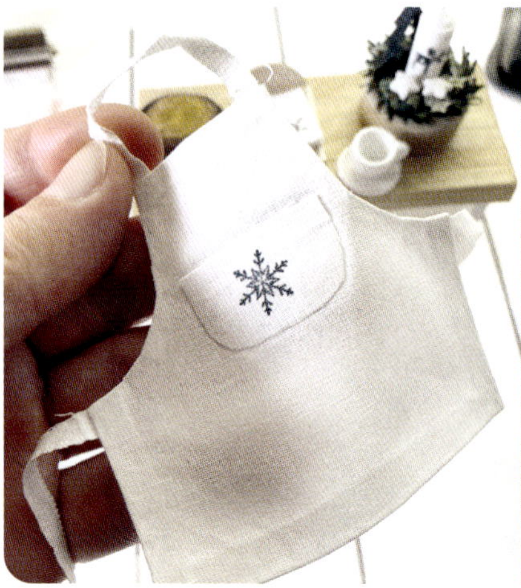

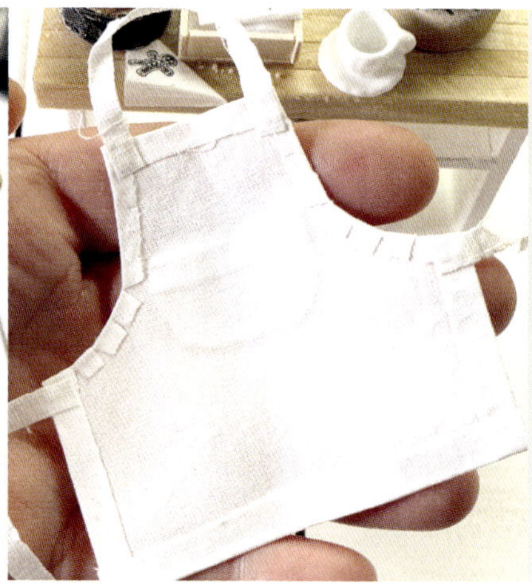

### VORLAGE

Schürze (S. 31)

### MATERIAL

- Baumwollstoff in Weiß
- Stempel mit Eiskristall-Motiv und Stempelkissen in Schwarz
- Holzleim

### HILFSMITTEL

- Schere
- Bleistift

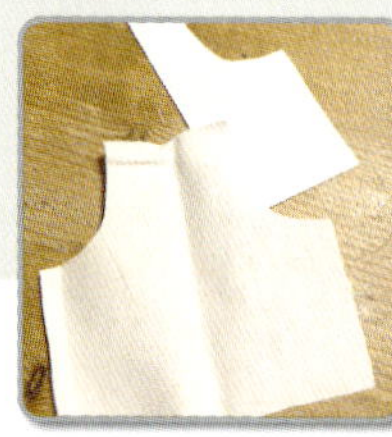

**1** Übertrage die Schürzenteile mithilfe der Vorlage auf den Baumwollstoff und schneide einmal das Schürzenteil im Stoffbruch, einmal die Tasche und dreimal das Bindeband zu.

**2** Knipse den Stoff an den Armrundungen gleichmäßig ein, klappe die Klebezugabe nach innen und klebe sie mit Holzleim fest. Schlage die restlichen Klebeflächen an Schürzenteil und Tasche auf links um und klebe sie fest.

**3** Stemple das Eiskristall-Motiv auf die Tasche und klebe die Tasche auf. Klebe zum Schluss ein Bindeband an die Oberkante des Schürzenteils und die beiden anderen an den Seiten fest.

**TIPP**

Bestreiche vor dem Zuschneiden der Bindebänder ein Stück Baumwollstoff in der passenden Größe mit Holzleim. Trocknen lassen und anschließend die drei Bänder zuschneiden. So franst der Stoff nicht aus.

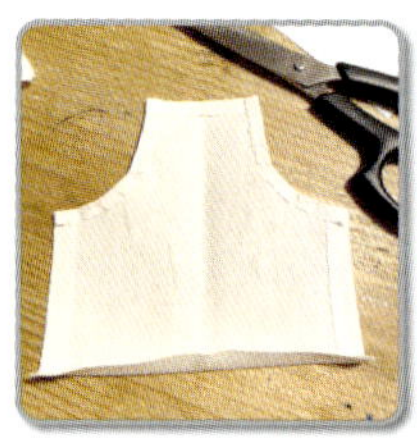

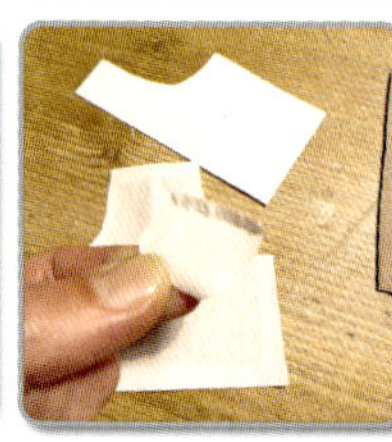

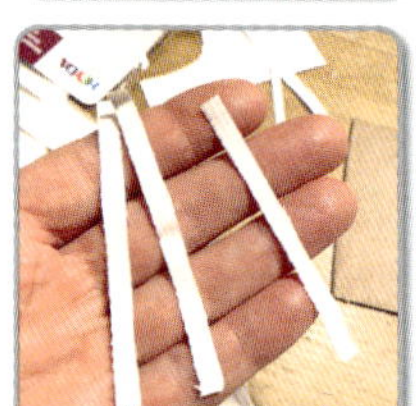

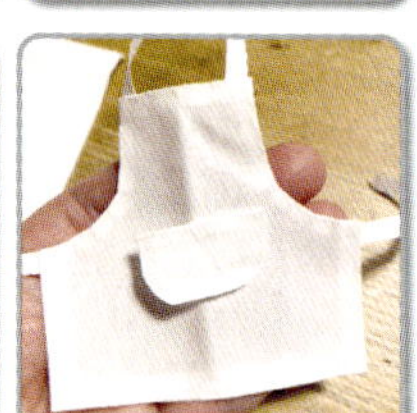

## SCHWAMM

**MATERIAL**
- Haushaltsschwamm

**HILFSMITTEL**
- Schere

Schneide aus dem Haushaltsschwamm ein 1 cm langes Stück heraus und kürze die beiden anderen Kanten entsprechend, um die Höhe zu reduzieren.

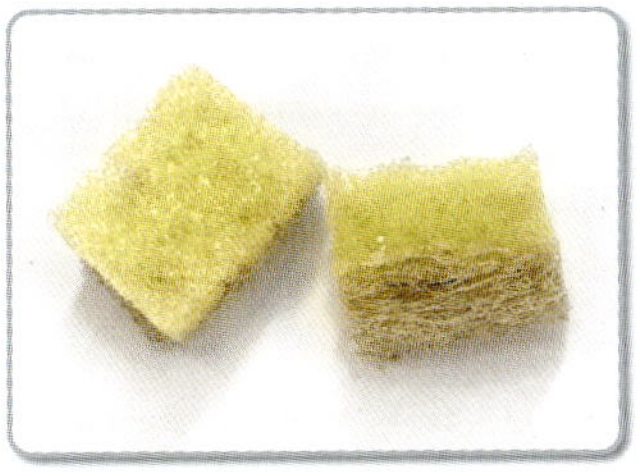

## SPRINGFORM

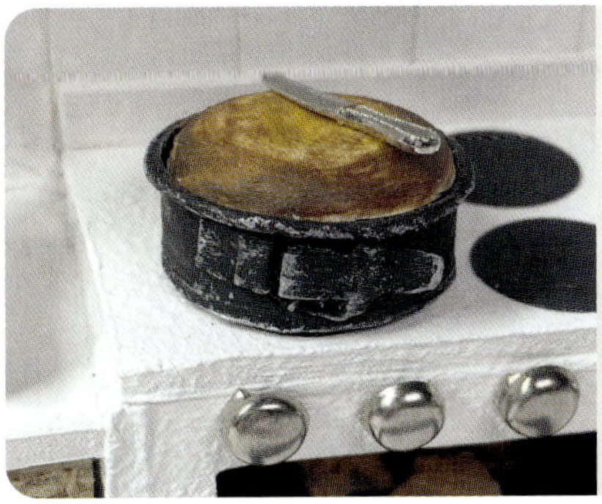

**MATERIAL**
- Aluteelichthülle
- lufttrocknende Modelliermasse
- Silberdraht, ø 0,25 mm
- Papierdraht, ø 1 mm
- Acrylfarbe in Schwarz, Silber, Braun und Ocker
- Kraftkleber

**HILFSMITTEL**
- Schere
- Spitzzange
- Pinsel
- Schwamm

**1** Schneide aus der Aluteelichthülle den Boden heraus. Verkleinere den Boden auf 2,5 cm Durchmesser. Schneide aus der restlichen Teelichthülle einen 1 cm breiten Streifen und klebe ihn überlappend mit Kraftkleber als Springformrand auf den Teelichtboden. Schneide ein passendes Stück Papierdraht zurecht und klebe es auf den oberen Springformrand.

**2** Schneide zwei 5 mm breite und 1,5 cm lange Stücke aus der restlichen Teelichthülle. Lege das eine Stück doppelt. Schneide ein 1 cm langes Stück Silberdraht zurecht, biege es zur Schlaufe und lege die Schlaufe in das doppelt gelegte Alustück. Biege die Drahtschlaufe so, dass die Enden zwischen dem Alustück liegen. Forme den Draht mit der Spitzzange zu einer Spange. Klebe das Teil seitlich an den Springformrand. Achte darauf, dass die Drahtspange beweglich bleibt und nicht angeklebt wird.

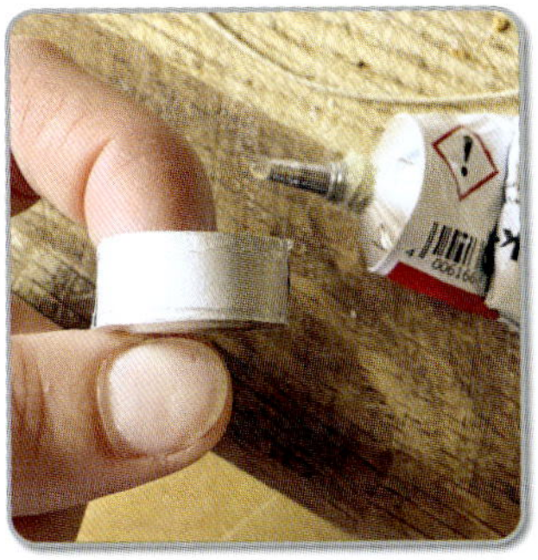

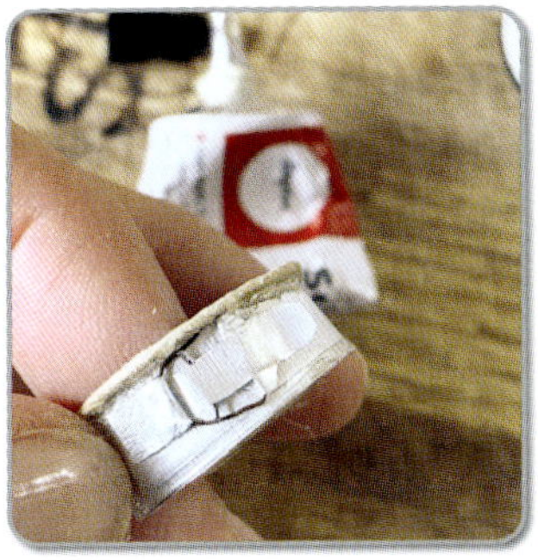

**3** Klappe das zweite Alustück an einer kurzen Kante wenige Millimeter um, hänge es mit dem Umschlag in die Drahtspange ein und klebe das Alustück am Springformrand fest. Du kannst die Lasche am vorderen Ende rund schneiden.

**4** Male die Springform schwarz an. Trocknen lassen. Wische für einen Used-Look mit silberner Farbe über alle Kanten.

**5** Forme aus Modelliermasse eine Füllung für die Springform und male sie mit Acrylfarbe in Braun und Ocker an.

# KÜCHENUTENSILIEN

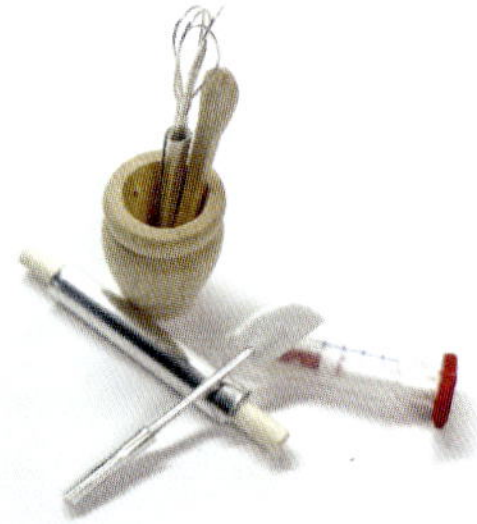

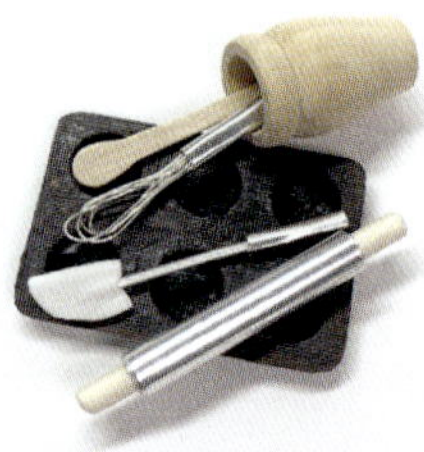

### MATERIAL

- Holzstäbchen, Gr. S (6 mm x 19 cm)
- Moosgummi in Weiß
- Silberdraht, ø 0,25 mm
- Aludraht, ø 1,5 mm
- Bastelalufolie
- Kraftkleber
- Holzleim

### HILFSMITTEL

- Blechschere
- Bleistift
- Bastelmesser mit Schneideunterlage
- Schmirgelpapier, 240er Körnung
- Schere

**TIPP**

Die Anleitung für das Nudelholz findest du auf Seite 201 und für die Muffinform auf Seite 200.

**1** Schneide für den Kochlöffel ein 3,5 cm langes Stück aus dem Holzstäbchen Gr. S zu und zeichne die gewünschte Löffelform auf. Schneide den Kochlöffel grob mit der Blechschere aus. Schnitze anschließend den Kochlöffel mit dem Schneidemesser zurecht. Schleife den Kochlöffel zum Schluss mit Schmirgelpapier in Form.

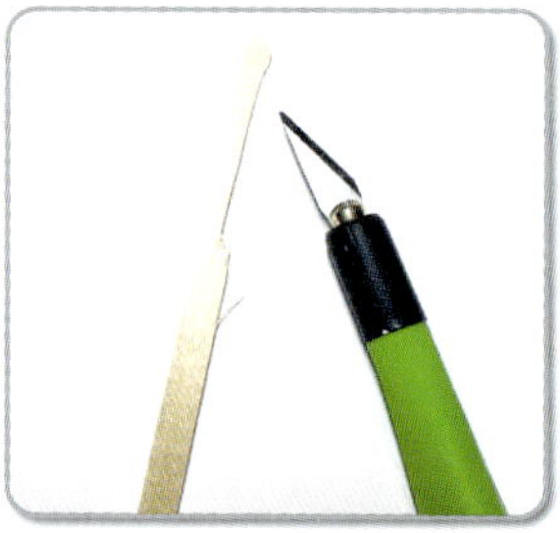

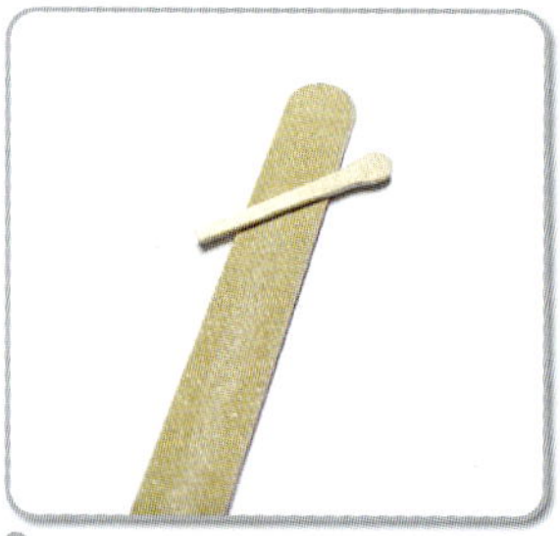

**2** Wickle für den Schneebesen den Silberdraht locker drei- bis viermal um einen Finger. Fasse die Drahtschlaufen an einem Ende zusammen. Schneide einen 2,5 cm breiten und ca. 2,5 cm langen Streifen aus Bastelalufolie zurecht. Gib etwas Kraftkleber darauf und wickle den Streifen stramm als Griff um die zusammengefassten Drahtschlaufen. Wenn die gewünschte Griffstärke erreicht ist, klappst du das Ende des Alustreifens 5 mm nach innen um und verklebst es.

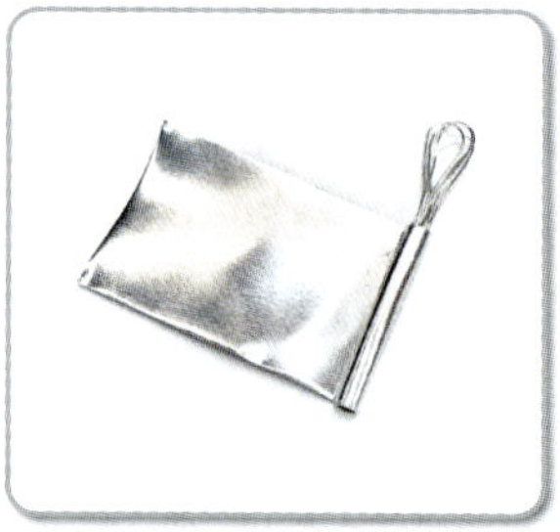

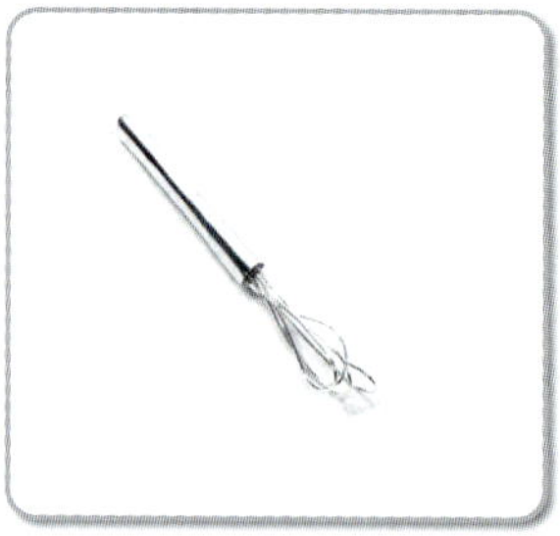

**3** Schneide für den Teigschaber ein 4 cm langes Stück Aludraht zu. Schneide ein 1,5 cm breites und ca. 2,5 cm langes Stück Bastelalufolie und wickle es als Griff wie in Schritt 2 beschrieben um den Draht. Für die Fläche des Schabers schneidest du ein Stück Moosgummi in gewünschter Form zurecht und stichst mit der Klinge des Bastelmessers von unten in das Schaberteil. Gib etwas Holzleim auf die Aludrahtspitze und schiebe sie in den Schlitz. Trocknen lassen.

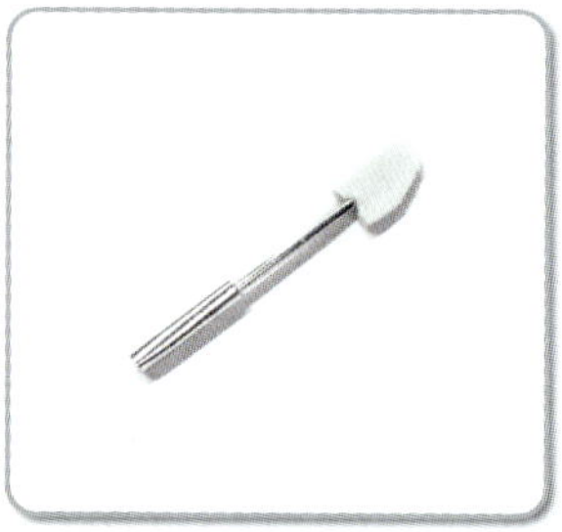

## WICHTEL-OMAS BACKBUCH

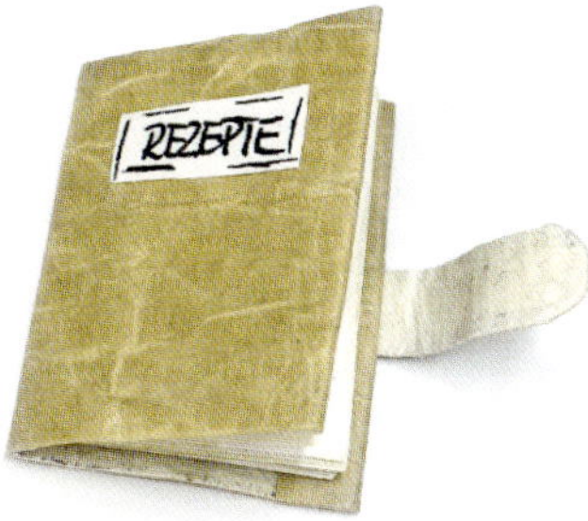


### MATERIAL
- Milchkarton
- Kopierpapier in Weiß
- Fineliner in Schwarz
- Filterkaffee (optional)
- Kraftkleber

### HILFSMITTEL
- Schere
- Bleistift
- Geodreieck

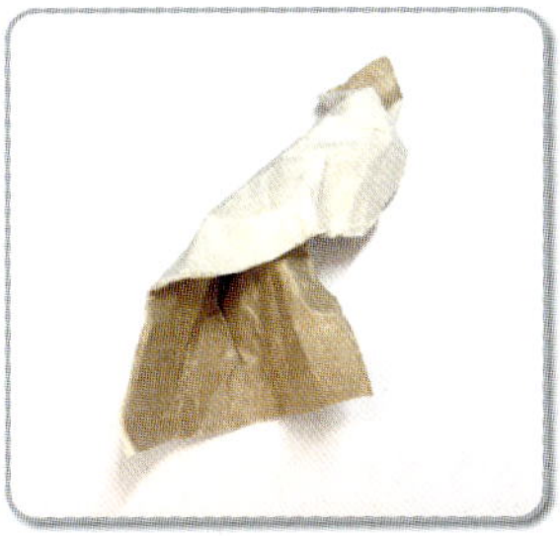

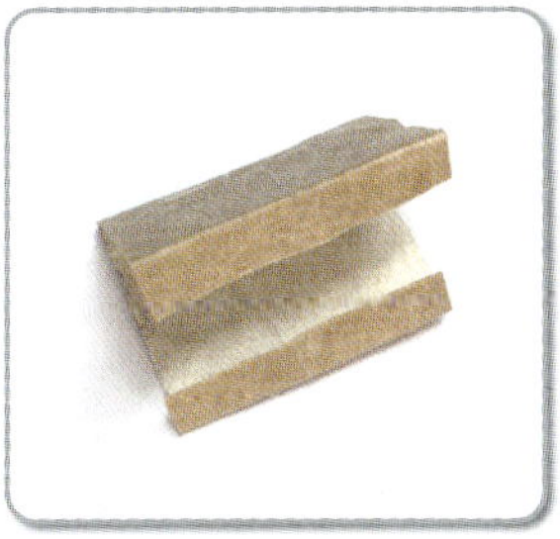

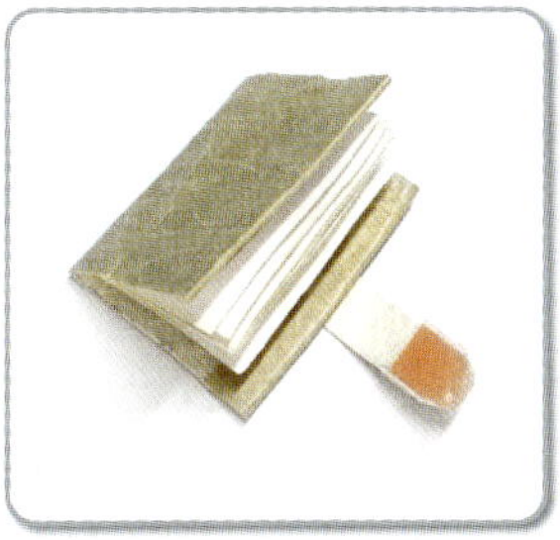

**1** Knete den Milchkarton, sodass sich die obere bedruckte Schicht abziehen lässt. Schneide für den Umschlag des Buchs aus dem Karton einen 6 cm x 3 cm großen Streifen, lege die kurzen Kanten 5 mm nach innen um und klebe sie fest.

**2** Schneide mehrere 5 cm x 3 cm große Rechtecke aus dem weißen Kopierpapier zu. Falte sie mittig und verklebe sie nur in der Mitte miteinander. Klebe den Seitenstapel in den Umschlag.

**3** Schneide einen 5 mm breiten und 1 cm langen Kartonstreifen zurecht, runde ein Ende ab und klebe den Streifen als Verschluss auf den rückwärtigen Umschlag des Buchs.

**4** Schneide aus Papier einen Aufkleber für das Buchcover, beschrifte ihn mit Fineliner und klebe ihn auf. Betupfe die Seiten des Buchs nach Wunsch mit etwas Filterkaffee, um sie vergilbt aussehen zu lassen.

## BACKPAPIER

**1** Schneide für die Schachtel ein 6 cm x 4,5 cm großes Stück Karton zurecht. Leg den Karton mit der Breite von 6 cm auf die Arbeitsfläche. Falze mithilfe des Geodreiecks parallel zur Unterkante Linien im Abstand von 5 mm und dann viermal 1 cm. Zeichne in Reihe 2 zusätzlich an den 1 cm hohen Streifen rechts und links ein 1 cm großes Quadrat an.

**2** Schneide die Schachtel aus und falte alle gefalzten Linien. Leime den Karton zusammen (fertige Breite ist 4 cm). Schneide ein 4 cm langes Stück Abreißkante zurecht und klebe es unter die vordere Kante.

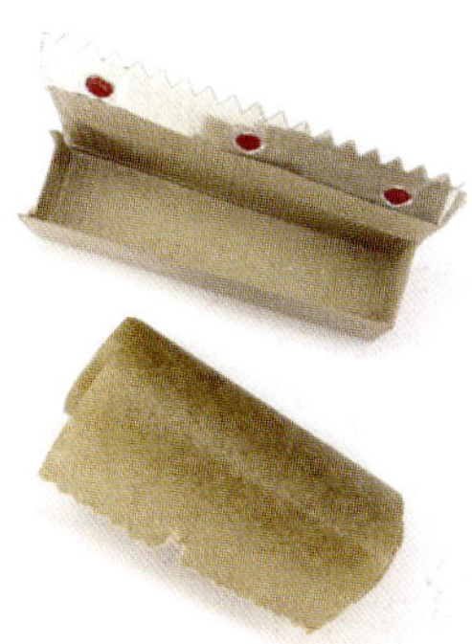

### MATERIAL
- Karton (200 g/m²)
- Metall-Abreißkante einer Backpapierverpackung
- Backpapier

### HILFSMITTEL
- Schere
- Geodreieck
- Bleistift

**3** Für die Backpapierrolle schneidest du einen knapp 4 cm breiten Streifen in der gewünschten Länge zu. Rolle den Streifen zusammen und lege ihn in die Schachtel.

## KEKSAUSSTECHER

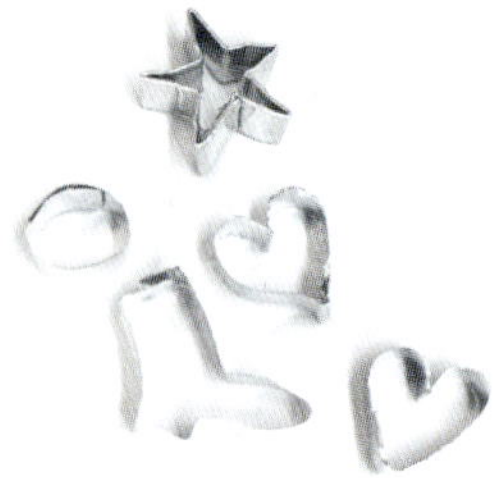

### VORLAGE
Keksausstecher (S. 31)

### MATERIAL
- Bastelalufolie in Silber
- Kraftkleber

### HILFSMITTEL
- Schere
- Stecknadeln
- Moosgummi- oder Korkplatte
- Holzstäbchen, Gr. S (6 mm x 19 cm)
- Spitzzange

**1** Drucke die Vorlage und schneide Herz, Stern und Stiefel aus. Fixiere die Vorlagen an allen Eckpunkten mit Stecknadeln auf Moosgummi oder der Korkplatte. Stich an Rundungen mehrere Nadeln in die Vorlage.

**2** Schneide 5 mm breite Streifen aus Bastelalufolie zu. Falte den Streifen an einer kurzen Kante 5 mm um und hänge das Ende in eine Stecknadel über der Vorlage ein. Führe den Alustreifen nun an den Stecknadeln vorbei und bring ihn damit in die entsprechende Form. Achte darauf, dass der Alustreifen beim Stern an den äußeren Stecknadeln außen, an den inneren Stecknadeln innen vorbeiläuft. Hebe innen die Stecknadel kurz an, führe die Folie daran vorbei und stich die Nadel wieder in die Unterlage. Du kannst zum Führen der Folie ein Holzstäbchen zu Hilfe nehmen.

**3** Schneide den Folienstreifen zum Schluss passend ab, gib einen Tropfen Kraftkleber auf das Ende und klebe es am Anfang fest. Stich zwei Nadeln direkt neben der Klebestelle in die Unterlage und lass den Kleber über Nacht trocknen. Nimm die Backformen erst dann von der Unterlage. Zum Schluss kannst du die Formen mit der Spitzzange noch etwas in Form biegen.

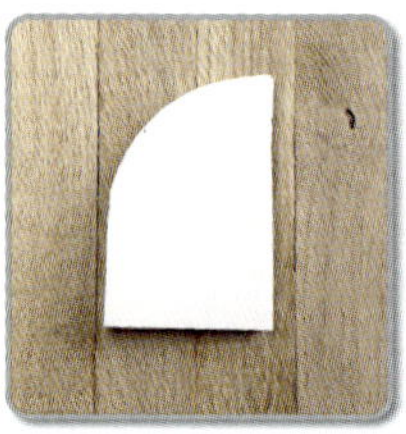

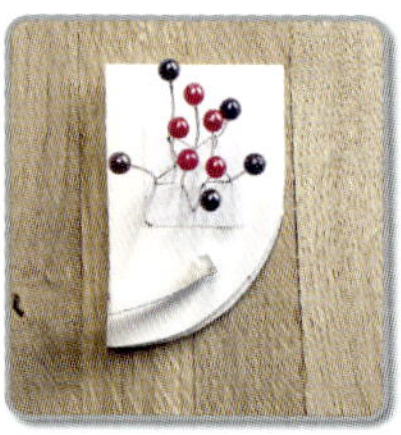

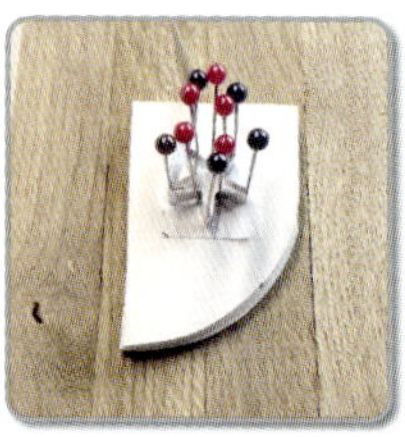

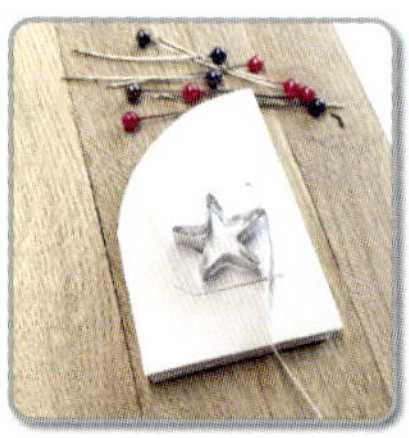

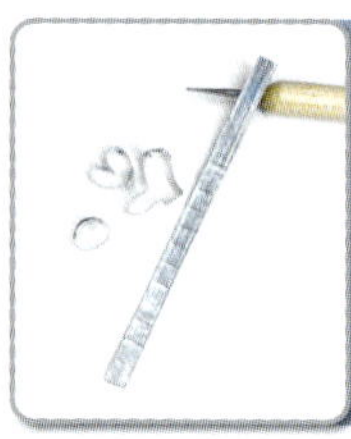

**TIPP**
Alternativ kannst du die Backformen mit der Spitzzange auch frei zurechtbiegen.

## TORTENSPRITZE

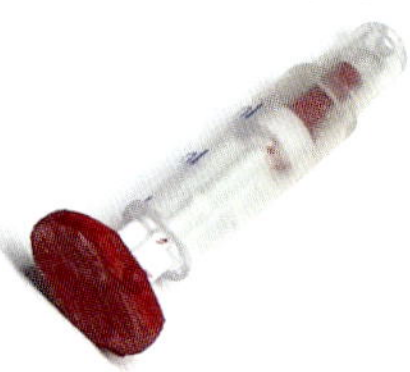

### MATERIAL
- Medikamentenspritze, ø ca. 4 mm
- Acrylfarbe in Rot
- Kraftkleber

### HILFSMITTEL
- Bastelmesser mit Schneideunterlage
- Schmirgelpapier, 240er Körnung
- Pinsel

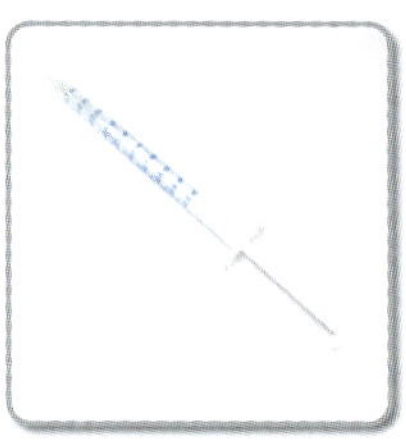

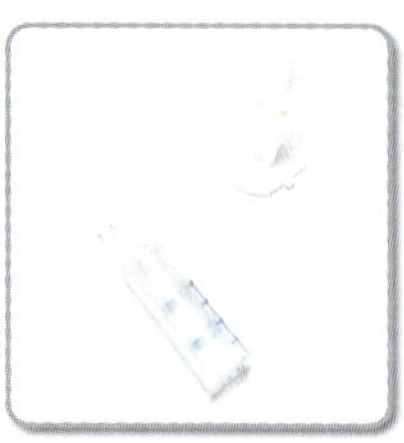

**1** Schneide mit dem Bastelmesser das Röhrchen der Spritze am vorderen Ende und den Schieber am hinteren Ende jeweils 3 cm lang ab. Schleife die Schnittkanten glatt. Schneide den Knopf des Schiebers ab, schleife ihn glatt und klebe ihn mit Kraftkleber an das gekürzte Schieberteil.

**2** Male den Knopf und die Schieberspitze rot an. Trocknen lassen. Schiebe die Teile zum Schluss zusammen.

# KÜHLSCHRANK

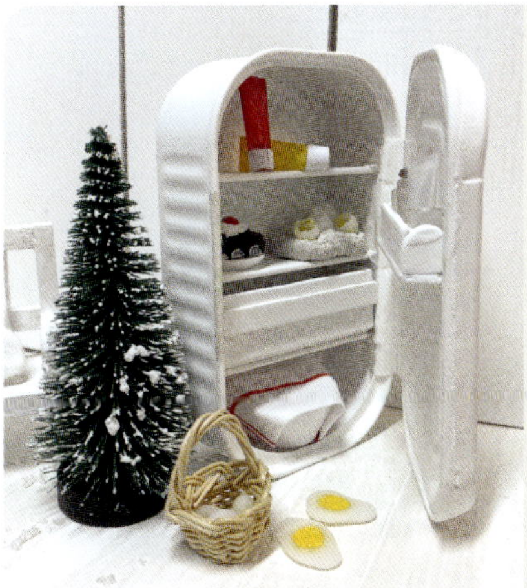

## MATERIAL

- 2 Holzstäbchen, Gr. K (1,1 cm x 11 mm)
- Holzstäbchen, Gr. S (6 mm x 19 cm)
- 5 Holzstäbchen, Gr. M (1,8 cm x 15 cm)
- Zahnstocher
- 3 Fischdosen ohne Deckel, ca. 6 cm x 11 cm
- 2 abgeflachte Buchstabenperlen, ø 5 mm
- Klebepflaster in Weiß (Rolle)
- Klebebuchstaben in Silber
- Acrylfarbe in Silber
- Sprühfarbe in Weiß
- Holzleim
- Kraftkleber

## HILFSMITTEL

- spitze kurze Schere
- Blechschere
- Geodreieck
- Bleistift
- Schmirgelpapier, 240er Körnung

Das Weidenkörbchen, die Torte und die Hefeteigschüssel sind Fertigteile. Die Eier sind aus ofenhärtender Modelliermasse, die Eierpappe ist aus Pappmaché selbstgemacht.

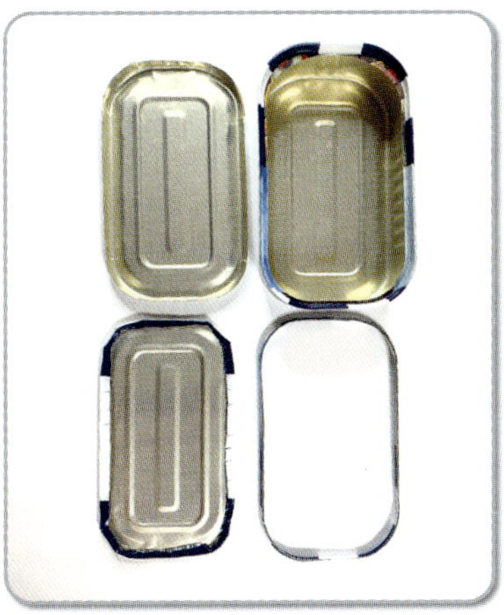

**1** Schneide für die Kühlschranktür mit einer Schere aus zwei Fischdosen jeweils den Boden mit 5 mm des Randes aus. Schneide aus einer der beiden verbleibenden Dosen den Rahmen sauber heraus. Schneide bei dem ersten Dosenboden den Rand rundum alle 5 mm ein und klappe ihn sauber nach innen. Bei dem zweiten Dosenboden schneidest du den Rand nur vor und nach den Rundungen in einem Abstand von 2,5 cm 5 mm tief ein.

**2** Lege den ersten Dosenboden mit der (beschrifteten) Außenseite nach oben auf die Arbeitsfläche. Streiche den Rahmen mit Kraftkleber ein und drücke ihn mit der Schnittkante voran über den Dosenboden. Der Rahmen rastet ein. Trocknen lassen. Wende die Tür und klebe den nur an den Rundungen eingeschnittenen, zweiten Dosenboden von der anderen Seite dagegen.

**3** Die dritte Dose wird der Kühlschrankkorpus. Schneide für die Fachböden aus dem Holzstäbchen Gr. M drei ca. 6 cm lange Stücke und klebe sie mit Kraftkleber in den Korpus. Achte dabei darauf, dass oben das Türfach später in den Kühlschrank schlägt.

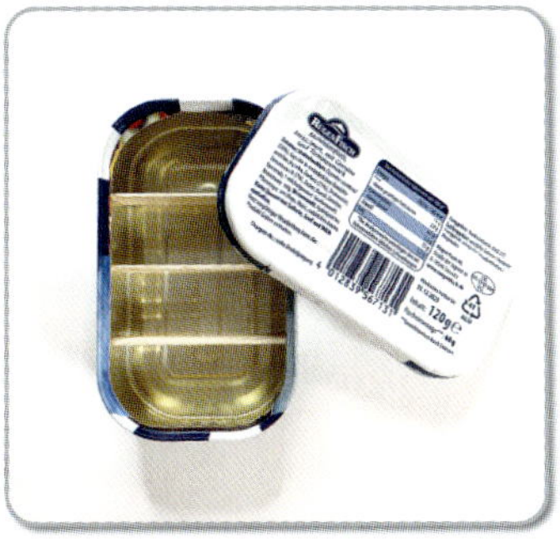

4 Schneide für das Türfach aus Holzstäbchen Gr. K einen 4,5 cm langen Boden und eine 3,9 cm lange Front sowie zwei Rundungen mit 1 cm Länge für die Seitenteile zu. Leime die Teile zu einem hinten offenen Fach zusammen.

5 Schneide für die Schublade aus Holzstäbchen Gr. M drei 5,5 cm lange Stücke für Boden, Rückwand und Front und zwei 1,5 cm lange Seitenteile zu. Klebe die Teile mit Holzleim zu einer Schublade zusammen. Schneide aus einem Holzstäbchen Gr. S ein 5,5 cm langes Stück und klebe es vorn als Griff an.

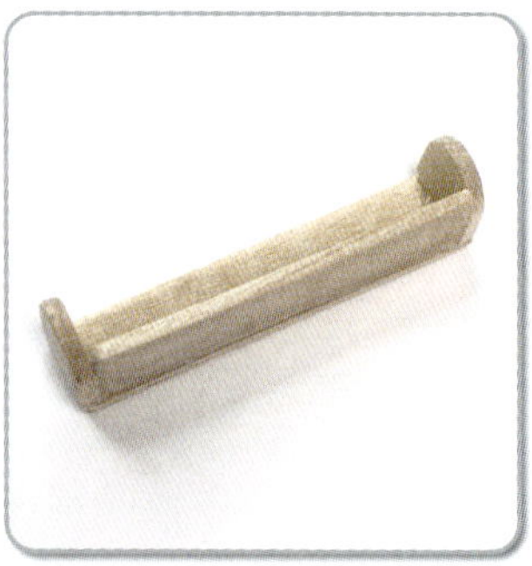

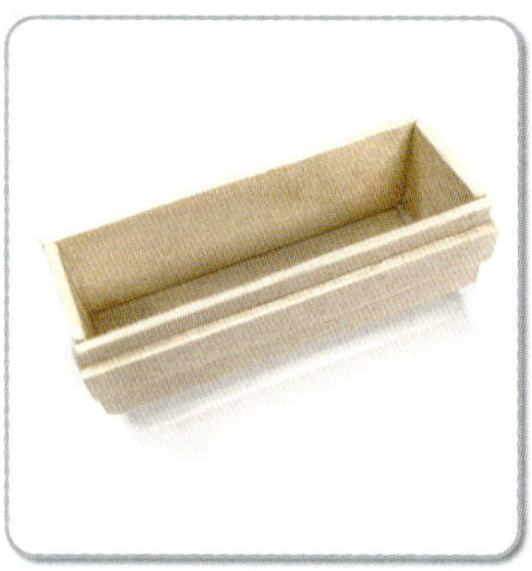

6 Schleife alle scharfen Dosenkanten mit Schmirgelpapier. Sprühe alle Kühlschrankteile mehrfach weiß. Trocknen lassen.

7 Befestige die Tür innen mit einem 7 cm langen Klebepflasterstreifen am Kühlschrankkorpus. Schneide den Pflasterstreifen an den Stellen, wo er auf die Fachböden trifft, ein und klappe den Einschnitt um. Klebe auch von außen einen 7 cm langen Pflasterstreifen an.

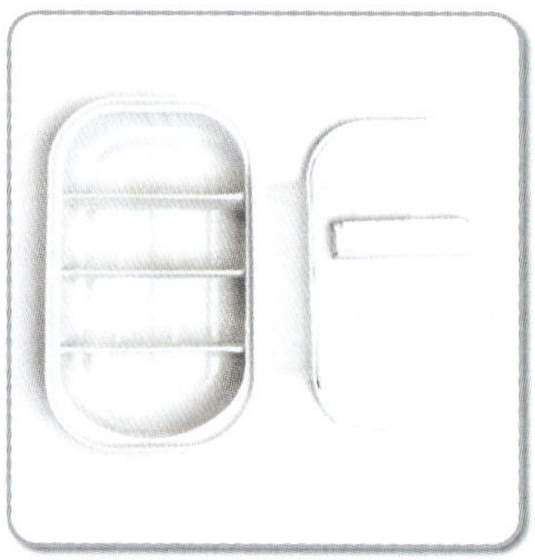

8 Schneide für den Griff ein 3,5 cm langes Stück Zahnstocher zurecht und klebe die Buchstabenperlen mit Holzleim auf die Enden. Bemale den Griff silberfarben. Trocknen lassen. Leime den Griff auf die Kühlschranktür. Zum Schluss klebst du die Buchstaben auf.

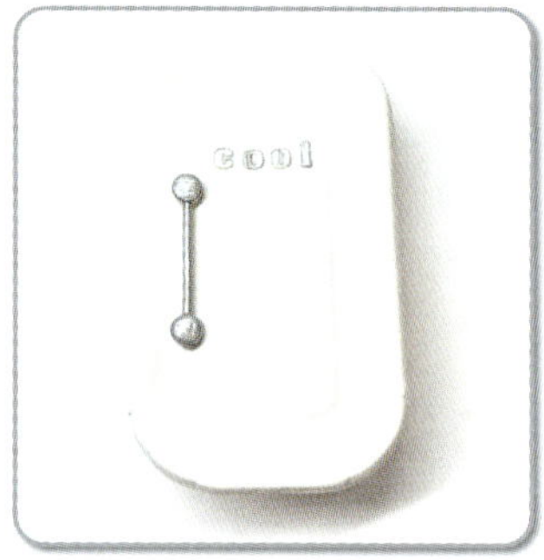

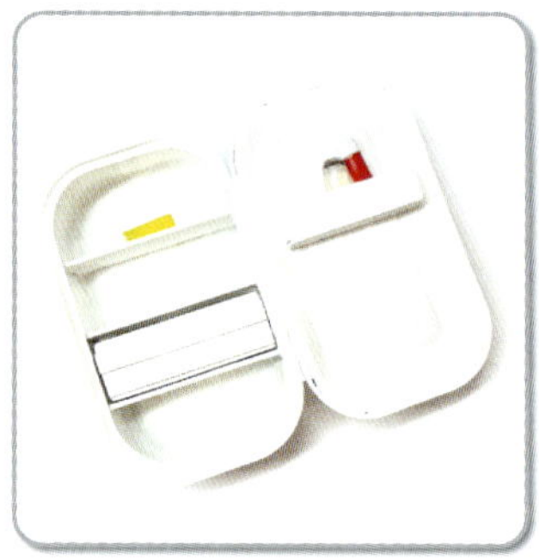

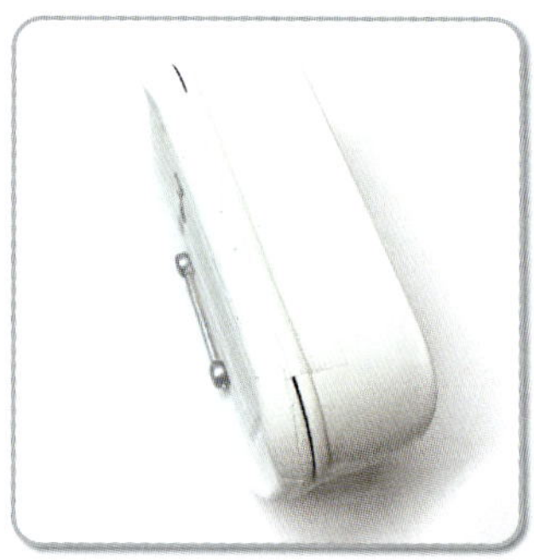

## GESCHIRRTUCH

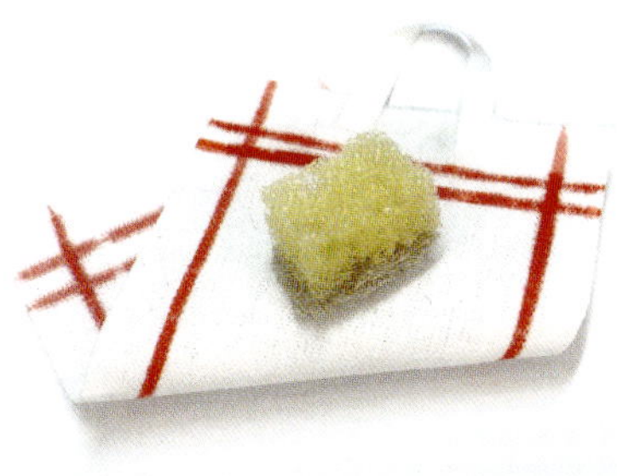

**MATERIAL**
- Baumwollstoff oder altes Oberhemd in Weiß
- Fineliner in Rot
- Holzleim

**HILFSMITTEL**
- Schere
- Geodreieck
- Bleistift

**1** Schneide ein 4 cm x 6 cm großes Stoffrechteck zu. Zeichne mithilfe von Geodreieck und Fineliner rote Linien auf den Stoff. Betupfe die Kanten mit Holzleim, damit sie nicht ausfransen.

**2** Trage Holzleim dünn auf ein Stück Stoff auf. Trocknen lassen. Schneide für den Aufhänger einen 4 mm breiten und 2 cm langen Streifen zu. Lege ihn zur Schlaufe und klebe ihn mittig an das Geschirrtuch.

## TUBEN FÜR SENF, MAYONNAISE & KETCHUP

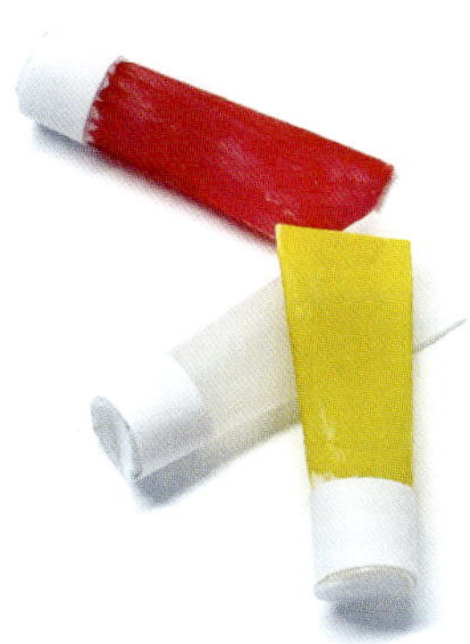

**MATERIAL**
- Kopierpapier in Weiß
- Plastikstrohhalme, ø ca. 5 mm
- Acrylfarbe in Rot, Gelb und Weiß
- Heißklebepistole

**HILFSMITTEL**
- Schere
- Holzstäbchen
- Locher
- Pinsel

**1** Schneide für jede Tube ein 2 cm langes Stück Strohhalm zurecht. Gib jeweils an einem Ende einen kleinen Tropfen Heißkleber in den Strohhalm und drücke mit einem Holzstäbchen das Ende flach. Trocknen lassen.

**2** Kürze die Tube auf die gewünschte Länge und verschließe das offene Ende mit einem Papierkreis aus dem Locher. Male die Tuben rot, gelb und weiß an.

**3** Schneide 4 mm breite Streifen aus dem Papier zurecht und klebe sie um das dicke Ende.

### WEITERES ZUBEHÖR

Die Anleitung für das Haus in der Wichtelkulisse auf Seite 202 findest du auf Seite 42, für die roten Klompen auf Seite 86, für die Vorratsdosen auf Seite 200, für den Hocker auf Seite 192, für die Aufstellertafel auf Seite 170, für das Nudelholz und die Zimtsterne auf Seite 201, für den Pinsel in der Schürze auf Seite 113. Die Fußmatte vor der Küchenzeile wurde aus einer Korkplatte zugeschnitten. Tanne, Holzbrett, Messer und Mehlsäcke sind Fertigteile.

EINFACH UMSETZBAR!

# UNTERHALTSAMER SPIELEABEND

So viele verschiedene Schuhe vor der Wichteltür? Wichtel Jasper hat scheinbar ein paar Freunde zu einer Party eingeladen. Und weil Wichtel für ihr Leben gern spielen, hat er extra seine große Spielesammlung ausgepackt. Wichtel-ärgere-dich-nicht, Mühle, Dame und ein Brettspiel, das es nur in der Wichtelwelt zu geben scheint. Wie es wohl heißen mag? Außerdem haben die Wichtel fleißig Hinkelkästchen gespielt und dabei fröhlich Chips geknuspert.

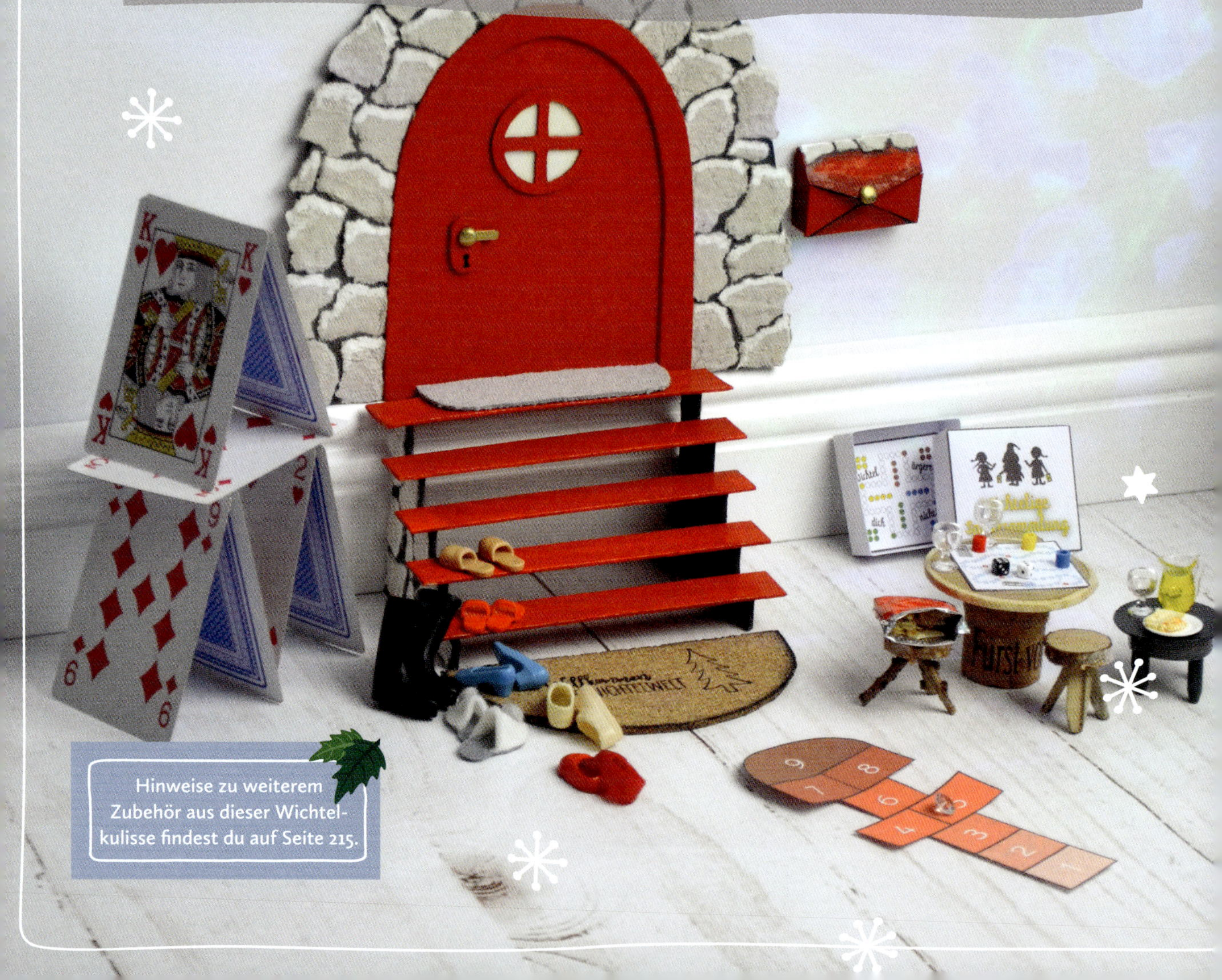

Hinweise zu weiterem Zubehör aus dieser Wichtelkulisse findest du auf Seite 215.

## SPIELESAMMLUNG

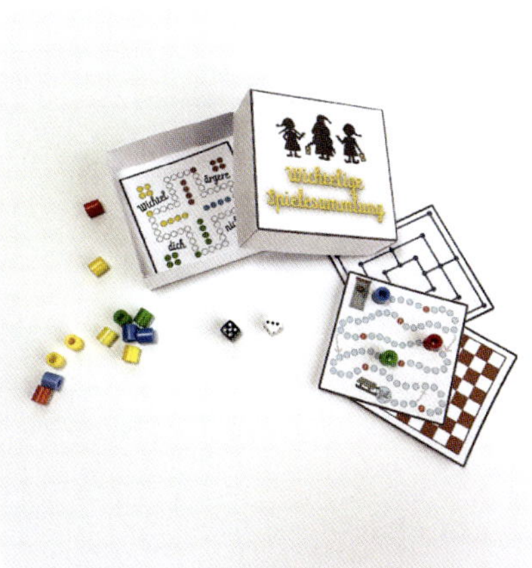

**VORLAGE**
Spielesammlung (S. 31)

**MATERIAL**
- je 4 Mini-Bügelperlen in Rot, Grün, Gelb und Blau, ø 2,5 mm
- 2 Miniaturwürfel
- Klebestift

**HILFSMITTEL**
- Schere

**1** Drucke die Vorlage und schneide alle Teile aus. Schneide die Teile für den Karton an den durchgezogenen Linien am Rand ein. Falte die vier Seitenteile an den schwarzen Linien um. Trage Klebstoff an den Schnittkanten und den gestrichelten Linien auf und klebe die Ecken zusammen.

**2** Lege Spielbretter, Bügelperlen als Spielfiguren und Würfel in den Karton.

## HINKELKÄSTCHEN

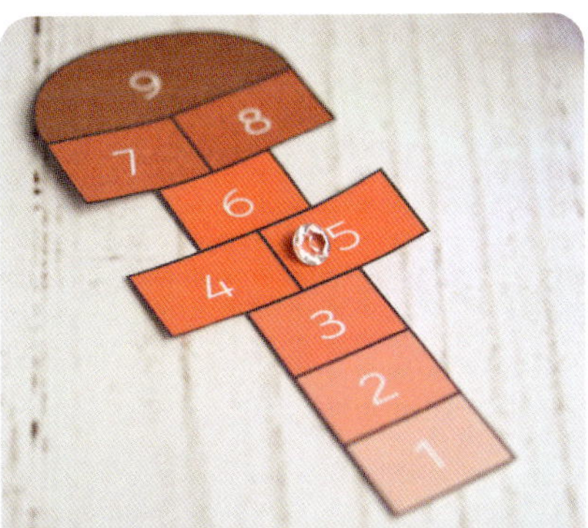


**VORLAGE**
Hinkelkästchen (S. 31)

**MATERIAL**
- kleiner Stein oder Edelstein

**HILFSMITTEL**
- Schere

Drucke die Vorlage farbig und schneide das Hinkelkästchen aus. Lege den Stein oder Edelstein in eines der Zahlenfelder.

## CHIPSTÜTE

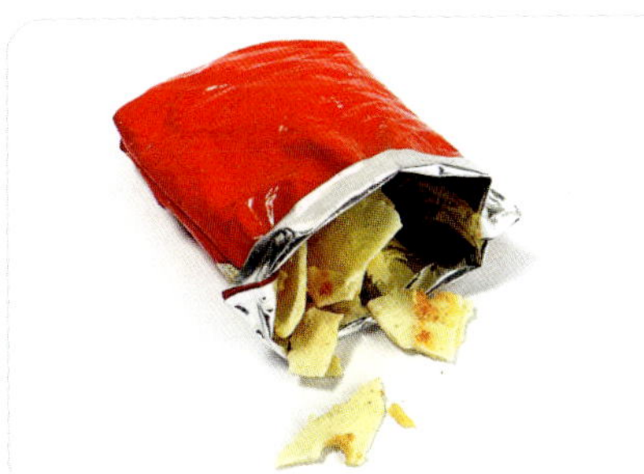

**MATERIAL**
- leere Chipstüte
- Kartoffelchips
- Heißklebepistole

**HILFSMITTEL**
- Schere

**1** Schneide zwei 3,5 cm x 5 cm große Rechtecke aus der Chipstüte, lege sie rechts auf rechts und klebe sie an den Seitenkanten und der Unterkante zusammen. Trocknen lassen. Schneide überstehende Kleberreste ab und wende die Chipstüte.

**2** Brich die Chips in Stücke und fülle sie in die Tüte.

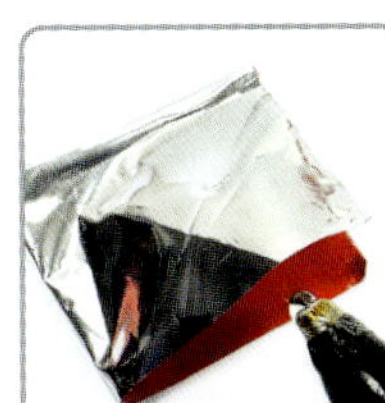

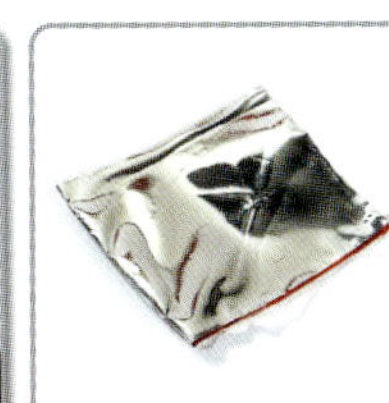

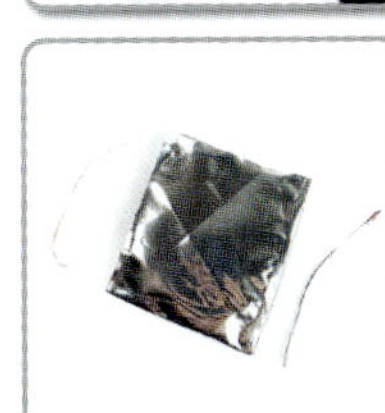

**WEITERES ZUBEHÖR**

Die Anleitung für die Tür in der Wichtelkulisse auf Seite 214 findest du auf Seite 37, für die Treppe auf Seite 52, für die Fußmatte auf Seite 48, für den Briefkasten auf Seite 54, für Tisch und Hocker auf Seite 182, für den Beistelltisch auf Seite 95, für die Puschen auf Seite 99. Alles Weitere sind Fertigteile.

ANSPRUCHSVOLL!

# UNTERHALTSAMER KINOABEND

Für diesen Abend haben sich Wichtel Jasper und einige seiner Wichtelfreunde vorgenommen, gemeinsam einen Film zu schauen. Was wohl Jaspers Lieblingsfilm ist? Natürlich gibt es auch Popcorn! Wie lustig, dass nur ein einziges Popcorn in die winzige Tüte passt ... Und weil Wichtel wissen, dass auch Kinder gerne ins Kino gehen, haben sie Karten für einen Kinoabend für die ganze Familie gezaubert.

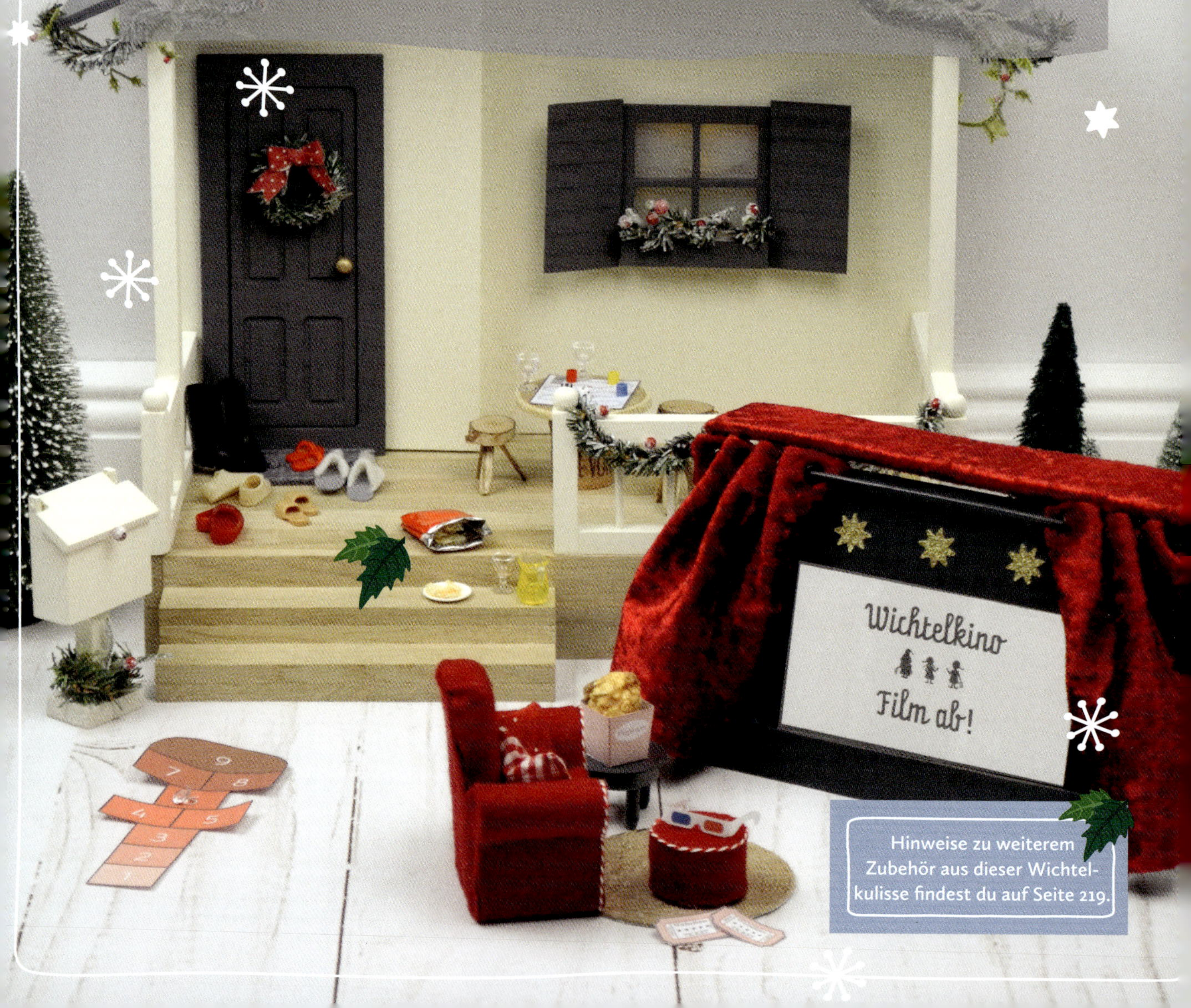


Hinweise zu weiterem Zubehör aus dieser Wichtelkulisse findest du auf Seite 219.

# KINOLEINWAND

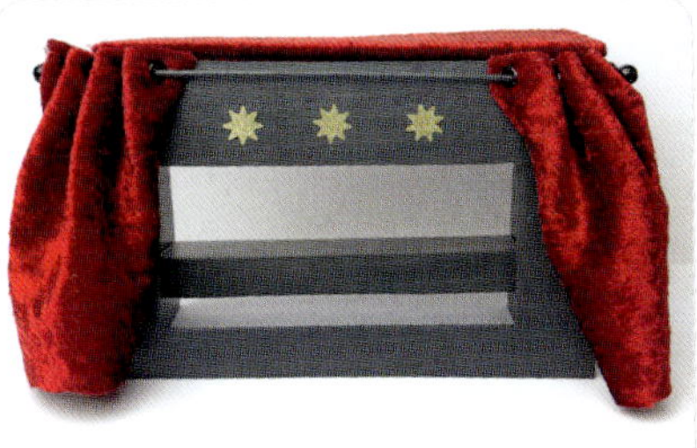

## VORLAGE

Kinoleinwand (S. 31)

## MATERIAL

- Holzspieß
- Graupappe, 2 mm stark (700 g/m$^2$)
- Samtstoff in Rot
- Chenilledraht in Schwarz
- 12 Nieten in Schwarz, ø 7 mm
- 2 Holzperlen in Schwarz, ø ca. 9 mm
- 3 Glitzerstern-Aufkleber in Gold
- Acryl- oder Lackfarbe in Anthrazit
- Heißklebepistole

## HILFSMITTEL

- Geodreieck
- Bleistift
- Bastelmesser mit Schneideunterlage
- Pinsel
- Blechschere
- Spitzer
- Schere
- 4 Holzstäbchen, Gr. L (2,5 cm x 20 cm)
- 4 Federklemmen
- Nietenzange

## TIPP

Gebastelt wird hier ein Aufsteller, in den ein Handy als Filmleinwand eingelegt wird. Die Maße des Aufstellers lassen sich je nach Handymodell anpassen.

**1** Schneide für den Rahmen mit dem Bastelmesser ein 12,5 cm x 20 cm großes Rechteck aus der Graupappe aus. Lege für die Bildschirmaussparung das Handy auf das Rechteck und umfahre es mit Bleistift. Schneide die Aussparung an jeder Seite ca. 3 mm kleiner als aufgezeichnet aus bzw. so groß, dass später nur der Handybildschirm sichtbar ist.

**2** Zeichne für die Seitenteile zwei 12 cm lange sowie unten 6,4 cm und oben 3,8 cm breite Teile auf Graupappe; die vierte Kante verläuft schräg. Schneide die Seitenteile aus und klebe sie mit der geraden Kante links und rechts neben die Aussparung auf die Rückseite des Rahmens. Das Handy sollte mit Hülle quer gelegt dazwischen passen. Trocknen lassen.

**3** Schneide zwei 1,6 cm breite Graupappestreifen in der Länge des Handys zurecht. Lege das Handy auf die Bildschirmaussparung. Klebe einen Streifen als Halterung waagerecht hinter das Handy an die Seitenteile. Den anderen Streifen klebst du als Auflage mit der langen Kante unter das Handy. Trocknen lassen. Schneide drei 9 mm x 1,9 cm große Rechtecke aus und klebe sie als Stütze unter die Auflage. Male den Aufsteller anthrazitfarben an. Trocknen lassen.

**4** Kürze für die Gardinenstange den Holzspieß auf 22,5 cm, spitze die Enden leicht an und male den Spieß anthrazitfarben an. Trocknen lassen.

**5** Schneide für die Vorhänge zwei 18 cm x 15 cm große Rechtecke aus Samt. Falte jeweils eine lange Kante 2 cm um. Damit der Umschlag bei der weiteren Verarbeitung nicht verrutscht, kannst du ihn mit etwas Abstand zwischen jeweils zwei Holzstäbchen Gr. L legen und die Stäbchen mit Federklemmen fixieren. Bring die Nieten in regelmäßigen Abständen nach Herstelleranleitung an den umgeschlagenen Kanten an. Fädle die Vorhänge auf die Gardinenstange.

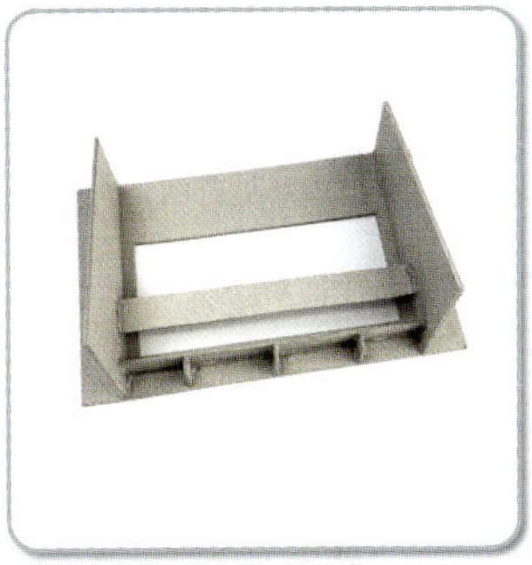

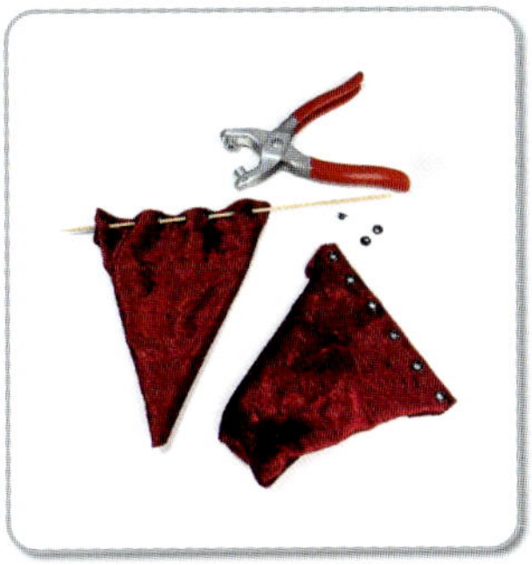

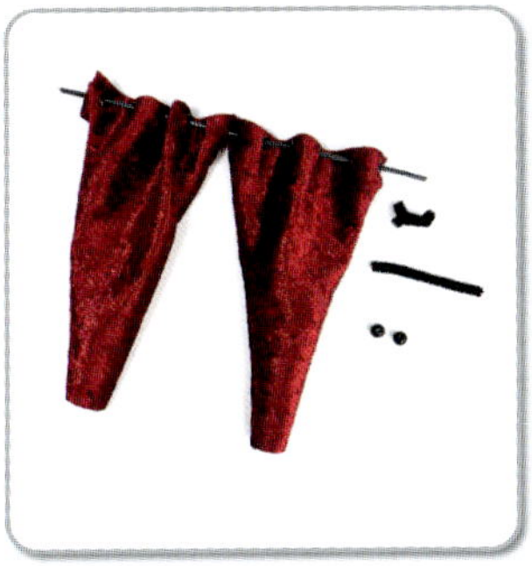

**6** Schneide zwei 5 cm lange Stücke Chenilledraht zurecht und biege jeweils an einem Ende eine Öse. Klebe die Stücke so hinter die Oberkante des Rahmens, dass die Ösen vorne ein wenig hervorstehen. Schiebe die Gardinenstange in die Ösen. Klebe an beide Enden der Stange jeweils eine schwarze Perle. Klebe drei goldene Glitzersterne über die Bildschirmaussparung.

**7** Schneide ein 4 cm breites Stück Graupappe in der Länge des Handys aus. Male es anthrazitfarben an. Trocknen lassen. Klebe das Stück bündig an die obere Kante der Halterung und an die Seitenteile.

**8** Schneide für die Abdeckung ein 20 cm x 4 cm großes Rechteck aus Graupappe zu. Schneide ein 20,5 cm x 8,5 cm großes Stück Samt zurecht und wickle das Graupappestück darin ein. Klebe den Samt fest und lege die Abdeckung auf den Aufsteller.

**9** Downloade die Bilddatei „Kinoleinwand“ auf das Handy und speichere sie. Du kannst sie zeigen, bevor der Film losgeht.

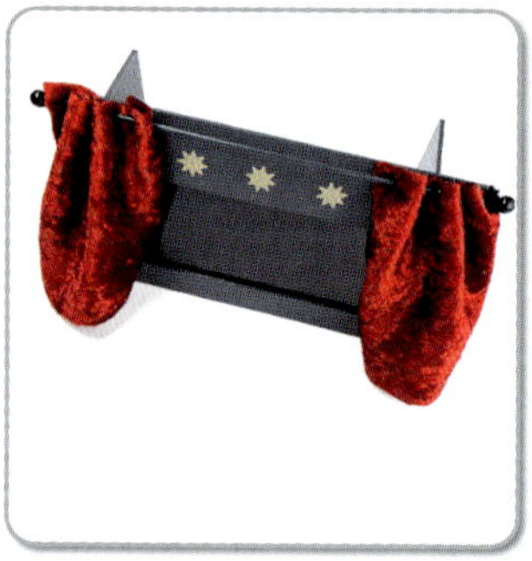

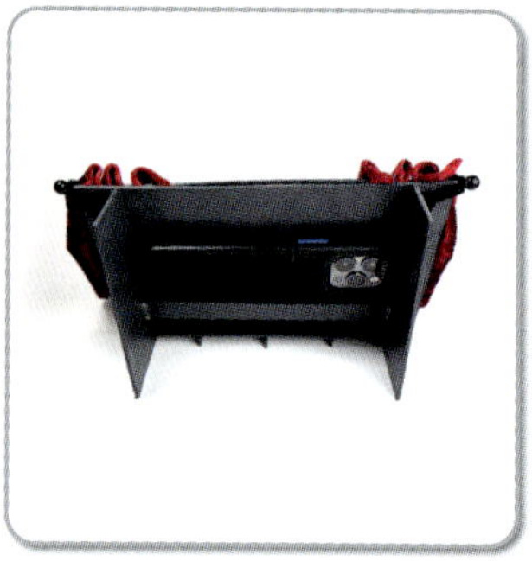

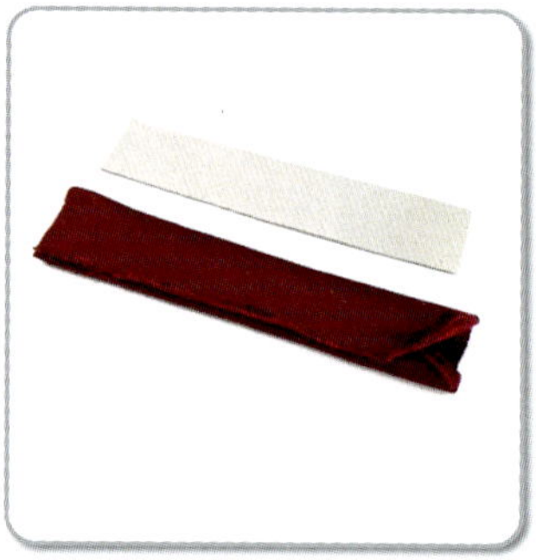

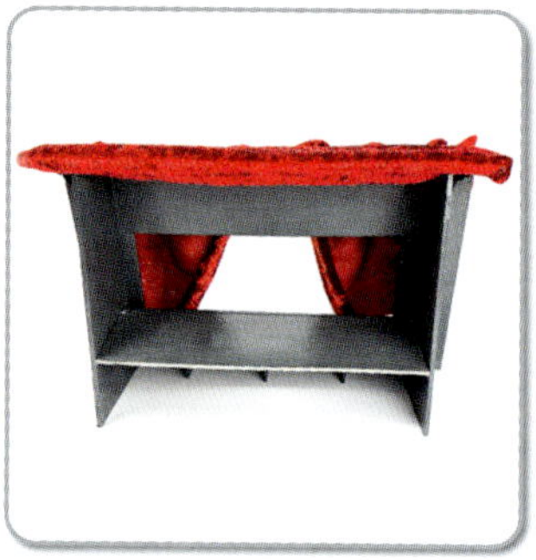

## KINOTICKETS

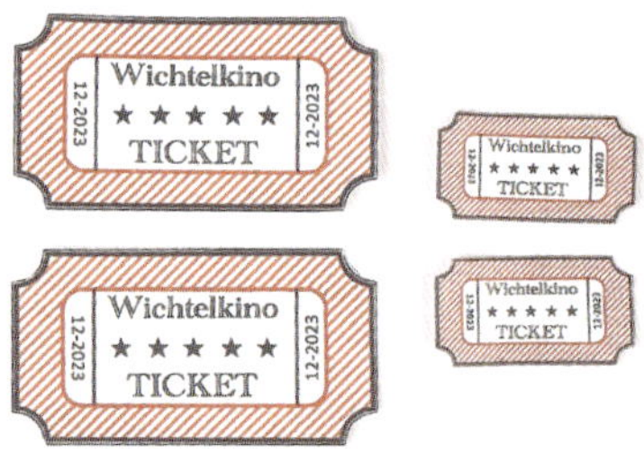


### VORLAGE

Kino (S. 31)

### MATERIAL

- Papier

### HILFSMITTEL

- Schere

Drucke die Vorlage farbig und schneide die Tickets aus.

**TIPP**

Mit den Kinotickets kannst du noch eine besondere Idee umsetzen: Der Wichtel kann die kleinen Tickets über Nacht in große Tickets (aus der Vorlage) verwandeln und so der ganzen Familie einen gemeinsamen Kinoabend im Advent schenken. Auf der Rückseite der großen Tickets können zum Beispiel der Filmtitel oder die Namen der Familienmitglieder stehen. Sie können dann im echten Kino „eingelöst“ werden. Oder er zaubert sogar echte (im Internet erworbene und selbst ausgedruckte) Tickets daraus.

## POPCORN

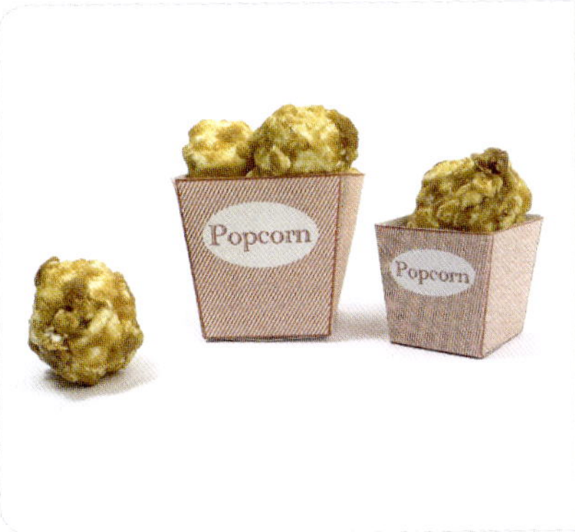


**VORLAGE**
Kino (S. 31)

**MATERIAL**
- Popcorn
- Klebestift

**HILFSMITTEL**
- Schere

**1** Drucke die Vorlage farbig, schneide die Popcornkartons aus und klebe sie an den markierten Stellen mit Klebestift zusammen.

**2** Gib das Popcorn in die Behälter.

## 3-D-BRILLE

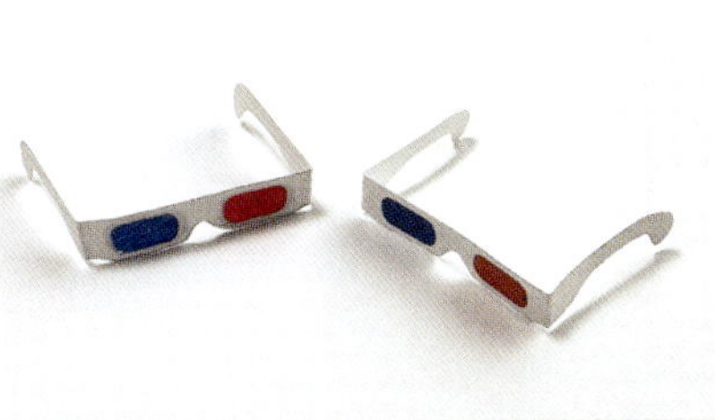

**VORLAGE**
Kino (S. 31)

**MATERIAL**
- Papier
- Transparentpapier in Rot und Blau (optional)

**HILFSMITTEL**
- Schere
- Klebestift (optional)

**1** Drucke die Vorlage farbig und schneide die Brillen aus.

**2** Du kannst die Brillengläser ausschneiden und rotes und blaues Transparentpapier dahinter kleben.

**WEITERES ZUBEHÖR**

Die Anleitung für das Haus in der Wichtelkulisse auf Seite 216 findest du auf Seite 39, für einen Briefkasten auf Seite 53, für den Türkranz auf Seite 59, für die für Fußhocker und Puschen auf Seite 99, für Tisch und Hocker auf Seite 182, für Spielesammlung, Chipstüte und Hinkelkästchen auf Seite 215, für das Kissen auf Seite 94, für den Sessel auf Seite 97 und für den Teppich auf Seite 91. Die Tannen sind Fertigteile.

EINFACH UMSETZBAR!

# WEIHNACHTSABEND MIT TANNENBAUM

Ein Baum wie aus dem Wichtelbilderbuch. Otto hat ihn in diesem Jahr rot geschmückt. Echte Wachskerzen, Zuckerstangen, Lebkuchenmännchen und Sterne zieren ihn prächtig. Die ersten Geschenke liegen auch bereits drunter und auf den kleinen Schildern steht geschrieben, wem sie gehören. Vielleicht ist auch ein Päckchen für die Kinder dabei?

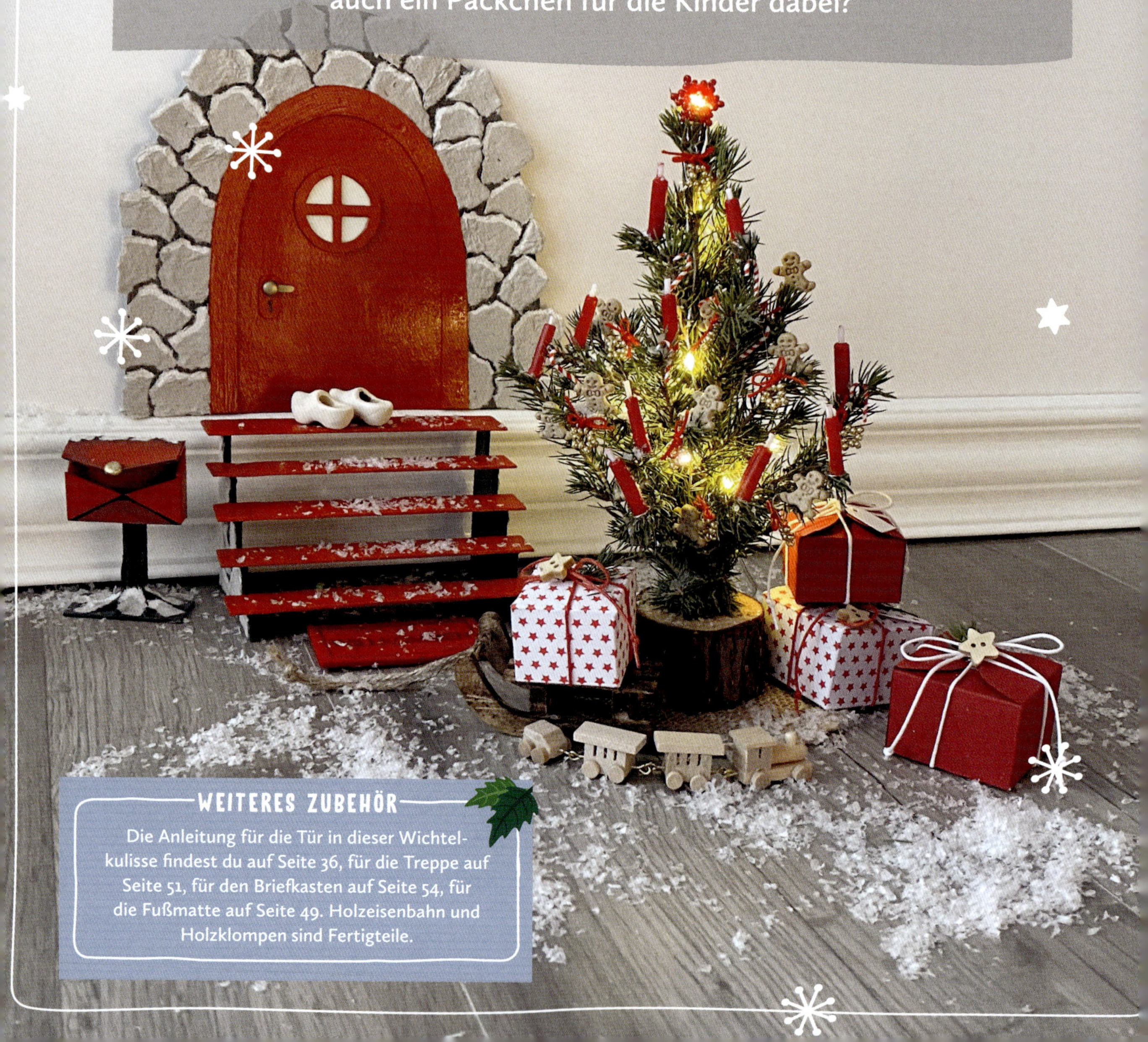

### WEITERES ZUBEHÖR

Die Anleitung für die Tür in dieser Wichtelkulisse findest du auf Seite 36, für die Treppe auf Seite 51, für den Briefkasten auf Seite 54, für die Fußmatte auf Seite 49. Holzeisenbahn und Holzklompen sind Fertigteile.

## WEIHNACHTSBAUM

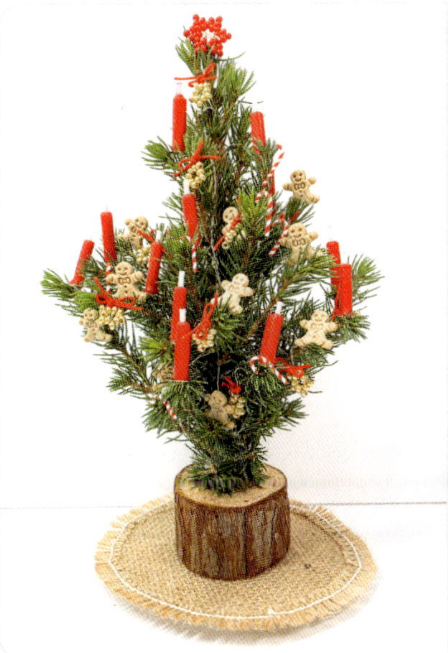

### MATERIAL

- echte kleine Zuckerhutfichte
- Astscheibe, ø 6 cm, 4 cm hoch
- 10 Kerzen (s. unten)
- großer Perlenstern (S. 222)
- 10 kleine Perlensterne (S. 222)
- ca. 10 Zuckerstangen (S. 177)
- Teppich (S. 223)
- Zuckerstreusel in Lebkuchenmännchenform
- Micro-LED-Drahtlichterkette mit 10 LEDs
- Heißklebepistole

### HILFSMITTEL

- Schere

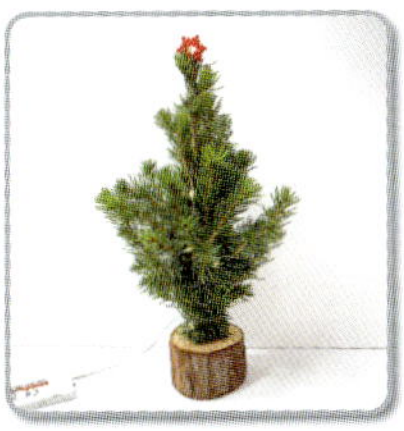

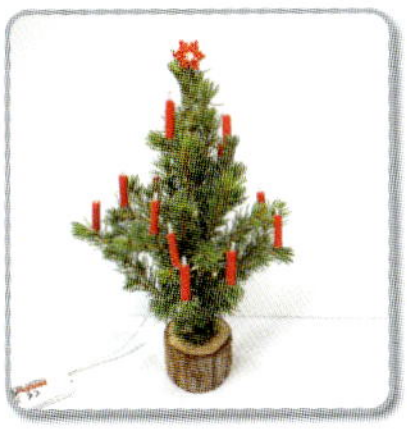

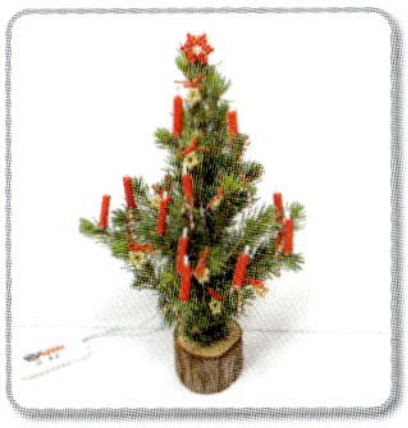

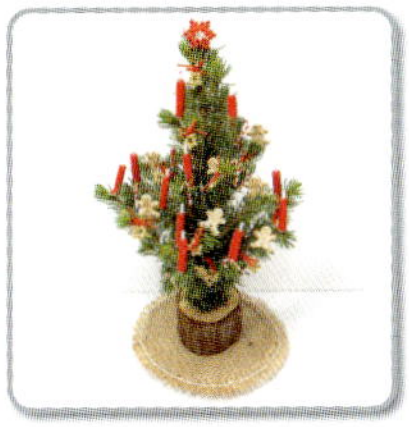

**1** Schneide die Spitze der Zuckerhutfichte in der gewünschten Länge ab und klebe sie auf die Astscheibe. Schneide die schönsten Spitzen der verbliebenen Fichte ab und klebe sie in die Zwischenräume des Weihnachtsbaums, um ihm eine schöne Form zu geben. Umwickle den Baum mit dem Lichterkettendraht.

**2** Bring den großen Perlenstern an der Tannenspitze an, indem du die Spitze mit dem Draht des Sterns umwickelst, und platziere ein LED Licht in der Mitte des Sterns. Klebe die Kerzenhalter mit den Kerzen auf die Zweige. Verteile die kleinen Perlensterne regelmäßig auf dem Weihnachtsbaum und fixiere sie, indem du den Draht der Sterne um die Zweige wickelst. Hänge die Zuckerstangen an die Zweige und klebe die Lebkuchenmännchen in den Baum.

**3** Stelle den fertigen Baum auf den Teppich und verstecke das Batteriefach darunter.

## KERZEN

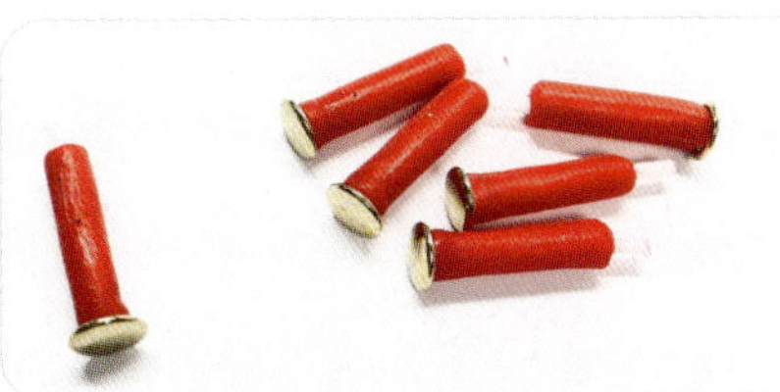

### MATERIAL

- Wachsplatte in Rot
- gewachste Kerzendochte
- Nietschaft in Gold, ø 7 mm

### HILFSMITTEL

- Bastelmesser mit Schneideunterlage
- Geodreieck
- Schere

**1** Schneide pro Kerze mithilfe von Geodreieck und Bastelmesser einen ca. 3 cm langen und 1,5 cm breiten Streifen aus der Wachsplatte. Lege einen Docht so auf das Wachsstück, dass er an einer langen Kante etwas übersteht. Rolle das Wachsstück auf und schneide den Docht an einem Ende ab.

**2** Drücke die Kerzen auf den Nietschaft.

> **TIPP**
> Beachte die Markierung des Dochtes, falls du die Kerzen (unter Aufsicht!) auch mal brennen lassen möchtest.

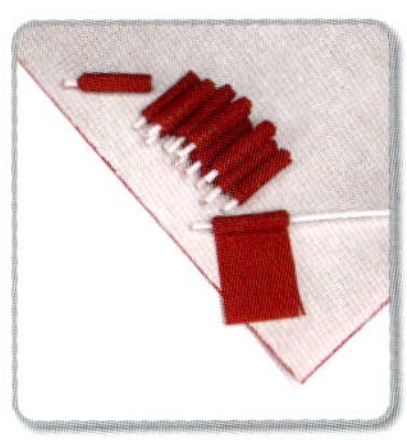

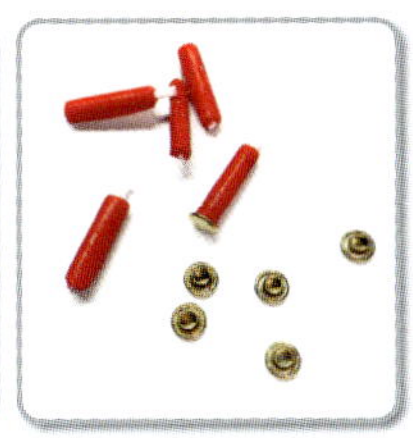

## GROSSER PERLENSTERN

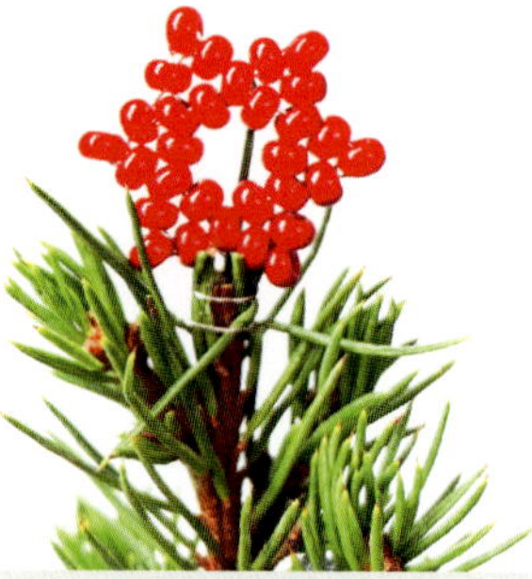

**VORLAGE**
Perlensterne (S. 31)

**MATERIAL**
- Rocailles in Rot, ø 2,6 mm
- Silberdraht, ø 0,25 mm

**HILFSMITTEL**
- Schere

1 Fädle zwölf Perlen auf den Draht und führe den Draht ein weiteres Mal durch alle Perlen. So schließen sich die Perlen zu einem Ring.

2 Fädle zwei weitere Perlen auf den Draht, lass eine Perle der ersten Runde (Schritt 1) aus und fädle den Draht durch die nächste Perle. Wiederhole den Schritt fünfmal, bis du zwölf Perlen aufgenommen hast.

3 Fädle für die Sternspitzen den Draht durch die erste Perle der zweiten Runde (Schritt 2), nimm eine Perle auf und fädle den Draht durch die zweite Perle der zweiten Runde, anschließend durch eine Perle der ersten Runde. Wiederhole den Schritt fünfmal, bis du sechs Perlen aufgenommen hast.

4 Vernähe das Drahtende. Verzwirble die Drahtenden und schneide sie lang ab. Der Draht wird später zum Fixieren des Sterns gebraucht.

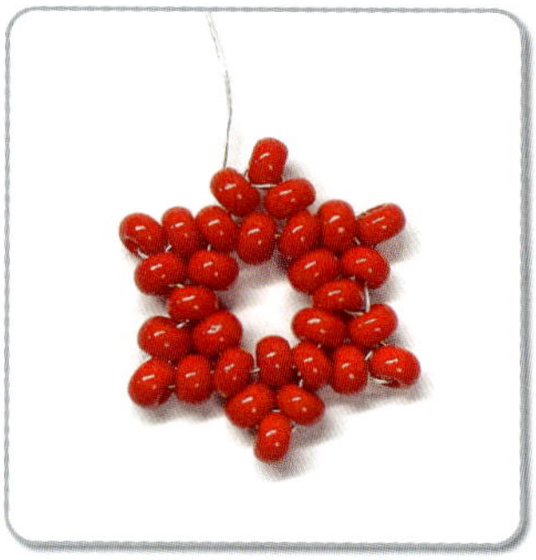

## KLEINER PERLENSTERN

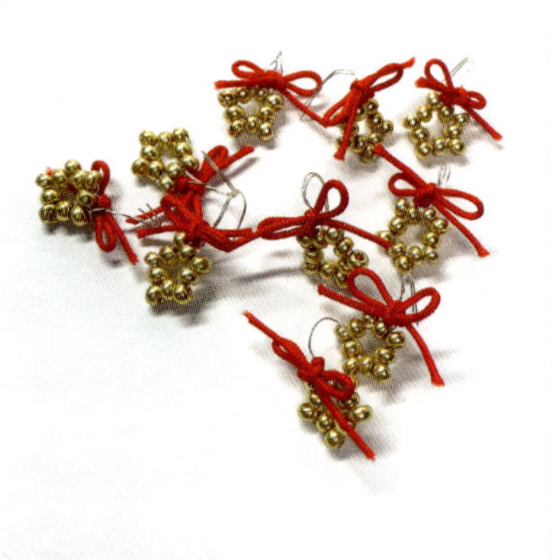

**VORLAGE**
Perlensterne (S. 31)

**MATERIAL**
- Rocailles in Gold, ø 2,6 mm
- Silberdraht, ø 0,25 mm
- Schnur in Rot, ø 1 mm

**HILFSMITTEL**
- Schere

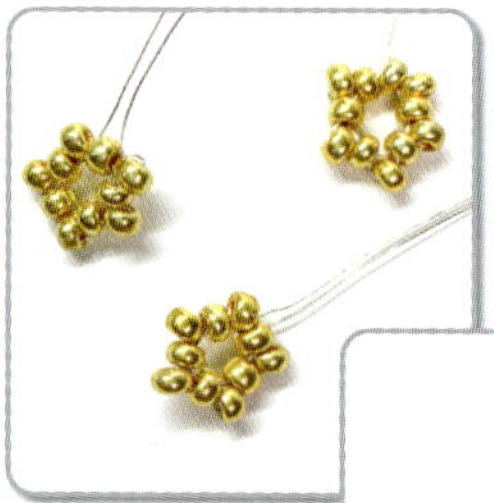

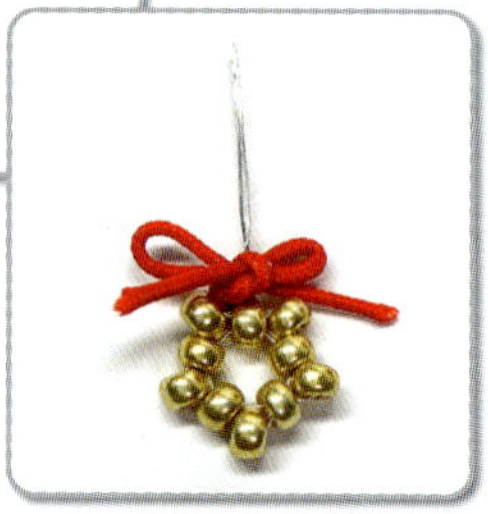

1 Fädle fünf Perlen auf den Draht und führe den Draht ein weiteres Mal durch alle Perlen. So schließen sich die Perlen zu einem Ring.

2 Nimm eine weitere Perle auf den Draht und fädle den Draht anschließend durch die nächste Perle der ersten Runde aus Schritt 1. Wiederhole den Schritt viermal.

3 Am Ende den Draht zwei Mal verzwirbeln. Schneide Drahtanfang und -ende 1,5 cm lang ab und biege den Überstand zu einem Haken.

4 Binde aus der roten Schnur eine Schleife um das Drahtende.

## TEPPICH

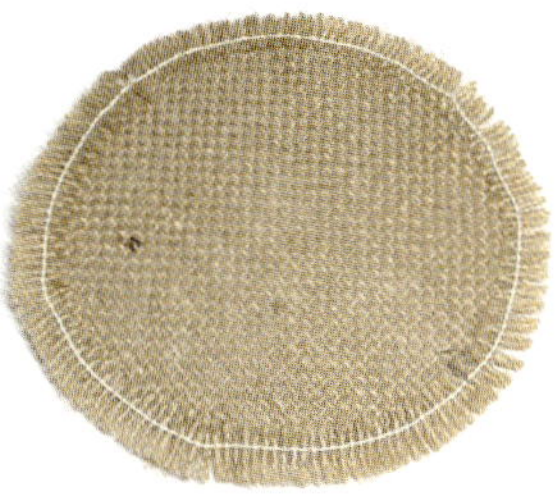

### MATERIAL

- Juteband in Braun, 20 cm breit
- Klebefolie in Transparent, 12 cm x 12 cm
- Heißklebepistole

### HILFSMITTEL

- Kugelschreiber
- Schere

**1** Zeichne einen Kreis mit 10 cm Durchmesser auf die Folie und schneide ihn aus. Klebe den Folienkreis auf das Juteband und schneide den Kreis aus. Die Folienseite wird die Unterseite des Teppichs.

**2** Schneide von dem Juteband ein Stück Webkante in der Länge des Kreisumfangs ab und klebe die Webkante mit den Fransen nach außen rundherum auf die Oberseite des Teppichs.

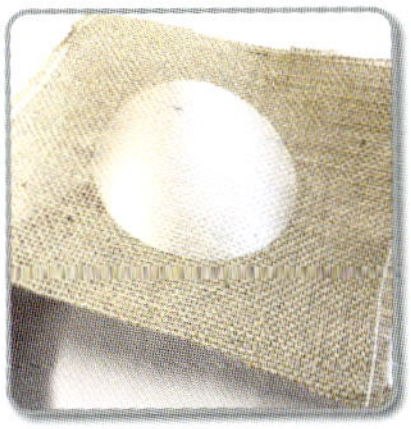

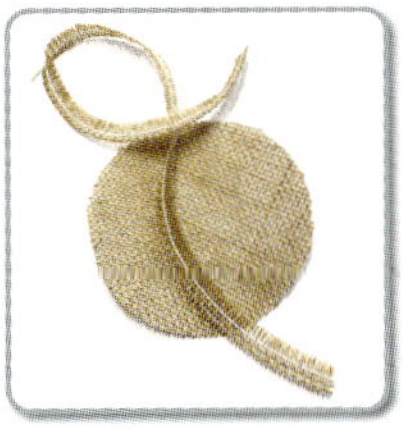

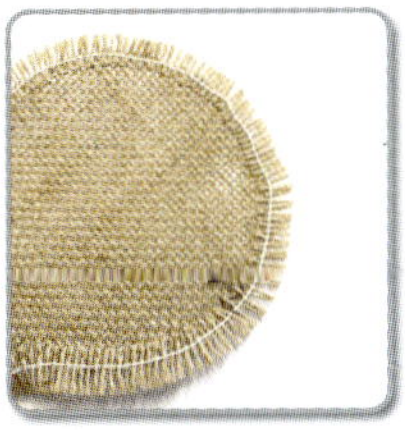

## GESCHENKE

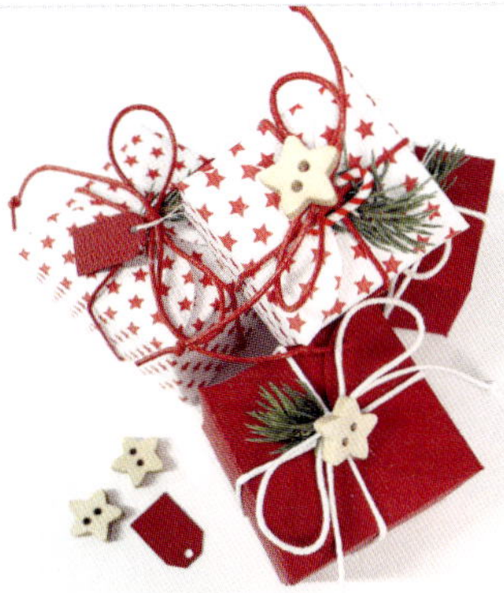

### VORLAGE

Geschenke (S. 31)

### MATERIAL

- festes Papier in Rot und in Weiß mit roten Sternen
- Baumwollband in Rot und in Weiß, ø 1 mm stark
- Nähgarn
- Mini-Sternknöpfe, 1 cm hoch
- Tannenzweig
- Holzleim

### HILFSMITTEL

- Schere
- Geodreieck
- Prägestift oder Häkelnadel
- Nähnadel

**1** Übertrage die Vorlagen auf das Papier und schneide die Teile aus. Lege das Geodreieck an alle gestrichelten Linien und falze die Linien mit dem Prägestift auf der linken Seite des Papiers. Falte alle Kanten. Stecke die Schachteln auf der Unterseite zusammen. Trage Holzleim auf der gestreiften Klebefläche auf und klebe die Geschenkschachteln zusammen. Verschließe sie oben.

**2** Schneide für die Geschenkanhänger 10 mm x 5 mm große Rechtecke aus rotem Papier und schräge auf einer Seite die beiden Ecken ab. Stich mit der Nähnadel ein Loch in den Anhänger und ziehe 10 cm Nähgarn hindurch.

**3** Dekoriere die Geschenke mit Baumwollband, Geschenkanhänger, Mini-Sternknopf und einem Stück Tannenzweig.

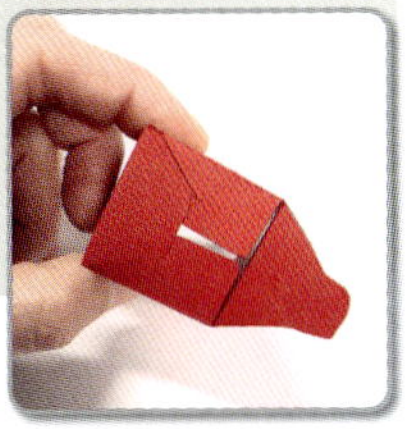

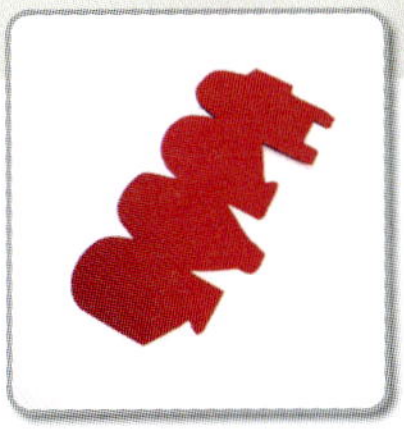

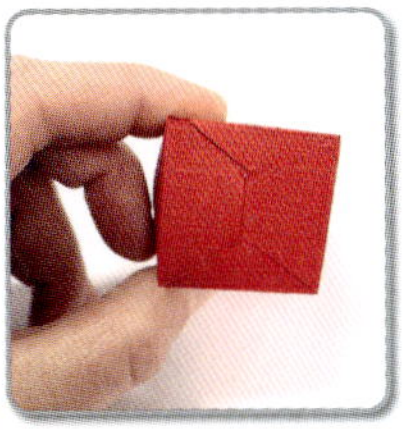

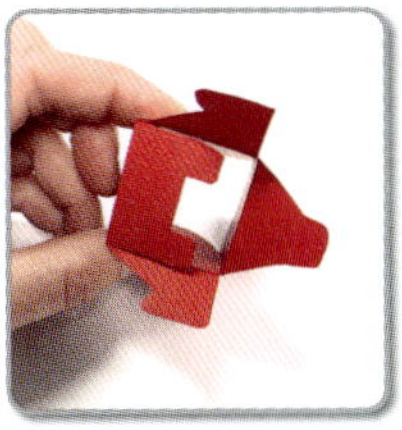

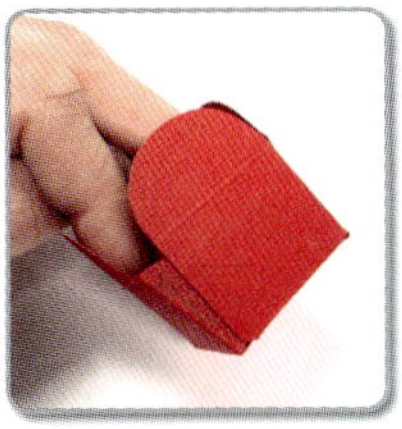

ANSPRUCHSVOLL!

# WEIHNACHTSABEND MIT FESTMAHL

Der Tag, auf den alle gewartet haben, ist endlich da: Heiligabend! Auch Wichtelin Auri hat ihren Baum geschmückt und eine Festtafel gedeckt. Auf puscheligen Kissen und bei Kerzenschein können es sich ihre Gäste bequem machen und die prächtige Torte genießen. Was wohl in den kleinen Geschenken unter dem Baum versteckt ist? Vielleicht hat sie da ja eine Kleinigkeit für die Kinder verpackt.

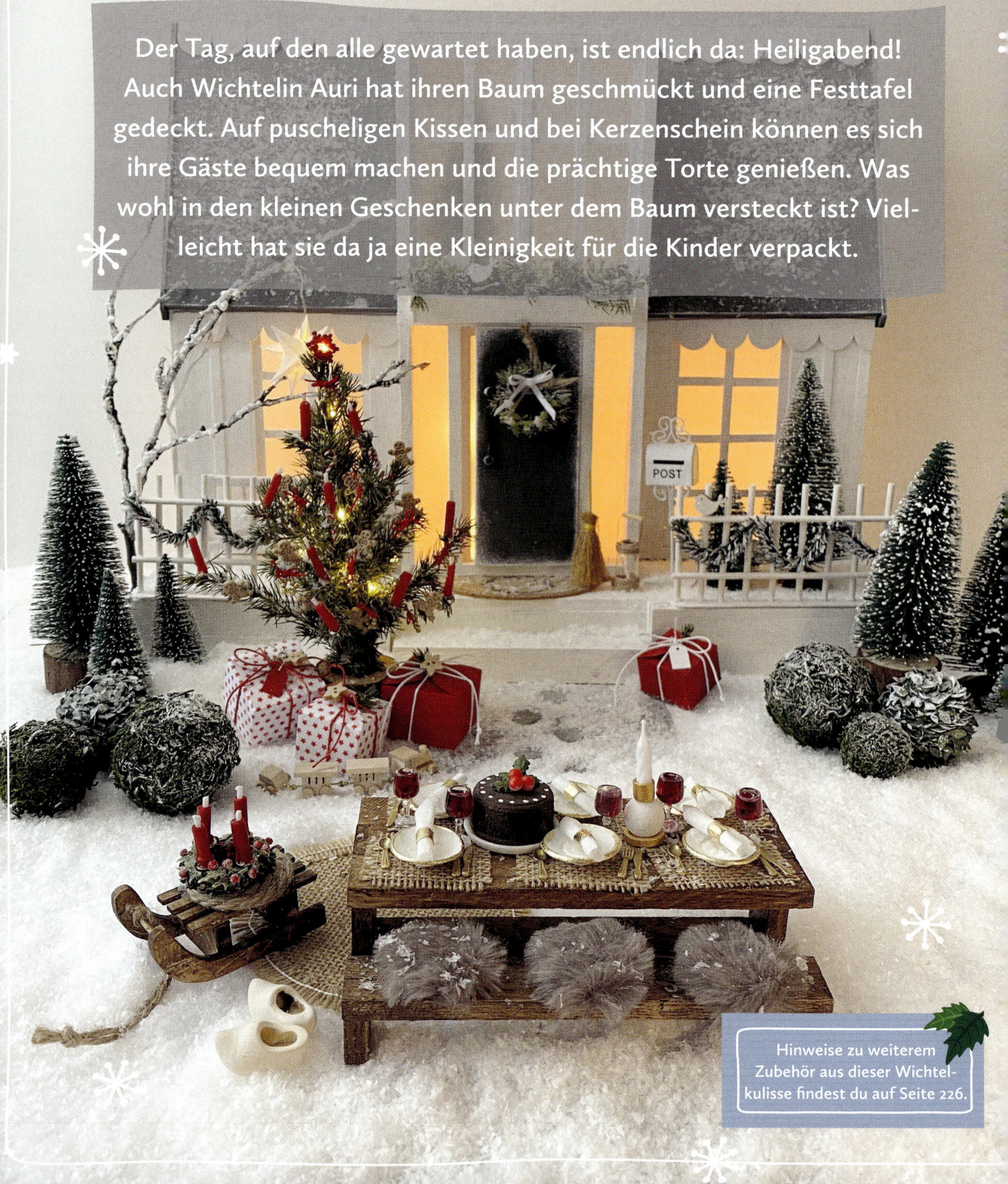


Hinweise zu weiterem Zubehör aus dieser Wichtelkulisse findest du auf Seite 226.

## ESSTISCH & SITZBÄNKE

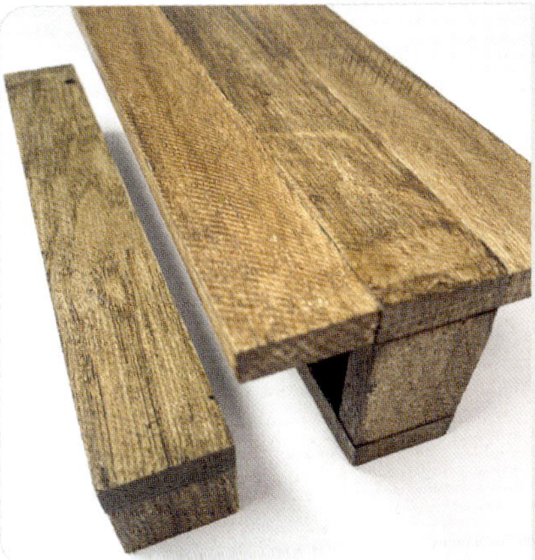

**MATERIAL**
- 8 Holzklötzchen, 16 cm x 2,2 cm x 8 mm
- Holzwachs in Braun
- Holzleim

**HILFSMITTEL**
- kleine Holzhandsäge
- Schleifpapier, 240er Körnung
- Borstenpinsel
- Lappen

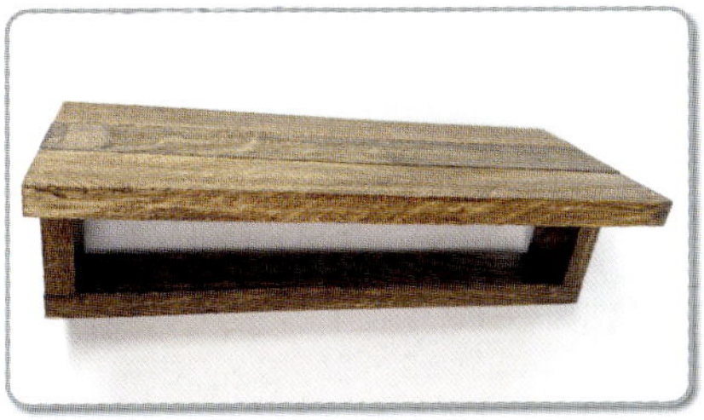

**1** Klebe für die Tischplatte drei Holzklötzchen an den langen Kanten zusammen. Säge für die Tischbeine zwei 3 cm lange Stücke aus einem Holzklötzchen. Leime die Stücke jeweils mit der kurzen Kante bündig und senkrecht auf die Enden eines liegenden Holzklötzchens. Trocknen lassen. Leime die Tischplatte mittig auf die Tischbeine. Trocknen lassen.

**2** Säge für die Bankbeine vier 2 cm lange Stücke aus einem Holzklötzchen. Klebe jeweils zwei Beine mit der langen Kante bündig auf die Enden eines Holzklötzchens als Sitzfläche. Trocknen lassen und die Oberflächen glatt schleifen.

**3** Streiche die Möbel mit braunem Holzwachs und wische den Überschuss an Wachs mit einem Lappen ab.

## FLAUSCHIGES SITZKISSEN

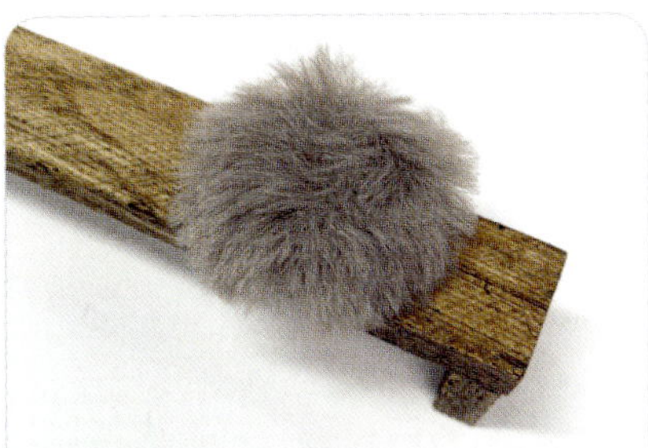

**MATERIAL**
- Holzknopf, ø 2,3 cm
- Kunstfell
- Heißklebepistole

**HILFSMITTEL**
- Schere

**1** Lege den Knopf auf die linke Seite des Kunstfells und umfahre die Umrisse. Markiere eine Nahtzugabe von 1 cm und schneide den Kreis vorsichtig aus. Setze nur die Scherenspitze ein und achte darauf, nur das Gewebe zu schneiden, nicht die Haare. Schneide die Nahtzugabe an mehreren Stellen ein.

**2** Klebe den Knopf auf die linke Seite des Kunstfells. Falte die Nahtzugabe auf den Knopf und klebe sie fest.

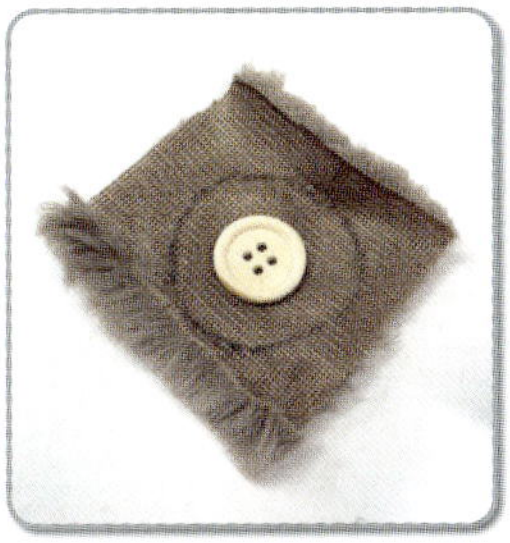

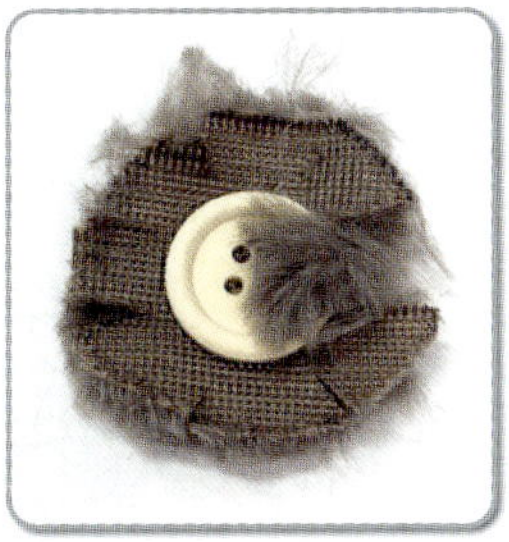

## TISCHSETS

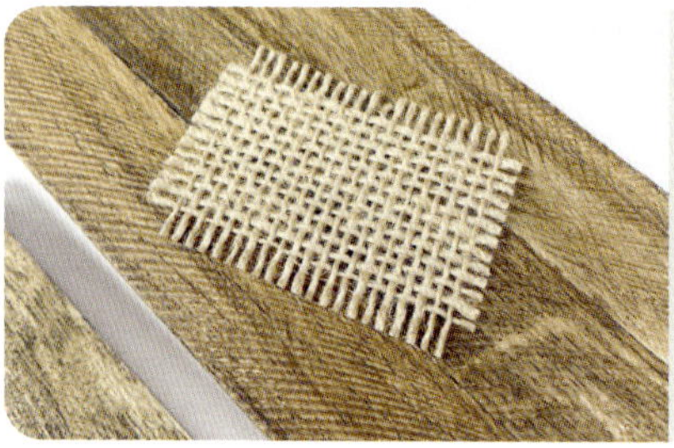

**MATERIAL**
- Juteband in Braun, 20 cm breit

**HILFSMITTEL**
- Schere

Schneide sechs 4 cm x 3 cm große Rechtecke aus Juteband zu. Entferne an allen Kanten einen Webstreifen, damit Fransen entstehen.

## TELLER

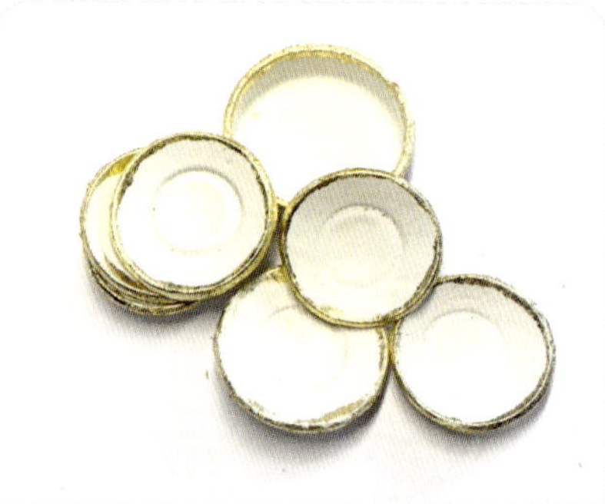

**MATERIAL**
- lufttrocknende Modelliermasse
- Anlegemilch
- Design-Metall in Gold oder Acrylfarbe in Gold
- Klarlack

**HILFSMITTEL**
- Nudelholz
- 2 Holzstäbchen, Gr. L (2,5 cm x 20 cm)
- Backpapier
- Mini-Ausstecher oder Ballonhalter, ø ca. 1 cm
- Schraubverschluss, ø ca. 2,5 cm
- flacher Knopf, ø 1 cm
- Eiermulden oder Cake-Pop-Form
- feine Nagelfeile
- Schwamm
- Pinsel (optional)

**1** Rolle die Modelliermasse zwischen den Holzstäbchen auf Backpapier auf die Dicke der Stäbchen aus. Stich mit dem Mini-Ausstecher und dem Schraubverschluss jeweils zwölf Kreise aus. Präge die großen Kreise für den Teller auf der Oberseite mit dem Knopf leicht vor. Lege die Teller auf eine gewölbte Form, z.B. eine Cake-Pop-Form oder Eiermulden. Lege die kleinen Kreise für den Tellerboden jeweils mittig auf den Teller. Trocknen lassen.

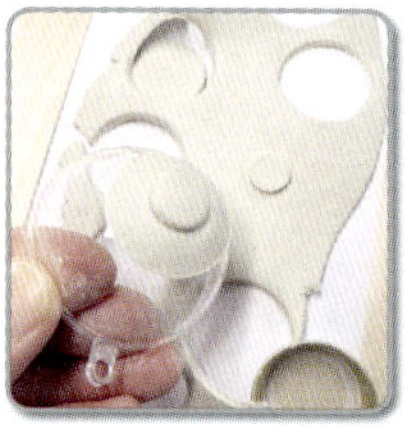

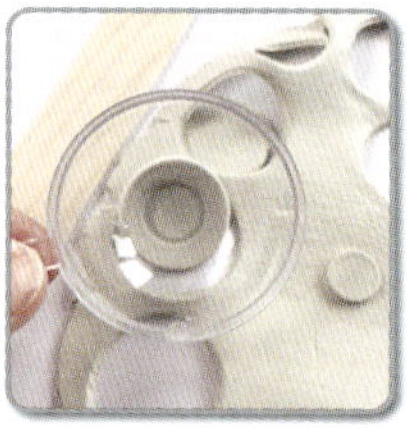

**2** Schleife die Tellerränder, tupfe mit dem Schwamm Anlegemilch darauf und belege sie mit Design-Metall oder male sie mit Acrylfarbe in Gold an. Trage Klarlack auf die Teller auf. Trocknen lassen.

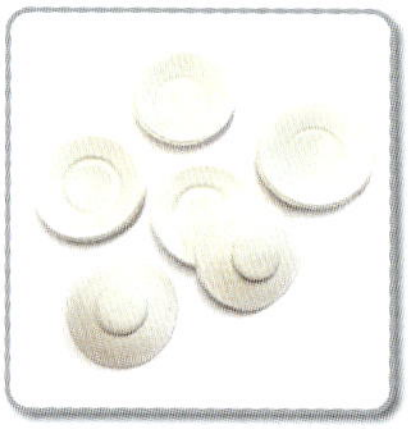

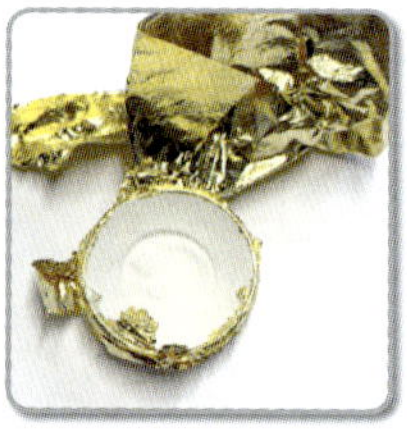

**WEITERES ZUBEHÖR**

Die Anleitung für das Haus in der Wichtelkulisse auf Seite 224 findest du auf Seite 42, für den Türkranz auf Seite 59, für die Fußmatte auf Seite 48, für den Weihnachtsbaum auf Seite 221, für die Geschenke auf Seite 223, für den Adventskranz auf Seite 134, für die Rute auf Seite 125, für die Tannen auf Seite 61, für die Mooskugeln auf Seite 60, für den winterlichen Zweig auf Seite 61. Briefkasten, Vögelchen, Holzklompen, Schlitten und Holzeisenbahn sind Fertigteile.

## SERVIETTENRINGE

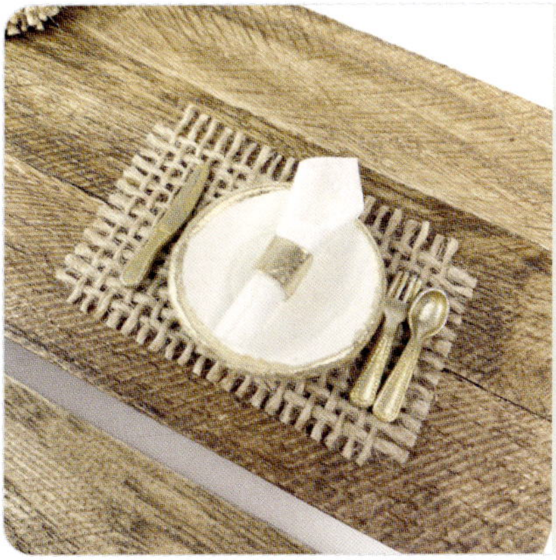

### MATERIAL

- Papierstrohhalm
- Serviette in Weiß
- Anlegemilch
- Design-Metall in Gold oder Acrylfarbe in Gold

### HILFSMITTEL

- Pinsel (optional)
- Schere

**TIPP**

Das Besteck ist fertig im Handel erhältlich. Male es nur noch mit Acrylfarbe in Gold an.

**1** Bestreiche für die Serviettenringe den Papierstrohhalm mit Anlegemilch und belege ihn mit Design Metall oder male ihn mit Acrylfarbe gold an. Schneide den Strohhalm in 5 mm lange Stücke.

**2** Schneide 3 cm x 3 cm große Stücke aus der Serviette und stecke sie aufgerollt jeweils in einen Serviettenring.

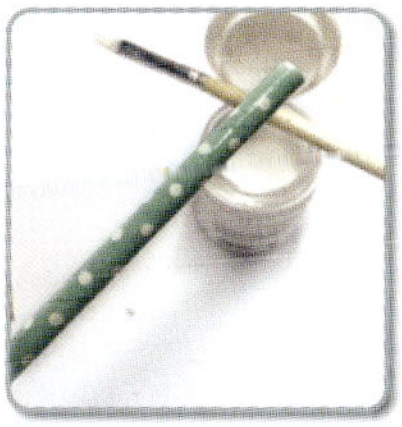

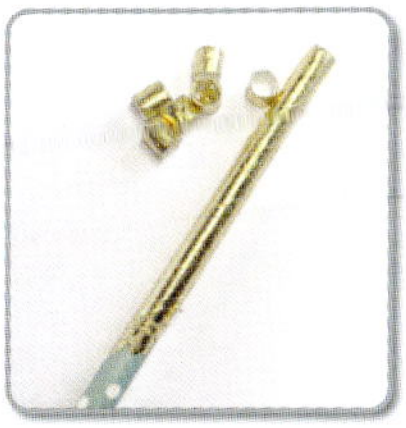

## WEIHNACHTSTORTE

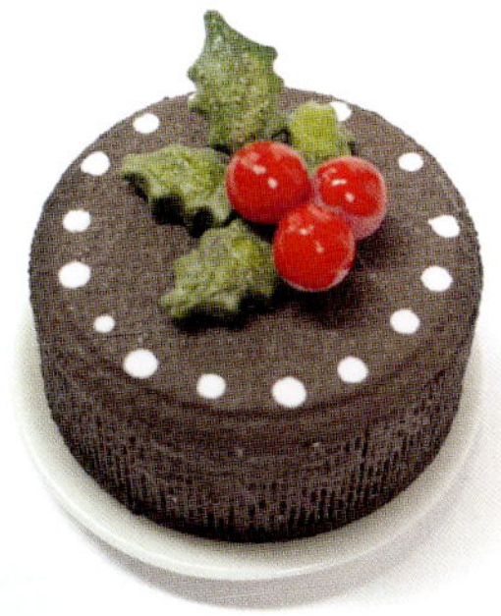

### MATERIAL

- Deckel (z.B. eines Softgetränks oder einer Milchverpackung), ø ca. 2,5 cm
- Zuckerstreusel in Blätter- und Beerenform
- Acrylfarbe in Weiß und Braun
- Holzleim

### HILFSMITTEL

- Pinsel
- Pinzette
- Zahnstocher

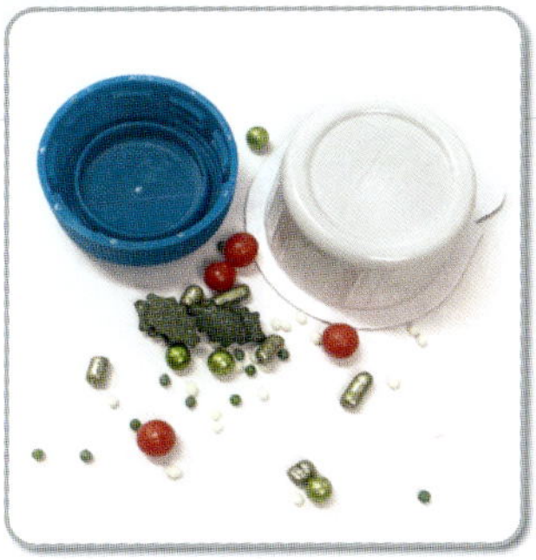

**1** Male den Deckel braun an. Trocknen lassen.

**2** Tupfe die Zuckerstreusel mithilfe der Pinzette in etwas Holzleim und klebe sie auf den Deckel. Gib etwas weiße Farbe auf einen Zahnstocher und tupfe weiße Punkte auf die Torte. Trocknen lassen. Nutze als Tortenteller einen einfach angefertigten Teller (S. 226) ohne Goldrand.

EINFACH UMSETZBAR!

# WICHTELAUSZUG MIT UMZUGSKARTONS

Auch die schönste Zeit findet irgendwann ein Ende. Wichtel Tomte ist es beim Packen ganz schwer ums Herz. Einige Kisten und Koffer hat er schon mit seinem Hab und Gut gefüllt und auch sein Herz ist voll mit schönen Erinnerungen. Er schreibt den Kindern, dass sie ihm auch wenn er ausgezogen ist noch Briefe schicken können. Dafür lässt er ihnen das Wichtelpost-Pulver da. Es war wunderschön bei seiner Menschenfamilie und er freut sich auf ein Wiedersehen. Und was hat Tomte in dieser geheimnisvoll glänzenden Nuss versteckt?

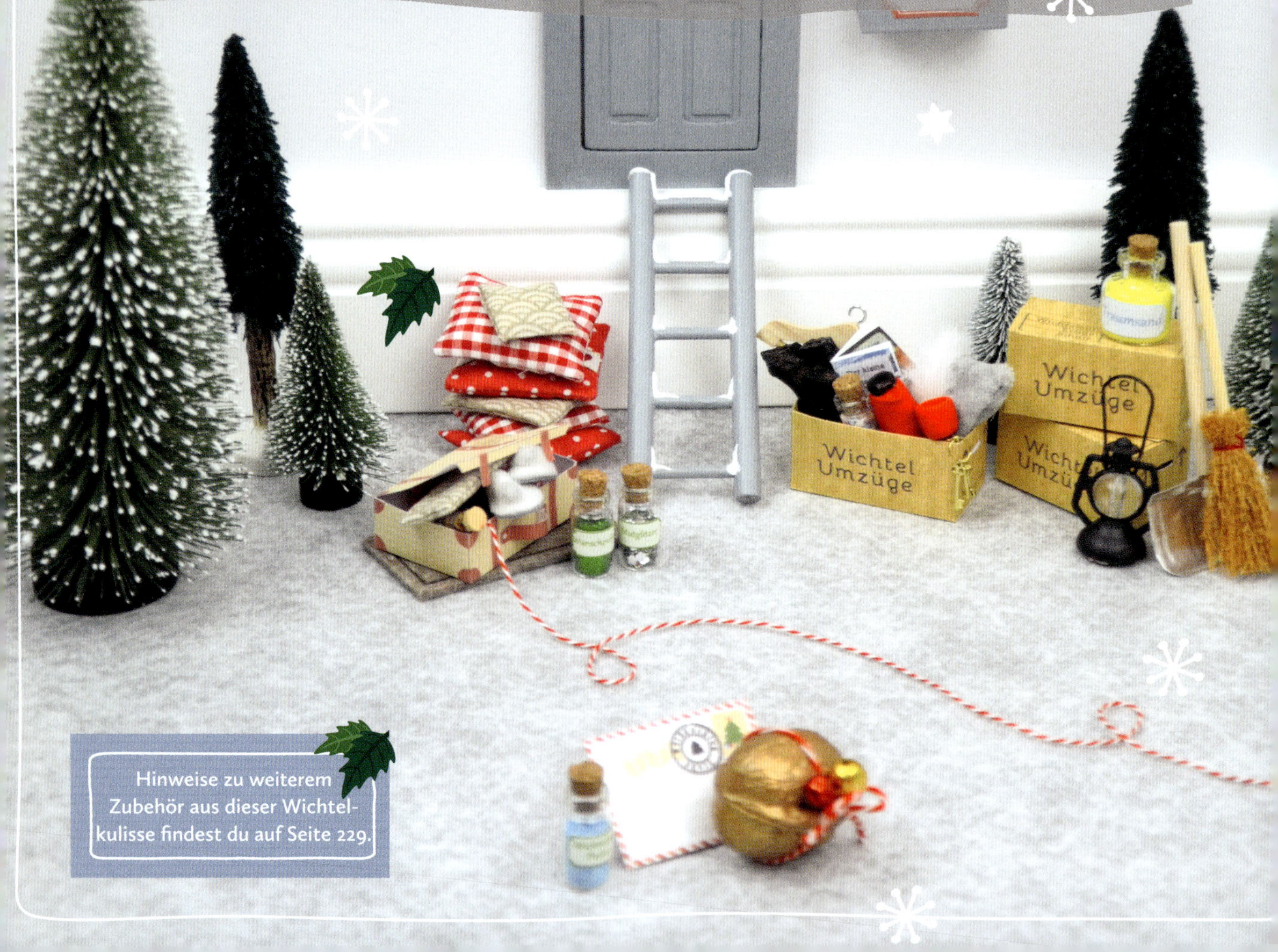


Hinweise zu weiterem Zubehör aus dieser Wichtelkulisse findest du auf Seite 229.

## UMZUGSKARTONS

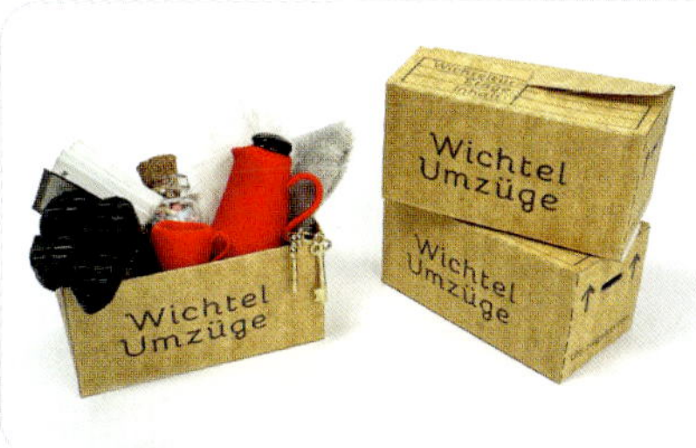


### VORLAGE

Umzugskartons (S. 31)

### MATERIAL

- Kopierpapier
- Klebestift

### HILFSMITTEL

- Bastelmesser mit Schneideunterlage
- Schere

**1** Drucke die Vorlage und schneide die Teile aus. Verwende für die kleinen Einschnitte und die Aussparungen in den Kartons das Bastelmesser.

**2** Falte die Kartons an allen Linien. Trage Klebestift auf die Klebelasche. Klebe die Kartons zusammen und stecke die Einschnitte ineinander.

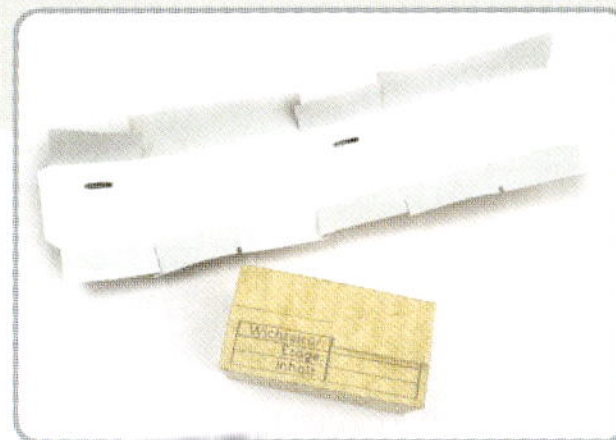

## ZAUBERNUSS

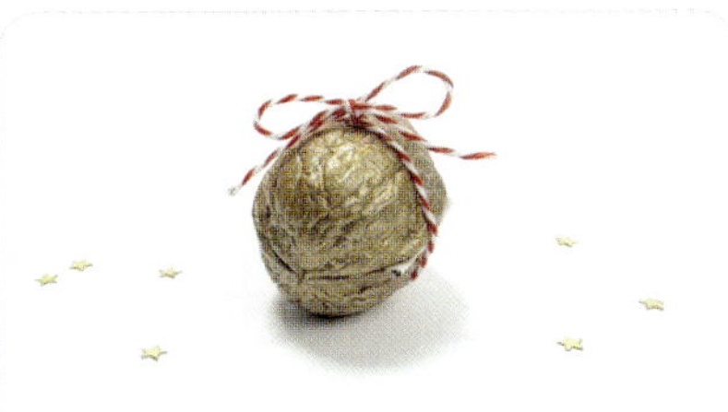

### MATERIAL

- Walnuss
- Stoff in Weiß
- Glitzersterne in Gold
- Bastelmoos, Samtstoff oder Filz
- kleines Geschenk (z. B. Ohrringe, kleines Spielzeug, Kette, Murmel)
- Bäckergarn in Rot-Weiß
- Mini-Glöckchen
- Acrylfarbe in Gold mit Glitzer
- Holzleim

### HILFSMITTEL

- Messer
- Bastelmesser mit Schneideunterlage
- Pinsel
- Bleistift

**1** Spalte die Walnuss mithilfe des Messers und entferne die Scheidewände und den Fruchtknoten. Glätte das Innere der Schalenhälften mit dem Bastelmesser. Schnitze eine Seite einer Schalenhälfte ein wenig an, sodass das Scharnier aus Stoff später besser funktioniert.

**2** Schneide ein 2 cm x 2 cm großes Stück Stoff zu. Klebe es mit den Rändern jeweils so an die Innenseite der Schalenhälften, dass der Stoff die beiden Hälften als Scharnier verbindet.

**3** Male die Nuss goldfarben an. Trocknen lassen. Lege die Nuss mit Bastelmoos, Samt oder Filz aus und lege ein Geschenk darauf. Dekoriere das Innere der Nuss mit Glitzersternen. Lege zum Schluss ein Mini-Glöckchen in die Nuss, sodass sie geheimnisvoll klingelt. Binde die Zaubernuss mit Bäckergarn zu.

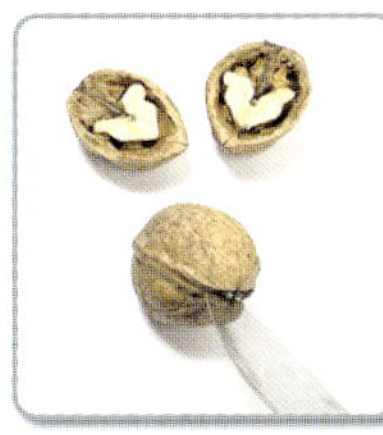

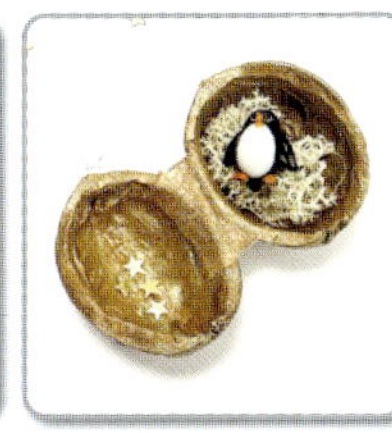

### WEITERES ZUBEHÖR

Die Anleitung für die Tür in der Wichtelkulisse auf Seite 228 findest du auf Seite 37, für den Briefkasten auf Seite 56, für die Leiter auf Seite 52, für die Fußmatte auf Seite 48, für den Türkranz auf Seite 59, für die Schneeschaufel auf Seite 103, für die Glasfläschchen auf Seite 200, für das Kissen auf Seite 94, für den Wichtelbrief auf Seite 25, für die Puschen auf Seite 99, für Tasse und Thermoskanne auf Seite 149, für die Bücher auf Seite 95. Tannen, Laterne, Kleiderbügel und Reisigbesen sind Fertigteile.

ANSPRUCHSVOLL!

# WICHTELAUSZUG MIT HEISSLUFTBALLON

Manche Wichtel reisen mit der Schneeeule, manche kommen mit dem Schlitten. Tomte aber hat sich dieses Jahr wirklich etwas ganz Besonderes ausgedacht: Für die Abreise hat er sich einen Heißluftballon gebaut! So kann er ganz in Ruhe von dannen schweben und noch einmal an die wunderschöne Zeit mit seiner Menschenfamilie zurückdenken. Er packt seine Siebensachen zusammen und hinterlässt den Kindern ein kleines, geheimnisvolles Abschiedsgeschenk: eine goldene Zaubernuss.

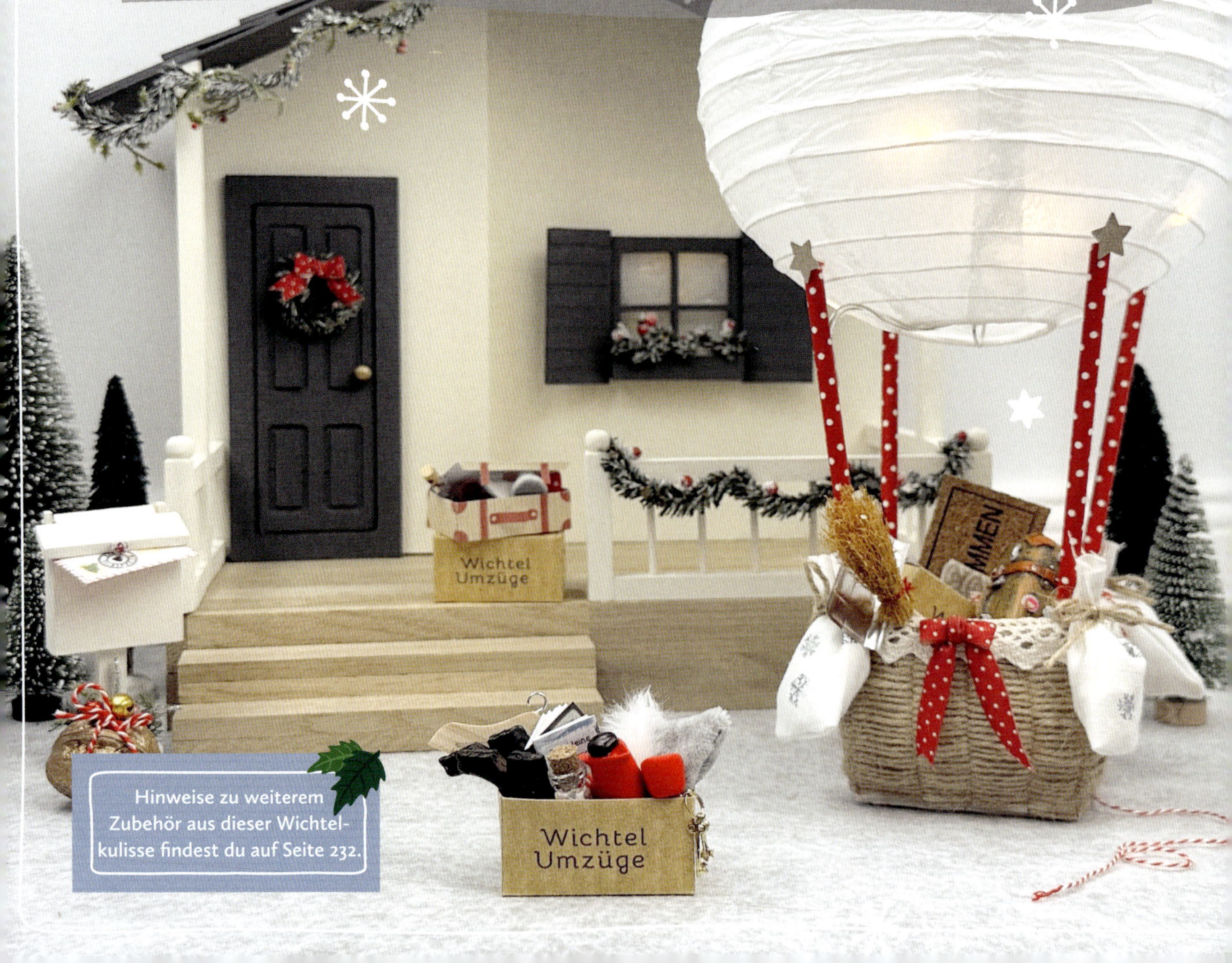


Hinweise zu weiterem Zubehör aus dieser Wichtelkulisse findest du auf Seite 232.

# HEISSLUFTBALLON

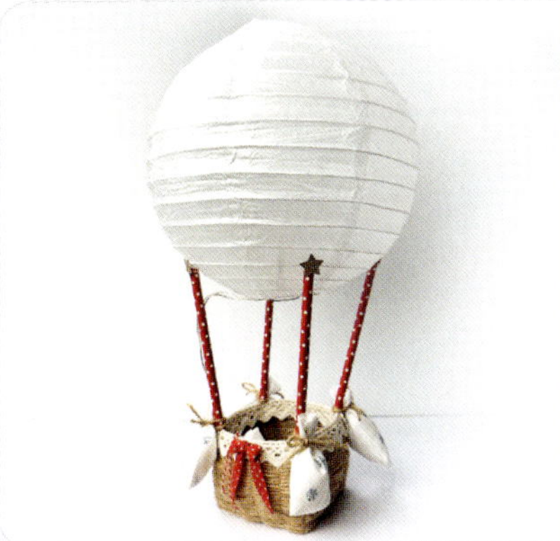

**MATERIAL**
- Saft- oder Milchkarton
- Lampion, ø 20 cm
- 4 Papierstrohhalme in Rot mit weißen Punkten
- Jutekordel in Braun, ø 2 mm
- Häkelband in Natur, 1,5 cm breit
- Micro-LED-Drahtlichterkette mit 10 LEDs
- Heißklebepistole
- Holzleim

**HILFSMITTEL**
- Schere
- 3 Federklemmen
- Motivstanzer „Stern“, ca. 1,5 cm hoch

**1** Schneide für den Korb den Boden eines Saft- oder Milchkartons auf 8 cm Höhe ab und säubere ihn. Schneide den Karton an drei Seiten in gleichmäßigen Abständen dreimal senkrecht bis zum Boden ein. Die vierte Seite schneidest du nur zweimal bis zum Boden ein. Schneide den Karton auch an den Ecken bis zum Boden ein.

**2** Klebe das Ende der Jutekordel in eine Ecke des Kartons. Führe die Kordel abwechselnd innen und außen zwischen den Streifen hindurch. Trage nach einigen gewebten Reihen immer wieder Holzleim auf das Juteband auf, um es zu fixieren. Webe das Juteband bis ca. 1 cm unter den oberen Rand der Kartonstreifen. Schneide die Jutekordel ab und klebe das Ende fest. Biege die Kartonenden nach innen und klebe sie mit Holzleim fest. Fixiere die Klebestellen mit Federklemmen. Trocknen lassen. Schneide ein passendes Stück Häkelborte und klebe es über den Rand des Korbes.

**3** Schneide die Papierstrohhalme auf 13 cm zu und klebe sie mit Heißkleber an die Ecken des Korbes. Klebe die Strohhalme an den Lampion. Verdecke die Stellen, an denen die Strohhalme am Lampion festgeklebt sind, beispielsweise mit gestanzten Papiersternchen.

**4** Binde eine Schleife aus rot-weiß gepunktetem Band (S. 59) und klebe sie an den Korb.

**5** Biege das Ende der Lichterkette um den Draht der oberen Öffnung des Lampions und verteile die LEDs dekorativ im Ballon. Lege den Batteriekasten in den Korb. Führe den Draht an einem der Papierstrohhalme entlang und klebe ihn fest.

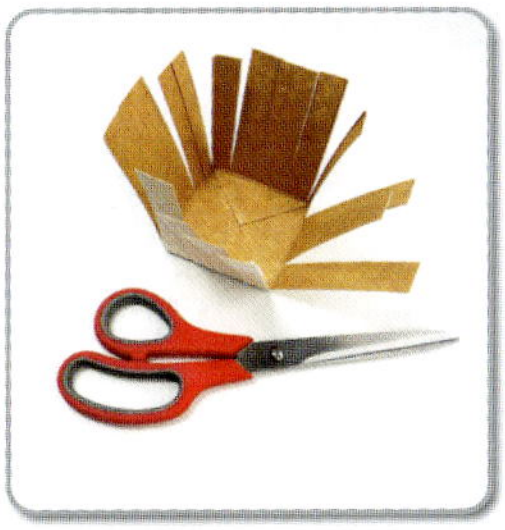
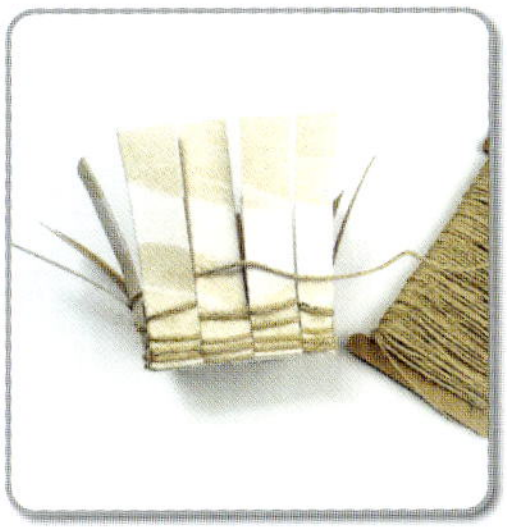
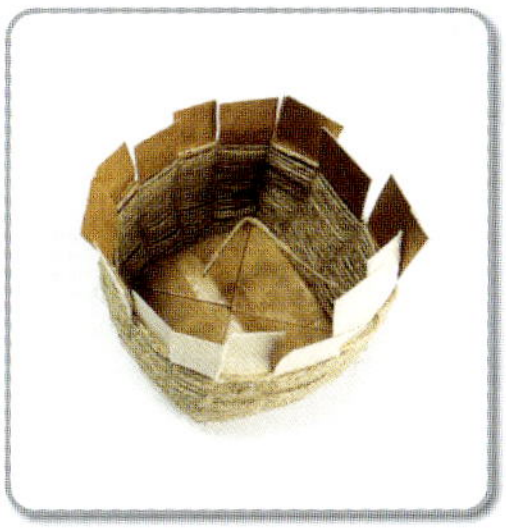
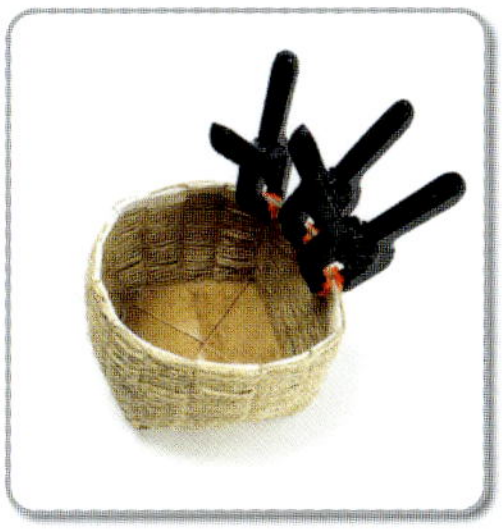
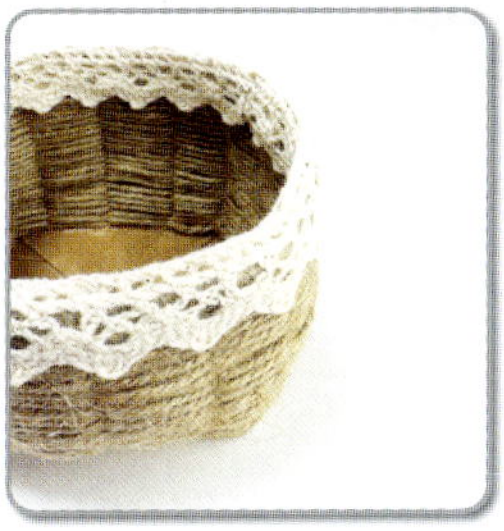
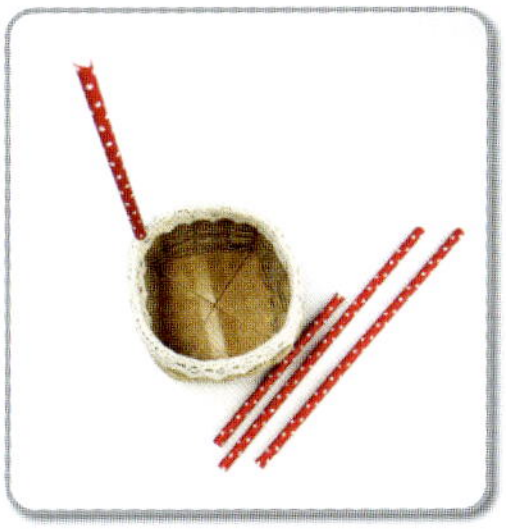
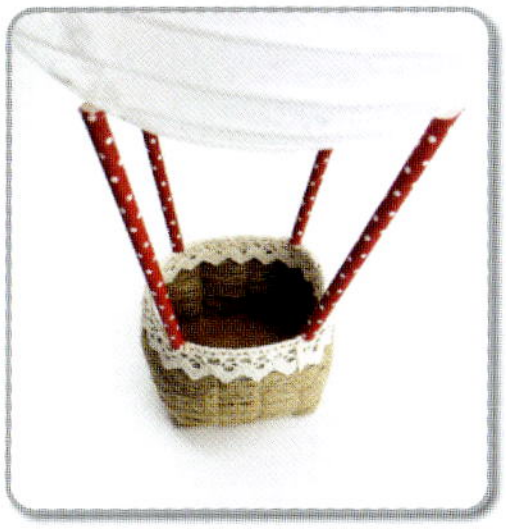
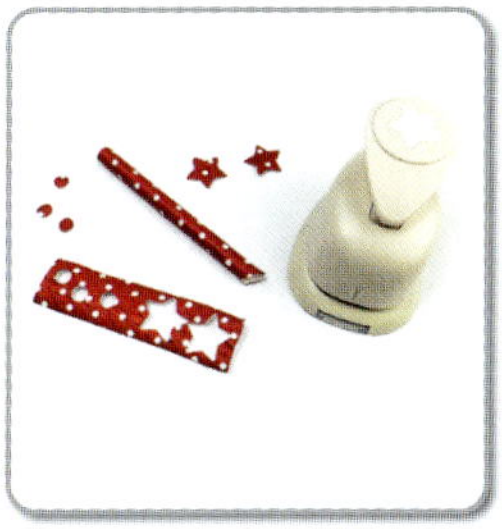

## SANDSÄCKCHEN

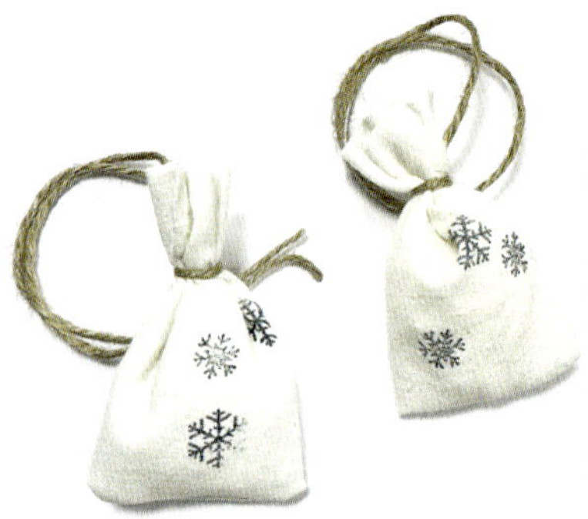

### MATERIAL

- Baumwollstoff in Weiß
- Jutekordel in Braun, ø 2 cm
- Watte
- Stempel mit Eiskristall-Motiv und Stempelkissen in Blautönen
- Textilkleber

### HILFSMITTEL

- Schere
- Holzspieß

**1** Schneide für ein Säckchen ein 7 cm x 9 cm großes Stück Stoff zurecht. Verziere es mit Stempelmotiven. Falte das Stoffstück rechts auf rechts so, dass die kurzen Kanten aufeinandertreffen. Klebe eine kurze und eine lange Kante mit Textilkleber zusammen. Trocknen lassen.

**2** Wende das Säckchen und fülle es mit Watte. Schiebe die Watte mit dem Holzspieß nach unten und knote das gefüllte Säckchen mit Juteschnur zu.

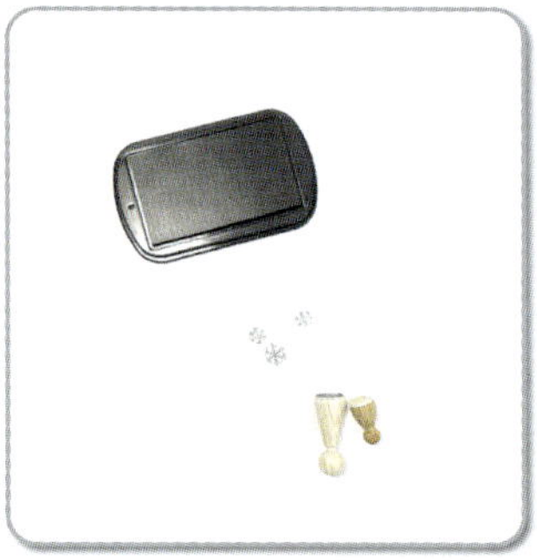

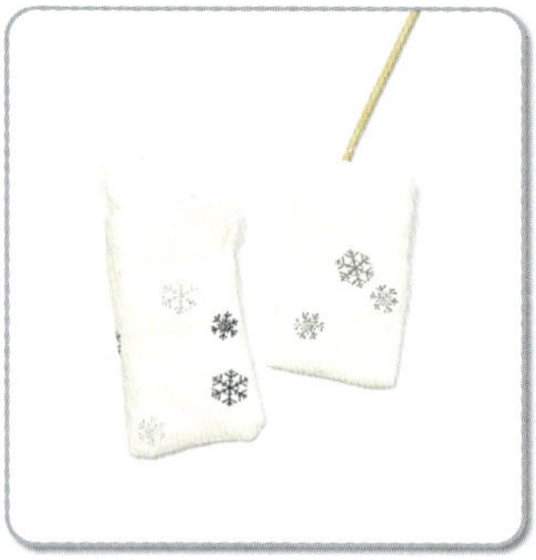

### WEITERES ZUBEHÖR

Die Anleitung für das Haus in der Wichtelkulisse auf Seite 230 findest du auf Seite 39, für einen Briefkasten auf Seite 53, für den Wichtelbrief auf Seite 25, für den Türkranz auf Seite 59, für die Fußmatte auf Seite 48, für die Umzugskartons und die Zaubernuss auf Seite 229, für die Rute auf Seite 125, für Tasse und Thermoskanne auf Seite 149, für die Bücher auf Seite 95 und für die Tannen auf Seite 61. Kleiderbügel und Stiefel sind Fertigteile.

# IDEENBIBLIOTHEK

Das Schöne an der Wichteltradition ist, dass der Wichtel oder die Wichtelin scheinbar wirklich leben, sich im Haus bewegen und ihrem Alltag nachgehen. Das unterscheidet das Wichtelbasteln vom einfachen Miniaturenbau. Das Gefühl, dass der Wichtel existiert, entsteht zum einen dadurch, dass die Kulissen sich ändern, vor allem aber auch dadurch, dass der Wichtel immer für einen lustigen Streich oder eine schöne Aktion mit den Kindern zu haben ist.

In diesem Kapitel stellen wir dir die schönsten Streiche und Aktionen vor, die du im Zusammenhang mit den Kulissen im Buch, aber auch mit eigenen Kulissen oder auch nur mit einer Wichteltür umsetzen kannst. Wichtig ist, dass ihr alle Spaß an den Aktionen habt!

# WICHTELAKTIONEN FÜR KULISSEN IN DIESEM BUCH

### DIE WICHTELBAUSTELLE (AB S. 64)

- Über Nacht erscheint eine Wichtelbaustelle an der Wand, die die Kinder entdecken dürfen. Baumaterialien wie Holzstäbchen und kleines Werkzeug des Wichtels liegen davor. Was sind denn das für seltsame Ziegelsteine?
- Eine Schuttrutsche hängt am Baugerüst des Wichtels. Aber statt Bauschutt rutschen dort z. B. bunte Schokolinsen oder Glitzersteine hinunter.
- Die Wichtelin benötigt dringend Baumaterial und fragt die Kinder, ob sie ihr z. B. Farben, Holzstäbchen, Pappe o. Ä. besorgen können.
- Da der Wichtel gerade dabei ist, seine Wichteltür zu bauen, hat er die Nacht in einem Wichtelzelt verbracht und sich im Schlafsack eingekuschelt.
- Alternativ ist der Wichtel sogar mit einem kleinen Wohnwagen angereist, den er neben der Baustelle parkt. Diesen kannst du auch wunderbar nutzen, wenn der Wichtel über das Jahr zu Besuch kommen sollte.

### DER WICHTELEINZUG (AB S. 78)

- Der Wichtel ist eingezogen. Vor seiner Tür stehen viele kleine vollgepackte Kisten und Koffer mit all seinen Wichtelsachen. Die Kinder haben vieles zu entdecken. Stelle kleine geöffnete Kisten vor die Tür und lege Wichtelzubehör hinein, das sich die Kinder anschauen dürfen.
- Der erste Wichtelbrief liegt im Briefkasten. Die Wichtelin stellt sich darin vor und erzählt von sich. Inspiration dazu findest du auf Seite 24.
- Der Wichtel ist beim Einzug durch die Fensterscheibe geschlüpft. An der Scheibe befinden sich noch Spuren und Abdrücke von seinem Zauber. Male mit einem Kreidemarker einen Wichtelabdruck an die Fensterscheibe oder eine Wichteltür, durch die er geschlüpft ist.
- Fußspuren der Wichtelin und Schlittenspuren führen durch die Wohnung bis zur Wichteltür. Vielleicht hat sie sich auch die Wohnung angeschaut und die Spuren sind überall verteilt?

### DER SCHNEETAG (AB S. 100 UND AB S. 146)

- Mit dem Schneezauber hat der Wichtel es vor seiner Wichteltür zum Schneien gebracht. Eigentlich wollte er einen großen Haufen Schnee zaubern, um mit dem Schlitten hinunterzurodeln. Mit einer Schneeschaufel hat er schon ein bisschen Schnee zusammengeschoben und bittet nun die Kinder um Hilfe.
- Die Wichtelin ist mit Skiern oder Schlitten auf einer Toilettenpapierpiste die Couch oder Treppe hinuntergesaust. Lege eine Bahn aus Toilettenpapier aus, streue etwas Kunstschnee drumherum und dekoriere mit einem Schlitten oder Skiern die kleine Szene.
- Da es draußen nicht schneit, hat der Wichtel ein Paket Mehl auf dem Tisch zu einem kleinen Schneehügel aufgeschüttet und ist dort mit dem Schlitten hinuntergefahren. Dekoriere das Mehl auf einer sauberen Fläche, dann kannst du es weiterverwenden.
- Auf einem zugefrorenen Teich ist die Wichtelin Schlittschuh gelaufen. Nanu, da ist ja ein Loch im Eis. Ob die Kinder mit der Angel wohl etwas dort herausfischen können?
- Der Wichtel hat sich in der Nacht ein tolles Iglu gebaut. Er hat es sich richtig gemütlich darin gemacht und sogar eine Lichterkette angebracht.

### DIE WICHTELWERKSTATT (AB S. 108)

- Die Wichtelin baut sich Stühle, Tische, Schränke und viele andere Möbel. Überall liegen Werkzeuge und Baumaterial herum. Vielleicht finden die Kinder auch kleine Baupläne. Zeichne dazu auf kleine Zettel einfache Skizzen von Möbeln und lass die Kinder erraten, was sie noch alles bauen wird.
- Der Wichtel fragt die Kinder, ob sie ihm beim Bauen helfen möchten. Ihnen fällt bestimmt etwas ein, das sie mit Bastelhölzern umsetzen können. Vielleicht fehlt dem Wichtel auch etwas Bestimmtes wie ein Teppich aus Filz oder eine lange Strickleiter aus Schnur und dünnen Hölzern. Lass die Kinder kreativ werden. Sie werden sich bestimmt darüber freuen, wenn der Wichtel ihre gebauten Dinge verwendet.

### DAS NIKOLAUSGESCHENK (AB S. 124)

- Der Wichtel hat seine Stiefel geputzt und Strümpfe am Kamin aufgehängt. Auch für die Kinder hat er Schuhputzzeug bereitgestellt.
- Falls der Wichtel viel Langeweile hat, hat er vielleicht sogar das Schuheputzen für die Kinder übernommen. Auf der Fußmatte vor der Menschenhaustür stehen die Kinderschuhe. Das Wichtel-Schuhputzzeug und eine kleine Leiter stehen daneben.
- Der Nikolaus war da und hat auch dem Wichtel etwas in seine Wichtelschuhe gesteckt.

### DER RENTIERSTALL (AB S. 138)

- Der Wichtel beginnt, einen Rentierstall zu bauen. Baupläne mit Zeichnungen, Werkzeuge und Baumaterial liegen an seiner Wichteltür. Vielleicht können die Kinder ihm helfen oder auch Baumaterial wie Pappe oder Holzstäbchen besorgen.
- Die Kinder dürfen dem Wichtel helfen das Rentier zu füttern und zu pflegen. Er kann einen Eimer mit Haferflocken als Rentierfutter bereitstellen. Leere den Futtertrog regelmäßig, damit es so aussieht, als hätte das Rentier gefressen.
- Da der Wichtel den Rentierstall nicht richtig geschlossen hat, ist das Rentier in der Nacht auf Erkundungstour in der Wohnung unterwegs gewesen. Am Morgen steht der Stall leer und die Kinder müssen das Rentier in der Wohnung suchen und zurückbringen.
- Das Rentier war neugierig und hat etwas Unordnung vor der Wichteltür gemacht. Lege die Wichtelsachen verstreut hin. Vielleicht hängt ihm ja noch etwas am Geweih.
- Das Rentier wollte beim Dekorieren helfen und hat nun die Weihnachtskugeln im Geweih hängen.
- Nicht nur die Spuren des Wichtels sind öfter mal in der Wohnung zu finden, auch das Rentier geht hin und wieder mal auf Tour.

### DER WASCHSALON (AB S. 158)

- Die Wichtelin hat ihre Kleidung gewaschen und benötigt die Hilfe der Kinder, um die Kleidungsstücke an der Mini-Wäscheleine aufzuhängen.
- Der Wichtel hat seine Wäsche im Badezimmer im Waschbecken gewaschen und die Teile liegen noch nass am Waschbeckenrand. Ob die Kinder ihm wohl helfen und sie auf die Heizung legen können?
- Vor der Wichteltür musste dringend sauber gemacht werden. Ein kleiner Putzeimer, ein Wischmopp und ein Besen stehen daneben. Da hat die Wichtelin wohl ordentlich zu tun gehabt.
- Der Wichtel weiß, wie viel Spaß Kinder mit Blubberblasen haben. Deshalb hat er ihnen im Waschbottich eine extra blubberige Mischung angerührt. Hier können die Kinder hineinpusten und gucken, was passiert. Achtung: Die Kinder müssen alt genug sein, um zu verstehen, dass sie die Mischung auf keinen Fall trinken dürfen. Bitte nicht unbeaufsichtigt damit spielen lassen!

### DER WEIHNACHTSMARKT (AB S. 168)

- Den Weihnachtsmarkt kannst du über mehrere Tage nutzen oder auch in den Adventskalender integrieren. So können die Kinder unterschiedliche Dinge an den verschiedenen Marktständen entdecken. Du kannst mehrere Marktstände bauen oder sie einfach umdekorieren. Verstecke dort kleine Überraschungen und gib den Kindern Hinweise in den Wichtelbriefen, was sie an den Tagen dort machen können.
- An dem kleinen Süßigkeitenstand dürfen die Kinder von den wichteligen Süßigkeiten, den Salzbrezeln und den Schokofrüchten naschen. Verzichte ggf. auf künstliche Lebensmittel wegen der Verschluckungsgefahr oder schreibe in einem Wichtelbrief, welche Süßigkeiten vernascht werden dürfen.
- An einem Stand gibt es Wichtelpunsch. Mit einem Rezept des Wichtels können die Kinder den einfachen Kinderpunsch auch selbst machen (Rezept auf S. 238).
- Auf dem Wichtelweihnachtsmarkt finden die Kinder Karusselltickets für den echten Weihnachtsmarkt.
- Wenn du deinen Weihnachtsmarkt mit einem kleinen Fahrgeschäft dekorieren möchtest, findest du auf S. 178 eine Anleitung für eine niedliche Schiffschaukel.
- Auch eine kleine Eisbahn (S. 151) kann man wunderbar auf den Weihnachtsmarkt stellen. Hier ist der Wichtel in der Nacht Schlittschuh gelaufen.

## DER WELLNESS-TAG (AB S. 190)

- Der Wichtel hat seine Zähne am Waschbecken geputzt und seine kleine Zahnbürste liegen gelassen. Die Zahnpastatube der Kinder liegt geöffnet am Rand und Fußabdrücke mit etwas Zahnpaste sind zu sehen. Da musste er sich wohl etwas borgen.
- Die Wichtelin hat sich eine Auszeit im Whirlpool genommen. Ihre Badeschlappen und ein Handtuch liegen daneben.
- In der Nacht hat der Wichtel im Waschbecken ein Bad genommen. Seine Kleidung liegt noch am Waschbeckenrand, eine Leiter steht angelehnt am Wasserhahn und im Wasser schwimmt eine Quietsche-Ente.
- Am Badewannen- oder Waschbeckenrand hat die Wichtelin einen Kurzurlaub gemacht. Man sieht eine Liege und eventuell auch einen Sonnenschirm und etwas Sand mit Muscheln. Da hatte wohl jemand genug vom Winter.
- Der arme Wichtel hat sich bei dem kalten Wetter einen kleinen Schnupfen zugezogen. Überall liegen zerknüllte Taschentücher herum. Etwas Milch mit Honig oder eine Tasse Tee wird ihm bestimmt guttun. Ob die Kinder ihm wohl helfen möchten?

## IN DER WEIHNACHTSBÄCKEREI (AB S. 202)

- Der Wichtel hat Plätzchen gebacken und fragt die Kinder, ob sie davon probieren möchten. Verwende z. B. essbare Mini-Plätzchen oder Minikekse aus der Backabteilung eines gut sortierten Supermarktes und lege sie auf ein Stück Backpapier, auf ein Wichtelbackblech oder in eine Mini-Keksdose. Achtung bei kleinen Kindern! Bei unechten Plätzchen besteht die Gefahr, dass sie davon probieren möchten und das Zubehör verschlucken. Lass kleine Kinder nicht unbeaufsichtigt bei den Miniaturen.
- Die Wichtelin fragt die Kinder, ob sie Lust haben, Plätzchen zu backen, und legt ihnen bunte Streusel und vielleicht auch eine Wichtelgeheimzutat parat. Dies ist beispielweise eine Zutat aus deinem Rezept wie Zimt oder Vanille, die sich in ein kleines Gefäß füllen lässt (S. 172).
- Der Wichtel hat Bruchschokolade gemacht und fragt die Kinder, ob sie selbst auch welche machen möchten. Schokolade, süße Dekoration und eine Anleitung hat er bereitgelegt (S. 238).
- Die Wichtelin hat sich ein kleines Lebkuchenhaus gebaut, das sie dekoriert, und fragt die Kinder, ob sie ein großes Lebkuchenhaus bauen möchten. Lege einen Lebkuchenhausbausatz oder ein Rezept dazu parat.
- Aus kleinen Butterkeksen hat sich der Wichtel Mini-Wichtelhäuser gebaut, die er weihnachtlich dekoriert hat (S. 239). Für die Kinder hat er große Butterkekse und Süßes bereitgestellt.
- Die Wichtelin bittet die Kinder, ihr ein Plätzchen vor die Tür zu legen, und vernascht dieses bis auf ein paar Krümel in der Nacht.
- Der Wichtel hat ein Fläschchen mit Streuseln verschüttet und bittet die Kinder, alles mit seinem kleinen Besen zusammenzufegen. Vielleicht war auch das neugierige Rentier in der Wichtelbäckerei unterwegs und hat Unordnung gemacht.
- Der Wichtel hat einen kleinen Tannenbaum gebacken (z. B. aus Modelliermasse). Die Kinder können aus Blätterteig einen großen Tannenbaum backen (S. 239).

## DER SPIELEABEND (AB S. 214)

- Der Wichtel hat in der Nacht einen Spieleabend veranstaltet. Vor seiner Wichteltür liegen verschiedene kleine Spiele. In einem Brief fragt er die Kinder, ob sie Lust haben, mit der Familie einen Spielenachmittag zu veranstalten.
- Die Wichtelin hat ein Puzzle gemacht. Auf ihrem Tisch liegt ein kleines Puzzle und daneben liegt ein größeres für die Kinder. Wenn sie es fertig puzzeln, entdecken sie auf der Rückseite eine Geheimbotschaft. Drucke ein weihnachtliches Motiv aus und schreibe auf die Rückseite eine Botschaft. Dann schneidest du das Blatt in viele kleine Teile. Drucke dasselbe Motiv im Miniformat für die Wichtelin aus.

## DER KINOABEND (AB S. 216)

- Der Wichtel hat ein kleines Kino vor seiner Wichteltür aufgebaut und sich einen schönen Film angesehen. Nanu, läuft da etwa ein richtiger Film im Wichtelkino?
- Vielleicht möchten auch die Kinder einen Filmeabend machen. Leckeres Popcorn für die Mikrowelle und Kinotickets fürs Wohnzimmerkino liegen bereit.
- Der Wichtel hat den Kindern echte Kinotickets vor die Wichteltür gelegt.

## DER WEIHNACHTSABEND (AB S. 220)

- Die Wichtelin hat sich einen Tannenbaum gefällt. Ihre kleine Axt liegt neben der Wichteltür und ein Tannenbaum liegt auf ihrem Schlitten.
- In der Nacht hat die Wichtelin ihren Weihnachtsbaum geschmückt. Überall liegen noch Christbaumkugeln und Weihnachtsdekoration herum. Vielleicht dürfen die Kinder ihr dabei helfen?
- In einem Brief fragt die Wichtelin die Kinder, ob sie gemeinsam mit der Familie einen Weihnachtsbaum besorgen möchten, um diesen dann zu schmücken. Verbindet die Idee mit einem schönen Familienausflug.
- Alternativ hat der Wichtel bereits den großen Weihnachtsbaum der Familie aufgestellt, und die Kinder können direkt mit dem Schmücken beginnen. Du fragst dich wie der kleine Wichtel das schafft? Mit der Wichtelmagie geht so einiges.
- Weihnachtsbaumschmuckanhänger können die Kinder aus z. B. Bastelhölzern, Salzteig sowie luft- oder ofenhärtender Modelliermasse basteln. Vielleicht hat sogar der Wichtel in der Nacht welche hergestellt.
- Der Wichtel ist dabei, sich einen Adventskranz zu machen. Die vielen kleinen Materialien liegen schon vor seiner Tür. Können die Kinder wohl erraten, was er damit macht?
- Der Adventskranz ist fertig und steht auf einem Tischchen neben der Wichteltür. Der Wichtel hat in der Nacht sogar eine Kerze angezündet. Verwende z. B. echte kleine Kerzen (Geburtstagskerzen) für den Wichtelkranz und zünde sie am Abend vor den Adventssonntagen kurz an. Aber Achtung: Die Kerzen sind kurz und brennen schnell ab. Das sollte keine Aufgabe für die Kinder sein.
- Der Wichtel hat kleine Geschenke verpackt und unter seinen Baum gelegt. Winzige Geschenkpapierrollen und anderes Verpackungsmaterial liegen vor seiner Tür. Vielleicht dürfen die Kinder die Geschenke sogar öffnen und finden darin eine kleine Aufmerksamkeit?
- Am Kamin hat es sich die Wichtelin im Schaukelstuhl mit einer Tasse Tee und Büchern gemütlich gemacht. Auch für die Kinder liegen Bücher für eine Vorlesestunde bereit.
- An Heiligabend hat der Wichtel seine Wichteltür feierlich geschmückt. So gerne hätte er etwas von dem leckeren Essen der Familie. Es duftet so herrlich im Haus. Die Kinder können ihm bestimmt etwas auf seinen kleinen Teller geben. Lass die Kinder ein wenig von eurem Essen auf den Wichtelteller vor die Tür stellen. Der Wichtel wird es sehr wahrscheinlich in der Nacht aufessen.
- In einem Brief schreibt die Wichtelin, dass sie sich über ein weihnachtliches Lied freuen würde. Vielleicht können ihr die Kinder vor der Wichteltür etwas vorsingen und sie hört dahinter gespannt zu.

## DER WICHTELAUSZUG (AB S. 228)

- Weihnachten ist vorüber und der Wichtel zieht nun aus. Vor seiner Wichteltür hat er alle seine Sachen wieder in Kisten und Koffer gepackt. Vielleicht entdecken die Kinder ja einige neue Dinge darin wie kleine Geschenke, gemalte Bilder oder Briefe, die sie für ihren Wichtel gemacht haben.
- Die Wichtelin gibt den Kindern ein ganz besonderes Abschiedsgeschenk wie eine Zaubernuss, einen Glücksbringer oder ein Freundschaftsarmband.
- Zum Abschied hinterlässt der Wichtel den Kindern ein Fläschchen mit einem ganz besonderen Zauberpulver. Wenn sie ihm über das Jahr einen Brief schreiben möchten, können sie das Zauberpulver einfach darüber streuen und schon erscheint der Brief beim Wichtel.

# SÜSSE AKTIONEN FÜR KINDER

## SCHNELLER KINDERPUNSCH MIT GEHEIMZUTAT

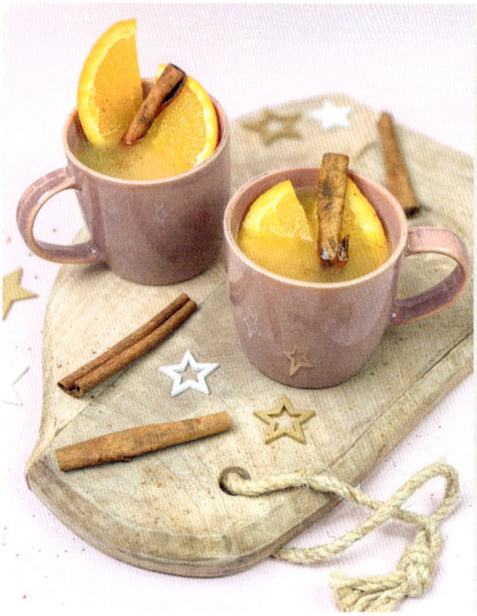

**FÜR 4 PORTIONEN**
- 240 ml Orangensaft
- 600 ml Apfelsaft
- ½ TL Zimt (Geheimzutat)
- 2–3 halbierte Orangenscheiben

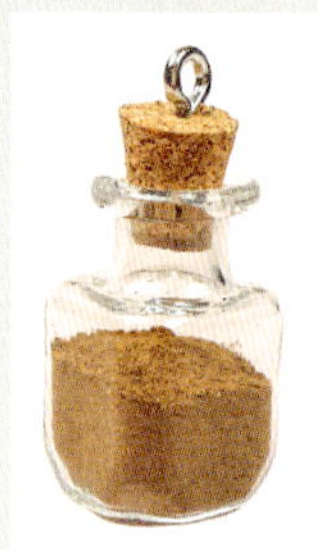

1 Den Orangensaft und den Apfelsaft in einem kleinen Topf erwärmen.

2 Die Wichtelgeheimzutat und die Orangenscheiben zugeben.

**WICHTELGEHEIMZUTAT**

Der Wichtel gibt den Kindern eine wichtelige Geheimzutat für ihre Rezepte. Das kann Zimt oder Vanillezucker sein. Fülle die Geheimzutat in ein kleines bruchsicheres Gefäß und lass es den Wichtel für ein bestimmtes Rezept vor die Wichteltür stellen. Die Geheimzutat können die Kinder in den Punsch oder auch in ihren Plätzchenteig geben.

## WEIHNACHTLICHE BRUCHSCHOKOLADE

**ZUTATEN**
- 200 g Vollmilchschokolade
- 200 g weiße Schokolade
- essbares Dekomaterial, z. B. Streusel, Kekse, Nüsse, Trockenobst, Schokolinsen

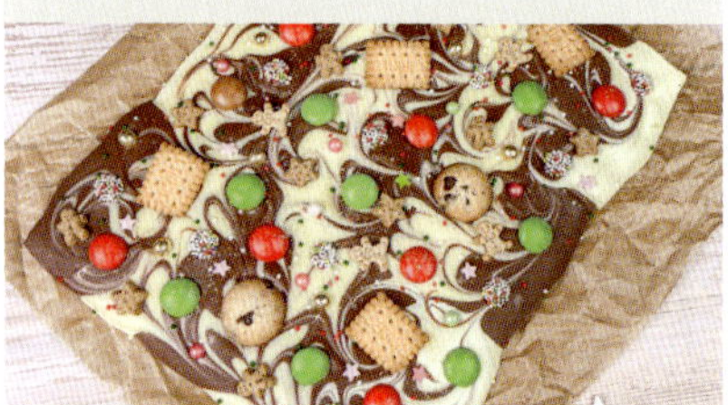

1 Aus den Tafeln Rechtecke brechen und nebeneinander in einem Muster auf ein mit Backpapier ausgelegtes Backblech legen. Das Backblech ca. 12 Minuten bei 50 °C Umluft in den Backofen geben.

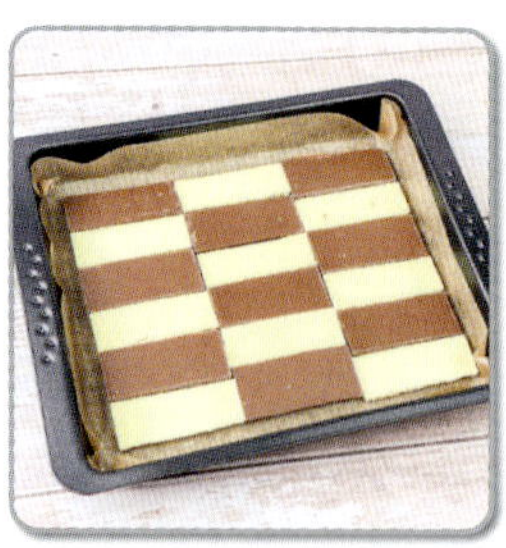

2 Das Backblech mit der Schokolade aus dem Ofen nehmen und die helle und dunkle Schokolade mit einer Gabel marmorieren und ineinanderlaufen lassen.

3 Nach Belieben Streusel, Kekse, Nüsse, Trockenobst, Schokolinsen darüberstreuen. Auskühlen lassen.

4 Die Schokolade in Stücke brechen, genießen oder verschenken.

**TIPP**

Bruchschokolade in einer durchsichtigen Tüte ist eine schöne Geschenkidee.

## WEIHNACHTSBAUM AUS BLÄTTERTEIG

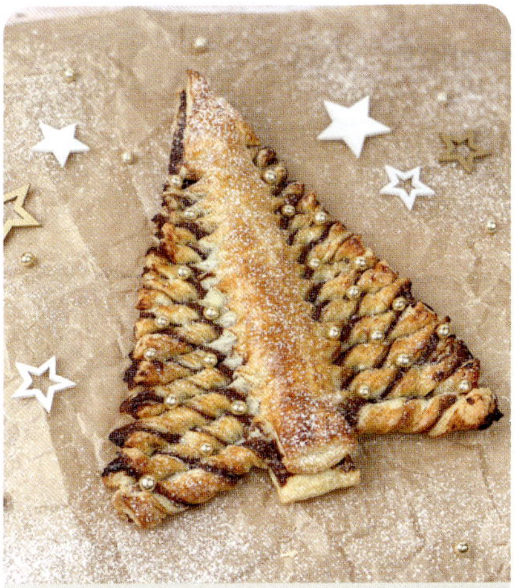

### ZUTATEN

- 1 Blätterteigrolle (275 g; Kühlregal)
- 1 Ei
- Nussnugatcreme
- Zimt (Geheimzutat), optional
- Puderzucker, Schokoperlen oder -streusel

1 Den Blätterteig auf einem mit Backpapier ausgelegten Backblech ausbreiten und mittig quer falten. Die Teiglagen auseinanderklappen und eine Hälfte vollständig mit Nussnugatcreme bestreichen. Die unbestrichene Seite darüber klappen.

2 Mit einem Messer einen Tannenbaum ausschneiden: Dafür unten mit dem Baumstamm beginnen und von dort zwei waagerechte Linien bis zu den Seitenrändern schneiden. Für das Dreieck an der Oberkante die Mitte markieren und von dort jeweils zu den unteren Ecken schneiden.

3 Links und rechts mehrere waagerechte Streifen in das Dreieck schneiden, dabei in der Mitte bis zur Spitze oben einige Zentimeter frei lassen. Die Streifen auf beiden Seiten nach oben mehrmals in sich verdrehen.

4 Das Ei mit der Geheimzutat (Zimt) verquirlen und den Tannenbaum damit dünn bestreichen. Alternativ den Tannenbaum zuerst mit Ei bestreichen und dann mit Zimt bestäuben.

5 Den Tannenbaum maximal 15 Minuten bei ca. 200 °C Umluft backen. Auskühlen lassen.

6 Den Tannenbaum mit Puderzucker bestäuben oder mit Schokoperlen oder -streuseln bestreuen oder diese mit etwas Zuckerguss aufkleben.

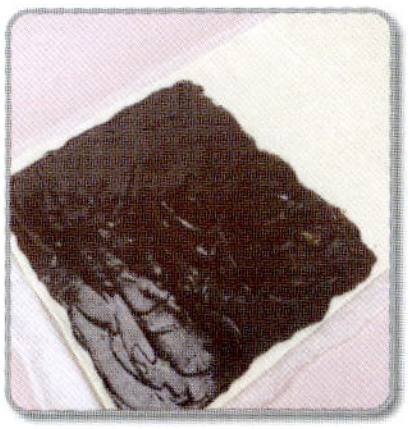

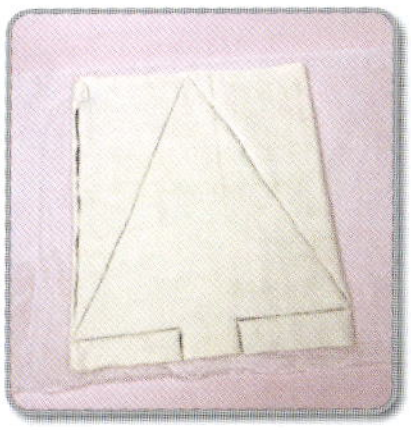

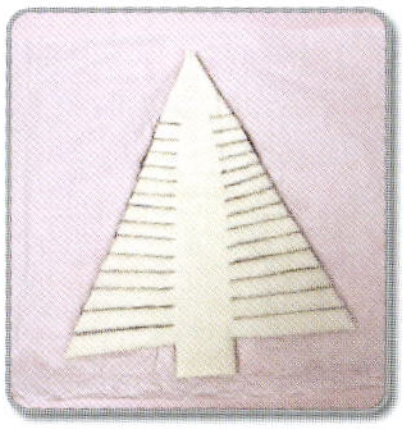

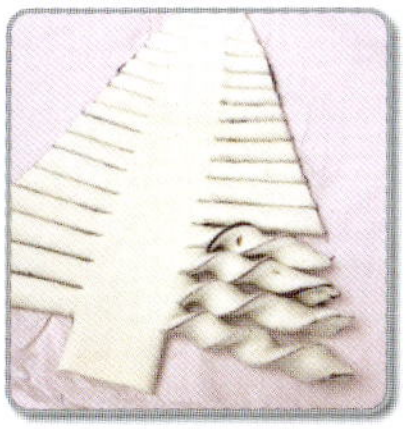

## LECKERE WICHTELHÄUSER

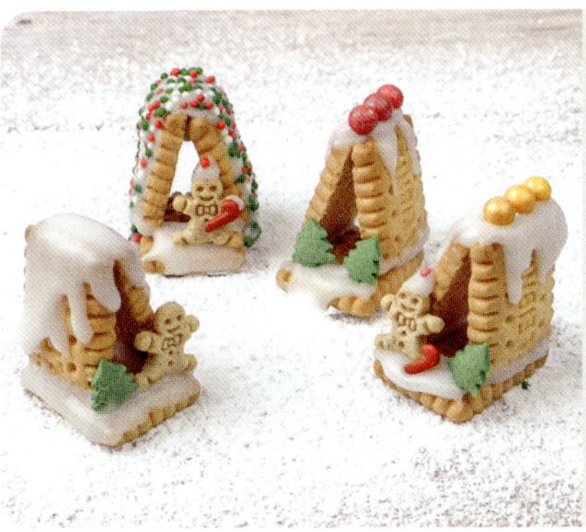

### ZUTATEN

- Puderzucker
- Butterkekse oder Mini-Butterkekse
- essbares Dekomaterial, z.B. Zuckerperlen, Mini-Kekse, Schokolinsen, Weingummis

**TIPP**

Mini-Butterkekse eignen sich gut, um daraus Häuser für den Wichtel zu fertigen.

1 Etwas Puderzucker in einem Schälchen mit sehr wenig Wasser zu einem homogenen dickflüssigen Zuckerguss verrühren. Die Konsistenz sollte so sein, dass der Guss an den Keksen haften bleibt.

2 Einen Keks als Boden auf die Arbeitsfläche legen. Zwei Kekse mit der unteren Kante in den Zuckerguss tauchen und dachförmig auf den ersten Keks kleben. Die beiden Kekse an der oberen Kante mit Zuckerguss verbinden.

3 Etwas Zuckerguss als Schnee vom Dachfirst rinnen lassen. Dekoration wie Perlen, Mini-Kekse, Schokolinsen und Weingummis ankleben.

# WICHTELSTREICHE & SCHABERNACK

Die kleinen Wichtel sind für jeden Spaß zu haben und spielen den Kindern auch gerne mal harmlose, aber lustige Streiche. Wer das Ganze nicht als Streich betiteln möchte, kann auch einfach einen ungeschickten oder unordentlichen Wichtel haben, der hin und wieder mal ein bisschen Chaos hinterlässt. Vielleicht geht auch hier oder da mal ein Zauber schief, der die Kinder zum Lachen bringt.

## SELTSAME KLEIDUNG

- Der Wichtel hat den Kindern Kleidung für die Kita oder die Schule rausgelegt. Wähle ein absolut absurdes Outfit wie Sommerkleidung im Winter, das die Kinder zum Lachen bringt, und schreibe einen witzigen Brief dazu.
- Zieh den Tisch- und Stuhlbeinen Socken der Kinder an.
- Die Stuhllehnen tragen die Pullover der Eltern.
- Die Ärmel der Jacken hat der Wichtel mit Gummibändern abgebunden und mit Nüssen gefüllt.
- Der Kitarucksack oder der Schulrucksack ist gefüllt mit Mandarinen und Nüssen.
- Die Schuhe der Kinder sind in alte Zeitungen eingewickelt.
- In den Schuhen der Kinder sind Nüsse versteckt.
- Die Schuhe sind an den Schnürsenkeln zusammengeknotet.
- Im Kleiderschrank der Kinder liegen Äpfel. Wie kommen die wohl da rein?
- Eine aneinandergereihte Schlange aus Schuhen führt quer durch die Wohnung. Vielleicht sitzen sogar Kuscheltiere in dem Schuhe-Zug.
- Überall hängen Socken in der Wohnung: am Lampenschirm, über den Stuhllehnen etc. Die Kinder müssen die richtigen Paare finden und wieder zusammenrollen.
- Der Wichtel hat zehn Paar Socken im Wohnzimmer versteckt, die die Kinder suchen können.
- Die Träger vom Kitarucksack oder Schulrucksack sind mit buntem Chenilledraht umwickelt.

## SCHABERNACK IN DER KÜCHE

- Die Milch im Kühlschrank ist rosa. Gib dafür etwas Lebensmittelfarbe in die Milchtüte.
- Auf den Mandarinen sind lustige Gesichter gemalt und Gewürznelken stecken als Haare darin.
- Auf dem Gemüse kleben Wackelaugen oder Zuckeraugen aus der Backabteilung.
- Die Eier im Kühlschrank sind bunte Partyeier oder haben Gesichter.
- Die Wichtelin hat die Milch verzaubert und sie schmeckt jetzt nach Kakao oder Erdbeere. Gib dafür Erdbeermilchpulver oder Kakaopulver in die Milchtüte.
- Den Käse im Kühlschrank hat sie mit kleinen Ausstechern angestochen. Was für eine lustige Überraschung, wenn das Kind eine Käsescheibe herausnimmt und sie plötzlich ein Motiv hat!
- Sie hat in der Nacht aus dem Marmeladenglas genascht und klebrige Fußspuren hinterlassen.
- Auf der Küchenarbeitsplatte hat sie im Mehl einen Schneeengel gemacht.
- Die Wichtelin hat in der Nacht heimlich vom Lebkuchenhaus abgebissen. Ihre kleine Leiter lehnt noch daran und es fehlt ein Stück.
- Kleine Briefe mit lieben Nachrichten hinterlässt sie den Kindern in der Brotdose.
- Das Butterbrot in der Brotdose hat sie mit einem weihnachtlichen Motiv oder in Wichtelform ausgestanzt.
- Die Wichtelin hatte Hunger auf Plätzchen und hat die Küchenschränke durchsucht. Öffne die Schranktüren und Schubladen und hänge eine lange Strickleiter (S. 183) daran.

- Die Wichtelin hat die Plätzchendose gefunden und davon genascht. Stelle eine Plätzchendose auf die Arbeitsplatte und lehne eine kleine Wichtelleiter daran an. Lege eine Spur aus Krümeln, die sie verrät.
- Die Wichtelin hat sich aus der Küche eine Mandarine geholt. Eine Spur aus Schalen führt bis zu ihrer Wichteltür.
- Die Bananen in der Küche haben lustige Gesichter. Mit einem Zahnstocher kannst du dafür Gesichter in die Schale ritzen, die sich nach kurzer Zeit braun färben.
- Die Wichtelin hatte Hunger und hat sich in der Küche ein Mini-Brot geschmiert. Schneide zwei oder drei kleine Quadrate aus einer Scheibe Toastbrot oder Brot und stelle ein Glas Marmelade, Nuss-Nugat-Creme o. Ä. geöffnet daneben. Lehne eine kleine Leiter daran an. Bereite gegebenenfalls am Abend alles vor und stelle morgens schnell alles bereit. Somit trocknet das Brot nicht aus und ihr könnt es noch essen.
- Mit dem Nussknacker hat sie Nüsse geknackt und sie vernascht. Eine Spur aus Schalen verrät sie.

## SCHABERNACK IM BADEZIMMER

- Der Schelm hat in das Toilettenpapier ein Muster hineingeschnitten. Falte das Toilettenpapier um mehrere Blätter um und schneide kleine Ecken heraus und Löcher hinein. Wickle es dann wieder auf.
- Mit einem Fensterstift hat der Wichtel einen Schneemann an den Spiegel gemalt.
- Auf der Toilette steht ein Schneemann aus drei Toilettenpapierrollen. Verwende buntes Papier oder Stifte für Gesicht und Knöpfe.
- Die Zahnbürsten und Zahnpasta der Kinder hat der Wichtel ausgetauscht gegen eine Möhre und eine Tomatenmarktube. Vielleicht sind ja die Zahnbürsten nun dort versteckt, wo sonst die Möhren und das Tomatenmark gelagert werden?
- Die Zahnbürsten wurden über Nacht im Zahnputzbecher eingefroren und müssen nun erst einmal mit warmem Wasser aufgetaut werden.
- Der Wasserhahn ist bunt geschmückt mit glitzerndem Chenilledraht.
- Auf das Toilettenpapier hat der Wichtel einen lustigen Witz geschrieben.
- Am Waschbecken im Bad liegt eine Zahnpastatube geöffnet und überall sind Fußspuren. Da hat er sich wohl Zahnpasta geborgt und eine kleine Schweinerei hinterlassen.

## SCHABERNACK IN DER WOHNUNG

- Mit Zeitungspapier hat die Wichtelin Gegenstände aus der Wohnung als Geschenk verpackt.
- Sie hat ein Adventskalendersäckchen versteckt und die Kinder müssen es mit versteckten Hinweisen suchen.
- Die Adventskranzkerzen hat sie gegen leere Toilettenpapierrollen ausgetauscht. Darauf stehen verschlüsselte Nachrichten, wo die Kinder die Kerzen suchen dürfen, z. B. „Suche an dem Ort, wo du deine Schuhe anziehst."
- Alternativ hat sie die Kerzen vom Adventskranz gegen Möhren oder Mandarinen ausgetauscht.
- Die Kissenhüllen im Wohnzimmer sind auf links gedreht.
- Die Wichtelin hat im Wohnzimmer mit den Decken eine große Bude gebaut. Ob die Kinder wohl darin spielen möchten?
- Der Wichtel hat in der Nacht einen Spieleabend veranstaltet. Baue ein Kinderspiel auf und setze ein paar Kuscheltiere drumherum. Vielleicht möchten die Kinder ja auch eine Runde mitspielen?
- Eine Wichtelzauberei ist schiefgegangen und nun stehen die Bilder auf dem Regal und an der Wand auf dem Kopf.
- Die Wichtelin versteckt eine Zuckerstange im Weihnachtsbaum, die die Kinder suchen dürfen. Wenn sie ihr die Zuckerstange wiederbringen, versteckt sie sie bestimmt noch mal.

# WICHTELZAUBEREI

Für Kinder ist Wichtelzauberei ein wahres Highlight, denn sie dürfen hin und wieder bei den Zaubereien helfen und gespannt sein, was in der Nacht passiert.

## SO ZAUBERN DIE KINDER

Die Wichtelzauberei geht meist über zwei Tage. In einem Brief fragt der Wichtel, ob die Kinder Lust haben, am Abend ein bisschen zu zaubern. Er legt ihnen etwas parat, das sie verzaubern dürfen, und ein kleines Fläschchen mit Zauberpulver. Verwende als Zauberpulver entweder Glitzerpulver oder alternativ glitzernden Puderzucker aus der Backabteilung. Der Puderzucker hat den Vorteil, dass man ihn für verzauberte Lebensmittel nutzen und essen kann. Beklebe das Fläschchen gegebenenfalls mit einem Etikett (Vorlagen vorhanden; S. 31) für z. B. „Wachstumszauber“, „Schrumpfzauber“ oder „Veränderungszauber“, dann können die Kinder schon ahnen, in was es sich verwandeln wird. Lass die Kinder am besten abends den Zauber durchführen und tausche dann, sobald sie im Bett sind, den Gegenstand aus. Wenn du möchtest, überlege dir noch einen Zauberspruch dazu, den der Wichtel den Kindern in seinem Brief verrät.

## IDEEN FÜR WICHTELZAUBEREIEN

- Vergrößere Wichtelzubehör wie Zuckerstangen oder kandierte Mini-Äpfel zu essbaren Zuckerstangen und kandierten Äpfeln für die Kinder.
- Kleine Steine verwandeln sich in bunte Strasssteine.
- Aus einem Hühnerei wird über Nacht ein Schokoladenei.
- Die Kinder legen Salz vor die Tür und es verwandelt sich in der Nacht in knisternde Badekristalle für die Badewanne.
- Weintrauben werden in Schokobons verwandelt.
- Ein kleiner Schokonikolaus wächst zu einem großen Schokonikolaus heran. Oft gibt es Nikoläuse von einer Marke in zwei Größen.
- Die Kinder haben für den Wichtel ein Bild gemalt und schrumpfen es klein, damit er es sich in seinem Wichtelheim aufhängen kann. Verkleinere das Bild am Drucker oder PC.
- Eine Münze verwandelt sich in einen Schokoladentaler. Umgekehrt geht das natürlich auch.
- Aus bunten Zuckerstreuseln oder Konfetti werden Schokolinsen.
- Aus Konfetti werden Bügelperlen. Du kannst buntes Papier lochen und es als Konfetti verwenden.
- Aus einem Maiskorn wird Popcorn für die Mikrowelle.
- Die Kinder sammeln kleine dünne Zweige, die sich in der Nacht in Salzstangen verwandeln.
- Aus einer runden Perle oder Murmel wird eine Badekugel.
- Einfache Watte, Wattebälle oder Wattepads verwandeln sich in Zuckerwatte.

# REISEGRÜSSE VOM WICHTEL

Einfach ausschneiden und in den Briefkasten stecken!

Hallo meine liebe Menschenfamilie, mich hat das Fernweh gepackt und ich möchte ein wenig unsere wunderschöne Welt erkunden! Deshalb mache ich eine abenteuerliche Reise mit meiner lieben Freundin Gerda Graugans. Sie nimmt mich auf ihrem Rücken mit. Aktuell sind wir in Island, das auch „das Land aus Feuer und Eis“ genannt wird. Wusstet ihr, dass es hier schwarze Strände gibt? Das liegt daran, dass Island eine Vulkaninsel ist. Der Sand besteht aus kalter Lava. Ich bin soooooo beeindruckt!!! Wichtelige Grüße!

AIR MAIL PAR AVION

Wichtelpost für:

Hallo ihr Lieben, ihr werdet nicht glauben, wo Gerda Graugans mich hingeflogen hat: nach Madagaskar! Hier haben wir Coco Chamäleon getroffen. Um Fliegen zu fangen, kann er seine Zunge doppelt so weit raus strecken, wie er selber lang ist. Mit seinen Augen kann er gleichzeitig in verschiedene Richtungen gucken. Und er kann seine Farbe ändern: Wenn er rot ist, ist er ganz aufgeregt, grün bedeutet, er ist total entspannt, und wenn er verliebt ist, wird er bunt. Faszinierend, oder? Wichtelige Grüße!

AIR MAIL PAR AVION

Wichtelpost für:

¡buenos dias!
So wünscht man sich hier „Guten Tag“, denn in Peru sprechen die Menschen Spanisch. Gerda und ich sind lange hierher geflogen. Aber die Reise hat sich gelohnt. Wir haben hier in Peru etwas Unglaubliches entdeckt: den Regenbogen-Berg Vinicunca. Ja, den gibt es wirklich! Verschiedene Mineralien sorgen dafür, dass sieben Farben in der Erde erkennbar sind, darunter Eisenrot, Schwefelgelb und Kupfergrün. Ich konnte meinen Augen kaum glauben. Ich sende verzauberte Grüße!

AIR MAIL PAR AVION

Wichtelpost für:

Hallo! In der Mongolei haben Gerda und ich Trudi Trampeltier kennengelernt. Sie hat sagenhaft weiches Fell, zwei lustig schaukelnde Höcker und die schönsten Wimpern, die ich je gesehen habe. Diese schützen ihre Augen vor dem Wüstenwind, hat sie uns erklärt. Und wusstet ihr, wie viel Wasser ein Trampeltier trinken kann? Rund 150 Liter! Das ist so viel wie eine ganze Badewanne voll. Das hilft ihnen, in der Wüste zu überleben. Trudi hat mich sogar einmal auf ihr reiten lassen. Das war toll! Viele Grüße!!!

AIR MAIL PAR AVION

Wichtelpost für:

Hallihallo aus dem fernen Ägypten! Gerda Graugans und ich haben die Pyramiden von Gizeh bestaunt. Ich habe mich dabei ehrlich gesagt noch ein bisschen kleiner gefühlt, als ich es eh schon bin. Sie sind so gewaltig, dass man sie sogar aus dem Weltall sehen kann. Viele Mythen und Geheimnisse drehen sich um die Pyramiden, denn bis heute kann sich niemand erklären, wie solche Bauten vor rund 4.600 Jahren gebaut werden konnten – ganz ohne Bagger und Kräne. Mystische Grüße aus Ägypten!

AIR MAIL PAR AVION

Wichtelpost für:

Hallo meine Lieben, manchmal muss man die ganze Welt bereisen, um festzustellen, dass es auch zuhause die schönsten Wunder gibt. Heute habe ich vor meiner Wichteltür eine kleine Hummel dabei beobachtet, wie sie von Blüte zu Blüte geflogen ist. Es war das pure Glück. Einmal musste ich laut lachen, denn die Hummel war so schwer, dass sich eine Blume, auf der sie saß, bis zum Boden gebogen hat. Guckt doch auch mal vor eurer Haustür, was für große und kleine Wunder sich dort abspielen. Wichtelige Grüße!

AIR MAIL PAR AVION

Wichtelpost für:

**TIPP**

Du kannst die Karten auch kopieren und dabei auf die von dir gewünschte Größe anpassen.

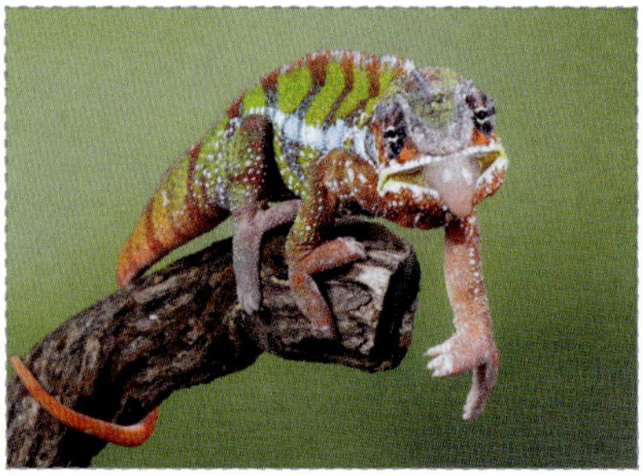
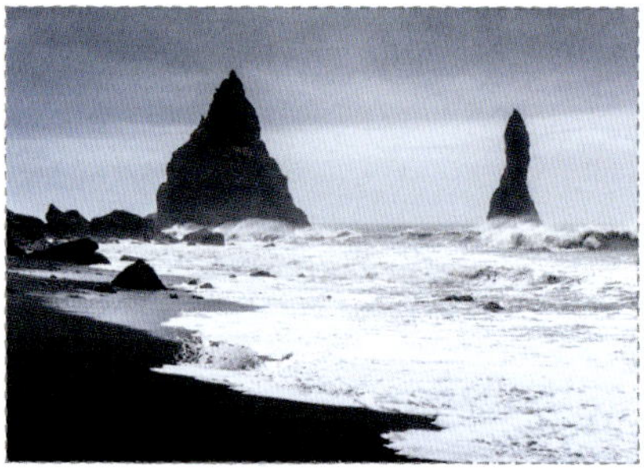
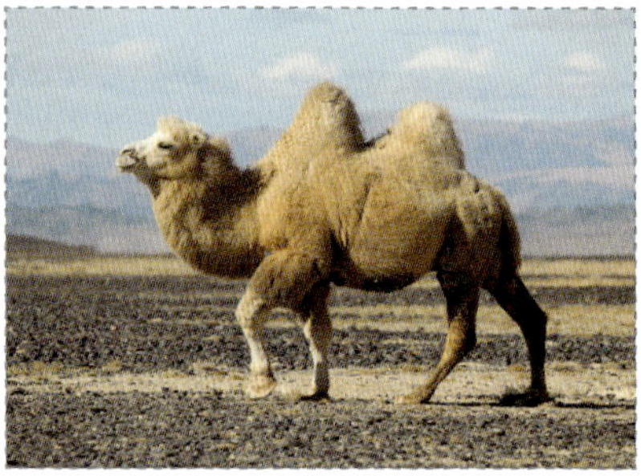
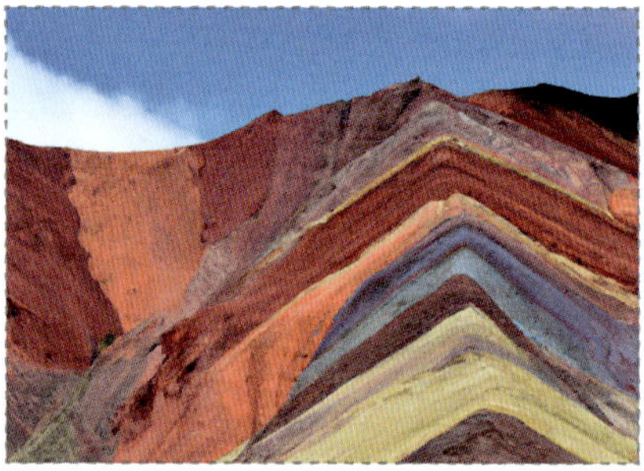
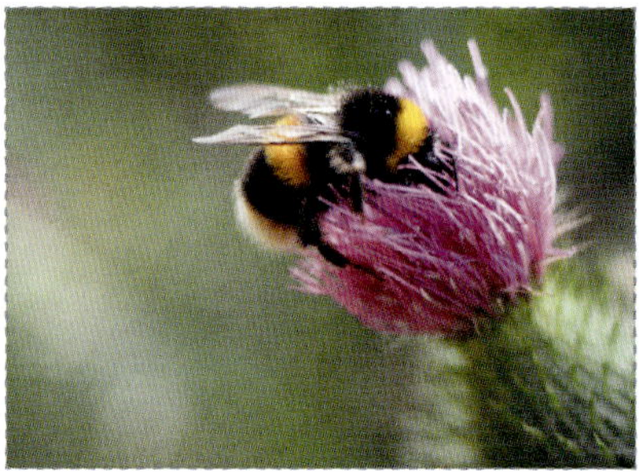
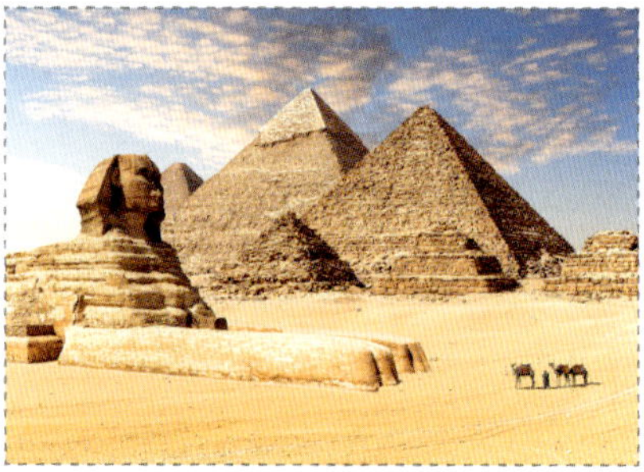

# PROJEKTGALERIE

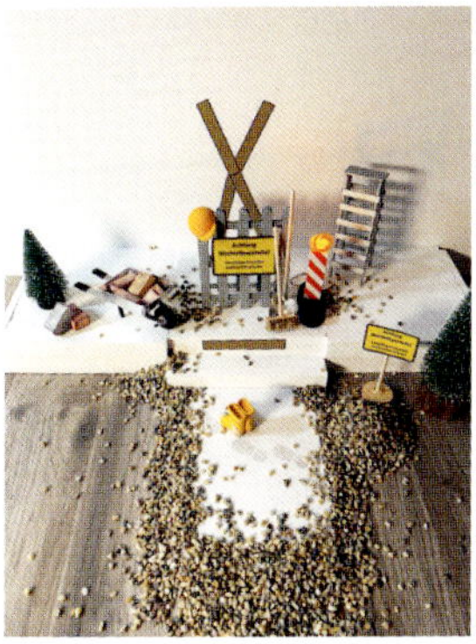
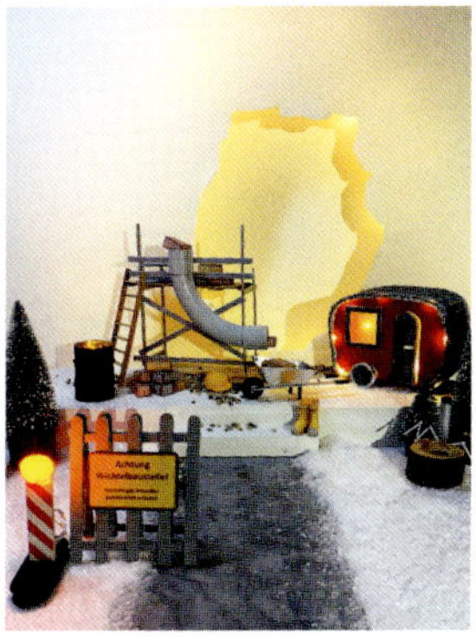
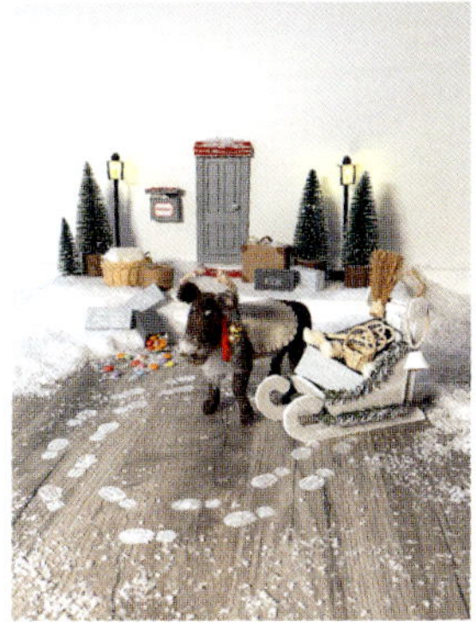
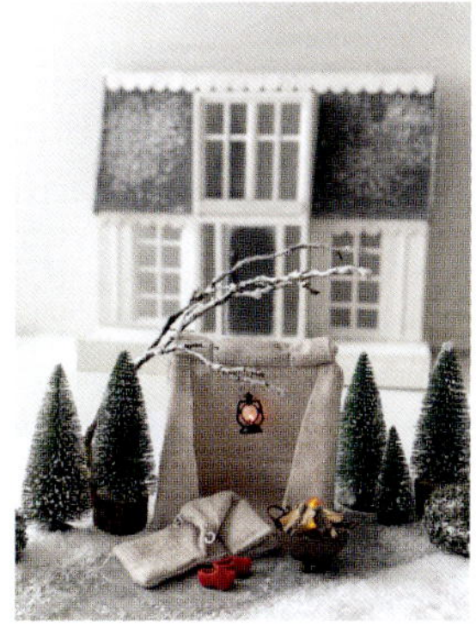
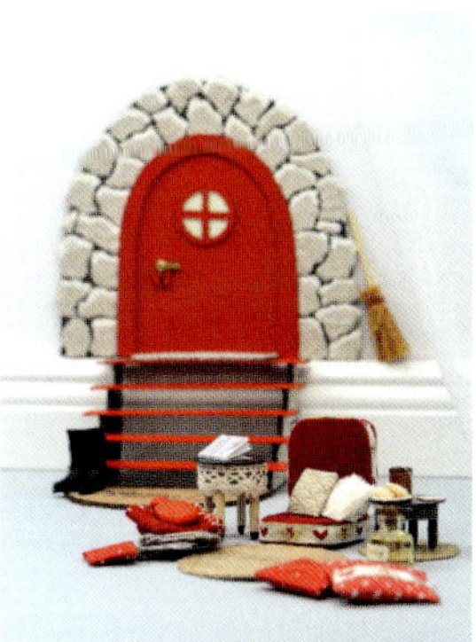
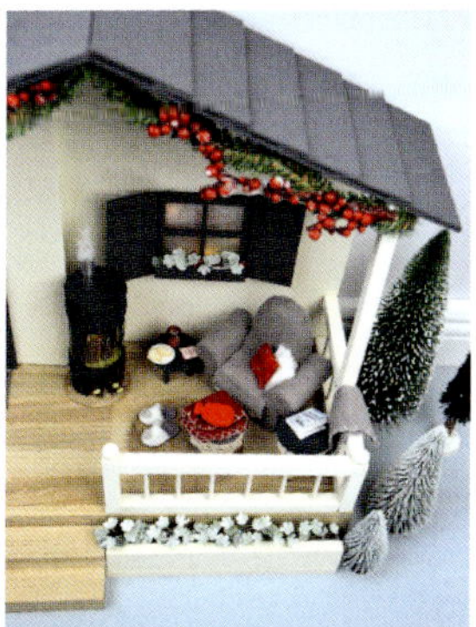
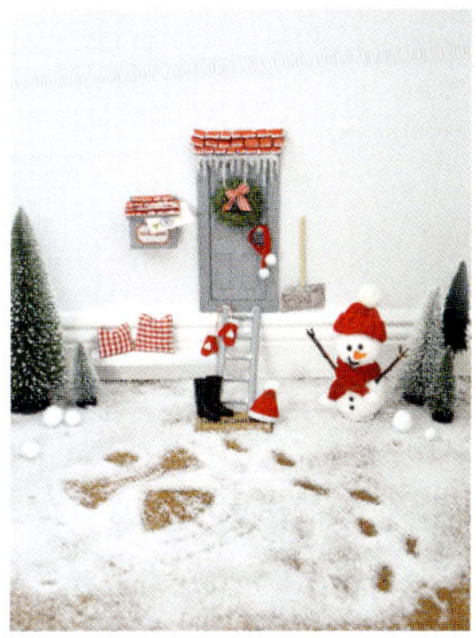
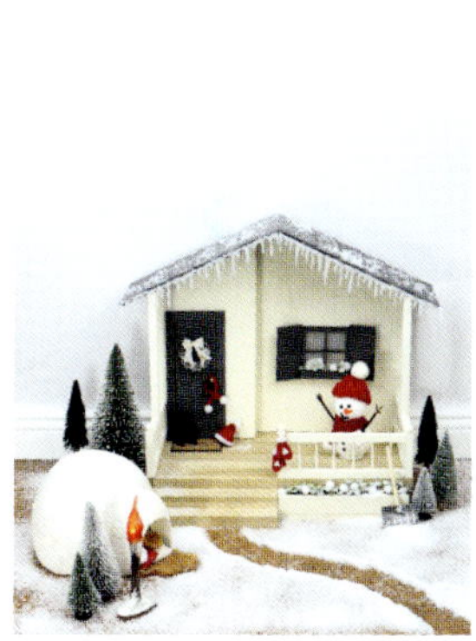
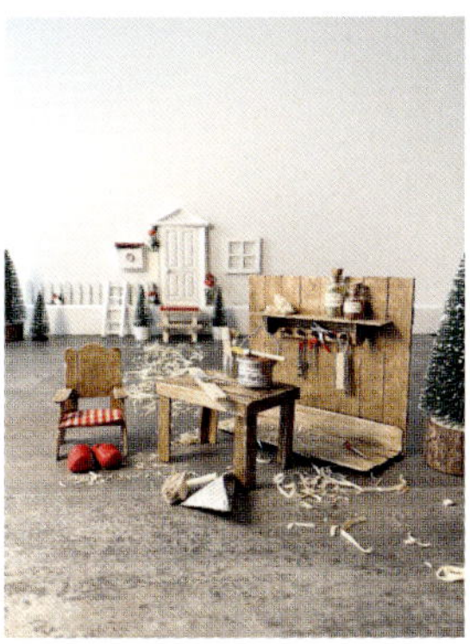
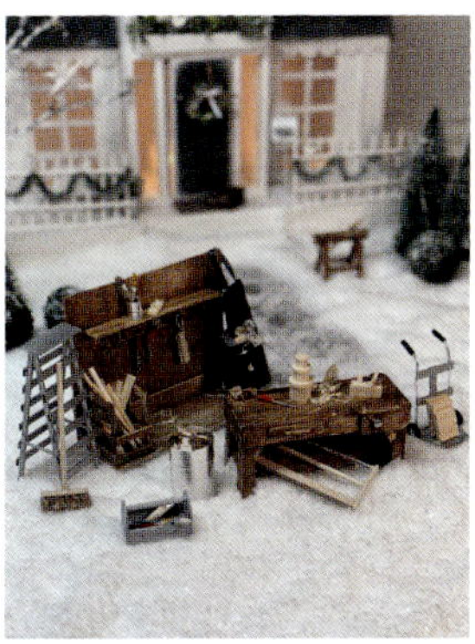
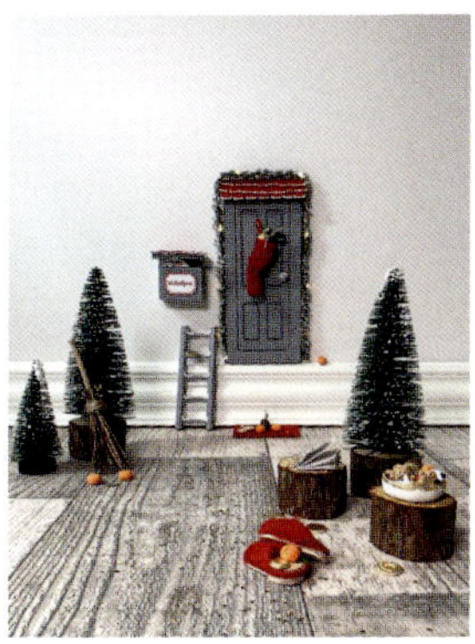
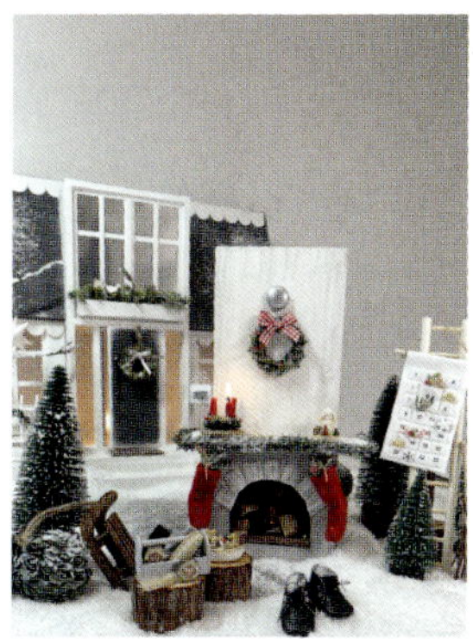
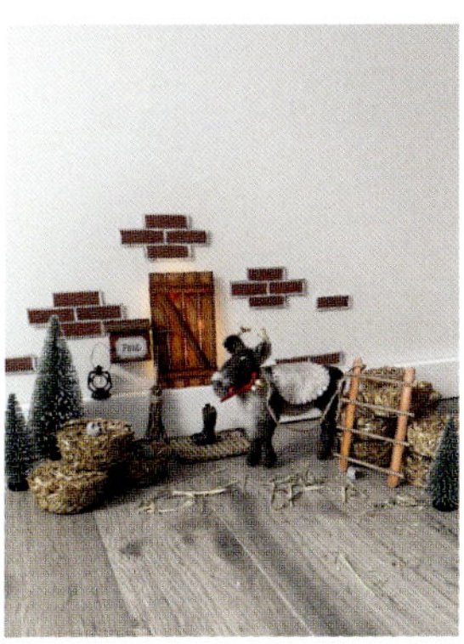
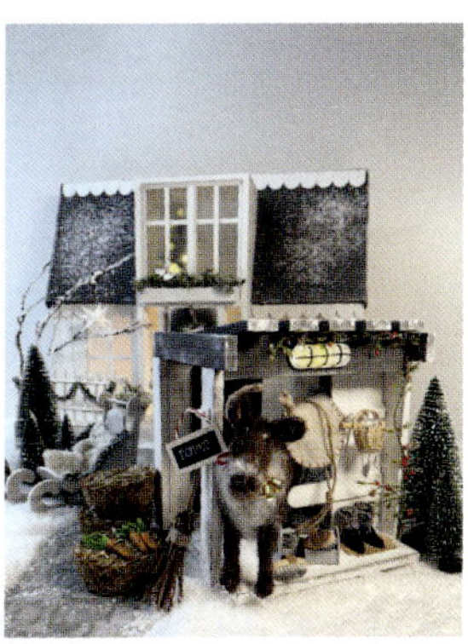
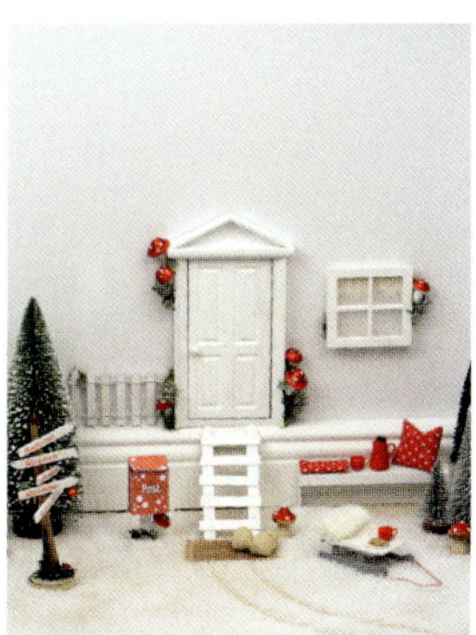
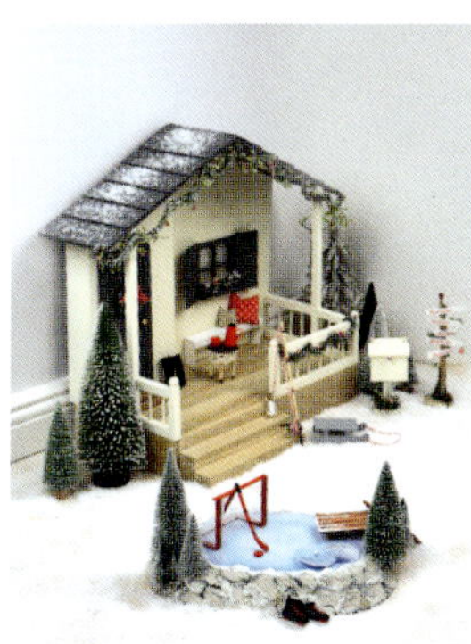

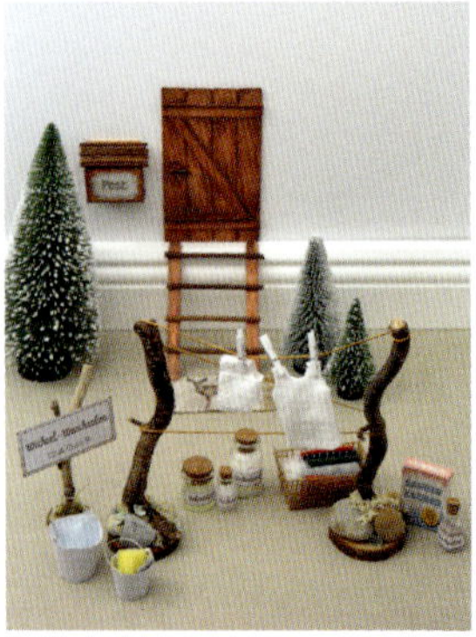
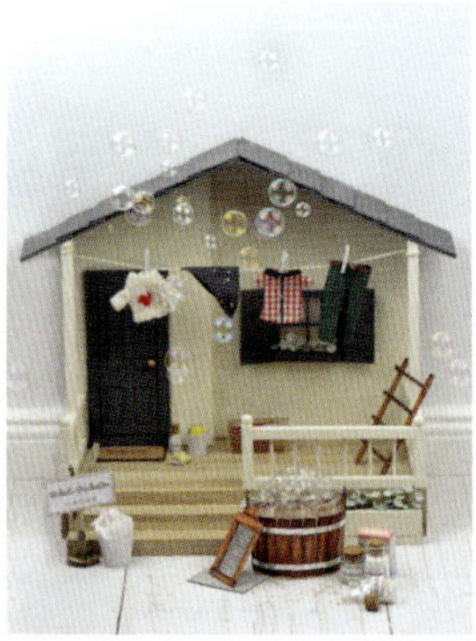
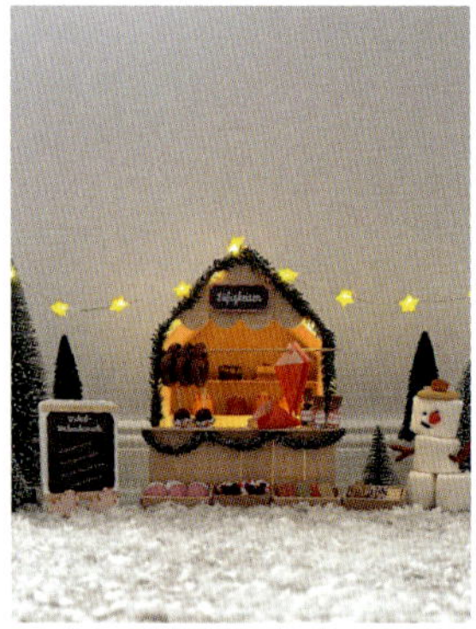
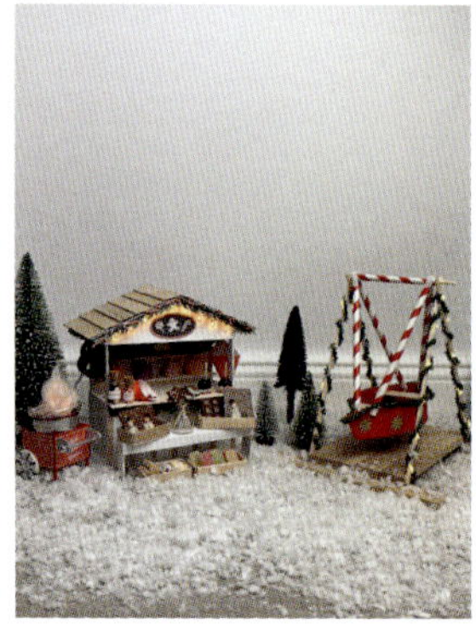
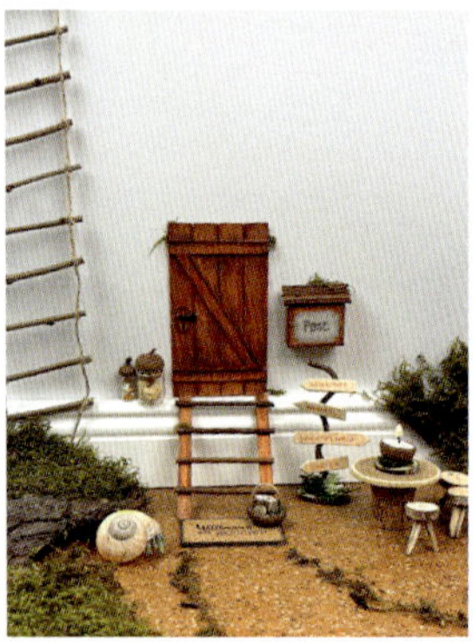
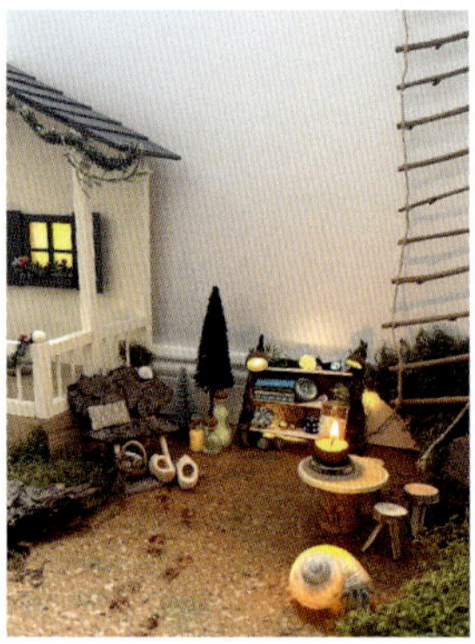
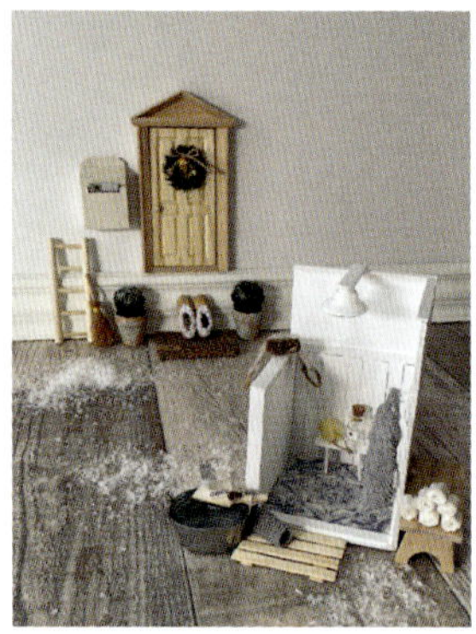
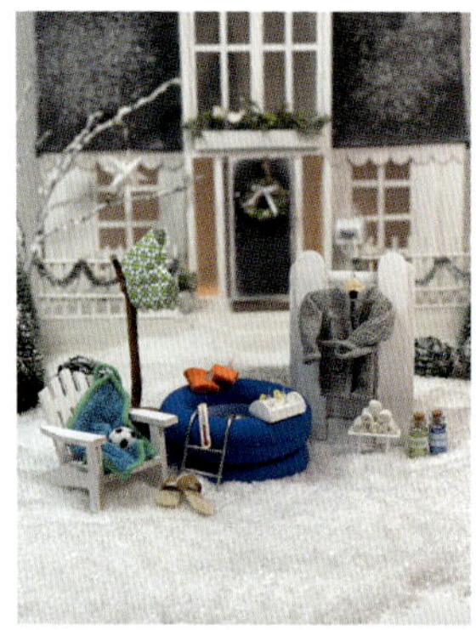
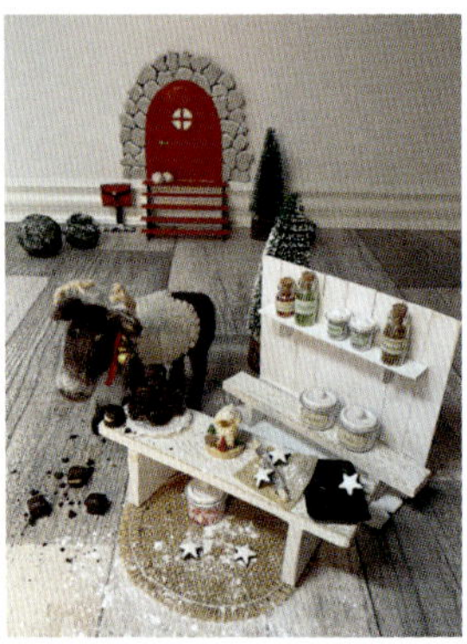
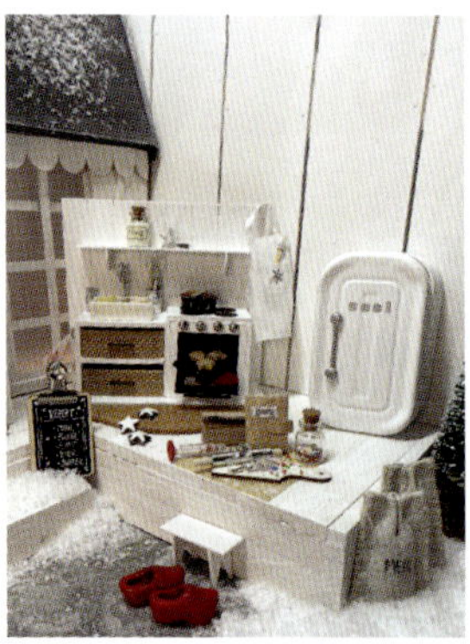
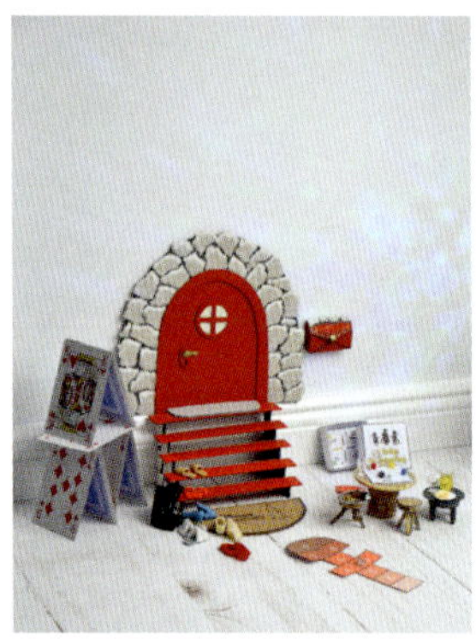
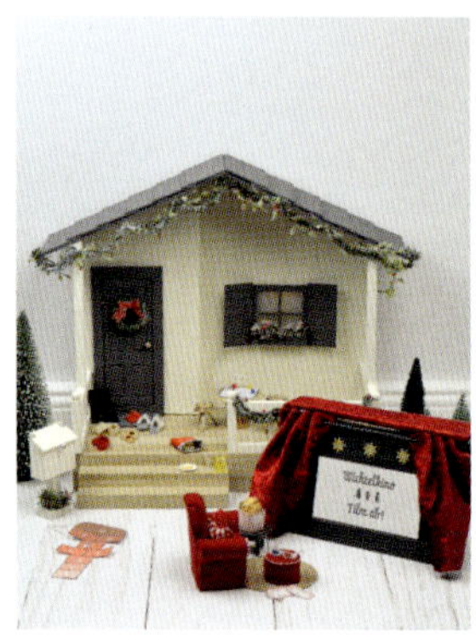
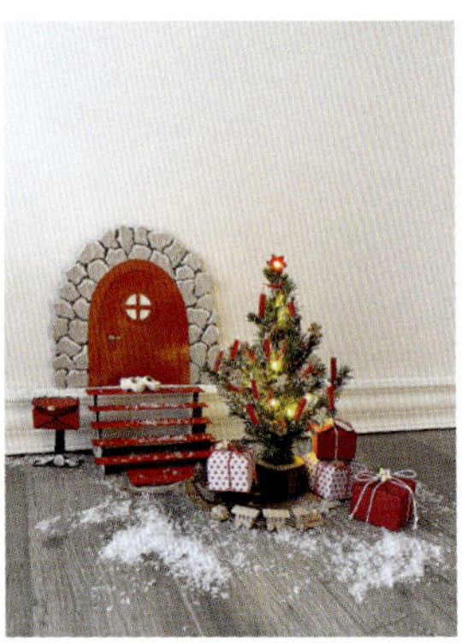
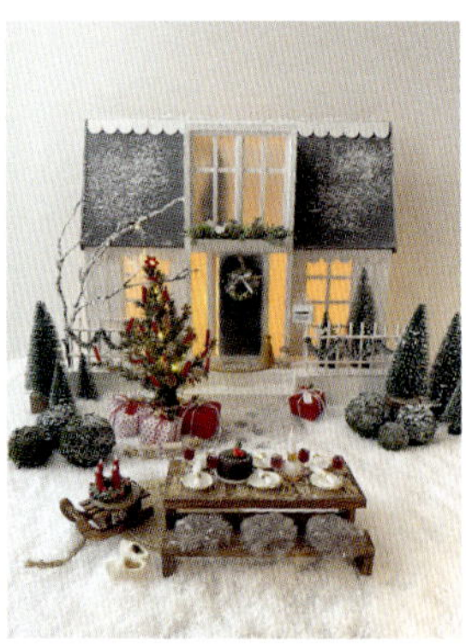
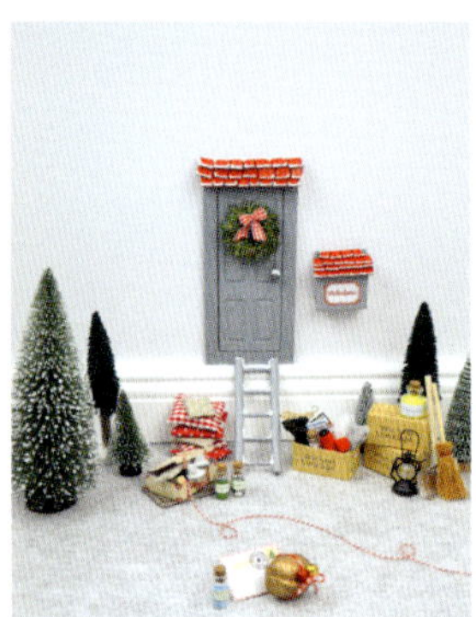
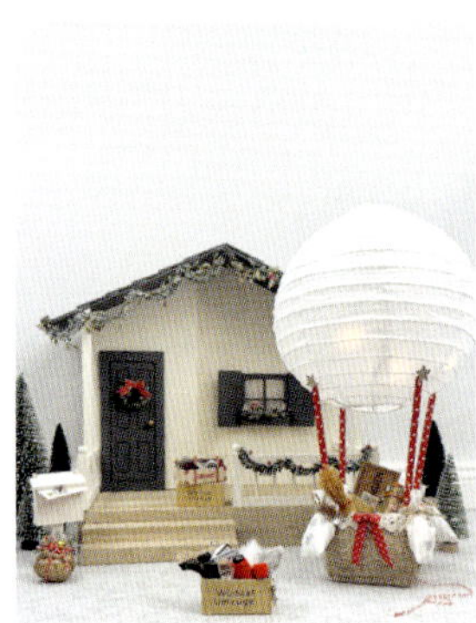

# ALLE KULISSEN & ACCESSOIRES

# ACCESSOIRES VON A BIS Z

## U



## V



## W



## Z

# ÜBER DIE AUTORINNEN

## SARAH ARABATZIS

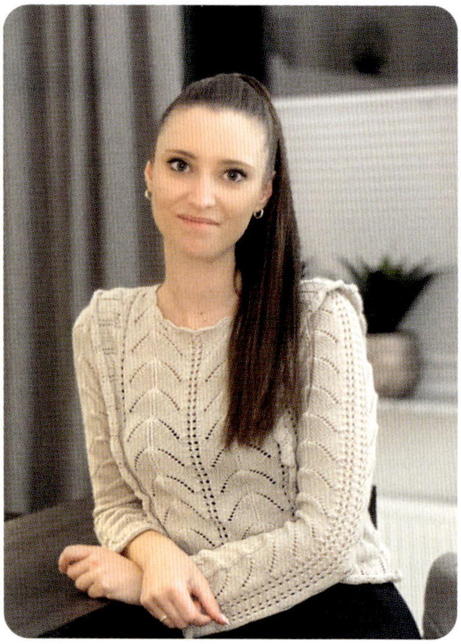

Ich bin Mama von zwei Kindern und der kreative Kopf hinter dem Blog www.allaroundfamily.de, den ich gemeinsam mit meinem Mann gegründet habe. Auf meinen Instagram-Accounts **@allaroundfamily.de** und **@allaround.wichtel** zeige ich DIYs und Bastelvideos mit und für Kinder und viele Themen rund um die Familie – ein kreatives Hobby, das während meiner Elternzeit zum Nebenberuf wurde. Familien zu inspirieren und mit Kindern arbeiten zu können, ist etwas, das mich im oft hektischen Mama-Alltag ausgleicht. Als zum ersten Mal bei meiner Familie ein Wichtel einzog, hat auch die Tradition um die Wichteltür einen ganz besonderen Platz auf meinem Blog und in meiner Familie gefunden, denn der Wichtel hat nicht nur meine Kinder verzaubert, sondern auch mich selbst.

## ELLI BÖTTCHER

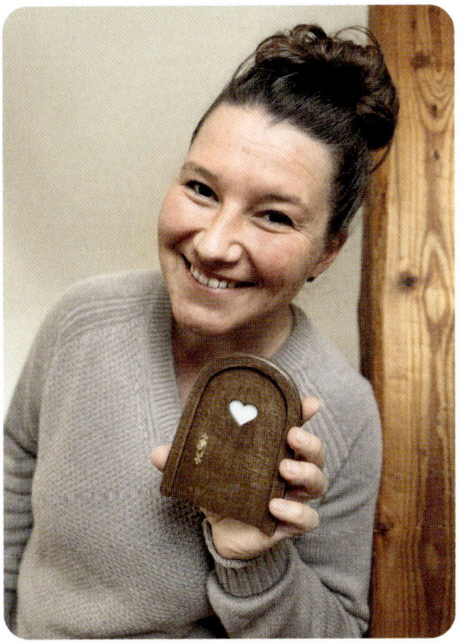

Der Zauber der Wichteltüren hat meine Familie mit voller Wucht getroffen, als wir 2018 unsere erste Tür geschenkt bekamen. Angesteckt von dieser Idee fing ich an, in meiner kleinen Werkstatt eigene Wichteltüren zu bauen, die ich zuerst im Freundeskreis verschenkte und mittlerweile in meinem Online-Shop auf **www.wichteltueren.de** verkaufe. Hier findest du auch mein Wichtelbuch „Waldwichtelin Minella zieht in die Stadt" und meine Mini-Postkarten, die der Wichtel von seiner Weltreise an seine Menschenfamilie schickt. Es bereitet mir unbändige Freude, auch andere Familien mit meiner Leidenschaft zu begeistern. Auf meiner Internetseite und auf meinem Instagram-Account **@wichteltueren.de** zeige ich deshalb Bastel-, Interaktions- und Gestaltungsideen rund um die kleinen Türchen und verrate, was es mit diesem Zauber eigentlich auf sich hat. All meine Kreativität steckt auch in diesem Buch. Ich wünsche dir von Herzen viel Spaß damit!

## ANJA SCHRÖDER

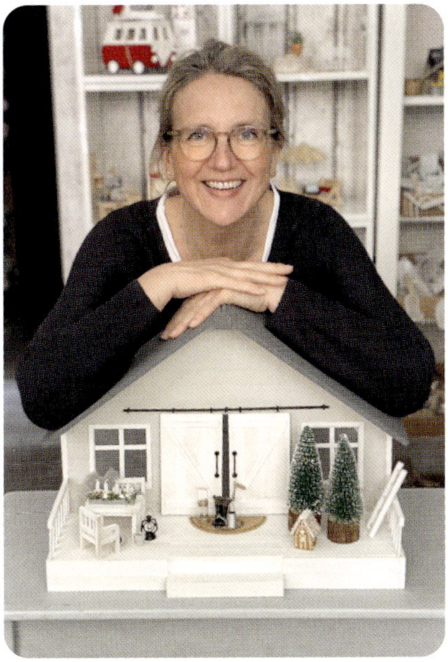

Ich lebe mit meinem Mann und meinen beiden Söhnen in Schleswig-Holstein und betreibe seit 23 Jahren mit viel Herzblut ein Fachgeschäft mit Online-Shop für Bastelmaterial, Miniaturen und Dekorationsartikel in Geesthacht (**www.basteln-und-dekorieren.de**). Eine mir vor Jahren von einem Großhändler angebotene kleine Tür mit Briefkasten und Leiter weckte in mir, der leidenschaftlichen Waldorfpuppen-, Teddybären- und Miniaturenbastlerin, sofort die Liebe zu den Wichteltüren. Ich gab erste Kurse zu diesem Thema, bei denen auch die Idee zum Kulissenbau entstand. Durch den Handel mit Holzklötzchen habe ich den Bau von Kulissen, Marktständen und Ställen weiter ausgebaut und das #wichtelchalet entstand. Seither werden meine Mitarbeiterinnen und ich nachts vom zauberhaften, magischen Ladenwicht Nils tatkräftig unterstützt. Nils' DIYs und Aktionen sind auf meinem Instagram-Account **@wichteltuer_original_nils** zu finden. Und im Dekorationsbereich bin ich mit meinem Instagram-Account **@basteln_dekorieren** aktiv.

# IMPRESSUM

**FOTOS:** Sarah Arabatzis: S. 39–41, 238/239; Elli Böttcher: S. 8, 33 (Seitenschneider), 35–38, 51–56, 59 o.r., 90–107, 146–188, 214–219, 228–232; Anja Schröder: S. 19, 20, S. 30-33 (Modellkarton, Holzstäbchen, Holzklötzchen, Bastelalufolie, Modelliermasse, Express-Holzleim, Schmuckkleber, Backpapier, Tacky Tape, Washi Tape, Nagelfeilen, Lochzange, Prägestift, Blechschere), 42–50, 57–59 (außer 59 o.r.), 60/61, 64–89, 108–145, 189–213, 220–227; frechverlag GmbH: S. 31 (Papier, Stoffe, Bänder), 32 (Farben, Heißkleber), 33 (Universalschere, Silhouettenschere); freepik: S. 244 (Island, Peru, Hummel); Shutterstock: S. 244 (Alamin-Khan/Chamäleon; aleksander hunta/Trampeltier; AlexAnton/Pyramiden)

**ILLUSTRATIONEN:** freepik

**PRODUKTMANAGEMENT UND KORREKTORAT:** Stephanie Iber

**LEKTORAT:** Christine Schlitt, Lilian Kanoffsky

**COVERGESTALTUNG:** Melanie Herrmann unter Verwendung von Bildern von Anja Schröder (gr. Bild oben) und Elli Böttcher (unten)

**HERSTELLUNG:** Katrin Röhlig

**LAYOUT UND SATZ:** FSM Premedia GmbH & Co. KG

**DRUCK UND BINDUNG:** BALTO print, Litauen

Materialangaben und Arbeitshinweise in diesem Buch wurden von den Autorinnen und den Mitarbeitern des Verlags sorgfältig geprüft. Eine Garantie wird jedoch nicht übernommen. Autorinnen und Verlag können für eventuell auftretende Fehler oder Schäden nicht haftbar gemacht werden. Das Werk und die darin gezeigten Modelle sind urheberrechtlich geschützt. Die Vervielfältigung und Verbreitung ist, außer für private, nicht kommerzielle Zwecke, untersagt und wird zivil- und strafrechtlich verfolgt. Dies gilt insbesondere für eine Verbreitung des Werkes durch Fotokopien, Film, Funk und Fernsehen, elektronische Medien und Internet sowie für eine gewerbliche Nutzung der gezeigten Modelle. Bei Verwendung im Unterricht und in Kursen ist auf dieses Buch hinzuweisen.

4. Auflage 2024

© 2023 frechverlag GmbH, Dieselstraße 5, 70839 Gerlingen, einem Unternehmen der Penguin Random House Verlagsgruppe GmbH, München

ISBN 978-3-7358-5183-3 • Best.-Nr. 25183

MIX
Papier aus verantwortungsvollen Quellen
FSC® C107574
FSC www.fsc.org

Penguin Random House Verlagsgruppe FSC® N001967

Geesthacht Basteln & DEKORIEREN

## DANKE!

Wir danken Anja Schröder vom Online-Shop www basteln-und-dekorieren.de für die freundliche Unterstützung mit Materialien.

## DIGITALE BIBLIOTHEK

Vorlagen für die Modelle und für die Planung und Organisation sowie für die Wichtelbriefe stehen in deiner Digitalen Bibliothek unter www.topp-kreativ.de/digibib zum Download bereit. Der Freischalt-Code lautet: 51600